BERLIN
ARCHITEKTUR

ARCHITEKTURFÜHRER

BERLIN
ARCHITEKTUR

ARCHITEKTURFÜHRER

GUIDO BRENDGENS, NORBERT KÖNIG

jovis

Unser Dank gilt den Architekten, Fotografen und Bauherren. Insbesondere danken wir dem Landesdenkmalamt Berlin, ohne dessen großzügige Unterstützung mit Abbildungsmaterial diese Publikation nicht möglich gewesen wäre.

Wir weisen darauf hin, dass einzelne Abbildungen vom aktuellen Planungsstand oder vom zwischenzeitlich realisierten Zustand abweichen können.

AUTOREN
Guido Brendgens, Norbert König
sowie Beiträge von Vittorio M. Lampugnani und Wolfgang Nagel

KONZEPT
Guido Brendgens, Norbert König, Jochen Visscher, Susanne Rösler

REDAKTION
Franziska Eidner, Helmut Engel, Sybille Fanelsa,
Wolfgang Gottschalk, Jochen Visscher

BILDREDAKTION
Norbert König

REGISTER
Andreas Roth

REDAKTIONELLE MITARBEIT IM VERLAG
Tina Bößhenz, Alexander Hamann, Lilian Mager, Markus Leo Mock,
Patrick Waltemate, Annett Wenzel, Julika Zimmermann

GESTALTUNG UND SATZ
Susanne Rösler

LITHOGRAFIE
Druckhaus Galrev, Berlin

DRUCK UND BINDUNG
Kästner Druck, Berlin

jovis Verlag GmbH
Kurfürstenstraße 15/16
D – 10785 Berlin

www.jovis.de

ISBN 3-931321-46-0

INHALT

Kennzeichnung der Denkmalkategorie nach der Denkmalliste Berlin:

D   Baudenkmal
G   Gesamtanlage
E   Ensemble

VORWORT

Es ist noch nicht lange her, da war Berlin in zwei Welten geteilt und führte politisch und wirtschaftlich ein Sonderdasein in Europa. Doch mit dem Fall der Mauer wurde die Stadt schnell wieder zu einem der wichtigsten Zentren des neuen, zusammenwachsenden Europas. Der seit 1989 zu spürende Veränderungsdruck ist in der Geschichte Berlins keineswegs einmalig. Fortwährend wandelte sich die Bedeutung der Stadt, vom mittelalterlichen Bürgerstädtchen zum Zentrum der expandierenden Großmacht Preußen, von der pulsierenden Reichshauptstadt zu zwei voneinander abgegrenzten Großstädten. Den schicksalhaften Zerstörungen von außen folgten eigene, wenn die Architektur einer Generation der nächsten unmodern und nicht mehr angemessen schien. Also wurde – für Berlin typisch – zerstört und neu gebaut. Blieben Architekturzeugnisse erhalten, so fehlt nicht selten deren ursprünglicher, stadträumlicher Bezug. Das heutige Stadtbild wird von Brüchen und Kontrasten beherrscht, historische Ensembles wie in anderen Städten gibt es hier kaum. So scheint die Berliner Architektur beliebig, austauschbar und unharmonisch. Doch es sind die Kontraste, die den besonderen Reiz ausmachen und der Stadt eine eigene großartige und unverwechselbare architektonische Identität geben.

Anliegen dieses Architekturführers ist es, ein kompliziertes, vor allem von Bauten des 20. Jh. geprägtes Stadtbild vorzustellen. Um dem Leser einen einfachen Zugang zu ermöglichen, orientiert sich der Aufbau des Buches chronologisch an historischen Stadtquartieren, Vorstädten und stadträumlichen Neuplanungen. Nur die Außenbezirke werden in größeren Einheiten vorgestellt. Um dem jeweiligen Charakter eines Stadtraums gerecht zu werden, entschieden wir uns, auch weniger prominente Bauten aufzunehmen. Bei der Auswahl haben wir unser besonderes Augenmerk auf denkmalgeschützte Bauten sowie die Architektur der vergangenen Jahre gelegt. Zahlreiche Beispiele aus den 1950er bis 1980er Jahren vervollständigen den Überblick. Zur Betonung einiger für Berlin wichtiger Aspekte der Baugeschichte stellen wir in Exkursen u.a. Bautypologien sowie markante Stadtplanungen vor. Objekte, die in einem solchen Exkurs besprochen werden, erscheinen im Kapitel des jeweiligen Stadtraumes nur als Verweis. Um den Reichtum an Baudenkmalen aufzuzeigen, haben wir, der Denkmalliste des Landesdenkmalamtes Berlins folgend, alle betreffenden Bauwerke entsprechend gekennzeichnet. Das Buch – Architekturführer und Baugeschichte zugleich – gibt neben Informationen zu mehr als 1.400 Einzelbeispielen Einblicke in historische Entwicklungen und schärft den Blick für die architektonischen Schönheiten der Stadt. So lässt sich hinter der chaotisch anmutenden architektonischen Vielfalt des Berliner Stadtbildes durchaus eine andere, besondere Form städtebaulicher Harmonie finden.

GUIDO BRENDGENS, NORBERT KÖNIG, JOCHEN VISSCHER

KLEINE CHRONOLOGIE ZUR BERLINER STADTENTWICKLUNG

um 1180 Gründung Berlins und Cöllns.

um 1230 Erste planmäßige Erweiterung Berlins durch die Neustadt mit der Marienkirche.

1237 Erste urkundliche Erwähnung Cöllns; dieses Jahr gilt heute als das offizielle Gründungsdatum Berlins. Berlins erste urkundliche Erwähnung erfolgt 1244.

1307 Die Doppelstadt Berlin-Cölln bildet eine Verwaltungsunion mit ca. 8.000 Einwohnern.

1442 Die Hohenzollern unterwerfen Berlin-Cölln. Mit dem Bau des Berliner Schlosses in Form einer Zwingburg beginnt der Ausbau der Doppelstadt zur Residenz.

1539 Unter Kurfürst Joachim II. erfolgt der Umbau der Burg zum Renaissance-Schloss. In Spandau wird die Burg zur Bastion umgebaut, in Köpenick (ab 1558) und im Grunewald (um 1542) entstehen Jagdschlösser. Die Stadt hat ca. 9.000 Einwohner.

1640 Durch Pest, Hungersnöte und die Verheerungen des Dreißigjährigen Krieges sinkt die Einwohnerzahl von ca. 10.000 (1620) auf 6.000.

1647 Anlage der Lindenallee, die seit Ende des Jh. zur späteren Prachtstraße Unter den Linden ausgebaut wird.

1658 Um Berlin entsteht eine aufwendige Befestigungsanlage.

1662 Mit den planmäßig gegründeten Neustädten Friedrichswerder und Neu-Cölln am Wasser innerhalb des Festungsrings beginnt die barocke Stadterweiterung.

1674 Die Dorotheenstadt wird außerhalb der Befestigung angelegt; der Ausbau der Friedrichstadt, ebenfalls außerhalb der Befestigung, beginnt 1688. Nördlich und östlich der Altstadt entstehen eher planlos wachsende Vorstädte (u.a. Spandauer Vorstadt).

1701 Krönung Kurfürst Friedrichs III. zum König Friedrich I. in Preußen. Mit der Errichtung des Zeughauses (ab 1695) und dem barocken Umbau des Schlosses (ab 1698) beginnt die Umformung Berlins zur königlichen Residenz. Schlösser wie Charlottenburg (ab 1695) entstehen um Berlin, mit ihnen auch neue Siedlungen. Insbesondere durch die Ansiedlung von Hugenotten steigt die Einwohnerzahl Berlins auf ca. 50.000. Alle Vorstädte sind seit 1705 von einer Palisadenumwehrung, der „Linie" begrenzt.

1734 Die Festungsanlagen werden schrittweise geschleift, da sie dem schnellen Wachstum Berlins hinderlich sind. Der Palisadenzaun wird abgelöst von der Akzisemauer. Anders als die Festungsanlagen ist diese großzügig um die Bebauungsgrenzen der Stadt gezogen, so dass bis in das 19. Jh. eine Ausdehnung der Stadt innerhalb der Mauer möglich wird.

1786 Mit Ende der Regierungszeit Friedrichs II. (Friedrichs des Großen) ist Berlin eine Hauptstadt von europäischem Rang. Zwischen 1740 und 1786 entstehen repräsentative Ensembles wie das Forum Fridericianum und der Gendarmenmarkt. Die Einwohnerzahl steigt in diesem Zeitraum von ca. 100.000 auf 150.000.

1815 Karl Friedrich Schinkel wird zum Geheimen Oberbaurat ernannt. Durch seine stadtbildprägenden Bauten wird Berlin ein Zentrum des Klassizismus. Zur gleichen Zeit gestaltet Peter Joseph Lenné Landschaftsgärten wie den Tiergarten oder die Parkanlagen von Klein-Glienicke in einer genialen Verbindung von Architektur und Landschaftsraum.

1837 August Borsig gründet die Maschinenbauanstalt an der Chausseestraße. Dieses Datum markiert den Beginn der Industrialisierung in Berlin. Die Eisenbahnen sind dabei neben den Schifffahrtskanälen der entscheidende Motor. Zu Beginn der Industrialisierung zählt die Stadt ca. 300.000 Einwohner.

1838 Erste Eisenbahnstrecke Berlin-Potsdam. Die Bahnhöfe entstehen vor den Toren der Stadt, der Potsdamer Bahnhof beispielsweise vor dem Potsdamer Tor, am heutigen Potsdamer Platz. Die Stadträume um die Bahnhöfe entwickeln sich in der Folgezeit zu den verkehrsreichsten und dynamischsten Orten Berlins.

1862 „General-Bebauungsplan der Umgebung Berlins" (so genannter Hobrecht-Plan) für die noch unbebauten Flächen von Berlin und weitere damals noch selbstständige Städte und Gemeinden. Angesichts des raschen Wachstums soll der Plan eine geordnete Stadterweiterung für die Zukunft festlegen. Entgegen Hobrechts Absicht begünstigt das Blockraster die extrem dichte Bebauung mit den so genannten Mietskasernen.

1866 Die Akzisemauer, über die die Stadt mittlerweile weit hinausgewachsen ist, wird abgerissen. Die Einwohnerzahl ist auf ca. 700.000 angestiegen.

1871 Mit dem Deutschen Kaiserreich wird Berlin Reichshauptstadt. In der so genannten Gründerzeit expandiert die Stadt in einem bis dahin beispiellosen Tempo.

1877 Die Einwohnerzahl Berlins erreicht die Millionengrenze.

1882 Eröffnung der Ringbahn (heutiger S-Bahn-Ring). Nur wenige Jahre stellt die Ringbahn eine Ausdehnungsgrenze der expandierenden Stadt dar.

1883 Anlage des Kurfürstendamms als Prachtboulevard. Entstehung des „Neuen Westens".

1896 Die Verlegung der Firma Borsig nach Tegel markiert den Beginn der Randwanderung industrieller Betriebe, die in den mittlerweile innerstädtisch gewordenen Lagen Berlins keine Erweiterungsmöglichkeiten mehr finden.

1902 Die ersten elektrisch betriebenen U-Bahn-Strecken werden eröffnet.

1920 Mit dem „Gesetz über die Bildung der neuen Stadtgemeinde Berlin" entsteht unter Einschluss von sieben bislang selbstständigen Städten, 59 Landgemeinden und 27 Gutsbezirken eine Vier-Millionen-Metropole in bis heute unveränderter Flächenausdehnung.

1925 Die neue Bauordnung für Berlin schließt die bis dahin übliche dichte Blockbebauung aus. Es entstehen in den Folgejahren wegweisende Siedlungen in aufgelockerter Bebauung.

1936 Erster Entwurf von Albert Speer für einen radikalen Umbau der nationalsozialistischen Reichshauptstadt in eine gigantisch-monumentale Stadtgestalt mit riesigen Achsen.

1945 Durch den Zweiten Weltkrieg ist Berlin großflächig zerstört. In einigen Bezirken – insbesondere Mitte, Tiergarten und Kreuzberg – werden ganze Viertel komplett abgeräumt und in den folgenden Jahrzehnten auf völlig neuem Stadtgrundriss neu angelegt.

1950er Mit der Sprengung der Ruine des Berliner Schlosses 1950 verliert der Schlossbezirk seinen baulichen Mittelpunkt. Beginn einer getrennten Stadtplanung in Ost- und West-Berlin. In Ost-Berlin entsteht ab 1951 die Stalinallee, in West-Berlin ab 1953 das Hansaviertel.

1961 Bau der Berliner Mauer, die bis 1989 die Stadt teilt. Ganze Innenstadtbereiche (z.B. Pariser und Leipziger Platz) veröden.

1960er Seit den 1950er Jahren werden in West-Berlin erste Großsiedlungen geplant, mit denen die Großstadt bis an ihren Rand expandiert. Höhepunkt dieser Entwicklung ist das Märkische Viertel. In Ost-Berlin wird der industrielle Wohnungsbau favorisiert, der bis 1989 beherrschend bleibt.

1987 Zum 750-jährigen Stadtjubiläum gipfeln die Bemühungen um den Erhalt der in den Jahrzehnten zuvor kaum geschätzten historischen Stadt in Ost-Berlin in der Rekonstruktion des Nikolaiviertels; in West-Berlin wird mit der Internationalen Bauausstellung IBA die „Kritische Rekonstruktion" eingeleitet. Mit diesem heute für ganz Berlin gültigen Leitbild soll der historische Stadtgrundriss reaktiviert werden.

1990 Berlin wird Hauptstadt des wiedervereinten Deutschlands. Der Umzug von Bundestag und Bundesregierung von Bonn nach Berlin löst eine enorme, bis heute andauernde Bautätigkeit aus. An den Stadträndern entstehen „Neue Vorstädte", um dem unaufhaltsamen Ausufern der städtischen Peripherie in das Brandenburger Umland entgegenzuwirken.

DIE STADT DER NEBENEINANDER LIEGENDEN UNTERSCHIEDE

BERLIN ZWISCHEN REKONSTRUKTION UND NEUERFINDUNG

von VITTORIO MAGNAGO LAMPUGNANI

Was soll eine alte, historische Stadt von zeitgenössischer Architektur erwarten? Sie hat viel erlebt, angesammelt und zur Darstellung gebracht in ihrer jahrhundertealten Geschichte. Was sollte sie Neues entwickeln? Und wozu? Es genügt vollauf, so könnte man meinen, wenn sie sich selbst fortschreibt.

Berlin macht zunächst keine Ausnahme. Die Stadt ist, wie schon Heinrich Heine auffiel, relativ neu; und doch ist ihre Geschichte ereignisreich und ihre Architektur von hohem Niveau, so dass sie den Vergleich mit den großen historischen Metropolen nicht zu scheuen braucht. Was vermag angesichts anspruchsvoller Architekturen, die mit solch illustren Namen wie Karl Friedrich Schinkel, Peter Joseph Lenné, Peter Behrens, Erich Mendelsohn, Ludwig Mies van der Rohe, Bruno Taut und Ludwig Hilberseimer verbunden sind, noch hinzugefügt oder gar verbessert werden?

Jede Stadt aber, auch die vollkommenste, ist ein lebendiger Organismus, der sich entsprechend den Bedürfnissen der Menschen, die er beheimatet, entwickeln muss. Jede Stadt, auch die schönste, muss immer wieder ergänzt, komplettiert, modifiziert, umgestaltet werden, damit sie nicht vom Leben überholt und obsolet wird. Und damit sie möglicherweise noch ein wenig schöner werde.

Im Fall Berlin kommt etwas hinzu. Die elegante Stadt des Klassizismus, die vibrierende Metropole der zwanziger Jahre, all das ist im Zweiten Weltkrieg durch die Bomben der Alliierten und kurz darauf durch die Abrisswut der Stadtplaner mit unvorstellbarer Gewalt verwüstet worden. Von dieser doppelten Verwüstung hat sich die Großstadt an der Spree bis heute nicht erholt. Auch die 1961 erbaute Mauer, welche die Stadt in zwei Teile durchtrennte, hat sich tief in ihr Herz eingeschnitten. Sie hat wichtige Straßenverbindungen gekappt, tiefe Wunden in die städtische Struktur gerissen und einst zentrale Stadtbereiche in marginale Positionen relegiert.

Seit dem Fall der Mauer hat sich all dies geändert. Die Stadt ist wieder eins geworden: Ihr Leben hat sich als stärker erwiesen als die wechselvollen politischen Verhältnisse, die sie in der jüngeren Vergangenheit bestimmt haben. Es galt und gilt, das, was politisch stattgefunden hat, stadtplanerisch und architektonisch nachzuvollziehen.

Die Herausforderung ist gewaltig und die Aufgabe epochal. Nichts Geringeres steht an als die Neuordnung des Zentrums einer Weltstadt, welches aus zutiefst anomalen und im Rückblick nahezu unbegreiflichen Gründen in weiten Flächen leer geblieben war. Die große Schneise der Mauer mit ihrem berüchtigten Todesstreifen zog sich vor noch nicht allzu langer Zeit als beklemmende Brache in einem surreal-eckigen Muster durch die Stadt. Um sie herum waren zahlreiche Grundstücke wegen ihrer Nähe zur Grenze unbebaut geblieben, auf anderen standen Bauten, Ruinen und Schuppen, wie sie sonst nur an der Peripherie zu finden sind. Nun lärmen dort Baustellen oder erheben sich schon erste, teilweise noch nicht bezogene Neubauten. Das ehemals pulsierende Zentrum schickt sich an, wieder zu dem zu werden, was es einmal war. Dafür benötigt es einen angemessenen architektonischen Rahmen.

Diesen Rahmen wird das Stadtzentrum von Berlin keineswegs von selbst erhalten. Es ist wahr, dass die Städte, sieht man von einigen wenigen Ausnahmen ab, nicht wirklich von Stadtplanern und Architekten entworfen werden, sondern sich weitgehend selbst bauen: Ihr Motor ist die Bodenspekulation, und an der mangelt es im Berlin der Jahrtausendwende ganz gewiss nicht. Doch um diese Dynamik in städtebaulich sinnvolle Bahnen zu lenken und für die Stadt nutzbar zu machen, bedarf es eines Plans. Genauer: Es bedarf einer übergreifenden Idee für die Neugestaltung des historischen Zentrums, die jenseits von Partikularproblemen eine großzügige Lösung für den gesamten Bereich aufzeigt und welcher die verschiedenen Projekte, aus denen sich die neue Stadt zusammenfügen wird, untergeordnet werden.

Diese Idee wird den historischen Plan, genauer: die historischen Pläne Berlins reflektieren. Aus pragmatischen Gründen, denn es wäre leichtfertig und kurzsichtig, die Lösungen aus der Vergangenheit, die sich im Leben der Stadt bewährt haben, zu ignorieren. Auch aus kulturellen Gründen, denn sie stellen eine Verkörperung der Identität der Stadt dar, die es schon ihren Bewohnern zuliebe zu erhalten gilt.

Der historische Plan Berlins existiert natürlich nicht. Genauso wenig sind historische Pläne einfach reproduzierbar. Stadtplanung der Gegenwart entsteht immer, sofern ihr Gegenstand die europäische Stadt ist, aus der Reibung zwischen der Idee einer neuen Stadt, die erfunden werden will, und der Substanz einer alten, die existiert und erhalten werden muss. Auch in Berlin. Die alte Stadt war schön. Aber die neue Stadt muss neuen Ansprüchen gerecht werden, da längst grundlegende Veränderungen die Metropolen der Welt erfasst haben.

Was ist nun stadtarchitektonisch in Berlin zu tun? Zunächst müssen sämtliche neuen architektonischen Maßnahmen aus den vorhandenen stadtstrukturalen Gesetzmäßigkeiten abgeleitet werden. Der bestehende Raster der Straßen und Plätze der historischen Stadt bildet die Grundlage aller neuen Eingriffe, die ihn verdeutlichen und vervollständigen sollen. Diese Rekonstruktion soll da, wo es geometrisch, räumlich, historisch und funktional einsichtig ist, das Stadtgefüge der Vergangenheit wiederherstellen; wo es das nicht ist, wird eine neue Ordnung geschaffen, die aus dem Gegebenen extrapoliert und eine bessere Stadt als die historische zum Ziel hat.

Dabei zählt zum Gegebenen alles, was je in der Stadt gebaut wurde und noch besteht. Architektonisch und städtebaulich betrachtet gibt es keine guten und schlechten Geschichtsperioden, es gibt nur gute und schlechte architektonische und städtebauliche Maßnahmen, bezogen auf eine komplexe städtische Ordnung. Die Auswahl, was erhalten und berücksichtigt werden soll und was nicht, erfolgt daher nicht nach politischen oder gar moralischen Maximen. Die Kriterien können nur baukünstlerisch und urbanistisch sein. Die Einzelbauten müssen sich dem übergreifenden Konzept der Stadt unterordnen; nur im dabei verbleibenden Spielraum kann Individuelles Ausdruck finden.

Außerdem müssen die neuen architektonischen Maßnahmen die Geschichte der Stadt, die geologische Schichtung von Sedimenten gesellschaftlichen Lebens möglichst ablesbar lassen. Eine Stadt wie Berlin ist unter anderem eine didaktische Formation, die aus ihrer eigenen Erinnerung erzählt. Nichts, was als nützliche und notwendige Erfahrung in die Zukunft eingehen kann, darf verschüttet werden.

In Berlin ist in den letzten zwölf Jahren viel gebaut, noch mehr geplant worden. Beides, Bauen und Planen, geschah zu hastig. Möglicherweise ließ der Taumel der Wiedervereinigung keine bedächtige Entwicklung zu. Dabei sind zweifelsohne städtebauliche Fehler begangen worden. Immerhin wurden die großen Infrastrukturen der Stadtbahn, der Untergrundbahn, der Fernbahn mit ihrem Bahnhofssystem und der Flughäfen mit ihren jeweiligen Anbindungen übergreifend geplant und als Teil der Stadtentwicklung begriffen. Immerhin wurde beim Wiederaufbau der Friedrichstadt ihr historischer Grundriss als bindend deklariert und damit ihre Identität gewahrt. Immerhin wurden für die zentralen Orte der Innenstadt, darunter der Leipziger und der Potsdamer Platz sowie der Alexanderplatz, städtebauliche Wettbewerbe ausgeschrieben, die talentierte Architekten aus aller Welt angeregt haben, Lösungen zu entwickeln und vorzuschlagen. Die wohl brillantesten unter diesen Lösungen sind zwar auf dem Papier geblieben; aber immerhin ist der Neubaukomplex des Potsdamer Platzes unter der geschmeidigen Regie von Renzo Piano zu einer gebauten Versuchsanordnung moderner Urbanität geraten, und der Alexanderplatz könnte, wenn er nach dem radikalen Plan von Hans Kollhoff verwirklicht wird, zu einer eindrucksvollen Neudeutung des Typus des Großstadtplatzes geraten.

Was nach wie vor fehlt, ist ein übergreifender, bildhafter und durchaus auch visionärer Plan für das neue Berlin, ohne den jeder noch so gute urbane Eingriff Stückwerk bleiben und sogar Gefahr laufen muss, einen Schritt in die falsche Richtung zu tun. Das Planwerk Innenstadt bietet den Ansatz eines gestaltenden umfassenden Blicks auf die Stadt, bleibt aber allzu sehr an der Oberfläche, als dass es der Komplexität der Aufgabe gerecht werden könnte.

Berlin ist gegenwärtig das weltweit bedeutendste Laboratorium für zeitgenössische Architektur und zeitgenössischen Städtebau. Was seine Experimente zu guter Letzt zeitigen werden, ist noch nicht abzusehen. Sicher scheint nur, dass ihre Ergebnisse einen zweifelsohne wichtigen Beitrag zum neuen Berlin liefern, es aber nicht als solches ausmachen werden. Denn die Stadt ist mehr als die Häuser, Straßen und Plätze, aus welchen sie sich zusammenfügt: Über ihr Leben entscheiden die Menschen, die in ihr wohnen und arbeiten.

Tatsächlich ist, in Berlin wie anderswo, das Programm wichtiger als die Architektur der Stadt: Es gibt den Rahmen vor, in dem sich die Erfindungen der Planer und Architekten bewegen können. Wo das Programm unzulänglich oder gar mangelhaft ist, vermag kein noch so guter Städtebau, vermag keine noch so gute Architektur als Korrektur zu wirken. Auch in eine schöne Form gekleidet bleibt ein falscher Inhalt das, was er ist, und es ist völlig gleichgültig, ob ihm Häuser aus Stein oder aus Glas, mit rechteckigen, spitzwinkligen oder runden Formen eine Hülle verleihen.

In dieser Hinsicht lässt Berlin manches zu wünschen übrig. Die exzessive Sorge, ausreichend Investoren in die Stadt zu bringen, hat die Politik und die Verwaltung zu ebenso exzessiven Kompromissen bewogen. Die Ausnutzung der innerstädtischen Grundstücke ist vielerorts zu hoch, vor allem aber ist die Art der Ausnutzung zu einseitig: Einer gigantischen Masse von Büroräumen stehen nur dürftige und dünn gesäte Wohnungen gegenüber. Aus einem derlei unausgewogenen Verhältnis kann sich keine wirklich lebendige Stadt entwickeln, und dem Zentrum des neuen Berlin drohen die gleiche Monofunktionalität und das gleiche abendliche und nächtliche Aussterben, welche die meisten deutschen Citys zu unwirtlichen Orten machen. Es bleibt zu hoffen, dass die Übersättigung des Marktes mit Büroraum aus wirtschaftlichen Gründen eine Entwicklung einleitet, die aus sozialen Gründen längst hätte eingeleitet werden müssen.

Berlin ist eine Metropole, weil es auf engster Fläche nahezu alle denkbaren zeitgenössischen Stadttypen in engem Nebeneinander aufweist. Da gibt es die lebendigen öffentlichen Räume der Stadt des 19. Jahrhunderts und die kalte Pracht der hoch verdichteten City, es gibt die rührende Laubenpieper-Kolonie und die raue Industriebrache, es gibt die künstliche Idylle der fünfziger Jahre und das harte Milieu der Peripherie, es gibt die lauschige Kleinsiedlung und die anonyme Selbstwiederholung der Mietshausstadt. All dies existiert nicht als abstrakter Warenhauskatalog, sondern als komprimiertes Angebot unterschiedlichster Lebensweisen.

Deswegen ist Berlin eine Metropole: Weil es nicht die verschiedenen Auffassungen vom Zusammenleben in provinzieller Manier zu vereinheitlichen versucht, sondern ihnen in unterschiedlichen städtischen Szenarien entsprechende Entfaltungsmöglichkeiten gewährt. Weil es nicht kleinbürgerlich nivelliert, sondern großstädtisch differenziert. Weil es nicht Gleichförmigkeit (und damit Mediokrität) anstrebt, sondern vitale Unterschiedlichkeit.

Dem neuen Berlin, das gerade entsteht, ist zu wünschen, es möge die Unterschiedlichkeit pflegen und erweitern. Und an die Stelle des Entweder-oder überall dort, wo es geht, das Sowohl-als-auch setzen.

Dem neuen Berlin ist zu wünschen, es möge wachsen – aber nicht in der Fläche. Der vorhandene städtische Raum muss besser, intensiver genutzt werden. Das verstärkt die Urbanität, intensiviert das metropolitane Leben, schafft eine Kultur der Dichte und schont die Landschaft der Umgebung.

Dem neuen Berlin ist zu wünschen, es möge weiterhin die Stadt des Kommerzes und der Kultur bleiben; die Stadt der Arbeit, der Forschung und der Lehre; jene der Erholung und der Freizeit. Es soll, wie alle anderen Metropolen dieser Welt, eine Stadt für alle Berufe, alle Lebenssituationen, alle Einkommensschichten, alle Ideologien, alle Kulturen sein. Aber nicht, wie es so schön heißt, als Schmelztiegel; sondern als Ort, wo alles friedlich nebeneinander zu bestehen vermag, um zur kulturellen Produktivität sowie zum politischen und sozialen Fortschritt beitragen zu können.

14

METAMORPHOSE IM ZEITRAFFER

EINDRÜCKE EINES REGELMÄSSIGEN BERLIN-BESUCHERS

von WOLFGANG NAGEL

Als Hamburger hatte ich immer einen Grund, Berlin zu besuchen: die Freunde, die Kultur oder, lang ist's her, ein Ausflug in den „real existierenden Sozialismus". Seit der Wende aber gab es nur einen Anlass – die Architektur. Mit einem Schlag war Berlin der spannendste Ort Europas: Wie im Zeitraffer vollzog sich hier eine städtebauliche Metamorphose. Was woanders über ein Jahrhundert lang wächst, wurde in Berlin in einem Jahrzehnt aus dem Boden gestampft. Die Aufgabe, die es zu bewältigen galt, war gigantisch. Es ging nicht nur um weiträumige Stadtreparatur, sondern auch um Erneuerung der Infrastruktur und Wiederherstellung der Funktionsfähigkeit der Hauptstadt binnen kürzester Zeit. Ein Kraftakt ohnegleichen — konnte das gut gehen? Ist es gut gegangen?

Groß war die Herausforderung für die Architekten, unwiderstehlich die Verlockung: Alles neu! Das Startsignal, eine Vision für die Großstadt des 21. Jahrhunderts zu entwickeln. Noch größer die Ernüchterung und Empörung: Berlin hat sich für einen anderen Weg entschieden. Mit den Konzepten der Vergangenheit, der bewährten europäischen Stadt, sollte es in die Zukunft gehen. „Kritische Rekonstruktion" versus Metropole von morgen.

Heute kann ich beim Betrachten der Utopien von gestern ein heimliches Schmunzeln nicht unterdrücken. Obwohl ich gern gestehe, dass meine Sympathie damals eher den Neuerern als den Bewahrern gehörte. Zu eng und kompromisslos erschienen mir die Vorgaben des Oberbaudirektors Hans Stimmann. Sie würden einen Anachronismus betonieren, dem Geist einer gewandelten Zeit nicht mehr entsprechen. Die Skepsis fuhr immer mit, wenn ich zu Richtfesten, Einweihungen und Besichtigungen der Neubauten aufbrach und so manches Mal enttäuscht heimfuhr, in meiner Skepsis bestätigt. Nach all den Jahren, in denen aus einzelnen Gebäuden ein Stück Stadt gewachsen ist, geht es jetzt darum zu schauen, zu beurteilen, was entstanden ist.

Es war nicht ohne Reiz, das Wachsen des „Neuen Berlins" als Besucher aus Hamburg zu erleben. Am Anfang war der Ausflug an die Spree immer ein Wechselbad. Zwei sehr unterschiedliche Städte, gerade was die Architektur betrifft. Die Hansestadt ein Ort ohne viele architektonische Glanzlichter, aber doch geprägt von einer angenehmen städtebaulichen Qualität, einer gehobenen Gebrauchsarchitektur. Berlin voll von Denkmälern der Baukunst und dennoch eine „hässliche Stadt", wie selbst der Berliner Wolf Jobst Siedler konstatiert. Wo sich an der Elbe gediegene Zurückhaltung bis hin zur gepflegten Monotonie zeigt, drängt sich an der Spree schrille Aufgeregtheit an jeder Ecke. Gerade die Nachkriegsarchitektur leidet an dem,

METAMORPHOSE IM ZEITRAFFER

was ich als „Berliner Bazillus" bezeichne. Jedes Haus buhlt um die Aufmerksamkeit des Passanten, schreit: „Hallo, schau mich an, ich hab auch was Besonderes!" Übrigens entsprechen die Stadtbilder in dieser Hinsicht ganz dem Naturell ihrer Bewohner. Die frecher, modisch mutiger, exzentrischer gekleideten Bewohner flanieren nicht in der Hamburger Mönckebergstraße, sondern auf dem Kurfürstendamm in Berlin. Doch was bei Menschen durchaus ein sympathischer Zug sein mag, ist in der Architektur problematisch. Fassaden kann man nicht wechseln wie ein Kleid, da muss man schon ein ganzes Haus niedermachen, was in Berlin auch gar nicht so selten geschieht.

Egal ob Hamburg oder Berlin — Städte sind stets auch Orte der Widersprüche. Und die architektonische Entwicklung der Hauptstadt in den letzten zehn Jahren war voller Widersprüchlichkeiten und Paradoxien.

Da gewinnt Lord Norman Foster den Reichstags-Wettbewerb mit einem Entwurf, der dann nicht einmal annäherungsweise umgesetzt wird. Statt des fußballfeldgroßen Tankstellendachs, das die Preisrichter so entzückt hatte, wird just das gebaut, was Foster erklärtermaßen unter keinen Umständen wollte, nämlich eine neue Kuppel: Und diese wird im 23. Anlauf (so viele Vorentwürfe gab es) zum glanzvollen Wahrzeichen des „Neuen Berlins" – von der gleichen zeichenhaften Qualität wie Ieoh Ming Peis Pyramide als neues Emblem von Paris. Sogar die Bevölkerung, die der hohen Kosten wegen lauthals protestiert hatte, ist plötzlich versöhnt und liebt die Halbkugel wie kein anderes Bauwerk, jedenfalls wenn man die Sympathie an der Länge der Warteschlange misst, die dort täglich Einlass begehrt.

Allenfalls das Jüdische Museum, alles andere als ein gefälliger Bau, kann es mit dieser Popularität aufnehmen. Der nächste Widerspruch: Ausgerechnet einer der erbittertsten Gegner des „Neuen Berlins", Daniel Libeskind, baut eben dort, ohne dass ihm ein nennenswertes Zugeständnis in punkto Gestaltung abverlangt worden wäre, sein immer noch bestes Werk, mit dem ihm der Durchbruch als Weltarchitekt gelingt. Es passt ins widersprüchliche Bild, dass dieses Museum bereits 400.000 Besucher zählte, bevor es ein einziges Exponat enthielt – weil es als gebaute Metapher die Unbehaustheit des jüdischen Volkes genial verkörpert. Seit es seiner eigentlichen Bestimmung übergeben wurde, offenbart es auch seine Schwächen.

Paradoxes genauso am Potsdamer Platz: Berlin habe seine „Insellage mental noch nicht überwunden", klagte der Deutschamerikaner Helmut Jahn in der großen Architekturdebatte – und beschert den Berlinern mit dem Sony-Center ein gläsernes Ungetüm, das mit seiner amerikanischen Wuchtigkeit ein merkwürdiges Inseldasein in Berlin führt. Scharouns Philharmonie hätte ein schöneres Visavis verdient als Jahns langweilige Glasfront.

Dabei sollte doch ursprünglich am Potsdamer Platz mehr gewagt und mehr gestattet werden als anderswo. Endlich ein Ort, wo die Traufhöhe angehoben und für die Kopfbauten der Himmel freigegeben wurde, wo mit Stahl und Glas gearbeitet werden durfte. Ein Ort, dessen sich einer der weltbesten Architekten, Renzo Piano, verantwortungsvoll angenommen hatte – im Verein mit einer ganzen Schar von Pritzker-Preisträgern und -anwärtern. So viel Kompetenz, so viel Freiheit, so viel Energie auf einen alten (und potenziellen neuen) Knotenpunkt Berlins konzentriert. Und am Ende eine so maßlose Enttäuschung. „Bloß keine Monotonie" scheinen sich die Planer gedacht zu haben. Das Ergebnis ist ein wahres Formengewitter, das auf den Passanten einprasselt. Auf Schritt und Tritt springen ihn große Botschaften an, spitze Winkel schneiden in die Räume, Fensterlamellen wecken Gefängnisassoziationen – der „Berliner Bazillus" in moderner Mutation. Geradezu Mitleid erregend verloren dazwischen das alte Weinhaus Huth, von Stadtreparatur keine Spur. Und schließlich die drei Giganten am Bahnhof Potsdamer Platz. Aus der Ferne betrachtet war es richtig, an dieser Stelle Akzente zu setzen, es hätten auch noch ein paar mehr sein dürfen. Und aus der Nähe? Wie Stellvertreter des großen Streits um das steinerne und gläserne Berlin stehen die Türme von Piano, Kollhoff und Jahn einander gegenüber, fremd und unversöhnlich. Wie Reisende aus unterschiedlichen Welten und Zeiten, die sich zufällig treffen und sich nicht verständigen können, weil sie jeweils in ihrer eigenen Sprache weiterreden.

In der Friedrichstraße dagegen gab es keinerlei Spielraum: Sie wurde kompromisslos dem strengen Gestaltungsdiktat des Senatsbaudirektors unterworfen. Gut so, kann man im Nachhinein (und den Potsdamer Platz vor Augen) nur sagen! Mehr Freiheit hätte hier nur mehr Wildwuchs erzeugt. Nicht, dass die neue alte Geschäftsstraße eine architektonische Prachtmeile geworden wäre. Alle beteiligten hochkarätigen Baumeister blieben unter ihren Möglichkeiten. Das eigentliche Problem aber ist ein spezifisches der Wiedervereinigung: Die Treuhand hat die Grundstücke, weil es rationeller und profitabler war, gleich blockweise an die Investoren verkauft und auf eine Teilung der Parzellen verzichtet. Dieser Fehler, in der Not sehenden Auges begangen, wird ewig als Hypothek auf der Friedrichstraße lasten. Mit den Gebäudemassen ist keiner der Architekten fertig geworden, konnte vielleicht auch keiner fertig werden. Aldo Rossi hat es ein paar Blocks weiter versucht und das Quartier Schützenstraße künstlich parzelliert – wenig überzeugend. Kleinteiligkeit zu simulieren, wo sie in Wirklichkeit gar nicht existiert, kann nicht die Lösung sein.

Von Nachteil für das Viertel um die Friedrichstraße ist auch, dass hier zu Zeiten der Investoreneuphorie weniger Wohnraum geschaffen wurde als anfangs vorgesehen. Ein durchmischter Kiez wie am Kurfürstendamm wird hier nie entstehen. Aber davon abgesehen ist es ein Stück Stadt, in das ganz unauffällig das Alltagsleben eingezogen ist. Man wird hier nicht mit dem Architekturführer durch die Straßen bummeln, sondern mit Aktenkoffer oder Einkaufstüten – wie in vielen anderen Städten auch. Dieses Gefühl verstärkt sich beim Auf-und-abschlendern Unter den Linden und beim Durchstreifen des Regierungsviertels. Der Rundgang wird zum Lehrgang in Sachen

Einfachheit und Berliner Rationalismus. Die neuen Bürohäuser zwischen Reichstag und Friedrichstraße ähneln einander alle – in der Nutzung, in der Größe und auch in der Erscheinung. Und gleichzeitig unterscheiden sie sich sehr subtil, mit viel Raffinement – im Material, im Farbton, im Detail. „Vielfalt in der Einheit" nannte es Josef Paul Kleihues, der Vater der „Kritischen Rekonstruktion". Mit ihr ist eine neue Qualität in die Stadt eingezogen, die beim Betrachten einzelner Bauten überhaupt nicht ins Auge springt, sondern erst in der Gesamtschau offenbar wird. Der „Berliner Bazillus" hat sich hier nicht ausbreiten können. Stattdessen sorgen Solidität und Understatement wohltuend für Ruhe.

Die Frage ist, was urbane Qualität eigentlich ausmacht. Alle 100 Meter ein Meisterwerk der Baukunst? Unerträglich. Aber zehn mal 100 Meter gute, saubere, sorgfältige Architektur und am Ende ein Glanzlicht: Das ist eine attraktive Stadt. In dieser Hinsicht ist Berlin im letzten Jahrzehnt attraktiver geworden. Dass manches nicht so gelungen ist wie erhofft, kann angesichts des Zeitdrucks und der Vielzahl der Projekte nicht ernstlich verwundern. Wundern muss man sich eher über die dann doch recht zahlreichen Perlen, die innerhalb eines Jahrzehnts gleichwohl entstanden sind. Einige Botschaften gehören dazu, die man wie die Nationalitätenschau auf einer internationalen Bauausstellung abschreiten kann. Nicht zu vergessen so entlegene Kostbarkeiten wie das Krematorium Baumschulenweg von Axel Schultes und Charlotte Frank draußen in Treptow. Oder so unscheinbare wie das Geschäftshaus neben den Hackeschen Höfen von Armand Grüntuch und Almut Ernst – ein Beispiel, das sehr schlüssig zeigt, wie sich moderne Architektur an vorhandene anpassen kann: Da ist nichts Aufdringliches, nichts Vorlautes, sondern etwas wahrhaft Großstädtisches, wo sich überhaupt nicht mehr die Streitfrage stellt: Ist die Fassade aus Glas oder Stein?

Am Ende einer turbulenten Entwicklung zeigt sich, dass er gar nicht so schlecht war, der strenge Stimmann'sche Gestaltungskanon. Nicht jeder musste darunter so leiden wie Nicholas Grimshaw, dessen außergewöhnlicher Entwurf für das Ludwig-Ehrhard-Haus den Vorgaben angepasst werden musste und dadurch an Reiz verlor. Nicht jeder ging mit dieser Situation so listig und virtuos um wie Frank Gehry bei der DG-Bank am Pariser Platz. Aber im Allgemeinen gilt, was auch schon die 68er-Apologeten der antiautoritären Erziehung erfahren mussten: Gelegentlich tun Disziplin und klare Bestimmungen einfach ganz gut. Auch in der Architektur.

Seit 1969 dominiert der ▶ *Fernsehturm* die Silhouette der Großstadt Berlin und verleiht ihr einen optischen Mittelpunkt. Dass sich auf dem Gebiet zu seinen Füßen einst die mittelalterliche **DOPPELSTADT BERLIN-CÖLLN** erstreckte, ist heute kaum noch zu erahnen. Bis zum Zweiten Weltkrieg blieben Alt-Berlin und Alt-Cölln mit ihrem kleinteiligen Grundriss im Wesentlichen erhalten. Nach den immensen Zerstörungen des Krieges setzte sich jedoch ein von der Moderne geprägtes städtebauliches Leitbild über die alten Stadtstrukturen hinweg. Nahezu alles, was den Krieg überstanden hatte, wurde abgerissen, um der neuen sozialistischen „Hauptstadt der DDR" Platz zu machen, die sich seit den 1960er Jahren zunehmend – ebenso wie im Westen Deutschlands und Berlins – an der autogerechten Stadt orientierte. Ganze Viertel und Plätze verschwanden unter breiten Verkehrsachsen, machten großen Freiflächen und Punkthochhäusern Platz. Erst in den späten 1970er Jahren wandelte sich das Verhältnis zur Vergangenheit. Mit der Rekonstruktion des ▶ *Nikolaiviertels* wurde für die 750-Jahr-Feier Berlins 1987 ein kleiner Teil der Berliner Altstadt als Wiedergutmachung nachgestellt – allerdings historisch weit weniger getreu, als es der Besucher vermuten würde.

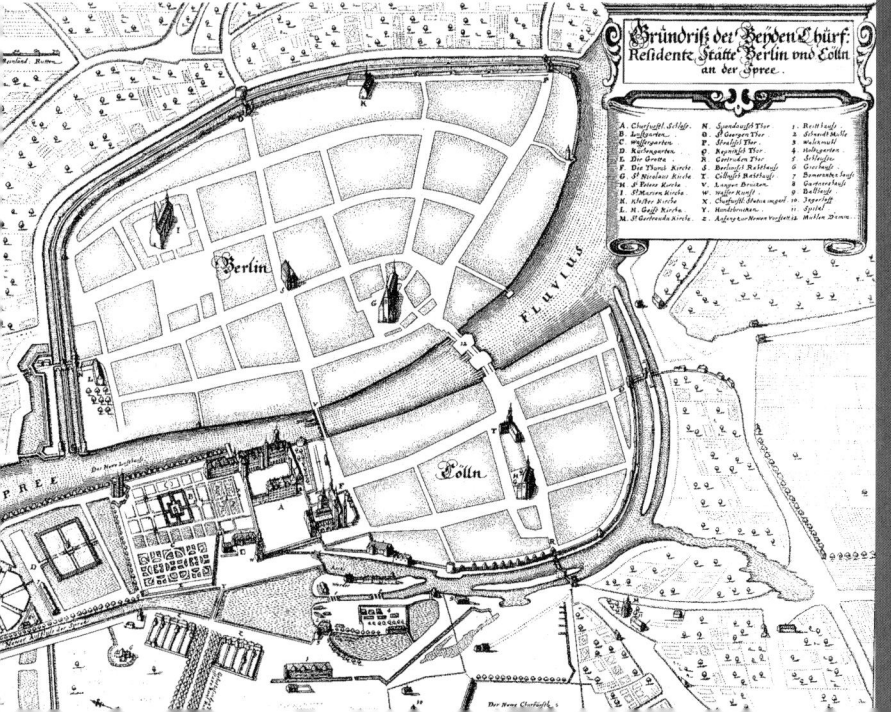

Auf dem ältesten überlieferten Stadtplan von Johann Gregor Memhardt aus dem Jahr 1652 (siehe S. 19) ist die Struktur der mittelalterlichen Doppelstadt gut zu erkennen: Im Bild oberhalb der Spree liegt die Stadt Berlin, rechts die ► *Nikolaikirche* und links die ► *Marienkirche*, darunter die Spreeinsel mit der Stadt Cölln und der kurfürstlichen Residenz.

Die Doppelsiedlung entwickelte sich um 1230 an einem damals sehr günstigen Standort. Zum einen ermöglichte eine besonders flache Stelle der Spree – eine Furt – den fahrenden Kaufleuten die Überquerung des Flusses, so dass sich hier zwei wichtige Handelswege trafen. Zum anderen begünstigten Dünenhügel die Gründung einer Ansiedlung in der ansonsten sumpfigen Umgebung. Berlin wurde anfangs in sehr winkligen Gassen um die Nikolaikirche herum angelegt, der Marktplatz (Alter Markt) befand sich an der Stelle des heutigen Molkenmarktes. In Cölln, das mit Berlin durch einen Damm (heute Mühlendammbrücke) verbunden war, führte die Handelsstraße wie in einem Angerdorf zu beiden Seiten um das Zentrum mit dem Markt und um die im Krieg stark beschädigte Petrikirche, deren Reste in den 1960er Jahren abgetragen wurden.

Cölln wird erstmals 1237 urkundlich erwähnt, Berlin erst 1244. Beide Städte bildeten 1307 eine erste Verwaltungsunion und schlossen sich 1432 zu einer Stadt zusammen, deren Rathaus neutral auf einer gemeinsamen zweiten Spreebrücke (heute Rathausbrücke) errichtet wurde. Durch das Sumpfgelände im Norden der Spreeinsel, das Gebiet der späteren kurfürstlichen Residenz, waren der Ausdehnung Cöllns natürliche Grenzen gesetzt. Berlin konnte sich dagegen Mitte des 13. Jh. planmäßig erweitern. In einem schachbrettartigen Straßenraster angelegt, entstand um den Neuen Markt die Neustadt mit der Marienkirche. Mit Ausnahme der Kirche sind die Überreste des Neuen Marktes zugunsten der riesigen Freifläche am Fernsehturm verschwunden. Die größte Ausdehnung der Doppelstadt lässt sich noch heute auf jedem Stadtplan durch die Begrenzung von Kupfergraben und S-Bahntrasse zwischen Jannowitzbrücke und Hackeschem Markt ablesen. Berlin-Cölln erlebte einen raschen wirtschaftlichen Aufschwung und wurde Mitte des 14. Jh. sogar Hansestadt.

Erst 1442 machten die Hohenzollern Berlin-Cölln zu ihrer kurfürstlichen Residenz und beendeten fortan die städtische

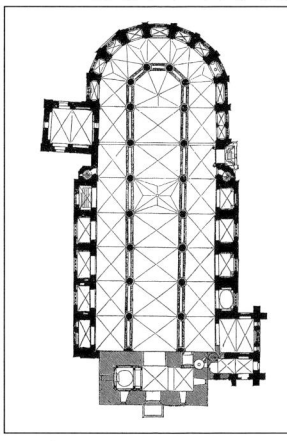

NIKOLAIKIRCHE: AUSSEN-, INNENANSICHT, GRUNDRISS

Selbstständigkeit. Zu Recht verstanden die Bürger den Bau einer Zwingburg auf der Spreeinsel als Zeichen ihrer Unterwerfung und versuchten im „Berliner Unwillen" 1447/48 vergeblich, deren Fertigstellung zu verhindern.

ALT-BERLIN

Wenig erinnert nach den Zerstörungen des Zweiten Weltkriegs und der Beseitigung nahezu sämtlicher verbliebener Gebäude an ein Alt-Berlin, das sich auf dem Gebiet zwischen Spree und heutiger S-Bahntrasse erstreckte. Doch hier ist das älteste Bauwerk der Stadt, die **NIKOLAIKIRCHE** (◨; Nikolaikirchplatz; vermutlich 1223 begonnen), erhalten. Ihr Standort im so genannten ▶ *Nikolaiviertel* ist zugleich der Ursprung Berlins. Als um 1230 die erste kreuzförmige Pfeilerbasilika errichtet wurde, verwendete man sorgsam bearbeitete Feldsteine aus der Region. Bis heute ist von dieser spätromanischen Kirche der Westturmsockel mit dem Eingang erhalten. Der wehrhafte Eindruck, den der Feldsteinturm vermittelt, ist kennzeichnend für die ersten Pfarrkirchen in den neu gegründeten Siedlungen der Mark Brandenburg. Nach relativ kurzer Zeit, um 1260/70, wurde das Langhaus durch einen neuen dreischiffigen Hallenraum ersetzt. Als Baumaterial verwendete man nun Backstein, der typisch für die brandenburgische Architektur des Mittelalters wurde. Ab etwa 1379 entstand ein neuer Umgangschor in spätgotischen Formen, der zu den wichtigsten architektonischen Neuheiten in der damaligen Mark gehörte. Innenstützen und Strebepfeiler standen in einem unabhängigen System zueinander und ermöglichten eine neuartige Großzügigkeit der Raumgestaltung. Bemerkenswert ist der Kapellenkranz um den Chor, der bis 1470 an den Längsseiten weitergeführt wurde. 1452 wurde seitlich die Liebfrauenkapelle mit einem Giebel in Formen der märkischen Backsteingotik angefügt. Der Turmaufsatz aus Backstein mit seinen zwei spitzen Helmen ist dagegen eine Zutat des 19.Jh. Der 1876-78 erfolgte Umbau durch Hermann Blankenstein führte zu einer der ersten Kontroversen über den Umgang mit historischer Bausubstanz. Nach schwerer Beschädigung im Zweiten Weltkrieg blieb die Kirche lange Zeit als Ruine erhalten. Während des Wiederaufbaus 1977-87 wurden die Turmhelme von Blankenstein vereinfacht rekonstruiert. Im Innern wurde, denkmalpflegerischen Untersuchungen folgend, die spätmittelalterliche Farbgestaltung nachempfunden. Die Nikolaikirche dient seitdem als Museum. Künstlerisch herausragend sind die barocke Krautsche Kapelle (1725) von Johann Georg Glume und das Eingangsportal zur ehem. Gruft des Daniel Männlich (1701) von Andreas Schlüter.

Nachdem im leer geräumten Zentrum der „Hauptstadt der DDR" die Unwirtlichkeit der autogerechten Planungen nicht mehr zu übersehen war, wuchs die Sehnsucht nach der alten Stadt. Daher entschied man Ende der 1970er Jahre, auf dem freien Gelände um die ▶ *Nikolaikirche* ein Stück altes Berlin zu rekonstruieren. Immerhin befand sich hier die Wiege der Stadt. Das **NIKOLAIVIERTEL** (◪; zwischen Rathaus-

TIV, BERND MELZER; 1980-87) war das prominenteste Ost-Berliner Bauprojekt zur 750-Jahr-Feier der Stadt 1987. Während sich die westliche Postmoderne den Traditionen der europäischen Stadt eher spielerisch näherte, wurde mit dem Nikolaiviertel eine Kulisse geschaffen, die ein gewachsenes historisches Viertel simulierte. Diese Form der Stadtreparatur ist mit den gleichzeitigen Maßnahmen der IBA 1987 in West-Berlin, die eine „Kritische Rekonstruktion" der Stadt einleiten sollten, kaum zu vergleichen. Charakteristisch für die städtebauliche Kulissenplanung ist die Rekonstruktion historischer Bauwerke, die bereits Jahre zuvor an einem völlig anderen Standort abgerissen wurden. So entstand die um 1270 errichtete **GERICHTSLAUBE** (POSTSTRASSE) als Kopie der barocken Fassung des 17. Jh. an neuem Standort. Ursprünglich befand sie sich an der heutigen Ecke Rathausstraße/Spandauer Straße und wurde 1865 für den Bau des ▶ Berliner Rathauses abgerissen. Die Reste des Originals wurden damals für einen neugotischen Nachbau im Schlosspark Babelsberg verwendet. Auch das **GASTHAUS ZUM NUSSBAUM** (PROPSTSTRASSE) aus dem 16. Jh. wurde hier nachgebaut, nachdem es 1966 den Hochhäusern auf der ▶ Fischerinsel hatte weichen müssen.

Ein großer Teil der Neubauten im Nikolaiviertel wurde mit Hilfe von Betonfertigteilen errichtet. Dennoch wird das Bemühen deutlich, sich nach außen der historischen Bebauung anzupassen. Die Innenhöfe hingegen offenbaren den industriellen Charakter der Plattenbauten.

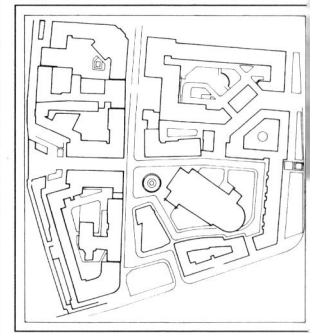

Das älteste original erhaltene Wohnhaus im ▶ Nikolaiviertel ist das so genannte **KNOBLAUCHHAUS** (**D**; POSTSTRASSE 23; 1759-61). Es befand sich im Besitz der Bürgerfamilie Knoblauch, der u.a. Eduard Knoblauch (1801-1865), einer der ersten „Privatarchitekten" der Stadt, entstammte. Dieser regte 1824 die Gründung des Architektenvereins zu Berlin an und entwarf die ▶ Neue Synagoge in der Oranienburger Straße. Das barocke Wohnhaus mit Kontor und Lagerräumen im Erdgeschoss wurde um 1760 anstelle eines einstöckigen Fachwerkhauses errichtet. Wie auch sein Vorgänger passte es sich in seiner Form dem mittelalterlichen Straßengrundriss an, was zu einer für Berlin untypischen und eleganten Schwingung der Fassade führte. Der die Mitte der Fassadenwölbung noch zusätzlich betonende schmale Mittelrisalit und das Mansard-

LINKE SEITE
NIKOLAIVIERTEL:
REKONSTRUIERTE BÜRGERHÄUSER,
BLICK AUF MÜHLENDAMM UND NIKOLAIVIERTEL,
LAGEPLAN, KURFÜRSTENHAUS AM SPREEUFER

RECHTE SEITE
KNOBLAUCHHAUS
EPHRAIMPALAIS: AUSSENANSICHT,
HIST. GRUNDRISS

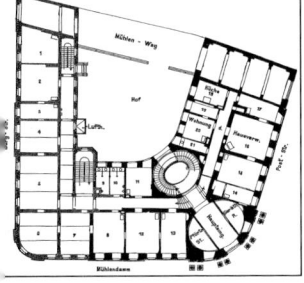

dach erinnern bis heute an die ursprüngliche barocke Gestaltung. Nachdem das Haus 1806 und 1835 umgestaltet wurde, zeigt sich die verputzte Fassade in schlichten Formen des Frühklassizismus. Auffälligstes Merkmal der neuen Fassade und typisches Motiv des Berliner Frühklassizismus ist ein breiter Spiralrankenfries über dem ersten Obergeschoss. Die Fenster an den Ecken und im Mittelrisalit der ersten Etage erhielten durch eine gerade Verdachung mit Blattwerkleisten eine stärkere Betonung. Zudem wurde der kleine Blumenerker angebracht, ein zu dieser Zeit beliebter und weit verbreiteter Fassadenschmuck. Das Gebäude überstand den Zweiten Weltkrieg relativ unbeschadet und ist daher ein wertvolles Zeugnis der verschwundenen Berliner Altstadt. Im Zusammenhang mit der Rekonstruktion des Nikolaiviertels wurde das Knoblauchhaus 1986-89 restauriert und in den Obergeschossen zum Museum umgestaltet.

Das **EPHRAIM-PALAIS** (**D**; POSTSTRASSE 16; FRIEDRICH WILHELM DITERICHS; 1762-66) galt einst als die „schönste Ecke von Berlin". Der Bankier Veitel Heine Ephraim erregte großes Aufsehen, als er den außergewöhnlich repräsentativen Bau errichten ließ, der eher einem Adelspalais als einem bürgerlichen Wohnhaus entsprach. Die auffallende gerundete Ecke des Gebäudes ergab sich aus der geschickten Überspielung eines schiefwinkligen Straßenecks, mit der Diterichs, ein erfolgreicher Berliner Baumeister, den Nachteil des Grundstücks in eine gelungene architektonische Idee umwandelte. Gestaffelte Balkone mit filigranen, vergoldeten Geländern und ein Portikus mit toskanischen Doppelsäulen, die den Hauptbalkon tragen, betonen die Ecke ausdrücklich als Mittelachse und verleihen dem Gebäude die für ein barockes Palais notwendige Symmetrie der Fassade. Das Hauptportal bezog sich auf das schräg gegenüber am Molkenmarkt liegende barocke ▶ *Palais Schwerin*. Die besondere Betonung der Rundung des Mittelteils setzt sich im Innern des Ephraim-Palais in einer Abfolge von ovalen Grundrissformen der Säle und des Treppenhauses fort, die auch hier schiefe Winkel vermeiden und Symmetrie schaffen. Wegen einer Verbreiterung des Mühlendamms wurde das Gebäude 1936 abgetragen und nummeriert eingelagert, um es später um 12 m versetzt wieder aufzubauen. Erst verhinderte jedoch der Krieg die Versetzungsaktion, dann erschwerte die Lagerung der Teile in West-Berlin einen Wiederaufbau in Ost-Berlin. Nach einer aufwendigen Austauschaktion zwischen beiden Stadthälften kam es 1985-87 endlich zur Rekonstruktion im ▶ *Nikolaiviertel* (HEINZ MEHLAN UND ROLF RICKEN), die Räume des Palais dienen seitdem als Museum. Im ersten Obergeschoss wurde eine Kopie der barocken „Schlüterdecke" aus dem Palais Wartenberg integriert, das 1702-04 nach Plänen von Andreas Schlüter an der heutigen Rathausbrücke errichtet und bereits 1889 für ein neues Geschäftshaus abgerissen wurde.

Seit den 1960er Jahren teilt die Grunerstraße, eine riesige Verkehrsschneise zwischen Mühlendammbrücke und Alexanderplatz, das Gebiet der einstigen Berliner Altstadt in zwei unabhängige Bereiche. Das südliche Gebiet zwischen ▶ *Klosterkirche* und Molkenmarkt ist dadurch vom urbanen Geschehen des Zentrums abgeschirmt und in seinen Entwicklungsmöglichkeiten benachteiligt. Bereits 1935/36 ging bei der Verbreiterung des Mühlendamms das ursprüngliche räumliche Gefüge am Molkenmarkt verloren. So wie das ▶ *Ephraim-Palais* wurde auch das **PALAIS SCHWERIN** (**D**; MOLKENMARKT 1-3; JEAN DE BODT; UM 1704) abgetragen, um es, von seinem originalen Standort um mehrere Meter verschoben, wieder aufzubauen. Der Wiederaufbau erfolgte beim Palais Schwerin jedoch unmittelbar. Seitlich wurde es um zwei flankierende Bauten, die sich dem Stil des Palais anpassen, sowie um einen nüchternen neoklassizistischen Bau, die **NEUE MÜNZE** (**D**; FRITZ KEIBEL, 1936-42), erweitert. Das Palais Schwerin entstand für den Staatsminister Otto von Schwerin, wahrscheinlich unter Verwendung eines älteren Baus aus den 1690er Jahren. Die zwei Balkone betonen die Symmetrie, da der Eingang ursprünglich nicht in der Mitte lag. Im Innern des Barockpalais sind mehrere Stuckdecken sowie eine reich geschnitzte Treppe aus der Erbauungszeit erhalten. Heute haben im Palais und seinen Anbauten mehrere Verbände ihren Sitz.

Der an das ▶ *Palais Schwerin* angrenzenden **UNTERNEHMENSZENTRALE DER BERLINWASSER HOLDING AG** (STRALAUER STRASSE 32-34; CHRISTOPH LANGHOF, THOMAS HÄNNI, ALFONS WENING; 1998-2000) sollte, trotz der konventionellen Nutzung als Bürohaus, in der historischen Umgebung eine angemessene Wertigkeit verliehen werden. Durch kristalline Brechung

LINKE SEITE
NEUE MÜNZE
PALAIS SCHWERIN
HÄUSERZEILE WAISENSTR.
RESTE DER MITTELALTERLICHEN STADT-
MAUER

RECHTE SEITE
UNTERNEHMENSZENTRALE DER BERLIN-
WASSER HOLDING
LANDGERICHT BERLIN:
AUSSENANSICHT,
HAUPTTREPPENHALLE

wurde die Fassade zum Molkenmarkt in Szene gesetzt. Sie erinnert an expressionistische und kubistische Architektur, während sich die Dachform auf das benachbarte Palais bezieht.

Der Gebäudekomplex des **LANDGERICHTS BERLIN** (**D**; Littenstrasse 12-17; Paul Thoemer, Rudolf Mönnich, Otto Schmalz; 1896-1904) erstreckte sich ursprünglich über 207 m Länge und besaß fünf Innenhöfe sowie mehrere Lichthöfe. Ein Teil der Anlage wurde jedoch in den 1960er Jahren für die Verbreiterung der Grunerstraße abgerissen. Justizpaläste wie dieses Gerichtsgebäude zeigten Ende des 19. Jh. das neu geordnete Justizwesen als eine unangreifbare, Ehrfurcht gebietende Macht. Otto Schmalz gestaltete die Haupttreppenhalle kathedralenartig nach oben emporsteigend. Die als Verkehrsschleuse konzipierte Treppenanlage ist mit über- und gegeneinander laufenden Treppen von komplizierter Führung und erschwert die Orientierung in dem ohnehin unübersichtlichen Gebäude. Der Stil wirkt in einer Mischung aus Neugotik, Neubarock und Jugendstilformen beinahe theatralisch. Das Gebäude dient noch heute als Gericht.

Zwischen Litten- und Waisenstraße sind Reste der 1319 fertig gestellten **BERLINER STADTMAUER** erhalten. Sie wurde, etwa 4 m hoch, aus Feld- und Backsteinen errichtet. An ihrer Innenseite standen Häuser in geschlossener Bebauung. Im Kern der verbliebenen **HÄUSERZEILE WAISENSTRASSE 14-16** (**E**; Ende 17. Jh./1. Hälfte 18. Jh.) sind noch eingebaute Reste der spätmittelalterlichen Bebauung erhalten. Die vier barocken Wohnhäuser wurden 1961-63 in veränderter Form wiederhergestellt. So auch das **GASTHAUS ZUR LETZTEN INSTANZ** (Waisenstrasse 15), das bis heute die historische Gaststätte beherbergt.

Bis zu ihrer weitgehenden Zerstörung im Zweiten Weltkrieg war die **KLOSTERKIRCHE** (**D**; Klosterstrasse 74; um 1260) der Franziskaner nicht nur das einzige vollständig erhaltene Beispiel der Berliner Frühgotik, ihr Innenraum zählte auch zu den schönsten Sakralräumen Berlins. Der wahrscheinlich älteste Backsteinbau der Stadt entstand auf einem Feldsteinsockel, der bereits zu einer ab 1249 entstandenen spätromanischen Hallenkirche gehört haben könnte. Vermutlich grenzte der Klosterbau direkt an die erste Stadtmauer, obwohl deren genauer Verlauf ungeklärt ist. Daher besteht Uneinigkeit darüber, ob die Stadtmauer beim Errichten des neuen hochgotischen Chores versetzt werden musste. Der neue Chor entstand um 1290/1300 unter dem Eindruck der Klosterkirche von Chorin (nach 1273) und war wiederum ein wichtiges stilistisches Vorbild für den Umbau und die Erweiterung des Brandenburger Domklosters Ende des 13. Jh. Die Chorwände wurden fast vollkommen in der Lichtarchitektur der Maßwerkfenster aufgelöst und bildeten einen äußerst wirkungsvollen Kontrast zu den schweren Bögen und Pfeilern des frühgotischen Langhauses. Mit dem übrigen Klosterkomplex, dessen Reste 1968 aufgrund der Verbreiterung der Grunerstraße beseitigt wurden, bildete die Kirche eine geschlossene Anlage aus Kreuzgängen, Innenhöfen und Kirchhof. Durch die Nähe zur Stadtresidenz der brandenburgischen Markgrafen, dem Hohen Haus in der Klosterstraße, zeigt sich die Bedeutung des Franziskaner-Ordens für die damals herrschenden Askanier. Diese hatten dem Orden das Grundstück zur Verfügung gestellt und benutzten die Kirche als Grablege. Auf diese Weise erklärt sich die künstlerisch bedeutsame Gestaltung. Nachdem das Kloster während der Reformation 1574 von den Hohenzollern säkularisiert worden war, verblieb hier das Gymnasium zum Grauen Kloster: eine bedeutende höhere Schule, die u.a. von Karl Friedrich Schinkel und Otto von Bismarck besucht wurde. Die Kirche, seit der schweren Kriegsbeschädigung als Ruine gesichert, ist heute u.a. Kulisse für Konzerte.

Mehr als zwei Jahrhunderte wurde die Klosterstraße vom Glockenturm der **PAROCHIALKIRCHE** (**D**; KLOSTERSTRASSE 66-67; JOHANN ARNOLD NERING, MARTIN GRÜNBERG; 1695-1705; JEAN DE BODT, PHILIPP GERLACH; 1713-14) dominiert. Der barocke Zentralbau in Form einer Vierkonchen-Anlage wurde zunächst ohne Turm nach Plänen von Johann Arnold Nering begonnen und bis 1705 von Martin Grünberg fertig gestellt. Dieser fügte dem Bau eine rechteckige Vorhalle an. Nach Plänen von Jean de Bodt wurde dem Kirchenbau durch Philipp Gerlach 1713-14 ein Turm mit offenem Säulengeschoss, Glockenspiel und krönendem Obelisken als Abschluss aufgesetzt. Seit 1991 wird die Kirche restauriert (LANGEHEINECKE & CLAUSSEN) und für Ausstellungen genutzt. Die Rekonstruktion des im Krieg bis auf den Unterbau zerstörten Turmes ist jedoch aus finanziellen Gründen ungewiss.

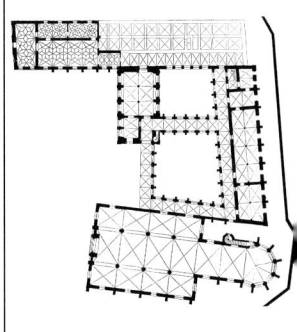

Das **PODEWILS'SCHE PALAIS** (**D**; KLOSTERSTRASSE 68-70; JEAN DE BODT; 1701-04) ist ein im Äußeren erhaltenes Stadt-

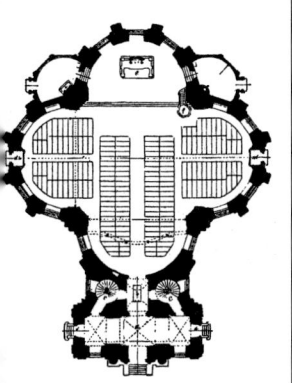

palais, das exemplarisch die Strenge des preußischen Barocks im Vergleich etwa zum süddeutschen Barock zeigt. Bereits 1732 von Staatsminister Heinrich Graf von Podewils umgebaut, wurde das Palais 1881 und 1896 zur Parochial- und Waisenstraße hin erweitert. Zudem veränderte man die Fassade dem Geschmack der Zeit entsprechend. Nach schweren Kriegsschäden wurde das Palais 1952-54 als Haus der Jungen Talente mit Theater, Gastronomie und verschiedenen kulturellen Veranstaltungsräumen wiederhergestellt. Die Fassadenänderung des 19. Jh. wurde dabei zurückgenommen und der Zustand des 18. Jh. rekonstruiert. Ein Brand 1966 bedingte eine nochmalige Wiederherstellung und führte zu weiteren Veränderungen des Inneren, zudem wurde ein Erweiterungsbau angefügt (1966-70). Das Podewils'sche Palais wird auch heute noch als Kulturveranstaltungszentrum genutzt.

HAUS DER SCHENKUNG (KLOSTERSTRASSE 48; REM KOOLHAAS & OFFICE FOR METROPOLITAN ARCHITECTURE; 2001-04): Der Baukörper ist aus vielfältigen Dreiecken zusammengesetzt. Er ordnet sich der Umgebung unter und nimmt einen engen Bezug zum benachbarten Neubau der ► *Niederländischen Botschaft* auf.

U-BAHNHOF KLOSTERSTRASSE (**D**; ALFRED GRENANDER; 1911-13): Ursprünglich als Umsteigebahnhof zur Frankfurter-Allee-Linie (U5) geplant, gibt der gut erhaltene U-Bahnhof einen Eindruck von der Gestaltungslinie Grenanders vor dem Ersten Weltkrieg. In den 1980er Jahren wurde der Bahnhof aufwendig restauriert. Die Vorhalle zum Südausgang zeigt Darstellungen neuer Berliner Siedlungsgebiete mit Schnellbahnanschluss, die Wände zum Bahnsteig historische Verkehrsmittel Berlins.

Ehem. WARENHAUS GEBR. TIETZ (**D**; KLOSTERSTRASSE 64; GEORG LEWY; 1904-06): Im Äußeren gut erhaltenes Beispiel Berliner Geschäftshausarchitektur. 2001-02 erfolgten Sanierung und Umbau zu einem modernen Bürogebäude (GRÜNTUCH & ERNST). Zwei Lichthöfe wurden dabei zu Konferenzsälen umgestaltet, nichttragende Trennelemente im Innern ermöglichen zukünftig eine flexible Gestaltung.

Die Verwaltung der seit dem 19. Jh. unaufhörlich wachsenden Stadt benötigte zur Entlastung des ► *Berliner Rathauses* einen Neubau, der zugleich eine repräsentative Festhalle auf-

LINKE SEITE
RUINE KLOSTERKIRCHE:
EHEM. EINGANG,
HIST. GRUNDRISS DER URSPRÜNGLICHEN
KLOSTERANLAGE
PAROCHIALKIRCHE

RECHTE SEITE
PAROCHIALKIRCHE:
HIST. GRUNDRISS
PODEWILS'SCHES PALAIS
EHEM. WARENHAUS TIETZ

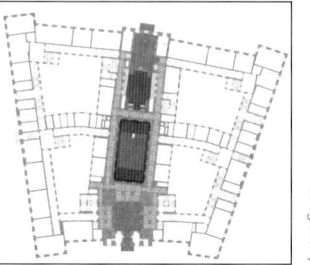

LINKE SEITE
ALTES STADTHAUS:
AUSSENANSICHT,
GRUNDRISS

RECHTE SEITE
ALTES STADTHAUS: HIST. ANSICHT DER
FESTHALLE, HIST. SCHNITT
FERNSEHTURM

nehmen sollte. Ein komplettes Blockareal der Altstadt zwischen Klosterstraße, Jüdenstraße, Stralauer Straße und Parochialstraße sollte dem Stadthaus, heute als **ALTES STADTHAUS** (**D**; JÜDENSTRASSE 34-42; LUDWIG HOFFMANN; 1902-11) bezeichnet, weichen. Da jedoch auch die umliegenden Straßen eng und dicht bebaut waren und es an einer stadträumlichen Verbindung zum Rathaus fehlte, wurde das Stadthaus für den Stadtbaurat Hoffmann zur großen architektonischen Herausforderung. Der Hauptfront in der engen Jüdenstraße gab der Architekt für die Seitenansicht eine starke Gliederung, zudem sollte die Straße durch einen kleinen Vorplatz aufgeweitet werden. Wie auch beim Rathaus, hob sich der Turm als eigenständiger Teil aus der benachbarten Bebauung heraus und war nicht für die heutige frontale Gesamtansicht mit der Hauptfassade bestimmt. Stilistisch korrespondierte seine Gestalt mit den Türmen des ▶ *Deutschen* und ▶ *Französischen Doms* auf dem Gendarmenmarkt. Bedingt durch die Trapezform des Grundstücks, wurde die Hauptachse im Grundriss nach rechts geknickt. Sie führt im Innern des Baus zur Festhalle, die in ihrer puristischen Gestaltung und massiven Materialität wie ein öffentlicher Platz wirkt. Mit gekonnter Tageslichtregie erzeugte Hoffmann im kirchenartigen Tonnengewölbe ein dramaturgisches Dämmerlicht. Die Gliederung der fast klösterlich gestalteten Verwaltungstrakte erfolgte auf sehr moderne Weise, so z.B. durch nach außen gelegte Treppenhäuser. Erst seit der Umbenennung des benachbarten Gebäudes in ▶ *Neues Stadthaus* trägt Hoffmanns Bauwerk die Bezeichnung Altes Stadthaus. Nachdem 1950-55 die Kriegsschäden weitgehend beseitigt worden waren, musste der Ost-Berliner Magistrat das Stadthaus an die Regierung der DDR abgeben, die das Gebäude 1960-61 zum Haus des Ministerrates umbaute. Heute dient das Baudenkmal wieder der Stadtverwaltung Berlins. Die dafür erfolgte Generalsanierung (GERHARD SPANGENBERG, MARTIN REICHERT, ELZ & ROTHKEGEL; 1994-2002) hob die bauliche Grundstruktur durch Beseitigung entstellender Einbauten (z.B. die Demontage der abgehängten Decke im Festsaal) wieder hervor. Im Mittelpunkt der Sanierung stand die Wahrung und Konservierung der Originalsubstanz, aber auch die teilweise Ergänzung.

NEUES STADTHAUS (**D**; PAROCHIALSTRASSE 1-3; ARTHUR RECK, FRITZ KEIBEL; 1937-39):
Als Städtische Feuersozietät war das Neue Stadthaus Teil eines geplanten Verwal-

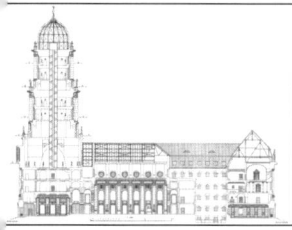

tungsforums am ▶ *Alten Stadthaus*. Die Architektur musste sich daher nach Gestaltungsvorgaben des Magistrats richten. Ab 1946 befand sich hier, bis zur politischen Teilung 1948, die provisorische Unterkunft des Magistrats und der Stadtverordnetenversammlung Gesamt-Berlins.

GASAG-GESCHÄFTSHAUS (EHEM. VERWALTUNGSGEBÄUDE DER STÄDTISCHEN GASWERKE; **D**; LITTENSTRASSE 109; LUDWIG HOFFMANN; 1911) und angrenzend **SENATSVERWALTUNG FÜR FINANZEN** (ARTHUR RECK, FRITZ KEIBEL; 1937-39): Hoffmanns repräsentative Werksteinfassade gibt dem GASAG-Haus eher das Gepräge eines gewaltigen barocken Stadtpalais, als dass es einem Verwaltungsgebäude der Gaswerke ähneln würde. Das Verwaltungsgebäude von Reck und Keibel war Teil des geplanten Verwaltungsforums am ▶ *Alten Stadthaus*.

Zwischen Klosterstraße und Rolandufer befindet sich die **NIEDERLÄNDISCHE BOTSCHAFT** (STRALAUER STRASSE 44-47; REM KOOLHAAS & OFFICE OF METROPOLITAN ARCHITECTURE; 1999-2003). Das Office of Metropolitan Architecture von Koolhaas hat einen schmalen L-förmigen Komplex an die Brandwände der Nachbarhäuser gesetzt. Hier befinden sich die Dienstwohnungen. Der zweite Baukörper ist ein frei stehender Kubus, aus dem einer der Räume des Botschafterbüros erkerartig auskragt. Über eine Rampe, die das Gebäude spiralartig vom Erdgeschoss bis zur Dachterrasse erschließt, werden die Räume mit Frischluft versorgt.

Während das Viertel rund um die ▶ *Klosterkirche* in seinem alten kleinteiligen Stadtgrundriss erhalten blieb und das rekonstruierte ▶ *Nikolaiviertel* zumindest den historischen Maßstab zur Orientierung nahm, ist von dem schachbrettartigen Grundriss der Berliner Neustadt nichts mehr erhalten. Das einst dicht bebaute Areal rund um die ▶ *Marienkirche* und den heute verschwundenen Neuen Markt ist in eine weite Freifläche umgewandelt worden und spiegelt das städtebauliche Leitbild der 1960er Jahre in der DDR wider. Als „Zentrumsband" im räumlichen Zusammenhang mit dem ehem. ▶ *Palast der Republik* und dem so genannten Marx-Engels-Forum zwischen Spree und Spandauer Straße stehend, wird die enorme Freifläche vom **FERNSEHTURM** (PANORAMASTRASSE/GONTARDSTRASSE; TURM: FRITZ DIETER, GÜNTER FRANKE UND KOLLEKTIVE, WERNER AHRENDT; 1965-69; UMBAUUNG: WALTER HERZOG, HERBERT

AUST UND KOLLEKTIV, ROLF HEIDER; 1969-72) dominiert. Einst Sinnbild der DDR-Hauptstadt, ist der Fernsehturm mittlerweile zu einem Wahrzeichen der gesamten Stadt geworden. Mit seinen 368 m Höhe ist er weithin zu sehen. Städtebaulich wurde er geschickt in der Sichtachse vieler Hauptverkehrsstraßen platziert, die auf das Zentrum um den Alexanderplatz zulaufen. Die ungewöhnliche Tatsache, dass ein technisches Bauwerk im Mittelpunkt der Stadt steht, ist eine Folge der DDR-Hauptstadtplanung. Seit 1950 strebte die Parteiführung nach Moskauer Vorbild eine Höhendominante am geplanten „Zentralen Platz" an. Nach damaliger Vorstellung sollte das ein Hochhaus im neoklassizistischen Stil der ▶ Stalinallee sein. Als sich Ende der 1950er Jahre ein Wechsel zur modernen DDR-Stadtplanung vollzog, entwarf HERMANN HENSELMANN 1959 unaufgefordert einen „Turm der Signale". Er sollte aus einem geschwungen nach oben führenden Betonschaft, einer gläsernen Kugel und einer Stahlnadel bestehen. Ohne nähere Funktionszuschreibung sollte der Turm den Start eines Satelliten ins Weltall als Metapher für den Sieg des Kommunismus darstellen. Diese avantgardistische Idee missfiel der Parteiführung zwar, dennoch beschloss sie 1964, statt eines Hochhauses, das sich für Regierungszwecke als eher ungeeignet erwiesen hätte, den für ▶ Friedrichshain bereits geplanten Fernsehturm an zentrale Stelle zu rücken. Die Form des Fernsehturms erinnerte zwar auf bemerkenswerte Weise an den abgelehnten „Turm der Signale", war aber die Folge architektonischer Überlegungen für den besonderen Standort. So wurde der Turm aus ästhetischen Gründen nach den Regeln des Goldenen Schnitts gegliedert und bekam, ganz im Zeichen der zukunftsorientierten 1960er Jahre gestaltet, eine futuristische silberne Kugel. Der prägnante Turmkopf mit seiner facettenartigen Edelstahlverkleidung garantierte aus allen Entfernungen und Richtungen eine immer gleiche und unverwechselbare Ansicht des Turms. Der Turmsockel ist von Pavillons umgeben, die mit ihren plastisch gestalteten und frei ausragenden Dachflächen das Blatt- und Wurzelwerk des Schaftes symbolisieren. Im Faltwerksystem wurde immer wieder das Dreieck als Grundfigur verwendet, die auch auf der zum Neptunbrunnen führenden Achse zu finden ist. Die Umbauung wurde parallel zum Fernsehturm saniert und zum

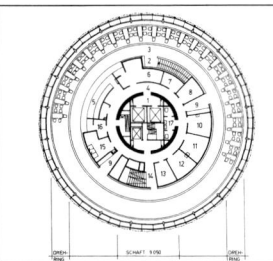

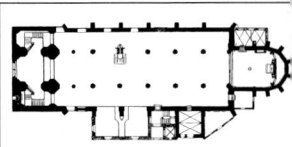

LINKE SEITE
MEDIENZENTRUM
ALEXANDERPLATZ: AUSSEN-,
INNENANSICHT
FERNSEHTURM: GRUNDRISS DER
AUSSICHTSPLATTFORM
MARIENKIRCHE:
AUSSENANSICHT, GRUNDRISS

RECHTE SEITE
MARIENKIRCHE: INNENANSICHT
BERLINER RATHAUS:
AUSSENANSICHT,
HAUPTTREPPENHAUS

MEDIENZENTRUM BERLIN ALEXANDERPLATZ umgebaut (PLANUNGSGRUPPE FÜNF BERLIN, HOFFMANN UELLENDAHL; 2000-02).

Bis zu den Zerstörungen im Zweiten Weltkrieg war die ev. **MARIENKIRCHE** (**D**; KARL-LIEBKNECHT-STRASSE 8; UM 1270 BEGONNEN) in die Blockbebauung um den Neuen Markt eingefügt, wo sie diagonal zum rechtwinkligen Straßenraster der Neustadt stand. Die städtebaulichen Dimensionen haben sich jedoch radikal geändert. Seit den 1960er Jahren steht der Sakralbau wie ein letztes historisches Relikt, losgelöst und einsam inmitten der riesigen Freifläche unter dem ▶ *Fernsehturm*. Die gotische und typisch märkische Hallenkirche wurde um 1270 als Backsteinbau auf einem Feldsteinsockel errichtet, dessen Material möglicherweise bereits von einem Vorgängerbau stammte. Ältester und im Wesentlichen noch erhaltener Teil der Kirche ist der einjochige Chor, der als Typus auch an der ▶ *Nikolaikirche* zu finden war, bis er dort durch den neuartigen Umgangschor ersetzt wurde. Als nach 1380 die Marienkirche erneuert wurde, modernisierte man auch den einjochigen Chor und gab ihm ein neues Sternrippengewölbe. Der Turmsockel wurde erst ab 1418 über einer neuen dreischiffigen Vorhalle gebaut und verlängerte die Kirche nach Westen. Er besteht aus eher unsorgfältig bearbeiteten Feldsteinen, die im Gegensatz zu den älteren, aufwendig bearbeiteten Steinquadern des Langhaus- und Chorsockels stehen. CARL GOTTHARD LANGHANS D.Ä. entwarf 1790 für den baufälligen Turmaufsatz den heutigen Turmhelm, der ein sehr frühes Beispiel der Neugotik darstellt. Im Innern ist die reich geschmückte barocke Alabasterkanzel von ANDREAS SCHLÜTER (1703) in bemerkenswerter Weise in das Tragsystem integriert, da der gotische Langhauspfeiler durch vier ionische Säulen ersetzt wurde. 1860 entdeckte der Architekt Friedrich August Stüler in der Vorhalle das Totentanz-Fresko von 1485, in dem sich die Vertreter der geistlichen und weltlichen Stände im Reigen mit dem Tod vereinen. Im Zuge der Sanierung der barocken Wagner-Orgel 2001 wurde an der Westwand des Langhauses noch ein weiteres mittelalterliches Wandbild mit der seltenen Darstellung einer „Schutzmantelmadonna" freigelegt.

Das **BERLINER RATHAUS** (**D**; RATHAUSSTRASSE 15-18; HERMANN FRIEDRICH WAESEMANN; 1861-69), wegen seines roten Backsteins auch Rotes Rathaus genannt, steht an der einst **31** wichtigsten Kreuzung des mittelalterlichen Stadtgrundrisses. Der Bau ersetzte das um 1300 entstandene und mehrfach stark veränderte alte Rathaus mit der Gerichtslaube. Wegen des enorm gestiegenen Platzbedarfs der Stadtverwaltung beanspruchte der Neubau den gesamten städtischen Baublock mit einer Fläche von 99 x 88 m. In der damals engen und beidseitig bebauten Königstraße (heute Rathausstraße) wurde die Hauptfront leicht zurückversetzt, so dass vor dem Hauptportal ein kleiner Vorplatz entstand, was zur repräsentativen Wirkung beitrug. Außerdem wurde für die überwiegend seitliche Sicht auf die Fassade der Mittelrisalit plastisch hervorgehoben. Der 74 m hohe Turm wurde stark zurückversetzt und besaß für die Nahansicht keine relevante Bedeutung. Vielmehr wirkte er auf Fernsicht und ragte deutlich über das Häusermeer und – zum Unmut der Hohenzollern – von den Linden aus gesehen auch über das ▶ *Berliner Schloss* hinaus. Auch stilistisch war der Bau sehr selbstbewusst und zitierte die oberitalienischen Rathäuser der Renaissance. Ein umlaufender Fries, die „Steinerne Chronik" (1876-79), stellte auf Terrakottatafeln die Geschichte der rasant wachsenden Stadt dar. Heute steht das Rathaus an der großen Freifläche zwischen ▶ *Fernsehturm* und dem so genannten Marx-Engels-Forum, was dem Gebäude eine ganz andere Wirkung verschafft. Zwar ist die Stellung ohne die enge Straße durchaus repräsentativer, doch die frontale Ansicht von Turm und Hauptfassade lässt nun zwei unterschiedlich konzipierte Wirkungen aufeinander treffen, die nie ein Ganzes ergeben sollten. Vor allem die in keiner Weise auf das Rathaus Rücksicht nehmenden Proportionen der benachbarten ▶ *Rathauspassagen* beeinträchtigen die Wirkung des Gebäudes enorm. Nach teilweise schweren Kriegsschäden wurden die Innenräume im DDR-Stil der frühen 1950er Jahre wiederaufgebaut (FRITZ MEINHARDT; 1951-56). Das repräsentative Treppenhaus mit Kreuzgewölben ist jedoch leicht verändert erhalten geblieben, teilweise auch die ehem. Ratsbibliothek. 1991-98 erfolgte eine Sanierung (HELGE PITZ) des Rathauses unter denkmalpflegerischer Berücksichtigung der Veränderungen aus den 1950er Jahren. Das Gebäude ist heute Sitz des Regierenden Bürgermeisters von Berlin.

RATHAUSPASSAGEN (RATHAUSSTRASSE/GRUNERSTRASSE; HEINZ
GRAFFUNDER, LOTHAR KÖHLER, WALTER WENZEL, DIETMAR KUNTZSCH;

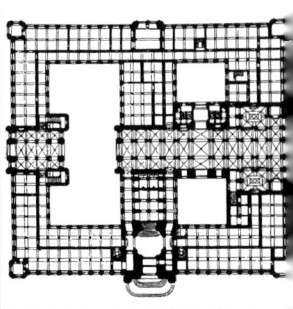

BERLINER RATHAUS:
HIST. GRUNDRISS
CUBIX KINOPALAST:
AUSSENANSICHT,
FOYER

1967-73): Der lang gestreckte Bau ist wesentlicher Teil des „Zentrumsbandes" und rahmt zusammen mit dem gegenüberliegenden Komplex der ▶ *Wohn- und Geschäftshäuser Spandauer Straße/Karl-Liebknecht-Straße* eine riesige Freifläche mit Grünanlagen ein. Bereits zur Entstehungszeit ist die fehlende Rücksicht auf die Proportionen des angrenzenden ▶ *Berliner Rathauses* kritisiert worden. Bis 2004 werden die Passagen unter Hinzufügung einer Hochgarage und eines Büro- und Geschäftsbaus zur Grunerstraße umgebaut (UMBAU PASSAGEN: RKW STÄDTEBAU UND ARCHITEKTUR; NEUBAUTEN: KNY & WEBER).

Der **CUBIX KINOPALAST** (GONTARDSTRASSE/RATHAUSSTRASSE; NIETZ PRASCH SIGL TCHOBAN VOSS; 2001-02) ist einer der wenigen Neubauten, die bisher nach 1990 am Alexanderplatz entstanden sind. Mit einer glänzenden schwarzen Granitfassade hebt sich der Kinopalast wohltuend von seiner tristen Umgebung ab, vor allem von den überdimensionierten und unsensibel gestalteten ▶ *Rathauspassagen*. Der Kubus wurde anstelle des Alextreffs, eines Pavillonbaus aus den 1970er Jahren, errichtet. An zentralem Standort gelegen, sollte die Architektur das Thema Innenstadtkino neu interpretieren und sich deutlich von den anspruchslos gestalteten Kinokomplexen am Stadtrand abheben. Ungewöhnlich ist die enorme räumliche Konzentration auf relativ kleiner Grundfläche, die eine Staffelung der Kinosäle auf vier Ebenen notwendig machte. Im eher konventionell gestalteten Innern befinden sich neun Kinosäle, die über Treppenläufe und Rolltreppen erreicht werden. Große Glasfelder an den Gebäudeecken stellen einen bewussten Bezug zwischen Innen und Außen her. An die großstädtische Umgebung mit ihrer wechselhaften Geschichte knüpft eine großformatige Lichtinstallation (JULIAN ROSEFELD) an beiden Seitenfassaden an.

TRYP-HOTEL BERLIN-ALEXANDERPLATZ (GRUNERSTRASSE 3; SIMON & PARTNER; GEPLANT 2003-05): Umbau und Erweiterung des ehem. DDR-Gesundheitsministeriums, das einst als Teil des Baukomplexes ▶ *Rathauspassagen* errichtet wurde.

Während die große Freifläche zwischen ▶ *Fernsehturm* und ehem. ▶ *Palast der Republik* erhalten bleibt, soll der Bereich nördlich der Karl-Liebknecht-Straße nach dem vom Berliner Senat aufgestellten Leitbild „Planwerk Innenstadt" verdichtet werden. Bis 1990 bot sich hier ein stadträumlich ungeordnetes Bild aus kriegsbedingten Freiflächen und zufällig erhaltenen Altbauten ohne räumlichen Zusammenhang. Noch heute steht dieser Teil der einstigen Neustadt im Schatten der überdimensionierten Neubauten, die die riesige Freifläche am Fernsehturm säumen. So sind die Geschäftshäuser in der Rosenstraße, herausragende Zeugnisse der Berliner Geschäftshausarchitektur um 1900, hinter den Scheibenhochhäusern wie in einem großen Innenhof versteckt. Insbesondere das **GESCHÄFTSHAUS ROSENSTRASSE 16-19** (🄳; OTTO MARCH, KAYSER & GROSZHEIM; 1894-95) zeigt eine Architektur, die sich an der modernen Gestaltung zeitgenössischer Geschäfts- und Kaufhausarchitektur, aber auch an Industriebauten orientierte. Zentrales Gestaltungselement ist die vertikale Wandpfeilergliederung, in der durchgehende Fensterachsen zusammengefasst sind.

33

2001-03 wurde der Gebäudekomplex denkmalgerecht instand gesetzt (MODERSOHN & FREIESLEBEN MIT TOBIAS ZEPTER).

Die großdimensionierten **WOHN- UND GESCHÄFTSHÄUSER SPANDAUER STRASSE/KARL-LIEBKNECHT-STRASSE** (STÄDTEBAU-LICHER ENTWURF JOACHIM NÄTHER; PETER SCHWEIZER & KOLLEKTIV; AUSFÜHRUNG HANS-PETER SCHMIEDEL, MANFRED ZUMPE; WERNER STRASSENMEIER, WOLFGANG ORTMANN; 1968-73) fassen zusammen mit den gegenüberliegenden ▶ *Rathauspassagen* den Freiraum am ▶ *Fernsehturm* ein. Zum Komplex gehören der 42 m hohe und 223 m lange Gebäuderiegel entlang der Karl-Liebknecht-Straße, eine 14-geschossige Hochhausscheibe an der Spandauer Straße, das Eckgebäude Spandauer Straße/Karl-Liebknecht-Straße, ein Punkthochhaus zur S-Bahntrasse und eine Markthalle, die Anfang der 1990er Jahre durch einen modernen Neubau ersetzt wurde. Die Dimensionen der Scheibenhochhäuser sind auf den riesigen Freiraum bezogen, der Teil der städtebaulichen Idee eines „Zentrumsbandes" war. Rücksicht auf historische Bauten wie die ▶ *Marienkirche* und das ▶ *Berliner Rathaus* wurde dabei wenig genommen. Der Freiraum, unter dem sich in Resten noch die mittelalterlichen Fundamente der Berliner Neustadt befinden, bleibt vorerst ebenso erhalten wie das so genannte Marx-Engels-Forum zwischen Spree und Spandauer Straße.

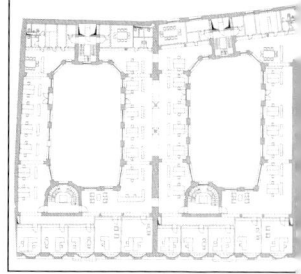

Gegenüber dem Marx-Engels-Forum, an der Stelle des 1976-79 errichteten und 2001 abgerissenen Palasthotels, ist das **DOMAQUARÉE** (KARL-LIEBKNECHT-STRASSE/SPANDAUER STRASSE; NIETZ, PRASCH, SIGL, TCHOBAN, VOSS - NPS & PARTNER; 2001-03) entstanden. Der Komplex mit Hotel, Büro- und Wohngebäude sowie Tagesklinik nutzt, anders als sein Vorgängerbau, die Blockkanten maximal aus. Den Mittelpunkt des Neubaus von nps soll ein riesiges, als Zylinder gestaltetes Aquarium bilden. Mit einer Unterteilung in mehrere Blöcke und durch die Rekonstruktion alter Straßenführungen bezog sich die städtebauliche Vorgabe des Berliner Senats auf das einstige kleinteilige Viertel rund um die ▶ *Heiliggeist-Kapelle*, das Teil der Berliner Neustadt war.

Von den wenigen erhaltenen Altbauten der Berliner Neustadt ist insbesondere die **HEILIGGEIST-KAPELLE** (**D**; SPANDAUER STRASSE 1; UM 1390) von herausragender bauhistorischer Bedeutung. Die Kapelle war ursprünglich ein Teil des

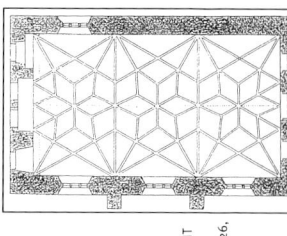

LINKE SEITE GESCHÄFTSHAUS ROSENSTR. 16-19: AUSSENANSICHT, GRUNDRISS HEILIGGEIST-KAPELLE UND EHEM. HANDELSHOCHSCHULE: AUSSEN-ANSICHT UND GRUNDRISS DER HEILIGGEIST-KAPELLE

RECHTE SEITE HEILIGGEIST-KAPELLE: INNENANSICHT THEOLOGISCHE FAKULTÄT: EHEM. GESCHÄFTSHAUS BURGSTR. 26, INNENANSICHT DES BIBLIOTHEKSNEUBAUS, GRUNDRISS EG

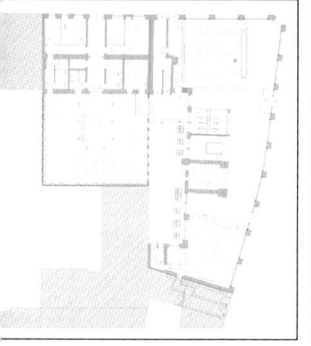

erstmals 1272 erwähnten Spitals am Spandauer Tor. Wie damals üblich, wurde das Spital während der Anlegung der Berliner Neustadt am Stadtrand erbaut, jedoch innerhalb der Stadtmauer – im Gegensatz zum Gertraudenhospital am heutigen Spittelmarkt. Die Kapelle, für brandenburgische Verhältnisse ungewöhnlich groß, wurde um 1390 als Backsteinbau auf einem rechteckigen Grundriss errichtet. Im Kern ist sie wohl noch mit dem Bau aus dem 13. Jh. identisch, der 1313 zum ersten Mal genannt wurde. Zur Spandauer Straße ist an der Ostseite der reich gestaltete gotische Pfeilergiebel erhalten. An der Südseite sind spätere Veränderungen der Fenster aufgrund von Spuren im Mauerwerk noch deutlich erkennbar. Die Hospitalgebäude schlossen sich nördlich der Kirche an. 1476 erhielt der Innenraum ein Sterngewölbe, das wahrscheinlich eine flache Holzdecke ersetzte. Als das Spital 1825 abgebrochen wurde, diente die verbliebene Kapelle bis 1905 als katholische Kirche. Mit dem Neubau einer **HANDELSHOCHSCHULE** (**D**; SPANDAUER STRASSE/BURGSTRASSE; CREMER & WOLFFENSTEIN; 1905-06) sollte auch die Kapelle verschwinden. Die Architekten änderten jedoch ihren ersten Entwurf in ein durchaus zeitgemäßes Ensemble gestaffelter ungleicher Gebäudeteile, in die die Kapelle rücksichtsvoll integriert werden konnte. Der an der Straßenfront unmittelbar angrenzende Teil des Neubaus wurde leicht zurückversetzt, um die Wirkung der Kapelle nicht zu beeinträchtigen. Die Dachform des Neubaus nimmt die Dachschräge des Sakralbaus auf und setzt diese nach oben fort. Gleichzeitig wird der Altbau durch einen Turm sowie einen seitlich platzierten Runderker auf malerische Weise eingerahmt und hervorgehoben. Für die Hochschule diente die Kapelle fortan als Hörsaal, später als Mensa. Nach Renovierungsarbeiten soll sie in Zukunft als repräsentativer Veranstaltungssaal der ▶ Humboldt-Universität genutzt werden.

Die Häuserfront der Burgstraße gegenüber der ▶ Museumsinsel wird maßgeblich vom ehem. **GESCHÄFTSHAUS BURGSTRASSE 26** (**D**; 1910-11) bestimmt, das nach Sanierung und Umbau zusammen mit einem ehem. Wohnhaus in der Anna-Louisa-Karsch-Straße die **THEOLOGISCHE FAKULTÄT DER HUMBOLDT-UNIVERSITÄT ZU BERLIN** (BURGSTRASSE 26/ANNA-LOUISA-KARSCH-STRASSE 1; ASSMANN SALOMON[AS]; 2003-05) bilden wird. Die beiden Altbauten behalten nach außen ihre Gestalt und nehmen die Bibliothek (ehem. Wohnhaus) sowie Büro-, Seminar- und Hörsaalbereiche (ehem. Geschäftshaus) auf. Um der im alten Wohnhaus eingeschränkten Bibliothek optimale Räumlichkeiten zu geben, werden die hinteren Gebäudeflügel durch einen Neubau ersetzt. Architektonisch und in der Materialwahl sollen sich alle Ergänzungen am Bestand orientieren und ihn stärken.

Im nördlichen Teil des Blocks entstand das **BÜROGEBÄUDE ZENTRUM AM HACKESCHEN MARKT** (BURGSTRASSE 21-30; STEFFEN LEHMANN & PARTNER; 1997-99) auf einer Kriegsbrache. Der Neubaukomplex erzeugte Raum- und Blockkanten, ohne sich starr an die Fluchtlinien zu halten. Mit den differenziert ausgeformten Gebäudeteilen entstand eine dem Ort angemessene, urbane Dichte neu; störend wirkt der grobe Dachaufbau.

ALT-CÖLLN

In Alt-Cölln sind die Spuren des Mittelalters weggewischt. Im Bereich Gertraudenstraße/Scharrenstraße lag der Markt mit der im Zweiten Weltkrieg stark beschädigten Petrikirche. Die Ruine wurde 1960 abgerissen, als der Markt einer breiten Verkehrsstraße mit Parkplätzen weichen musste.

Zwei barocke Bürgerhäuser Alt-Cöllns sind jedoch noch erhalten und können beispielhaft Auskunft über die historische Hausform Berlins geben. Das so genannte **GALGENHAUS** (EHEM. HACKESCHES HAUS; **D**; BRÜDERSTRASSE 10; UM 1688) beherbergte ab 1737 die Propstei der Petrikirche. Das Durchfahrtstor teilt das Haus im Erdgeschoss, in dessen rechtem Teil eine reich gestaltete Stuckdecke aus der Erbauungszeit zu finden ist. Ebenfalls erhalten geblieben ist die hölzerne barocke Innentreppe, die 1805 von der klassizistischen Überformung des Gebäudes unberührt blieb.

Das **NICOLAIHAUS** (**D**; BRÜDERSTRASSE 13; 1674) entstand auf einem mittelalterlichen Kellergewölbe. 1709/10 wurden der linke Seitenflügel und das Quergebäude hinzugefügt. Nachdem 1787 der Schriftsteller und Verleger Friedrich Nicolai das Haus erworben hatte, wurde das Haus durch KARL FRIEDRICH ZELTER umgebaut. Die Torduchfahrt wurde in die Mitte gelegt und ein weiterer rechter Hofflügel hinzugefügt, so dass ein typischer umbauter Berliner Hof entstand. Die geschnitzte Haupttreppe aus Eiche stammt aus dem Jahr 1710. Des Weiteren wurde im

LINKE SEITE ZENTRUM AM HACKESCHEN MARKT GALGENHAUS NICOLAIHAUS

RECHTE SEITE VERTRETUNG DES FREISTAATES SACHSEN WOHN- UND GESCHÄFTSHÄUSER GERTRAUDENSTR./FISCHERINSEL: AUSSENANSICHT, GRUNDRISS GERTRAUDENBRÜCKE UND GESCHÄFTSHAS GERTRAUDEN-STR.

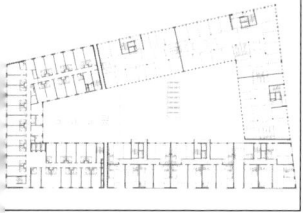

Quergebäude die klassizistische Treppe des 1935/36 abgebrochenen Weydingerhauses aus der Unterwasserstraße eingefügt. Galgen- und Nicolaihaus werden heute museal genutzt.

VERTRETUNG DES FREISTAATES SACHSEN (**D**; Brüderstrasse 11-12; Reimer & Körte; 1905; Dietrich Dörschner; 1998-99): Das als Berlinische Feuer-Versicherungs-Anstalt errichtete Gebäude zeigt die konventionelle Form repräsentativer Geschäftshausarchitektur um 1900.

Der im Krieg beschädigte, aber noch erhaltene und dicht bebaute Cöllner „Fischerkiez" wurde ab 1965 abgerissen, obwohl noch kurz zuvor eine beispielhafte Rekonstruktion des historischen Viertels vorgesehen war. Auf dem auch **FISCHER-INSEL** genannten Areal zwischen Gertraudenstraße, Spree und Spreekanal wurden bis 1970 anstelle des kleinteiligen, in Teilen noch mittelalterlichen Viertels sechs Punkthochhäuser mit insgesamt 1.469 Wohneinheiten gebaut (Joachim Näther, Peter Schweizer, Manfred Zache & Kollektiv). Sie sollten einen Teil des seit den 1960er Jahren geplanten Hochhausringes um das Zentrum bilden. Die gesellschaftlichen Einrichtungen der Anlage sind in Flachbauten untergebracht worden, von denen die Gaststätte „Ahornblatt" eine auffallende Gestaltung mit blattähnlich gekrümmten Betonschalendächern erhielt. Sie ist jedoch im Jahr 2000 trotz vieler Proteste für einen neuen Komplex von **WOHN- UND GESCHÄFTSHÄUSERN GERTRAUDENSTRASSE/FISCHERINSEL** (Nalbach + Nalbach; 2001-03) abgerissen worden. Mit dem Ensemble soll entsprechend dem „Planwerk Innenstadt" die einstige kleinteilige städtebauliche Struktur Cöllns in Ansätzen wiederhergestellt werden. Zur Kleinteiligkeit sollen auch die farblich differenzierten Fassaden des Komplexes beitragen, in denen sich die unterschiedliche Nutzung der Gebäude widerspiegeln soll.

Die **GERTRAUDENBRÜCKE** (**D**; Otto Stahn; 1894-95) ist nach dem Gertraudenhospital benannt, das am Spittelmarkt vor den Toren der mittelalterlichen Stadt lag und dessen Kapelle als letztes Zeugnis 1881 abgerissen wurde. Auf der Brücke fand das Denkmal der Heiligen Gertrud (Rudolf Siemering; 1896), der Schutzpatronin der Spitäler und Beschützerin der Reisenden, seinen Platz. Seit den 1960er Jahren wird der Verkehr über eine neue Brücke geführt, so dass die alte Brücke den Fußgängern vorbehalten ist.

37

Angrenzend ist das **GESCHÄFTSHAUS GERTRAUDENSTRASSE 10-11** (**D**; MAX JACOB, GEORG ROENSCH; 1894-98) erhalten geblieben, das sich mit seinen gotisierenden Fassaden dem Genius Loci Alt-Cöllns anpassen sollte. Durch dieses letzte Relikt ist die ehem. Randbebauung mit dem leicht geknickten Verlauf der Gertraudenstraße über die Brücke noch nachvollziehbar. DORNER & PARTNER bauten 2002-03 das jetzt Juwel-Palais genannte, historische Gebäude in Abstimmung mit der Denkmalpflege in ein Bürogebäude um und überdachten den Innenhof als neuen Foyerbereich.

JUNGFERNBRÜCKE (**D**; FRIEDRICHSGRACHT; 1798): Sie ist eine von einst mehreren holländischen Brücken in Berlin und schuf einen Übergang von Cölln zum ▶ *Friedrichswerder*. Die Bögen sind aus rotem Sandstein, im mittleren Teil befindet sich eine Klappbrücke, die in ihrer Technik fast unverändert erhalten geblieben ist.

Das **HAUS DER DEUTSCHEN WIRTSCHAFT** (GERTRAUDENSTRASSE/ECKE BREITE STRASSE; SCHWEGER & PARTNER; 1998-99) beherbergt die drei deutschen Wirtschaftsverbände BDI, DIHT und BDA. Um einen Innenhof, der von einem Glasnetz überdacht ist und eine nach außen abgeschirmte Kommunikationsfläche schafft, sind einzelne Gebäudeteile angeordnet. Ein hier eingestellter Kubus nimmt die Konferenzsäle auf, die von den drei Verbänden gemeinschaftlich genutzt werden. Der Komplex passt sich dem Verlauf der Spree an und nimmt zur Getraudenstraße hin die Straßenflucht der breiten Verkehrsachse auf. Von außen erscheint er streng und klar gegliedert. Aus der glatten Fassade treten Schallschutzfenster heraus, die die großen Flächen strukturieren und ihnen ein Profil geben.

JUNGFERNBRÜCKE
HAUS DER DEUTSCHEN WIRTSCHAFT:
LUFTBILD,
INNENHOF

SCHLOSSBEZIRK UND FORUM FRIDERICIANUM

Für die meisten Berliner ist der heutige **SCHLOSSPLATZ** nur eine große undefinierte Freifläche. Es ist vor allem die Erinnerung an das einstige **BERLINER SCHLOSS**, die eine Akzeptanz des derzeitigen baulichen Zustandes unmöglich scheinen lässt. Dieses Gefühl der Leere entstand mit der Sprengung der Schlossruine 1950, als die DDR-Führung einen zentralen Platz für ihre Massenkundgebungen schuf und bei dieser Gelegenheit ein unerwünschtes bauliches Symbol Preußens beseitigte. Das überdimensionierte Staats-Forum der DDR, das bis 1976 hier entstand, vermochte jedoch nie den städtischen Raum auf überzeugende Weise neu zu definieren. Nun tragen zudem Leerstand und teilweiser Abriss der ausgedienten Staatsgebäude seit 1990 zu einer verstärkten Unwirtlichkeit des Platzes bei. Dabei soll dieser Ort heute wie früher den gesellschaftlichen und politischen Mittelpunkt Berlins symbolisieren. Nach jahrelanger Debatte um die Gestalt des Schlossplatzes hat der Bundestag im Juli 2002 mit großer Mehrheit entschieden, einen Neubau in der Kubatur des Schlosses unter Rekonstruktion der barocken Fassade zu errichten, dessen öffentliche Nutzungen noch näher zu bestimmen sind.

Das bauliche Umfeld des Schlossplatzes wurde in fast fünf Jahrhunderten geformt, ohne je ein fertiges Ensemble zu ergeben. Ausgangspunkt war eine 1442 von den

39

Hohenzollern errichtete Zwingburg, die vom strategisch ge-
wählten Standort eine permanente Kontrolle der Doppelstadt
Berlin-Cölln ermöglichte. Seit 1451 war sie die wichtigste kurfürstliche Residenz, und als die Zwingburg ab 1538 zu einem
Renaissanceschloss umgebaut wurde, war die alte Wehr-Funk-
tion längst überflüssig geworden. Aus dem Vorplatz zwischen
Breiter Straße und Langer Brücke (heute Rathausbrücke) entwickelte sich seitdem der Schlossplatz als neuer städtischer
Mittelpunkt.

In Vorbereitung auf die angestrebte preußische Königs-
würde ließ Kurfürst Friedrich III. 1697 den Umbau des
Schlosses zu einer barocken Residenz beginnen, deren Ge-
staltung vor allem durch den Bildhauer und Architekten
Andreas Schlüter geprägt wurde. Die Hauptfassade des
Barockschlosses lag nicht zu der Straße Unter den Linden,
sondern blieb nach Süden zur Breiten Straße hin orientiert.
Hier zog 1701 Friedrich III. nach seiner Krönung zum König
Friedrich I. in das Schloss ein. Diese damals enorme stadträumliche Bedeutung wurde durch die programmatische
Schmückung der Langen Brücke mit dem Reiterstandbild des
Großen Kurfürsten unterstrichen, das heute im Hof des ▶
Schlosses Charlottenburg steht. Nach Westen wurde der Platz
vom ehem. Dominikanerkloster abgeschlossen, das die Kurfürsten später in ein Domstift umwandelten, dahinter folgte
entlang der Spree die mit Bürgerhäusern bebaute Schloss-
freiheit. Nördlich des Schlosses wurde der aufwendig gestaltete ▶ *Lustgarten* in die barocke Umgestaltung mit einbezogen.

Die sich an die ▶ *Schlossbrücke* anschließende Straße
UNTER DEN LINDEN führte seit 1647 als eine sechsreihige
Lindenallee in das kurfürstliche Jagdrevier ▶ *Tiergarten*. In
perspektivischer Verlängerung traf sich diese Allee am Schlossportal V mit der Hauptachse des Lustgartens. Die Linden
wurden bald zum Mittelpunkt der nach Westen gerichteten
barocken Stadterweiterungen. Von da an wandte sich auch der
Schlossbezirk von der Altstadt Berlin-Cölln ab und öffnete sich
mit neuen repräsentativen Bauten großzügig in Richtung
Westen. Lustgarten und Lindenallee entwickelten sich dadurch
zu einem zusammenhängenden städtischen Raum. Insbeson-

dere mit dem Entstehen des **FORUM FRIDERICIANUM** (ab 1741)

NEUER MARSTALL:
AUSSENANSICHT,
NEUER KONZERTSAAL DER
HOCHSCHULE FÜR MUSIK
(COMPUTERPERSPEKTIVE),
GRUNDRISS
EHEM. STAATSRATSGEBÄUDE
EHEM. PALAST DER REPUBLIK:
SCHNITT UND
GRUNDRISS HAUPTGESCHOSS

als neuer Auftakt der Linden bildete sich der bauliche Ausdruck einer preußischen Staatsmitte zwischen einstigem Schloss, Lustgarten und Unter den Linden.

Das riesige Areal, das 1950 nach dem Abriss des ▶ *Berliner Schlosses* entstanden war, trug bis Anfang der 1990er Jahre den Namen Marx-Engels-Platz. In Erinnerung an das Schloss wurde die Freifläche 1994 in Schlossplatz umbenannt, wobei sich der historische Schlossplatz nur im südlichen Bereich zur Breiten Straße erstreckte. Hier wird der Platz noch heute vom **NEUEN MARSTALL** (**D**; SCHLOSSPLATZ 7; EBERHARD ERNST VON IHNE; 1898-1901) abgeschlossen, den der Hofarchitekt Ihne gegenüber dem Schloss errichtete. Er führte den Bau im repräsentativen Stil des preußischen Barocks aus, um eine dem Schloss angemessene Platzwand zu schaffen. Teile des ▶ *Alten Marstalls* wurden dabei mit einbezogen. Zwar schuf Ihne mit dem Marstall ein Exempel wilhelminischer Hofarchitektur, das mit dem Rückgriff auf den Barock den absolutistischen Herrschaftsvorstellungen Kaiser Wilhelms II. entsprechen sollte. Doch in der strengen Abfolge von gleichen Achseneinheiten ist gleichzeitig das Bestreben nach einer flächigen, vertikal gegliederten Fassadengestaltung zu erkennen, die Ihne wenige Jahre später – beeinflusst von der Architektur Alfred Messels – mit der ▶ *Alten Staatsbibliothek* weiterverfolgte. Von dem ursprünglich reichen Bildschmuck Otto Lessings sind nach vereinfachter Wiederherstellung 1950-54 lediglich das Giebelrelief und zwei Rossbändigergruppen an der Spreefront erhalten geblieben. Von 1976 bis 1990 diente ein Teil des Gebäudes dem ▶ *Palast der Republik* als Magazin. Nachdem die weitere Nutzung des Marstalls lange Zeit unklar blieb, wird er für die Hochschule für Musik Hanns Eisler umgebaut (ANDERHALTEN ARCHITEKTEN; 1998-2003/04). Die Konfrontation von einstiger und zukünftiger Nutzung bot den Architekten die Möglichkeit, ursprüngliche Raumstrukturen von späteren Ein- und Umbauten zu befreien. Die Räume, die den modernen technischen Anforderungen der Hochschule gerecht werden müssen, sind als entkoppelte Zellenstruktur in das Gebäude implantiert.

Westlich neben dem **NEUEN MARSTALL** folgt das ehem. **STAATSRATSGEBÄUDE** (**D**; SCHLOSSPLATZ 1; ROLAND KORN, HANS-ERICH BOGATZKY UND KOLLEKTIV; 1962-64). In die Fassade des einst wichtigsten DDR-Regierungsgebäudes wurde das aus teilweise im Original erhaltenen Teilen rekonstruierte **SCHLOSSPORTAL IV** (JOHANN FRIEDRICH EOSANDER VON GÖTHE; 1706-13) eingefügt, da von ihm aus Karl Liebknecht 1918 die sozialistische Republik ausgerufen hatte. Der mit Naturstein verkleidete Stahlskelettbau nimmt mit seinen Geschosshöhen die Proportionen des Schlossportals auf. Entsprechend der inneren Nutzung, aber auch als Hinweis auf die frühere Lage an der Schlossfassade, ist das Portal dem Neubau asymmetrisch vorgeblendet. Im Innern gehören zentrale Werke des „Sozialistischen Realismus" der DDR zur festen Ausstattung, so z.B. die Glasmalerei im Treppenhaus (WALTER WOMACKA) und ein Fries aus Meißner Porzellan (GÜNTER BRENDEL) im Bankettsaal. Das Gebäude steht heute unter Denkmalschutz. Zukünftig soll das Gebäude eine private Hochschule beherbergen.

Zur Spreeseite wird der Schlossplatz von den Resten des ehem. **PALASTES DER REPUBLIK** (KOLLEKTIV HEINZ GRAFFUNDER, KARL SWORA U.A.; 1973-76) beherrscht, der auf einem Teil der Fläche des zerstörten ▶ *Berliner Schlosses* steht. Nach einer langen Phase der Ost-Berliner Hauptstadtplanung vervollständigte der Palast der Republik das „Zentrumsband" zwischen ▶ *Brandenburger Tor* und ▶ *Alexanderplatz.* Der Palast war das bedeutendste Kulturhaus der DDR, aber auch Tagungsort der Volkskammer. Die asymmetrische Dreiteilung in einen Großen Saal, einen kleineren Volkskammersaal und ein dazwischen liegendes Foyer war an der äußeren Gestalt ablesbar. Neben den vielen gastronomischen Einrichtungen zeigte sich vor allem im großzügigen Foyer die öffentliche Funktion des Gebäudes. Es nahm den gesamten mittleren Bauteil ein und wurde durch die Vorhangfassade aus bronzefarbenem Thermoglas und zahllosen Leuchten weitgehend transparent gehalten. Mitten im „Staatsforum" der DDR gelegen, diente es als öffentlicher Treffpunkt. Die Höhe der Fassade richtete sich nach den umliegenden Gebäuden, wurde aber von den beiden Saalkuben durchbrochen. Wegen einer Asbestsanierung wurde der Palast entkernt, sein vollständiger Abriss im Zusammenhang mit der Errichtung eines Neubaus in der Kubatur des Schlosses ist wahrscheinlich.

Seit der Errichtung des Berliner Schlosses war die **BREITE STRASSE**, die bis ins 17. Jh. Große Straße hieß, Bauplatz reicher Bürgerhäuser und Stadtpalais des Adels. Der Kurfürst vergab die noch unbebauten Grundstücke an seine Günstlinge, und im Laufe der Zeit bezogen immer mehr Hofbedienstete die Stadthäuser. Wegen der Einfahrt zum kurfürstlichen und später königlichen Marstall war die Straße über lange Zeit auch die verkehrsreichste der Stadt. Heute ist die Breite Straße eine noch breitere Verkehrsschneise, in der von der historischen Bebauung kaum noch etwas erhalten ist.

Der kurfürstliche **ALTE MARSTALL** (🅳; BREITE STRASSE 36/37; MICHAEL MATTHIAS SMIDS; 1666-70) reichte ursprünglich bis zur Spree. Die Anlage umschloss zwei Höfe mit Stallungen, Reitbahnen und Rüstkammer. Auf dem dreiachsigen Risalit ruht ein Dreiecksgiebel mit Darstellung einer im Zweiten Weltkrieg zerstörten Pferdegruppe.

Das anschließende **RIBBECKHAUS** (🄳; Breite Strasse 35; 1624) ist das einzig erhaltene Gebäude der Renaissance im alten Berlin. Es wurde für den kurfürstlichen Kammerrat Hans Georg von Ribbeck durch Zusammenlegung zweier älterer Häuser errichtet. Aus der Erbauungszeit stammen allerdings lediglich die ersten beiden Geschosse, denn 1804 wurde das Haus um ein drittes Geschoss aufgestockt. Dabei wurden die vier Zwerchhäuser mit den markanten Giebeln abgetragen und auf das neue, dem Altbau angepasste Geschoss gesetzt. Die Fenster des dritten Geschosses wurden allerdings anders angeordnet. Ein Gesims, das den älteren und den jüngeren Teil trennt, gleicht den Unterschied optisch aus. Das künstlerisch wertvolle Renaissance-Portal mit Knorpelwerkeinfassung und Giebelwappen ist in den 1960er Jahren durch eine Kopie ersetzt worden. In einigen Räumen des Erdgeschosses, die von der Stadtbibliothek genutzt werden, ist das Kreuzgratgewölbe erhalten.

Für die **STADTBIBLIOTHEK** (🄳; Breite Strasse 32-34; Heinz Mehlan und Kollektiv; 1964-66) strebten die Architekten wegen der Nachbarschaft zum historischen ► *Ribbeckhaus* eine zurückhaltende Gestaltung des Neubaus an. Sie fanden eine innerhalb der frühen DDR-Moderne eigenständige und überzeugende Lösung. Die ruhige Glasrasterfassade des Straßenflügels setzt die Geschoss- und Traufhöhen des Ribbeckhauses fort, ohne sich in irgendeiner Weise anzubiedern. Auch die Dachform ist eine Fortsetzung des Nachbargebäudes. Mit diesen Mitteln findet der Bibliotheksbau auch zur südlich angrenzenden Bebauung einen gut proportionierten Übergang. Das Eingangsportal schmücken 117 Varianten des Buchstabens A auf Stahlplatten (Fritz Kühn). Mit dem Ribbeckhaus und dem ► *Alten Marstall* bildet der Bibliotheksbau einen gemeinsamen Komplex für die Zentral- und Landesbibliothek Berlin.

Zur Nordseite des heutigen Schlossplatzes entstand 1573 aus dem kurfürstlichen Küchengarten des ► *Berliner Schlosses* der **LUSTGARTEN**. Johann Gregor Memhardt dehnte ihn 1645 auf die gesamte nördliche Spreeinsel, die heutige ► *Museumsinsel*, aus und verwandelte ihn in eine barocke Anlage mit Grotten, Fontänen, Pomeranzenhaus und Orangerie. Soldatenkönig Friedrich Wilhelm I. ebnete den teuren Garten jedoch ein und benutzte ihn fortan als Exerzierplatz, der von da an aber auch von der Öffentlichkeit genutzt werden konnte. Nach Entwürfen von Peter Joseph Lenné und Karl Friedrich Schinkel wurde der Platz 1832 als geometrisch geordnete Parkanlage mit Rasenflächen und einer umgebenden Pappelbepflanzung in die Gestaltung des ► *Alten Museums* einbezogen. Als Zeichen der Verbindung antiker und preußischer Handwerkskunst wurde eine Granitschale vor dem Museum aufgestellt. Ein drastischer räumlicher Eingriff war 1885 der Durchbruch der Kaiser-Wilhelm-Straße (heute Karl-Liebknecht-Straße), denn er trennte fortan den Lustgarten vom Schloss. Auch der Bau des ► *Berliner Doms* beanspruchte Flächen des Lustgartens. Ab 1935 diente der Lustgarten den Nationalsozialisten als gepflasterter Aufmarschplatz, erst 1998-99 wurde er in Anlehnung an Schinkels Pläne wieder in eine Parkanlage verwandelt (Atelier Loidl).

Die Wahl des neuen Standorts für den **BERLINER DOM** am Lustgarten zeigt, auch wenn sie 1747 sehr spontan erfolgte, wie sich der Schlossbezirk zunehmend nach Westen orientierte: Während die Hauptansicht des mittelalterlichen Domstifts am Schlossplatz von Osten her auf den Chor, also den Gebäuderücken erfolgen musste, präsentierte der neue Dom (JOHANN BOUMANN D.Ä.; 1747-50) seine Hauptfassade jetzt hin zum Lustgarten und zu den Linden mit dem ▶ *Zeughaus*. Eingefasst durch die Domfront und verbunden durch die ▶ *Schlossbrücke*, wurden Lustgarten und Linden ein zusammenhängender Stadtraum. Der eher bescheidene Kuppelbau von Boumann wurde bereits 1816/17 von KARL FRIEDRICH SCHINKEL umgestaltet. Aber auch in dieser Gestalt war die Oberpfarr- und Domkirche zu Berlin der gewachsenen Bedeutung des Schlossbezirks nicht mehr angemessen. Verschiedenste Projektplanungen blieben ohne Ergebnis, bis das gesteigerte Geltungsbedürfnis der Kaiserzeit zur Verwirklichung eines Neubaus drängte. Der neue Dom (**D**; JULIUS CARL RASCHDORFF; 1894-1905), das Hauptwerk wilhelminischer Hofarchitektur, war in seiner Übersteigerung, seinem pompösen Repräsentationsaufwand und der antiquierten Architektursprache im Stil der italienischen Spätrenaissance für viele Sinnbild der konservativen Welt des wilhelminischen Hofes. Mit seinem imperialen Anspruch, als zentrales Bauwerk aller evangelischen Kirchen dem Petersdom gleichzukommen, sprengte der Bau alle bisherigen Maßstäbe im Schlossbezirk. Gemäß der Funktion entwarf Raschdorff einen dreiteiligen Aufbau mit Predigtkirche, Tauf- und Traukirche und einer 1976 abgerissenen Denkmalskirche. Entlang der gesamten Hauptfassade zum Lustgarten verband der Architekt alle Teile mit einer monumentalen Vorhalle, die sich in der Mitte mit einem riesigen Triumphbogen öffnet. Über die enorme Fassadenaufgliederung mit einem reichen architektonischen Formenschatz vernachlässigte er jedoch den bündigen Gesamteindruck des Bauwerks. So beeinträchtigen die unterschiedlich gestalteten Seitentürme die Proportionen enorm. Die unglückliche Turmwirkung, die Raschdorff zur Betonung der Hauptfront anstrebte, wurde durch den veränderten Wiederaufbau der Kuppeldächer 1975-82 zusätzlich verstärkt. Seit 1975 wird der Berliner Dom, durch den Zweiten Weltkrieg schwer beschädigt, wiederhergestellt.

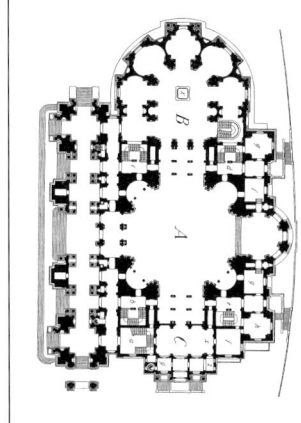

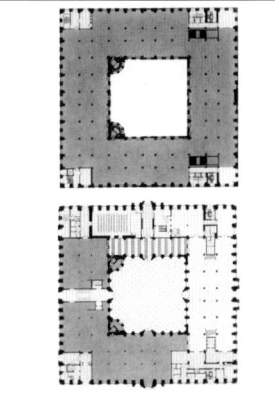

Die steinerne **SCHLOSSBRÜCKE** (**D**; KARL FRIEDRICH SCHINKEL; 1821-24) ersetzte eine hölzerne Brücke, die den Namen „Hundebrücke" trug, da von hier aus der Weg über die Linden in das Jagdrevier des ► *Tiergartens* führte. Die acht Figurengruppen aus weißem Marmor (1847-57) stammen von Schülern des Berliner Bildhauers CHRISTIAN DANIEL RAUCH. Sie stellen nach Motiven der griechischen Mythologie Szenen aus dem Leben eines Kriegers dar.

Eine ausgesprochen wichtige städtebauliche Lage im Schlossbezirk nahm das **ZEUGHAUS** (**D**; UNTER DEN LINDEN 2; JOHANN ARNOLD NERING, MARTIN GRÜNBERG, ANDREAS SCHLÜTER, JEAN DE BODT; 1695-1730), das ehem. Waffenarsenal und heutige **DEUTSCHE HISTORISCHE MUSEUM (DHM)**, ein. Dem ► *Berliner Schloss* unmittelbar benachbart, war es der Aufsehen erregende Auftakt der barocken Erweiterung der Residenz nach Westen. Mit dem langwierigen Bau waren vier bedeutende Architekten beschäftigt: Johann Arnold Nering plante das Gebäude, und Martin Grünberg führte die Leitung nach dessen Tod 1695 fort. Andreas Schlüter, der bereits als Bildhauer am Bau arbeitete, übernahm drei Jahre später die Bauleitung und beabsichtigte nun, auf einer breiten Attika riesige Statuen aufzustellen. Technische Mängel und schlechtes Baumaterial ließen Schlüters Pläne scheitern, so dass sein Nachfolger Jean de Bodt schließlich die Attika zugunsten einer Balustrade aufgab. Dieser vollendete den Bau bis 1706, das Innere wurde erst 1730 fertig gestellt. Das Zeughaus setzte in der Entwurfsqualität völlig neue Maßstäbe für die barocke Architektur in Brandenburg-Preußen. Bereits der quadratische Grundriss mit einem Binnenhof war wichtiger Bestandteil eines auf geometrische Einheitlichkeit ausgerichteten Entwurfs. Besonders aber das meisterhaft gestaltete Zusammenspiel von Architektur und Skulpturenschmuck machte aus dem Gebäude ein Hauptwerk deutscher Barockarchitektur. Die Fassadengestaltung orientierte sich dabei an Claude Perraults Ostfassade des Pariser Louvre. An den Erdgeschossbögen befinden sich über hundert von Schlüter entworfene Schlusssteine. Während sie an der Außenfassade aufwendig gestaltete Kriegshelme darstellen, sind sie im Schlüterhof als überlebensgroße Köpfe sterbender Krieger gestaltet, die als Trophäen an Schilden aufgehängt sind. Nach schweren Kriegsschäden wurde das

Zeughaus 1949-53 wiederhergestellt (OTTO HAESLER), allerdings unter Beseitigung der Veränderungen, die das Gebäude 1877-80 erfahren hatte. Damals war das Zeughaus durch FRIEDRICH HITZIG in ein Waffenmuseum mit Ruhmeshalle umgebaut und im Innern im Stil glorifizierender wilhelminischer Staatsarchitektur neu gestaltet worden.

Für den heutigen Nutzer, das DHM, wird das bedeutendste erhaltene Denkmal des norddeutschen Barocks saniert und umgebaut (INSTANDSETZUNG: WINFRIED BRENNE; GLASAUFBAU: IEOH MING PEI MIT ELLER + ELLER; 1999-2004). Alles wurde darangesetzt, die Nutzung dem außergewöhnlichen Bau unterzuordnen und die 7 m hohen Räume zu erhalten. So ermöglichte z.B. die neuartige Klimatechnik, das ursprüngliche Erscheinungsbild der Fenster zu erhalten und mit einer Verriegelungstechnik gefilterte und temperierte Frischluft nach innen zu leiten. Der Schlüterhof erhielt ein Glasdach, um ihn als Ausstellungsfläche nutzen zu können. Eine grazile Gestaltung des Aufbaus soll dabei verhindern, dass die Wirkung des Hofes beeinträchtigt wird.

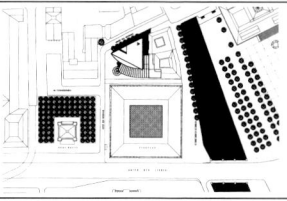

Der **ERWEITERUNGSBAU DES DEUTSCHEN HISTORISCHEN MUSEUMS** (HINTER DEM GIESSHAUS; IEOH MING PEI MIT ELLER + ELLER; 1999-2003) wird vom ▶ *Zeughaus* durch einen unterirdischen Zugang und über Rolltreppen erschlossen. Auf einem kleinen, eher versteckt liegenden dreieckigen Grundstück hinter dem Zeughaus sind in vier Ebenen unterschiedlich geschnittene Säle angeordnet. Die Räume dienen Wechselausstellungen und liegen hinter einer mit nur wenigen Öffnungen versehenen und mit Naturstein verkleideten Fassade. Markantes Merkmal ist eine verglaste Treppenhausspirale mit seitlicher Glashalle zum Zeughaus, die zur geschlossenen Steinfassade einen starken Kontrast setzt. Die Spirale war die zeitgenössische architektonische Antwort von Ieoh Ming Pei auf die sensible historische Umgebung. Zurückhaltend, im Hintergrund bleibend und doch spektakulär in der Lösung, ermöglicht die transparente Spirale einen direkten Dialog zwischen Neubau und historischer Umgebung.

Am Beginn der Linden ist die so genannte **KOMMANDANTUR** (UNTER DEN LINDEN 1; THOMAS VAN DEN VALENTYN, RUPERT STUHLEMMER; 2002-03) neu entstanden. Ihr Standort entsprach der herausragenden Stellung des Militärkommandanten. Die

strenge, spätklassizistische Fassade von 1874 wurde durch rustikale Quader gegliedert. Einziger Bildschmuck waren auffliegende Adler auf den Ecken des Hauptgesimses. Der Berliner Senat gab für eine Neubebauung des Grundstücks die Rekonstruktion der historischen Fassade des in den 1960er Jahren abgerissenen Gebäudes vor. Daher wird die Hauptstadt-Repräsentanz des Bertelsmann-Konzerns als vollkommen moderner Bau (Valentyn) hinter einer rekonstruierten Fassade (Stuhlemmer) liegen. Valentyn entwarf ein logisch strukturiertes Gebäude, das sich weniger an der historischen Fassade orientiert, sondern vielmehr von innen nach außen entworfen ist. An der Rückfront fügte der Architekt einen dreigeschossigen Wintergarten ein, der die Rekonstruktion aufbricht und die modernen Strukturen sichtbar macht.

Das angrenzende **KRONPRINZENPALAIS** (**D**; UNTER DEN LINDEN 3; RICHARD PAULICK, WERNER PRENDEL; 1968-69) ist ebenfalls ein kompletter Neubau mit rekonstruierter Fassade. Das Äußere bietet annähernd die Gestaltung von HEINRICH STRACK, der 1856-57 das bereits mehrfach veränderte Barockpalais des Kronprinzen Wilhelm umbaute. Die beiden unteren Geschosse zeigen noch die Größe dieses ersten Palais. Auffälliges Merkmal ist der Portikus mit hohen korinthischen Säulen und einem darüber liegenden Balkon. Dem Seitentrakt, der bei der Rekonstruktion aufgestockt wurde, ist eine Säulen-Pergola vorgelagert. Am rückseitig angefügten Gartenpavillon und Restauranttrakt ist das linke Hauptportal der 1962 abgerissenen ► *Bauakademie* eingefügt. Das Kronprinzenpalais wird derzeit als Museum genutzt.

Seit 1811 ist das **KRONPRINZENPALAIS** mit der Erweiterung des benachbarten **PRINZESSINNENPALAIS** (**D**; UNTER DEN LINDEN 5/OBERWALLSTRASSE; FRIEDRICH WILHELM DITERICHS; 1733) durch einen Brückenbau (HEINRICH GENTZ; 1810-11) verbunden. Erst nach dem Umbau durch Gentz, als drei Töchter Friedrich Wilhelms III. hier einzogen, erhielt das Prinzessinnenpalais seinen heutigen Namen. Ursprünglich diente es dem Finanzminister von Cocceji als Wohnsitz, der es von Diterichs im Rokokostil errichten ließ. Der zweigeschossige, lang gestreckte Bau mit dem im 18. Jh. typischen Mansarddach entstand durch die Zusammenlegung zweier Wohnhäuser. Inmitten von repräsentativen Bauten gelegen, besaß die Anlage einen

LINKE SEITE
ERWEITERUNGSBAU DES DHM:
AUSSENANSICHT, LAGEPLAN,
ZWEI INNENANSICHTEN
EHEM. KOMMANDANTUR: MODELL DER RÜCK-
WÄRTIGEN FRONT

RECHTE SEITE
EHEM. KOMMANDANTUR: HIST.
AUSSENANSICHT
KRONPRINZENPALAIS
PRINZESSINNENPALAIS

intimen Charakter. Das im Krieg schwer beschädigte Gebäude wurde 1963-64 unter Hinzufügung einer Gartenterrasse und mit moderner Innengestaltung als Operncafé wieder errichtet (RICHARD PAULICK). Das heutige historisierende Innere entstammt einem Umbau der frühen 1990er Jahre. Im so genannten Prinzessinnengarten zwischen dem Prinzessinnenpalais und der ▶ Staatsoper wurden in den 1990er Jahren Reste des Festungsgrabens freigelegt, der die barocken Vorstädte Friedrichswerder und Dorotheenstadt trennte. Der Graben zog sich bis auf die gegenüberliegende Seite der Linden zwischen ▶ Neue Wache und die heutige ▶ Humboldt-Universität.

Die **NEUE WACHE** (**D**; UNTER DEN LINDEN 4; KARL FRIEDRICH SCHINKEL; 1816-18) war Schinkels erster großer Auftrag in Berlin und bildete den Auftakt zu seiner öffentlichen Bautätigkeit, die das Gesicht Berlins wesentlich prägen sollte. Durch ihre ausgewogenen Proportionen und Schinkels neues Verständnis der Antike gehört sie zu den Hauptwerken des Klassizismus in Deutschland. Die Wache musste zwischen den zwei mächtigen Bauten ▶ Zeughaus und heutige ▶ Humboldt-Universität eingefügt werden. Schinkel wählte daher die monumental wirkende Grundform eines römischen Kastells.

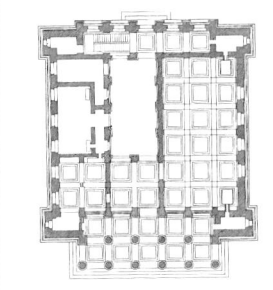

Kräftige, wehrhafte Ecktürme unterstreichen den Charakter einer Militärwache. Gegenüber den umliegenden Palais behauptet sich der Bau jedoch vor allem durch die klassische griechische Tempelfront, die Schinkel der strengen kubischen Form des römischen Kastells vorsetzte. Diesen typisch kreativen Umgang Schinkels mit dem antiken Formenschatz verdeutlichen auch die kleinen Siegesgöttinnen im Gebälk, an deren Stelle eigentlich dorische Triglyphen gehören. Ursprünglich wurde der Bau von Denkmälern der Generale Scharnhorst und Bülow flankiert, die zusammen mit der Kampfszene im Giebelrelief Bestandteil des Bildprogramms der Wache waren. Bei der Umgestaltung durch HEINRICH TESSENOW zum Gefallenenehrenmal 1931 wurde das ursprünglich offene Atrium bis auf ein rundes Oberlicht geschlossen. Als die im Krieg schwer beschädigte Neue Wache in der DDR 1951-57 als Mahnmal für die Opfer des Faschismus und Militarismus wiedererrichtet wurde, stellte man das Standbild von Scharnhorst auf der gegenüberliegenden Seite der Linden im so genannten Prinzessinnengarten auf und Bülow verschwand in einem Depot. Auch bei

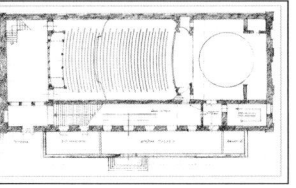

Linke Seite
NEUE WACHE: AUSSENANSICHT,
HIST. GRUNDRISS,
INNENANSICHT,
PALAIS AM FESTUNGSGRABEN

Rechte Seite
PALAIS AM FESTUNGSGRABEN:
FESTSAAL
MAXIM-GORKI-THEATER:
AUSSENANSICHT,
GRUNDRISS

der erneuten Umgestaltung 1993 zur offiziellen Gedenkstätte der Bundesrepublik Deutschland für die Opfer von Krieg und Gewaltherrschaft wurde auf die Wiederaufstellung vor der Wache verzichtet. Erst seit 2002 stehen die Denkmäler von Scharnhorst und Bülow wieder zusammen – nun im Prinzessinnengarten.

Hinter der ▶ *Neuen Wache* steht am Kastanienwäldchen das **PALAIS AM FESTUNGSGRABEN** (**D**; AM FESTUNGSGRABEN 1; HEINRICH BÜRDE; 1861-63). In ihm ist das Wohnhaus für den Kammerdiener Donner integriert, das 1751-53 von CHRISTIAN FELDMANN errichtet wurde. Das spätklassizistische Palais diente lange Zeit als preußisches Finanzministerium. Im Innern liegt ein zweigeschossiger Tanz- und Festsaal, dessen Ausstattung weitgehend erhalten geblieben ist. Seine Existenz ist an der Fassade nicht ablesbar, da die Fenster jeweils nur bis zur Geschosshöhe reichen, um die Einheitlichkeit der Ansicht zu erhalten. Das Palais dient heute einer Mischnutzung für Kultur, Gastronomie und Bürofläche.

Das **MAXIM-GORKI-THEATER** (EHEM. SINGAKADEMIE; **D**; AM FESTUNGSGRABEN 2; KARL THEODOR OTTMER; 1825-27) fällt durch seine tempelartige Fassade auf. Die Funktion des Bauwerks erschloss sich früher dem Betrachter nicht auf den ersten Blick, denn weder eine Inschrift noch Bildschmuck gaben Hinweise, dass es sich um einen Konzertsaal handelte. Ottmer errichtete den ältesten Konzertsaalbau Berlins als Singakademie nach Entwürfen von KARL FRIEDRICH SCHINKEL. Die Seitenfronten waren ursprünglich durch Fenster geöffnet, die 1952 beim Umbau zum Theater geschlossen wurden.

Schon als Kronprinz hatte sich Friedrich der Große gemeinsam mit dem Architekten GEORG WENZESLAUS VON KNOBELSDORFF Gedanken um den Ausbau Berlins gemacht. Die königliche Residenz sollte nicht mehr den Absolutismus der Barockherrscher repräsentieren, wie er im ▶ *Berliner Schloss* und im ▶ *Zeughaus* zum Ausdruck kam. Seine 1740 angebrochene Herrschaft als aufgeklärter König wollte Friedrich der Große durch einen neuen städtischen Platz im Westen des Schlossbezirkes ausdrücken. Die Idee eines an den Linden gelegenen **FORUM FRIDERICIANUM** entstand. Am neuen Zentrum der Residenz sollten eine Oper, eine Akademie der Wissenschaften und Künste und eine Art Pantheon bzw.

Freundschaftstempel liegen. Nördlich der Linden, anstelle der heutigen Gebäude der ▶ *Humboldt-Universität* und der ▶ *Alten Staatsbibliothek,* war ein riesiges königliches Palais geplant. Obwohl dieses Schloss nie errichtet wurde, entwickelten sich die Linden mit den verwirklichten Bauten des Forum Fridericianum zur Prachtstraße Berlins.

Der erste Bau des aufwendig geplanten Forums war die Königliche Oper, heute **STAATSOPER UNTER DEN LINDEN** (**D**; UNTER DEN LINDEN 7; GEORG WENZESLAUS VON KNOBELSDORFF; 1741-43). Nach dem Vorbild eines englischen Schlosses im Palladiostil schuf Knobelsdorff eine Architektur, die mit einer erstaunlichen Modernität den Gedanken des Klassizismus vorwegnahm. Das 1742 eröffnete Gebäude stach nicht nur in der Gestaltung heraus, es war auch der erste frei stehende Theaterbau in Deutschland. Zu den Linden gibt sich die Oper mit einer korinthischen Tempelfront als Weihestätte der Musen zu erkennen. Die Risalite der Seitenfassade waren ursprünglich flach, und auch der Aufbau des Bühnenhauses fehlte, so dass der Bau für damalige Betrachter die Wirkung eines frei stehenden Tempels hatte. Das Innere war im Kontrast zum zurückhaltenden Klassizismus des Äußeren im aufwendigen, jedoch eleganten Stil des höfischen Rokoko gehalten. Gleich hinter dem Portikus lag der Apollosaal, der zugleich als Vestibül und als Speisesaal diente. Dahinter folgten das Logenhaus und die Bühne, die als dritter Saal genutzt werden konnte. Die funktionale Lösung im Innern war sensationell, zudem konnten Logenhaus und Bühne über mechanische Einrichtungen zu einem großen Festsaal verbunden werden. Von CARL GOTTHARD LANGHANS D.Ä. wurde das Logenhaus 1788 in ein Rangtheater umgebaut. Außen bewahrte man aber, wie auch nach einem Brand 1843 (Wiederaufbau durch KARL FERDINAND LANGHANS D.J.), in Ehrerbietung Friedrichs II. die äußere Gestalt. Erst 1926-28 veränderte der hohe Bühnenturm die Proportionen des Baus entscheidend. Durch schwere Bombentreffer brannte die Oper 1941 aus. Noch während des Zweiten Weltkriegs wurde sie bis 1943 wiederaufgebaut. Dabei beseitigte man u.a. den obersten vierten Rang. Nach erneuter schwerer Kriegsbeschädigung wurde das Haus nach Kriegsende 1952-55 im Äußeren wiederhergestellt und die Anbauten der ursprünglichen Architektur angepasst (RICHARD

LINKE SEITE STAATSOPER UNTER DEN LINDEN: AUSSENANSICHT, ZUSCHAUERRAUM, SCHNITT HUMBOLDT-UNIVERSITÄT

RECHTE SEITE HUMBOLDT-UNIVERSITÄT: FOYER, HIST. GRUNDRISS KOMMODE: AUSSENANSICHT, GRUNDRISS, FOYER

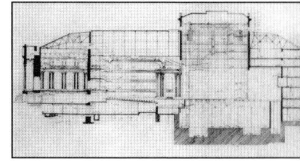

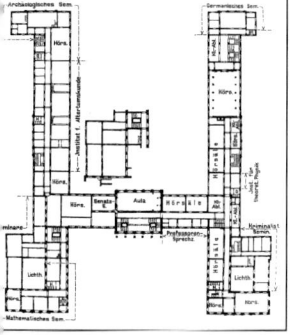

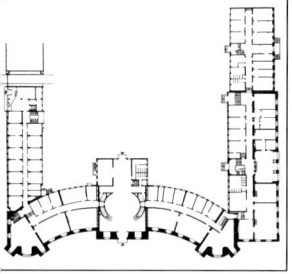

PAULICK). Das Innere des bis heute als Operntheater genutzten Gebäudes zeigt sich in einer historisierenden Nachahmung des Rokoko.

Mit seinem Ehrenhof orientiert sich das Hauptgebäude der **HUMBOLDT-UNIVERSITÄT** (EHEM. PRINZ-HEINRICH-PALAIS; **D**; UNTER DEN LINDEN 6; JOHANN BOUMANN D.Ä.; 1748-53; 1766 ENDGÜLTIGE FERTIGSTELLUNG) zum Forum Fridericianum. Deutlich ist zu erkennen, dass es sich um die stark verkleinerte Variante eines nicht verwirklichten neuen königlichen Schlosses handelt. Johann Boumann d.Ä. richtete sich bei der Gestaltung der Stadtresidenz für den Bruder Friedrichs II., Prinz Heinrich, nach den alten Schloss-Skizzen. Der Mittelteil ist mit Kolossalsäulen und schwerem Attikagebälk markant hervorgehoben und erinnert nicht zufällig an Schlüters Portal I des ► Berliner Schlosses. 1810 zog die neu gegründete Berliner Universität in das leer stehende Palais ein, das innen mehrfach umgebaut wurde. Von der ursprünglichen Ausstattung blieb bis zum Zweiten Weltkrieg einzig der Festsaal erhalten. 1913-20 wurde die Anlage von LUDWIG HOFFMANN durch zwei bis zur Dorotheenstraße reichende Flügel zu einer H-Form erweitert. Die Fassadengestaltung der beiden Flügel wurde der historischen Architektur angepasst und ist vom alten Bauteil nicht zu unterscheiden. Vom westlichen Kopfbau mit dem Archäologischen Seminar an der Dorotheenstraße plante Hoffmann eine städtebauliche Achse zum Ehrenhof des ► Pergamonmuseums. Nach den Kriegszerstörungen wurden 1947-67 das Haupttreppenhaus und der Festsaal von der Gartenseite an die Ehrenhofseite verlegt und damit ein wesentliches Merkmal der alten Palaisarchitektur verändert. Das entstandene neue Foyer wurde im schweren Neoklassizismus der Stalinzeit gestaltet. Außen wurden die verloren gegangenen Bauplastiken durch Attikafiguren des abgerissenen Potsdamer Stadtschlosses ersetzt.

Den westlichen Abschluss des Forum Fridericianum bildet die so genannte **KOMMODE** (EHEM. KÖNIGLICHE BIBLIOTHEK; **D**; AUGUST-BEBEL-PLATZ; GEORG CHRISTIAN UNGER, AUSFÜHRUNG GEORG FRIEDRICH BOUMANN D.J.; 1775-80). Sie diente zur Aufnahme der im ► Berliner Schloss eingerichteten und mit der Zeit gewachsenen Büchersammlung. Ungewöhnlich ist, dass dem Projekt ein fünfzig Jahre älterer Entwurf für den Michaeler-

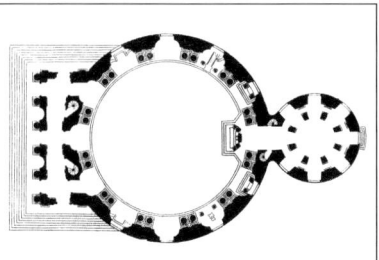 

trakt der Wiener Hofburg zugrunde gelegt wurde. Der Bau des Wiener Originals des Architekten Johann Bernhard Fischer von Erlach war eingestellt worden, so dass der Berliner Bau früher fertig wurde als sein Vorbild. Der Rückgriff auf Formen des Hochbarock wirkt gegenüber der heutigen ▶ *Staatsoper Unter den Linden* stilistisch antiquiert und wenig preußisch. Für die Spätzeit Friedrichs II. war dessen Hang zum barocken Pathos in der Architektur jedoch typisch. Wegen der geschwungenen Außenfront erhielt der Bau den Namen Kommode, denn er erinnerte die Berliner an die damals modische Form des Möbels. Während sich beim Wiener Original die Form aus einem runden Stadtplatz und einer Achsenbündelung ergab, lässt sich für die Kommode keinerlei städtebaulicher Bezug feststellen. Die gerundeten Eckrisalite sind zu den Nachbargebäuden äußerst ungeschickt abgeschnitten, auch hier fehlt jede Verbindung. Das von außen viergeschossig anmutende Gebäude besaß zudem innen nur zwei Geschosse. Im Sockelgeschoss waren anfangs Magazine der Armee und der Oper untergebracht, nach und nach wurde die Bibliothek auf das gesamte Gebäude ausgedehnt. Die von Musen umgebene Kartusche über dem Mittelrisalit zeigt Attribute der Wissenschaft: Bücher, Globen und Schriftrollen, auf deren Spitze thront die Königskrone. Seit 1914, nach einem Umbau zum Aulagebäude, wird die Kommode von der Universität genutzt, nachdem die Bibliothek in den Neubau schräg gegenüber, die ▶ *Alte Staatsbibliothek*, gezogen war. Nach schwerer Kriegsbeschädigung wurde die Fassade 1967-69 wiederhergestellt, während dahinter ein Neubau nach Plänen von WERNER KÖTTERITZSCH entstand.

Die kath. **ST.-HEDWIGS-KATHEDRALE** (**D**; AUGUST-BEBEL-PLATZ; GEORG WENZESLAUS VON KNOBELSDORFF, JOHANN BOUMANN D.Ä.; 1747-73) ganz am Rande des Forum Fridericianum war in dieser Form im ursprünglichen Plan für einen neuen Schlossplatz Friedrichs II. nicht vorgesehen. Aber sie erinnert an die Idee, neben der heutigen ▶ *Staatsoper Unter den Linden* und der nicht realisierten neuen Akademie auch einen runden Freundschaftstempel bzw. eine Art Pantheon zu errichten. Aus politischen Gründen – das katholische Schlesien war erobert – ließ Friedrich II. jedoch stattdessen hier die einzige römisch-katholische Barockkirche Berlins entstehen. Georg Wenzeslaus von Knobelsdorff entwarf zu diesem Zweck einen dem Pantheon in Rom nachempfundenen Bau und setzte dem kreisrunden Kuppelbau die tempelartige

---

Giebelfront vor. Der ungewöhnlich abseitige Standort war wie die kaum merkliche Wölbung des Platzes und die ursprünglich flache Wölbung der Kirchenkuppel ein städtebaulicher Kunstgriff: Kirche und Platz sollten größer erscheinen. Die Bauausführung (JOHANN BOUMANN D.Ä.; 1747-55) zog sich wegen langer Unterbrechung bis 1773 hin. Beim Wiederaufbau nach schweren Kriegsschäden (HANS SCHWIPPERT; 1952-63) wurde die in ihrer Form mehrmals veränderte Kuppel in Stahlbeton ausgeführt. Die gelungene und räumlich wirkungsvolle Innengestaltung gibt sich zurückhaltend und modern.

Zwischen den historischen Bauten ▶ *Prinzessinnenpalais*, ▶ *Staatsoper Unter den Linden* und ▶ *St.-Hedwigs-Kathedrale* vermittelt das historisierende, an die Formensprache des 18. Jh. angelehnte **VERWALTUNGS- UND PROBENGEBÄUDE DER STAATSOPER** (**D**; HINTER DER KATHOLISCHEN KIRCHE 1-2; RICHARD PAULICK; 1955). Über einen unterirdischen Gang ist der Bau mit dem Opernhaus verbunden.

Die südliche Seite des Forum Fridericianum wird von der ehem. **GESCHÄFTSZEN-TRALE DER DRESDNER BANK** (**D**; BEHRENSTRASSE 36/39; LUDWIG HEIM; 1887-89; BIS 1923 MEHRFACH ERWEITERT) begrenzt. Die damalige Hauptrepräsentanz in Berlin lag am Auftakt des Bankenviertels entlang der gesamten Behrenstraße. Gegenüber dem Forum ist der Auftritt der Fassade in den Formen eines Palais der italienischen Hochrenaissance sehr selbstbewusst. Innen ist die Abfolge von Kassenhöfen zwischen Behrenstraße und Französischer Straße noch vollständig erhalten. Heute wird das Bankgebäude als Bürohaus genutzt.

Wilhelm I. wohnte als Kronprinz und noch als Kaiser im **ALTEN PALAIS** (**D**; UNTER DEN LINDEN 9; KARL FERDINAND LANGHANS D. J.; 1834-37). Bereits den Vorgängerbau, das frühere Palais des Markgrafen von Schwedt, ließ er 1828-29 im Innern von KARL FRIEDRICH SCHINKEL zum Dienstsitz umbauen. Der damalige Kronprinz wünschte sich jedoch einen Neubau, der im „style grec" gestaltet werden sollte. Das entstandene neue Gebäude ist von größter klassizistischer Schlichtheit und Strenge. Die 13-achsige Fassade zu den Linden wird lediglich durch einen von vier dorischen Säulen getragenen Balkon unterbrochen, unter dem sich die Auffahrt und der Eingang befinden. Der zweigeschossige Bau wird durch ein Mezzanin abgeschlossen, dessen Fensterpaare mit kleinen Statuen und Wappenschildern den Eindruck eines Frieses erwecken. **53**

Seitlich war eine Pergola vorgelagert, die einen eigenwilligen Bezug zum Forum herstellte. Nach dem Krieg wurden die vorderen Fassaden wiederhergestellt, die dahinter liegenden Räume jedoch neu gestaltet und mit der ▶ *Kommode* verbunden. In dem so entstandenen Gebäudekomplex befindet sich heute Räume der Humboldt-Universität (Fritz Meinhardt; 1963-64).

Das angrenzende ehem. **GOUVERNEURSHAUS** (**D**; Unter den Linden 11; Fritz Meinhard; 1963-64) ist im Äußeren die Kopie eines historischen Gebäudes, das eigentlich an der Ecke Rathausstraße/Jüdenstraße stand und dort 1960 für den Neubau der ▶ *Rathauspassagen* abgerissen wurde. Der originale Bau aus dem Jahre 1721 stammte von Friedrich Wilhelm Diterichs und Martin Heinrich Böhme. Die heutige Fassade zu den Linden ist eine reine Kopie, der die originalen Fensterrahmungen, der Balkon, die Kartusche mit Trophäenschmuck und der preußische Adler eingefügt wurden. Die Freitreppe zum Eingang ist eine moderne Zutat, da der Bau gegenüber dem Original erhöht wurde, um das Innere mit den Räumen des ▶ *Alten Palais* verbinden zu können. Anstelle des heutigen Gouvernurshauses stand, bis zu seinem Abriss nach schwerer Beschädigung im Krieg, das 1732 errichtete Niederländische Palais.

Für den Bau der neuen Königlichen Bibliothek, heute Staatsbibliothek zu Berlin Preußischer Kulturbesitz Haus 1 bzw. **ALTE STAATSBIBLIOTHEK** (**D**; Unter den Linden 8; Eberhard Ernst von Ihne; 1903-14), am Standort der früheren Akademie der Wissenschaften und Künste setzte Wilhelm II. seinen Hofbaumeister Ihne als Architekten durch, ohne einen Wettbewerb auszuloben. In dem mächtigen Gebäudekomplex wurde die spätere Preußische Staatsbibliothek, im Lindenflügel die Akademie der Wissenschaften und an der Dorotheenstraße die Universitätsbibliothek untergebracht. Durch eine offene Vorhalle gelangt man von den Linden in einen Hof mit Wasserbecken. Von hier verlief eine Achse über das große Treppenhaus zum prunkvollen Lesesaal, dessen Kuppel mit 38 m eine größere Spannweite als die Domkuppel besaß. Die Architektursprache wirkt durch die mächtige Kolossalordnung und das schwere Gesims monumental und ist beispielhaft für die wilhelminische Hofarchitektur. Im Vergleich zur beginnen-

Linke Seite
Altes Palais
Gouverneurshaus
Alte Staatsbibliothek:
Aussenansicht, Grundriss

Rechte Seite
Alte Staatsbibliothek: Schnitt,
Neuer Lesesaal
Computerperspektive

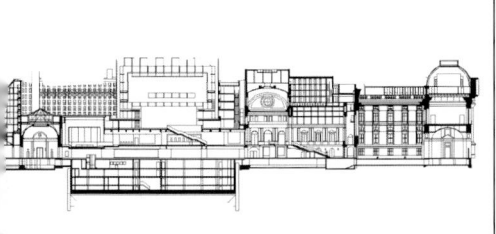

den Moderne schien vielen eine solche Repräsentationsarchitektur nicht mehr zeitgemäß. Architekten wandten ein, die fortschrittliche technische Ausstattung spiegele
sich nicht im Äußeren wider, tote Repräsentationsräume nähmen zu viel Platz ein.
Ihne orientierte sich gleichwohl an modernen Tendenzen. So sind die Fensterachsen
durch glatte vertikale Streifenvorlagen im Sinne eines Pfeilerbaus zusammengefasst.
Die Kuppel wurde im Krieg schwer beschädigt und 1975 abgebrochen. Seit 2000 bis
ca. 2010 erfolgen eine Grundinstandsetzung des Kellergeschosses (ELISABETH
RÜTHNICK) sowie Instandsetzungsmaßnahmen und Umbauten am Bestandsgebäude
mit der Zielsetzung, das Haus wieder als eine Einheit verständlich zu machen (HG
MERZ). Die Generalsanierung umfasst die Anpassung des Bibliotheksgebäudes an die
modernen technischen Anforderungen unter der Prämisse des Denkmalschutzes.
Dabei werden die sieben Bestandslesesäle den einzelnen Sonderabteilungen zugeordnet. Der zentrale Lesesaal wird aufgrund umlaufender Galerien als Frei-
handbereich benutzbar sein. Statt der Kuppel wird ein gläserner Lichtkubus eingebaut. Dabei handelt es sich nicht um eine klardurchsichtige, sondern um eine
transluszente Hülle, die den Lesesaal in ein weiches Tageslicht taucht. Nach der
Wiedervereinigung Berlins wurden die Buchbestände mit denjenigen der ▶ *Neuen
Staatsbibliothek* am Kulturforum (Haus 2) zusammengeführt und neu geordnet.

EXKURS: SCHLÖSSER IN BERLIN

Als 1950 das im Zweiten Weltkrieg schwer beschädigte ▶ *Berliner Schloss* abgerissen wurde, ging das bedeutendste bauliche Zeugnis der Hohenzollernherrschaft in Brandenburg-Preußen unwiederbringlich verloren. Doch noch immer bietet eine Reihe von kleineren Schlössern, die sich die Hohenzollern um ihre Residenzstadt errichten ließen, ein umfassendes Bild höfischer Architektur und Kunst in Berlin von der Renaissance bis zum Klassizismus. Die Schlösser wurden von namhaften Architekten ihrer Zeit gestaltet und dienten als Jagdschlösser und Sommerresidenzen sowie als Wohnsitze wichtiger Familienmitglieder. Neben ihrem Einfluss auf die städtebauliche Entwicklung des Berliner Umlandes besaßen sie eine wichtige architektonische Vorbildfunktion. So finden sich vor allem am Ende des 19. Jh. Zitate der Schlossarchitektur in den Villen des Berliner Großbürgertums wieder. Heute sind die meisten Schlösser, umgeben von Parkanlagen, beliebte Ausflugsziele und Orte herausragender Kunstsammlungen.

Das **JAGDSCHLOSS GRUNEWALD** (◨; ZEHLENDORF/IM JAGEN 11; CASPAR THEYSS; 1542-43; JOHANN ARNOLD NERING, MARTIN GRÜNBERG; 1669-1707) ist das am besten erhaltene Beispiel mehrerer Jagdschlösser, die einst Kurfürst Joachim II. um Berlin herum errichtete. Aus ihnen entwickelten sich z.B. die Schlösser Köpenick und Potsdam. Zudem besitzt das Jagdschloss Grunewald auch einige der letzten Zeugnisse der Berliner Renaissance überhaupt, wie den großen Saal mit seiner bemalten Holzdecke. Der jagdfreudige Kurfürst Joachim II. ließ das Wasserschloss von seinem Schlossbaumeister Theyß auf einer künstlichen Insel am Ufer des Grunewaldsees errichten. Er nannte es „Zum gruenen Wald" und gab damit einer ganzen Gegend ihren Namen – Grunewald. Zum 15 km entfernten Berliner Schloss führte ein Reitweg über den „Churfürstendamm" und durch das weitläufige Jagdgebiet des Tiergartens. Noch heute betritt man das Gebäude durch einen Vorbau, dem sich ein Treppenturm anschließt – beides authentische Teile der Renaissancefassade. Der Turm ragte anfangs deutlich aus dem Bauwerk heraus, da der ursprüngliche Bau nur zwei Geschosse mit Zwerchhäusern besaß. Nachdem jedoch bereits 1593 erste Veränderungen erfolgt waren (GRAF ZU LYNAR), wurde das Schloss bis Anfang des 18. Jh. von Nering und Grünberg barock umgebaut und aufgestockt. In diesem Zusammenhang wurden auch die Wassergräben zugeschüttet. 1932 wurde das Jagdschloss Grunewald von der preußischen Schlösserverwaltung mit Gemälden und Möbeln aus verschiedenen Epochen ausgestattet.

Das **SCHLOSS KÖPENICK** (◨; KÖPENICK/SCHLOSSINSEL; WILHELM ZACHARIAS; 1558-72; RUTGER VAN LANGERVELT; 1677-84; JOHANN ARNOLD NERING; 1682-88) entstand im 16. Jh. als kurfürstliches Jagdschloss auf einer Burganlage der einstigen askanischen Markgrafen. Nachdem der Kurprinz Friedrich 1677 die heutige Schlossinsel als seine Residenz auserwählt hatte, begannen die Arbeiten am barocken Umbau zum heutigen

Schloss. Der Niederländer Langervelt entwarf eine zum Wasser hin orientierte Anlage in den Formen des holländischen Barock. Sie war eines der letzten Beispiele des jahrzehntelangen niederländischen Einflusses auf den brandenburgischen Schlossbau, bevor sich der Kurprinz in seinen Regierungsjahren als Kurfürst Friedrich III. nach Frankreich hin orientieren sollte. Ab 1684 setzte Nering, ebenfalls holländischer Herkunft, die Arbeiten am Schloss fort. Er war bereits an den Arbeiten der Anlage beteiligt. Nach seinen Entwürfen entstand neben einem triumphbogenartigen Torbau von 1682, dem Schloss gegenüber, die **SCHLOSSKIRCHE** (1682-84). Sie ist das einzig unveränderte Bauwerk Nerings und einer der ersten evangelischen Kirchenbauten Berlins. Durch das Kuppeldach mit hölzerner Laterne und einer goldenen Krone wirkt die im Innern reich dekorierte Kapelle wie ein Zentralbau. Nering plante, das Schloss zu einer Dreiflügelanlage zu erweitern. Damit sollte die bereits altmodisch gewordene Gruppierung der Bauten durch Langervelt ausgeglichen und der Anlage ein modernerer barocker Charakter verliehen werden. Von den beiden geplanten Galerieflügeln wurde jedoch nur der nördliche verwirklicht, da seit dem Regierungsantritt des Kurprinzen 1688 das Schloss an Bedeutung verlor. Die etwa 1690 fertig gestellten Innenräume des Schlosses reihen sich nach beiden Seiten um eine repräsentative und ursprünglich dreiläufige Eichenholztreppe, deren fehlender Teil derzeit rekonstruiert wird. Im zweiten Obergeschoss befindet sich, noch den Traditionen der Renaissance verhaftet, der Wappensaal. Jeweils zwei Hermen tragen hier an den Wänden die Wappenschilder der kurmärkischen Besitzungen. Von der Innenausstattung sind des Weiteren barocke Deckengemälde von Jacques Vaillant und prachtvolle Stuckdecken von Giovanni Caroveri erhalten geblieben. Besonders sehenswert ist das vergoldete Silberbuffet aus dem Berliner Schloss, das 1695-98, vermutlich nach einem Entwurf von Andreas Schlüter, angefertigt wurde. Ab 1963 war im Schloss Köpenick das Kunstgewerbe-Museum von Ost-Berlin untergebracht. Künftig, nach einer umfassenden Sanierung bis 2004, wird die heutige Dependance des Kunstgewerbe-Museums als Museum für Raumkunst dienen.

Kurfürst Friedrich III. (ab 1701 König Friedrich I.) baute die Berliner Umgebung durch weitere kleine Landschlösser zu

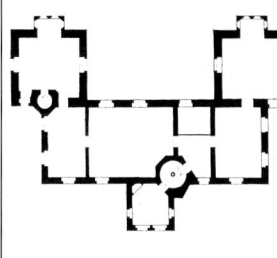

JAGDSCHLOSS GRUNEWALD:
AUSSENANSICHT,
GRUNDRISS
SCHLOSS KÖPENICK:
ANSICHT WASSERSEITE,
GRUNDRISS

einer barocken Residenzlandschaft aus. 1691 erwarb er das „Petit Palais" in Niederschönhausen (1664), um hier eine Sommerresidenz einzurichten. Nering gestaltete
das ehem. Herrenhaus in das **SCHLOSS NIEDERSCHÖNHAUSEN** (**D**; PANKOW/OSSIETZ-
KYSTRASSE; JOHANN ARNOLD NERING; 1691-93; JOHANN FRIEDRICH EOSANDER VON GÖTHE;
1704; JOHANN BOUMANN D.Ä.; 1763-64) um und gab ihm eine repräsentative Fassade
mit einem Mittel- und zwei Seitenrisaliten. Eosander von Göthe erweiterte den Bau
einige Jahre später zu einer Dreiflügelanlage, indem er der Gartenfront zwei seitliche
Pavillonbauten vorsetzte. Der Garten wurde zu einer ausgedehnten Anlage mit einer
Lindenallee als großer Mittelachse, die bis nach Blankenburg führte. 1740-94 war das
Schloss Wohnsitz der Königin Elisabeth Christine. Während dieser Zeit wurde bei
einem Umbau durch Boumann d.Ä. anstelle des kleinen Ehrenhofes eine zweiarmig
geschwungene Rokokotreppe errichtet. Auch die Pavillonbauten wurden durch einen
dreigeschossigen Anbau ersetzt. Das Gebäude, früher Gästehaus der DDR, ist mit
seiner teilweise noch im Original erhaltenen Ausstattung heute sanierungsbedürftig.
Jedoch ist immer noch ungeklärt, ob das Schloss in die Stiftung Preußische Schlösser
und Gärten Berlin-Brandenburg aufgenommen werden soll.

Für seine Gemahlin Sophie Charlotte ließ Kurfürst Friedrich III. eine Sommer-
residenz in Lietzow, dem späteren Charlottenburg errichten. Das **SCHLOSS CHAR-
LOTTENBURG** (**D**; CHARLOTTENBURG/SPANDAUER DAMM 10/20-22; JOHANN ARNOLD NERING,
MARTIN GRÜNBERG; 1695-99; JOHANN FRIEDRICH EOSANDER VON GÖTHE; 1701-13; GEORG
WENZESLAUS VON KNOBELSDORFF; 1740-46; CARL GOTTHARD LANGHANS D.Ä.; 1787-91) ist
wegen seiner Größe, aber auch der Vielfalt und harmonischen Einheit von Architektur
und Garten die bedeutendste barocke Sommerresidenz in Berlin. Da es bis in das 19.
Jh. der zeitweilige Wohnsitz nahezu aller Hohenzollernherrscher war, umfasst es alle
entsprechenden Stilepochen. Der Bau entstand nach den Plänen Nerings als eine völlig neue Form des französischen Lustschlosses, wurde aber nach dessen Tod 1695
von Grünberg ausgeführt. Vor allem der ovale Saal und seine Verbindung zum Garten
waren ein Zeichen des französischen Vorbildes. So wie er sich auf der einen Seite zum
Garten hin öffnet, so reflektieren auf der anderen verspiegelte Wände die Garten-
landschaft. Als typische barocke Mittelachse führte eine Allee, die Schlossstraße, auf
das Schloss zu, dessen damalige Kubatur immer noch im Mittelteil der heutigen
Anlage auszumachen ist. Die Achse war allerdings nicht der tatsächliche Anfahrtsweg,
und es zeigte sich in der weiteren Gestaltung, dass dies als Makel empfunden wurde.
Vom Berliner Schloss erstreckte sich zwar über die Straße Unter den Linden und durch
den Tiergarten eine durchgehend gerade Allee bis zum heutigen Ernst-Reuter-Platz,
nach Charlottenburg musste diese Achse jedoch abknicken, um dann immer noch als
Querachse nur seitlich auf das Schloss zu führen (heute Otto-Suhr-Allee). Die damalige
Bedeutung von räumlichen Achsenbeziehungen wird durch ein ganzes Sichtachsen-
system vom Schloss Charlottenburg auf die Jungfernheide, nach Ruhleben und nach
Niederschönhausen deutlich. Eosander von Göthe erweiterte das Schloss bis 1713 zu

einer ausgedehnten Anlage mit Residenzcharakter, da der 1701 zum preußischen König Friedrich I. gekrönte Kurfürst das Lustschloss seiner Gattin zum bevorzugten Sommersitz auserwählt hatte. Im Andenken an die 1705 verstorbene Sophie Charlotte nannte er zudem Ort und Schloss in „Charlottenburg" um. So entstand die Dreiflügelanlage mit dem großen Ehrenhof. Von zwei geplanten Orangerien, mit denen die Anlage noch einmal beachtlich in die Breite gestreckt werden sollte, wurde nur eine ausgeführt. Dieser Planung wurde ein bedeutender und wirksamer Vertikalakzent entgegengesetzt: der Kuppelturm. In Anlehnung an damalige Pläne für das Berliner Schloss gestaltet, nimmt er die Breite des alten Mittelrisalits auf und dominiert mit Tambour, Kuppel und goldener Fortuna deutlich die gesamte Anlage. Seine im Verhältnis zum übrigen Bau imposante Größe diente eben auch dazu, die störende seitliche Stellung des Schlosses zum Anfahrtsweg optisch auszugleichen. Das Motiv des Kuppelturms, das Eosander von Göthe damit der Berliner Architektur hinzufügte, wurde später immer wieder aufgegriffen. Im Ehrenhof steht seit 1951 das **REITERSTANDBILD DES GROSSEN KURFÜRSTEN**, ein Hauptwerk der deutschen Barockplastik. Die 1696 von ANDREAS SCHLÜTER entworfene und begonnene Skulptur wurde 1703 auf der Langen Brücke (heute Rathausbrücke), schräg dem Berliner Schloss gegenüber, aufgestellt. Obwohl das Reiterstandbild in Hinsicht auf den ursprünglichen Standort für die beiden Seitenansichten konzipiert wurde, präsentiert es sich heute dem Besucher des Schlosshofes vor allem von der Vorderseite. Das Schloss, seit 1927 Museum, wurde im Zweiten Weltkrieg stark beschädigt und musste 1956-62 wiederaufgebaut werden. Nur wenige Gemächer sind daher im Original erhalten, ein bedeutender Teil konnte jedoch mit großem Aufwand rekonstruiert werden. Besonders sehenswert sind das Rote Tressenzimmer und das kostbare Porzellankabinett; überwiegend im Original erhalten sind die zweite Wohnung Sophie Charlottes und die Mecklenburgische Wohnung. Anstelle der nicht ausgeführten östlichen Orangerie entstand 1740-46 in zurückhaltender und edler Architektur der **NEUE FLÜGEL**, den der Architekt GEORG WENZESLAUS VON KNOBELSDORFF im Innern mit einer künstlerisch herausragenden Ausgestaltung im Stil des Rokoko versah. Wiederhergestellt sind davon u.a. der Weiße

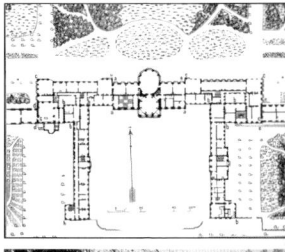

SCHLOSS NIEDERSCHÖNHAUSEN:
TREPPENHAUS,
AUSSENANSICHT
SCHLOSS CHARLOTTENBURG:
AUSSENANSICHT,
GRUNDRISS,
NEUER PAVILLON

RECHTE SEITE

SCHLOSS CHARLOTTENBURG:
NEUER PAVILLON:
GRUNDRISS, MAUSOLEUM
SCHLOSS FRIEDRICHSFELDE:
AUSSENANSICHT,
GRUNDRISS

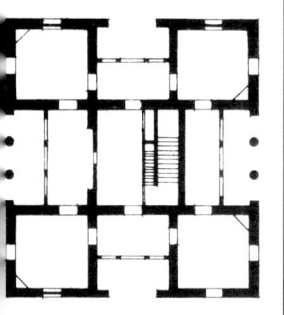

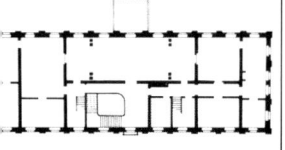

Saal mit seiner hellen Stuckmarmorverkleidung und die Goldene Galerie, die mit ihrer leichten und heiteren Dekoration zu den schönsten und fantasievollsten friderizianischen Raumschöpfungen gehört. Friedrich Wilhelm III. ließ um 1810 einige Räume klassizistisch umgestalten. Hervorzuheben ist in diesem Zusammenhang das von KARL FRIEDRICH SCHINKEL gestaltete Schlafzimmer der Königin Luise. Am Westende der Orangerie baute CARL GOTTHARD LANGHANS D.Ä. 1787-91 ein Schlosstheater mit einem in der Berliner Architektur ungewohnten Bogen- und Fenstermotiv Palladios im Mittelrisalit.

In dem zum englischen Landschaftsgarten umgestalteten Schlossgarten schuf Langhans zudem das dreigeschossige **BELVEDERE** (**D**; 1788-90), ein aufwendig gestaltetes Teehaus, noch etwas unentschieden zwischen Spätbarock und Klassizismus. Nach dem Tod der im Volk beliebten Königin Luise entstand das **MAUSOLEUM** (HEINRICH GENTZ; 1810) als Grablege. Der klassizistisch kühle Kenotaph, ein zum Gedächtnis der Königin errichtetes leeres Grabmal, wurde 1815 aufgestellt. Auf ihm ruht die schlafende Königin als liegende Skulptur, ein Meisterwerk des Bildhauers CHRISTIAN DANIEL RAUCH. Der **NEUE PAVILLON** (SCHINKEL-PAVILLON; **D**; KARL FRIEDRICH SCHINKEL; 1824-26) ist als Bautypus für Berlin einmalig geblieben. 1822 hatte König Friedrich Wilhelm III. in Neapel die Villa Reale del Chiatamonte bewohnt, die Schinkel für dieses Sommerhaus als Vorbild wählte. Der kubische Bau auf annähernd quadratischem Grundriss, in dem sich Außen- und Innenraum mit umlaufendem Balkon, Loggien und Gartentüren durchdringen, wurde von ALBERT DIETRICH SCHADOW ausgeführt.

In Rosenfelde schuf sich der gebürtige Niederländer Admiral Benjamin Raulé, Generaldirektor der Marine, einen „holländischen" Landsitz (JOHANN ARNOLD NERING; 1682-95). Nachdem Raulé bei Friedrich III. in Ungnade gefallen war, zog der Kurfürst 1698 die Besitzungen ein und benannte im darauf folgenden Jahr den Ort in Friedrichsfelde um. Das Anwesen wurde von Böhme, einem Schüler Schlüters, zum **SCHLOSS FRIEDRICHSFELDE** (**G**; LICHTENBERG/AM TIERPARK 39-47; MARTIN HEINRICH BÖHME; 1719) ausgebaut. Der ursprüngliche fünfachsige Bau von Nering wurde zum Mittelbau des neuen, erweiterten Gebäudes und 1786 mit einem großen Dreiecksgiebel versehen. Über Alleen wurde der Bau mit den Schlössern

Köpenick und Berlin verbunden. Da weitere Umbauentwürfe, so von Boumann d.Ä., Gontard und Langhans d.Ä. nicht verwirklicht wurden, blieb das Schloss bis heute äußerlich im Wesentlichen unverändert. Mit der Eröffnung des Ost-Berliner Tierparks 1955 wurde das Schloss mitsamt dem 1821 von PETER JOSEPH LENNÉ geschaffenen Landschaftspark in die neue Anlage einbezogen. Bei der Wiederherstellung 1970-81 wurden die Räume, da die frühklassizistische Ausgestaltung nicht mehr vollständig erhalten war, u.a. mit Einrichtungen aus märkischen Schlössern und Herrenhäusern ausgestattet. Treppenhaus und Festsaal wurden im Zustand von 1800 restauriert. Heute wird das Schloss museal genutzt.

Das **SCHLOSS BELLEVUE** (**D**; TIERGARTEN/SPREEWEG 1; MICHAEL PHILIPP DANIEL BOUMANN; 1785-86) ist heute Sitz des Bundespräsidenten. Ursprünglich wurde es als Sommerresidenz für Prinz August Ferdinand errichtet. Boumann d.J. orientierte sich bei seinem Entwurf am kurz zuvor fertig gestellten Schloss in Wörlitz und schuf damit das erste königlich-preußische Schloss in klassizistischem Stil. Der Mittelrisalit wird durch korinthische Pilaster und einen Dreiecksgiebel gegliedert, in dessen Tympanon eine Uhr sitzt. Auf dem Giebel personifizieren drei Sandsteinfiguren den Ackerbau, die Jagd und die Fischzucht. Seit dem Ende der Monarchie verlor das Schloss, das noch 1918 dem kaiserlichen Kronprinzen als Wohnung diente, durch mehrere bauliche Veränderungen seinen ursprünglichen Residenzcharakter. 1938 wurde es nach Plänen von PAUL BAUMGARTEN D.Ä. mit erheblichen Eingriffen im Innern zum Reichsgästehaus umgebaut. Die Eingänge in den Seitenrisaliten wurden zu Fenstern, der neue Eingang wurde in den Mittelrisalit gelegt. Nachdem es im Krieg schwer beschädigt worden war, baute KARL HEINZ SCHWENNICKE das Schloss 1954-59 wieder auf und gestaltete es zum Berliner Amtssitz des Bundespräsidenten um. Die aufwendige Ausstattung im Stil der 1950er Jahre ging verloren, als OTTO MEITINGER die Innenräume 1987 in einem „maßvoll klassizierenden Stil" renovierte. Im Originalzustand ist jedoch der Ovale Saal (CARL GOTTHARD LANGHANS D.Ä.; 1791) erhalten geblieben. Derzeit ist eine vollständige Sanierung ab 2004 geplant.

Als Ausflugsziel für ausgedehnte Bootsfahrten des Königs Friedrich Wilhelm II. entstand das **SCHLÖSSCHEN AUF DER PFAUENINSEL** (**G**; ZEHLENDORF/PFAUENINSEL; GEORG FRIEDRICH BOUMANN D.J., JOHANN GOTTLIEB DAVID BRENDEL; 1794). Brendel schuf nach Entwürfen Boumanns d.J. die Kulisse einer verfallenen Ruine, zwischen deren beiden Türmen ein vorgetäuschtes Tor den Blick in eine illusionäre Landschaft gleiten lässt. Das Schlösschen besteht aus wenigen Räumen, deren edle frühklassizistische Ausstattung unverändert erhalten ist, so das mit Papiertapeten ausgekleidete Kavalierzimmer und ein Teesalon mit antikisierenden Stuckreliefs. Im Nordturm täuscht das Othaheitische Kabinett mit einer gemalten Illusionskulisse eine Bambushütte vor, die den Blick auf eine tropische Landschaft öffnet. Scheinbar zufällig liegt das Schlösschen inmitten der Baumwiesen des englischen Landschaftsparks. Dessen erste Gestaltungspläne stammten von JOHANN AUGUST EYSERBECK

D.J., dessen Vater ab 1767 Dessau-Wörlitz als ersten englischen Landschaftspark Deutschlands gestaltet hatte. Im Übergang zur Romantik besaß die Pfaueninsel damals noch Elemente des barocken Gartens. Die **MEIEREI** im Norden der Insel wurde als gotische Klosterruine dargestellt. Hier wurde tatsächlich – wenn auch nur spielerisch – eine Milchwirtschaft betrieben. Im Obergeschoss liegt ein in prachtvoller Neogotik gestalteter Saal von Boumann d.J. mit Ausmalungen von BARTOLOMEO VERONA.

Das **SCHLOSS KLEIN-GLIENICKE** (**G**; ZEHLENDORF/KÖNIG-STRASSE; KARL FRIEDRICH SCHINKEL, LUDWIG PERSIUS; 1812; 1824-50) liegt mit seiner Parkanlage am Ufer der sich seenartig verbreiternden Havel. Im Zusammentreffen der Architektur Schinkels und der Gartenkunst Lennés ist ein besonderes Gesamtkunstwerk des Berliner Klassizismus und der Romantik entstanden. Seine herausragende kulturhistorische Bedeutung wurde durch die Aufnahme in das Weltkulturerbe der UNESCO bestätigt. Mittelpunkt der Anlage ist ein ehem. Gutshaus, das 1812 von Schinkel zu einem Sommerhaus umgebaut wurde. Prinz Carl von Preußen erwarb das Gelände 1824 und ließ durch Schinkel zunächst das parallel zum Havelufer stehende Billardhaus in ein schlicht gestaltetes Kasino umwandeln. Die seitlich ansetzenden Pergolen begrenzen und öffnen den Garten gleichermaßen zur Landschaft. Die Öffnung des Gebäudes zum Garten wurde im Planungsverlauf jedoch aufgegeben. Die Fenster des Erdgeschosses wurden weiter vorgetäuscht. Wo in der Mitte der Eingang lag, schuf nun eine Wandmalerei als Scheinarchitektur einen illusionären Durchblick in die Landschaft. Als Nächstes baute Schinkel 1824-27 das alte Sommerhaus zum Schloss um. Der Architekt verzichtete auch hier auf repräsentative Überhöhungen und vermied weitgehend axiale Bezüge des Gebäudes zum Garten, was sich auch im seitlichen Eingang ausdrückt. Schinkel versah den Bau mit einem sehr zurückhaltenden Fassadenschmuck, der den gewünschten privaten Charakter einer ländlichen Villa unterstreichen sollte. Neben dem Schloss sind zahlreiche größere und kleinere Bauwerke in den Park eingebettet, so z.B. das **HOFGÄRTNER- UND DAMPFMASCHINENHAUS** (LUDWIG PERSIUS; 1836-38) oder die **REMISE MIT TURM** (KARL FRIEDRICH SCHINKEL; 1828-32). An der Chaussee wurden zwei Parkbauten errichtet:

SCHLOSS BELLEVUE
SCHLÖSSCHEN AUF DER PFAUENINSEL:
AUSSENANSICHT, MEIEREI
SCHLOSS KLEIN-GLIENICKE:
AUSSENANSICHT

die **NEUGIERDE**, 1796 tempelförmig als Teepavillon zum un-
gesehenen Beobachten der Straße entstanden und 1825-26
von Schinkel umgebaut, sowie die **ROTUNDE**, die 1835 als Aus-
sichtspavillon nahe der Glienicker Brücke nach einem Entwurf
von Schinkel entstand. Nachdem Park und Schloss im Laufe
der Zeit vernachlässigt worden waren, begann die Wiederherstellung der Anlagen nach dem Zweiten Weltkrieg und
dauerte bis 1987.

Das kurfürstliche **JAGDSCHLOSS GLIENICKE** (**G**; ZEHLEN-
DORF/KÖNIGSTRASSE; CHARLES PHILIPPE DIEUSSART; 1682; FERDI-
NAND VON ARNIM; 1859-62; ALBERT GEYER; 1889; MAX TAUT; 1963)
blieb seit dem 18. Jh. lange Zeit ungenutzt und verkam, um
später als Lazarett und sogar Fabrik zu dienen. Erst 1889 baute
es Albert Geyer für den Prinzen Friedrich Leopold vollständig
um. Das 1963 entkernte Gebäude wurde von Max Taut zu einer
internationalen Begegnungsstätte ausgebaut, deren neuer
Eingang zu den charakteristischen Beispielen deutscher Nachkriegsarchitektur zählt. Nach einem Brand 2003 soll das
Gebäude bis 2004 wiederhergestellt sein.

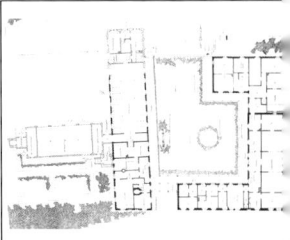

SCHLOSS KLEIN-GLIENICKE:
GRUNDRISS
SCHLOSSPARK KLEIN-GLIENICKE:
ROTUNDE
JAGDSCHLOSS GLIENICKE

DAS GEBIET DER BAROCKEN STADTERWEITERUNGEN

Der Boulevard Unter den Linden, die Friedrichstraße und der Gendarmenmarkt bilden mit vielen historischen und architektonisch herausragenden Gebäuden die „Mitte" Berlins. Doch auch wenn dieses Gebiet der Stadt heute wie das historische Zentrum scheint, so handelt es sich nicht um einen Teil der Altstadt Berlins. Vielmehr entstand der Stadtraum aus mehreren Vorstädten des 17. und 18. Jh. Diese Stadterweiterungen erfolgten im Bereich der Befestigungsanlage, die ab 1658 um die Stadt gelegt wurde. Straßennamen wie „Wallstraße" und „Am Festungsgraben" erinnern an den einstigen Bastionsring. In der Anlage der Straßen und Plätze um den Hausvogteiplatz und den Spittelmarkt lassen sich noch die spitzen Vorsprünge der Bastionen erkennen. Die ersten, 1662 gegründeten Neustädte **FRIEDRICHSWERDER** und **NEU-CÖLLN AM WASSER** lagen innerhalb des Festungsrings.

Noch während des Festungsbaus wurde 1674 die **DOROTHEENSTADT** außerhalb der Anlage angelegt, der Ausbau der **FRIEDRICHSTADT** begann 1688. Im Gegensatz zu den planlosen Vorstädten im Norden und Osten der Altstadt entsprachen die Erweiterungen im Westen und Süden mit ihrem strengen rechtwinkligen Straßenraster den Idealvorstellungen im Städtebau. Direkt von den Hohenzollern gefördert und der Stadthoheit Berlins entzogen, standen sie in engster Beziehung zum Schlossbezirk.

FRIEDRICHSTRASSE

Der entscheidende Aspekt der städtebaulichen Förderung war ein wirtschaftlicher Faktor: Da nach dem Dreißigjährigen Krieg die Bevölkerungszahl Brandenburgs stark dezimiert war, versuchten die Hohenzollern Einwanderer zu werben. Insbesondere Glaubensflüchtlinge aus Frankreich (Hugenotten) und Böhmen waren aufgrund ihrer handwerklichen Fähigkeiten begehrt und erhielten besondere Privilegien.

Ab 1734 wurden die Festungsanlagen schrittweise geschliffen, da sie dem schnellen Wachstum der Vorstädte und der Anbindung an Berlin hinderlich waren. Die Dorotheen- und die Friedrichstadt wurden 1734 nach Westen und Süden erweitert. Das westliche Ende der Straße Unter den Linden wurde mit einem quadratischen Platz, dem „Quarré" (heute Pariser Platz) am ► *Brandenburger Tor* eingefasst. Den Endpunkt der Leipziger Straße markierte das „Oktogon" bzw. „Achteck" (heute Leipziger Platz) am Potsdamer Tor. Ganz im Süden, zum Halleschen Tor hin, wurde das „Rondell" (heute Mehringplatz) angelegt. Die Stadterweiterungen erhielten damit eine städtebauliche Zusammenfassung, die von einem philosophisch begründeten und geometrisch konstruierten Ideal des Barocks abgeleitet wurde.

Erst nach der Reichsgründung 1871 entwickelten sich die barocken Vorstädte zum großstädtischen Zentrum. Die niedrige Bebauung wich aufwendigen Repräsentationsbauten von Banken und Geschäftshäusern. Bis in die 1920er Jahre verwandelten sich die Vorstädte in die pulsierende City der Millionenstadt.

Nach den schweren Zerstörungen des Zweiten Weltkriegs setzten sich die Planer in Ost und West vielfach über den historischen Stadtgrundriss hinweg. Vor allem mit einer „verkehrsgerechten" Verbreiterung der Straßen und einer Auflösung der alten Blockbebauung sollte die historische Stadt „überwunden" werden. Diese Einstellung änderte sich in den 1980er Jahren grundlegend. Mit der Internationalen Bauausstellung IBA 1987 in West-Berlin entstand ein neues Leitbild, das heute für die gesamte Stadt Gültigkeit besitzt. Die so genannte „Kritische Rekonstruktion" dient der Wiederentdeckung und Weiterentwicklung der historischen Stadt. Die Neubauten sollen unter Einhaltung des Blockrands und der früheren Traufhöhen dem historischen Stadtbild angepasst werden. Auf dieser Grundlage entsteht auch das neue alte Zentrum des vereinigten Berlins wieder. Jahrzehntelang von der ► *Berliner Mauer* zerschnitten, verblieb das Gebiet auf beiden Seiten trotz einiger Reaktivierungsversuche in einer Art Wartestellung. Seit 1990 wurden jedoch in kurzer Zeit noble Einkaufsstraßen, Hauptstadtrepräsentanzen und Botschaften errichtet. Inmitten des aufwendig sanierten historischen Zentrums entstanden allerdings umso weniger Wohngebäude, je mehr der City-Charakter gestärkt wurde.

FRIEDRICHSWERDER

Die westlich der Spreeinsel 1662 gegründete barocke Neustadt Friedrichswerder war durch ihre geographische Lage zwischen Kupfergraben und Wallanlagen kleinteilig und eng bebaut. Das Zentrum bildete der **WERDERSCHE MARKT** mit dem Rathaus

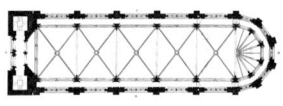

zwischen ▶ *Bauakademie* und ▶ *Friedrichswerderscher Kirche*. Mit einer Neubebauung der heute freien Flächen will der Berliner Senat an die Vergangenheit des Friedrichswerders anknüpfen. Westlich der Kirche soll die enge Falkoniergasse wieder entstehen. Geplant ist ein **WOHN- UND GESCHÄFTS-KOMPLEX FALKONIERGASSE** (GEORG GRAETZ, CHRISTOPH TYRRA UND TOBIAS NÖFER; IN PLANUNG) aus einzelnen, aber zusammenhängenden Gebäuden, die teilweise als Arkaden-Architektur im venezianischen Stil gestaltet werden sollen. Das städtebauliche Konzept von Graetz, Tyrra und Nöfer sieht vor, die Häuser rechts an der Gasse in direkter Nachbarschaft zur Kirche zu errichten. Die Häuserzeile wird kleine Höfe bilden, das Dach ist durch einige Terrassen unterbrochen, so dass die fünfstöckigen Häuser in Türme gegliedert werden. Dies ist erforderlich, um die Westseite der Kirche nicht zu verschatten. Die Luxuswohnungen werden Wohnflächen von 120 bis 500 qm bieten.

Die von Schinkel entworfene und ausgeführte **FRIEDRICHS-WERDERSCHE KIRCHE** (**D**; WERDERSCHER MARKT; KARL FRIEDRICH SCHINKEL; 1824-30) entstand auf einem schmalen Bauplatz des Friedrichswerders, eingefügt in die damals dichte Umbauung des Werderschen Marktes. Der Wunsch nach einem „altdeutschen" gotischen Stil stammte nicht von Schinkel, sondern von Kronprinz Friedrich Wilhelm. Die Entwürfe des Architekten waren zunächst im antiken Stil gehalten. Schinkel lieferte später wie gewünscht einen „Entwurf im Mittelalterstil", der auch zur Ausführung kam. Wegen der knappen finanziellen Mittel entschied er sich für einen einschiffigen, aber vergrößerten Kapellentypus nach dem Vorbild englischer College-Kapellen. Die Gestaltung blieb dennoch von der klassizistischen Haltung Schinkels geprägt, indem er versuchte, klassische Proportionen mit gotischen Elementen zu verbinden. Dem Mittelalter entsprechen daher nur einzelne Zitate: Neben englischen Kapellen diente die deutsche Hochgotik als Vorbild, deutlich am Maßwerk der Fenster zu erkennen. Der Verweis auf die märkische Baugeschichte mag dem roten Backstein als Rechtfertigung gedient haben, als Gestaltungsmittel war er für diese Bauaufgabe noch äußerst ungewöhnlich. Der Innenraum verbindet wieder Elemente der Gotik mit klassischen Proportionen und besitzt daher eine äußerst

67

klare Konstruktion. Zwischen den nach innen gezogenen Wandpfeilern wurde ein Emporenumgang gespannt. Baumaterial ist auch hier der Backstein, allerdings wurden durch Bemalung der Wandpfeiler Sandsteinquader imitiert. In den Gewölbekappen wurden die echten Ziegel von aufgemalten Ziegeln überdeckt, um das aus Geldmangel nicht verwirklichte Sterngewölbe vorzutäuschen. Nach Beschädigungen im Zweiten Weltkrieg erfolgten 1982-87 und 1996-2001 denkmalgerechte Sanierungen. Heute ist die Kirche eine Dependance der Nationalgalerie mit Kunst aus der Schinkelzeit.

Nachdem die ehem. **BAUAKADEMIE** (WERDERSCHER MARKT; KARL FRIEDRICH SCHINKEL; 1831-36; 1961 ABGERISSEN) im Zweiten Weltkrieg schwer beschädigt worden war, begann man in den 1950er Jahren mit ihrem Wiederaufbau, um sie 1961 dann doch abzureißen, weil das Außenministerium der DDR den Platz für sich beanspruchte. Das Außenministerium wurde wiederum 1995 abgerissen, so dass nun die Bauakademie an ihrem alten Standort rekonstruiert werden könnte. Zur Demonstration dieser Möglichkeit wurde 2001 die Nordostecke rekonstruiert. Nach den Vorstellungen des neu gegründeten Vereins „Bauakademie Berlin" soll das Gebäude wieder eine zentrale Institution für Architektur – etwa ein Architekturmuseum – aufnehmen. Zweifelsohne war Schinkels Spätwerk bahnbrechend. Der zu allen Seiten frei stehende Kubus verzichtete auf eine Hauptfassade und war so gestellt, dass er von der ▶ Schlossbrücke in vollem Umfang als Solitär wahrgenommen wurde. Schinkel, der englische Industriebauten studiert hatte, schuf aber vor allem durch vorgefertigte Terrakottaformen für den sparsamen Fassadenschmuck ein frühes Beispiel serieller Architektur.

SCHLEUSENBRÜCKE (■; KRITZLER & TISCHER; 1914-15): Bereits 1442 wurde hier eine Brücke als Spreeübergang von der Spreeinsel zum Gebiet des späteren Friedrichswerder angelegt. Die heutige Brücke entstand nach einem Entwurf von Kritzler & Tischer als mittlerweile viertes Bauwerk. Am Brückengeländer sind Medaillons von KURT SCHUMACHER (1937) mit Darstellungen der Brücken von 1650 und 1688 angebracht.

Große Teile des historisch kleinteilig bebauten Friedrichswerders mussten Anfang der 1930er Jahre einem Großprojekt weichen. Zur Bauzeit war die Reichsbank, heute **AUSWÄRTIGES**

BAUAKADEMIE: REKONSTRUIERTE NORDOSTECKE, HIST. GRUNDRISS
AUSWÄRTIGES AMT: SPREEFRONT, FOYER IM ALTBAU, ERWEITERUNGSBAU

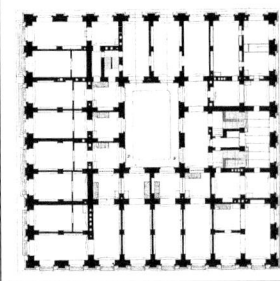

AMT (**D**; WERDERSCHER MARKT/KURSTRASSE 36; HEINRICH WOLFF; 1934-39), einer der größten Verwaltungsbauten Deutschlands. Am ersten großen Wettbewerb nach der nationalsozialistischen Machtergreifung waren noch die bekannten Berliner Architekten der Moderne – Gropius, Mies van der Rohe und Poelzig – beteiligt. Realisiert wurde der Entwurf von Reichsbankbaudirektor Heinrich Wolff. Der Stahlskelettbau ist vollständig mit Werkstein verkleidet, die Fassade wurde streng und rational gestaltet. Der Bau reagiert auf den Verlauf der Spree, die zentrale Mittelachse ist daher ab der zweiten Kassenhalle gebogen. Nach Umbauten zum Sitz des Zentralkomitees der SED (1959-1990) erfolgte 1995-99 eine aufwendige Sanierung für das Auswärtige Amt (KOLLHOFF & TIMMERMANN). Mit ihr wurde eine „dritte architektonische Schicht" eingefügt. Sie trägt neben der Handschrift des Architekten Hans Kollhoff die des Künstlers GERHARD MERZ. Durch monochrome Farbflächen, die im großen Gebäude immer wiederkehren, entstand eine neue Einheit. Die ehem. Kassenhallen wurden zu Konferenzsälen umfunktioniert. Merz und Kollhoff gelang es, das Pathos und die Schwere des bauzeitlichen Zustands in Eleganz zu verwandeln. Bei dem Entwurf für den **ERWEITERUNGSBAU DES AUSWÄRTIGEN AMTES** (MÜLLER REIMANN ARCHITEKTEN; 1997-99) reagierten Thomas Müller und Ivan Reimann auf den Altbau mit einer zweiten Großform, in die jedoch drei Höfe eingeschnitten sind. Die Fluchtlinien des Altbaus wurden weitergeführt, aber nicht die axiale Abfolge der Reichsbank-Innenräume. In der seriellen Fensterabfolge der Fassade spiegelt sich die rational angelegte Rasterstruktur der Bürogeschosse wider. Zum Werderschen Markt öffnet sich ein verglaster Eingangshof. Die vorgesetzten hohen Säulen geben der Glasfront einen monumentalen Akzent.

Mit dem Einzug der **HAUPTSTADTREPRÄSENTANZ DER DEUTSCHEN TELEKOM** (**D**; JÄGERSTRASSE/OBERWALLSTRASSE/FRANZÖSISCHE STRASSE; WILHELM SALZENBERG, ADOLPH LOHSE; 1861-63; CARL SCHWATLO; 1877-78; HENZE & VAHJEN; 1998-2002) in das ehem. Haupttelegraphenamt kehrt das Unternehmen zu einem seiner traditionsreichen Ursprungsorte zurück. Zugleich soll ein angefügter Neubau die Zukunftsorientierung des Unternehmens verkörpern und eine „Symbiose aus Tradition und Moderne" erzeugen. Der älteste Teil des Gebäudekomplexes wurde 1861-63, noch ganz in der Tradition der Schinkelschule, als Zentral-Telegraphenstation errichtet. Nachdem hier 1876 das Kaiserliche Haupttelegraphenamt eingerichtet worden war, entstand 1877-78 an der Jägerstraße ein repräsentativer Erweiterungsbau in den weit prächtigeren Formen der Neorenaissance. Carl Schwatlo orientierte sich dabei am venezianischen Palazzo Corner della Cà Grande von Jacopo Sansorino. Statt den Sockel, dem Vorbild entsprechend, deutlich vom Oberbau abzugrenzen, nahm er mit rustizierten Wandpfeilern Bezug auf die ionischen und korinthischen Doppelsäulen der oberen Geschosse. Im überdachten Lichthof waren telegraphische Apparate aufgestellt. Um die künstlerische Wirkung nicht zu stören, wurden die Drähte in Bleirohrkabeln unterhalb der Diele verlegt – weltweit war dies der erste Doppelboden für die Verlegung

von Datenleitungen. Der Lichthof mit Glasdach und gusseisernen Säulen konnte, teils vereinfacht, rekonstruiert werden. Anstelle des im Krieg zerstörten Flügels an der Französischen Straße wurde 1989 ein Plattenbau errichtet, der vor
kurzem durch einen haushoch verglasten Neubau von Henze
& Vahjen, die auch die Sanierung des Altbaus übernahmen,
ersetzt worden ist. Von außen entsteht der Eindruck, als be-
säße der Neubau nur eine geringe Tiefe. Tatsächlich aber verbindet ein in die Gebäudetiefe reichendes neues Atrium großzügig die alten und neuen Bauteile.

Noch heute verweisen die dreieckigen Platzräume und
Straßenzüge des Friedrichswerders und Neu-Cöllns am Wasser
auf die Befestigungsanlage Berlins im 17. Jh. Am **HAUSVOGTEI-
PLATZ**, wo sich die „Jägerbastion" der Befestigungsanlage befand, lassen sich noch die spitzen Vorsprünge der Bastionen
erkennen. Nach Schleifung der Befestigung wurde im Jägerhof
ab 1750 die Hausvogtei, das königliche Hofgericht und Hof-
gefängnis, eingerichtet. Im 19. Jh. siedelten sich am Platz
Textilunternehmen mit ihren Großhandelshäusern an. Heute
wird diese Gegend u.a. vom Komplex des **MEDIENZENTRUMS
AM HAUSVOGTEIPLATZ** bestimmt. Das **SAT 1 SENDEZENTRUM**

(JÄGERSTRASSE/TAUBENSTRASSE/OBERWALLSTRASSE; HOFFMANN
UELLENDAHL; 1995-99) besteht aus mehreren Alt- und Neu-
bauten. Der Haupteingang liegt in einem ehem. Konfektions-
haus von 1912 (Jägerstraße 32). Vom Hof erstreckt sich bis zur
Taubenstraße hin ein geschwungener Neubau mit Studios und
Technik. Das **HAUS AM BULLENWINKEL** (**D**; HAUSVOGTEIPLATZ

3-4; ALTERTHUM & ZADEK; 1893) wurde 1997 saniert und in das
SAT 1 Sendezentrum eingefügt. Zwischen den Pfeilern sind
große Glasflächen ausgebildet, die den Bau als typisches
Geschäftshaus der 1890er Jahre ausweisen. Im Gegensatz zu
dieser rational bestimmten Gestaltung zitieren die Giebel mit
Bögen und Zinnen noch in traditioneller Weise märkische
Backsteingotik. Das ehem. **KAUFHAUS VALENTIN MANHEIMER**
(**D**; OBERWALLSTRASSE 6-7; BOHM & ENGEL; 1896) wurde mit
einem gläsernen, futuristisch wirkenden Tonnendach aufgestockt. Angrenzend wurde auf einem schmalen Grundstück
die **HAUPTSTADTREPRÄSENTANZ VON PRO 7** (OBERWALLSTRASSE
8; BOTHE RICHTER TEHERANI; 1997-98) errichtet. Ein denkmal-

geschütztes Treppenhaus des Vorgängerbaus aus dem Jahr

1851 ist in den Bau integriert. Ebenfalls innerhalb dieses großen Medienkomplexes entstand der Neubau des **BÜRO-GEBÄUDES HAUSVOGTEIPLATZ 2** (PSP PYSALL, STAHRENBERG & PARTNER; 1996-97). Die Fassade nimmt durch die Größe der Fensterformate, den rot melierten Sandstein und den Dachaufbau, der sich als Kreissegment-Giebel auf die verzierten Giebel des Hauses am Bullenwinkel bezieht, eine Verbindung zu den angrenzenden Altbauten auf. Das sich rechts anschließende ehem. **KONFEKTIONSHAUS HAUSVOGTEIPLATZ 1** (**D**; WALTER GROWALD, WILHELM CASPARI; 1930) ist mit seiner horizontalen Gliederung von Wand- und Glasflächen und der glatten Travertinfassade ein in diesem Stadtraum seltenes Gebäude der Neuen Sachlichkeit.

Das ehem. **KONFEKTIONSHAUS BEROLINA** (**D**; HAUSVOGTEIPLATZ 12; ALTHERTUM & ZADEK; 1895) wurde auf den Fundamenten der alten Festungsmauer errichtet. Abgewinkelte Höfe kennzeichnen daher noch heute den Verlauf und die ursprüngliche Breite des Grabens. Die Mittelachse des Gebäudes wurde herausgehoben gestaltet, im oberen Bereich eine Uhr eingelassen. Das Haus wurde 2002 von PSP PYSALL, STAHRENBERG & PARTNER saniert.

OFFICE CENTER AM AUSWÄRTIGEN AMT (HAUSVOGTEIPLATZ 13/NIEDERWALLSTRASSE 1-2; CHRISTOPH CZARNIAK; 1998-99): Das Geschäftshaus schlägt in Proportion und Gestaltung einen Bogen von der historischen Geschäftsarchitektur, die den Platz einst prägte, zur heutigen Zeit. **MEMHARD ENSEMBLE** (HAUSVOGTEIPLATZ 11; PATZSCHKE & PARTNER, GESINE WEINMILLER; 2004): Nicht nur das charakteristische europäische Raumgefüge soll mit dieser Schließung einer der Platzwände rekonstruiert werden. Auch die Gestaltung folgt in der für das Büro Patzschke & Partner typischen Weise traditioneller Architektur. Der Komplex aus vier Büro- und Geschäftshäusern gruppiert sich um einen begrünten Innenhof.

MAROKKANISCHE BOTSCHAFT (NIEDERWALLSTRASSE 39; GFB GESELLSCHAFT FÜR BAUPLANUNG UND PROJEKTSTEUERUNG; 1998-99): Das historische Gebäude entstand um 1800 als so genannter kurfürstlicher Jägerhof, erbaut auf den Grundmauern einer ehem. Bastion. 1857 erfolgte ein Umbau durch H. F. WAESEMANN, ab 1901 wurde das Gebäude von der Reichsbank genutzt. Die Fassade ist nicht mehr im originalen Zustand erhalten.

LINKE SEITE
MÄRKISCHES UFER
WOHNHAUS MÄRKISCHES UFER 12
ERMELERHAUS: INNENANSICHT

RECHTE SEITE
NEUBAU DES ART'OTEL: AUSSENANSICHT
WALLSTR., GRUNDRISS
BRASILIANISCHE BOTSCHAFT

NEU-CÖLLN AM WASSER

Die barocke Stadterweiterung Neu-Cölln am Wasser wurde 1680 wie der Friedrichs-werder noch innerhalb der Festungsmauern angelegt. Durch den Spreekanal im Nor-den und die Festungsanlage im Süden war die Neustadt auf einen schmalen Streifen begrenzt. Die grachtenähnliche Uferbebauung des 18. und 19. Jh. am Spreekanal, am so genannten **MÄRKISCHEN UFER**, wurde in den 1960er und 1970er Jahren auf der südli-chen Uferseite annähernd wiederhergestellt. Gleichzeitig fiel aber die nördliche Ufer-bebauung (Friedrichsgracht), obwohl zum großen Teil erhalten, den Neubauten der Fischerinsel zum Opfer. Bei der Wiederherstellung der historischen Bebauung wurden teilweise Bauten eingefügt, die sich ursprünglich an anderen Standorten befunden hatten. So wurde das **ERMELERHAUS** (; MÄRKISCHES UFER 10; 16. JH.; 1770; 1968/69) im 16. Jh., in der Breiten Straße 11 errichtet. Um 1770 erfolgte, wahrscheinlich durch FRIEDRICH WILHELM DITERICHS, der Umbau zu einem Bürgerpalais. Die heutige klassizis-tische Fassade stammt von 1804. Das Gebäude wurde 1968/69 abgebrochen und am Märkischen Ufer wiederaufgebaut. Im gastronomisch genutzten Innern sind Teile der prächtigen originalen Ausstattung erhalten, u.a. das spätbarocke Treppengeländer. Das benachbarte **WOHNHAUS MÄRKISCHES UFER 12** (; UM 1740) entstand als Bürger-haus mit schmaler barocker Fassade am gegenüberliegenden Ufer. Es wurde zu-sammen mit dem Ermelerhaus am neuen Standort aufgebaut und im Innern verbun-den. Der historische Komplex wurde 1994-97 von NALBACH + NALBACH zum **ART'OTEL** erweitert. Zwischen die Seitenflügel des Ermelerhauses fügten sie einen überdachten Innenhof ein. Der Neubau an der Wallstraße 70-73 ist ruhig und klar gegliedert, die Fenster sind horizontal dreigeteilt. An der linken Seite grenzt ein Glaskörper das Gebäude zur historischen Bebauung ab, rechts sind an den letzten drei Achsen die ansonsten bündig eingesetzten Fenster durch Laibungen leicht zurückversetzt.

Die **WOHNHÄUSER MÄRKISCHES UFER 16 UND 18** sind stattliche spätbarocke Bür-gerhäuser. Das Haus Nr. 16 (; 1780) besitzt im Innern eine gewendelte Treppe mit hölzernem Geländer; Nr. 18 (; 1741) zeigt ein besonders reich geschmücktes schmiedeeisernes Gitter von einer Gruftkapelle der Nikolaikirche im Portal. Beide Häuser sind zum Museum Otto-Nagel-Haus zusammengefasst.

 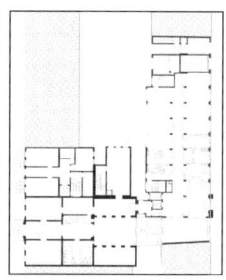 

WALLHÖFE (◨; Wallstrasse 23-24; 1887-88): Repräsentativer Geschäftshauskomplex um einen Innenhof. 1994-95 erfolgte die Sanierung und Erweiterung durch Giffey & Thüs. Ein dabei errichteter Glaspavillon im Innenhof wird als Trauungsraum des Standesamtes Berlin-Mitte genutzt.

GESCHÄFTSHAUS WALLSTRASSE 27 (◨; Hoeniger & Sedelmeier; 1913): Die Fassade ist vollständig in einem Pfeilersystem aus Werkstein aufgelöst. 1997-98 erfolgte die Sanierung durch PSP Pysall, Stahrenberg & Partner.

BRASILIANISCHE BOTSCHAFT (Wallstrasse 57; PSP Pysall, Stahrenberg & Partner; 1998-2000): In exponierter Lage am Südufer der Spree zeigt das Gebäude eine grazil wirkende Fassade aus Stahl und Glas. Entlang den umlaufenden Galerien in der vierten und fünften Etage, wo sich die Residenz des Botschafters befindet, beleben verschiebbare Sonnenschutzelemente aus Naturholzlamellen das Erscheinungsbild. Die Repräsentationsräume in der zurückgesetzten sechsten Etage sind von einer Dachterrasse umgeben.

Das **GESCHÄFTSHAUS WALLSTRASSE 76-79** (heute Australische Botschaft; ◨; Fritz Crzellitzer; 1912) brach mit dem vorherrschenden Stil des historisierenden, mächtigen Geschäftsgebäudes, wie es im Zentrum Berlins häufig anzutreffen ist. Crzellitzer behielt zwar die klassische Dreiteilung der Fassade in Sockel, Hauptgeschosse und Attikageschoss bei, doch wurde die Fassade in Pfeiler und Fenster aufgelöst und auf ganz neue Art mit farbigen Majolikaplatten überzogen. Durch ein Stahlskelett waren die Etagen mit nur vier Innenstützen frei einteilbar. Das bis zum Märkischen Ufer reichende Gebäude ist 1999-2002 von Bates, Smart, Braun, Schlockermann und Köhler zur Australischen Botschaft umgebaut worden.

MIETSHAUS UND GEWERBEBAU WALLSTRASSE 84/85 (◨; 1872): Typisches städtisches Mietshaus der Gründerzeit, im Erdgeschoss ist eine ehem. Tuchauktionshalle mit gusseisernen Säulen und einer umlaufenden Galerie erhalten.

WOHNGEBÄUDE WALLSTRASSE 88A-90 (Michael Limberg und Kollektiv; 1982-84): Durch eine für die DDR ungewöhnlich aufwendige Bauweise wurde die Spreeuferbebauung abgerundet. Der größtenteils industriell gefertigte Plattenbau konnte der historischen Umgebung anpasst werden und setzte ein städtebauliches Zeichen zum Spittelmarkt.

Der ehem. **LANDESVERSICHERUNGSANSTALT** (**D**; AM KÖLL-NISCHEN PARK 3; ALFRED MESSEL; 1903-04) fehlt die seinerzeit übliche klassische Dreiteilung der Fassade. Sockel und Trauf-gesims fehlen, die Lisenen verleihen der Fassade eine tekto-nische Gliederung und eine durchgehende Einheitlichkeit. In Bezug auf das gegenüberliegende ▶ *Märkische Museum* wur-de orangeroter Klinker gewählt. Der Dachturm über dem Man-sarddach wurde im Krieg zerstört, das Gebäude mehrfach umgebaut. Heute befinden sich hier Referate der Senats-verwaltung für Stadtentwicklung.

An der südlichen Seite des Köllnischen Parks wurde der Pfeilerbau mit der durchgehenden Einheitlichkeit, wie er zur Wende vom 19. zum 20. Jh. insbesondere von Messel ent-wickelt worden war, weiter variiert, hier nun in späten ex-pressionistischen Formen. Die **ZENTRALVERWALTUNG DER ALL-GEMEINEN ORTSKRANKENKASSE** (**D**; RUNGESTRASSE 3-6; ALBERT GOTTHEINER; 1931-32), ausgeführt als Stahlskelettbau mit Klinkerfassade, erhielt an den Pfeilerkanten durch die Schichtung schräg gegeneinander versetzter Steine ein be-wegtes, ausdrucksstarkes Fassadenbild.

Bereits in den 1920er Jahren entstand in Neu-Cölln am Wasser ein herausragendes Beispiel der expressionistischen Architektur: das ehem. **VERWALTUNGSGEBÄUDE DES ALL-GEMEINEN DEUTSCHEN GEWERKSCHAFTSBUNDES** (**D**; WALL-STRASSE 65/INSELSTRASSE 6; MAX TAUT UND FRANZ HOFFMANN; 1922-23). Hier folgt die Gestaltung in aller Konsequenz der bahnbrechenden Gebäudekonstruktion. Erstmals in Berlin wur-de eine Rahmenkonstruktion aus Stahlbeton verwendet, die sich beim Bau von Bürohäusern weltweit durchsetzen sollte. Die Fassade ist in das strenge Gitterraster der Stahlkonstruk-tion aufgeteilt, die aus der Wandebene plastisch als unverklei-deter Betonrahmen hervortritt. Die entstandenen Felder mit jeweils zwei Fenstern wurden ausgemauert und verputzt. Bis heute blieb diese Gestaltungslösung in Berlin einmalig. An der Straßenecke konnte der Bau nur viergeschossig ausgeführt werden, da unter dem Gebäude die U-Bahn verläuft. An der Wallstraße wurde der Komplex 1930-32 von WALTER WÜRZBACH erweitert, ein turmartiger Risalit betont den Übergang. Die Rasterstruktur ist angepasst, allerdings mit einer engeren Pfei-lerstellung. Das heute von verschiedenen Büros genutzte

LINKE SEITE
EHEM. LANDESVERSICHERUNSGANSTALT
ZENTRALVERWALTUNG DER AOK
EHEM. VERWALTUNGSGEBÄUDE DES ADGB

RECHTE SEITE
MÄRKISCHES MUSEUM:
AUSSENANSICHT,
HIST. LAGEPLAN,
GROSSE KIRCHENHALLE

Gebäude wurde 1998-99 umfassend restauriert; die ursprüngliche Farbgebung, die tragende und nicht tragende Elemente unterschied, konnte wiederhergestellt werden. Im Innern wurde das Gebäude mehrfach umgestaltet.

Das herausragende Gebäude in Neu-Cölln am Wasser, sowohl in baulicher Größe als auch an baugeschichtlicher Bedeutung, ist das **MÄRKISCHE MUSEUM** (■; AM KÖLLNISCHEN PARK 5; LUDWIG HOFFMANN; 1899-1908). Für das bereits 1874 gegründete Museum wurde bis 1908 auf dem spitzwinkligen Grundstück einer früheren Bastion des Befestigungsrings ein Neubau errichtet. Über die im Zweiten Weltkrieg zerstörte Waisenbrücke war dieser mit der Berliner Altstadt in städteräumlich eindrucksvoller Weise verbunden. Stadtbaurat Hoffmann lehnte den bisherigen, rationalen Museumstypus ab, der mit dem ► *Alten Museum* und dem Kunstgewerbemuseum (heute ► *Martin-Gropius-Bau*) vorgegeben war. Der Architekt strebte vielmehr ein „Stimmungsmuseum" an, für das er eine Übereinstimmung zwischen den Ausstellungsinhalten und dem Bauensemble schaffen wollte. Nachdem Hoffmann eigens für die Bauaufgabe auf Studienreise gegangen war, schuf er eine Collage verschiedener historischer Bautypen Norddeutschlands: Der hohe Turm auf rechteckigem Grundriss erinnert an den des Ratzeburger Doms, der Haupttrakt ist in der Art eines gotischen Kirchenschiffs gestaltet. Zum Park hin wird das scheinbare Kirchenschiff durch den so genannten Katharinenflügel fortgesetzt, dessen Giebel nach dem Vorbild der Katharinenkirche in Brandenburg gestaltet wurden. Um den Großen Hof liegt ein dreiflügliger Renaissancebau mit Ziergiebeln und einem Erker mit Wappen märkischer Städte. Hoffmann schuf mit dem Museumsbau ein Meisterwerk des Malerischen Stils, der sich von bisherigen akademischen Konventionen entfernte. Unter Berufung auf die Freiheit der Schöpferkraft wurde ein malerisches Gesamtbild des Bauwerks kreiert. Auf eine repräsentative Fassade verzichtend, entstand das Märkische Museum als eine frei stehende Plastik. Nachdem der Museumsbau nach Kriegsbeschädigungen bereits 1946 wiedereröffnet und 1953-58 wiederaufgebaut worden war, laufen seit 1998 weitere Rekonstruktionsarbeiten (CHRISTINA UND KNUD PETERSEN). 1998-99 konnte der Katharinenflügel vollständig wiederhergestellt werden, 2001 die Große Kirchenhalle mit rekonstruiertem Kreuzrippengewölbe. **75**

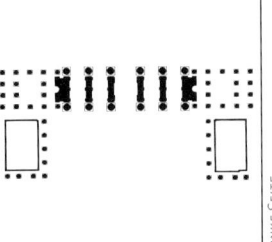

LINKE SEITE
BRANDENBURGER TOR:
ANSICHT, GRUNDRISS

RECHTE SEITE
BRANDENBURGER TOR: QUADRIGA MIT
REICHSTAGSKUPPEL IM HINTERGRUND
PARISER PLATZ: HAUS SOMMER, BRANDEN-
BURGER TOR, HAUS LIEBERMANN,
PALAIS AM PARISER PLATZ (VON LINKS
NACH RECHTS)

KONTORHAUS AM SPITTELMARKT (**D**; Neue Grünstrasse 17-18/Alte Jakobstrasse 85-86; 1900): Der Gewerbebau mit prachtvollen Vorderhausfassaden und vier Innenhöfen wurde 1992-94 von Michael König saniert.

DOROTHEENSTADT

Die Dorotheenstadt wurde noch während des Festungsbaus 1674 außerhalb der Anlage angelegt. Von geographischen Faktoren wie dem Flussverlauf der Spree unabhängig, konnte hier wie in der kurze Zeit später angelegten Friedrichstadt ein strenges rechtwinkliges Straßenraster gezogen werden, das den Idealvorstellungen barocken Städtebaus entsprach.

Als einer von drei 1734 angelegten Schmuckplätzen der barocken Stadterweiterung entstand das „Quarré". Anlässlich der Eroberung von Paris durch preußische Truppen erhielt es 1814 den Namen **PARISER PLATZ**. Im Verlauf des 19. Jh. wurde die ursprüngliche Umbauung aus niedrigen und einheitlich gestalteten barocken Häusern vollständig durch Neubauten verschiedener Stile ersetzt. Dennoch blieb der Charakter eines geschlossenen Ensembles stets erhalten. Nach den schweren Zerstörungen des Zweiten Weltkriegs wurde der Platz abgeräumt. Durch den Bau der ► *Berliner Mauer* 1961 blieb er bis auf das ► *Brandenburger Tor* leer, selbst das Betreten war verboten. Seit der Wiedervereinigung Berlins 1990 wird die historische Raumgestalt des „Quarrés" wiederhergestellt. Als erstes wurden die im Jahr 1880 entstandenen Grünanlagen rekonstruiert. Mit den Neubauten, deren Gestaltung einer strengen Gestaltungssatzung des Berliner Senats unterworfen werden sollte, kehren viele alte Nutzungsformen (Hotel, Botschaften, Akademie) an den Platz zurück. Aufgrund der, insbesondere durch die Kreativität der Architekten, tatsächlich weit weniger dogmatisch umgesetzten Gestaltungssatzung ist ein stilistisch und funktional pluralistisches Platzbild entstanden, dessen Einzelbauten sich jedoch der Idee von der Rekonstruktion des barocken Platzgrundrisses unterzuordnen wissen.

Das **BRANDENBURGER TOR** (**D**; Pariser Platz; Carl Gotthard Langhans d. Ä.; 1789-91) ist das einzige erhaltene der ehemals 14 Berliner Stadttore und war noch bis 1867 Teil der Akzisemauer. Es zählt zu den frühesten und bedeutendsten klassizistischen Bauten in Deutschland überhaupt. Für seinen Entwurf nahm Langhans die Propyläen

der Athener Akropolis zum Vorbild. Große dorische Säulen bilden fünf Durchfahrten, die zusätzlich durch Querwände voneinander getrennt werden. Die Säulen stehen auf Basen, die dem griechischen Vorbild nicht entsprechen. Eine weitere Abweichung von den Propyläen zeigt sich in der Attika, die Langhans dem Gebälk statt des Giebels aufsetzte, um an die Tradition der Triumphtore anzuknüpfen. Das Bildprogramm bezieht sich allgemein auf die militärischen Erfolge Preußens, stellt aber nicht die glorreichen Schlachten in den Mittelpunkt, sondern die Siegesgöttin Viktoria als Überbringerin des Friedens. Im mittleren Teil der Attika zeigt ein Relief den Triumphzug der Friedensgöttin Eirene; berühmtestes Bildmotiv ist die stadteinwärts gerichtete, in Kupfer getriebene Quadriga von Johann Gottfried Schadow. Auf ihr kehrt Viktoria mit der Nachricht vom „siegreichen Frieden" in die Stadt zurück. Das Tor wird von zwei Wachbauten flankiert, deren Giebelfronten zum Platz gerichtet sind. Mit Abbruch der Akzisemauer 1867/68 musste die nun frei stehende, unansehnliche Westfront neu gestaltet werden. Johann Heinrich Strack wiederholte auf der zum Tiergarten gewandten Seite das Motiv der übergiebelten Säulenvorhallen, wobei die Giebel hier nach Norden und Süden ausgerichtet worden sind. Fußgängerdurchgänge ermöglichen seitdem die seitliche Durchschreitung des Tores. Weil die Flügelbauten nach Abbruch der direkt angrenzenden kriegsbeschädigten Häuser in den 1950er Jahren freistanden, wurden sie beim Wiederaufbau des schwer kriegsbeschädigten Tores 1956-58 noch einmal leicht verändert. Nach einer Renovierung 1992 sowie nach einer nochmaligen umfassenden Sanierung 2000-02 ist das Brandenburger Tor, Symbol der Deutschen Einheit, seit 2002 wieder uneingeschränkt für Fußgänger geöffnet und zugleich für den Autoverkehr gesperrt.

An das ▶ Brandenburger Tor schließen sich zwei Gebäude an. Sie stellen nach historischem Vorbild die geschlossene Westseite des Pariser Platzes wieder her: südlich das **HAUS SOMMER** und nördlich das **HAUS LIEBERMANN** (Pariser Platz 1 und 7; Josef Paul Kleihues mit Norbert Hensel; 1995-99). Während die Vorgänger unmittelbar an die Torhäuser grenzten, halten die Neubauten Abstand zu diesen. Noch bevor der Berliner Senat die Gestaltungssatzung erließ, hatte Kleihues die beiden Häuser in einem rational-klassizierenden Stil entworfen. Die Bauwerke orientieren sich an der Kubatur der Vorgänger und nehmen die Fassadengliederung mit den

Drillingsfenstern wieder auf, besitzen bei gleicher Höhe aber ein Geschoss mehr. Verkleidet sind die Fassaden mit einem sehr hellen portugiesischen Sandstein. Das Haus Liebermann war früher Wohnhaus und Atelier des Malers Max Liebermann. Heute befindet sich hier die „Stiftung Brandenburger Tor". Im Haus Sommer residiert eine Bankgesellschaft. An die Südwestecke des Platzes kehrt die **BOTSCHAFT DER USA** (PARISER PLATZ 2; MOORE RUBLE YUDELL; 2004-06/07) zurück, an einen Standort, an dem sie bereits vor dem Zweiten Weltkrieg residierte. Allerdings währte damals die Tätigkeit an diesem Ort nur kurze Zeit, denn erst 1930 erwarb die Botschaft das prachtvolle Blücher'sche Palais (KARL RICHTER; 1869-71), das an dieser Stelle stand. Nachdem das Gebäude 1931 durch einen Brand schwer beschädigt wurde, konnte die Botschaft erst 1939 hier ihre Arbeit aufnehmen. Für den gegenwärtigen Neubau werden aus Sicherheitsgründen die Ebert- und die Behrenstraße leicht verschwenkt. Der Entwurf von Moore Ruble Yudell (1996), der für das nachträglich verschärfte Sicherheitskonzept noch einmal überarbeitet werden musste, sieht zum Pariser Platz eine eingeschnittene Fassade vor, um eine im Innern liegende Rotunde nach außen zu öffnen. Die lange Front zum Tiergarten wird leicht angewinkelt zum ▶ *Brandenburger Tor* stehen und den Verlauf der Ebertstraße aufnehmen. Arkaden und Pergolen sollen im Dachbereich die Fassade zur Behrenstraße auflockern. Stilistisch steht der Entwurf in der Tradition einer US-amerikanischen Postmoderne, wie sie in den 1980er Jahren z.B. auch in Berlin von Charles Moore am ▶ *Tegeler Hafen* realisiert wurde.

Die Vorstellungen Frank O. Gehrys über die Architektur der **DZ BANK** (PARISER PLATZ 3; FRANK O. GEHRY; 1997-99) mussten zwangsläufig mit der Gestaltungssatzung für Fassaden der Neubauten am Pariser Platz kollidieren. Jedoch konnte der Architekt diesen Konflikt lösen, indem er seine Gestaltungsphilosophie – organische Architekturformen, die vom Dekonstruktivismus geprägt sind – ins Innere verlegte. An der Platzfassade hielt er die vorgeschriebene Verteilung der Stein- und Fensterflächen ein. Breite, mit Naturstein verkleidete Lisenen treten hervor, dazwischen liegen großformatige Fenster, die teilweise schräg gekippt sind. Mit einem hohen Grad an Abstraktion und Expressivität gelang es dem Architekten,

LINKE SEITE
DZ-BANK: ANSICHT PARISER PLATZ,
MODELLANSICHT DES ATRIUMS,
GRUNDRISS

RECHTE SEITE
DZ-BANK: ANSICHT BEHRENSTR.
AKADEMIE DER KÜNSTE: MODELLANSICHT,
SCHNITT
NORDWESTECKE DES PARISER PLATZES:
HAUS LIEBERMANN, PALAIS AM PARISER
PLATZ UND HAUPTSTADTREPRÄSENTANZ
DER DRESDNER BANK

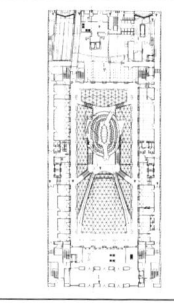

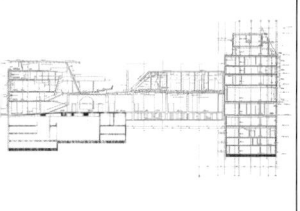

der Fassade trotz Gestaltungssatzung eine Qualität abzugewinnen, die mit dem Gesamtentwurf übereinstimmt. Im Innern wird der Besucher von einem Atrium in großen, von außen nicht ablesbaren organischen Formen überrascht. Die Glasüberdachung wölbt sich wie ein schuppiger Fischrücken. In der Mitte des Atriums befindet sich ein mit Titanzink verkleideter Konferenzsaal, der als große metamorphe Raumskulptur gestaltet ist. Die Konstruktion war nur durch aufwendige Computerberechnungen zu bewerkstelligen. Unter dem gläsernen, leicht nach oben gewölbten Boden liegen zwei weitere Veranstaltungssäle. Das Grundstück erstreckt sich bis zur Behrenstraße, wo sich ein Wohntrakt befindet. Die für den Architekten typische Architektursprache tritt hier nun auch im Äußeren zutage: Die unregelmäßig gewellte Fassade ist von erkerähnlichen Fensterrahmungen überzogen und über der vorgeschriebenen Traufhöhe von 22 m dreifach zurückgestuft.

Der Neubau der **AKADEMIE DER KÜNSTE** (PARISER PLATZ 4; BEHNISCH & PARTNER MIT WERNER DURTH; 1999-2004) entsteht an einem traditionsreichen Ort: Hier hatte die Akademie schon einmal ihren Sitz, bis sie 1938 die Räume dem „Generalbauinspektor für die Neugestaltung der Reichshauptstadt", Albert Speer, übergeben musste. Mit Ausnahme eines Gebäudeteils, in dem sich bis heute ein Teil der ehem. Saalabfolge erhalten hat, wurde der kriegsbeschädigte Komplex in den 1950er Jahren abgerissen. Die historischen Säle wurden als Ausstellungsbereich in den Neubau integriert und bilden den Kern des Gebäudekomplexes. Nach außen verfolgt der Entwurf einer transparenten gläsernen Fassade die Idee, das kulturelle Leben der Akademie zum Platzraum hinausstrahlen zu lassen. Gläserne Transparenz widerspricht jedoch der Gestaltungssatzung für den Pariser Platz, die Lochfassaden mit Naturstein vorschreibt. Trotz heftiger Diskussionen wird das Gebäude nach überarbeiteten Plänen ausgeführt. Eine äußere Gitter-Glas-Schicht verweist durch vertikale und horizontale Gliederungselemente auf die Proportionen des Vorgängerbaus. Die innere Glasschicht gibt die Altbaufassade als abstraktes, imaginäres Bild wieder. Im Innern der Anlage weisen räumlich vielschichtige Situationen und differenzierte Konstruktionselemente auf die organische Architekturauffassung der Architekten hin. Hinter der transparenten Fassade liegt das Foyer, der Plenarsaal befindet sich im zweiten Obergeschoss über dem Lesesaal. An der Brandwand zur ▶ *DZ-Bank* liegen – als typischer Berliner Seitenflügel – einhüftig angelegte Büroräume. Ursprünglich sollte die Akademie bis zur Behrenstraße reichen. Aus Finanzgründen wurde der südliche Teil des Grundstücks jedoch für den Neubau des Kongresszentrums **ADLON PALAIS** (BEHRENSTRASSE 72; ROHBAU UND FASSADE: BEHNISCH & PARTNER MIT WERNER DURTH; 2001-2003) verkauft.

An der südöstlichen Ecke des Platzes steht seit einigen Jahren auch wieder das legendäre **HOTEL ADLON** (PARISER PLATZ/UNTER DEN LINDEN 75-77; PATZSCHKE, KLOTZ & PARTNER; 1995-97). Hier befand sich einst das von Karl Friedrich Schinkel im Stil eines oberitalienischen Palazzos umgestaltete Palais Redern. 1906 musste das architektonisch wertvolle Gebäude dem Bau des Hotels weichen. Das berühmte Luxushotel wurde im Krieg zwar nur beschädigt, brannte jedoch kurz nach Kriegsende vollständig aus. Über 50 Jahre nach dem Abriss des Originals sollte sich ein Neubau, bis zur Wilhelmstraße erweitert, am alten Gebäude orientieren. Die historische Gestalt wurde teilweise nachempfunden; vor allem das Sockelgeschoss und die umlaufende Balustrade im obersten Geschoss, die wegen fehlender Tiefe nicht betretbar ist, erinnern an das Vorbild. Das Walmdach fällt durch vorpatiniertes Kupfer deutlich auf und bezieht sich auf das alte Kupferdach. Vieles aber ist anders: So führte die viel geringere Geschosshöhe beim Versuch, die Proportionen der historischen Fassade nachzuempfinden, zu unschönen Verzerrungen von „klassischen" Gestaltungselementen. In Fachkreisen wurde diese Architektur, die vorgibt, historisch zu sein, heftig kritisiert.

Die Schmalseite an der nordwestlichen Ecke des Platzes nimmt das **PALAIS AM PARISER PLATZ** ein (PARISER PLATZ 6A/EBERTSTRASSE 24; BERNHARD WINKING MIT MARTIN FROH; 1996-97). Mit dem turmartigen Aufbau ist das Gebäude sowohl zum Platz als auch zur Ebertstraße hin ausgerichtet. In der Kubatur und der Gliederung orientiert sich der Neubau am historischen Vorgängerbau aus dem 19. Jh. Durch das Büro-, Wohn- und Geschäftshaus, das im Sockelgeschoss durch arkadenartige Öffnungen gegliedert ist, zieht sich eine großzügige Passage.

Durch die Zusammenlegung zweier Parzellen auf der Nordseite des Platzes entstand das Grundstück für die neue

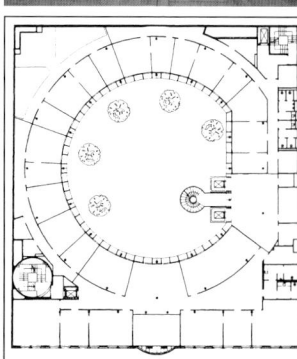

LINKE SEITE

HOTEL ADLON:
AUSSEN-, INNENANSICHT (WINTERGARTEN)
HAUPTSTADTREPRÄSENTANZ DER
DRESDNER BANK: ATRIUM, GRUNDRISS

RECHTE SEITE

FRANZÖSISCHE BOTSCHAFT:
GRUNDRISS, AUSSENANSICHT

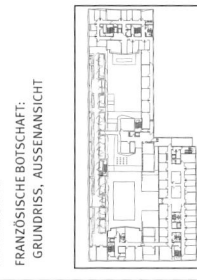

HAUPTSTADTREPRÄSENTANZ DER DRESDNER BANK (PARISER PLATZ 5A-6; VON GERKAN, MARG & PARTNER – GMP; 1996-97). Das Büro gmp hat das Gebäude auf einem an drei Seiten von angrenzenden Gebäuden umgebenen Grundstück errichtet. In der Mitte liegt aus diesem Grund ein kreisrundes, glasgedecktes Atrium, das die Büroräume und den großen Veranstaltungsraum belichtet. An der Fassade ist das Atrium nicht ablesbar, um die Gestaltungssatzung einzuhalten. Dem zweigeschossig einge-schnittenen Portal mit seitlich abgerundeten Ecken ist eine asymmetrische Freitreppe vorgelagert. Die zu Paaren zusammengefassten Fenster besitzen hervortretende Fensterstürze. Der Abschluss des Gebäudes wird durch den Materialwechsel von hellem Kalkstein zu vorpatiniertem Kupfer hervorgehoben.

Die **FRANZÖSISCHE BOTSCHAFT** (PARISER PLATZ 5; CHRISTIAN DE PORTZAMPARC; 1999-2003) an der Nordseite ist ebenfalls an ihren historischen Standort zurückgekehrt. Der Neubau erstreckt sich bis zur Wilhelmstraße, so dass der Komplex, hinter den Ge-schäftsbauten der nordöstlichen Platzecke entlang geführt, einen L-förmigen Grundriss besitzt. Das Vordach über der Vorfahrt ist eines der Zitate des barocken Vorgängerbaus mit Portikus, dessen Fassade modern übersetzt wurde. Die zweigeschossigen Fens-terflächen werden durch pfeilerartige Wandstücke zusammengefasst. Die Fensterlai-bungen sind zum ▶ *Brandenburger Tor* abgeschrägt – ein ungehinderter Blick auf das Tor wird dadurch möglich. Auf spielerische Weise ist die Fassade rhythmisiert und äu-ßerst plastisch gestaltet, so dass eine ganz eigenwillige künstlerische Spannung im Rahmen der Gestaltungsvorschriften entstehen konnte. An der Wilhelmstraße entstand ein achtgeschossiger Bauteil für die Botschaftsverwaltung, der in die Traufhöhe der anderen Neubauten eingebunden ist, indem der obere Teil aus der Straßenperspektive hinter einem Gesims verborgen bleibt. An die Brandmauern im Innern des Grundstücks wurden Bauten von geringer Tiefe angesetzt, die teilweise begrünt sind; zwei kleinere Gebäude wurden eingestellt, sie definieren zwei Hofbereiche.

Das **GESCHÄFTS- UND WOHNHAUS UNTER DEN LINDEN 80** an der Nordostecke des Platzes (ORTNER & ORTNER; 1997-99) ist ruhig gestaltet. Über dem höheren Erdge-schoss liegt ein niedrigeres Zwischengeschoss, beide bilden nach außen den Sockel-bereich. Die Fassade mit vorgehängten polierten Betonplatten wirkt durch die unter-schiedliche Tiefenschichtung reliefartig. Das Gebäude ist mit dem angrenzenden Bau

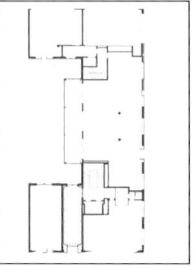

LINKE SEITE
EUROPÄISCHES HAUS AM PARISER PLATZ:
AUSSENANSICHT, GRUNDRISS

RECHTE SEITE
GESCHÄFTS- UND WOHNHAUS UNTER DEN
LINDEN 80
BRITISCHE BOTSCHAFT:
AUSSEN-, INNENANSICHT
ADLON RESIDENZ

U-förmig um einen Innenhof gruppiert. Dort ist ein Glaskörper eingestellt, der die Räume des ersten Untergeschosses belichtet.

Im angrenzenden **EUROPÄISCHEN HAUS AM PARISER PLATZ** (UNTER DEN LINDEN 78; KOLLHOFF & TIMMERMANN; 1997-99) wurde der vorgeschriebene Wohnungsanteil nicht, wie bei vergleichbaren Bauten der 1990er Jahre, auf die Dachgeschosse begrenzt, sondern in einem eigenen Gebäudeteil an der Wilhelmstraße untergebracht. Wie beim Nachbarhaus ist der Geschäftsbereich als Sockelzone mit Erdgeschoss und Zwischengeschoss zusammengefasst; die traditionelle Typologie der Geschäftshäuser in der Dorotheen- und der Friedrichstadt wurde mit neuen Mitteln umgesetzt. Der Fassade wurde geflammter Mucharz-Sandstein vorgeblendet. Das zurückversetzte oberste Geschoss wird von einer Geländerbalustrade eingefasst. Wie bei anderen Bauten am Pariser Platz ist das Kupferdach vorpatiniert.

Die **BRITISCHE BOTSCHAFT** (WILHELMSTRASSE 70-71; MICHAEL WILFORD & PARTNERS; 1997-99) entstand auf einem zu drei Seiten, vor allem vom ▶ Hotel Adlon, umschlossenen Grundstück, auf dem sich bereits vor dem Krieg die Vertretung des Vereinigten Königreichs befunden hatte. Die Gestaltungssatzung des benachbarten Pariser Platzes nahmen Wilford & Partners zum Anlass, ironisch mit der Steinfassade zu spielen. Durch Lichtschlitze zu den Nachbarbauten, eine breite Fuge am Dachansatz und die große rechteckige Öffnung verrät sich die strenge Steinfassade als dünne, vorgehängte Steintapete. In die geöffneten Fassadenflächen sind kleine farbige Baukörper eingestellt, die als moderne, der Pop-Architektur der 1970er Jahre verwandte Elemente mit der strengen Lochfassade konkurrieren.

ADLON RESIDENZ (WILHELMSTRASSE 72/BEHRENSTRASSE; GUSTAV PEICHL & PARTNER; 1998-99): Der Bau ist in Laden- und Foyergeschoss, Wohngeschosse und zurückgestaffelte Geschosse für Wohnen und Technik gegliedert; im Innenhof befinden sich hängende Gärten. Nach außen bestimmen eine vorgehängte Stahl-Glas-Konstruktion, Lichtschutzlamellen und ein fassadenhoher Einschnitt an der Ecke die Architektur.

Der Pariser Platz bildet den stadträumlichen Höhepunkt der Straße **UNTER DEN LINDEN**, die früher von dem Berliner Schloss in das Jagdrevier des Tiergarten führte. Dennoch entwickelte sich diese Hauptachse im barocken Straßengrundriss zu Ende

des 19. Jh., mit der Herausbildung einer City, nicht zu einer vornehmlichen Geschäfts- und Einkaufsstraße. Diese Funktion übernahmen in viel stärkerem Maße die Friedrichstraße und die Leipziger Straße. Die Linden behielten durch die vom königlichen Hof geprägten Bauten wie Oper (▶ *Staatsoper*), Universität (▶ *Humboldt-Universität*) und neue königliche Bibliothek (▶ *Alte Staatsbibliothek*) ihren von Staatsinstitutionen geprägten Charakter bis heute weitgehend bei.

Als erstes Gebäude für den Bundestag in Berlin entstand das **BÜROHAUS FÜR PARLAMENTARIER UNTER DEN LINDEN 69-73** (MANFRED HÖRNER; 1961-62; 1993-94) durch Umbau eines industriell vorgefertigten Gebäudes des ehem. Ministeriums für Volksbildung der DDR. Der Bau aus den 1960er Jahren wurde bis auf das Stahlbetonskelett entkernt und erhielt eine vollständig neue Fassade. Zur Wilhelmstraße schließt sich ein Altbau (PAUL KIESCHKE; 1903) an, der für das Preußische Kultusministerium errichtet worden war und heute ebenfalls vom Bundestag genutzt wird.

Für den Neubau der **UNGARISCHEN BOTSCHAFT** (UNTER DEN LINDEN 76; ADAM SYLVESTER; 1999-2001) wurde ein 1965-66 errichteter Vorgängerbau 1999 vollständig abgerissen. Der Nachfolgebau mit einer Muschelkalkfassade und grün glasierten Keramikplatten umfasst aber nur einen Teil des Grundstücks. Auf dem restlichen Teil entstand der eigenständige Neubau des **WOHN- UND GESCHÄFTSHAUSES UNTER DEN LINDEN 74** (DEUBZER & KÖNIG; 2000-01). Die klar gegliederte Fassade entspricht der Gestaltungsvorschrift für die Straße Unter den Linden, die sich an der historischen Fassadenstruktur orientiert, ohne dass der moderne Charakter der Architektur eingeschränkt wird.

Auch das Gebäude der **POLNISCHEN BOTSCHAFT** (UNTER DEN LINDEN 72-74; EMIL LEIBOLD, CHRISTIAN SEYFARTH; 1963-64), ein Stahlbetonskelett-Montagebau mit Vorhangfassade, soll abgerissen werden. Geplant ist ein Neubau (BUDZYNSKI BADOWSKI KOWALEWSI; 2003-06), dessen Fassade entsprechend der Gestaltungsvorschrift für die Straße Unter den Linden klassisch dreiteilig gegliedert werden soll. Die dominierenden Materialien werden Stein, Kupfer und Glas sein. Zu den zentralen Ideen des Entwurfs gehört ein öffentlich zugänglicher, großzügiger Garten über drei Ebenen im Innenhof.

Das **BÜROHAUS FÜR PARLAMENTARIER UNTER DEN LINDEN 50** (Alexander Kolbe; 1994-97) ist im Kern ein in den Jahren 1962-65 industriell vorgefertigter Bau, in dem das Ministerium für Außen- und Innerdeutschen Handel der DDR untergebracht war. Für den Deutschen Bundestag wurde das Gebäude bis auf die Tragstruktur entkernt, modernisiert und mit Naturstein neu verkleidet. Als neuer Abschluss wurde ein Attikageschoss mit weit auskragendem Dach aufgesetzt.

Auf dem Areal ihrer im Krieg nahezu vollständig zerstörten Botschaft errichtete die Sowjetunion unter Hinzuziehen angrenzender Grundstücke einen der ersten Bauten der Berliner Nachkriegszeit, die heutige **RUSSISCHE BOTSCHAFT** (**D**; Unter den Linden 55/56/Behrenstrasse 66-67; Anatoli Stryshewski, Lebedinskij, Sichert und Friedrich Skujin; 1948-53). Die Siegermacht setzte damit ein unübersehbares politisches Zeichen und versuchte gleichzeitig, der zerstörten Stadt ein architektonisches Leitbild vorzugeben. Bereits im Dezember 1947 wurden die ersten Bebauungsvorschläge unterbreitet. Während der Vorgängerbau in der geschlossenen Straßenflucht stand, wurde der Straßenraum nun durch einen Ehrenhof aufgeweitet. Die Architekten knüpften damit an die Tradition der Berliner Palais an; der Grundriss der Dreiflügelanlage und die Fassadengestaltung mit ihren Rundbogenfenstern sind offensichtlich dem Prinz-Heinrich-Palais (heutige ► *Humboldt-Universität*) entlehnt. Die Entwurfsbeteiligung deutscher Architekten ist eine Erklärung hierfür. Die Berliner Architektursprache wurde zugleich mit dem in der Sowjetunion seit Stalins Machtantritt verbindlichen Neoklassizismus kombiniert. Für die starke axiale Betonung, die vor allem durch den überhöhten Mittelteil mit Laterne entsteht, fehlt aber eigentlich ein städtebaulicher Bezug. Eine Zeichnung aus dem Jahre 1949 zeigt die Botschaft allerdings mit einer platzartigen Aufweitung der Straße. Immerhin war zu diesem Zeitpunkt auf der gegenüberliegenden Seite der Linden die Chinesische Botschaft geplant. Im Mittelteil der Rusischen Botschaft befinden sich eine große Kuppelhalle und das zentrale Treppenhaus, die Festsäle schließen sich im rückwärtigen Hofflügel an. Die für stalinistische Staatsbauten typischen edlen Materialien sowie die prunkvolle Innenausstattung unterstreichen den repräsentativen Anspruch.

Linke Seite
BÜROHAUS FÜR PARLAMENTARIER UNTER DEN LINDEN 50
RUSSISCHE BOTSCHAFT: AUSSENANSICHT, SITZUNGSSAAL, FOYER

Rechte Seite
KOMISCHE OPER: AUSSENANSICHT, GRUNDRISS, ZUSCHAUERRAUM
BÜRO- UND GESCHÄFTSHAUS UNTER DEN LINDEN 42: ATRIUM, AUSSENANSICHT

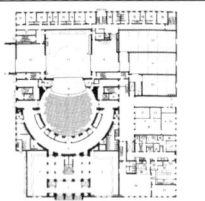

Mit der Kleinen Lindenpassage wurde die Behrenstraße an die Straße Unter den Linden angebunden; den Straßendurchbruch über die Glinkastraße gibt es erst seit 1968. Zu den Linden wurde das Hotel Westminster errichtet, zur Behrenstraße entstand das Metropoltheater, die heutige **KOMISCHE OPER (D**; BEHRENSTRASSE 55-57; FERDINAND FELLNER, HERMANN HELMER; 1891-92). Das im prunkvollen Wiener Neobarock gestaltete Gebäude war in die Blockrandbebauung der Behrenstraße eingefügt und über die Passage mit den Linden verbunden. Während das Hotel und die Passage im Zweiten Weltkrieg schwer beschädigt und nachfolgend abgerissen wurden, konnte das beschädigte Theater bereits 1947 als Komische Oper wiedereröffnet werden. KUNZ NIERADE setzte 1966-67 der Treppenhalle einen mit Sandsteinplatten verkleideten Foyerbau vor. In Formen der in der DDR gerade auflebenden Moderne wurde der Theaterbau neu interpretiert, das Historische sogar inszeniert: Bei abendlicher Beleuchtung erstrahlt hinter der großzügigen Verglasung des Eingangsrisalits die neobarocke Architektur. Neu angefügt wurden auch das Bühnenhaus und ein Verwaltungsbau Unter den Linden.

Als erstes Gebäude im Rahmen der „Kritischen Rekonstruktion" Unter den Linden seit den 1990er Jahren entstand das **BÜRO- UND GESCHÄFTSHAUS UNTER DEN LINDEN 42** (JÜRGEN SAWADE; 1992-95). Auf einem äußerst schmalen Grundstück schließt es den Block; die Fassade ist dreigeteilt in Sockel, Hauptgeschosse und hervortretendes Gesims. Nicht anders als bei den benachbarten Neubauten der Dorotheen- und der Friedrichstadt folgt auf die vorgeschriebene historische Traufhöhe ein zurückgesetztes Staffelgeschoss. Eine außergewöhnliche Lösung ist jedoch der Aufbau im Innern, der sich aus der geringen Breite des Grundstücks ergab: Vom angrenzenden Altbau setzte der Architekt das Gebäude mit einem haushohen, gläsernen Atrium ab. Die Brandwand zum Nachbargebäude wird als Hängefläche für Bilder genutzt – entstanden ist ein einmaliger, fast privat anmutender Raum. Die vertikale Verglasung außen setzt sich in der Horizontalen im gläsernen Staffelgeschoss fort. Dadurch wirkt der mit Naturstein verkleidete Bauteil wie losgelöst, jede Schwere vergleichbarer Projekte ist vermieden. Im Erdgeschoss sowie im ersten und fünften Obergeschoss wird das tragende Stahlskelett verdeutlicht, das ansonsten mit Stein

LINKE SEITE
ZOLLERNHOF
EHEM. VERWALTUNGSGEBÄUDE DER
INTERNATIONALEN SCHLAFWAGENGESELL-
SCHAFT WAGON-LIT

RECHTE SEITE
HAUS DER SCHWEIZ
WESTIN GRAND HOTEL: AUSSENANSICHT,
HOTELHALLE

verkleidet ist. Die vorgeschriebene Verblendung der Konstruktion konnte damit trotzdem offen zur Schau gestellt werden.

Das Hauptstadtstudio des Zweiten Deutschen Fernsehens ZDF hat das **BÜROHAUS ZOLLERNHOF** (**D**; UNTER DEN LINDEN 36-38; KURT BERNDT, BRUNO PAUL; 1910-11) bezogen, das zu diesem Zweck umgebaut und mit umfangreichen Neubauten erweitert wurde (THOMAS BAUMANN; 1997-2000). Die Pläne für das historische Geschäftshaus stammten von Kurt Berndt. Bruno Paul entwarf die mit Natursteinplatten verkleideten Fassaden und orientierte sich dabei an Vorbildern von Peter Behrens und Karl Friedrich Schinkel. Durch große senkrechte Rahmen, die jeweils ein Schaufenster im Erdgeschoss und drei Fensterpaare in den Obergeschossen zusammenfassen, ist die Fassade gleichförmig gegliedert. Auf historisierende Überfrachtungen wie geschweifte oder vergiebelte Überdachungen wurde verzichtet. Die Aufteilung der Geschosse war durch den Stahlskelettbau nicht festgelegt und konnte nach den Wünschen der Mieter vorgenommen werden. Der figürliche Schmuck vor dem leicht zurückgesetzten obersten Geschoss sollte Zeichen eines Geschäftshauses „allerersten Ranges" sein. 1938-42 wurde das ursprüngliche Eckhaus um das Doppelte erweitert – die Kleine Kirchgasse verschwand durch Überbauung. Bei dem Um- und Neubau zum Hauptstadtstudio blieb nur das Vorderhaus erhalten. Dahinter erstrecken sich zwei neue Seitenflügel und ein Quergebäude bis zur Mittelstraße. Auf vier Untergeschossen sind Fernsehstudios untergebracht, die vom Straßenlärm abgeschirmt sind.

Ehem. **VERWALTUNGSGEBÄUDE DER INTERNATIONALEN SCHLAFWAGENGESELLSCHAFT WAGON-LIT** (**D**; UNTER DEN LINDEN 40; BERNDT & LANGE; 1907-08): Das prachtvoll in italienischen Renaissanceformen gestaltete Geschäftshaus stammt aus der Zeit, als auch Unter den Linden die historischen Wohnhäuser zunehmend den neuen Geschäftshäusern der sich entwickelnden City wichen.

Der einzige Neubau, der in der Zeit des nationalsozialistischen Regimes Unter den Linden entstand, ist das **HAUS DER SCHWEIZ** (**D**; UNTER DEN LINDEN 24/FRIEDRICHSTRASSE; HENNIG MEIER; 1936). Es wurde als Stahlskelettbau errichtet, die Fassade ist mit Muschelkalk verkleidet. Die Traufhöhe wurde den Nachbarhäusern angeglichen, darüber liegt leicht zurückversetzt ein Staffelgeschoss. Entlang der Friedrichstraße

verläuft der Fußgängerverkehr durch einen Arkadengang, der den klar gegliederten Bau belebt; zu den Linden nehmen die Bögen die Schaufenster der Geschäfte auf.

Das heutige **WESTIN GRAND HOTEL** (FRIEDRICHSTRASSE 158-164/BEHRENSTRASSE; EHRHARDT GISSKE, KAJIMA-GRUPPE; 1985-87) wurde anlässlich der 750-Jahr-Feier Berlins als Vorzeigeobjekt der DDR von japanischen Architekten der Kajima-Gruppe und westlichen Baufirmen unter der Leitung von Ehrhard Gißke errichtet. Unter Einbeziehung eines bereits existierenden Betonskelettbaus an den Linden entstand mit vorgefertigten Beton-Wandelementen ein historisierender Bau, der sich mit traditionellen Formen in die Bebauung der Dorotheen- und der Friedrichstadt einpassen sollte. Die Fassade ist in klassischer Weise durch ein Rustika-Sockelgeschoss mit Arkadengang, geschossübergreifende Kolossalpilaster und Gesimsbänder gegliedert. Mit dem diagonalen Eingang Ecke Friedrichstraße/Behrenstraße (der nie als Haupteingang diente) und der achteckigen Halle sollten zudem Erinnerungen an die Kaiserpassage geweckt werden, die sich von 1873 bis zum Zweiten Weltkrieg auf Teilen des Grundstücks befand. Das Haus täuscht ein Traditionshotel vor. In allen Innenräumen wurden vergangene Epochenstile nostalgisch frei interpretiert. In den damaligen Zeitgeist der Postmoderne schien sich das Hotel gut einzufügen. Doch sind die Heiterkeit und Ironie der Zitate, wie sie in der westlichen Postmoderne zu finden sind, beim Grand Hotel nicht anzutreffen. Der Hotelgast wird in das Spiel nicht eingeweiht.

Das **HOTEL UNTER DEN LINDEN** (UNTER DEN LINDEN 14/FRIEDRICHSTRASSE/MITTELSTRASSE; HEINZ SCHARLIPP, GÜNTER BOY; 1964-66) markiert die zu DDR-Zeiten begonnene, aber nicht zu Ende geführte Verbreiterung der Friedrichstraße. Der Bau in Großplattenbauweise steht mit seiner sachlich-nüchternen Gestalt in Kontrast zum 20 Jahre später errichteten ▶ *Westin Grand Hotel*. Der vorgelagerte Platz soll zusammen mit dem Hotel einem Neubau weichen, der bis an die historische Straßenflucht heranreichen wird. Die Planungen hierzu stammen von den Architekten STEINEBACH & WEBER; der Zeitpunkt der Umsetzung ist noch ungewiss.

Das **BÜRO- UND GESCHÄFTSHAUS LINDENCORSO** (UNTER DEN LINDEN/FRIEDRICHSTRASSE/ROSMARINSTRASSE; CHRISTOPH MÄCKLER; 1994-97) ersetzte einen gleichnamigen, 1964-65 entstandenen Bau, der wie das ▶ *Hotel Unter den Linden* hinter die historische Straßenflucht der Friedrichstraße zurückgesetzt wurde. Der Neubau,

LINKE SEITE
LINDENCORSO
SPARKASSENHAUS

RECHTE SEITE
HAUPTSTADTREPRÄSENTANZ DER
DEUTSCHEN BANK: ANSICHTEN ZUR
CHARLOTTENSTR. UND UNTER DEN LINDEN

der im Sinne der „Kritischen Rekonstruktion" die alten Fluchtlinien der Friedrichstraße wieder aufnimmt, steht wegen der wenig harmonischen Proportionen in der Kritik. Die Fassaden sind dreigeteilt: Arkaden und Stützen im Schaufensterbereich bilden einen Sockel mit Läden, liegende Fensterformate treten plastisch hervor – ein typisches Motiv Mäcklers. Die zweite Zone besteht aus Bürogeschossen, deren Fenster seriell in einem einheitlichen Format aneinander gereiht sind. In Staffelgeschossen zurückgesetzt liegen Wohnungen. Insgesamt ist die Fassade stark horizontal gegliedert.

Das **ROSMARIN-KARREE** (FRIEDRICHSTRASSE 83/BEHRENSTRASSE/ROSMARINSTRASSE; JÜRGEN BÖGE UND INGEBORG LINDNER-BÖGE, PETRA UND PAUL KAHLFELDT; 1995-98) ist, seiner Nutzungsstruktur entsprechend, in ein großes Geschäfts- und Bürogebäude sowie ein Wohnhaus unterteilt. Das Büro- und Geschäftshaus von Böge und Lindner-Böge ist mit einer Gliederung in Geschäftssockel, Hauptgeschosse und Staffelgeschoss für die Friedrichstraße typisch gestaltet, setzt sich jedoch wegen der großen Fensterflächen von den umgebenden Neubauten ab. Dagegen fällt die für Berlin ungewöhnliche Gestalt des Wohnhauses von Petra und Paul Kahlfeldt auf, das von der Rosmarin- zur Behrenstraße durch den Block gesteckt ist. Das an den Straßenfronten schmale hohe Haus ist mit dunklem Travertin verkleidet, Wintergärten treten kastenförmig aus der Fassadenfläche hervor. Während die Erdgeschosszonen an Formen der klassischen Moderne erinnern, kommen durch die schroffen turmartigen Straßenfronten Assoziationen zu Geschlechtertürmen in Italien oder Regensburg auf.

SPARKASSENHAUS (BEHRENSTRASSE/CHARLOTTENSTRASSE; KARL-HEINZ SCHOMMER; 2001-03): Im traditionellen Bankenviertel entlang der Behrenstrasse zog die Sparkassen-Hauptstadtrepräsentanz in das zuvor vollständig entkernte ehem. Hauptgebäude der Commerzbank (WILHELM MARTENS; 1900-01). Die nach Kriegsschäden stark vereinfachte Fassade und ein Treppenhaus blieben erhalten. Ein den Proportionen des Altbaus angepasstes, aber modern gestaltetes Glasdach wertet die Erscheinung des sanierten Gebäudes entscheidend auf.

CHARLOTTENPALAIS (CHARLOTTENSTRASSE 35-36; PATZSCHKE, KLOTZ & PARTNER; 1997-98): Die traditionelle Architektur orientierte sich am Vorgängerbau aus der vorletzten Jahrhundertwende.

Ende der 1990er Jahre zog die **HAUPTSTADTREPRÄSENTANZ DER DEUTSCHEN BANK** (UNTER DEN LINDEN 13-15/CHARLOTTENSTRASSE; UMBAU: BENEDICT TONON, NOVOTNY MÄHNER; 1994-97) in einen Gebäudekomplex, der sich bis 1933 schon einmal – durch die Übernahme der Disconto-Gesellschaft – im Besitz des Unternehmens befunden hatte. Der Geschäftsbau mit roter Sandsteinfassade Unter den Linden 13-15 im Stil der Neorenaissance (; ENDE & BÖCKMANN) stammt aus den Jahren 1889-91. Im gelben klassizierenden Sandsteinbau an der Ecke Charlottenstraße (BIELENBERG & MOSER; 1922-25) befindet sich nun die Solomon R. Guggenheim Foundation mit einer 510 qm großen Ausstellungshalle des Deutschen Guggenheim Berlin. Der Umbau nach einem Entwurf von Tonon, ausgeführt von Mähner, strukturierte das Innere der Altbauten neu, unter Beibehaltung der repräsentativen Treppenhäuser. Ergänzt wurden die Altbauten durch eine Aufstockung des zurückgesetzten Gebäudeteils an der Charlottenstraße, der als Ausgleich für den Abriss des hohen Staffelgeschoss-Aufbaus Unter den Linden genehmigt wurde. Der alte Aufbau aus den 1920er Jahren war stets als störend für das Lindenpanorama empfunden worden. Vor die alte und die neue Fassade an der Charlottenstraße wurde eine weitere Fassade gesetzt, eine gläserne einheitliche Haut, die den Rhythmus des Altbaus durch aufgesetzte abstrahierte Rahmungen aufnimmt. In der Überdachung des Innenhofs setzt sich die Glaskonstruktion fort.

BÜRO- UND GESCHÄFTSHAUS UNTER DEN LINDEN 12 (; MAX GRÜNFELD; 1908-10): Das Büro- und Geschäftsgebäude besitzt eine neoklassizistische Sandsteinfassade mit flachem Dreiecksgiebel über dem Attikageschoss.

GESCHÄFTSHAUS RÖMERHOF (; UNTER DEN LINDEN 10/CHARLOTTENSTRASSE; 1865-75): Als Hôtel de Rome errichtet, wurde das Gebäude 1910-11 zum Büro- und Geschäftshaus umgebaut und erweitert (BERNDT & LANGE) und in seiner äußeren Erscheinung stark verändert. Über einem rustizierten Sockel sind die drei oberen Geschosse durch ionische Kolossalpilaster zusammengefasst. Über dem Attikageschoss kragt das Gesims weit aus.

Nach den Formen der deutschen Renaissance gestaltet, erinnert das ehem. **HAUS DES VEREINS DEUTSCHER INGENIEURE** (; CHARLOTTENSTRASSE/MITTELSTRASSE; REIMER & KÖRTE; 1896-97) an eine der Blütezeiten des Handwerks in deutschen Handelsstädten. Die innere Nutzung wird aber auch in der Gliederung der Fassade

89

nach außen getragen. Lediglich die oberen Etagen wurden vom Verein genutzt, während die beiden unteren Etagen vermietet wurden. Entsprechend wurden beide Bereiche deutlich getrennt voneinander gestaltet. Der untere Bereich in Granit wirkt als Sockelgeschoss, der obere in Sandstein ist reicher geschmückt und zieht das Hauptaugenmerk auf sich. Ein Gesims trennt die Bauteile zusätzlich. Im oberen Bereich markiert ein Erker den dahinter liegenden Sitzungssaal, ein dreiteiliges Mittelfenster ist durch eine Rahmung hervorgehoben.

Die öffentlichen Bauten der Dorotheenstadt – Institute und Kliniken – wurden, mit Schwerpunkt in den 1870er Jahren, als schlichte Backsteinbauten ausgeführt. Sie unterscheiden sich dadurch wesentlich von den repräsentativen Handelshäusern mit aufwendigen Natursteinfassaden. Ohne jegliche Betonung ist der Eingang der ehem. **UNIVERSITÄTSBIBLIOTHEK** (**D**; DOROTHEENSTRASSE 28; PAUL SPIEKER; 1871-74) an der äußersten linken Achse eingelassen, in gleicher Weise wie die Fenster, die – bauplastisch nicht hervorgehoben – in die Fassade eingeschnitten worden sind. Ähnlichkeiten mit der Fassadengestaltung der Schinkel'schen ► *Bauakademie* sind zu erkennen. Die Raumaufteilung war damit an der Fassade ablesbar: Während die beiden unteren Geschosse gleichförmig gestaltet sind, ist das oberste Geschoss durch eine rundbogige Fenstergalerie hervorgehoben. Hier befand sich ursprünglich der 7 m hohe Lesesaal. Das abschließende Konsolgesims aus Terrakotta ging verloren. Im Hof der dreiflügligen Anlage wurden auf der einen Seite geschlossene Galerien angelegt. Durch Umbauten in der Nachkriegszeit – in den Lesesaal wurde ein Zwischengeschoss mit einzelnen Büroräumen eingezogen – ist das Gebäude in einigen Teilen entstellt worden. Erhalten ist im Innern aber ein herausragendes Beispiel einer gusseisernen Treppenanlage mit filigranem Geländer. Heute dient das Gebäude mehreren Instituten und Abteilungen der Humboldt-Universität.

Das **INSTITUTSGEBÄUDE UNIVERSITÄTSSTRASSE 3B DER HUMBOLDT-UNIVERSITÄT** (**D**; OTTO RICHTER; 1903-04) zeigt historisierende Formen mit Anklängen an den Jugendstil. Die Fassade zur Universitätsstraße wird durch vier Erker aufgelockert .

Ehem. **HANDELSHAUS HERMES** (**D**; UNIVERSITÄTSSTRASSE 2/

3A; JOHANN EMIL SCHAUDT; 1913/14): Ein Beispiel der Geschäfts-

hausarchitektur vor dem Ersten Weltkrieg; das repräsentative Foyer ist erhalten.

Das stattliche **MAGNUSHAUS** (; AM KUPFERGRABEN 7; GEORG FRIEDRICH BOUMANN D.J. UND GEORG WENZESLAUS VON KNOBELS-DORFF ZUGESCHRIEBEN; UM 1753) ist das einzige Zeugnis der barocken Bebauung der Dorotheenstadt. Um 1753 ließ es der preußische Kriegsrat Westphal als zweistöckiges palaisartiges Bürgerhaus errichten. Der Eindruck eines Palais wird besonders durch die vier korinthischen Kolossalpilaster im Mittelteil des neunachsigen Baus hervorgerufen. Statt mit dem üblichen Mansarddach ist das Wohnhaus jedoch mit einem niedrigen Walmdach gedeckt, das Gebäude wirkt dadurch wesentlich bescheidener. Eine Freitreppe mit einem schmiedeeisernen Geländer, gestaltet im Zeitgeschmack des Rokokos, führt zum Portal, das in eine Nische eingelassen ist. Im Innern wird man von einer oval gewendelten Treppe empfangen – auch dies war eine gängige Gestaltungslösung in den Palais der Bauzeit. Das Geländer ist dem der Freitreppe sehr ähnlich gestaltet. Zur Dorotheenstraße und zum Hof wurde das Haus 1822 von OBER-BAURAT GÜNTHER klassizistisch-schlicht erweitert, die Formen aber auf den Kernbau abgestimmt. Das gesamte Gebäude wurde 1994 restauriert; die wiederhergestellte äußere Farbgebung entspricht, nach restauratorischem Befund, der Zeit um 1822.

WOHNHAUS AM KUPFERGRABEN 6 (; 1832): Die klassizistische Stuckfassade ist ein typisches Beispiel für Berliner Wohnhäuser um die Mitte des 19. Jh. Die Treppe ist aus der Bauzeit erhalten.

WOHNHAUS AM KUPFERGRABEN 5 (; 1829): Die Putzfassade wird von Pilastern gegliedert. Im Innern ist eine gewundene Treppe mit ovalem Auge und verzierter Wange erhalten.

GALERIEGEBÄUDE HINTER DEM GIESSHAUS (HINTER DEM GIESSHAUS 1; DAVID CHIPPERFIELD; 2004-05): Auf einem der letzten freien Grundstücke in direkter Nachbarschaft zur Museumsinsel soll ein viergeschossiges Galeriegebäude mit zwei Penthouses entstehen. In einem vielbeachteten, vom Bauherrn ausgelobten Wettbewerb unter Beteiligung von Frank O. Gehry, Hans Kollhoff, Peter Zumthor, Rod Radziner und David Chipperfield ging Chipperfield als Sieger hervor. Er sieht eine verschachtelte Komposition aus Sandsteinwänden vor, die von wandhohen Fenstern durchbrochen wird. Die drei Ausstellungsgeschosse mit je 6 m Deckenhöhe sind so angeordnet, dass jeder Saal steil einfallendes, indirekt abgeblendetes Licht erhält.

Das große Areal zwischen Kupfergraben, Friedrichstraße und Museumsinsel wurde ab dem 18. Jh. militärisch genutzt. Die ausgedehnte Anlage der ehem. **KAISER-ALEXANDER-KASERNE UND DER ARTILLERIEKASERNE** (**D**; GESCHWISTER-SCHOLL-STRASSE; JOHANNES WIECZOREK; 1898-1902) wurde im Stil der deutschen Renaissance mit hohen Giebeln gestaltet und ähnelt einer Schloss- und Burganlage. Die einander gegenüberliegenden Bauten waren spiegelgleich. Besonders die breiten quadratischen Ecktürme beiderseits der Straßeneinmündung zum Spreeufer Am Weidendamm gaben der Anlage einen burgenartigen, wehrhaften Charakter. Nach dem Abriss des im Krieg beschädigten westlichen Turms ist diese Torwirkung verloren gegangen. Heute wird das Ensemble von unterschiedlichen Einrichtungen genutzt, u.a. vom Deutschen Historischen Museum und dem kath. Militärbischof.

WOHNHAUS PLANCKSTRASSE 20-24 (**D**; 1914-15): Das ehem. Hofbeamtenhaus ist durch kräftige Gesimse und eine Balustrade gegliedert.

BÜRO- UND GESCHÄFTSHAUS FRIEDRICHSTRASSE 104/AM WEIDENDAMM (INGENHOVEN OVERDIEK ARCHITEKTEN; IN PLANUNG): Der Entwurf zeigt einen gebogenen Glasschirm, der das Haus umschließen und die Ecke zur **WEIDENDAMMER BRÜCKE** (**D**; OTTO STAHN; 1895-97) akzentuieren soll. Die Realisierung ist ungewiss.

Der ehem. **ADMIRALSPALAST** (**D**; FRIEDRICHSTRASSE 101/102; HEINRICH SCHWEITZER, ALEXANDER DIEPENBROCK; 1910-11) war ein großstädtischer Vergnügungskomplex inmitten der Dorotheenstadt. Er bot Luxusbäder, eine Eislaufhalle und gastronomische Einrichtungen. Der Palast entstand an der Stelle eines 1874 gegründeten Bades, das von einer unterirdischen Solquelle gespeist wurde. Strenge Formen mit kolossalen dorischen Halbsäulen und ein reicher bildhauerischer Schmuck von FRANZ NAAGER zeichnen die Fassade aus. Die Eisbahn wurde 1922 durch CREMER & WOLFFENSTEIN zu einem Theater umgebaut, dessen Innerem PAUL BAUMGARTEN D.Ä. 1940 die heutige Gestalt verlieh. Nach dem Krieg zog das **METROPOLTHEATER**

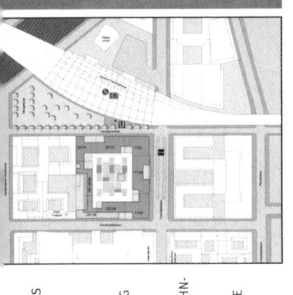

von der Behrenstraße in das von Beschädigungen verschonte Gebäude (seit 1997 geschlossen).

Von Anfang an befand sich der **BAHNHOF FRIEDRICH-STRASSE** (**G**; Johannes Vollmer; 1880-82) inmitten der dicht bebauten Berliner Innenstadt. Aufgrund des enorm erhöhten Verkehrsaufkommens wurde der Bahnhof 1919-25 vergrößert und erhielt neben dunkel-violetten Klinkerfassaden (künstlerischer Schmuck von Felix Kupsch) auch seine jetzige zweischiffige Halle mit der ungewöhnlich geschwungenen Form (Carl Theodor Brodführer). 1915-23 wurde der Bahnhof auch mit der neuen U-Bahnstrecke, der Nord-Süd-Linie verbunden, 1936 mit der unterirdischen Nord-Süd-S-Bahn. Durch den Bau der ▶ Berliner Mauer wurde der Bahnhof zum Grenzkontrollpunkt. Zur Abfertigung des Ausreiseverkehrs wurde nördlich der alten Bahnhofsanlage der so genannte **TRÄNENPALAST** errichtet. 1995-99 sowie 2002 ist der Bahnhof von Werner Weinkamm und Hans Speicher umgebaut worden. Die Sockelgeschosse bilden eine große Ladenzone, die Klinkerfassaden der 1920er Jahre wurden wiederhergestellt.

An der Friedrichstraße, unmittelbar vor der Südseite des ▶ Bahnhofs Friedrichstraße, befand sich das Central-Hotel mit dem legendären Varieté Wintergarten, das im Zweiten Weltkrieg schwer beschädigt und abgerissen wurde. Noch zur DDR-Zeit wurde ein neuer Theater- und Passagenkomplex geplant. Der entstandene Neubaukomplex darf den traditionsreichen Namen jedoch nicht tragen. Das Quartier 115 heißt daher **FRIEDRICH-CARRÉ** (Friedrichstrasse 144-148/Dorotheen-strasse/Georgenstrasse; städtebaulicher Masterplan: Assmann, Salomon und Scheidt; Realisierungen: Assmann, Salomon und Scheidt; Walter A. Noebel; Eicke Becker; Metz, Klotz und Partner; Müller Reimann Architekten; 2000-02); es enthält lediglich Geschäfts- und Büroflächen sowie Wohnungen. Nach einem Masterplan von Assmann, Salomon und Scheidt wurde der Block parzelliert und an verschiedene Architekten vergeben. Städtebauliche Konzeption war die Ausmodulierung des gesamten Blocks durch deutliche Rücksprünge mit Terrassen und ein mäandrierendes Gefüge von einzelnen Bausteinen. Hierdurch sollten räumlich differenzierte, ablesbar eigenständige Häuser entstehen. Die Traufhöhe beträgt 30 m. Die Geschosse sind teilweise durch große Fensterflächen ge-

93

LINKE SEITE
NEUES INTERNATIONALES
HANDELSZENTRUM
GESCHÄFTSHAUS DUSSMANN
EHEM. HOTEL SPLENDID
RECHTE SEITE
EHEM. POLNISCHE APOTHEKE
DOROTHEENHÄUSER

öffnet. An der Friedrichstraße springt der mittlere Baukörper in den oberen Geschossen ins Blockinnere zurück und bildet einen Wintergarten. An der Ecke Georgenstraße (METZ, KLOTZ UND PARTNER) wurde mit einer vorgewölbten Verglasung der Obergeschosse an die charakteristische Geschäftsarchitektur der Dorotheenstadt angeknüpft. Die Wohnungen des Komplexes befinden sich im seitlichen Bereich an der Dorotheenstraße (DOROTHEENSTRASSE 60: ASSMANN SALOMON UND SCHEIDT; DOROTHEENSTRASSE 54: WALTER A. NOEBEL). Hier treten die Bauteile – für die Dorotheenstadt und ihre Neubauten eher untypisch – kastenförmig aus der Fassade hervor.

Auf der gegenüberliegenden Seite der Friedrichstraße wurde als städtebauliche Dominante ein 25-geschossiges Hochhaus als Internationales Handelszentrum, heute **NEUES INTERNATIONALES HANDELSZENTRUM** (FRIEDRICHSTRASSE 95; GESAMTLEITUNG: ERHARDT GISSKE; 1976-78; RHODE, KELLERMANN, WAWROWSKY & PARTNER; 2000-02), für in- und ausländische Handelsvertretungen in der DDR errichtet. Der Bau war ein durch japanische Firmen verwirklichtes Projekt inmitten der DDR-Hauptstadt. Verkleidet wurde das Hochhaus mit einer Vorhangfassade aus Thermogläsern sowie mit weißen Aluminiumplatten. Zwei- bis dreigeschossige Anbauten sollten zur Höhe der Umgebung vermitteln. Das vorgelagerte Kongress- und Gastronomiegebäude wurde jedoch 2000 für den Neubau von RHODE, KELLERMANN, WAWROWSKY & PARTNER abgerissen. Zwei siebengeschossige Bauten sind so gestellt, dass von der Friedrichstraße zum Hochhaus ein zur Straße geöffneter Hof liegt. Zwischen den Neubauten und dem Hochhaus wurde eine gläserne Passage eingefügt. Die Architektur orientiert sich stärker am Hochhaus als an den traditionellen Geschäftshäusern. Die Verkleidung der Fassade mit hellem Sandstein wirkt etwas kühl. Die Detailausbildung der Fenster ist wenig gelungen. Im Unterschied zum ▶ *Geschäftshaus Dussmann* wirkt die Gestaltung an diesem exponierten Standort fehl am Platz.

Das **GESCHÄFTSHAUS DUSSMANN** (FRIEDRICHSTRASSE/DOROTHEENSTRASSE/MITTELSTRASSE; MIROSLAV VOLF; 1995-97) stellte die historische Breite der Friedrichstraße von 22 m wieder her. Das Gebäude ist in den obersten Geschossen zurückgestaffelt. Durch eine Arkade nach dem Vorbild der Vorkriegsbebauung, nun aber zweigeschossig, führt der Fußgängerweg. Zwei bestehende Altbauten an der Dorotheenstraße wurden in den Komplex integriert, daran grenzt ein schmales neu errichtetes Wohnhaus (MARIO

CAMPI, FRANCO PESSINA). Durch Dachaufbauten werden alle Gebäudeteile zusammengefasst und das Grundstück bestmöglich ausgenutzt, wodurch die Altbauten allerdings leicht „erdrückt" wirken.

Das angrenzende ehem. **HOTEL SPLENDID** (**D**; DOROTHEENSTRASSE 37; GRONAU & GRAUL; 1904) wurde im Stil des süddeutschen Barocks mit Jugendstilanklängen errichtet. Besonders hervorgehoben ist der Mittelrisalit mit einem ausladenden Portalüberbau, der von zwei überkräftigen Atlantenfiguren getragen wird und etwas zu pompös für das Gebäude wirkt. Der nach barockem Vorbild gesprengte Giebel wird von grazilen Figuren gestützt.

Ursprünglich wurde das **HOTEL MARITIM** (FRIEDRICHSTRASSE 150/153; 1975-77; HOLGER NETTBAUM; 1996) als Interhotel Metropol errichtet. Der Umbau des 13-geschossigen Baus durch Nettbaum stellte die alte Blockstruktur wieder her, indem die Hochhausscheibe von zwei den Straßenraum schließenden Anbauten eingefasst wurde.

Ein frühes Beispiel des Geschäftshaustypus, wie er sich in der Friedrichstraße Anfang des 20. Jh. durchsetzte, ist das **GESCHÄFTSHAUS POLNISCHE APOTHEKE** (**D**; FRIEDRICHSTRASSE 153A/MITTELSTRASSE; ALFRED BRESLAUER; 1898-1900). Die Fassade ist vollständig in Stützen aufgelöst, auf denen die Geschossdecken ruhen. Die Räume zwischen den Pfeilern wurden in den ersten drei Etagen durch Fensterflächen ausgefüllt. Die dreigeschossigen Läden besaßen interne Treppen. In einem der Läden befand sich die „Polnische Apotheke", deren aufwendiges Geschäftsschild mit bronzenem Adler an der Ecke zur Mittelstraße noch vorhanden ist. Heute ist das Erdgeschoss zu einem Arkadengang geöffnet; das Haus ist 1996-97 entkernt worden.

Südwestlich des ▶ *Bahnhofs Friedrichstraße* entstanden die **DOROTHEENHÖFE** (NEUSTÄDTISCHE KIRCHSTRASSE/GEORGENSTRASSE; OSWALD MATHIAS UNGERS MIT K.H. WINKES UND J. LENSCHOW; 1999-2002) als Ensemble aus fünf einzelnen Gebäuden mit unterschiedlicher Fassadengestaltung. Ungers entwickelte stark abstrahierte Zitate verschiedener Berliner Bauepochen, die sich modern in der Sprache einer „Neuen Berliner Sachlichkeit" durch Materialien wie Klinker oder Elemente wie Erker zeigen.

Zum Ende des 19. Jh. wichen die ursprünglich barocken und klassizistischen Wohnhäuser immer mehr einer größer dimensionierten Bebauung, die der neuen

Funktion der Dorotheenstadt als Berliner City entsprach. Waren- und Geschäftshäuser, Hotels, Bürohäuser und Unterhaltungseinrichtungen prägten zunehmend das Bild der Dorotheenstadt. Zu den Geschäftshäusern, die sehr früh die alten Maßstäbe sprengten, gehört das ehem. **WARENHAUS FÜR ARMEE UND MARINE** (; NEUSTÄDTISCHE KIRCHSTRASSE 4-5/ MITTELSTRASSE/DOROTHEENSTRASSE; HERMANN VON DER HUDE, JULIUS HENNICKE; 1886-87). Der lang gestreckte Bau, 1935 zum Haus des deutschen Handwerks umgebaut, nimmt die gesamte Ostseite des Platzes ein, auf dem sich bis zu ihrem Abriss nach schwerer Kriegsbeschädigung die Dorotheenstädtische Kirche befand. Nach allen drei Seiten zeigt der Bau die gleiche Fassadengestaltung im Stil der französischen Renaissance. Wichtiger Bestandteil des ursprünglichen Erscheinungsbildes war ein terrassiertes Dach nach französischem Vorbild, das jedoch in dieser Form nicht mehr erhalten ist. Seit 1977 war das Haus Botschaftsgebäude der USA in der DDR. Nachdem 1998 im Innern aufwendige Umbauten durchgeführt worden sind, residiert hier auch die Botschaft der USA im vereinten Deutschland, bis der Neubau am Pariser Platz errichtet sein wird.

Auf insgesamt acht Parzellen befindet sich das **PRESSE- UND INFORMATIONSAMT DER BUNDESREGIERUNG** (REICHSTAGSUFER 12-14/DOROTHEENSTRASSE 80-84; KSP ENGEL UND ZIMMERMANN; 1996-2000). Zwei Altbauten, das ehem. **HOTEL PRINZ HEINRICH** (DOROTHEENSTRASSE 82; 1887) und das ehem. **POSTSCHECKAMT** (; DOROTHEENSTRASSE 84; ALFRED LEMPP; 1913-17) sowie ein Plattenbau-Bürohaus (1989), wurden umgebaut und durch zwei Neubauten ergänzt. Auf dem Untergeschoss eines Kantinenbaus von 1965 entstand das Presse- und Besucherzentrum als öffentlicher Teil. Um die Möglichkeit zu erhalten, diesen Bereich vollständig zu umbauen, blieb die Seitenfront des angrenzenden Gebäudeteils ohne Fenster. Im Innern des Flachbaus ist – ein „Haus im Haus" – ein großer fensterloser Saal eingestellt, in dem die Pressekonferenzen stattfinden. Die meisten Büros liegen im früheren Postscheckamt und im Plattenbau, der durch einen roten Putz, ein Staffelgeschoss und quadratische Fenster mit vorstehenden Laibungen ein neues Gesicht erhielt. Der zweite Neubau ist eine schmale lange „Spange", die vor die Brandwand des Postscheckamtes gesetzt ist. Sie verbindet alle Teile des Presseamtes miteinander.

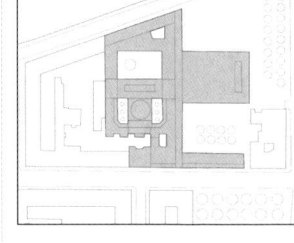

LINKE SEITE
EHEM. WARENHAUS FÜR ARMEE UND MARINE
PRESSE- UND INFORMATIONSAMT: ALTBAUTEN DOROTHEENSTR., FASSADENDETAIL, LAGEPLAN

RECHTE SEITE
SCHADOW-HAUS
EHEM. NATURWISSENSCHAFTLICHE UND MEDIZINISCHE INSTITUTE DER HUMBOLDT-UNIVERSITÄT BERLIN: AUSSENANSICHT, HÖRSAAL

Das einzige erhaltene Wohnhaus der Dorotheenstadt aus der Zeit um 1800 ist das **SCHADOW-HAUS** (**D**; SCHADOWSTRASSE 10-11; 1805; 1851). Das ehem. Wohnhaus des Bildhauers Johann Gottfried Schadow wurde 1805 als zweigeschossiger klassizistischer Putzbau errichtet, der Künstler war am architektonischen Entwurf des Gebäudes beteiligt. Die Fassade ist äußerst schlicht gestaltet. In den äußersten Achsen befinden sich links die Einfahrt und rechts eine Türblende, um die Symmetrie der Fassade zu gewährleisten. Die Relieffriese stammen von Schadow und stellen die Entwicklung der Bildenden Künste dar. In der Mitte ist eine Porträtbüste Schadows eingelassen, Medaillons links und rechts zeigen Maler- und Bildhauerwerkzeug (HERMANN SCHIEVELBEIN). 1851 stockte Sohn Felix Schadow den Bau um ein weiteres Geschoss auf. Zwischen Vorder- und rückwärtigem Seitenhaus befindet sich eines der frühesten Beispiele für ein so genanntes Berliner Zimmer.

Ein typisches Beispiel für die Architektur städtischer Einrichtungen in der zweiten Hälfte des 19. Jh. sind die ehem. **NATURWISSENSCHAFTLICHEN UND MEDIZINISCHEN INSTITUTE DER HUMBOLDT-UNIVERSITÄT BERLIN** (**D**; DOROTHEENSTRASSE 94-96; PAUL SPIEKER; 1873-83). Wie auch die ► *Universitätsbibliothek* baute der Architekt die ursprünglich dreistöckige Gebäudeanlage in der Tradition der Schinkelschule. Die gelben Ziegel sind sichtbar gelassen, die Fassade ist durch farbige Steinbänder gegliedert. Erhalten sind im Innern die bauzeitliche gusseiserne Treppe sowie weitestgehend der an die Hoffront angefügte große Hörsaal mit umlaufender Galerie und Oberlicht. Der am Ufer der Spree gelegene Flügel wurde im Zweiten Weltkrieg zerstört. Das zugehörige ehem. Direktorenwohnhaus im Flügel an der Wilhelmstraße wurde 1998-99 zur Berliner Landesvertretung beim Bund umgebaut, die jedoch aus Kostengründen wieder aufgegeben wurde.

Das **ARD-HAUPTSTADTSTUDIO** (WILHELMSTRASSE 67/REICHSTAGSUFER 8; ORTNER & ORTNER; 1996-98) folgt mit der Fassadenkrümmung dem Lauf der Spree. Die Fassadenelemente aus rot eingefärbtem Beton korrespondieren mit der Farbigkeit der benachbarten Universitätsgebäude aus Klinkern. Die querformatigen Fenster liegen hinter der Fassadenverkleidung als zweite Schicht. An der Front zur Wilhelmstraße ist ein großes, auf den ► *Reichstag* ausgerichtetes Fenster ausgeschnitten, das mit seinem Ausblick auf die Kuppel dem Studio als Kulisse diente, bevor die Dorotheenblöcke fertig errichtet waren. In ihrer Blockstruktur haben sich die so genannten Dorotheenblöcke des Deutschen Bundestages in unmittelbarer Nachbarschaft zum Reichstagsgebäude an der Dorotheenstadt ausgerichtet. Viele der Büros für Abgeordnete und Einrichtungen des Bundestages sind hier, im **JAKOB-KAISER-HAUS** (DOROTHEENBLÖCKE, DOROTHEENSTRASSE/WILHELM-STRASSE/EBERTSTRASSE/REICHSTAGSUFER; SCHWEGER & PARTNER, BUSMANN & HABERER, GERKAN MARG & PARTNER – GMP, VAN DEN VALENTYN, DE ARCHITEKTEN CIE; 1996-2002), untergebracht. Es besteht aus jeweils vier zusammenhängenden Einzelhäusern, die beidseitig der Dorotheenstraße angeordnet sind und von fünf Architekturbüros gestaltet wurden. Ein über- und unterirdisches Erschließungsraster schafft die Verbindungen. Herausragend sind das von De Architekten Cie transparent und verspielt gestaltete Haus 5 mit einem Sitzungssaal auf nierenförmigem Grundriss sowie Haus 6. Das dekonstruktivistisch verlaufende Linienspiel der Glasfassade des Hauses 6 setzt sich im Dachaufbau der benachbarten ehem. **KAMMER DER TECHNIK (D;** EBERTSTRASSE 27; REIMER & KÖRTE; 1911-14) fort, die ein neues Geschoss aus Aluminium, Stahl und Glas erhielt.

In die Dorotheenblöcke integriert wurde auch das ehem. **REICHSTAGSPRÄSIDENTEN-PALAIS (D;** EBERTSTRASSE 30-31/ REICHSTAGSUFER; PAUL WALLOT; 1900-04). Das äußerst repräsentativ gestaltete Gebäude vereinigt Formen der Spätrenaissance und des Barocks. Die prachtvolle Hauptfassade mit einem eleganten, portikusähnlichen Mittelrisalit liegt am Reichstagsufer, der fast schon schmucklose Eingang an der Ebertstraße. Im Erdgeschoss liegen die Club- und Speiseräume, die durch eine große Marmortreppenhalle mit der Beletage verbunden sind. Das Palais wurde 1998-99 von den Architekten THOMAS VAN DEN VALENTYN und JOHANNES VAN LINN für die Parlamentarische Gesellschaft des Bundestages umgebaut.

FRIEDRICHSTADT

Die Friedrichstadt erstreckt sich auf einer weit größeren Fläche als die Dorotheenstadt, insbesondere durch ihre südliche Erweiterung bis zum „Rondell" (heutiger Mehringplatz) ab 1734.

Zentrum der Friedrichstadt war der einstige Marktplatz, der durch Aussparung von drei Baublöcken gebildet wurde. Hier

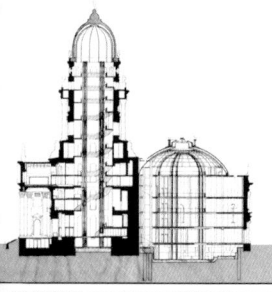

befand sich ab 1732 die Hauptwache des Kürassierregiments „Gens d'armes". So erhielt der Platz den Namen **GENDARMEN-MARKT**. 1950 wurde er in „Platz der Akademie" umbenannt, seit 1991 trägt er wieder den alten Namen. Den Gendarmenmarkt dominieren der **DEUTSCHE DOM** (**D**; GENDARMENMARKT 1-2) und der **FRANZÖSISCHE DOM** (**D**; GENDARMENMARKT 5-6). Die beiden Turmbauten auf dem Gendarmenmarkt erscheinen als Zwillinge, die eigentlichen, etwas versteckten Kirchen sind jedoch unterschiedlich gestaltet: MARTIN GRÜNBERG entwarf die Deutsche Kirche (Ausführung: GIOVANNI SIMONETTI; 1701-08) als Zentralbau mit fünf Konchen – eine Weiterentwicklung seines Grundrissentwurfs für die ► *Parochialkirche*. Dagegen entstand die Französische Kirche, Pfarrkirche der französisch-reformierten Gemeinde, als quergelagerter Saalbau (LOUIS CAYARD, ABRAHAM QUESNAYS; 1701-05). Das gleichartige Erscheinungsbild der an den Ostseiten angefügten Turmbauten geht auf Vorstellungen Friedrichs II. von einem repräsentativen Umbau des Gendarmenmarkts zurück. KARL VON GONTARD trug mit den Turmbauten (1780-85) maßgeblich zur Ausprägung einer preußischen Bautradition bei. Bei der Gestaltung bezog er sich unter anderem auf den englischen Palladianismus, der bereits Jahrzehnte zuvor der Oper Unter den Linden als Vorbild gedient hatte. Jedoch erst jetzt begann sich die klassizistische Haltung in der preußischen Architektur durchzusetzen. Mit den Kirchen haben die prächtigen Repräsentationsbauten allerdings keinerlei funktionellen und räumlichen Zusammenhang. Bei der Umgestaltung des Deutschen Doms 1881/82 (HERMANN V.D. HUDE, JULIUS HENNICKE) wurde der Versuch unternommen, das kaum aufeinander abgestimmte Verhältnis von Kirche und Turm durch Anpassung der Kirchenfassaden an die des Turmes sowie durch eine aufwendige Kuppelkonstruktion der Kirchenhalle auszugleichen. Auch der Französische Dom wurde umgestaltet. OTTO MARCH führte 1905 neubarocke Veränderungen durch. Beide Kirchen erlitten durch den Zweiten Weltkrieg erhebliche Schäden. Beim Wiederaufbau des Französischen Doms 1977-83, der sich am Umbau von 1905 orientierte, wurde der Kirchenraum in zwei Geschosse unterteilt. Daher fügte man dem Eingang am westlichen Mittelrisalit eine historisierende, doppelläufige Freitreppe an, über die der Kirchenraum zugänglich ist. Seitdem enthält der Französische Dom neben den

LINKE SEITE
ARD-HAUPTSTADTSTUDIO
JAKOB-KAISER-HAUS:
ANSICHT SPREEUFER UND EBERTSTR./ECKE
DOROTHEENSTR.
EHEM. KAMMER DER TECHNIK
EHEM. REICHSTAGSPRÄSIDENTEN-PALAIS

RECHTE SEITE
DEUTSCHER DOM:
AUSSENANSICHT,
SCHNITT,
TURMINNENANSICHT

Kirchenräumen auch das Hugenotten-Museum und gastronomische Einrichtungen. Der Deutsche Dom wurde ab 1983 unter
erheblichen Eingriffen, durch Entkernung und Einzug einer
Beton-Wendeltreppe im Turm, für die Nutzung einer Kunsthalle
umgebaut. Nach einem verhängten Baustopp 1990 sowie
neuen Schäden durch einen Brand in der neuen Saalkuppel
wurde schließlich der widersprüchliche Zustand des Gebäudes
mit dem neuen Umbau-Konzept (JÜRGEN PLEUSER; 1993-96) als
Chance begriffen. Die Fugen und Brüche in dem Bauwerk wurden akzeptiert. Die Spuren der Kriegsschäden sind durch un-
verputztes Mauerwerk sichtbar geblieben, der raue Beton des
DDR-Umbaus ist mit neuem mattschwarz behandeltem Stahl in
einen spannungsreichen Kontrast gesetzt. Im hohlen Turm-
schacht wird der vertikale Raumeindruck mit den schlanken
Betonstützen, die Treppe und Galerien tragen, nun perfekt in
Szene gesetzt. Seit seinem Umbau beherbergt der Deutsche
Dom die Ausstellung „Fragen an die deutsche Geschichte".

Auf den Grundmauern des 1817 abgebrannten National-
theaters errichtete Schinkel eines der Hauptwerke des europäischen Klassizismus: das **SCHAUSPIELHAUS** (HEUTE KON-
ZERTHAUS BERLIN; **D**; GENDARMENMARKT 3-4; KARL FRIEDRICH
SCHINKEL; 1818-21). Zwischen den hochragenden Domtürmen
behauptet sich das Schauspielhaus eindrucksvoll. Die Längs-
ausrichtung des Gebäudes zwischen den beiden Domen erhielt
einen wirkungsvollen Gegenpart durch den vorgezogenen und
zur Platzmitte gerichteten erhöhten Baukörper. Ein prächtiger
Portikus mit ionischen Säulen und hoher Freitreppe ziert die
Platzfront und korrespondiert mit den korinthischen Portiken
der beiden Dome. Die Vorfahrt befand sich unter der eher als
Kulisse dienenden Freitreppe, dort, wo auch heute der Eingang
liegt. Der Portikusgiebel wird vom Bühnenhaus mit dessen
Dreiecksgiebel überragt, wodurch der Platz nicht nur von
Doppeltürmen, sondern auch von einem Doppelgiebel be-
herrscht wird – ein zu Schinkels Zeiten Aufsehen erregendes
Motiv, das den akademischen Vorstellungen widersprach. Zu
den Kirchen hin wiederholt sich das Giebelmotiv an den
Seitenflügeln. Auch die Fassadenflächen gestaltete Schinkel in-
novativ: Zwischen den Fenstern stehen lediglich geschosshohe
Pfeiler, so dass sich eine wandauflösende Flächigkeit an-

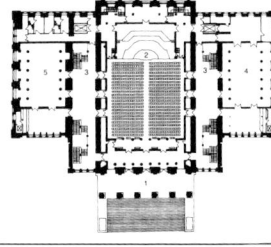

deutete, die nicht nur in Schinkels ▶ *Bauakademie* eine Wei-

LINKE SEITE
FRANZÖSISCHER DOM
EHEM. SCHAUSPIELHAUS:
AUSSENANSICHT,
GRUNDRISS,
GROSSER KONZERTSAAL

RECHTE SEITE
EHEM. SCHAUSPIELHAUS:
WERNER-OTTO-SAAL
(COMPUTERPERSPEKTIVE)
WISSENSCHAFTSFORUM BERLIN
MARKGRAFENBLOCK:
MARKGRAFENSTR./ECKE TAUBENSTR.
MARKGRAFENSTR./ECKE MOHRENSTR.

terführung fand, sondern auch spätere Tendenzen der Architektur vorwegnahm. Ursprünglich befand sich im Mittelbau ein Theater-Zuschauerraum mit Bühnenhaus und im südlichen Teil ein zweigeschossiger Konzertsaal. Seit der Wiederherstellung nach schweren Kriegsschäden (MANFRED PRASSER, PETER WEISS UND KOLLEKTIV; 1979-84) befindet sich im Zentrum ein großer Konzertsaal, der in freier Anlehnung an seinen kleineren Vorgänger historisierend gestaltet wurde. Auch die übrigen Räume – so der Kammermusiksaal – wurden beim Wiederaufbau mit klassizistischen Formzitaten geschmückt. 2002-03 erfolgte der Umbau des Probensaals (Werner-Otto-Saal) und des Foyers (PETER KULKA) in moderner Formensprache.

WISSENSCHAFTSFORUM BERLIN (MARKGRAFENSTRASSE 37/ TAUBENSTRASSE 30; WILHELM HOLZBAUER; 1996-98): Der Neubau schließt den östlichen Platzrand am Gendarmenmarkt. Charakteristisch ist die individuelle Gestaltung der Dachgeschosse, die sich an historische Vorbilder der Friedrichstadt anlehnt und dennoch innovative und moderne Architektur darstellt.

Gegenüber dem ▶ *Deutschen Dom* wurde der Platzrand erst nach 1990 durch drei Geschäfts- und Wohnhäuser, den so genannten **MARKGRAFENBLOCK** (MARKGRAFENSTRASSE 34/MOHRENSTRASSE 45; JOSEF PAUL KLEIHUES, MAX DUDLER, HILMER & SATTLER UND ALBRECHT; 1994-96), geschlossen. Das rechte Eckhaus von Josef Paul Kleihues wird – eine Referenz an den Domturm – durch einen zylinderförmigen Eckturm hervorgehoben, der im oberen Bereich auf quadratischer Grundfläche weitergeführt wird. Die eng aneinander gereihten Fenster ergeben ein horizontales Fensterband. Max Dudler entwarf das mittlere Gebäude: Die Fassade ist rational, schlicht und symmetrisch angelegt, die Verblendung der Fassade mit dunklem Naturstein wird durch sichtbare Stahlschrauben, die die gesamte Fassadenoberfläche perforieren, zur Schau gestellt. Das linke Eckhaus von Hilmer Sattler Albrecht fällt im Fassadendetail auf. Die abgerundeten Ecken verleihen dem sehr schlicht gestalteten Bau eine harmonische Wirkung.

An der südöstlichen Ecke des Gendarmenmarktes liegt das **QUARTIER 30** (MOHRENSTRASSE/MARKGRAFENSTRASSE/KRONENSTRASSE; HEINZ TESAR, JOE COENEN, CLAUDE VASCONI; 1999-2001). Der Komplex besteht aus fünf um einen Innenhof gruppierte Büro- und Wohnbauten, jeweils von unterschiedlichen Archi-

tekten entworfen. Das Bürogebäude von Heinz Tesar erstreckt sich von der Mohren-
bis zur Kronenstraße und bildet eine der Hoffassaden. Joe Coenen hat die angrenzenden Bauten errichtet, der Kopfbau mit horizontaler Gliederung an der Markgrafenstraße stammt von Claude Vasconi. Zur Platzecke hin wird der obere Teil des
Gebäudes von Säulen getragen. Eine gerundete Fassadenecke erinnert an die Architektur Mendelsohns, sie läuft allerdings gegen eine rechtwinklige Gebäudeecke. Die
fehlende Einheit des Komplexes wird auch durch den unterschiedlich gestalteten
Dachaufbau verstärkt. An der Mohrenstraße ist ein sehr hoher Durchgang zum
Innenhof eingefügt, der die geschlossene Straßenfront aufbricht. Mit seiner tech-
nisierenden Erscheinung und fehlenden Bezügen zur historischen Friedrichstadt wirkt
der Komplex, anders als der ▶ *Markgrafenblock*, am historischen Ort unpassend.

Die **MOHRENKOLONNADEN** (◨; Mohrenstrasse 37b-40; Carl Gotthard Langhans
d.Ä.; 1787) sind die einzigen am ursprünglichen Standort verbliebenen Kolonnaden.
Nach der Schleifung der Festung entstanden sie auf den Brücken über dem
Festungsgraben – am Alexanderplatz, am Spittelmarkt, auf dem Mühlendamm und an
der Mohrenstraße. Durch die Kolonnaden erhielten die Brücken einen repräsentativen
Charakter. Nachdem das Grabengelände bebaut worden war, wurden beide Kolonnaden
zum Zugang der dahinter errichteten Geschäftshäuser umfunktioniert. Langhans entwarf die Mohrenkolonnaden als Bogenhalle in klassizierendem Spätbarock.

Heute sind die Mohrenkolonnaden in die Bebauung integriert, die zum Komplex
des **BUNDESMINISTERIUMS DER JUSTIZ** (Jerusalemer Strasse 24-28/Mohrenstrasse
36-37 B/Kronenstrass 38-41; Eller + Eller; 1997-2001) gehört. Der Komplex umfasst Alt- und Neubauten aus unterschiedlichen Bauperioden und wurde 1993-2002
umfassend saniert und teilweise neu bebaut. Noch zu DDR-Zeiten begonnen, wurde
die Blockrandbebauung der Jerusalemer Straße 1994 fertig gestellt. Die Altbauten in
der Mohrenstraße, der **PRAUSENHOF** (◧; Ludwig Otte; 1913), das **HAUS NAGEL** (◧;
Carl Bauer; 1896) und das ehem. **TEXTILHAUS GRAUMANN & STERN** (◧; A. Wanckel;
1901) sowie ein schmales Geschäftshaus (◧; Hermann Muthesius; 1914) stehen als
Ensemble unter Denkmalschutz. Sie wurden saniert und in den Komplex, trotz unterschiedlicher Raumhöhen, mit Durchgängen eingebunden. An der Kronenstraße entstand ein Neubau von Eller + Eller (1997-2001).

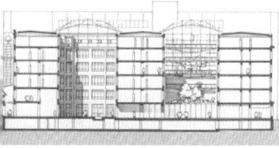

KINDERTAGESSTÄTTE JERUSALEMER STRASSE 10 (Volker Staab Architekten; 2001-02): Der dreigeschossige Bau schafft einen Übergang zwischen den hohen Plattenbauten an der Leipziger Straße und dem dicht bebauten Ensemble am Hausvogteiplatz. Verglaste Erker dienen als Spielnischen und sind Beispiele für die kindgerechte Lösung der Bauaufgabe.

Eine zu Beginn des 20. Jh. typische Aufteilung der Handelshäuser in einen zweigeschossigen unteren Bereich und einen dreigeschossigen oberen Bereich findet man bei dem **GESCHÄFTSHAUS TAUBENSTRASSE 26** (**D**; Max Reichhelm & Co.; 1910) vor. Geschwungene Konsolen leiten zu Kolossalpilastern über. Nur noch zu einem Gerüst reduziert, fassen sie die großen Fensterflächen ein – deutlich zeigt sich der Einfluss von Alfred Messels Warenhausarchitektur. Die noch erhaltenen Figuren an der Fassade symbolisieren Bergbau und Handel.

GESCHÄFTSHAUS TAUBENSTRASSE 23 (**D**; 1875; Umbau Paul Zucker 1925): Sanierung und Umbau mit Neuinterpretation der Fassade und Integration einer hofseitigen Gebäudeerweiterung (Petra und Paul Kahlfeldt; 2002-03).

In neoklassizistischen Formen zeigt sich das ehem. **BANKHAUS MENDELSOHN & CO.** (heute Deutsche Handelsbank; **D**; Jägerstrasse 49/50; Schmieden, Weltzien & Speer; 1891-93). Im Innern sind der zentrale Kassenhof, das Haupttreppenhaus und die Vorstandsräume im Obergeschoss erhalten.

Die **BELGISCHE BOTSCHAFT** (Jägerstrasse 52/53; 1966; Elisabeth Rüthnick; 2000-01) kehrte an ihren Vorkriegs-Standort zurück. 1966 wurde auf dem Grundstück ein Gebäude aus Betonfertigteilen errichtet, welches für die Botschaft weitestgehend umgebaut und neu gestaltet worden ist. Hervortretende Fensterrahmen rhythmisieren nun die strenge Fassade, der Eingang ist zweistöckig verglast und eingeschnitten. Zwei Farben prägen die Erscheinung: Die Fassadenfläche ist grau-anthrazit, die zwei schlichten Säulen im Eingang, weitere niedrigere Säulen und ein Balkon im dritten Obergeschoss sind orange gestrichen. Dies setzt Akzente und gibt dem früheren Plattenbau ein lebhaft gegliedertes und dennoch sachliches Gepräge.

Ehem. **PREUSSISCHE STAATSBANK** (Seehandlung, heute Berlin-Brandenburgische Akademie der Wissenschaften; **E**; Jägerstrasse 21-23; Paul Kieschke; 1901-03): Das im Stil des

Linke Seite
QUARTIER 30:
AUSSEN- UND INNENANSICHT
(BAUTEIL VON TESAR)
MOHRENKOLONNADEN

Rechte Seite
BM DER JUSTIZ:
STRASSEN-, HOFANSICHT,
SCHNITT
KITA JERUSALEMER STR.

LINKE SEITE
BELGISCHE BOTSCHAFT
EHEM. PREUSSISCHE STAATSBANK:
NEUER PLENARSAAL DER AKADEMIE DER
WISSENSCHAFTEN

RECHTE SEITE
EHEM. PREUSSISCHE STAATSBANK:
GRUNDRISS
BÜRO- UND GESCHÄFTSHAUS JÄGERSTR. /
CHARLOTTENSTR.
GALERIES LAFAYETTE: AUSSEN-, INNENAN-

Neobarock gestaltete Bankgebäude wurde 1936-38 erweitert (HUBERT LÜTCKE). Mit
dem Umbau der ehem. Kassenhalle zum Plenarsaal der Akademie (ANDERHALTEN
ARCHITEKTEN; 1999-2002) wurden die ursprünglichen, offenen Raumdimensionen von
1905 wiederhergestellt, Sandsteinbögen von späteren Einbauten befreit und ein
zweischaliges, innovatives Glasdach eingebaut. Alle neuen Einbauten sind in
reduzierter Formensprache gehalten, die Spuren des Zweiten Weltkrieges am Gebäude
wurden sichtbar gelassen.

Im Zusammenhang mit der Wiederherstellung des Schauspielhauses und der
beiden Dome wurde die nach schweren Kriegsschäden größtenteils abgeräumte
Randbebauung des Gendarmenmarktes auf eine Weise erneuert, die dem historischen
Ort gerecht werden sollte. Ab 1979 wurden daher Bauten aus Betonfertigteilen in historisierenden Formen entworfen. Zu den gelungensten Beispielen dieses Versuchs,
industrielle Bauweise zu individualisieren, gehört das **BÜRO- UND GESCHÄFTSHAUS
JÄGERSTRASSE/CHARLOTTENSTRASSE** (MANFRED PRASSER, GÜNTER BOY; 1981-85).
Obwohl in gleicher Technik als Stahlskelettbau mit monolithischen Stahlbetondecken
ausgeführt, hob sich der sechsgeschossige Bau von der üblichen, durch Monotonie
und unflexible Gestaltung geprägten Plattenbauarchitektur ab. Für den Hauptvorstand
der CDU der DDR errichtet, zitiert der Bau Elemente traditioneller Bürgerhausarchitektur im Fassadenschmuck und in der Gliederung der Fassade. So wurde die Front in
klassischer Weise in Sockelgeschoss, Hauptgeschosse und Dachgeschoss unterteilt.
Der Arkadengang zum Platz ist allerdings eine historisierende Zutat, die an diesem
Ort keine Tradition besitzt. Die mit einem besonderen Verfahren behandelten geschosshohen Betonelemente empfinden eine Fassade aus rotem Werkstein nach. Ähnlich wie im ▶ *Nikolaiviertel* erfolgte damit die Schließung des Blockrandes und die
Reparatur der historischen Stadt mit ganz eigenen Mitteln und Möglichkeiten der
DDR-Bautechnik. Für die fast vollständig auf die industrielle Produktion von Beton-
fertigteilen eingestellte DDR-Bauwirtschaft bedeuteten die individuell gestalteten
Sonderelemente jedoch einen enormen Aufwand, der sich nur auf herausragende
Projekte beschränken konnte.

Die Friedrichstraße als wichtigste Nord-Süd-Achse der barocken Stadterweiterung
entwickelte sich in der zweiten Hälfte des 19. Jh. rasch zu einer der belebtesten

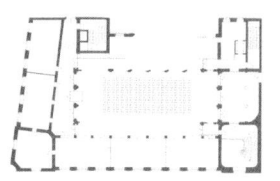

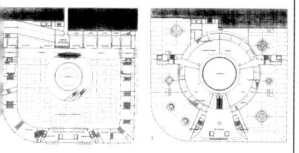

Geschäftsstraßen Berlins. An diese Tradition hat die Stadtentwicklung seit 1990 durch zahlreiche Baumaßnahmen angeknüpft.

Die neuen **FRIEDRICHSTADT-PASSAGEN** (1993-96) bestehen aus drei Blöcken: den ▶ *Galeries Lafayette* (Quartier 207) und den ▶ *Quartieren 206 und 205*. Der Name des Projekts war nicht neu: 1987, noch zu Zeiten der DDR, wurde ein Warenhaus aus Betonfertigteilen begonnen, das sich über die Tauben- und Mohrenstraße hinwegsetzte und so den Gendarmenmarkt von der Friedrichstraße abgeriegelt hätte. 1991 wurde der fast fertige Rohbau abgerissen, da er nicht den Nutzungsansprüchen der neuen Investoren entsprach. Nach einem Architekturwettbewerb für die drei Blöcke zeigte sich die Gefahr, dass sich die blockübergreifende monotone Nutzungsstruktur der Dienstleistungsgesellschaft auch in einem langweiligen Erscheinungsbild der Friedrichstraße niederschlagen würde. Um die historische Kleinteiligkeit und Verschiedenheit der „europäischen Stadt" wenigstens nach außen zu bewahren, entschied man sich, die Aufträge für jeden einzelnen Block an verschiedene Preisträger des Wettbewerbs zu vergeben. Die Passagen halten sich strikt an die Blockränder der Friedrichstadt und sind, einzige Gemeinsamkeit, nur noch durch eine schmale und eigentlich überflüssige unterirdische Passage miteinander verbunden.

Die **GALERIES LAFAYETTE** (FRIEDRICHSTRASSE 75; JEAN NOUVEL; 1993-96) ist in ihrer Gestaltung widersprüchlich. Zwar war der Gedanke einer Glasfassade inmitten endloser Steintapeten befreiend, doch wirkt der Bau mit seiner abgerundeten Ecke und den runden Dachaufbauten eher wuchtig als transparent. Zudem fehlt es trotz der an die 1920er Jahre erinnernden Stromlinien an Dynamik. Das Innere erscheint kleiner und enger als das Äußere vermuten ließe. Die Besonderheit des Entwurfs besteht in verschiedenen Kegelformen, die das Gebäude vertikal nach unten und oben durchstoßen. Im Zentrum des Warenhauses erzeugen große Glaskegel verblüffende Spiegelungen, Brechungen und Transparenz.

Das **QUARTIER 206** (FRIEDRICHSTRASSE 71-74; PEI, COBB, FREED & PARTNERS; 1992-96) fällt durch die gefaltete Fassade mit hervortretenden Erkern auf. Henry Cobb (sein Bürokollege Ieoh Ming Pei war nicht am Projekt beteiligt) entwarf ein **105**

Gebäude, das an die expressionistische Architektur der 1920er Jahre erinnern sollte. Mit horizontalen Fenster- und schmalen Lichtbändern wurde ein Ausgleich zu den Erkern gesucht, an einigen Stellen treten kleine belichtete Plattformen hervor, die auf das Licht als charakteristisches Merkmal der Großstadt anspielen. Der Fassade wurde dadurch bewusst eine unruhige Wirkung verliehen. Auch das Glasdach des Hofes ist mehrfach aufgefaltet. Die geschwungenen und geknickten Hoffassaden sind jedoch zurückhaltender gestaltet. Das Atrium im Gebäudeinnern ist in seiner komplizierten Grundrissform nicht eindeutig zu erfassen und protzt mit teuren Materialien. Rolltreppen und eine geschwungene Wendeltreppe verbinden die Geschosse, der Marmorboden wurde dem Boden der Basilika San Marco in Venedig nachempfunden. Im Ganzen ist die Architektur des Quartiers eine sehr unbefangene amerikanische Annäherung an europäische Bautraditionen.

Das größte der drei Projekte ist das **QUARTIER 205** (FRIED-RICHSTRASSE 66-70; OSWALD MATHIAS UNGERS; 1992-96). Der Komplex bricht die Straßenflucht der Friedrichstraße auf, indem um einen hohen zentralen Block sechs niedrigere Blöcke angeordnet sind. Diese halten die vorgegebenen Traufhöhen der historischen Friedrichstadt ein. Der komplette Bau wurde – kennzeichnend für Ungers – aus einem quadratischen Grundmodul entwickelt. Zusätzlich auf das orthogonale Grundraster der Friedrichstadt anspielend, wurde dem Quadrat ein Vorrang eingeräumt, der die gesamte Gebäudearchitektur diktiert. Die Fassaden wirken dadurch streng und schematisch. Auch das hohe zentrale Atrium ist dem quadratischen Grundrissraster unterworfen. Dadurch zeigt sich das Quartier 205, im Gegensatz zu den beiden anderen Gebäuden der Friedrichstadtpassagen, klar und verständlich gegliedert. Zur Verblendung der Fassaden wurden zwei farblich unterschiedliche Natursteinarten gewählt. Als einziges der drei Projekte besetzt das Quartier 205 den ganzen städtischen Block und richtet seine Fassade – ohne konkret Bezug zu nehmen – selbstbehauptend zum Gendarmenmarkt.

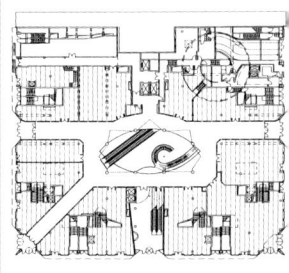

Die Bebauung der Blöcke der ▶ *Friedrichstadt-Passagen* wirkte aus Sicht der „Kritischen Rekonstruktion" immer noch zu großteilig im Vergleich zur historischen Kleinteiligkeit der „europäischen Stadt". In der Folge ging man daher zunehmend

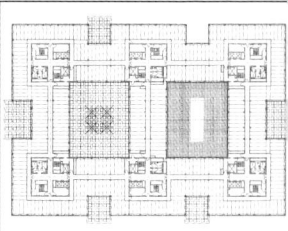

dazu über, von unterschiedlichen Architekten gestaltete Fassadenteile vorzuschreiben, um die tatsächlichen Monostrukturen heutiger Nutzung zu kaschieren. Zu den wichtigsten Beispielen, die diese Entwicklung einleiteten, gehört die Bebauung des Quartiers 208 unter der Leitung von Josef Paul Kleihues. Der so genannte **HOFGARTEN AM GENDARMENMARKT** (FRANZÖSISCHE STRASSE / CHARLOTTENSTRASSE / BEHRENSTRASSE / FRIEDRICHSTRASSE; JOSEF PAUL KLEIHUES; JÜRGEN SAWADE; KOLLHOFF & TIMMERMANN; MAX DUDLER; 1993-96) besteht im Gegensatz zu vielen folgenden Projekten durchaus noch aus verschiedenen Einzelhäusern. Unter Einbeziehung erhaltener Altbauten wurde der Block von verschiedenen Architekten vervollständigt. Deutlicher als an den vergleichbaren Objekten der Friedrichstadt wurde auf eine Differenzierung der separaten Einzelbauten Wert gelegt. Das Büro- und Geschäftshaus von Hans Kollhoff an der Ecke Friedrichstraße/Französische Straße wird durch eine Fassadenverkleidung aus graugrünem Granit vertikal strukturiert. Östlich davon schließt sich das Büro- und Geschäftshaus von Jürgen Sawade an (Französische Straße), das durch bündig eingesetzte, liegende Fenster mit filigranen Rahmen und polierten schwarzen Granit eine glatte, stark abstrahierte Fassade erhalten hat. Die mit Travertinplatten und -leisten überzogene großflächige Fassade des Hotels „Four Seasons" zum Gendarmenmarkt (Charlottenstraße) wird mit Balkonen und gerundeten Erkern aufgelockert, den Staffelgeschossen sind durchlaufende Balkongitter vorgesetzt. Kleihues, der nicht für die historisierende Innenarchitektur verantwortlich war, entwarf auch das aus einem Aluminiumrahmen errichtete schmale Bürohaus zur Behrenstraße, an das sich der gerasterte Wohnbau Max Dudlers anschließt. Der Altbau an der Ecke Friedrichstraße/Behrenstraße wurde durch zwei Staffelgeschosse aufgestockt.

Zwischen Behrenstraße und Französischer Straße sind drei historische Wohn- und Geschäftshäuser erhalten geblieben, die in dem Komplex des **DBB FORUM BERLIN** (FRIEDRICHSTRASSE 165-170 / BEHRENSTRASSE 23-26 / FRANZÖSISCHE STRASSE 49-52; KARL-HEINZ SCHOMMER; 1998-2001) integriert wurden. Die einzelnen Bauten mit unterschiedlicher Geschosshöhe sind im Hof über Stege miteinander verbunden. Zur Friedrichstraße geben die historischen Wohn- und Geschäftsbauten einen guten Eindruck von der Bebauung der Friedrichstraße um 1900. Das mittlere **WOHN- UND GESCHÄFTSHAUS FRIEDRICHSTRASSE 166** (**D**; FERDINAND WENDELSTADT, FASSADEN-

LINKE SEITE
DBB FORUM BERLIN:
HAUS DER DEMOKRATIE,
EHEM. GESCHÄFTSHAUS AUTOMAT

RECHTE SEITE
KONTORHAUS MITTE: AUSSENANSICHT
FRIEDRICHSTR./ECKE KRONENSTR.
ATRIUM FRIEDRICHSTR.: INNENANSICHT

GESTALTUNG: MAX WELSCH; 1898-99) besitzt eine eher konventionell gestaltete historistische Fassade aus hellrotem Sandstein. Max Welsch entschied sich für spätgotische Formen, die Fenstergestaltung erinnert an venezianische Paläste. Die beiden unteren Geschosse sind als Geschäftszone ausgebildet, in der schmalen Mittelachse liegt ein steiles, kielbogig geschlossenes Portal. Als Bekrönung der Fassade dient ein steiles Zwerchhaus.

Eine weit zeitgemäßere Gestaltung ist am links angrenzenden ehem. **GESCHÄFTS-HAUS AUTOMAT** (D; FRIEDRICHSTRASSE 167/168; BRUNO SCHMITZ; 1904-05) zu erkennen, das einst ein Automatenrestaurant beherbergte. Entsprechend der großstädtisch-modernen Nutzung folgte Schmitz den neuesten Entwicklungen der Geschäftshausarchitektur, insbesondere dem zeitgleich entstandenen Warenhaus Wertheim von Alfred Messel (zerstört) am Leipziger Platz . Heute ist das Geschäftshaus Automat eines der wenigen in der Friedrichstadt erhalten gebliebenen Beispiele, die sich an der wegweisenden Architektur Messels orientierten. Die übliche Zweiteilung in Ladenzone und Obergeschoss wurde hinter durchgängige Pfeilervorlagen gelegt, die charakteristisch für diese Architekturströmung waren. Mit ihnen wurde die Vertikalität betont, aber nicht überstrapaziert, die Fassade auf eine neue, moderne Weise gegliedert. Die Balustrade am obersten Geschoss bricht diese Bewegung. Die verglasten Erker treten gewölbt hervor und füllen das akzentuierte tragende Gerüst aus. Zur Behrenstraße schließt der Komplex mit dem **HAUS DER DEMOKRATIE** (EHEM. PSCHORR-BRÄUHAUS; D; FRIEDRICHSTRASSE 165/BEHRENSTRASSE; KAYSER & GROSZHEIM; 1887-89) ab.

Wie beim ▶ *Hofgarten* setzte Kleihues bei dem Projekt **KONTORHAUS MITTE** (FRIEDRICHSTRASSE 185-190/MOHRENSTRASSE/KRONENSTRASSE; JOSEF PAUL KLEIHUES; KLAUS THEO BRENNER, VITTORIO MAGNAGO LAMPUGNANI, WALTER STEPP; 1994-97) auf die maßgeblich von ihm entwickelten Gestaltungsgrundsätze der „Kritischen Rekonstruktion". Mehr noch als der Hofgarten wurde das Kontorhaus zum Vorbild für spätere Projekte in Berlins neuer Mitte. Nach außen ist die Fassade des Komplexes wieder unter verschiedenen Architekturbüros aufgeteilt worden, um den Eindruck von Einzelhäusern und damit traditionelle Kleinteiligkeit der „europäischen Stadt" vorzutäuschen. Die beteiligten Architekten gestalteten ihren Teil entsprechend individuell. Erst das

Hofatrium verrät, dass die Einzelgebäude in Wirklichkeit einen Großkomplex mit gleichförmiger Struktur bilden. Alle Fassaden sind mit Naturstein verkleidet und in Sockel-, Geschoss- und Traufzone aufgeteilt, die Geschosshöhe ist in allen Häusern die gleiche. In der Kronenstraße ist ein Altbau in das modulare System integriert. Die Treppenhäuser bilden Riegel, die zwischen die Häuser eingeschoben sind.

HAUPTSTADTREPRÄSENTANZ DER DEUTSCHEN KREDITBANK (**D**; KRONENSTRASSE 11; AXTHELM & FRINKEN; 2000-01): Sanierung eines historischen Bankgebäudes (HEIL-BRUNN & SEIDEN; 1911-12), zweigeschossige Dachaufstockung und Erweiterung um einen Seitenflügel und ein Quergebäude mit Glaserkern bzw. raumhoher Verglasung.

Bei der Gestaltung des **ATRIUMS FRIEDRICHSTRASSE** (FRIEDRICHSTRASSE 60; VON GERKAN MARG & PARTNER – GMP; 1995-97) orientierte sich das Büro gmp an der städtebaulichen Situation an der Ecke Friedrichstraße/Leipziger Straße – einer der wichtigsten Kreuzungen der Stadt. Das Gebäude ist durch eine zweigeschossige Arkade zu beiden Straßenseiten geöffnet. Aufgrund der großzügigen Verglasung erscheinen die Wandflächen nur noch als Gerüst. Durch seitliche vollständige Verglasungen wirkt der in das Raster eingeordnete Bauteil an der Ecke wie ein Turm. Im Innern erstreckt sich ein großes Atrium, das ursprünglich als Passage parallel zur Leipziger Straße durch den ganzen Block geführt werden sollte. Da in den angrenzenden Neubauten dieses Konzept nicht weitergeführt wurde, irritiert die als Auftakt des Atriums stark in Szene gesetzte große Treppe.

Auf der gegenüberliegenden Seite reagierte das Büro van den Valentyn mit einer ganz anderen Architektur auf die städtebauliche Situation. Das **QUARTIER 108** (FRIEDRICHSTRASSE 198; THOMAS VAN DEN VALENTYN; 1996-98) fällt als ein monolithischer Block mit einer dunkel glänzenden Steinfassade auf, in die gleichmäßig kleine Fenster eingelassen sind. Ein Arkadengang des Büro-, Wohn- und Geschäftshauses öffnet sich lediglich zur Leipziger Straße. Wegen der maximalen Ausnutzung wirken die Staffelgeschosse allzu gedrungen. So gibt es hier Durchgangszimmer und künstlich belichtete und belüftete Küchen, einige Räume sind zu den an der rückwärtigen Brandwand liegenden Luftschächten orientiert.

Entlang der Behrenstraße entwickelte sich nach der Reichsgründung 1871 das Bankenviertel. Hier konzentrierten sich in kurzer Zeit die Hauptsitze bedeutender

LINKE SEITE
QUARTIER 108
BAYERISCHE VERTRETUNG IN BERLIN
LANDESVERTRETUNG

RECHTE SEITE
KREDITANSTALT FÜR WIEDERAUFBAU
EHEM. GESCHÄFTSZENTRALE DER
DEUTSCHEN BANK: AUSSENANSICHT
MAUERSTR.

Bankhäuser. So bestimmte zunehmend die Architektur der aufwendigen Repräsentationsbauten mit Sandsteinfassaden das Erscheinungsbild der Friedrichstadt zwischen Behrenstraße und Gendarmenmarkt. Das Gebäude der heutigen **BAYERISCHEN VERTRETUNG IN BERLIN** (EHEM. BANKGEBÄUDE DES SCHAAFHAUSENSCHEN BANKVEREINS; **D**; BEHRENSTRASSE 21/22; BIELENBERG & MOSER; 1911-12) zählt zu dieser gängigen Bankhaus-Architektur, die sich zu Beginn des 20. Jh. in der Friedrichstadt durchsetzte: Eine steinerne Palastfassade mit Rustika-Sockelgeschoss, mächtigen ionischen Pilastern und kräftigem Konsolgesims strahlt Solidität und Stärke aus. Die Architekten verbanden Sockelgeschoss und Pilaster optisch, indem sie die hohen Fenster eine Linie bilden ließen. Auf diese Weise entstand eine elegante Vertikalität, die an die Fassaden des damals moderneren Geschäftshaustypus mit Pfeilern und eingespannten Fenstern erinnert. Der Freistaat Bayern hat das Gebäude 1993 erworben, 1996-98 wurde es vom Staatlichen Hochbauamt Aschaffenburg für die Landesvertretung Bayern saniert und umgebaut. Der Innenhof erhielt eine Überdachung und dient als Veranstaltungsort. Auf das Dach des Altbaus wurde ein Glaspavillon aufgesetzt. 1998 konnte Bayern als erstes Bundesland seine Landesvertretung einweihen.

Auch das ehem. Bankhaus der Berliner Handelsgesellschaft, heute **KREDITANSTALT FÜR WIEDERAUFBAU** (**D**; BEHRENSTRASSE 32-33/CHARLOTTENSTRASSE 33-33A; ALFRED MESSEL, 1899-1900; 1905-08; HEINRICH SCHWEITZER; 1910-11), besitzt eine grundsolide und konservative Wirkung, jedoch ohne dass sich Messel allzu eng an die für diesen Zweck gebräuchlichen historisierenden Architekturformeln hielt. Der Fassade, deren Aufbau dem üblichen Palast-Schema folgt, wurden im Detail kubisch-plastische Formen eingefügt, die wie die kantigen Fensterumrahmungen mit der historistischen Stilnachahmung brechen. Die stark vereinfachten Kapitelle der Halbsäulen sind dagegen dem vereinfachenden Wiederaufbau nach dem Zweiten Weltkrieg zuzuschreiben. Das Bankhaus wurde durch einen Erweiterungsbau von Heinrich Schweitzer an der Ecke Französische Straße/Charlottenstraße ergänzt. 1999-2002 ließ die Kreditanstalt für Wiederaufbau den Komplex unter Zufügung von zwei Neubauten (JOHANNES SCHMIDT & PARTNER) ausbauen. Über Höfe und Tunnel sind die Gebäude

miteinander verbunden.

An die Architektur des Bankenviertels erinnert der Neubau eines eigenständigen **GESCHÄFTSHAUSES FRANZÖSISCHE STRASSE/MARKGRAFENSTRASSE** (EHLERS & KROP; 2001-02), das die letzte Lücke des Blocks schließt. Zum Eindruck traditioneller Bankhausarchitektur trägt neben der Sandsteinverkleidung auch die Geschosshöhe bei, die sich an der historischen Nachbarbebauung orientiert.

Ehem. **POMMERSCHE HYPOTHEKEN-AKTIENBANK** (BEHRENSTRASSE 35; WITTLING & GÜLDNER; 1895-97): Im Jahre 1924 Übernahme und Umbau durch die damals angrenzende Dresdner Bank.

Gleich zwei ganze Blöcke der Friedrichstadt nimmt die ehem. **GESCHÄFTSZEN-TRALE DER DEUTSCHEN BANK** ein (**G**; BEHRENSTRASSE/GLINKASTRASSE/FRANZÖSISCHE STRASSE/MAUERSTRASSE; ENDE & BÖCKMANN; 1872-74; WILHELM MARTENS; 1908-10; KAYSER & GROSZHEIM; 1900-01; HANS JESSEN; 1914). Über die Französische Straße hinweg sind die beiden Baublöcke durch eine Brücke miteinander verbunden. Den Fassaden fehlt zu einem großen Teil der aufwendige Schmuck, der einst die Architektur auszeichnete. Während die meisten Gebäudeteile nach ihrer Beschädigung im Krieg vereinfacht wiederhergestellt wurden, blieb der Skulpturenschmuck der Brückenverbindung erhalten und liefert ein Bild von der einstigen barocken Imponierabsicht des Bankhauses. Bei der Erweiterung von 1914 zwischen Behren- und Französischer Straße wurde die übliche hierarchische Fassadenaufteilung durch die Betonung der beiden rustizierten Untergeschosse gegenüber dem dritten Geschoss vernachlässigt, auch die Plastizität des Mittelrisalits wirkt zurückhaltender. Die „akademische" Fassadenaufteilung des Historismus wurde nicht mehr streng befolgt, dennoch ist die monumentale Wirkung eines „soliden" Bankhauses weiterhin angestrebt worden, nun durch eine stärkere Betonung der Materialität. Heute wird der Gebäudekomplex vom Bundesministerium des Innern genutzt.

Zur teilweisen Wiederanknüpfung an die Traditionen des Bankenviertels tragen auch Sanierung und Umbau eines ehem. Postamtes zur **BHF-BANK** (**D**; FRANZÖSISCHE STRASSE 9-12; WILHELM WALTER, LUDWIG MEYER; 1908-10; BRAUN & VOIGT; 1995-97) bei. Die Sanierung hatte die Erhaltung der repräsentativen Fassade und die Wiederherstellung der ursprünglichen Grundrisse unter Berücksichtigung heutiger Anforderungen zum Ziel. Im Mittelpunkt des Gebäudes blieb die historische Stahl-

konstruktion einer glasüberdachten Briefschalterhalle erhalten, in die nach einem Raum-in-Raum-Prinzip Sitzungssaal, Foyer, Empfangs- und Kundenräume integriert wurden.

Die vorgeschriebene Rückstaffelung von Neubauten über einer vorgeschriebenen Traufhöhe führte beim **BÜRO- UND APPARTEMENTHAUS JÄGERSTRASSE 67-69** (Braun & Voigt; 1995-97) zur Idee einer ganz individuell gestalteten begehbaren Dachterrasse für Appartements: Ein an eine Pergola erinnerndes Betonelement mit Trennwänden vermittelt zwischen Straßenfront und den zwei zurückgesetzten Dachgeschossen, die mit Sonnenschutz-Schiebetüren ausgestattet wurden. Im Hof bildet ein außen liegender Treppenturm mit einer gekrümmten Metall-Glas-Konstruktion den zentralen Erschließungskern.

Die Taubenstraße erstreckt sich orthogonal zur Friedrichstraße von der Mauerstraße über den Gendarmenmarkt bis zum ehem. Festungsgraben am Hausvogteiplatz. Architektonisch bietet die Straße eine anschauliche Vielfalt unterschiedlicher Epochen.

Für das **KPMG-VERWALTUNGSGEBÄUDE** (Taubenstrasse 45; Christoph Mäckler; 1992-98) übertrug das Büro Mäckler den Aufbau des traditionellen Berliner Mietshauses auf einen Bürobau: An das Vorderhaus schließen sich rückseitig zwei Seitenflügel an, der so entstandene Hof dient als überdachtes Atrium. Zentral in der Straßenfassade öffnet sich eine Tiefgarageneinfahrt wie ein Trichter ins Innere – absichtlich wurde dieser Zugang in das Gebäude nicht kaschiert und an die Seite gelegt, sondern, wenn auch etwas theatralisch, in die Gestaltung mit einbezogen. Über dem Tor wurde der Konferenzbereich „eingehängt". Der obere Teil des Hauses ist eine Lochfassade mit quadratischen, tief eingeschnittenen Fenstern. Ein modern interpretiertes Attikageschoss verdeckt das darüber liegende Staffelgeschoss und schließt das Gebäude nach oben hin ab.

Ehem. **VERWALTUNGSGEBÄUDE DER AKTIENBRAUEREI PATZENHOFER** (◨; Taubenstrasse 10; Hermann Dernburg; 1906-07): Auffallende neobarocke Formen.

Die so genannten **SCHLEIERMACHER-HÄUSER** (◨; Taubenstrasse/Glinkastrasse; 1738-39), die ehem. Pfarrhäuser der im Krieg schwer beschädigten und später abgerissenen Dreifaltigkeitskirche, sind die letzten in der Friedrichstadt erhaltenen Wohn-

bauten des 18. Jh. Sie geben ein Bild von der einstigen niedrigen Bebauung der barocken Stadterweiterung. Die Anlage der ursprünglich drei gleichen (ein Haus wurde nach schwerer Kriegsbeschädigung abgerissen), im Grundriss quadratischen Häuser ist sehr klar aufgebaut. Das Äußere ist schlicht und ohne aufwendige barocke Formen gestaltet. Durch Toreinfahrten mit Doppelpilastern und kleinem Giebel sind die Bauten miteinander verbunden. Die Mansarddächer fassen die Häuser zu einer Einheit zusammen, die jedoch heute in der Nutzung nicht mehr besteht.

Direkt an eines der Pfarrhäuser grenzt ein typisches Geschäftshaus der Friedrichstadt, die ehem. **ZÜRICH-VERSICHERUNG** (◨; TAUBENSTRASSE 4-6; BIELENBERG & MOSER; 1913-14), das die barocke Bebauung weit überragte und neue Größenmaßstäbe setzte. Seiner einst repräsentativen Funktion gemäß, besitzt der Bau die für die Friedrichstadt typische solide und konservative Palastfassade mit Rustika-Sockelgeschoss, Kolossalpilastern und einer stark nach vorne tretenden Attikabalustrade.

Der Nachrichtensender **N-TV** (EHEM. GESCHÄFTSHAUS DER ALLIANZVERSICHERUNG; ◨; TAUBENSTRASSE 1-2; 1895-1901; W. HEERWAGEN; 1922-23) hat sich in einem repräsentativen Versicherungsbau im neoklassizistischen Stil mit Rustika-Sockelgeschoss und Kolossalpfeilern niedergelassen. 1922-23 wurde der Bau aufgestockt. Nach dem 1991 erfolgten Umbau befinden sich hinter der restaurierten Fassade neu gestaltete Innenräume für Redaktion, Studios und Archiv.

Direkt gegenüber bildet das Gebäude der ehem. **DEUTSCHEN BAU- UND BO-DENBANK** (TAUBENSTRASSE 48/49; HANS JESSEN; 1928-29) einen anschaulichen Kontrast zur monumentalen und konservativen Geschäftshaustypologie der Kaiserzeit. Das Gebäude ist einer der wenigen Bauten der klassischen Moderne in der Friedrichstadt. Die architektonischen Elemente der historisierenden Palastfassaden sind an diesem Gebäude nicht mehr zu finden, der Aufbau der Fassade folgt der Konstruktion des Stahlskelettbaus. Auch ein anderes Merkmal, das noch kurz zuvor unverzichtbarer Bestandteil der Repräsentationsarchitektur war, entfiel: Die teilweise verschwenderische Höhe der Geschosse trat zugunsten einer besseren Ausnutzung des Grundstücks zurück. Selbst unter Einhaltung der historischen Traufhöhe, mit einem zurückversetzten Staffelgeschoss, konnten in dem Gebäude sieben Geschosse untergebracht werden. Die einzelnen Fenster wurden zu Fensterbändern zusammengefasst. Ursprünglich war die Straßenfassade mit unterschiedlich getönten Blendsteinen verkleidet. Das vor allem im Innern veränderte Gebäude wird heute als Bürohaus genutzt.

Das **BUNDESMINISTERIUM FÜR FAMILIE, SENIOREN, FRAUEN UND JUGEND** (TAUBENSTRASSE 42-43/JÄGERSTRASSE 8-9; KAYSER & GROSZHEIM; 1896; ERNST MORITZ LESSER UND LEOPOLD STELTEN; 1927; ERICH KUHNERT; 1951; GIBBINS, BULTMANN UND PARTNER; 1998-99) hat seinen Sitz in einem aus drei Gebäuden bestehenden Komplex. Das ehem. Bankgebäude in der Jägerstraße stammt von Kayser & Groszheim. Zur Taubenstraße hin liegt ein ehem. Geschäftsbau, dessen Fassade expressionistisch gestaltet war (ERNST MORITZ LESSER UND LEOPOLD STELTEN). Nachdem es im Krieg beschädigt worden war, wurde das Gebäude 1951 zum Verkehrsministerium der DDR umgebaut. Erich Kuhnert reduzierte die Straßenfront auf eine strenge Lochfassade, die eine einheitliche Gestaltung aufweist. Die oberste Etage hebt sich durch Rundbogenfenster ab. Mit dem Umbau von Gibbins, Bultmann und Partner wurden leider erhaltenswerte Teile des Wiederaufbaus beseitigt.

In einem der architektonisch wertvollsten Häuser der Friedrichstadt befindet sich heute die **VERTRETUNG DER FREIEN UND HANSESTADT HAMBURG** (EHEM. CLUB VON BERLIN; **D**; JÄGERSTRASSE 1-3; KAYSER & GROSZHEIM; 1892-93). Für den Union-Club, damals einer der mondänsten und elegantesten Clubs der Reichshauptstadt, wurde ein Bau mit zwei unterschiedlich gestalteten Fassaden errichtet. Zur Jägerstraße hin zeigt sich ein prunkvoller Neubarock mit auffälligen Hermenpilastern am Fenster über dem Portal. Zur Mauerstraße hin ist die Fassade in bodenständiger deutscher Renaissance gehalten. Das Eckgebäude (Jägerstraße 1), bereits 1861 errichtet, gehörte ursprünglich nicht zum Club. Für die Landesvertretung wurde der Komplex, der zu DDR-Zeiten den Club der Kulturschaffenden „J.R. Becher" beherbergte, 1999-2000 renoviert und umgebaut (PETER DINSE, ISABELL FEEST UND JOHANNES ZURL). Neue, kaum aufgeteilte Fensterflächen an der Fassade zur Jägerstraße hin lassen ein modernes Inneres erahnen. Die in der Gebäudetiefe liegenden Räume erhielten einen neu gestalteten Lichthof.

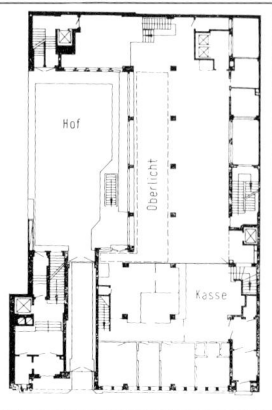

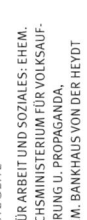

EHEM. BAU- UND BODENBANK: HIST. GRUNDRISS
VERTRETUNG DER FREIEN UND HANSE-
STADT HAMBURG
BM FÜR ARBEIT UND SOZIALES:
INNENANSICHT
RECHTE SEITE
BM FÜR ARBEIT UND SOZIALES: EHEM.
REICHSMINISTERIUM FÜR VOLKSAUF-
KLÄRUNG U. PROPAGANDA,
EHEM. BANKHAUS VON DER HEYDT

Die Mauerstraße ist die einzige Straße der Friedrichstadt, die nicht rechtwinklig verläuft. Sie zeichnet den Verlauf der Friedrichstadt bis 1734 nach. Die Stadtgrenze wurde bis dahin von einer Mauer gesichert, die von der weiter um Berlin gezogenen Akzisemauer abgelöst wurde.

Das **BUNDESMINISTERIUM FÜR ARBEIT UND SOZIALES** (EHEM. REICHSMINISTERIUM FÜR VOLKSAUFKLÄRUNG UND PROPAGANDA; MAUERSTRASSE 45-52/WILHELMSTRASSE 19; KARL REICHLE; 1937-38; 1940) bezog wie das Finanz- und das Außenministerium ehem. Regierungsgebäude des Nationalsozialismus. Die Erweiterungsbauten eines ehem. Ordenspalais (im Krieg schwer beschädigt und abgerissen) mussten aus denkmalpflegerischen Gründen auf den Schinkel'schen Altbau Rücksicht nehmen, so dass diesen einen noch von der Moderne beeinflussten klassizierenden Stil und weniger den für die NS-Repräsentationsbauten typischen monumental-pseudoklassizistischen Stil zeigen. Der erhaltene Anbau wurde 1998-99 von Josef Paul Kleihues umgebaut. Dabei ist der lang gestreckte südliche Hofbereich in eine glasgedeckte zentrale Halle umgewandelt worden, welche nicht nur das Haupthaus mit einer zeitgemäß-modernen Architektursprache erschließt, sondern auch eine räumlich und funktional attraktive Verbindung zum ehem. **BANKHAUS VON DER HEYDT** (SO GENANNTES KLEIST-HAUS; **D**; MAUERSTRASSE 53; BODO EBHARDT; 1912-13) herstellt, das ebenfalls vom Ministerium genutzt wird. Das Gebäude im Stil des Neoklassizismus wird durch einen Mittelrisalit mit Kolossalpilaster und Dreiecksgiebel betont.

Bis zu seinem Abriss nach schwerer Beschädigung im Zweiten Weltkrieg stand an der Ecke Mauerstraße/Mohrenstraße das Thüringen-Haus. Dieses Grundstück wurde mit dem Umzug der Bundesregierung nach Berlin für den Bau der **VERTRETUNG DES FREISTAATES THÜRINGEN** (MAUERSTRASSE 54-55/MOHRENSTRASSE; WPA WORSCHECH PARTNER ARCHITEKTEN; 1997-99) wieder genutzt. Der Neubau zeigt sich zur Straße als klar gegliederter Kubus, der sich gut in die Umgebung aus Alt- und Neubauten einpasst. Die geschosshohen Fenster sind bündig eingelassen, entlang der Mauerstraße verläuft ein Arkadengang. Im gläsernen Baukörper zum Hof befinden sich ein Konferenzsaal und die Bibliothek.

Seit 1999 befindet sich das **BUNDESMINISTERIUM FÜR GESUNDHEIT** im ehem. Verwaltungsgebäude der Preußischen Lebensversicherungs-Gesellschaft (MOHRENSTRASSE **115**

LINKE SEITE
VERTRETUNG DES FREISTAATES THÜRINGEN
EHEM. MÖBELHAUS TRUNCK & CO
UND KRONENPALAIS

RECHTE SEITE
LAGEPLAN LEIPZIGER PLATZ
KANADISCHE BOTSCHAFT: HOFANSICHT
(COMPUTERPERSPEKTIVE)

62/GLINKASTRASSE; GEORG RATHENAU; 1906). Über dem hohen Rustika-Sockelgeschoss wurden die Geschosse vertikal durch Pilaster zusammengefügt. Nach dem Zweiten Weltkrieg wurde die ursprünglich reich gegliederte Fassade vereinfacht wiederhergestellt. 1999 erfolgte die Sanierung durch GIBBINS, BULTMANN & PARTNER.

KRONENKARREE (MAUERSTRASSE 14/KRONENSTRASSE 1-7; MANN & PARTNER; 1996-98): Geschäfts- und Wohnkomplex mit fünf Neubauten und einem Altbau, den Blockrand wiederherstellend.

Auf historisierende Weise nimmt der Neubau des **KRONENPALAIS** (KRONENSTRASSE 10; PATZSCHKE, KLOTZ & PARTNER; 1998) die Typologie der Geschäftshäuser der Friedrichstadt wieder auf. Der Sockel mit angedeuteter Rustika besteht aus zwei Geschossen, das obere ist wie ein Halbgeschoss mit Rundbogenfenstern gestaltet. Nach oben schließt ein klassisches Attikageschoss ab. Die Raumhöhen des angrenzenden ehem. **MÖBELHAUSES TRUNCK & CO.** (**D**; HART & LESSER; 1902) wurden übernommen; mit ihm ist der Neubau im Innern verbunden und bildet einen Innenhof. Das frühere Möbelhaus war eines der typischen kleinen Kaufhäuser, die sich auf nur einer einzigen Parzelle erstreckten. Im eigentlich recht konventionellen Aufbau der Fassade sind in eigenwilliger Weise die Neorenaissance-Elemente der Erker und die Barock- und Jugendstilformen der Fensterbänder miteinander verbunden. Figurennischen und reicher plastischer Dekor verleihen dem heutigen Bürohaus Eleganz.

Das „Oktogon", der großzügige achteckige **LEIPZIGER PLATZ** der Friedrichstadt-Erweiterung von 1734, wird nach dem städtebaulichen Entwurf von Hilmer & Sattler (1991) in seinem historischen Grundriss rekonstruiert. Nachdem der Platz während der Teilung Berlins zum Brachland des Mauerstreifens gehörte, erhält er nun wieder seine Platzwände in moderner Gestalt. Auf Grundlage der historischen Parzellenteilung wurde vom Berliner Senat eine verbindliche Gestaltungsgrundlage ausgearbeitet. Diese Vorgabe entsprach dem Anliegen nach der Gestaltungssatzung am Pariser Platz, dem „Quarré" der Friedrichstadt: Durch einen dreiteiligen Fassadenaufbau in Sockelgeschoss, Hauptgeschosse bis zur vorgegebenen Traufhöhe von 22 m und zurückgestufte vier Attikageschosse sowie eine Verkleidung der Fassaden mit hellem Naturstein sollte der historische Charakter des Stadtteils in „Kritischer Rekonstruktion" angestrebt werden.

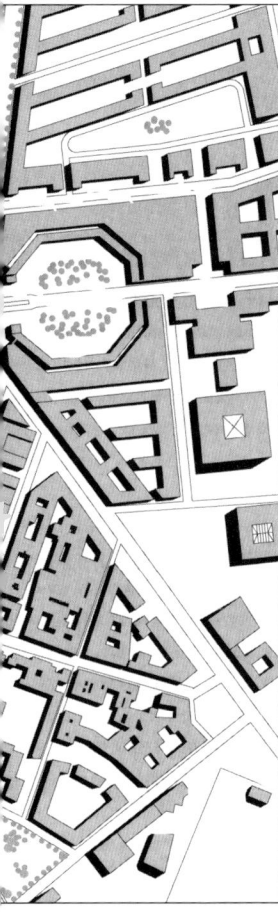

Die Zollhäuser an der früheren Akzisemauer, 1823 von Schinkel errichtet, trennten als Torhäuser den Leipziger vom Potsdamer Platz, ihre Ruinen wurden nach dem Zweiten Weltkrieg beseitigt. Sie werden nach Plänen von Oswald Mathias Ungers in der Größe der Vorgängerbauten in neuer Gestalt errichtet.

Das **HAUS DES DEUTSCHEN REISEBÜROS** (LEIPZIGER PLATZ 18-19; ROLF RAVE & PARTNER; 2003-04) liegt an der exponierten nördlichen Ecke zum Potsdamer Platz auf einem annähernd dreieckigen Grundriss. Durch die Abwechslung von hochstehenden und quer liegenden Fensterformaten sowie eine teilweise versetzte Anordnung der Fenster wird die Fassade belebt.

Daneben entsteht die **KANADISCHE BOTSCHAFT** (LEIPZIGER PLATZ 17; KUWABARA PAYNE MC KENNA BLUMBERG ARCHITECTS, GAGNON LETTELIER CYR ARCHITECTS, SMITH CARTER ARCHITECTS; 2002-04) mit einer, trotz der vorgeschriebenen Steinverkleidung, leicht wirkenden Architektur. Mehr als bei den Nachbargebäuden wird Glas als Gestaltungselement eingesetzt, um damit die Offenheit und Modernität Kanadas zu repräsentieren. Der offen gestaltete Hof mit gegeneinander versetzten Gebäudeteilen wird durch die Verwendung von Holz als Verkleidungsmaterial zusätzlich belebt.

Das **MOSSE-PALAIS** (LEIPZIGER PLATZ 15; HANS D. STRAUCH, HDS & GALLAGHER; 1995-97) ist nach dem jüdischen Verleger Rudolf Mosse benannt, der hier seinen Wohnsitz hatte. Als erstes Gebäude des Leipziger Platzes wurde es lange vor dem Beginn weiterer Bauarbeiten am Platz errichtet. Das oberste Geschoss ist unter einem bogenförmigen Dach weit geöffnet. Zur Voßstraße liegt ein Hintergebäude.

An das Mosse-Palais schließt sich seitlich nach Osten das **BÜRO-, WOHN- UND GESCHÄFTSHAUS LEIPZIGER PLATZ 14** (JAN KLEIHUES; 1999-2001) an, dessen Fassade ein quadratisches Modul zugrunde liegt. Jegliche vertikale oder horizontale Betonung wurde vermieden, der Eingangsbereich ist asymmetrisch angeordnet.

An der Nordostecke des Leipziger Platzes stand das im Krieg schwer beschädigte und später abgerissene Warenhaus Wertheim, das zwischen 1896 und 1906 in mehreren Bauabschnitten von Alfred Messel errichtet und bis 1927 mehrfach erweitert wurde. Es entwickelte sich zum Vorbild für zahlreiche

Geschäfts- und Warenhäuser, da für die Öffnung des Warenhauses zum Straßenraum hin die Wände der Fassaden in einer architektonisch völlig neuen Weise in Pfeiler und Glas aufgelöst wurden. Das Wertheim-Areal bzw. **LEIPZIGER PLATZ CARRÉ** (LEIPZIGER PLATZ 12-13/LEIPZIGER STRASSE/VOSSTRASSE; ADE, HILMER & SATTLER UND ALBRECHT, KOLLHOFF & TIMMERMANN, NIETZ PRASCH SIGL TCHOBAN VOSS, TOBIAS NÖFER, ORTNER & ORTNER, PATZSCHKE & PARTNER; GEPLANT BIS 2006) soll kleinteilig nach einem Masterplan von Nietz Prasch Sigl Tchoban Voss durch unterschiedliche Architekturbüros bebaut werden. Zur Leipziger Straße hin entsteht die Promenade am Bundesrat, die sich städtebaulich auf den Ehrenhof des gegenüberliegenden ▶ *Bundesrates* beziehen und eine Achse bis zur Voßstraße bilden wird. Den Entwurf von Hilmer & Sattler und Albrecht hat Messels Kaufhausarchitektur am Leipziger Platz 12-13 entscheidend beeinflusst. Stark senkrecht profilierte, sich nach innen zurückstaffelnde gotisierende Pfeiler entfalten eine starke Licht- und Schattenwirkung auf der Fassade. Zur Steigerung der vertikalen Fassadenwirkung sind die zwischen den Pfeilern liegenden Fensterflächen vertikal gegliedert und plan in eine Ebene mit den Brüstungspaneelen aus Gussaluminium gelegt. Diese Paneele sind ein bewusst modernes Element.

Gegenüber dem ▶ *Bundesrat*, an der Leipziger Straße, entstehen vom gleichen Investor zwei an das Carré grenzende **BÜRO-, WOHN- UND GESCHÄFTSBAUTEN LEIPZIGER STRASSE 126-130** (PATZSCHKE & PARTNER, GRÜNTUCH & ERNST; 2002-04), deren Gestaltung gegensätzlicher nicht sein könnte. Während sich der Bau von Patzschke & Partner mit einer historisierenden Gestaltung an der traditionellen Berliner Geschäftshausarchitektur orientieren soll, liefern Grüntuch & Ernst konsequente gläserne Moderne. Beide Büros zählen zu den derzeit erfolgreichsten in Berlin.

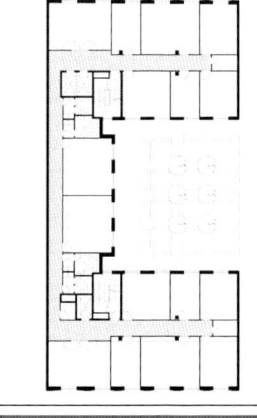

An der südöstlichen Ecke des Leipziger Platzes zeigt das **PALAIS AM BUNDESRAT** (LEIPZIGER PLATZ 11; WALTER A. NOEBEL; 1999-2000) eine streng gerasterte Fassade, die nur in der Sockelzone variiert. Die obersten vier, durch Französische Fenster gegliederten Geschosse lassen aufgrund der Lage an der Platzecke den Eindruck eines frei stehenden Turms entstehen. Der zweigeschossige Sockel ist zur Leipziger Straße hin

als Kolonnade gestaltet.

Am **HAUS KNAUTHE** (LEIPZIGER PLATZ 10; AXEL SCHULTES ARCHITEKTEN; 1998-2000) sind die Fensterflächen der Fassade horizontal liegend ausgerichtet, durch abgeschrägte Laibungen werden sie seitlich noch stärker vergrößert. Entstanden ist eine in keiner Weise historisierende, sondern selbstbewusst moderne Gebäudegestalt.

Eine klare Dreiteilung bestimmt das **BÜRO-, WOHN- UND GESCHÄFTSHAUS LEIPZIGER PLATZ 9** (CHRISTOPH LANGHOF; 2001-03), das bis ins siebte Geschoss von feingliedrigen Fensterbändern geprägt sein wird, die in den Attikageschossen durch schlanke Französische Fenster und lisenenartige Mauerzonen ein starkes vertikales Gegengewicht erhalten werden.

Die Fassade der **RESIDENZ AM LEIPZIGER PLATZ** (LEIPZIGER PLATZ 8; HILMER & SATTLER UND ALBRECHT; 2002-03) erinnert mit ihren konvex nach innen geschwungenen Fassadenachsen und den großen Drillingsfenstern an die traditionelle Berliner Geschäfts- und Warenhausarchitektur. Das Geschäfts- und Wohnhaus ist das schmalste Gebäude am Leipziger Platz. Der zweigeschossige Sockel wird als flach profilierte, lediglich nach innen zurückspringende Zone ausgebildet, die Fenster und Türen sind hier in Bronze ausgeführt.

In den alten Palaisgärten zwischen Leipziger Straße und heutiger Niederkirchnerstraße wurde für die zwei Kammern des Preußischen Landtages ein repräsentativer Komplex errichtet. Das ehem. Herrenhaus des Preußischen Landtages, heute **BUNDESRAT** (**D**; LEIPZIGER STRASSE 3-4; FRIEDRICH SCHULZE; 1901-04), wurde mit einem Ehrenhof zur Leipziger Straße dem Straßenlärm entrückt. Zugleich nahm der Bau damit die Formensprache der barocken Adelspalais an der Wilhelmstraße auf und spiegelte wie das rückseitig angrenzende ▶ *Abgeordnetenhaus* das politische Selbstverständnis des Hauses wider: Die Mitglieder der ersten Kammer des Preußischen Landtages waren meist adlig und wurden vom König berufen. Der Grundriss ist nach dem gleichen Schema wie das Abgeordnetenhaus organisiert; die Haupträume wie Plenarsaal und Wandelhalle sind jedoch etwas kleiner als im Nachbargebäude. Über einen Zwischentrakt, der ursprünglich den Ministersaal (Ausgestaltung von ALFRED MESSEL, heute nicht mehr erhalten) und Aufenthaltsräume für den König aufnahm, sind beide

Bauten miteinander verbunden. Als das Herrenhaus 1918 aufgelöst wurde, zog der Preußische Staatsrat ein. In der DDR fand hier die Akademie der Wissenschaften ihren Sitz. Mit dem Umzug der Bundesregierung nach Berlin sollte der Bundesrat einen Neubau im „Band des Bundes" am Spreebogen erhalten. Vorgesehen war eine große, halbkreisförmige Baufigur, die östlich des ► *Hauses der Kulturen der Welt* in der Achse des Bundestages das Pendant der „föderativen Gewalt" zum Bundestag bilden sollte. Aus finanziellen Gründen wurde von der Planung Abstand genommen und stattdessen 1997-2000 das Herrenhaus nach Plänen von SCHWEGER & PARTNER umgebaut. Die Herangehensweise des Büros unterschied sich von der Sanierung des Abgeordnetenhauses. Nur einzelne Bereiche wurden restauriert, da Zeitdokumente nur da erhalten werden sollten, wo sie mit der neuen Nutzung vereinbar waren. Der Plenarsaal ist komplett neu gestaltet. Hufeisenförmig vor dem Präsidium sind die Sitze der Vertreter der Bundesländer angeordnet. Das Parkett ist aus Eichen-, die Wandverkleidungen aus Birkenholz. Durch das Glasdach in Pyramidenform erhält der Saal viel Tageslicht, so dass die eingesetzten Materialien von unten nach oben zunehmende Helligkeit ausstrahlen. In den Seitenflügeln liegen die Länderzimmer für die Ministerpräsidenten und der Empfangssaal des Bundesratspräsidenten.

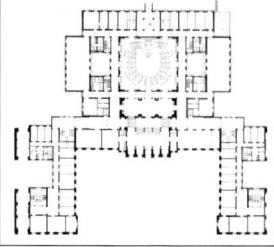

Der ehem. Preußische Landtag, heute **ABGEORDNETENHAUS VON BERLIN** (**D**; NIEDERKIRCHNERSTRASSE 5; FRIEDRICH SCHULZE; 1892-99), ist mit dem Gebäude des ► *Bundesrates* zu einem Komplex verbunden und wurde aus Rücksicht auf die Zeichensäle des Kunstgewerbemuseums (heute ► *Martin-Gropius-Bau*) von der Straßenfront zurückgesetzt. Gestaltet wurde er in den Formen eines florentinischen Renaissance-Palazzos – die Stilanleihe entsprach dem politischen Selbstverständnis des erstarkten Bürgertums, das die Abgeordneten stellte. Besonderer Wert wurde auf großzügige Verkehrswege gelegt. Über eine im Baukörper quer gelagerte, über alle Geschosse reichende Treppenhalle erreicht man die Wandelhalle, an die sich der Plenarsaal anschließt. Bereits damals lagen um den Saal weitere Sitzungssäle, die Bibliothek, das Casino sowie Büroräume für die Verwaltung und Abgeordnete. Für Parlamentsbauten dieser Zeit war solch ein funktionelles Raum-

LINKE SEITE BUNDESRAT: AUSSENANSICHT, GRUNDRISS, EINGANGSHALLE, PLENARSAAL

RECHTE SEITE ABGEORDNETENHAUS VON BERLIN: AUSSENANSICHT, PLENARSAAL MARTIN-GROPIUS-BAU: AUSSENANSICHT, GRUNDRISS

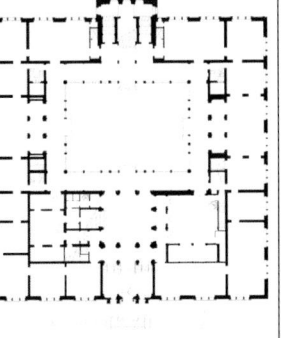

programm nicht selbstverständlich. Da das Gebäude des 1933/34 von den Nationalsozialisten aufgelösten Preußischen Landtags in Nachbarschaft zum neu errichteten Reichsluftfahrtministerium lag, wurde es 1935 von ERNST SAGEBIEL zum „Haus der Flieger" umgebaut. Dabei wurde der frühere Plenarsaal in einen Ballsaal umgewandelt. Zur Zeit der ▶ Berliner Mauer lag das Gebäude mitten im Grenzstreifen. 1990 beschloss das Abgeordnetenhaus des wiedervereinten Berlins, seinen Sitz vom ▶ Schöneberger Rathaus in das historische Gebäude des Preußischen Landtages zu verlegen. Durch die außerordentliche Funktionalität konnte das Gebäude ohne Eingriffe in die erhaltene Bausubstanz für den modernen Parlamentsbetrieb nutzbar gemacht werden (RAVE STANKOVIC KRÜGER; 1991-93). Die frühere Raumanordnung und Nutzung ist wiederhergestellt worden. In die Mauern des im Krieg ausgebrannten früheren Plenarsaals wurde ein neues Plenum eingefügt, das durch eine moderne Glaskonstruktion über viel Tageslicht verfügt.

Im ehem. Kunstgewerbemuseum, heute **MARTIN-GROPIUS-BAU** (**D**; NIEDERKIRCHNERSTRASSE 7; MARTIN GROPIUS, HEINO SCHMIEDEN; 1877-81), ist deutlich das Vorbild der ▶ Bauakademie von Schinkel zu erkennen. Auf fast quadratischem Grundriss wurde das Gebäude als kubisch klarer Block mit Lichthof ausgeführt – der damalige Idealtypus für Museumsbauten. Entsprechend wurden auch die Fassaden gleichwertig zu allen Seiten hin ausgebildet, die dreigeteilten Fenster sind rasterhaft angeordnet. Sockel, Brüstungsbänder und Mezzaningeschoss betonen die Horizontale des Baus, die durch Streifen im Mauerwerk unterstrichen wird. Das rational schlichte, auf die Schinkel-Schule zurückgehende Äußere entsprach bereits zur Entstehungszeit nicht mehr den allgemeinen Vorstellungen über die Gestaltung repräsentativer öffentlicher Bauten. Zwar ist auch das Kunstgewerbemuseum in den Formen der damals aufkommenden Neorenaissance als italienischer Palazzo gstaltet, der neuen architektonischen Haltung entsprach jedoch mehr der prunkvolle Neubau des Naturkundemuseums (▶ Ensemble naturwissenschaftlicher Institute Invalidenstraße). Da im Museum das Können des künstlerischen Handwerks in Berlin vorgeführt werden sollte, wurde auf die Gestaltung der Innenräume sowie der Reliefs und Mosaiken an den Fassaden größter Wert gelegt. Im Krieg wurde der Bau

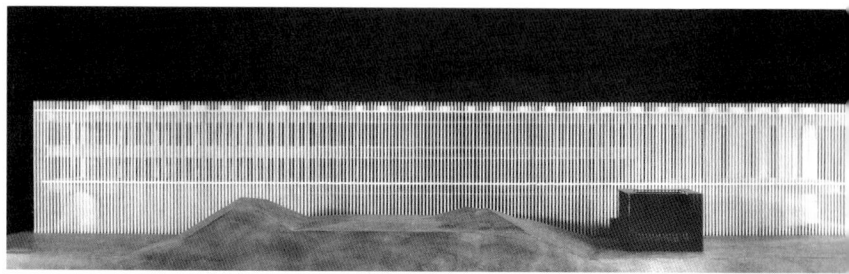

stark beschädigt; danach befand er sich in einer Randlage direkt an der Berliner Mauer. Der Gründer des Bauhauses, Walter Gropius, Großneffe von Martin Gropius, setzte sich in den 1960er Jahren für den Erhalt ein – immerhin war die Existenz des Gebäudes von den Planungen einer Stadtautobahn bedroht. Bei der Wiederherstellung 1978-89 (WINNETOU KAMPMANN, UTE WESTRÖM) wurde der Haupteingang wegen der Mauer auf die Südseite verlegt. Seit dem Umbau zu einem Haus für große Wechselausstellungen 1998-99 (HILMER & SATTLER UND ALBRECHT) befindet sich der Haupteingang wieder hinter dem Portikus an der Nordfront.

Für das **DOKUMENTATIONS- UND BEGEGNUNGSZENTRUM DER STIFTUNG „TOPOGRAPHIE DES TERRORS"** (STRESEMANNSTRASSE 110/NIEDERKIRCHNERSTRASSE; PETER ZUMTHOR; SEIT 1999) hat Zumthor versucht, mit einem architektonisch anspruchsvollen Gebäude eine Antwort auf einen Ort nationalsozialistischen Terrors zu finden. An diesem Ort, im ehem. Prinz-Albrecht-Palais, im Prinz-Albrecht-Hotel und in der ehem. Kunstgewerbeschule hatten sich die Geheime Staatspolizei (Gestapo) und der Sicherheitsdienst der SS eingerichtet. Die Gebäude wurden nach schwerer Kriegsbeschädigung abgerissen, die Fundamente blieben aber erhalten. Seit 1987 sind sie freigelegt, eine provisorische Ausstellung wurde eingerichtet. Das neue lang gestreckte Dokumentationszentrum wird eine abstrakt gestaltete Fassade aus dünnen weißen Betonstäben besitzen. Aufgrund der Kostenexplosion für die neuartige und komplizierte Konstruktion waren die Finanzierung und die Fertigstellung des bereits 1999 begonnenen Projektes lange Zeit noch unklar.

Die Kreuzung Wilhelmstraße/Leipziger Straße wird vom ehem. Reichsluftfahrtministerium, heute **BUNDESMINISTERIUM DER FINANZEN** (▣; LEIPZIGER STRASSE 5-6/WILHELMSTRASSE/NIEDERKIRCHNERSTRASSE; ERNST SAGEBIEL; 1935-36), dominiert. Deutlicher als mit der zeitgleich entstandenen Reichsbank (heute ▶ *Auswärtiges Amt*) wurde mit dem Reichsluftfahrtministerium eine neue, spezifisch nationalsozialistische Repräsentationsform in der Architektur formuliert: Einschüchternde Ausmaße und Proportionen, rustikaler Stein und zurückhaltend klassizierende Formen sollten den Bauten eine monumentale und archaische Wirkung verleihen. Der Komplex mit 56.000 qm Nutzfläche und über 2.000 Zimmern wurde mit Hilfe einer modernen Stahlkonstruktion errichtet, die Fassaden sind mit Muschelkalkplatten ver-

kleidet. Zur Wilhelmstraße öffnet sich der Komplex mit einem düsteren Ehrenhof. Im Zweiten Weltkrieg kaum beschädigt, wurde der Komplex zur DDR-Zeit als „Haus der Ministerien" genutzt. Die Umbauten dieser Zeit wurden bereits ab 1990 beseitigt, unter anderem auch die Cafeteria von KURT TAUSENDSCHÖN (1960), die der steinernen Monumentalarchitektur provokativ gläserne Leichtigkeit entgegensetzte. Nach anfänglichen Bedenken wurde der NS-Bau für das Bundesministerium der Finanzen umgebaut (HPP HENTRICH-PETSCHNIGG & PARTNER; 1995-2000). Die Raumfolge Ehrenhof-Säulenhalle-Haupttreppe-Großer Festsaal blieb erhalten. Anders als beim Umbau der ehem. Reichsbank kam es weniger auf eine neue künstlerische Repräsentationsform, als vielmehr auf Funktionalität an. Auch bei der Fassade des Gebäudes hat man sich zu einem schonenden Umgang mit dem Denkmal entschieden. Anstelle des zunächst erwogenen vollständigen Austauschs der Muschelkalkplatten wurde die Fassade lediglich instand gesetzt, um möglichst viel von der Originalsubstanz bewahren zu können. So wurde ein authentisches Zeugnis nationalsozialistischer Machtsymbolik erhalten.

Die gegenüberliegende Seite der Kreuzung Wilhelmstraße/Leipziger Straße blieb nach den Kriegszerstörungen frei von neuer Bebauung. Den Anfang zur Schließung der Blockecken machte auf der östlichen Seite das **BÜRO-, WOHN- UND GESCHÄFTS-HAUS WILHELMSTRASSE/LEIPZIGER STRASSE** (HPP HENTRICH-PETSCHNIGG & PARTNER; 1998-2002) mit einer großzügigen Glasfassade. Die innere Ebene der zweischaligen Doppelfassadenkonstruktion kann zu Lüftungszwecken geöffnet werden. Hier befinden sich auch die Sonnenschutzanlagen. Der Kopfbau an der Kreuzung Leipziger Straße/Wilhelmstraße besitzt zweigeschossige Arkaden, die ihre Fortsetzung entlang der Leipziger Straße bei zukünftigen Neubauten erfahren sollen. Bei den Innenhoffassaden dominieren ebenfalls die Materialien Aluminium und Glas. Pro Fassadenfeld gibt es raumhohe Öffnungsflügel. Der im Hof außen liegende Sonnenschutz besteht aus Aluminium-Lamellenjalousien.

Mitten im Zentrum Berlins befindet sich ein herausragendes Zeugnis der industriellen Vergangenheit der Stadt: das **ABSPANNWERK BUCHHÄNDLERHOF DER BEWAG** (SO GENANNTES E-WERK; **D**; MAUERSTRASSE 78-80; HANS HEINRICH MÜLLER; 1928). Müller verband in der Backsteinarchitektur Elemente mittelalterlicher Klosteranlagen der

Mark Brandenburg mit einer neuen Großstadtästhetik, die sich durch eine sehr expressive Architektursprache auszeichnete. Bis 2004 lässt sich das Software-Unternehmen SPM Technologies die historische Anlage zum Firmensitz umbauen (HOYER & SCHINDELE). Neben der denkmalgerechten Renovierung der Altbauten wird das Gebäudeensemble daher auch den Anforderungen des High-Tech-Unternehmens entsprechend ergänzt. Nach einer „Metaphorik des Fließenden" soll eine neue Glas-Stahl-Konstruktion die Altbausubstanz wie Wasser umspülen.

Die **LEIPZIGER STRASSE** entwickelte sich zwischen Potsdamer Bahnhof (am heutigen Potsdamer Platz) und Spittelmarkt zur wichtigen Durchgangsstraße. Anders als die von der Monarchie geprägte Parade-Allee Unter den Linden war die Leipziger Straße Ende des 19. Jh. bis zum Zweiten Weltkrieg eine bürgerliche Geschäftsstraße. Nur vereinzelte Bauten sind aus dieser Zeit erhalten.

Ein imposantes historisches Zeugnis ist das ehem. Postmuseum, heute **MUSEUM FÜR KOMMUNIKATION** (**D**; LEIPZIGER STRASSE 16-18/MAUERSTRASSE; ERNST HAKE, HEINRICH TECHOW, FRANZ AHRENS; 1893-97). Für die Oberpostdirektion wurde 1872-74 an der Leipziger Straße ein verhältnismäßig kleines, dreigeschossiges Generalpostamt im Stil der italienischen Renaissance errichtet. Als 1876 Reichspost und Reichstelegraphie vereinigt wurden, reichte das Gebäude von CARL SCHWATLO nicht mehr aus. Nach Erwerb des Eckgrundstücks zur Mauerstraße wurde daher 1893-97 ein umfangreicher Erweiterungsbau errichtet. An der Ecke in einem keilförmigen, selbstständigen Gebäudeteil wurde auch das 1872 gegründete Postmuseum untergebracht, das weltweit älteste Museum seiner Art. Um dem Bau eine repräsentative Gestalt zu verleihen, wählte Ernst Hake die Formen des prunkvollen italienischen Barocks. Den hervorgehobenen Eckbau krönten ursprünglich zwei im Krieg zerstörte turmartige Aufbauten über den Seitenrisaliten. In der Mitte trägt eine von ERNST WENCK modellierte Atlantengruppe die Weltkugel – sie wurde im Zusammenhang mit der Sanierung 1996-99 durch die Werkstatt ACHIM KÜHN rekonstruiert. Die trapezförmige Eingangshalle hinter der Prunkfassade steht dem Äußeren in nichts nach. Die

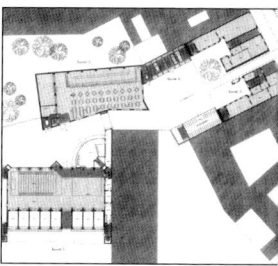

aufwendige architektonische Ausstattung der zu großen Teilen

LINKE SEITE
BÜRO-, WOHN- UND GESCHÄFTSHAUS
LEIPZIGER STR./WILHELMSTR.
EHEM. ABSPANNWERK BUCH-
HÄNDLERHOF: HOFANSICHT,
LAGEPLAN
MUSEUM FÜR KOMMUNIKATION

RECHTE SEITE
MUSEUM FÜR KOMMUNIKATION:
HIST. GRUNDRISS,
HALLE
EHEM. WMF-HAUS
NH HOTEL

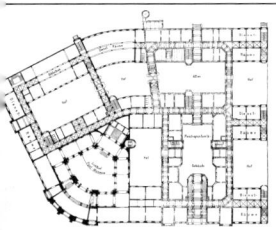

wiederhergestellten Halle ist vor allem durch die Kolonnaden- und Arkadenumgänge geprägt, die den Lichthof umgeben. Das Generalpostamt wurde im Zweiten Weltkrieg bis auf die südliche Hofanlage schwer beschädigt. Im weniger betroffenen Eckbau war das Postmuseum der DDR untergebracht; 1996-99 wurde das Gebäude umfassend von HENZE & VAHJEN für das Museum für Kommunikation saniert und umgebaut sowie in einigen Details (Lichthof) rekonstruiert.

Zur modernen Geschäftshausarchitektur der vorletzten Jahrhundertwende gehört das so genannte **WMF-HAUS** (HAUS DER WÜRTTEMBERGISCHEN METALLWAREN-FABRIK; **D**; LEIPZIGER STRASSE 112/ MAUERSTRASSE 2; EISENLOHR & WEIGLE; 1904-07; MANFRED SEMMER; 1997-2001): Die Fassaden sind durch Sandsteinpfeiler und großformatige Fenster gekennzeichnet. Nachdem die Fassaden und das Dach einschließlich der Kuppel weitgehend im originalen Zustand rekonstruiert wurden, verlangt der Senat nun den Einbau einer Arkade, der Bauherr lehnt dies aber ab.

NH HOTEL (LEIPZIGER STRASSE 106-111; KLAUS THEO BRENNER; AUSFÜHRUNG: NOVOTNY MÄHNER & ASSOZIIERTE; 1999-2000): Ausgehend von einer Mittelachse gruppieren sich die 390 Zimmer um zwei Innenhöfe. Die Hotelhalle in der Mittelachse erschließt das Gebäude in seiner ganzen Tiefe. Das Appartementhaus stellt sich an der Leipziger Straße als besondere Einheit über der Tiefgaragenzufahrt dar, ist aber funktional mit dem Hotel verbunden. Die Fassade bildet eine glatte Front aus Travertinplatten in auffälligem Rot.

WOHN- UND GESCHÄFTSHÄUSER FRIEDRICHSTRASSE 56-58/LEIPZIGER STRASSE 29 (PETER MEYER; 1987): Komplex aus Ortbeton und vorgefertigten Platten unter Einbeziehung eines Altbaus aus dem Jahr 1909 von Robert Leibnitz. Anlehnungen an Max Tauts ► *Haus der Buchdrucker.*

Eines der wenigen erhaltenen Beispiele moderner Berliner Geschäftshausarchitektur um 1900 ist das **MÄDLER-HAUS** (**D**; FRIEDRICHSTRASSE 58/LEIPZIGER STRASSE; ROBERT LEIBNITZ; 1908-09). Das ehem. Kaufhaus zeigt eine klar gegliederte Pfeilerfassade mit großflächigen Glasfenstern, die sich an der Architektur Alfred Messels orientierend durch eine Stahl-Skelett-Konstruktion mit vorgehängter Natursteinfassade ermöglicht wurde. Der Figurenschmuck im Zeichen der zwölf

LINKE SEITE
EHEM. KAUFHAUS MÄDLER
EHEM. MODEHAUS KERSTEN UND TUTEUR

RECHTE SEITE
WOHNENSEMBLE LEIPZIGER STR.
BÜROKOMPLEX AM SPITTELMARKT:
ANSICHT,
LAGEPLAN

Monate ist von hoher künstlerischer Qualität. Wie die übrige Natursteinfassade blieb er weitgehend erhalten. Bei der 1995-98 erfolgten umfassenden Sanierung (FISCHER + FISCHER) wurden Stahlfensterkonstruktionen eingefügt, die sich trotz moderner Gestaltung an die historische Erscheinung anzulehnen vermögen.

Auch das ehem. **MODEHAUS KERSTEN & TUTEUR** (■; LEIPZIGER STRASSE 36/CHAR-LOTTENSTRASSE; C.F. SCHWENKE; 1886; HERMANN MUTHESIUS; 1912-13) erhielt von Hermann Muthesius eine Fassade, die sich an der wegweisenden Architektur Alfred Messels orientierte. Die Wand ist mit dem charakteristischen Pfeilersystem der modernen Architekturströmung gegliedert. Ursprünglich war die zweigeschossige Arkaden-ecke auf polygonalem Grundriss als Schaufenster mit 7 bis 8 m hohen Scheiben ver-glast – ein Novum, das kurze Zeit später vom ▶ *KaDeWe* kopiert wurde. Vom Büro PATZSCHKE & PARTNER wurden das Eckschaufenster und die ursprüngliche Erscheinung der Fassade bei einer denkmalgerechten Sanierung rekonstruiert (2002-03/04).

Im östlichen Abschnitt der Straße entstand zwischen 1972 und 1977 das **WOHNENSEMBLE LEIPZIGER STRASSE/SPITTELMARKT** (GESAMTKONZEPT: JOACHIM NÄ-THER, PETER SCHWEIZER, DOROTHEA TSCHESCHNER). Die barocke Blockstruktur der Fried-richstadt wurde zugunsten einer breiten Verkehrsachse aufgegeben. Auf der Nordseite begrenzen 12- bis 14-geschossige Hochhausriegel den Straßenraum (GÜNTHER WERNITZ, ARNO WEBER UND KOLLEKTIV). An der Südseite wurden 22- bis 25-geschossige, gegeneinander versetzte Hochhausscheiben quer zur Straße gestellt (JOHANNES GITSCHEL, WOLFGANG ORTMANN UND KOLLEKTIV). Durch lange Balkonbänder werden die inzwischen sanierten Fassaden strukturiert. Die Hochhäuser sind sowohl im Zu-sammenhang der in den 1960er/70er Jahren aktuellen Planung eines Hochhausringes um die Innenstadt, als auch als städtebauliche Reaktion des Kalten Krieges auf das nur wenige Meter entfernte West-Berlin mit dem ▶ *Verlagshaus Axel Springer* zu sehen. Inmitten der Neubauten an der Leipziger Straße, am Dönhoffplatz, steht eine Kopie des südlichen Teils der **SPITTELKOLONNADEN** (KARL VON GONTARD; 1776; 1979). Wichtiger Bezugspunkt des Ensembles sollte ein nicht verwirklichtes Hochhaus am Spittelmarkt sein, das die Hochhäuser der Leipziger Straße überragt hätte.

Erst das Hochhaus des 1995-98 errichteten **BÜROKOMPLEXES AM SPITTELMARKT**

  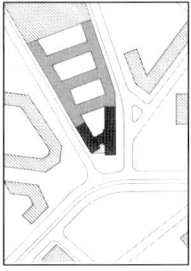

MITTE

vervollständigte sozusagen das ▶ *Wohnensemble Leipziger Straße/Spittelmarkt* und sollte den Kristallisationspunkt von Leipziger Straße, Lindenstraße, Mühlendamm, Wallanlagen und Spreekanal markieren. Da jedoch die gleiche Höhe wie in der Leipziger Straße vorgeschrieben wurde, entstand nicht der städtebauliche Fixpunkt, der sich hier angeboten hatte, sondern die Schließung einer nun fast bedrohlich wirkenden Hochhauswand zwischen Fischerinsel und Friedrichstraße. Der Einbindung in das städtebauliche Umfeld sollten vielfältige Gliederungselemente und eine differenzierte Baukörperfigur Rechnung tragen. Der Entwurf unterscheidet zwei Hauptkörper unterschiedlicher Höhe, die jeweils vom angrenzenden Stadtraum abgeleitet sind. Der höhere Baukörper ist deutlich in die Leipziger Straße gerückt.

KRAUSENHOF (**D**; KRAUSENSTRASSE 38-39/SCHÜTZENSTRASSE; HERMANN DERNBURG; 1910-11): Als Gewerbehof errichtet, ab 1927 Sitz der UFA, später Sitz von Alfred Hugenbergs Scherl-Verlag. In der DDR-Zeit Landwirtschaftsministerium. 1996-2003 Sitz des Landesdenkmalamtes Berlin.

HAUS DÖNHOFF (KRAUSENSTRASSE 37-39/SCHÜTZENSTRASSE 40-48; LÉON WOHLHAGE WERNIK; GEPLANTE FERTIGSTELLUNG 2004): Umbau und Erweiterung eines der wenigen verbliebenen historischen Büro- und Geschäftshäuser im ehem. Druck- und Medienviertel um die Kochstraße.

SALINGERHAUS (**D**; KRAUSENSTRASSE 9-10; SALINGER & SCHMOHL; 1909): Denkmalgerechte Renovierung und Umbau eines gut erhaltenen historischen Geschäftshauses der Friedrichstadt (ANTENBRINK & GRUMPTMANN; 2001-02). Den Mittelpunkt des Gebäudes bildet ein zum glasüberdachten Atrium umgebauter Innenhof.

Mit der Citybildung in der Friedrichstadt entstand analog zum Bankenviertel in der Behrenstraße rund um die Kochstraße das Zeitungsviertel. An der Tradition des Ortes wurde selbst zu Zeiten der Teilung Berlins in dem größtenteils in West-Berliner Randlage gelegenen Viertel festgehalten.

Der Verleger Hans Lachmann-Mosse beauftragte 1921 Erich Mendelsohn mit der Rekonstruktion und Erweiterung seines während des Spartakusaufstandes 1919 beschädigten Verlagshauses. Am so genannten **MOSSE-HAUS** (HEUTE MOSSE-ZENTRUM; **D**; SCHÜTZENSTRASSE 18-25/JERUSALEMER STRASSE; CREMER & WOLFFENSTEIN; 1901-03; ERICH MENDELSOHN; 1921-23) versuchte Mendelsohn, eine durch organische Formen **127**

LINKE SEITE
SALINGERHAUS:
AUSSENANSICHT,
ATRIUM

RECHTE SEITE
MOSSE-HAUS:
GEBÄUDEECKE SCHÜTZENSTR./
JERUSALEMER STR.
VERLAGSHAUS AXEL SPRINGER

geprägte Moderne zu verwirklichen. In diesem Sinne gestaltete er einen neuen, abgerundeten Eingang an der Straßenecke mit einem profilierten Gesims, das aus der Fassade heraustritt und den Eingangsbereich von den Büroetagen trennt. Ohne jegliche formale Anlehnung an den Altbau wurde die Ecke um zwei, in der Mitte um drei Geschosse aufgestockt. War der Altbau mit Rustika-Sockelgeschoss und vertikal ausgelegten Fensterachsen noch historisierend gestaltet, erfolgte nun mit völlig neuen Formen eine Dynamisierung der städtischen Straßenecke, welche den bis dahin errichteten Geschäftsbauten der Friedrichstadt fremd war. Die bereits vor dem Ersten Weltkrieg gestellte Forderung der Avantgarde, Architektur und Großstadtverkehr zu einer dynamischen Einheit zu verschmelzen, fand mit dem Mosse-Haus in Berlin ihre erste bauliche Bekundung. Wenige Jahre später sollte in den Wettbewerbsentwürfen zur Umgestaltung des Alexanderplatzes und des Potsdamer Platzes die angestrebte städtische Dynamik von Bauwerken und Verkehr ihren Höhepunkt finden. Richard Neutra, der ab 1926 in den USA arbeitete und dort als einer der ersten europäischen Architekten die Moderne verbreitete, war am Bau beteiligt. Der verbliebene Teil des im Krieg schwer beschädigten Gebäudekomplexes wurde 1995 teilweise rekonstruiert, wodurch die durch Mendelsohn geschaffene Ecksituation wiederhergestellt werden konnte. Breite Profile der neuen Fensterrahmen neutralisieren die alte Dynamik jedoch fast vollständig. Der gesamte Straßenblock wurde durch die Neubauten des Mosse-Zentrums wieder geschlossen (FISSLER & PARTNER, KEMPER, SCHNEIDER, STRAUCH; 1995-99).

Das **VERLAGSHAUS AXEL SPRINGER** (KOCHSTRASSE 50; FRANZ HEINRICH SOBOTKA UND GUSTAV MÜLLER; 1961-66), eine Hochhausscheibe von 68 m Höhe, sah der West-Berliner Verleger als politisches Zeichen. Es stand unmittelbar an der ▶ *Berliner Mauer* und war in Ost-Berlin weit sichtbar, bevor die Hochhäuser der Leipziger Straße den Blick versperrten. Zugleich kehrte das Verlagshaus in das traditionelle, stark kriegsverwüstete Zeitungsviertel um die Kochstraße zurück. Dem Stahlskelettbau wurde eine bronzefarbene Fassade aus Aluminiumplatten vorgehängt. 1992-95 wurde das Hochhaus zu einer schon in den 1960er Jahren geplanten T-Form erweitert (GERHARD STÖSSNER, THOMAS FISCHER). Auf allen Ebenen ist der Neu- mit dem Altbau verbunden. Die Fassade ist lichtreflektierend, passt sich jedoch wenig in den Kontext der Nachbarbebauung ein.

AXEL-SPRINGER-HAUS (Markgrafenstrasse/Kochstrasse; RHWL Architects Ruschitzka & Trebs; 2001-03): Blockbebauung zwischen dem Verlagshaus Axel Springer und der Markgrafenstraße, die mit dem Hochhaus durch eine Veranstaltungshalle verbunden ist. In den unteren beiden Geschossen befindet sich ein Dienstleistungscenter, in den oberen Stockwerken wurden Büros eingerichtet. Durch die kaum unterteilte lang gezogene Glasfront entlang der Kochstraße wirkt der Komplex sowohl von der Materialwahl als auch von der Maßstäblichkeit wenig integrativ zur umgebenden Blockbebauung.

GESCHÄFTSHAUS AM MARKGRAFENPARK (Markgrafenstrasse 16-19/Kochstrasse 39; project–s Sebastian Klatt; 2002-03): Der kubische Baukörper mit Staffelgeschoss fügt sich in die Blockstruktur der Südlichen Friedrichstadt ein. Die Fassaden werden durch hohe stehende Fensterformate gegliedert.

An die Tradition des Zeitungsviertels assoziativ anzuknüpfen versucht das **HAUS DER PRESSE** (Markgrafenstrasse 15; Jo. Franzke; 1999-2000): In einer klar strukturierten Architektur greift der Bau mit Klinkerverkleidung, horizontalen Fensterbändern und einer detailliert gearbeiteten horizontalen Profilierung durch leicht hervortretende Klinker die Architektursprache der 1920er Jahre wieder auf. Durchbrochen wird der kubische Bürotrakt durch einen zweiten Bauteil, der, dekonstruktivistisch und zoomorph an einen Fischrücken erinnernd, über der Traufe des Klinkerbaus liegt und seitlich zur Straßenecke ebenfalls aus dem Volumen des Klinkerbaus expressiv ausreißt. Die Gebäudeecke als Torsituation zur Neubebauung des Areals Markgrafenstraße/Lindenstraße/Kochstraße wird inszeniert, indem die seitliche Fassade aus der Lotgeraden kippt. Dieser Gebäudeteil nimmt sämtliche Erschließungselemente wie Eingang und Foyer auf. Zur Markgrafenstraße besitzt er eine transparente Glasfassade, die übrigen Seiten sind Fischschuppen ähnlich mit Blechen aus Titanzink verkleidet, in die auf die Fassade verstreut kleine Fenster eingeschnitten sind.

WOHN-, BÜRO- UND GESCHÄFTSKOMPLEX LINDENPARK (Jerusalemer Strasse/Schützenstrasse/Axel-Springer-Strasse/Zimmerstrasse; Jürgen Sawade, Bernd Albers, Höhne Modersohn & Freiesleben; 2002-04): Da der Bezirk Mitte auf diesem Areal ursprünglich Grünflächen vorgesehen hatte, einigten sich Bezirk und Investor

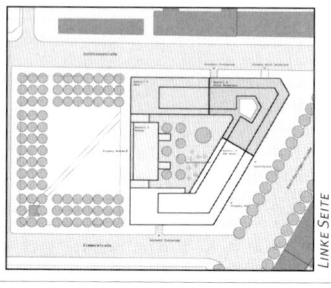

LINKE SEITE
HAUS DER PRESSE: AUSSENANSICHT,
FASSADENDETAIL
WOHN-, BÜRO- UND GESCHÄFTSKOMPLEX
LINDENPARK: LAGEPLAN

RECHTE SEITE
REDAKTIONSGEBÄUDE DER TAGESZEITUNG

auf den Kompromiss, dass knapp die Hälfte des Grundstücks unbebaut bleibt und der Investor einen 4.000 qm großen Lindenpark mit Spielgelegenheiten und Brunnen anlegt. Direkt am Park entsteht ein elfgeschossiges Wohnhaus, das von zwei sieben-geschossigen Hotelbauten flankiert wird.

Zum **REDAKTIONSGEBÄUDE DER TAGESZEITUNG** (KOCHSTRASSE 19; CARL KÜHN; 1909; GERHARD SPANGENBERG; 1988-90) gehört ein typisches Geschäftshaus der Friedrich-stadt um 1900. Die beiden unteren Geschosse bilden einen Sockel, dessen Atlanten die Halbsäulen der oberen verglasten Geschosse zu tragen scheinen. Der Anbau von Spangenberg ist auf allen Geschossebenen mit dem Altbau verbunden, die Alt-bauarchitektur wurde auf das neue Gebäude in einer zeitgemäßen Sprache über-tragen: Der Sockel wurde in der gleichen Höhe aus Quadraten gestaltet, die leicht aus der Fassadenfront hervortretenden Balkonelemente entsprechen dem hervor-gewölbten oberen Mittelteil des Altbaus. Durch die rahmenartige, filigrane Kons-truktion werden weit gespannte Innenräume ermöglicht. Das neue Redaktionsge-bäude – 1992 vom Bund Deutscher Architekten prämiert – übersetzt unter Beibehaltung der historischen Größenverhältnisse den alten Geschäftshaustypus in eine den heutigen Anforderungen gerecht werdende Gestalt.

Die Gemeinnützige Siedlungs- und Wohnungsbaugenossenschaft GSW hat ihr Verwaltungshochhaus aus den 1960er Jahren durch unkonventionelle Anbauten zur neuen **GSW-HAUPTVERWALTUNG** (KOCHSTRASSE 22; PAUL SCHWEBES; 1960-61; MATTHIAS SAUERBRUCH, LOUISA HUTTON; 1995-98) erweitert. Dem schlichten Baukörper auf qua-dratischem Grundriss wurde eine Hochhausscheibe auf gebogenem Grundriss angefügt. Beide Gebäude sind durch einen Treppenhaus- und Fahrstuhlturm auf allen Geschossebenen miteinander verbunden. Der Neubau ist ein Niedrigenergie-Hoch-haus; an den Längsseiten bestehen die Fassaden aus zwei Glasschichten. Auf der Westseite zieht die erwärmte, nach oben steigende Luft die verbrauchte Luft aus den Büros, von der Ostseite wird über Öffnungen Frischluft nachgeführt. Die farbigen Lichtschutzlamellen an der sonnigen Westseite sind individuell steuerbar. Auf diese Weise wechselt das Erscheinungsbild der Fassade. Ein niedriger Erweiterungsbau flankiert die Kochstraße ebenfalls in einer Bogenform, die Ecke zur Markgrafenstraße wird durch einen elliptischen Turm markiert. Mit den übereinander liegenden kon-

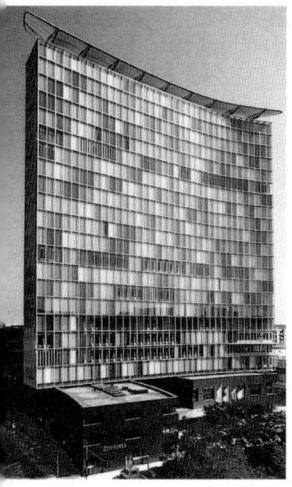

kaven und elliptischen Baukörpern ist eine plastische Bauform entstanden, die auf neue Weise ein Gestaltungsthema der Moderne interpretiert: die Durchformung einzelner Baukörper zu einer spannungsreichen Figur. Auch städtebaulich ist der neu entstandene Verwaltungskomplex bemerkenswert. Das alte Hochhaus ordnete sich nicht in den historischen Stadtgrundriss ein. Dagegen stellt der erweiterte Komplex die Blockkanten des barocken Stadtgrundrisses wieder her, allerdings in einer ganz eigenständigen, für die Wiederbebauung der Friedrichstadt in den 1990er Jahren unüblichen Weise. An historische Traufhöhen passt sich der Baukomplex nicht an, dennoch fügt er sich durch seine leichte Erscheinung in das kleinteilige Bild der Kochstraße ein.

Das Bestreben nach einer kleinteiligen Parzellenstruktur löst das **QUARTIER SCHÜTZENSTRASSE** (SCHÜTZENSTRASSE/ZIMMERSTRASSE/MARKGRAFENSTRASSE/CHARLOTTENSTRASSE; ALDO ROSSI, BELLMANN & BÖHM, LUCA MEDA; 1994-98) auf eigene Weise. Aldo Rossi hat zwölf Gebäude durch kräftige Farben differenziert und sie zu einer bunten Architekturcollage zusammengefügt. An der Schützenstraße kopierte er als ironisches Zitat einen Teil der Hoffront des Palazzo Farnese aus Rom – einst wichtiges Vorbild für die Berliner Architektur. Einzelne Renaissance-Zitate schmücken auch den achteckigen Hof. Sechs verschiedene Fassadenentwürfe wechseln sich zu den Straßenseiten hin immer wieder ab und kehren wieder, so dass sowohl die Unterschiedlichkeit als auch die Zusammengehörigkeit unterstrichen werden. Das Quartier ist ein spätes Werk der Postmoderne, mit typischem populären Formen- und Farbenschatz sowie Architekturzitaten, die aus dem Kontext gehoben sind.

WOHN- UND GESCHÄFTSHAUS CHARLOTTENSTRASSE 78 (NALBACH + NALBACH; 1997-2001): Die aus Basaltstein bestehende Straßenfassade ist durch Französische Fenster mit stark dimensionierten Holzrahmen-Profilen und geschossweise abgesetzten Natursteingesimsen plastisch gegliedert. Horizontale und vertikale Elemente überlagern sich dabei ohne sich gegenseitig aufzuheben. Das unmittelbar angrenzende, ebenfalls von Nalbach + Nalbach restaurierte und teilweise ergänzte historische Geschäftshaus von 1904 war mit seinen kräftigen Sandsteinprofilen Maßstab für den Neubau.

Das **BÜRO-, WOHN- UND GESCHÄFTSHAUS TRIANGEL** (FRIED-

RICHSTRASSE 204/MAUERSTRASSE; JOSEF PAUL KLEIHUES; 1994-96) steht auf einem dreieckig geschnittenen Grundstück, das durch den Verlauf der Mauerstraße entstand, an welcher die Ausdehnung der Friedrichstadt bis 1734 abzulesen ist. Die Bebauung stellt den historischen Straßenraum wieder her. Zur Mauerstraße ist die Fassade voll verglast, die Seiten wurden als turmartige, monumental wirkende Ecken ausgebildet.

Der Name Checkpoint Charlie steht bis heute für den symbolträchtigsten Ort an der ehem. ▶ *Berliner Mauer.* Auch am früheren Grenzkontrollpunkt zwischen amerikanischem und sowjetischem Sektor werden mittlerweile die städtischen Blöcke wieder neu bebaut. Jedoch wurden die Komplexe nicht unterteilt. Der erste Teil des Baukomplexes aus vier Quartieren – das Network Office Checkpoint Charlie – geht in recht unterschiedlicher Weise auf die Geschichte des Ortes ein. Mit dem **PHILIP-JOHNSON-HAUS** (FRIEDRICHSTRASSE 200/MAUERSTRASSE; PHILIP JOHNSON MIT PSP PYSALL, STAHRENBERG & PARTNER; 1994-97) ist der vielleicht berühmteste amerikanische Architekt des 20. Jh. präsent. Das architektonische Ergebnis gelang allerdings nur mäßig. Die Fassade wird durch befensterte Pfeiler und schräg gestellte Fensterzonen über den Eingängen untergliedert und im oberen Bereich mit einem steinernen Band wie ein Gesims zusammengefasst. Der formale Anspruch der Gliederungselemente wirkt jedoch banal, der Baukörper besitzt keine Spannung, das große Gebäudevolumen bleibt zu wuchtig. Zu einem kleinen Platz an der Mauerstraße erhielt das Gebäude eine geschwungene Fassade. Hier stand die so genannte Böhmische Kirche der protestantischen Gemeinde der Böhmischen Brüder (FRIEDRICH WILHELM DITERICHS; 1735-37). 1994 wurden die Fundamente der im Krieg schwer beschädigten und später abgerissenen Kirche gesichert und durch die Straßenpflasterung farbig markiert. In Preußen hatten die Gläubigen Zuflucht gefunden, daran erinnert der „Houseball", eine Plastik von CLAES OLDENBOURG und COOSJE VAN BRUGGEN, die den spärlichen Hausrat eines Exilanten symbolisiert.

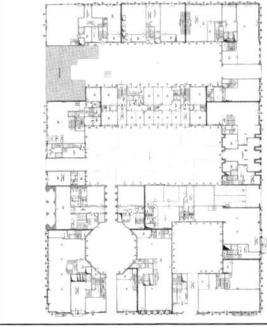

Auf der östlichen Seite der Friedrichstraße entstand ein **BÜROHAUS FRIEDRICHSTRASSE 50** (LAUBER & WÖHRL; 1996-98), das durch ein elegant geschwungenes Eckmotiv auffällt. Durchlaufende Brüstungselemente erzeugen eine stark hori-

LINKE SEITE
QUARTIER SCHÜTZENSTR.: FASSADENDETAIL,
GRUNDRISS
WOHN- UND GESCHÄFTSHAUS CHARLOTTENSTR.

RECHTE SEITE
BÜRO-, WOHN- UND GESCHÄFTSHAUS TRIANGEL
PHILIP-JOHNSON-HAUS
WOHNHAUS FRIEDRICHSTR. 207/208

zontal betonte Fassade. Im Eingangsbereich und an der Ecke Schützenstraße ist die Fassadengestaltung durch Balkoneinschnitte unterbrochen.

WOHN- UND GESCHÄFTSHAUS ZUM WEISSEN ADLER (**D**; FRIEDRICHSTRASSE 206; 1732; 1769; SCHWENKE; 1876): Einer der letzten Barockbauten der Friedrichstadt. Der ursprünglich zweigeschossige Bau aus der Entstehungszeit der Südlichen Friedrichstadt wurde von Schwenke beim Umbau von einem Wohnhaus zu einem Wohn- und Geschäftshaus aufgestockt. Hier befand sich daraufhin die Apotheke „Zum Weißen Adler".

Um seitens West-Berlins auf die Grenzanlagen inmitten der Innenstadt städtebaulich zu reagieren, wurde im Rahmen der Internationalen Bauausstellung IBA 1987 das **WOHNHAUS FRIEDRICHSTRASSE 207/208** (MATTHIAS SAUERBRUCH, ELIA ZENGHELIS – OMA; 1988-90) vom Office for Metropolitan Architecture entworfen, das im unteren Bereich ein Zollhaus und Kontrollmöglichkeiten für Fahrzeuge aufnahm. Das Gebäude besaß ursprünglich mit dem schräg in den Straßenraum auskragenden Kontrollhaus, dem turmartigen Anbau zum Altbau und dem gelochten Flugdach eine beispiellose Plastizität. Nach Wegfall der Mauer ist das Gebäude wahrscheinlich der einzige bauliche „Verlierer" der wiedervereinten Stadt. Der Kontrollpunkt verlor seine Funktion, das Erdgeschoss wurde für Ladenflächen umgebaut, so dass die spannungsreiche avantgardistische Gestalt nicht mehr in vollem Maße zu empfinden ist.

Wie das „Rondell" (heute Mehringplatz) einen festlichen städtebaulichen Schlusspunkt der langen Achse der Friedrichstraße markierte, so wurde in der Sichtachse der ebenfalls in Nord-Süd-Richtung verlaufenden Markgrafenstraße eine den damaligen Stadtpalais entsprechende barocke Dreiflügelanlage errichtet, das **KOLLEGIENHAUS** (HEUTE JÜDISCHES MUSEUM; **D**; LINDENSTRASSE 14; PHILIPP GERLACH; 1733-35). Das spätere Kammergericht ist die einzige Barockanlage ihrer Art, die sich in der Friedrichstadt erhalten hat. 1963-93 beherbergte das Gebäude das Berlin Museum. Das mittlerweile eigenständige Jüdische Museum war ursprünglich als Erweiterung des Berlin Museums gedacht. Hier liegt der Eingangsbereich des Museums. Über einen unterirdischen Zugang erfolgt die Verbindung zum **ERWEITERUNGSBAU DES JÜDISCHEN MUSEUMS** (DANIEL LIBESKIND; 1991-99). Nicht nur dadurch erscheint der Bau als eigenständiger Körper. Die dekonstruktivistische Architektur steht im größten Gegensatz zum Altbau. Die Formen überschneiden sich, sind gesplittert, die Wände wurden abgeschrägt. Der Grundriss bezieht sich auf die Kulturgeschichte der Stadt: Verschiedene historische Orte des Berliner jüdischen Lebens fügte der Architekt zu einem imaginären Liniennetz zusammen. Libeskind nennt sein Konzept: „between the lines". Der gezackte Grundriss symbolisiert zugleich einen aufgesprengten Davidstern. Durch die im Innern abstrakt dargestellte, umwegreiche Lebenslinie des Judentums zieht sich eine gerade, immer wieder in Form von leeren Räumen auftretende Linie, die den Verlust jüdischer Kultur durch den Holocaust versinnbildlicht. Die hohen Betonschächte, die vom Architekten „voids" (Leere) genannt werden, kann man zwar einsehen, sie sind jedoch nicht begehbar. Eindringlich demonstrieren sie die „Anwesenheit der Abwesenheit". In die Fassade aus Zinkblechen sind scheinbar willkürlich Fenster eingeschnitten, aber auch diese sind Teil gedachter Verbindungslinien.

WOHNBEBAUUNG MIT ATELIERTURM CHARLOTTENSTRASSE 96-98 (JOHN HEJDUK, MORITZ MÜLLER MIT DIETHARD ENGEL; 1986-88). Die Architektur des IBA-Projekts ist aus geometrischen Grundformen gebildet. Ein Atelierturm ist frei zwischen zwei Wohnbauten gestellt, deren Dachform als Negativform eines Satteldaches zur Gebäudemitte abfällt. Die würfelförmigen Balkonaustritte sind jeweils mit einer dreieckigen Verdachung versehen.

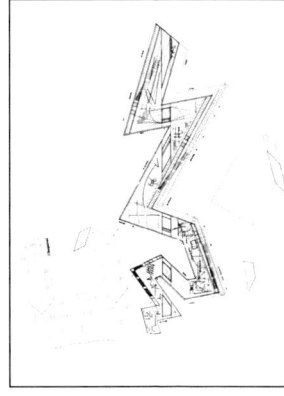

Ehem. **LANDESARBEITSAMT** (FRIEDRICHSTRASSE 34-37; HANS FRITSCHE UND FRIEDRICH LÖHBACH; 1938-40): Elfgeschossiger travertinverkleideter Hochhausturm, seitlich sechsgeschossige Flügel, Stahlskelettbauweise, neoklassizistische Gestaltung.

HOTEL ANGLETERRE UND BÜROHAUS FRIEDRICHSTRASSE 29-30 (MAX DUDLER; 2002-04): Entlang der Besselstraße und an der Ecke zur Friedrichstraße besitzt das Gebäude mit strenger geometrischer Natursteinfassade sieben Vollgeschosse. Zum angrenzenden Altbau (GUSTAV KNOBLAUCH; 1891-93) im Stil der deutschen Neorenaissance an der Friedrichstraße, der integriert und restauriert wird, sind die oberen Geschosse zurückgestaffelt.

STRASSE (DIETRICH VON BEULWITZ, PIETRO DEROSSI, SALVADOR TARRAG CID; 1986-88): Blockbebauung nach einem IBA-Wettbewerb mit zwei Wohnhochhäusern (PIETRO DEROSSI, SALVADOR TARRAG CID) und fünfgeschossigen, unter Selbstbeteiligung der Bewohner entstandenen Terrassenhäusern (DIETRICH VON BEULWITZ) entlang der neu entstandenen Blockerschließungsstraße.

Im Zuge der südlichen Friedrichstadt-Erweiterung wurde der heutige **MEHRINGPLATZ** 1732 als Rundplatz ("Rondell") vor dem Halleschen Tor angelegt. PHILIPP GERLACH entwarf den Platz nach dem typisch barocken Vorbild des "Dreizacks", bei dem von einem Punkt drei Achsen ausgehen. Die städtebaulichen Achsen waren in diesem Fall die Friedrichstraße in der Mitte sowie die Lindenstraße und die Wilhelmstraße an den Seiten. Mit der **NEUBEBAUUNG MEHRINGPLATZ** (ENTWURF: HANS SCHAROUN, 1962/63; AUSFÜHRUNG: WERNER DÜTTMANN, 1968-75) wurde zwar die runde Platzform des im Krieg schwer getroffenen und vollständig abgerissenen Platzes beibehalten. Der städtebauliche Bezug zur Friedrichstadt ging jedoch verloren, da einzig die Friedrichstraße noch als Fußgängerweg auf den Platz führt. Die in den Platz mündenden Straßen wurden seitlich weggeschwenkt, um den Platz vom fließenden Verkehr freizuhalten. Auf der Grundlage des Entwurfs entstand eine Großanlage mit 1.500 Wohneinheiten. Das barocke "Rondell" ist durch zwei vier- und sechsgeschossige Häuserringe neu definiert. Zwischen den Ringen verläuft eine Fußgängerzone mit Geschäften. Im Osten und Norden sollten die bis zu 17-geschossigen Hochhausscheiben den Platz gegen eine nicht realisierte Autobahntangente abriegeln. Während die Platzbebauung durch das Vor- und Zurückspringen der gelb-grünen Lochfassaden rhythmisiert wird, sind die großflächigen Fassaden der Hochhäuser durch Balkonloggien gerastert.

Mit der Verschwenkung der Wilhelmstraße entstand zur Stresemannstraße ein spitz zulaufendes Grundstück. Es war ähnlich geschnitten wie das nicht weit entfernte Grundstück an der Ecke Lindenstraße/Alte Jakobstraße, auf dem 1929-31 das ▶ *Haus des Deutschen Metallarbeiter-Verbands* von Erich Mendelsohn errichtet worden war. Damit war eine bauliche Analogie gefunden. Für die Parteizentrale der SPD wurde das **WILLY-BRANDT-HAUS** (WILHELMSTRASSE 140-141 / STRESEMANN-

STASSE 28; HELGE BOFINGER; 1993-96) in Anlehnung an den prominenten Gewerkschaftsbau errichtet. Der Baukörper besteht
aus zwei langen Schenkeln, rückseitig verbindet eine Passage
die beiden Straßen bogenförmig miteinander. Im Zentrum des
Komplexes liegt das haushohe Atrium, das die dreieckige
Grundform des Gebäudes bis ins Glasdach fortsetzt. Da das
„Tortenstück" keine Vorderfront besitzt, wurde die Spitze nach
dem Vorbild des Verbandshauses konkav gekappt. Die oberen
Geschosse dagegen sind nach außen gewölbt. Man kann dies
als Vergrößerung des Glaserkers am Verbandshaus interpretieren. Während sich der Bau der 1920er Jahre nicht des
damals oft benutzten Schiffsmotivs bedient, wurde es bei
Bofinger gar zur „sprechenden Architektur": Im fünften Obergeschoss liegt mit den beidseitig heraustretenden Erkern die
„Kapitänsbrücke" – der „Parteidampfer" wird von der Par-
teispitze durch die Wogen der Politik gesteuert.

Für das **HEBBEL-THEATER** (**D**; STRESEMANNSTRASSE 29; OS-
KAR KAUFMANN; 1907-08) wurde ein nach außen massiv und
monumental wirkendes Gebäude errichtet. Der fünfgeschossige Mauerwerksbau ist mit Muschelkalkplatten verkleidet, die
Rustikaquaderung reicht bis ins fünfte Obergeschoss, der stra-
ßenseitige Giebel ist von mächtiger Präsenz. Der Innenraum
des Theaters dagegen wirkt sehr festlich, ist mit Mahagoni ver-
täfelt und mit Seide bespannt.

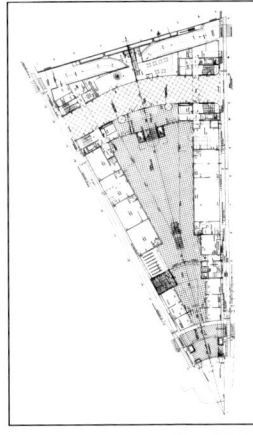

Auf dem barocken Stadtgrundriss markierte die **WILHELM-
STRASSE** die Bebauungsgrenze der Friedrichstadt, während ab
1734 die Akzisemauer, die Zollmauer der Stadt Berlin, noch
weiter um die Bebauungsgrenze gezogen wurde, entlang der
heutigen Ebertstraße und Stresemannstraße. Mit der Expansion der Stadt im 19. Jh. nahm die Wilhelmstraße jedoch eine
zentrale Funktion ein: Rund um die Wilhelmstraße entstand
das politische Zentrum des Deutschen Reiches. Diese Funktion
hatte sie bis zum Zweiten Weltkrieg inne. An der „Regierungs-
straße" konzentrierten sich die Reichsministerien. Mit der
Neuen Reichskanzlei und dem Reichsluftfahrtministerium (heute ▶ Bundesministerium der Finanzen) entstanden hier auch
die wichtigsten Regierungsbauten des NS-Regimes. Dieser
durch die deutsche Geschichte besonders geprägte Stadtteil
entwickelt sich heute, zusammen mit dem „Band des Bundes",

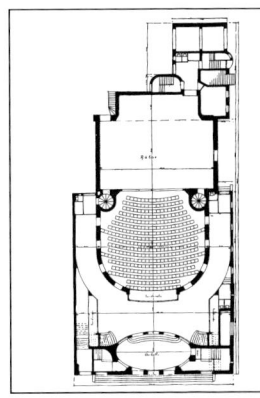

zu einem modernen politischen Zentrum mit herausragender

LINKE SEITE
WILLY-BRANDT-HAUS: AUSSENANSICHT,
GRUNDRISS
HEBBEL-THEATER: GRUNDRISS
RECHTE SEITE
BM FÜR VERBRAUCHERSCHUTZ,
ERNÄHRUNG UND LANDWIRTSCHAFT

alter und neuer Architektur. Einer der wenigen erhaltenen Altbauten in der Wilhelmstraße beherbergte das Geheime Zivilkabinett des Kaisers (heute **BUNDESMINISTERIUM FÜR VERBRAUCHERSCHUTZ, ERNÄHRUNG UND LANDWIRTSCHAFT** ; **D** ; WILHELMSTRASSE 54; CARL VOHL; 1898-1901), das persönliche Regierungsbüro Wilhelms II. Das Haus wurde 1920 Dienstsitz des preußischen Ministerpräsidenten; bis 1932 wohnte hier auch der Präsident des preußischen Staatsrates, Konrad Adenauer. Nach Beschädigungen im Krieg wurde das aufwendig im wilhelminischen Neobarock gestaltete Haus teilweise vereinfacht, die Seitenflügel in veränderter Form wiederaufgebaut. Mit dem Umbau zum Bundesministerium (ELISABETH RÜTHNICK; 1999-2000) wurde das Gebäude unter Berücksichtigung seiner Zeitspuren saniert und um ein Dachgeschoss aufgestockt. Im Zentrum liegt ein Marmortreppenhaus, im zweiten Obergeschoss ein Festsaal.

U-BAHNHOF MOHRENSTRASSE (**D** ; ALFRED GRENANDER; 1906-08): Als Untergrundbahnhof „Kaiserhof" auf der Innenstadtlinie errichtet. 1945 schwere Kriegsbeschädigungen, 1949-50 Wiederherstellung der Bahnsteighalle und Vorhallen (Architekt unbekannt). Wände, Stützen und Bänke mit Marmor, der wahrscheinlich aus der kriegszerstörten Reichskanzlei Hitlers stammt. Versenkte, mattverglaste Oberlichter.

Die **TSCHECHISCHE BOTSCHAFT** (WILHELMSTRASSE 21; VERA MACHONINOVA, VLADIMIR MACHONIN, KLAUS PÄTZMANN; 1975-78) befindet sich auf dem südlichen Abschnitt des nach dem Krieg größtenteils beseitigten Wilhelmplatzes. Die Architekten gaben dem für die Botschaft der CSSR errichteten Bau eine eigenwillige Gestalt im damaligen Stil des Brutalismus mit leichten Anklängen an den tschechischen Kubismus der 1920er Jahre. Der Baukörper ist teilweise aufgeständert. Die einzelnen Etagen sind in eine Stahlbeton-Rahmenkonstruktion eingehängt. Das für Repräsentationszwecke genutzte erste Geschoss ist höher und stärker hervorgehoben.

Hinter den Palais an der Wilhelmstraße bis hin zur Ebertstraße erstreckten sich die Ministergärten, mit denen die Regierungspalais untereinander verbunden waren. Auf dem südlichen Gelände der Ministergärten, zwischen dem ▶ *Denkmal für die ermordeten Juden Europas* und dem Leipziger Platz, sind mehrere Vertretungen von Ländern beim Bund errichtet worden. Städtebauliche Grundlage ist ein Entwurf von

HILDEBRAND MACHLEIDT (1993/94), der entlang einer Querallee (In den Ministergärten) eine Verbindung zwischen Ebert- und Wilhelmstraße herstellt und eine Aufreihung der Vertretungen als frei stehende Gebäude vorgesehen hat. Besonders auffällig ist der Bau der **VERTRETUNG DES LANDES HESSEN** (IN DEN MINISTERGÄRTEN 5; MICHAEL CHRISTL UND JOACHIM BRUCHHÄUSER; 1999-2000). Der gesamte Baukörper ist plastisch zu einer kubischen Komposition ausgeformt und mit hellem Mainsandstein verkleidet. Scheibenartig kragen einzelne Bauteile weit aus. Diese schaffen zusammen mit den Fensterbändern eine horizontale Ausrichtung des Baukörpers. Die Architekten wollten dem Gebäude, entgegen den übrigen Landesvertretungen mit ihren eher kompakten, würfelförmigen Baukörpern, eine einprägsame Gestalt geben. In einer zeitgemäßen Sprache nahmen sie Elemente der kubischen Architektur der 1920er Jahre, aber auch Tendenzen aus den 1960er Jahren auf.

VERTRETUNGEN DER LÄNDER BRANDENBURG UND MECK- LENBURG-VORPOMMERN (IN DEN MINISTERGÄRTEN 1-3; VON GER- KAN, MARG UND PARTNER – GMP; 1998-2000): Zwei von den Ländern separat genutzte Baukörper sind um eine gemeinsame Veranstaltungshalle gruppiert. Verkleidung der Rasterfassade mit dunklem Muschelkalk als „brandenburgisches" Element und hölzerne Verkleidung im Innern als „Element von Mecklenburg-Vorpommern".

VERTRETUNG DES SAARLANDES (IN DEN MINISTERGÄRTEN 4; ALT & BRITZ; 1998-2000): Der Wettbewerb war auf saarländische Architekten beschränkt. Rasterung des Kubus mit einem Betongerüst, das Positiv- und Negativformen ausbildet.

VERTRETUNG DES LANDES RHEINLAND-PFALZ (IN DEN MINIS- TERGÄRTEN 6; HEINLE, WISCHER UND PARTNER; 1998-2000): Dreiflügelanlage, deren hofseitige Flügel unterschiedlich lang sind. Verglaster rückwärtiger Teil zum Garten.

VERTRETUNGEN DER LÄNDER NIEDERSACHSEN UND SCHLESWIG-HOLSTEIN (IN DEN MINISTERGÄRTEN 8-10; CORNEL- SEN & SEELINGER/SEELINGER & VOGELS; 1999-2000): Wie bei den ▶ *Vertretungen der Länder Brandenburg und Mecklenburg- Vorpommern* wird hier eine gemeinsame Veranstaltungshalle genutzt, die zwei separate Baukörper, in denen jeweils eine Vertretung untergebracht ist, verbindet. Die Fassaden sind einheitlich mit Kalkstein verkleidet.

U-BAHNHOF MOHRENSTR.
TSCHECHISCHE BOTSCHAFT
VERTRETUNG DER LÄNDER
NIEDERSACHSEN UND
SCHLESWIG-HOLSTEIN
VERTRETUNG DES SAAR-
LANDES

Auf dem nördlichen Gelände der Ministergärten, das nach schweren Kriegszerstörungen leer geräumt wurde, entsteht zwischen Behrenstraße und verlängerter Französischer Straße das **DENKMAL FÜR DIE ERMORDETEN JUDEN EUROPAS**. Der Realisierung ging eine kontroverse Diskussion über das Denkmal an sich und dessen künstlerisches Programm voraus. Nach einem überarbeiteten Entwurf von PETER EISENMAN sollen bis 2004 über 1.500 bis zu 4 m hohe Betonstelen entstehen, die ein dicht gedrängtes, begehbares Feld bilden. Entlang der Behrenstraße plant Eisenman einen 100 m langen Bibliotheks- und Dokumentationsriegel.

Den neuen städtebaulichen Abschluss gegenüber dem geplanten ▶ *Denkmal für die ermordeten Juden Europas* sollen die **WOHNGEBÄUDE IN DEN MINISTERGÄRTEN** (CORA-BERLINER-STRASSE/GERTRUD-KOLMAR-STRASSE; HEMPRICHTOPHOF; 2002-04) bilden. Verglaste Anschlüsse werden die Verbindung zu den angrenzenden, zur Wilhelmstraße gerichteten Plattenbauten (1987-89) herstellen. Eine ebenso großflächig verglaste „Stadtveranda" bildet eine zweite Schicht entlang der Fassade gegenüber dem Mahnmal, um einen Übergangsraum zwischen Wohnhaus und Mahnmal zu schaffen.

DAS GEBIET DER EINSTIGEN VORSTÄDTE IM NORDEN UND OSTEN

Unter den eher planlos entstandenen Vorstädten im Norden und Osten der Doppelstadt Berlin-Cölln stellt die einstige **SPANDAUER VORSTADT** heute eine Besonderheit dar: Sie ist zu einem großen Teil von den Zerstörungen im Zweiten Weltkrieg verschont geblieben. Viele schmale Straßenzüge mit einer Bebauung z.T. aus dem 18., v.a. aber aus dem 19. Jh. sind nahezu vollständig erhalten geblieben. Bis heute ist eine kleinteilige Nutzungsstruktur mit einer Mischung aus Wohnen und Kleingewerbe anzutreffen, deren Charakter sich seit 1990 jedoch sehr stark gewandelt hat. In schmalen Häusern und kleinen Gewerbehöfen haben sich Galerien und Kunstgewerbebetriebe, Cafés und Kneipen etabliert. Die Spandauer Vorstadt erhielt ihren ersten Wachstumsimpuls durch die Feuerordnung von 1672. In dieser wurde festgelegt, dass Scheunen mit Stroh und Heu vor den Toren der Stadt errichtet werden müssen. Ein Teil der Vorstadt (zwischen Almstadt-, Kleiner Alexander-, Hirten- und Linienstraße) behielt diesen Charakter lange bei und erhielt den Namen „Scheunenviertel".

Innerhalb der Spandauer Vorstadt ließen sich seit dem Toleranzedikt des Großen Kurfürsten im Jahr 1671 Wiener Juden nieder. In der Großen Hamburger Straße wurde ein Begräbnisplatz angelegt und eine Schule errichtet. Während das wohlhabende und etablierte jüdische Bürgertum zu Ende des 19. Jh. die beengten Verhältnisse der Vorstadt mit ihrer inzwischen veralteten Bausubstanz verließ, verblieben die ärmeren, meist aus Osteuropa stammenden Schichten im Viertel. Noch heute sind in der Spandauer Vorstadt zahlreiche Bauwerke jüdischer Einrichtungen erhalten.

Alle Vorstädte Berlins waren seit 1705 von einer Palisadenumwehrung, der „Linie" begrenzt. An sie erinnern heute noch die Linienstraße und die Palisadenstraße. Abgelöst wurde der Palisadenzaun 1734 von der Akzisemauer, die im Norden entlang der heutigen Torstraße verlief. Der Name der Straße erinnert daran, dass sich hier Oranienburger Tor (Ecke Chausseestraße), Hamburger Tor (Ecke Ackerstraße), Rosenthaler Tor (Rosenthaler Platz) und Schönhauser Tor (Rosa-Luxemburg-Platz) aneinander reihten. Entlang dieser Linie und außerhalb der Mauer entstanden im 19. Jh. weitere Ansiedlungen (Oranienburger, Rosenthaler und Schönhauser Vorstadt), die gemeinsam zum so genannten **ÄUSSEREN SPANDAUER REVIER** gezählt wurden, das an die Spandauer Vorstadt anschloss. Die Oranienburger Vorstadt beiderseits der Chausseestraße entwickelte sich mit der Königlichen Eisengießerei und Maschinenbauanstalten zum ersten Berliner Industrie- und Arbeiterviertel. Potenzial für eine großzügige Stadtentwicklung innerhalb der Akzisemauer gab es noch westlich der Spandauer Vorstadt. 1828 wurde die **FRIEDRICH-WILHELM-STADT** gegründet, die v.a. von der ▶ *Charité* und der Nähe zum Regierungsviertel geprägt wurde. Durch die herausragende innerstädtische Lage entwickelt sich die Friedrich-Wilhelm-Stadt seit den späten 1990er Jahren zunehmend zu einer beliebten, aber auch außergewöhnlich teuren Wohngegend.

SPANDAUER VORSTADT

Aus den ab 1734 geschliffenen Wallanlagen Berlins resultiert die unregelmäßige Form des **HACKESCHEN MARKTES**, der wichtigsten Schnittstelle zwischen der einstigen Berliner Neustadt und der Spandauer Vorstadt. Über dem zugeschütteten Festungsgraben wurde 1882 die Stadtbahn als Viaduktbahn angelegt. Die S-Bahn-Bögen waren ursprünglich offen, um die Stadt nicht zu durchschneiden. Später wurden sie zugemauert, ab den 1980er Jahren sind sie schließlich für Cafés und Geschäfte ausgebaut worden. Aus der Entstehungszeit der Stadtbahn stammt der **S-BAHNHOF HACKESCHER MARKT** (**D**; JOHANNES VOLLMER; 1878-82). Die frühere Bahnstation „Börse" mit bauzeitlich erhaltener Halle ist mit reicher Fassadenornamentik versehen. Zuletzt wurde der Bahnhof 1995-97 denkmalgerecht saniert.

Sein charakteristisches Gesicht wird dem Hackeschen Markt insbesondere durch die Straßenfront der **HACKESCHEN HÖFE** (**G**; HACKESCHER MARKT/ROSENTHALER STRASSE 40-41; KURT BERNDT, AUGUST ENDELL; 1906-07) gegeben. Zum Platzraum ist das Gebäude mit einem Rundbogengiebel hervorgehoben, dem durch die Krümmung zur Rosenthaler Straße zusätzlich Dynamik verliehen wird. Darunter kennzeichnen Pfeiler mit dazwischen liegenden großen Fensterflächen die – heute vereinfachte – Fassade als typische Berliner Geschäftshaus-Architektur um 1900. Der ursprünglichen Gestaltung fehlte jedoch die Spannung der Vorbilder, die Alfred Messel mit seinen Kaufhausbauten zuvor geschaffen hatte. Dafür besaßen die Hackeschen Höfe ein außergewöhnliches Nutzungskonzept, das auf die Erschließung der Spandauer Vorstadt als Geschäftsstandort ausgerichtet war. Die Anlage aus acht Höfen, die sich bis zur Sophienstraße erstreckt, orientierte sich bewusst an der traditionellen Mischnutzung des Berliner Wohn- und Gewerbehofes. Das Konzept stand allerdings bald im Gegensatz zum städtebaulichen Prinzip einer Funktionstrennung in der Moderne. Für die Reaktivierung des vernachlässigten Viertels nach 1990 erwies sich jedoch gerade die Weiterentwicklung des alten Konzepts mit der Sanierung 1995-96 (WEISS & PARTNER) als großer Erfolg: Die Hackeschen Höfe entwickelten sich zum kulturellen Zentrum des gesamten Viertels.

LINKE SEITE
S-BAHNHOF HACKESCHER MARKT: STRASSENFRONT
HACKESCHE HÖFE: STRASSENFRONT, 1. HOF
NEUE HACKESCHE HÖFE: LUFTBILD

RECHTE SEITE
WOHN- UND GESCHÄFTSHAUS HACKESCHER MARKT 2-3: AUSSENANSICHT, GRUNDRISS
WOHN- UND GESCHÄFTSHAUS MONBIJOUPLATZ 5

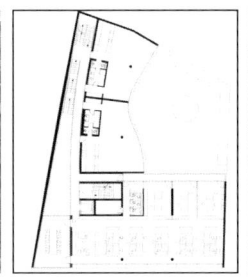

Eine besondere Attraktivität strahlt der erste Hof durch seine kunstvolle Ausgestaltung im Jugendstil aus (AUGUST ENDELL): Die Fassaden sind aufwendig mit weißen und farbigen Glasursteinen verblendet. In den Sälen des ersten und zweiten Hofes und den Treppenhäusern ist die Innenraumgestaltung nach Entwürfen von Endell zum Teil noch erhalten.

Die **NEUEN HACKESCHEN HÖFE** (BZW. QUARTIER AM HACKESCHEN MARKT; ROSENTHALER STRASSE/HACKESCHER MARKT/AN DER SPANDAUER BRÜCKE/DIRCKSENSTRASSE; GÖTZ BELLMANN & WALTER BÖHM, GBK, MARC KOCHER, NEUER + JASINSKI; 1996-98) beziehen sich auf die gegenüber liegenden „alten" ▶ *Hackeschen Höfe* und schließen den Hackeschen Markt durch Wiederherstellung der alten Bauflucht. Die zwölf Bauten mit Wohnen, Gastronomie und Gewerbe umschließen drei Höfe, die, anders als das Vorbild, nicht öffentlich sind. Verschiedene Architekten gestalteten die Gebäude detailreich, so dass, teilweise mit einer Interpretation historischer Architekturelemente verbunden, eine dem Ort angemessene Vielfältigkeit erreicht werden konnte.

Im Gegensatz dazu zeigt das **WOHN- UND GESCHÄFTSHAUS HACKESCHER MARKT 2-3** (GRÜNTUCH & ERNST; 2001) eine Herangehensweise, die sich zwar ebenfalls mit der historischen Umgebung auseinander setzt, jedoch auf konsequent moderne Weise. Mit dem Neubau wurde die Baulücke zwischen ▶ *Hackeschen Höfen* und Oranienburger Straße geschlossen. Selbstbewusst greift eine transparente Glasfassade die Geschosshöhen und Proportionen der Hackeschen Höfe auf. Zur Oranienburger Straße wurde in einer gebäudehohen Fuge ein Atrium eingestellt. Dadurch bleibt die Tiefe der ehem. Baulücke ablesbar.

Wiederum auf ganz eigene Weise reagiert das **WOHN- UND GESCHÄFTSHAUS MONBIJOUPLATZ 5** (GRÜNTUCH & ERNST; 2000-01) auf seine Umgebung. Grüntuch & Ernst wählten für die Straßengabelung Oranienburger Straße/Monbijouplatz statt der geraden Linien (▶ *Wohn- und Geschäftshaus Hackescher Markt 2-3*) geschwungene und abgerundete Formen, die dem Neubau eine auffällige und markante Gestalt verleihen. Durch schmale weiße Mosaikstreifen zwischen den großflächig verglasten Geschossen wird die Horizontale stromlinienartig betont. Eine eng gesetzte vertikale Gliederung lässt die durchgehenden Fensterstreifen wie Gliederketten der Schwingung der Fassade folgen.

WOHN- UND GESCHÄFTSHAUS MONBIJOUPLATZ 3 (GRÜNTUCH & ERNST; 2000-01): Schließung einer Baulücke. Die Fassade wird durch rhythmisch versetzte Loggien und Sonnenschutz-elemente gegliedert.

PARK-RESIDENZ MONBIJOU UND GLAS-PALAIS (MONBIJOU-PLATZ 9-10; KNY & WEBER; 2002-03): Büro- und Wohngebäude, die sich durch die farbliche Steinverkleidung und verschiedene Fensterformate, am Wohngebäude mit Fensterläden, vonein-ander unterscheiden. Sie bilden zusammen mit dem **WOHN-UND GESCHÄFTSHAUS MONBIJOUPLATZ 11** (RICHTER ARCHITEK-TEN; 2002-03) einen Hofbereich zu den S-Bahn-Viadukten.

FILMFÖRDERUNGSANSTALT (GROSSE PRÄSIDENTENSTRASSE 9; FRANK HÜPPERLING & STEPHAN VIEWEGER; 1999-2000): Betonung der Fassade durch ein vorgesetztes rotes Rasterelement.

BANK FÜR SOZIALWIRTSCHAFT (ORANIENBURGER STRASSE 13-14; DISSING & WEITLING; 1996-97): Neubau auf dem Grundstück, das die Bank bereits vor dem Zweiten Weltkrieg besaß.

JEWISH COMMUNICATION CENTER (ORANIENBURGER STRASSE 26/KRAUSNICKSTRASSE; BRAUN, VOIGT & PARTNER; 1997-98) Kul-tureller Treffpunkt mit Jüdischem Kulturverein und Anne-Frank-Zentrum.

Ein typisches Beispiel der traditionellen Berliner Mischung von Wohnhaus und Gewerbenutzung ist der **KUNSTHOF** (ORA-NIENBURGER STRASSE 27; 1840-66; SANIERUNG DURCH CIVITAS, REGINA BOLCK, RÜDIGER REISSIG; 1997-98). Im Gegensatz zur monotonen Blockstruktur der späteren Mietskasernen zeigt sich in verschiedenartigen niedrigen Flügeln und Einzelbauten der spätklassizistischen Anlage noch die aufgelockerte Hofbe-bauung des 19. Jh. Neben Wohnungen befinden sich hier heute vor allem Galerien und Cafés.

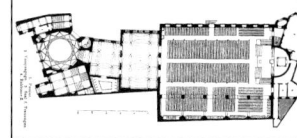

Mit einer mächtigen vergoldeten Kuppel hebt sich die **NEUE SYNAGOGE** (**D**; ORANIENBURGER STRASSE 30; EDUARD KNOB-LAUCH, FRIEDRICH AUGUST STÜLER; 1859-66) aus dem Häusermeer der Spandauer Vorstadt ab. Der prächtige Sakralbau wurde als Hauptsynagoge für die im 19. Jh. stark gewachsene Jüdische Gemeinde Berlins errichtet und war sichtbares Zeichen einer gewachsenen Emanzipation. Der gesamte Bau wurde im „mau-rischen Stil" gehalten – eine im 19. Jh. beliebte Rezeption in der europäischen Kunst. Aus Mangel an Kenntnissen über das Er-

144 scheinungsbild einer authentischen jüdischen Architektur in der

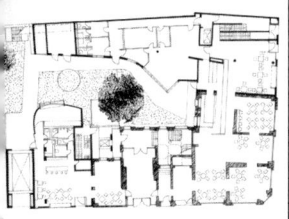

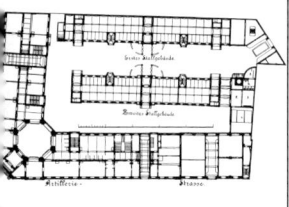

LINKE SEITE
KUNSTHOF: STRASSENFRONT
NEUE SYNAGOGE:
AUSSENANSICHT,
HIST. GRUNDRISS,
EHEM. REPRÄSENTANTENSAAL

RECHTE SEITE
WOHN- UND GESCHÄFTSHAUS
ORANIENBURGER STR. 33-34:
AUSSENANSICHT,
GRUNDRISS
EHEM. POSTFUHRAMT:
AUSSENANSICHT,
HIST. GRUNDRISS

Antike, wählten einige Architekten den orientalischen Stil auch für Synagogenbauten, um auf den geographischen Ursprung der Religion zu verweisen. Eduard Knoblauch brachte die Bauteile auf dem tiefen und kompliziert geknickten Grundstück geschickt durch eine mehrfache Achsenverschiebung unter. Aus diesem Grund erhebt sich die große Kuppel auch nicht über dem Sakralraum, wo sie im Straßenraum keine Wirkung gehabt hätte, sondern über dem Eingangstrakt an der Oranienburger Straße. Hinter der repräsentativen Straßenfront lag das Vestibül, darüber, hinter den drei großen Bogenfenstern, der Repräsentantensaal. In der geknickten Achse folgten die Wochentagssynagoge für den täglichen Gottesdienst und die große Synagoge, ein reich gestalteter dreischiffiger Emporenraum, der 3.000 Gläubigen Platz bot. Während der Pogromnacht vom 9. November 1938 wurde die kostbare Innenausstattung geplündert und die Synagoge in Brand gesetzt. 1943 brannte die Hauptsynagoge nach Luftangriffen vollständig aus und wurde 1959 abgetragen. Nachdem die als Ruine erhaltenen Bauteile zur Oranienburger Straße als Mahnmal gedient hatten, erfolgte 1988-95 die Restaurierung. Heute zeichnen auf der Freifläche der einstigen Hauptsynagoge Steine den Grundriss des zerstörten Gebäudeteiles nach. In den erhaltenen Gebäudeteilen zur Oranienburger Straße zeigt die Stiftung „Neue Synagoge Berlin – Centrum Judaicum" u.a. Ausstellungen. In den Neubau des **WOHN- UND GESCHÄFTSHAUSES ORANIENBURGER STRASSE 33-34/TUCHOLSKYSTRASSE** (BRAUN & VOIGT; 1996-98) wurde das Wohnhaus Oranienburger Straße 34/Tucholskystraße (**D**; 1771; 1801; CARL SCHAWTLO; UM 1867), eines der ältesten erhaltenen Häuser der Spandauer Vorstadt, integriert. Alt und neu sind unverwechselbar gekennzeichnet, treten in einen Dialog und werten sich gegenseitig auf. Die Architektursprache von Braun & Voigt ist nicht historisierend, sondern tritt als eigenständige Komposition auf. Eine wesentliche Aufgabe bei der Gestaltung bestand in der Vermittlung zwischen den sehr unterschiedlichen Höhen der vorhandenen Nachbarbauten und des Altbaus. Alle Gebäudeteile des Komplexes sind gemeinsam erschlossen und für eine übergreifende Nutzung konzipiert.

Zu seiner Zeit galt das ehem. **POSTFUHRAMT** (**D**; ORANIENBURGER STRASSE 35-36/TUCHOLSKYSTRASSE; CARL SCHWATLO, WIL-

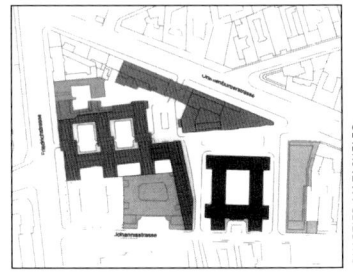

HELM TUCKERMANN; 1875-81) als das architektonisch gelungenste Postgebäude Berlins. Der repräsentative Bau ist ein frühes Beispiel für die Verwendung des Ende des 19. Jh. vorherrschenden Stils der italienischen Renaissance, den Carl Schwatlo zuvor auch für das (nach schwerer Kriegsbeschädigung abgerissene) Generalpostamt in der Leipziger Straße angewandt hatte. Das Gebäude wurde ganz auf die Straßenkreuzung zugeschnitten: Die Ecke ist abgeschrägt und mit einer haushohen Rundbogennische hervorgehoben. Der Eingang zur ehem. Schalterhalle, die unter der achteckigen Tambourkuppel liegt, ist wiederum als Rundbogen gestaltet. Der ausgedehnte Hof nahm zwei Pferdeställe mit je zwei Geschossen auf. Über Rampen gelangten die Tiere in die oberen Geschosse. Unter den Dächern lagen die Schlafsäle der Postillione, die Kleiderkammern und die Sattlerei. Im Komplex waren auch eine Beschlagschmiede sowie eine Rohrpostanlage untergebracht, die die wichtigsten Behörden Berlins miteinander verband. Das einst schräg gegenüberliegende Paketpostamt (nach schwerer Kriegsbeschädigung abgerissen), das 1885-88 von denselben Architekten errichtet worden war, besaß an der Straßenkreuzung ebenfalls eine eigene Kuppel, so dass zusammen mit den Kuppeln des Postfuhramtes und der ► Neuen Synagoge in der Oranienburger Straße eine besondere architektonische Identität entstanden war. Im Gebäudeflügel an der Oranienburger Straße will die Deutsche Post AG ihre Hauptstadtrepräsentanz einrichten. Unter Einbeziehung des Gebäudeflügels an der Tucholskystraße soll im bisherigen Hof ein sechsgeschossiger Hotelkomplex errichtet werden, der bis zur Auguststraße reichen wird (BRAUN & VOIGT).

WOHN- UND GESCHÄFTSHAUS ORANIENBURGER STRASSE 66/JOHANNISSTRASSE 11 (GRÜNTUCH & ERNST; 2002): Mit Ausnahme der Fassade eines einbezogenen Altbaus an der Johannisstraße großflächige Verglasung mit Aluminiumrahmen; zur Oranienburger Straße zweischichtige Doppelfassade.

VELVET HOTEL (ORANIENBURGER STRASSE 52-53; EIKE BECKER–ARCHITEKTEN; 2002-03): Schließung der Baulücke zwischen ► Kunsthaus Tacheles und einem historischen Wohn- und Geschäftshaus Ecke Friedrichstraße; rhythmisch versetzte, großflächige Fenster, die von unterschiedlichen Künstlern gestaltet werden sollen.

Während die Kleinteiligkeit der Spandauer Vorstadt bis heute erhalten ist, wurde bereits Anfang des 20. Jh. am Rande der Spandauer Vorstadt, an der geschäftigen

Friedrichstraße, ein großstädtischer Maßstab eingeführt. Um das Viertel als Geschäftsstandort neu zu erschließen, wurden die Friedrichstraße und die Oranienburger Straße durch eine Passage miteinander verbunden. Neben der Kaiser-Galerie Unter den Linden war die Friedrichstraßen-Passage (❶; URSPRÜNGLICH PASSAGE-KAUFHAUS, HEUTE **KUNSTHAUS TACHELES**; ORANIENBURGER STRASSE 54-56A; FRANZ AHRENS; 1907-09) damit die zweite große Einkaufsgalerie Berlins. Der Passagenbau wurde im Zweiten Weltkrieg beschädigt und später bis auf die Ruine des Kopfbaus an der Oranienburger Straße abgerissen. 1990 besetzten junge Künstler das vom Abriss bedrohte Gebäude und gründeten die alternative Kunstinstitution Tacheles. Neubaupläne sahen das Ende der „Off-Szene" vor, mit dem Investor konnte jedoch 1998 eine Einigung für zehn Jahre erzielt werden. Das Gebäude wird seitdem instand gesetzt (CARL-GEORG SCHULZ). Auf dem großräumigen Gelände wird nach Plänen von ANDRES DUANY und ELISABETH PLATER-ZYBERK ein dichtes Viertel, das **QUARTIER AM TACHELES**, mit Hotel, Büros, Geschäften und Wohnungen errichtet. Zwei kleine Stadtplätze im Innern werden mit der Oranienburger Straße, der Johannisstraße und der Friedrichstraße verbunden. Das Zentrum des Quartiers wird der Augustplatz bilden, der schräg von der Oranienburger Straße als trapezförmiger, zur Quartiersmitte sich verengender Platz verläuft. Zwischen Straße und Platz entsteht ein spitz zulaufendes, keilförmiges Gebäude, das Erinnerungen an das New Yorker „Flatiron Building" weckt und den gleichen Namen tragen wird. Die südliche Platzkante wird ein Appartement-Gebäude bilden, aus dem bis zu 40 m hohe Türme aufsteigen und das sich stilistisch an New Yorker Appartementblocks in Upper Manhattan anlehnt. Die östliche Begrenzung des Quartiers bildet ein ebenfalls stilistisch an New York erinnerndes Luxushotel, nach Westen zur Friedrichstraße liegen Geschäftshöfe mit einem zehnstöckigen Wohnturm. Alle Gebäudesockel erhalten eine Natursteinverkleidung, die Fassaden darüber sind hell verputzt. Das Projekt ist umstritten. Zum einen wird befürchtet, dass die kleinteilige Struktur der Spandauer Vorstadt von dem groß dimensionierten Luxus-Quartier durchbrochen wird. Zum anderen wendet sich die Kritik gegen die Architektur des „New Urbanism". Diese amerikanische Stadterneuerungsbewegung arbeitet mit einer bunten, nostalgischen und neoklassizistischen Architektursprache. Besonders in der europäischen Fachwelt wird die „Kulissenarchitektur" im „Disney-Stil" missbilligt, da sie der Verschleierung kommerzieller Strukturen dienen würde.

BÜROHAUS FRIEDRICHSTRASSE 106-108 (VON GERKAN, MARG & PARTNER - GMP; 1997): Ecktürme zur Johannisstraße und große Glasflächen bestimmen die Fassade, die das konstruktive Gerüst erkennen lässt.

Der **FRIEDRICHSTADTPALAST** (FRIEDRICHSTRASSE 107; WALTER SCHWARZ, MANFRED PRASSER, DIETER BANKERT; 1980-84) zählte zu den herausragenden Kulturbauten der DDR. Sein Name ist irreführend, weil das Theater eben nicht in der Friedrichstadt, sondern in der Spandauer Vorstadt liegt. Das Revue- und Varieté-Theater ist der Nachfolgebau des „Großen Schauspielhauses". Hans Poelzigs Hauptwerk des Berliner

Linke Seite
FRIEDRICHSTADTPALAST
Rechte Seite
EHEM. FRAUENKLINIK
WOHN- UND GESCHÄFTSHAUS
ORANIENBURGER TOR
EHEM. KRANKENHAUS
DER JÜDISCHEN GEMEINDE

Expressionismus, das in nächster Nachbarschaft Am Zirkus (Friedrich-Wilhelm-Stadt) stand, musste 1985 abgerissen werden, da durch die Grundwasserabsenkung beim Bau des ▶ *Charité-Hochhauses* die Fundamente beschädigt worden sind. Das Raumprogramm des neuen Theaters gliedert sich im Innern ganz traditionell in Foyer, amphitheaterförmigen Zuschauerraum, Bühne und erhöhten Bühnenturm. Dem Bau wurden Sichtbetonelemente vorgehängt, die plastisch ornamental modelliert und mit bunten Glasprismen versehen worden sind. Dies gibt dem Bau eine eigenwillige Aussage, die auf die bunten Revuen im Innern verweisen soll.

Auf dem Klinikgelände der Universität zwischen Ziegelstraße und Spree entstanden in den Formen der „Neuen Sachlichkeit" die Augenklinik (nach Kriegsbeschädigung abgerissen) und die ehem. **FRAUENKLINIK** (**D**; ZIEGELSTRASSE 14/15; WALTER WOLFF; 1928-32). Die lang gezogene Fassade der Frauenklinik zur Ziegelstraße wurde durch eine zurückspringende Eingangssituation unterbrochen, die heute fehlt. Am östlichen Ende ist der Bau halbrund; die Ecke erhielt Dynamik durch ein zurückversetztes verglastes Dachgeschoss mit vorspringendem Dach. Ursprünglich war die Gestaltung vom Kontrast zwischen den dunklen Sprossen der Fenster und weißem Putz geprägt.

WOHN- UND GESCHÄFTSHAUS ORANIENBURGER TOR (FRIEDRICHSTRASSE 116-119; KOLLHOFF & TIMMERMANN; 1997-99): Betonung der Straßenkreuzung am ehem. Oranienburger Tor durch Turmaufsatz des Eckgebäudes, der auf der gegenüberliegenden Seite mit dem ▶ *Büro- und Geschäftshaus Friedrichstraße/Torstraße 232* eine Entsprechung finden wird.

BÜRO- UND GESCHÄFTSHAUS FRIEDRICHSTRASSE/TORSTRASSE 232 (LÉON WOHLHAGE WERNIK; GEPLANTE FERTIGSTELLUNG 2004): Eckgebäude zur Friedrichstraße mit Turmaufsatz; bildet zusammen mit dem gegenüberliegenden ▶ *Wohn- und Geschäftshaus Oranienburger Tor* eine torartige Situation am Eingang zur historischen Innenstadt.

WOHN- UND GESCHÄFTSHAUS AUGUSTSTRASSE 1 (HORST BASEDAHL; 1998-99): Betonung der spitzwinkligen Straßengabelung von Oranienburger Straße und Augustraße durch abgerundete, gläserne Gebäudeecke.

Ehem. **MÄDCHENSCHULE DER JÜDISCHEN GEMEINDE** (**D**; AUGUSTSTRASSE 11-13; ALEXANDER BEER; 1927-28): Im Stil der Neuen Sachlichkeit, klinkerverblendete Straßenfassade, Flachdach.

Zeitgleich mit der ▶ *Neuen Synagoge* entwarf EDUARD KNOBLAUCH das **KRAN-KENHAUS DER JÜDISCHEN GEMEINDE** (**D**; AUGUSTSTRASSE 14-16; 1858-60). Es zählte zu den modernsten medizinischen Einrichtungen Europas. Zur Straße zeigt sich der ehem. Verwaltungsbau mit einer spätklassizistischen Fassade und einem großen Rundbogenportal, das durch zeittypische Mäander- und Rankenfriese geschmückt ist. Das ehem. Krankenhaus liegt im Hof.

WOHNHAUS AUGUSTSTRASSE 19 (**D**; QUAST; 1884): Großbürgerliches Wohnhaus mit Neorenaissance-Fassade 1995-2000 umfassend saniert.

WOHN- UND GESCHÄFTSHAUS AUGUSTSTRASSE 62 (HOYER & SCHINDELE; 2000-01): An der Straßenfassade sind die sieben Maisonette-Wohnungen ablesbar. Bemerkenswert ist das oval geformte Treppenhaus.

WOHN- UND ATELIERHAUS AUGUSTSTRASSE 68 (HANS DÜTTMANN; 2002-03): Die Gestaltung der Fassade mit farbigen Betonelementen ist der historischen Bebauung der Umgebung angepasst.

WOHN- UND GEWERBEBAU AUGUSTSTRASSE 69 (HEUTE KUNST-WERKE; **D**; 1794, UM 1840 UND 1860 VERÄNDERT): In der Durchfahrt ist eine hölzerne Treppenanlage erhalten geblieben. Im Hof entstand 1998-99 nach einem Konzept von Dan Graham der gläserne Pavillonbau des Café Bravo (NALBACH + NALBACH).

Typisch für die Berliner Architektur des frühen 19. Jh. ist das zweigeschossige **WOHN- UND GEWERBEHAUS GROSSE HAMBURGER STRASSE 17** (**D**; 1828). Die Fassade ist im damals üblichen schlichten Stil des Klassizismus gehalten, die mittige Tordurchfahrt führt zum Gewerbehof und den früheren Stallungen.

Ab 1672 wurde an der Großen Hamburger Straße 25-26 der **ALTE JÜDISCHE FRIEDHOF** angelegt. Hier fanden u.a. der Philosoph Moses Mendelssohn und der Bankier Veitel Heine Ephraim ihre letzte Ruhestätte. Auf Befehl der Gestapo wurde der Friedhof 1943 völlig zerstört. Heute befindet sich hier eine parkartige Gedenkanlage. Die Figurengruppe von WILL LAMMERT (1957) gedenkt der von hier aus in die Vernichtungslager abtransportierten Juden. Er schließt die ehem. **KNABENSCHULE DER JÜDISCHEN GEMEINDE** (HEUTE MOSES-MENDELSSOHN-GYMNASIUM DER JÜDISCHEN GEMEINDE; **D**; GROSS HAMBURGER STRASSE 27; JOHANN HOENIGER; 1906) an, die von der Straßenflucht zurückgesetzt errichtet wurde. Unter Berücksichtigung des Denkmalschutzes wurde die Schule zum heutigen Gymnasium umgebaut (Ruth Golan Kay Zareh; 2000-01). Zur Nutzung des Dachbereiches für Klassenräume wurde dabei das vorhandene Dach abgetragen und durch einen höheren Stahldachstuhl ersetzt.

Die ev. **SOPHIENKIRCHE** (; Grosse Hamburger Strasse 29; 1712-13) besitzt den einzigen erhaltenen Barockturm Berlins. Königin Sophie Luise stiftete die protestantische Pfarrkirche 1712, um die Entwicklung der ungeordnet gewachsenen Spandauer Vorstadt städtebaulich zu beeinflussen und zu unterstützen. Damals fehlte der Kirche noch der Turm, der erst 20 Jahre später an der westlichen Schmalseite vorgesetzt wurde (Johann Friedrich Grael; 1732-34). Er gehörte zu einer ganzen Serie von Kirchtürmen, die König Friedrich Wilhelm I. für Berlin und Potsdam entwerfen ließ. Seine Gestaltung entsprach den anderen Turmprojekten, von denen die Garnisonkirche in Potsdam und der gescheiterte Umbau der Petrikirche in Berlin zu den bedeutendsten zählten. Dem Unterbau ist ein scheinbarer Portikus vorgeblendet, darüber erhebt sich ein quadratischer Turmschaft, der in den filigran gestalteten Glockenturm übergeht. Die flankierende Bebauung mit Mietshäusern an der Großen Hamburger Straße entstand erst 1903-05 im Zusammenhang mit einer vorhergehenden neobarocken Umgestaltung der Kirche (1892; Friedrich Schulze, Adolf Heyden, Kurt Berndt), die später teilweise wieder zurückgenommen wurde. Die aufgebrochene Straßenbebauung erzeugt eine Tiefenwirkung zur Kirche, die dennoch vom Straßenbetrieb zurückgezogen, fast verborgen bleibt. Von der originalen Ausstattung des 18. Jh. ist trotz der neobarocken Einbauten (Chorapsis) noch viel erhalten. Dem Typus vieler zeitgenössischer protestantischer Predigtkirchen in Brandenburg-Preußen entsprechend, ist das schlichte Innere als Saalkirche mit Emporen gestaltet. Zu den wenigen aufwendig gestalteten Beispielen der Ausstattung gehören Kanzel (1712), Taufbecken (1741) und Orgel (1789/90).

Das ehem. **HANDWERKERVEREINSHAUS** (; Sophienstrasse 18/18A; 1852; Franckel & Kampfmeyer; 1904-05) entstand aus dem Umbau eines Wohnhauses. Die Fassade ist vom aufwendigen Terrakotta-Doppelportal geprägt, das auf die da-

malige Nutzung durch den Handwerkerverein verweisen sollte.

Kath. **ST.-HEDWIGS-KRANKENHAUS** (; GROSSE HAMBURGER STRASSE 5-11; VINCENZ STATZ): Die Anlage wurde zwischen 1851 und 1905 in neogotischen Formen als erstes kath. Krankenhaus Berlins erbaut.

Auf einem sehr beengten Grundstück liegt die kath. **ST.-ADALBERT-KIRCHE** (■; LINIENSTRASSE 101; CLEMENS HOLZMEISTER; 1933-34) zwischen Wohnhäusern eingezwängt. Der Chorturm bildet das Hauptmotiv der mit Klinkern verkleideten Kirchenfassade, der Holzmeister einen zugleich monumental und sachlich wirkenden Stil verlieh. Der Eingang zur Kirche befindet sich an der Torstraße 168 hinter einem Wohnhaus im Hof. Der rechteckige Saal mit Flachdecke wird aufgrund seiner Lage zwischen den Wohnblocks lediglich durch hohe Schlitzfenster und die Bogenfenster im Chorturm belichtet.

Die ehem. **GEMEINDESCHULE AM KOPPENPLATZ 12** (■; LUDWIG HOFFMANN; 1902-07) war zu ihrer Entstehungszeit ein konsequent schlichter Schulbau, an dem die Tendenz zur sich allmählich entwickelnden Moderne abzulesen ist. Ungewöhnlich war die sehr flächig gestaltete Fassade, über die sich die Fenster wie in einem Raster verteilen. Die höhere Aula durchbricht die Traufe, mit dem Haupteingang und dem Türmchen auf dem angehobenen Mansarddach wurde eine ruhige Mitte geschaffen.

WOHN- UND GESCHÄFTSHAUS JOACHIMSTRASSE 5 (ABCARIUS & BURNS; 2000-01): Die Straßenfassade besteht aus zwei Schichten – Aluminiumlamellen und raumhohe Schiebefenster –, die die Verwandlung der dahinter liegenden Wohnungen in eine Loggia erlauben.

In den historischen Bauten der ehem. Gemeindedoppelschule befindet sich heute die **KASTANIENBAUM-GRUNDSCHULE** (■; GIPSSTRASSE 23A; 1875). 1991-94 fand die Sanierung des Schulhauses statt, das sich als schlichter Backsteinbau wie so viele andere öffentliche Gebäude in Berlin an der Architektur der Schinkel'schen ▶ *Bauakademie* orientierte. 1997-98 wurde der als Freizeitgebäude dienende Teil denkmalgerecht wiederhergestellt. Die Fassade wurde 2000 erneuert.

WOHNHAUS GIPSSTRASSE 11 (■; FRÜHKLASSIZISTISCHES BÜRGERHAUS DER ZEIT UM 1795): Umbau 1840-41. Über dem Portal und den Fenstern breiter Mäanderfries.

151

ROSENTHALER HOF (Rosenthaler Strasse/Gipsstrasse; Mark Braun; geplante Fertigstellung 2003): Neue Hauptniederlassung der Softwarefirma SAP; großflächige Verglasung und abgerundete Ecke.

Das ehem. **WARENHAUS WERTHEIM** (; Rosenthaler Strasse 28-31; Alfred Messel; 1903) gehört zu den wenigen erhaltenen Beispielen der einst wegweisenden Berliner Warenhausarchitektur der vorletzten Jahrhundertwende. Messel entwickelte an diesem Bau seine „Warenhausgotik" konsequent weiter, eine entscheidende Vorstufe für den ein Jahr später entstandenen Kopfbau für Wertheim am Leipziger Platz (nach schwerer Kriegsbeschädigung abgerissen), der großes Aufsehen erregte. Schlanke, geschossübergreifende Strebepfeiler, in die große Fensterflächen eingespannt waren, schufen eine zu dieser Zeit ungekannte Vertikalität und Transparenz der Fassade. In der Achse des Eingangs lag der reich ausgestattete Lichthof. Das Gebäude wurde nach schweren Kriegsschäden stark vereinfacht wiederaufgebaut, so dass von der ursprünglichen Architektur lediglich die Front an der Sophienstraße übrig geblieben ist. Allerdings ist geplant, im Zusammenhang mit einem Umbau des Gebäudes zu einem Hotel und Geschäftshaus „Galleria Italiano" die Fassade zur Rosenthaler Straße zu rekonstruieren. Der Beginn der Bauarbeiten steht noch nicht fest.

ROSENHÖFE (Rosenthaler Strasse 36; Hinrich & Doris Baller; 2001-02): Die Anlage aus Vorderhaus, Seitenflügeln und Hinterhaus erstreckt sich von der Rosenthaler Straße bis zu Hof VI der ► *Hackeschen Höfe* und ermöglicht den Durchgang. Das Vorderhaus (; 1781) gehört zu den ältesten Wohnhäusern der Spandauer Vorstadt. Die erhaltene barocke Treppe in der Hofdurchfahrt beeindruckt durch ein ovales Auge und ein Rokokogeländer, das durch ein ebenfalls geschwungen gestaltetes Türgitter von Baller ergänzt worden ist. Überall wird die historische Architektur von neuen Aufbauten oder Zutaten – wie etwa filigranen Metallstäben als Balkongeländer – überzogen. Der Einklang der Anlage entsteht durch eine einheitliche Farbigkeit in hellem Türkis und rosa Fassadenanstrich. Entstanden ist eine expressiv einmalige Anlage, die selbst für das Werk von Baller außergewöhnlich, aber auch überzogen und gefällig anmutet.

Das **WOHNHAUS NEUE SCHÖNHAUSER STRASSE 8** (**D**; WAHR-
SCHEINLICH GEORG CHRISTIAN UNGER; NACH 1785) wurde auf den
ehem. Befestigungsanlagen errichtet. Die Putzfassade des
Bürgerhauses ist im so genannten Zopfstil des ausgehenden
18. Jh. mit Girlanden und weiblichen Büsten geschmückt.
Neben der Durchfahrt liegt eine barocke Treppenanlage mit ge-
schnitztem Geländer.

Nicht weit davon befindet sich das ehem. **VOLKSKAFFEE-
HAUS** (**D**; NEUE SCHÖNHAUSER STRASSE 13; ALFRED MESSEL;
1890-91). Arme Bürger wurden hier mit Kaffee und Speisen versorgt. Das Gebäude im Stil der deutschen Renaissance ist ein
typisches Beispiel des Malerischen Stils um 1900, bei dem
Symmetrie vermieden und der Bau aufgelockert gegliedert
wurde. Die heimelige Architektur des Gebäudes entsprach dem
sozialen Auftrag der Einrichtung und stand in deutlichem
Kontrast zur modernen und großstädtischen Architektur, die
Messel zeitgleich bei seinen Warenhausprojekten verwendete.

WOHNHAUS NEUE SCHÖNHAUSER STRASSE 14 (**D**; 1869):
Spätklassizistische Formen, am Obergeschoss ornamentierter
Fries und reiches Traufgesims.

WOHNHAUS ALTE SCHÖNHAUSER STRASSE 27 (UM 1863):
Typisches spätklassizistisches Wohnhaus. Restaurierung der
originalen Farbgestaltung in der Tordurchfahrt und im Treppenhaus.

Von dem Schulkomplex des ehem. Sophien-Gymnasiums,
das sich ursprünglich von der Weinmeisterstraße bis zur Stein-
straße erstreckte, ist lediglich das ehem. **DIREKTORATSGE-
BÄUDE WEINMEISTERSTRASSE 15** (**D**; ADOLF GERSTENBERG;
1865-67) erhalten. Die rote Klinkerfassade zeigt die typischen
schlichten spätklassizistischen Formen öffentlicher Gebäude,
die überwiegend in der Tradition der Schinkel'schen ▶ *Bauakademie* standen. Unter dem reichen Dachgesims aus Terrakotta liegt ein breiter Fries mit einer Sgraffitomalerei zur
antiken Mythologie (MAX LOHDE), die 1886 auf Tonplatten übertragen worden ist.

GESCHÄFTS- UND WOHNHAUS MÜNZSTRASSE 21-23 (**D**;
POETSCH & BOHNSTEDT; 1891-92): Fassaden in Formen der
deutschen Renaissance.

WOHNHAUS GORMANNSTRASSE 24 (CARPANETO.SCHÖNINGH;
1998-2000): Das Eckgebäude nimmt durch Traufhöhe und **153**

Gliederung in Sockel-, Haupt- und Giebelgeschoss Bezug auf die Nachbarbebauung.

Das innerhalb der ehem. Akzisemauer zwischen der heutigen Almstadtstraße, Kleiner Alexanderstraße, Linien- und Hirtenstraße gelegene **SCHEUNENVIERTEL** mit seinen kleinen, eng bebauten Grundstücken entwickelte sich im Laufe der Zeit zum Berliner Armenviertel, berüchtigt für Kriminalität und Prostitution. Entwürfe einer städtebaulichen Neuordnung sahen immer wieder vor, das Viertel zu beseitigen. Verbunden war damit – wie so oft in der Städteplanung – die Hoffnung, auch das soziale Elend aus der Innenstadt zu verbannen. Ein Teilabriss wurde schließlich 1906 begonnen. Als Zentrum des neuen Quartiers entstand nach Plänen von Peter Behrens der Bülowplatz (heute Rosa-Luxemburg-Platz), dessen Mitte mit monumentaler Geste die **VOLKSBÜHNE** (**D**; ROSA-LUXEMBURG-PLATZ 1; OSKAR KAUFMANN; 1913-14) einnimmt. Der Eingangsbereich tritt konvex vor, akzentuiert durch kolossale Halbsäulen, kräftige Eckpfeiler und ein wuchtig ausschwingendes Walmdach. Im „Volkstheater" mit Rängen ohne Logen zahlten alle den gleichen Eintritt. Erstmalig besaß ein Berliner Theater hinter der Bühne einen gemauerten Kuppelhintergrund, eine sehr große Drehbühne und Seitenbühnen. Nach schwerer Beschädigung im Zweiten Weltkrieg – es standen nur noch die Umfassungsmauern – wurde das Theater 1950-54 von HANS RICHTER vereinfacht wiederaufgebaut. Die für Kaufmann typischen exzentrischen Baudetails der Außenfassade und insbesondere das mächtige plastische Dach wurden verändert bzw. gingen verloren. Aus dem zur Unterbringung vieler Besucher sehr weit zur Bühne gezogenen Zuschauerraum wurde ein großzügiger eiförmiger Raum, der zur Bühne nun größere Distanz besitzt. Bis Ende der 1920er Jahre blieb die Volksbühne im abgeräumten Scheunenviertel der einzige Neubau. Erst 1928 begann die noch heute überzeugende **PLATZUMBAUUNG DES HEUTIGEN ROSA-LUXEMBURG-PLATZES** (HANS POELZIG; 1928-30). Poelzig wurde sowohl dem komplizierten Straßengrundriss wie auch dem monumentalen Platzmittelpunkt gerecht. Die Ecken der spitzwinklig zulaufenden Straßen wurden abgerundet, die kurvigen Balkone wirken dynamisch. Ein Häuserblock nimmt das **LICHTSPIEL-**

THEATER BABYLON (**G**; ROSA-LUXEMBURG-STRASSE 30; HANS

POELZIG; 1928-29) auf. Von dessen ursprünglicher Gestaltung mit gerundeten Formen und einer Oberlichtdecke im Zuschauerraum ist nichts mehr erhalten.

Direkt über der damals gerade fertig gestellten U-Bahnlinie U8 wurde das **VERWAL-TUNGSGEBÄUDE UND UMFORMWERK DER BVG** (**D**; DIRCKSENSTRASSE/ROSA-LUXEM-BURG-STRASSE 2-4; ALFRED GRENANDER; 1929-30) errichtet. Grenander war für zahlreiche Berliner U-Bahn-Bauten verantwortlich und prägte nachhaltig deren Erscheinungsbild. Kernstück des Gebäudes ist das im Hof gelegene Umformwerk für sechs Groß-gleichrichter, dessen Stahlbetonskelett sichtbar ausgeführt worden ist. Entlang der beiden Straßen entstand das Verwaltungsgebäude mit Läden und Büros. Die lie-genden Fenster reihen sich zu Bändern auf, deren horizontale Wirkung durch die Verklinkerung der Brüstungen unterstrichen wird.

Parallelen zum Verwaltungsgebäude der Berliner Verkehrsbetriebe weist das benachbarte ehem. **VERWALTUNGSGEBÄUDE DER KOMMUNALEN WOHNUNGSVER-WALTUNG** (HEUTE WBM; DIRCKSENSTRASSE/ROCHSTRASSE; JOCHEN JENTSCH, BERNHARD BRABETZ, KLAUS BENDLER; 1984-87) auf, das ebenfalls gegenüber dem Stadtbahn-Viadukt liegt. In seiner Gestaltung ist das aus Fertigteilen errichtete Gebäude kaum von Geschäftshäusern des Neuen Bauens zu unterscheiden. Die Biegung der Stadt-bahntrasse ist in der Vorderfront dynamisch bis zur Abrundung der Gebäudeecke auf-genommen worden, ein gläserner Erschließungsturm unterbricht asymmetrisch die bandartig gegliederte Fassade.

KÖNIGSSTADT UND STRALAUER VORSTADT

Wie der Potsdamer Platz entwickelte sich der **ALEXANDERPLATZ** vor allem als Verkehrsdrehscheibe. Ursprünglich lag er außerhalb der Stadt vor dem Georgentor (später Oderberger Tor), dem Eingang zur Berliner Altstadt. Auf dem bis heute wichtigsten Platz im Osten der Innenstadt bündelten sich fast sämtliche Landstraßen aus dem östlichen Umland. Durch diese Verkehrslage entwickelte sich der Platz zu einem bedeutenden Versorgungszentrum der Stadt. Der hier abgehaltene Viehmarkt, der innerhalb Berlins verboten war, führte zur Bezeichnung „Ochsenplatz". Später kam ein Wollmarkt hinzu, im 19. Jh. erhöhte die nahe gelegene Zentralmarkthalle den

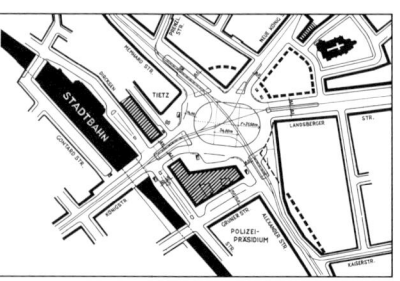

Verkehrsaufwand erheblich. Seinen heutigen Namen erhielt der Platz, als Zar Alexander II. im Jahr 1805 die Stadt besuchte. Die um den Platz vor der Stadtmauer entstandene Ansiedlung wurde als „Königsvorstadt" bezeichnet.

Mit dem Wechsel ins 20. Jh. hatte der Alexanderplatz längst den Charakter eines vorstädtischen Handelsplatzes verloren. Elektrische Straßenbahnen, Omnibusse, die auf einem Viadukt geführte Stadtbahn und die Untergrundbahn machten den Alexanderplatz neben dem Potsdamer Platz zum wichtigsten Verkehrszentrum der Stadt. Zwischen der Altstadt und den Arbeitervierteln gelegen, war er ins Zentrum einer pulsierenden Millionenstadt gerückt. Sein Ruf als Platz des Ostens wurde dabei stark von den sozialen Problemen der angrenzenden Stadtviertel bestimmt.

Ende der 1920er Jahre verlangte das enorme Verkehrsaufkommen nach neuen Lösungskonzepten. Stadtbaurat MARTIN WAGNER initiierte den Umbau des Platzes. Die neue Verkehrslösung mit strikter Trennung der Verkehrswege sollte zusammen mit einer architektonischen Neugestaltung auch eine Verbesserung des gesamten Umfeldes bewirken. Für den Wettbewerb zur Umgestaltung des Alexanderplatzes 1929 lieferten namhafte Architekten Lösungen, um dem Platz ein weltstädtisches Aussehen zu verleihen und gleichzeitig dem wachsenden Verkehr gerecht zu werden. Den ersten Preis erhielten die BRÜDER LUCKHARDT MIT ALFONS ANKER. Mit dynamisch um den vorgegebenen Verkehrskreisel geschwungenen Baukörpern versuchten sie, der neuen Geschwindigkeit der Großstadt ein architektonisches Bild zu geben. Dennoch wurde der Auftrag PETER BEHRENS erteilt. Es kam nur zur Ausführung von zwei Geschäftshäusern amerikanischer Investoren, deren Vorstellungen sich Behrens architektonisch anzupassen versuchte. Das **ALEXANDERHAUS** und das **BEROLINAHAUS** (**D**; ALEXANDERPLATZ 1-2 UND DIRCKSENSTRASSE 20-25; PETER BEHRENS; 1930-32) waren auf den Kreisverkehr ausgerichtet und betonten mit den Mitteln der Moderne einen neuen großstädtischen Eingang zur Berliner Altstadt: Zur Rathausstraße sind an den Stirnfronten gläserne Aufzugschächte über die Traufkante des Flachdaches hinausgezogen, die nachts als „Lichtkeile" beleuchtet werden. Die rasterförmig gestaltete Fassade ist konsequent aus der Betonrahmenkonstruktion entwickelt worden. Dazwischen sind die Fensterbereiche kassettenartig vertieft. Das erste Obergeschoss ist jeweils als Galerie gestaltet, um an der Westseite ein optisches „Absacken" der

WETTBEWERB ALEXANDERPLATZ 1929:
LAGEPLAN
ALEXANDERHAUS

RECHTE SEITE

ALEXANDER- UND BEROLINAHAUS:
ANSICHT DER TORSITUATION
PARK INN HOTEL UND WARENHAUS KAUFHOF

Gebäude gegenüber der erhöhten S-Bahntrasse zu verhindern. Im Innern gewähren Stützweiten von über 7 m eine freie Raumaufteilung der Büros. Nach einem verein-fachten Wiederaufbau 1950-52 wurde 1993-95 mit der denkmalgerechten Sanierung durch PSP PYSALL, STAHRENBERG & PARTNER die kaum mehr erkennbare Struktur des Alexanderhauses wiederhergestellt. Die Sanierung des Berolinahauses soll folgen, der Zeitpunkt ist jedoch ungewiss.

Nach den Kriegszerstörungen wurde der Alexanderplatz 1964-73 völlig neu ge-staltet. Auf Grundlage der sozialistischen Kollektivierung des Grundeigentums wurden die Straßenverläufe im Sinne einer autogerechten Stadt ohne Rücksicht auf Vorhandenes „korrigiert". Die stark erweiterten Autostraßen mündeten nun nicht mehr auf den Platz, sondern wurden als Tangenten um ihn herumgeführt. Der Platz selbst ist seitdem als Fußgängerbereich gestaltet, umgeben von einer aufgelockerten Bebauung aus solitären Großkörpern. Diese bilden ein im Sinne des sozialistischen Städtebaus bewusst großzügig komponiertes Ensemble. Zwar beziehen sie sich auf die Altbauten ▶ *Berolina- und Alexanderhaus*, diese wirken am Rande der riesigen Platzanlage aber dennoch verloren. Mit dem 123 m hohen Scheibenhochhaus des ehem. Interhotels Stadt Berlin, heute **PARK INN HOTEL** (ALEXANDERPLATZ/ALEXAN-DERSTRASSE; ROLAND KORN, HEINZ SCHARLIPP, HANS-ERICH BOGATZKY UND KOLLEKTIV; 1967-70), erhielt der Platz seine Höhendominante. Das exponierte Hochhaus steht, vom Strausberger Platz gesehen, genau in der Sichtachse der Karl-Marx-Allee. Gleichzeitig sollte es, ähnlich einem Scharnier, das Abknicken des zentralen Straßenzuges Karl-Marx-Allee/Alexanderstraße in die Achse Karl-Liebknecht-Straße/ Unter den Linden markieren. Die Unterteilung in einen sockelartigen Flachbau mit einstmals gastronomischen Einrichtungen und in ein Bettenhochhaus folgte streng dem Ideal der Funktionstrennung in der modernen Architektur. Zusammen mit dem benachbarten ehem. Warenhaus Centrum, heute **WARENHAUS KAUFHOF** (ALEXAN-DERPLATZ/DIRCKSENSTRASSE/KARL-LIEBKNECHT-STRASSE; JOSEF KAISER, GÜNTER KUNERT UND KOLLEKTIV; 1967-70), bildet der Flachbau des Hotels an der Nordecke des Platzes den eigentlichen Kernbereich des städtebaulichen Ensembles. Als Fußgängerzone deutlich von den riesigen Verkehrsachsen abgeschirmt, besitzt dieser Teil des Platzes fast schon intimen Charakter. Das Warenhaus ist in den beiden unteren Geschossen

voll verglast und besitzt im ersten Obergeschoss die architektonische Besonderheit einer umlaufenden (allerdings nicht mehr genutzten) Schaufenstergalerie. Darüber erhebt sich der geschlossene würfelförmige Baukörper, dem eine aus weißen Aluminiumteilen zusammengesetzte Strukturfassade vorgehängt ist. Diese Fassadengestaltung orientierte sich am zeitgenössischen westlichen Warenhaustypus, wie er von Egon Eiermann 1958-62 für das Horten-Warenhaus in Heidelberg entworfen worden war.

S- UND U-BAHNHOF ALEXANDERPLATZ (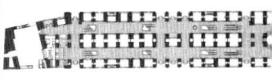; S-BAHNHOF: JOHANN EDUARD JACOBSTHAL; 1878-82; HANS JOACHIM MAY, GÜNTHER ANDRICH; 1964-65; CHESTNUTT NIESS; 1995-98; U-BAHNHOF: ALFRED GRENANDER; 1911-13; 1927-31). Der S-Bahnhof entstand nach einem Entwurf von Jacobsthal im Zusammenhang mit der Errichtung der Stadtbahn auf dem zugeschütteten ehem. Festungsgraben. Nach schwerer Kriegsbeschädigung wurde die Halle komplett neu errichtet und der alten Bahnhofsarchitektur moderne Einbauten vorgeblendet. Vor einigen Jahren erfolgte eine grundlegende Sanierung mit stark verändernden Umbauten durch Chestnutt Niess. Der Umbau fand vor dem Hintergrund der beabsichtigten städtebaulichen Erneuerung des Alexanderplatzes und des absehbaren starken Anstiegs der Fahrgastzahlen statt. Trotz Umwandlung der Eingangsebene in ein Einkaufszentrum sollte der Bahnhofscharakter bewahrt bleiben und eine schnelle Orientierung ermöglicht werden. Mit Ausnahme der großen Bahnsteighalle wurde die Architektur der 1960er Jahre zu diesem Zweck zwar beseitigt, dafür wurden jedoch die Bögen des Ursprungsbaus freigelegt, so dass ein Dialog zwischen ursprünglicher und heutiger Architektur entstand. Der U-Bahnhof von 1913 wurde bis 1931 in moderner Formensprache zu einer weitläufigen unterirdischen Anlage auf drei Ebenen erweitert.

Mit einem Ensemble aus Hochhausscheibe und quadratischem Saalbau, dem ehem. **HAUS DES LEHRERS MIT KONGRESSHALLE** (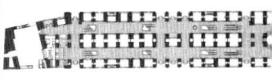; ALEXANDERPLATZ 3-4; HERMANN HENSELMANN, BERNHARD GEYER, JÖRG STREITPARTH; 1961-64), erhielt der Alexanderplatz im Osten einen Abschluss nach dem städtebaulichen Leitbild der frühen DDR-Moderne. Die städtebauliche Einfassung des Platzes ist eher misslungen, denn die Bauten stehen, hinter einer breiten Autostraße, viel zu weit weg vom eigentlichen Platz. Als pädagogisches Bildungszentrum führte das

LINKE SEITE
S-BAHNHOF ALEXANDERPLATZ:
AUSSENANSICHT,
GRUNDRISS
U-BAHNHOF ALEXANDERPLATZ
EHEM. HAUS DES LEHRERS MIT KONGRESS-
HALLE

RECHTE SEITE
EHEM. HAUS DES LEHRERS MIT KONGRESS-
HALLE: GRUNDRISS
EHEM. HAUS DES REISENS
EHEM. POLIZEIPRÄSIDIUM

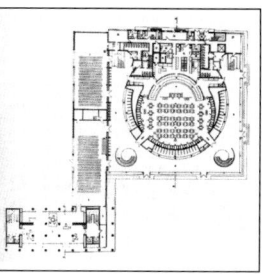

Haus des Lehrers die Tradition des nach schweren Kriegsbeschädigungen abgerissenen Lehrervereinshauses in der Alexanderstraße fort. Der verglaste Flachbau birgt einen kreisrunden, fensterlosen Kongresssaal, der von außen an der Aluminiumkuppel zu erkennen ist. Das 13-geschossige Hochhaus ist als Stahlskelettbau ausgeführt, dessen tragende Stützen hinter der Vorhangfassade liegen. Die Fassade aus Glas und Aluminium war die erste ihrer Art in der DDR. Nach der Architektur der ▶ *Stalinallee* in „Nationaler Tradition" kündete sie an einem gesellschaftlich bedeutenden Bau von der Neuorientierung an der Moderne. Wegweisend für die DDR-Architektur war das friesartige monumentale Wandbild von WALTER WOMACKA, hinter dem das Bücherdepot untergebracht war. Aus der Verschmelzung von Kunst und Architektur sollte ein eigener, ausdrucksstarker sozialistischer Baustil entstehen. Der Mosaikfries geht auf damalige mexikanische Vorbilder zurück und sollte die geistige Zielsetzung des Hauses verbildlichen. Der denkmalgeschützte Gebäudekomplex wird 2002-04 zum Berliner Congress Center umgebaut (DAHM ARCHITEKTEN). Erhalten bleiben nur die Fassaden und der große Saal, der im bauzeitlichen Zustand restauriert wird.

Das ehem. **HAUS DES REISENS** (ALEXANDERSTRASSE/OTTO-BRAUN-STRASSE; ROLAND KORN, JOHANNES BRIESKE, ROLAND STEIGER UND KOLLEKTIV; 1969-71) wurde für das Reisebüro der DDR errichtet. An der riesigen Verkehrskreuzung musste konsequenterweise ein kräftiger Baukörper errichtet werden, der sich als Abschluss des Alexanderplatzes nach Norden behaupten kann. Aus dem Flachbau kragt nach oben ein Betongesims aus, darüber erhebt sich das aufgeständerte Hochhaus mit Aluminiumfassade und vorgehängter Stahlrasterstruktur. Ein großformatiges Kupferrelief von WALTER WOMACKA war obligatorischer Beitrag sozialistischer Kunst am Bau. Im Vergleich zum Anfang der 1960er Jahre errichteten ▶ *Haus des Lehrers* zeigt das ehem. Haus des Reisens, heute ein Geschäfts- und Bürohaus, die Tendenz, mit den Mitteln des Werkstoffs Beton zu einer körperhaft-plastischen Ausformung zu gelangen. Die Architektur der DDR folgte damit dem damaligen internationalen Trend.

Ehem. **POLIZEIPRÄSIDIUM** (URSPR. VERWALTUNGSGEBÄUDE DER KARSTADT AG; **D**; OTTO-BRAUN-STRASSE 27/KEIBELSTRASSE; PHILIPP SCHAEFER; 1930-31): Monumentaler Stahlbetonbau mit Stützweiten von über 6 m, verkleidet mit Tuffstein und Klinkern. 1950 zum Polizeipräsidium Ost-Berlins umgebaut.

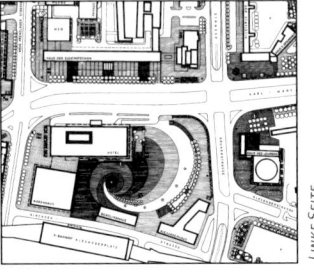

LINKE SEITE
DÖBLIN-HAUS
LAGEPLAN ALEXANDERPLATZ 1970

RECHTE SEITE
PLANUNG UMGESTALTUNG
ALEXANDERPLATZ: MODELLANSICHT
EINKAUFSZENTRUM AN DER ALEXANDER-
STR.: LAGEPLAN
ZWEITER BAUABSCHNITT DER EHEM.
STALINALLEE (HEUTE KARL-MARX-ALLEE):

Bei der Neuordnung der gesamten Straßenführung 1965-67 entstand auf der nordöstlichen Seite gegenüber dem Alexanderplatz ein neues, über 220 m langes Grundstück. Von hoher symbolischer Funktion war die Errichtung eines Bürogebäudes für
das Ministerium für Elektrotechnik und Elektronik der DDR, das heutige **DÖBLIN-HAUS**
(EHEM. HAUS DER ELEKTROINDUSTRIE; ALEXANDERPLATZ 6; HEINZ MEHLAN UND KOLLEKTIV;
1967-69). Als moderner Bau sollte es den hohen Stellenwert des technischen Fort-
schritts in der DDR-Wirtschaft vor Augen führen. Während eines kompletten Umbaus
erhielt das Gebäude eine neue Aluminiumfassade (NIETZ PRASCH SIGL TSCHOBAN VOSS;
2000-02) mit Zitaten aus Alfred Döblins Roman „Berlin Alexanderplatz" in Siebdruck
auf den Brüstungskassetten. Heute wird das Bürogebäude u.a. vom Bundesministerium für Umwelt, Naturschutz und Reaktorsicherheit genutzt.

Das **HAUS DES BERLINER VERLAGS** (KARL-LIEBKNECHT-STRASSE/MEMHARDSTRASSE;
KARL-ERNST SWORA UND KOLLEKTIV; 1970-73) bildet als 17-geschossiges Hochhaus eine
Raumkante zur Karl-Liebknecht-Straße. Als rechtwinklig zum Hotelhochhaus stehende
Scheibe wird die Kreuzung architektonisch durch zwei gegeneinander gestellte Groß-
bauten ausgedrückt. Zum Platzniveau vermittelt ein über eine Freitreppe zugänglicher
und großflächig verglaster Flachbau.

Während der Teilung der Stadt diente der Alexanderplatz als Zentrum Ost-Berlins.
Das für DDR-Verhältnisse außergewöhnliche Konsumangebot und die vielen
Umsteigemöglichkeiten des öffentlichen Nahverkehrs machten ihn zum Platz des Ost-
Berliner Alltags. Die im Sinne der sozialistischen Stadtplanung entstandene weite, of-
fene Gestalt des Alexanderplatzes vermochte es aber nicht, abgesehen vom
Fußgängerbereich zwischen Hotel und Warenhaus, einen überzeugenden Stadtraum
zu schaffen. Nach 1990 stieß die inzwischen veraltete Gestaltung mit den westlichen
Leitbildern einer belebten und verdichteten City zusammen. Im **STÄDTEBAULICHEN
IDEENWETTBEWERB ALEXANDERPLATZ 1993** wurde über die Neuordnung des Platzes
entschieden. An der vorhandenen Situation orientierte sich der als Sieger hervor-
gegangene Architekt, HANS KOLLHOFF bewusst in keiner Weise. Sein Entwurf sah ursprünglich 13 Hochhäuser vor, die in ein Konkurrenzverhältnis mit dem ▶ *Fernsehturm* treten würden. Die Bebauung ist als Pendant zur Hochhausbebauung am
Potsdamer Platz und der City-West zu verstehen und soll das östliche Zentrum

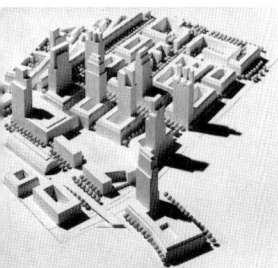

markieren. Mit breit gelagerten Hochhaussockeln soll der Platz eingerahmt und fest definiert werden. Die breiten Verkehrsschneisen werden „rückgebaut". Passagen sollen die Blöcke verbinden, aus denen die Türme zurückgestaffelt in die Höhe aufsteigen. Die derzeitige Bebauung wird voraussichtlich bis auf die denkmalgeschützten Gebäude ▶ *Berolinahaus*, ▶ *Alexanderhaus* und ▶ *Haus des Lehrers* weichen. Der Entwurf, aus dem ein konkreter Bebauungsplan hervorgegangen ist, spaltet das Fachpublikum wie die breite Öffentlichkeit in Befürworter und Gegner. Neben Lob für den urbanen, weltstädtischen Gestus wurde der Vorwurf laut, es fehle jegliche Sensibilität für die Bauten der DDR-Zeit und für die Tradition als „Platz des Ostens".

Seitdem die Friedrichstadt und der Potsdamer Platz wieder ins Zentrum der gesamten Stadt gerückt sind, ist auch der Alexanderplatz in die alte geographische Gewichtung zurückgefallen. Während alle anderen Zentren der Stadt aufgewertet wurden, befindet sich der Platz trotz des bereits 1993 veranstalteten städtebaulichen Ideenwettbewerbs in „Wartestellung".

Erste konkrete Planungen liegen für ein **EINKAUFSZENTRUM AN DER ALEXANDER-STRASSE** (ALEXANDERSTRASSE/GRUNERSTRASSE/VOLTAIRESTRASSE; ORTNER & ORTNER, GRAETZ NÖFER; AB 2004) vor. Da der vom Investor vorgesehene Umfang der Verkaufsflächen sich nicht ohne Weiteres mit dem Bebauungsplan vereinbaren ließ, versuchte das Büro Graetz Nöfer, eine passende städtebauliche Form zu entwickeln. Diese orientiert sich in erster Linie an der im Bebauungsplan vorgegebenen Staffelung des 210 m langen Komplexes: Den Eingang markiert ein zum Alexanderplatz gelegenes 150 m hohes Hochhaus (ORTNER & ORTNER), dahinter befindet sich, in einzelne Gebäudeteile gegliedert, das lang gezogene und im Grundriss geschwungene Bauvolumen mit einer durchschnittlichen Gesamthöhe von 32 m. Das Gegenstück des Turms am Alexanderplatz bildet ein Hotel an der Voltairestraße.

Nachdem der erste Bauabschnitt der ▶ *Stalinallee* in den aufwendigen Formen der „Nationalen Tradition" ausgeführt worden war, sollte durch einen **ZWEITEN BAUABSCHNITT DER EHEM. STALINALLEE** (**G**; SEIT 1961 KARL-MARX-ALLEE, ZWISCHEN ALEXANDERPLATZ UND STRAUSBERGER PLATZ; KOLLEKTIVE EDMUND COLLEIN, WERNER DUTSCHKE, JOSEF KAISER, 1959-65) die Bebauung bis zum Alexanderplatz verlängert werden. Noch 1956 wurde ein von Hermann Henselmann vorgelegtes modernes

 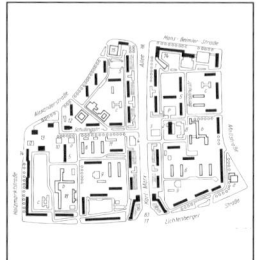 

städtebauliches Konzept mit Zeilenbauten abgelehnt. Zwei Jahre später war die Zielsetzung der SED-Parteiführung jedoch von einem industriell betriebenen, schnellen und günstigen Städtebau bestimmt, der in Zeilenbauweise leichter umzusetzen war. Nach einem neuen Entwurf entstand ein sehr breiter Straßenraum, durch Hochhausscheiben und niedrig vorgelagerte Bauten unterteilt.

Das nach einheitlichem Gesamtplan entstandene Stadtquartier ist streng orthogonal angelegt und wird durch hohe Wohnscheiben bestimmt. Vom zeitgenössischen westlichen Städtebau unterscheidet sich das Quartier insbesondere durch die repräsentative Betonung der Karl-Marx-Allee als zentrale Achse. Entlang der Magistrale wurden die Scheibenhochhäuser parallel angeordnet, um die Kulisse der ▶ *Stalinallee* weiterführen zu können. Mit den niedrigen **PAVILLONBAUTEN AN DER KARL-MARX-ALLEE** (**G**; KARL-MARX-ALLEE 32-36/45-46; JOSEF KAISER, WALTER FRANEK, HORST BAUER, HEINZ AUST UND KOLLEKTIVE; 1961-65) wurde versucht, einen Bezug zu den Passanten herzustellen, was durch die übergroße Breite der Allee jedoch nur unzureichend gelingen konnte. Zudem wurde nur ein Teil der geplanten Pavillons verwirklicht, das städtebauliche Konzept blieb ein Torso. Nach dem Leitbild der Moderne auf die Wohnfunktion konzentriert, bot das Viertel die Möglichkeit innerstädtischen Wohnens, ein propagiertes Ziel der sozialistischen Stadtplanung. Die entstandene Monostruktur erweist sich aus heutiger Sicht als problematisch, da der Stadtraum nur unzureichend belebt ist und kaum urbane Qualitäten besitzt. Verstärkt wird diese Tendenz durch den Wegfall früherer Restaurants und Geschäfte. Trotz der stadträumlichen Unzulänglichkeiten brachten sie einen Hauch von Boulevard in die Allee. Die Pavillonbauten sind als Flachbauten mit rechteckigem oder L-förmigem Grundriss ausgebildet und dienten als Kunstsalon, Bar oder Ladengeschäft. Im Innern sind zurückgesetzte Galeriegeschosse eingeschoben. Nach Leerstand sind einige Bauten heute für wechselnde kulturelle Nutzungen wiederbelebt. Neben der Mocca-Milch-Bar in einem Pavillon auf der Nordseite (Karl-Marx-Allee 33) war das **RESTAURANT MOSKAU** (**D**; KARL-MARX-ALLEE 32; JOSEF KAISER, HORST BAUER UND KOLLEKTIV; 1961-64) auf der Südseite bis zur Wende eine nicht wegzudenkende Institution. Das Gebäude mit großen Glasflächen und einem aufwendigen Mosaikwandbild von BERT HELLER am

Haupteingang ist ein herausragendes Beispiel der frühen DDR-Moderne. Bereits 1982

erfolgte ein Umbau, bei dem das Innere stark verändert wurde (GERD PIEPER). Nach jahrelangem Leerstand wird das denkmalgeschützte Gebäude derzeit saniert.

Zu den architektonisch herausragenden Gebäuden der Straße zählt das **KINO INTERNATIONAL** (**D**; KARL-MARX-ALLEE 31; JOSEF KAISER, HEINZ AUST UND KOLLEKTIV: 1961-63). Seine Architektur besticht durch den Kontrast offener und geschlossener Flächen sowie durch das wirkungsvoll inszenierte Innere. Der Eingangsbereich ist durch das weit auskragende Obergeschoss überdacht. Dessen Straßenfassade, hinter der das Foyer liegt, ist vollständig verglast – bis auf einen Wandstreifen, an dem die Filmplakate aufgehängt sind. Die asymmetrische Anordnung dieses Streifens korrespondiert mit der Aufschrift aus den unterschiedlich langen Wörtern „Kino" und „International". Über Treppenläufe, in deren Steinverkleidung Beleuchtungskörper eingelassen sind, gelangt man in das großzügige Foyer, von dem aus sich dem Kinobesucher die Karl-Marx-Allee mit Alexanderplatz und Strausberger Platz wie auf einer Leinwand präsentiert. Der Funktion als wichtigstes Premierenkino Ost-Berlins entsprechend, besitzt der Bau auch Räumlichkeiten für feierliche Anlässe. Die Einrichtung ist weitgehend im Original erhalten geblieben.

Das Hotel „Berolina" (JOSEF KAISER, GÜNTER KUNERT UND KOLLEKTIV; 1961-63) bildete einst mit dem ▶ Kino International ein eigenes Bauensemble. Als Wandscheibe schuf es den Hintergrund für den kubischen Kinobau. Seine Wirkung erzielte der Großplattenbau durch die Verkleidung mit Travertin in den unteren Geschossen sowie blauen Keramikplatten in den Obergeschossen. 1995 wurde das Hotel abgerissen, an seiner Stelle entstand das **BÜROGEBÄUDE KARL-MARX-ALLEE 31** (BASSENGE, PUHAN-SCHULZ; 1995-96), das in seinen Dimensionen und der Rasterfassade dem Vorgängerbau entspricht, nun jedoch mit Klinkern verblendet ist. In dem Gebäude hat das Bezirksamt Mitte seinen Sitz.

KÖNIGSSTADT-CARRÉE (MOLLSTRASSE/OTTO-BRAUN-STRASSE; GEPLANTE FERTIGSTELLUNG: 2004): An der großen Autostraßenkreuzung in der Nähe des Alexanderplatzes wird der Versuch unternommen, das Plattenbau-Wohngebiet städtebaulich neu zu definieren. Die lockere Bebauung aus den 1960er Jahren soll im Sinne des „Planwerks Innenstadt" verdichtet werden, zugleich soll der Neubau einen Anschluss des Wohngebiets an die geplante Neubebauung des Alexanderplatzes bewirken. **163**

Zwischen Holzmarktstraße, Stadtbahnviadukt und Spree ist eine weithin sichtbare Baugestalt entstanden, das **BÜRO- UND GESCHÄFTSHAUS TRIAS** (HOLZMARKTSTRASSE 15-18; BERINGER WAWRIK; 1993-96). Drei im Grundriss ellipsenförmige Körper ragen mit 13 Geschossen an der Spree empor. Zur Straße verbindet ein sechsgeschossiger Riegel die Bauteile. Der wenig strukturierte Stadtraum um die Jannowitzbrücke hat damit ein markantes Zeichen erhalten, das auf Stadtbahn, Autoverkehr und Schifffahrt Bezug zu nehmen vermag.

FRIEDRICH-WILHELM-STADT

In der westlich der Spandauer Vorstadt 1828 gegründeten **FRIEDRICH-WILHELM-STADT** sind noch heute einige Bauten aus der Entstehungszeit dieses Stadtquartiers erhalten, so z.B. eine geschlossene Zeile klassizistischer **WOHNHÄUSER SCHU-MANNSTRASSE 14-17** (**E**; 1830-40). In der Durchfahrt des Hauses Nr. 16 befindet sich eine großzügige hölzerne Treppenanlage mit schneckenförmigem Antritt aus der Bauzeit von 1831. Die Fassade von Haus Nr. 14B wird durch Blattkränze und ornamentierte Verdachungen geschmückt.

Das ehem. Friedrich-Wilhelmstädtische Theater, seit 1883 **DEUTSCHES THEATER** (**D**; SCHUMANNSTRASSE 12-13A; EDUARD TITZ; 1849-50), war das erste bürgerliche Schauspielhaus in Berlin. Im Gegensatz zu den Hoftheatern wurde es in bescheidener Form im Garten des Grundstücks an der Schumannstraße errichtet. Erst nach dem Abriss der kriegsbeschädigten Häuserzeile im Zweiten Weltkrieg trat der Bau im Straßenzug in Erscheinung: Es entstand zusammen mit den Nachbargebäuden ein kleiner Vorplatz. Eduard Titz, ein Schinkelschüler, gestaltete die Fassade des Deutschen Theaters klassizistisch. Für den Theatersaal nahm er den von Carl Gotthard Langhans d.Ä. gestalteten damaligen Zuschauerraum der heutigen ▶ *Staatsoper Unter den Linden* zum Vorbild. Der Saal mit zwei halbkreisförmigen Rängen, getragen von vergoldeten gusseisernen Stützen, ist weitgehend in der ursprünglichen Form erhalten. Das Rangfoyer wurde 1872 zeittypisch in prächtigen italienischen Renaissanceformen gestaltet; 1883 erfolgte ein weiterer Umbau durch Hermann Richter. 1905 wurde die Fassade vereinfacht (WILLIAM

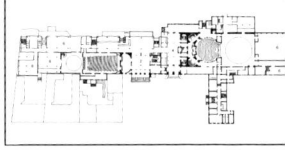

MÜLLER). Die benachbarten Tanzsäle ließ der Besitzer und

LINKE SEITE
WOHNHÄUSER SCHUMANNSTR.
DEUTSCHES THEATER:
AUSSENANSICHT, GROSSES FOYER,
GRUNDRISS

RECHTE SEITE
MENSA NORD: GRUNDRISS
BÜROHAUS LUISENSTR. 42
WOHN- UND GESCHÄFTSHAUS LUISEN-
STR. 44
VERTRETUNG DES LANDES SACHSEN-
ANHALT

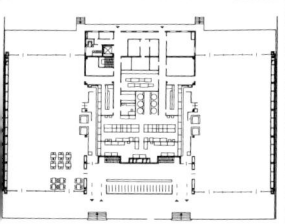

Regisseur Max Reinhardt nach Plänen von ALFRED MESSEL durch Müller zu einem kleinen Theater, den **KAMMERSPIELEN** umbauen. Hier entstand im ehem. Festsaal des oberen Geschosses 1906/07 der „Lebensfries" von EDVARD MUNCH (heute in der Sammlung der Nationalgalerie). Der rechteckige lang gestreckte Zuschauerraum wurde 1937 durch ERNST SCHÜTTE verändert, dabei entstanden gefällige Wandbilder aus dem Bereich der Commedia dell'arte (ROBERT HUTH). Beide Theater wurden 1979-83 umfassend saniert und mit gemeinsamen Kassen, Foyers und technischen Anlagen funktionell verbunden. Der Zuschauerraum der Kammerspiele wurde nach Abriss historisierend neu aufgebaut.

Die **MENSA NORD** der Humboldt-Universität (SCHUMANN-STRASSE 1/REINHARDTSTRASSE; ULF ZIMMERMANN; 1974-75) ist ein so genanntes „Wiederverwendungsprojekt", das mehrfach in der DDR errichtet worden ist. Entsprechend wurde der Bau auf quadratischem Grundriss mit einem seriellen Konstruktionsschema aus einem Stahlskelett entwickelt. Die Fronten der Obergeschosse sind in zehn quadratische Felder mit breit gelagerten Fenstern geteilt worden. Die höheren Fenster in der Mitte sind mit Sonnenblenden ausgestattet. Im Erdgeschoss trennen die hochsitzenden Fensterschlitze den oberen Bereich vom Sockel.

An der Ecke Reinhardtstraße/Luisenstraße sind zwei neue Eckbauten entstanden. Das südliche **BÜROHAUS LUISEN-STRASSE 42** (ELLER MAIER WALTER & PARTNER; 1994-95) betont die Ecke mit einer auskragenden Sonnenschutzkonstruktion und einem die Terrasse vor dem oberen Staffelgeschoss überspannenden Vordach. Die Stahl-Glas-Fassade wirkt etwas unterkühlt für diesen Stadtraum. Das nördliche **WOHN- UND GESCHÄFTSHAUS LUISENSTRASSE 44** (WALTER A. NOEBEL; 1998-99) ist mit hellem Sandstein verkleidet, die Ecke wird durch einen erhöhten Turm betont.

WOHNANLAGE REINHARDTSTRASSE 29-31 (BELLMANN & BÖHM MIT KRÜGER, SCHUBERTH, VANDREIKE; 1996-98): Das Gebäudeensemble gruppiert sich um die stehen gebliebene historische Portalanlage eines früheren Exerzierhauses.

WOHNHAUS REINHARDTSTRASSE 33 (**D**; UM 1830): Typisches Wohnhaus aus der ersten Hälfte des 19. Jh. Restaurierung der klassizistischen Farbgestaltung in der Tordurchfahrt. **165**

LINKE SEITE
CHARITÉ:
HIST. GEBÄUDEKOMPLEX,
MAX-PLANCK-INSTITUT FÜR INFEKTIONS-
BIOLOGIE
RECHTE SEITE
TIERÄRZTLICHE HOCHSCHULE

Die **VERTRETUNG DES LANDES SACHSEN-ANHALT** (SO GENANNTES BÜLOWSCHES PALAIS; **D**; LUISENSTRASSE 18; 1827-28; 1874; VON GERKAN, MARG & PARTNER - GMP; 1998-2003) ist in eines der ältesten Wohnhäuser der Friedrich-Wilhelm-Stadt eingezogen. Das ehem. Bürgerhaus wurde 1874 zu einem vornehmen Mietwohnhaus umgebaut. Die spätklassizistische Fassade besitzt ein feingliedriges Dekor. Erhalten geblieben sind im Innern reich ausgeschmückte Säle, eine gusseiserne marmorbelegte Treppe sowie ein getäfelter Saal, der bei einem Umbau 1895 mit allegorischen Malereien und einer Kassettendecke ausgestaltet wurde. Mit dem Umbau des Bülowschen Palais zur Landesvertretung durch gmp entstand im Hof ein Neubau mit einem großen Veranstaltungssaal.

MARSCHALLBRÜCKE (WILHELMSTRASSE/LUISENSTRASSE; 1881): Berlintypische Dreibogenkonstruktion. Umbau 1997-98 durch BENEDICT TONON und GERHARD PICHLER. Teilung in mittige Fahrbahn und flankierende Fußgängerbrücken.

KRONPRINZENBRÜCKE (KRONPRINZENUFER/SCHIFFBAUERDAMM; SANTIAGO CALATRAVA; 1992-97): Filigrane moderne Stahlkonstruktion in der Tradition der dreibögigen Spreebrücken. An dieser Stelle befand sich seit dem 18. Jh. die Unterbaumbrücke, die nach der Zollsperre an der damaligen Stadtgrenze benannt wurde (östliche Entsprechung ▶ Oberbaumbrücke).

1710 wurde vor den Toren der Stadt ein Pest-Quarantänehaus errichtet, aus dem sich das Krankenhaus **CHARITÉ** (**G**; SCHUMANNSTRASSE 20-21; 1710; 1897-1917; 1976-82; 1995-99) entwickelte. Seit der Gründung der Universität 1810 ist das Krankenhaus ein Universitätsklinikum. Immer wieder wurde das Gelände durch umfangreiche Erweiterungsbauten erheblich verändert. Zwischen 1897 und 1916 erhielt es jedoch nach einem Generalplan (KURT DIESTEL) seine bis heute gültige charakteristische Prägung durch einen architektonisch einheitlichen Komplex. Die Anlage ist von der Stadt abgewandt und als Campus nach innen gerichtet. Gemeinsame Materialien und Gestaltungselemente mit Anklängen an die märkische Backsteingotik geben der Anlage aus Einzelbauten ihre geschlossene Wirkung. 1954-60 wurde die Charité um zwei Klinikgebäude bis zur Luisenstraße und dem Platz vor dem Neuen Tor erweitert. Noch dem Leitbild der „Nationalen Bautradition" entsprechend gestaltet, fügen sie sich in die alte Bebauung ein, während das einige Jahre später errichtete 21-ge-

schossige **CHARITÉ-HOCHHAUS** (LUISENSTRASSE; CARL-ERNST SWORA, FRITZ OSKE; 1976-82) den Maßstab des Ensembles sprengt. Die Neubauten der 1990er Jahre beziehen sich jedoch wieder auf die ursprüngliche Gestaltungsidee der Charité: Entlang des Sauerbruchweges wurde vor das denkmalgeschützte Gebäude der Inneren Medizin ein Neubau von DYBE & PARTNER, HALBACH gestellt, der sich der Lage und den Fassaden der vorhandenen Bausubstanz anpasst. Westlich der Hauptallee wurde von DEUBZER & KÖNIG 1997-99 das **MAX-PLANCK-INSTITUT FÜR INFEKTIONSBIOLOGIE** errichtet, eine symmetrische Anlage aus zwei U-förmigen Gebäuden.

Der spätklassizistische Dreiflügelbau des alten Lehrgebäudes der **TIERÄRZT-LICHEN HOCHSCHULE** (**D**; LUISENSTRASSE 56; LUDWIG HESSE; 1839-40) ist mit Relief-büsten von Veterinärmedizinern geschmückt. Das Relief im Dreiecksgiebel des erhöhten Mittelbaus stellt, auf die Gebäudefunktion hinweisend, eine Figurengruppe mit Stier und Pferd dar.

Im rückwärtigen Parkgelände befindet sich ein architektonisches Kleinod: das so genannte **ANATOMISCHE THEATER** (**D**; LUISENSTRASSE 56; CARL GOTTHARD LANGHANS D.Ä.; 1790), das im ursprünglichen Zustand erhalten geblieben ist. In einem klassizistischen Kuppelbau auf fast quadratischem Grundriss liegt der runde Hörsaal mit steil ansteigenden Sitzreihen. Die hölzerne Kuppel ist die früheste Bohlenbinderkonstruktion in Berlin. Sie wurde mit einer Scheinarchitektur als Kuppelgewölbe ausgemalt. Im unteren Bereich der Kuppel, zwischen den kleinen Rundbogenfenstern, malte Christian Bernhard Rode allegorische Gruppen von Hirten und Landleuten mit Haustieren.

Der **PLATZ VOR DEM NEUEN TOR** erinnert an den Verlauf der Akzisemauer. Hier stand das Neue Tor – zwei Zollhäuschen (KARL FRIEDRICH SCHINKEL; 1830-40; NACH SCHWERER KRIEGSBESCHÄDIGUNG ABGERISSEN), die in die Gestaltung des angrenzenden Luisenplatzes (heute **ROBERT-KOCH-PLATZ**) mit einbezogen wurden. Für die Neu-gestaltung der beiden Plätze, die eine Einheit bilden, wurde Anfang der 1990er Jahre die Rekonstruktion der Torsituation beschlossen. Die beiden neuen **TORHÄUSER** (JOSEF PAUL KLEIHUES; 1996-98) erinnern durch ihre Proportionen und dem ver-wendeten roten Klinker an die Vorgänger, sind jedoch ansonsten modern gestaltet.

Ein typisches Beispiel für den wilhelminischen Neobarock ist das ehem. Kaiserin-Friedrich-Haus für ärztliche Fortbildung, heute **ÄRZTEKAMMER BERLIN** (**D**; ROBERT-   167

KOCH-PLATZ 7; ERNST EBERHARD VON IHNE; 1904-06). Das Institut residierte hinter einer Ehrfurcht gebietenden, prachtvollen Fassade, die eher an ein barockes Adelspalais als an eine öffentliche Fortbildungseinrichtung erinnert.

Das **LUISEN CARREE** (ROBERT-KOCH-PLATZ 4/HANNOVERSCHE STRASSE 19-22/PHILIPPSTRASSE 14; STÄDTEBAULICHES KONZEPT: JOSEF PAUL KLEIHUES; 1994-99) schließt die Platzfront mit einem Geschäftshaus von STEFAN LUDES (1996-98). Im ehem. Wohngebäude am Platz vor dem Neuen Tor 1 ist die **BUNDESZENTRALE VON BÜNDNIS 90/DIE GRÜNEN** eingezogen. Das Gebäude ist von WOLFGANG POGGEMANN 1998-99 saniert worden, die Dachgeschosse wurden ausgebaut, die Fassade erhielt eine neue Farbgestaltung. Die angrenzenden Neubauten stammen von JOSEF PAUL KLEIHUES: Platz vor dem Neuen Tor 2-3 und Hessische Str. 9 (1994-97) sind Geschäftshäuser; die Wohnhäuser Platz vor dem Neuen Tor 1A und B (1996-97) stellen die die historische Platzkante zur Invalidenstraße wieder her und erhalten eine besondere Betonung durch ein Flugdach, die Hannoversche Str. 9 (1995-97) ist ein Atelierhaus. Hier wurde ein Rest der ehem. Akzisemauer in die Sockel der neuen Wohnbauten integriert. Ein zentrales Gestaltungselement des Ensembles sind die abgerundeten Gebäudeecken.

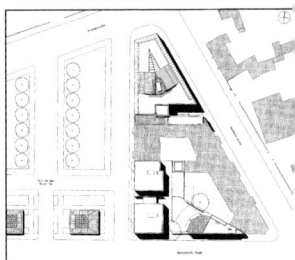

Das **PRISMAHAUS** (PLATZ VOR DEM NEUEN TOR 1; JOSEF PAUL KLEIHUES; 1994-98) schließt das Luisen Carree zur Invalidenstraße.

Dem Prinzip eines „Klosters in der Stadt" folgt der Gebäudekomplex der **DEUTSCHEN BISCHOFSKONFERENZ** (HANNOVERSCHE STRASSE 5; HÖGER HARE; 1997-99). Der Bau öffnet sich dem Stadtraum nur teilweise. Die Anlage erhält ihren Reiz durch den Wechsel von klaren, strengen Baukörpern und definierten Hofbereichen sowie durch das Spiel von eigenwillig gesetzten offenen und geschlossenen Wandflächen. Der markante Kopfbau für die Bischofskonferenz leitet zum Innenhof über, in dem das Gebäude für die Katholische Akademie mit Gästehaus und Kirchenraum als U-förmiger Bauteil liegt.

Das **BUNDESMINISTERIUM FÜR BILDUNG UND FORSCHUNG** (**D**; HANNOVERSCHE STRASSE 30; 1913-14; HANS SCHAROUN; 1949; 1972) hat ein geschichtsreiches Gebäude bezogen. Nachdem das schlichte ehem. Kasernengebäude von 1914 im Zweiten Weltkrieg völlig ausgebrannt war, wurde es 1949 von Hans

Scharoun für das Institut für Bauwesen (ab 1951 Deutsche Bauakademie der DDR) wiederhergerichtet. Scharoun setzte dem Haus einen neuen, zweigeschossigen und lichtdurchfluteten Dachaufbau auf, innen von einer Galerie umgeben. Mit seiner Holzverschalung glich der Dachaufbau einer Baracke. 1972 wurde das Gebäude für die Ständige Vertretung der Bundesrepublik Deutschland in Ost-Berlin umgebaut. Beim Umbau für das Bundesministerium (JOURDAN & MÜLLER PAS; 1999-2000) erfolgte die Wiederherstellung der Scharoun'schen Raumfassung des Dachgeschosses. Vom an der ursprünglichen Brandmauer aufgeständerten Erweiterungsbau kragt ein Teil des obersten Geschosses als Kasten aus, darunter ist ein gläserner Erker über Eck gezogen. Auf diese Weise wird die aufgebrochene Straßenfront effektvoll betont.

SPREEKARREE (FRIEDRICHSTRASSE/SCHIFFBAUERDAMM; RÜTHNICKARCHITEKTENINGENIEURE, BAUTEAM WIMMELER; 2001-03) Baukomplex mit drei separaten Bauteilen; zur Spree ansteigende Geschosszahl.

Ähnlich wie das ▶ *Deutsche Theater* lag das **BERLINER ENSEMBLE** (FHEM. NEUES THEATER BZW. THEATER AM SCHIFFBAUERDAMM; **Ⓓ**; BERTOLT-BRECHT-PLATZ 1; HEINRICH SEELING; 1891-92) hinter einer Häuserzeile. Daher befindet sich der Haupteingang an der Schmalseite des Vorbaus. Nach Beschädigungen im Zweiten Weltkrieg wurde die Fassade vereinfacht wiederhergestellt. Jedoch ist der recht kleine Zuschauerraum mit Parkett und zwei Rängen in seiner ursprünglichen neobarocken Ausgestaltung erhalten.

ÄUSSERES SPANDAUER REVIER, ORANIENBURGER UND ROSENTHALER VORSTADT

Im 19. Jh. entstand bereits außerhalb der Akzisemauer das so genannte **ÄUSSERE SPANDAUER REVIER**. Die Industrie benötigte große Flächen, die innerhalb der Stadt nicht zur Verfügung standen. Beidseitig der Chausseestraße, in der Oranienburger Vorstadt (heute Mitte/Wedding), ließen sich die Königliche Eisengießerei und die Maschinenbauanstalten nieder und formierten ein frühes Industriegebiet Berlins.

Auf dem Gelände der früheren Königlichen Eisengießerei entstand ab 1875 das repräsentative **ENSEMBLE NATUR-** 169

WISSENSCHAFTLICHER INSTITUTE INVALIDENSTRASSE (;
INVALIDENSTRASSE 42-44; AUGUST TIEDE; 1875-89), das um einen
ehrenhofartigen Vorplatz gruppiert ist. Das Zentrum der sym-
metrischen Anlage bildet das MUSEUM FÜR NATURKUNDE (IN-
VALIDENSTRASSE 43; 1883-89), auf der Westseite liegt die ehem.
GEOLOGISCHE LANDESANSTALT UND BERGAKADEMIE (HEUTE
BUNDESMINISTERIUM FÜR VERKEHR, BAU- UND WOHNUNGSWESEN;
INVALIDENSTRASSE 44; 1875-78) und auf der Ostseite die ehem.
LANDWIRTSCHAFTLICHE HOCHSCHULE (HEUTE INSTITUTSGEBÄU-
DE DER HUMBOLDT-UNIVERSITÄT; INVALIDENSTRASSE 42; 1876-80).
Die beiden vorderen Bauten sind in spätklassizistischen Formen gestaltet und durch gleichmäßig gereihte Rundbogenfenster gegliedert. Während das Baudekor am ersten Gebäude
äußerst sparsam verwendet wurde, ist der zweite Bau, dem
gewandelten Geschmack der Zeit entsprechend, etwas reicher
ausgeschmückt worden. Die Gebäude sind jeweils um einen
zentralen überdachten Lichthof gruppiert, der in seiner Gestaltung höchst harmonisch und ausgewogen anmutet. Arkaden
mit toskanischen Halbsäulen bilden die vier Hofseiten. Als
drittes Gebäude entstand nur wenige Jahre später das Museum
für Naturkunde. Tiede orientierte sich nun an den weit
prächtigeren Formen der italienischen Spätrenaissance, die zu
dieser Zeit als „Nationalstil" des Deutschen Reiches diskutiert
wurde. Ein Flügel ist nach der teilweisen Kriegszerstörung noch
nicht wiederhergestellt.

Erst mit dem Einzug eines Bundesministeriums in den Altbau der ehem. Geologischen Landesanstalt, die GERBER &
PARTNER 1996-99 teilweise in den ursprünglichen Zustand zurückversetzten, wurde die aufeinander abgestimmte wissen-
schaftliche Nutzung des Ensembles aufgegeben.

Den ERWEITERUNGSBAU DES BUNDESMINISTERIUMS FÜR
VERKEHR, BAU- UND WOHNUNGSWESEN (INVALIDENSTRASSE 44/
SCHWARZER WEG; MAX DUDLER; 1996-99) verschob der Architekt
aus der Achse des Altbaus. Durch die Übereckstellung schuf er
einen Vorplatz für den Eingang. Die Funktion als reiner Verwaltungsbau ist an der nüchternen, steinverkleideten Lochfassade ablesbar.

Das BUNDESMINISTERIUM FÜR WIRTSCHAFT UND TECHNO-
LOGIE ist in zwei historischen Gebäuden untergebracht: in der
ehem. KAISER-WILHELM-AKADEMIE (; INVALIDENSTRASSE

LINKE SEITE
MUSEUM FÜR NATURKUNDE
EHEM. GEOLOGISCHE LANDESANSTALT
UND BERGAKADEMIE
ERWEITERUNGSBAU DES BM FÜR VER-
KEHR, BAU- UND WOHNUNGSWESEN
BM FÜR WIRTSCHAFT UND TECHNOLOGIE

RECHTE SEITE
EHEM. BORSIG-VERWALTUNGSGEBÄUDE
VERWALTUNGSGEBÄUDE DER VEAG
EHEM. POSTAMT BERLIN N4

48/49; Cremer & Wolffenstein; 1905-10) und dem ehem. **INVALIDENHAUS** (**G**; Scharn-
horststrasse 34-35; Isaak Jakob Petri; 1745-48). Die Akademie, als militärmedizinische
Einrichtung entstanden, ist eine weitläufige Anlage, die recht konventionell in neo-
barockem Stil gestaltet worden ist. Dennoch machen sich moderne Tendenzen
bemerkbar. Die Fenster sind großflächiger und nur durch einfache Vorlagen getrennt.
Entgegen der traditionellen hierarchischen Behandlung sind die beiden Obergeschosse praktisch gleichwertig gestaltet. Im Verbindungsflügel entlang der Scharn-
horststraße liegt ein halbrund vortretender Mittelpavillon, in dem sich ursprünglich
der Große Hörsaal befand. Im hinteren Flügel lagen die Internatsräume der Studie-
renden. Das nördlich angrenzende und recht unspektakulär wirkende Invalidenhaus
ist eines der ältesten verbliebenen Gebäude des historischen Berlins. Der Mitteltrakt,
den 1997-99 Baumann & Schnitger nördlich an die historischen Flügelbauten
angefügt haben, orientiert sich mit seinem hohen Dach am Altbau.

Das ehem. **BORSIG-VERWALTUNGSGEBÄUDE** (**D**; Chausseestrasse 13; Reimer &
Körte; 1899) wurde errichtet, unmittelbar bevor das Maschinenbauwerk Borsig von
seinem Standort in der Oranienburger Vorstadt vor dem Oranienburger Tor nach Tegel
verlegt wurde. Die Architekten versuchten, der Fassade im Stil der deutschen
Frührenaissance das Aussehen eines Patrizierhauses zu geben. Dem Trend der Zeit
entsprach das hohe Gewicht, das man auf die handwerkliche Sorgfalt legte, die aus
Material und Verarbeitung der Fassade ablesbar sein sollte. Die Industrieproduktion
von Borsig wurde quasi gleichgesetzt mit den bewährten Traditionen des Handwerks.

HAUPTVERWALTUNG VEAG (Chausseestrasse 23; Kny & Weber; 1997-99): Das Eckgebäude schließt die Lücke eines Blocks. Im Erdgeschoss und in der Treppen-
hausachse zur Chausseestraße sind Priva-Lite-Glasplatten angebracht, die wechsel-
weise undurchsichtig oder transparent sind und sich als Projektionsflächen für
Bild-Text oder Video eignen.

Ehem. **POSTAMT BERLIN N4** (**D**; Am Nordbahnhof 3-5/Zinnowitzer Strasse 2-7/
Invalidenstrasse 30; Georg Werner; 1934-36): Mehrflügliger, äußerst funktional struktu-
rierter Komplex, der einen überdachten Lichthof umschließt. Der Haupttrakt liegt am
Vorplatz des ehem. Stettiner Bahnhofs (heute Nordbahnhof). Der Fassade des aus
Stahlbeton konstruierten Gebäudes wurde in zeittypischer Weise eine monumentale **171**

LINKE SEITE
KONTORHAUS NOVALISSTR.
STADTBAD MITTE

RECHTE SEITE
EHEM. JOSTY-BRAUEREI: HOFANSICHT
ACKERHALLE: EINGANG INVALIDENSTR.
ELISABETHKIRCHE:
AUSSENANSICHT,
HIST. GRUNDRISS

Strenge verliehen, die stark aus der gleichmäßigen Fensterreihung und der vorgehängten Steinverkleidung resultiert.

Im Kernbereich des neu entstandenen Medienviertels zwischen Chausseestraße und Torstraße ergänzte der Neubau des **KONTORHAUSES NOVALISSTRASSE 12** (NIETZ PRASCH SIGL TSCHOBAN VOSS; 2000-02) ein Ensemble bestehender Loftgebäude, das sich durch den gesamten Block zieht und Standort verschiedener Unternehmen der Medienbranche ist. Die Lückenschließung besteht aus traditionellen Elementen des Innenstadtblocks: ein sechsgeschossiges Vorderhaus mit zwei Staffelgeschossen, einem dreigeschossigen Hinterhaus mit einem Staffelgeschoss und einem dreigeschossigen Seitenflügel. Niedrige Bauteile wurden begrünt und können als Gartenterrassen genutzt werden. Die Fassade zur Novalisstraße spiegelt die verschiedenen Charaktere der Nachbarbebauung wider: Auf die großzügigen Proportionen des nördlich angrenzenden Fabrikgebäudes antwortet eine geschosshohe Pfosten-Riegel-Verglasung. Die Lochfassade mit schwarzem Granit vermittelt dagegen zur südlich anschließenden Wohnbebauung.

LOFTHAUS MITTE (TIECKSTRASSE/BORSIGSTRASSE; SEHW ARCHITEKTEN; 2002-03): Eckschließung durch ein Wohngebäude. Die Wohnungen wurden als Lofts mit freien, flexiblen Grundrissen gestaltet. Innen wie außen wechseln die Materialien Beton, Glas und Holz.

Das **STADTBAD MITTE** (**D**; GARTENSTRASSE 5/6; CARLO JELKMANN; 1929-30) besteht aus einer Anlage, die sich mit vier Binnenhöfen in die Blocktiefe zieht. Die Bauteile wurden logisch nach hinten gestaffelt. Im Straßentrakt liegt die Bäderabteilung, im Zentrum der Umkleidebereich, im hinteren Bereich, über die ganze Gebäudebreite gezogen, die Schwimmhalle mit dem ersten 50-Meter-Becken Europas. Hier entstand durch die Verglasung der Wände und der Decke in einem durchgängigen Raster ein besonderer Lichteindruck. Die Gestaltung des Innern erfolgte durch HEINRICH TESSENOW, z.T. mit Glasmalereien von MAX PECHSTEIN.

Ehem. **JOSTY-BRAUEREI** (**D**; BERGSTRASSE 22; ENDERS & HAHN; 1890-91; KLAUS LATTERMANN, BARBARA MARIA ELWARDT; 1996-98): Wiederherstellung und Umbau eines historischen Brauereigebäudes.

In die geschlossene Straßenrandbebauung fügt sich das **BANK-, BÜRO- UND**
BOARDINGHAUS TORSTRASSE 131 (KAHLEN & PARTNER; 1993-95) mit Vorder- und Hinter-

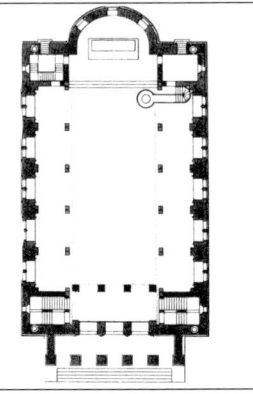

haus sowie Seitenflügel ein. Die Architekten haben bei der Gestaltung in einer sehr freien Art mit verschiedenen Formen gespielt. Das Treppenhaus befindet sich in einer gebäude-hohen Glasfuge. Der leicht diagonal in den Straßenraum ver-laufenden Bewegung der Hauptfassade ist ein ausladendes Flachdach des zurückversetzten Dachgeschosses entgegen-gesetzt. Zur Hofseite hebt sich ein Teil der Fassadenfläche mit weißem Putz und Bullaugenfenstern von der übrigen Fläche aus glänzendem, poliertem Stein ab.

ALTE SEIFENFABRIK (TORSTRASSE 134; BERNWARD GRÜTZNER; 1998-2000): Sanierung und Umbau eines ehem. Fabrikgebäu-des (1898-1904) zum Büro- und Geschäftshaus.

Die Markthalle VI oder **ACKERHALLE** (**D**; ACKERSTRASSE 23-26/INVALIDENSTRASSE 158; HERMANN BLANKENSTEIN; 1886-88) ist eine von ursprünglich 13 Berliner Markthallen und lässt im Innern noch die ursprüngliche Gestaltung erkennen. Die Basi-lika mit hohem Mittelschiff und zwei niedrigeren Seitenschiffen zeigt die offene Konstruktion aus gusseisernen Stützen und Stahlbindern. Zu den Straßen sind die Fassadenflächen mit Klinkern verblendet und mit Friesen und Terrakottaplatten-Portalen geschmückt. 1990-91 wurde die Ackerhalle denk-malgerecht saniert.

Der mit der Industrialisierung verbundene rasche Bevölke-rungszuwachs in Berlin war der Grund, warum Friedrich Wil-helm III. im Jahr 1828 Schinkel mit dem Bau von vier neuen Kirchen in den nördlichen Vorstädten beauftragte. Eine von ihnen war die ev. **ELISABETHKIRCHE** (**D**; INVALIDENSTRASSE 4; KARL FRIEDRICH SCHINKEL; 1832-34). Schinkel entwarf eine ein-fache Gestaltung. Die Sparzwänge erlaubten z.B. statt der ur-sprünglich vorgesehenen ionischen Säulen für den Portikus lediglich Pfeiler, die einfacher herzustellen waren. Dennoch erhielt die Kirche durch die klassizistische Tempelfront einen noblen Charakter. Nach schwerer Beschädigung im Zweiten Weltkrieg wird die Kirchenruine derzeit gesichert und teilweise restauriert. Ein Nutzungskonzept für die Zukunft wurde noch nicht gefunden.

Die **KAPELLE DER VERSÖHNUNG** (BERNAUER STRASSE/ACKER-STRASSE; SASSENROTH & REITERMANN; 1999-2000) steht an der Stelle der 1894 errichteten Versöhnungskirche, die aufgrund ihrer Lage unmittelbar in der Grenzanlage der ▶ *Berliner*

Mauer 1985 gesprengt worden war. Spektakuläre Konstruktion auf ovalem Grundriss mit einem Gebäudekern aus Stampflehm und einer transparenten Holzlamellen-fassade.

Die **HAUPTBIBLIOTHEK MITTE** (BRUNNENSTRASSE 181; RICHARD BLOS; 1909; ABELMANN & VIELAIN; 1991-97) befindet sich in einem typischen Berliner Gewerbehof. Ab 1928 wurde im Vorderhaus die Bibliothek untergebracht, die mit einem Neubau aus Stahl und Glas im dritten Hof eine neue Erschließungszone erhalten hat. Alt und Neu gehen in der Architektur von Abelmann & Vielain ein abwechslungsreiches, spannendes Wechselspiel ein. So befinden sich die neuen Sanitäranlagen in einem alten Spänebunker. Die Kinderbibliothek liegt unter dem vierten Hof, ein Lichtkubus im Hof markiert die unterirdische Nutzung. Spannungsreich zur Geltung kommen die eingesetzten Materialien: Sichtbeton, Stahltreppen, hölzerne Regale und die sichtbar gelassenen Altbaufassaden.

Ehem. **SYNAGOGE BETH-ZION** (**D**; BRUNNENSTRASSE 33; 1910): Privatsynagoge des Vereins Beth-Zion im Hof des Wohnhauses Brunnenstraße. In der Pogromnacht des 9. November 1938 geschändet und verwüstet, äußerlich jedoch nahezu im Original erhalten.

An der einstigen Schnittstelle vom äußeren Spandauer Revier, der Oranienburger Vorstadt und der Rosenthaler Vorstadt (heute Mitte/Prenzlauer Berg) entstand das ehem. **WARENHAUS JANDORF** (**D**; BRUNNENSTRASSE 19-21/VETERANENSTRASSE; LACHMANN & ZAUBER; 1903-04). Es wurde mit einer Pfeilerkonstruktion aus Eisenbeton errichtet, die sich in der Fassade widerspiegeln sollte. Vorbild war Alfred Messels Warenhaus Wertheim in der Leipziger Straße. Zwischenpfeiler gliedern die Fensterflächen, die bis zur baulichen Veränderung 1926 eine verglaste Fassade ohne Brüstungen bildeten. Im dritten Obergeschoss verdichten sich die Pfeiler zu einem abschließenden Ornament. Als markantes Zeichen an der Straßenkreuzung erhebt sich über dem abgerundeten Dach ein Turm mit doppelter kupferverkleideter Haube.

Im südlichen, heute zu Mitte gehörenden Teil der Rosenthaler Vorstadt, rund um den Zionskirchplatz, entstand Ende des 19. Jh. ein komplettes neues Viertel nach dem ganz Berlin umfassenden Hobrecht-Plan von 1862. Im Zentrum stand die ev.

ZIONSKIRCHE (**D**; ZIONSKIRCHPLATZ; AUGUST ORTH; 1866-73), die zum Dank für das

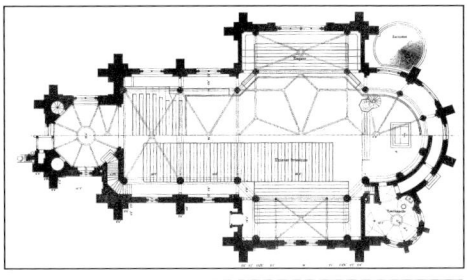

Misslingen des Badener Attentats auf König Wilhelm I. von 1860 gestiftet wurde. Dem Sakralbau sollte eine hervorgehobene symbolische und städtebauliche Wirkung verliehen werden. 1866 wurde mit dem Bau nach Plänen von August Orth begonnen. Wegen Geldmangels konnte die Kirche aber erst 1873 eingeweiht werden. Orth verfolgte die Absicht, einen starken Einfluss auf den protestantischen Kirchenbau auszuüben und eine neue Bautradition für das Deutsche Reich zu begründen. In diesem Sinne versuchte er, dem damaligen architektonischen Ideal entsprechend, klassische und mittelalterliche Elemente miteinander zu verschmelzen und zu einer neuen höheren Stufe zu führen. Mit der umlaufenden Zwerggalerie und dem Turmportal nahm der Architekt Formen der lombardischen Romanik auf. Als nationale Komponente ist der „deutsche" Spitzhelm des Turmes zu verstehen. Eine Vorbildfunktion für den protestantischen Kirchenbau – nicht nur in Berlin – besaß der weiträumige, zentralbauartige Innenraum mit umlaufenden Emporen und kuppelähnlichem Gewölbe. Auch städtebaulich bot die Kirche eine neue Lösung. Der Bau ist nicht mehr geostet, weil Orth in Großstädten die Straßenführung und die Platzgestaltung für wichtiger erachtete. So ist die Kirche Teil des Platzensembles, auf das sternförmig fünf Straßen zuführen.

Ein Jahr nach seiner Thronbesteigung erließ König Friedrich Wilhelm IV. 1841 eine Kabinettsorder, die nördliche Spreeinsel „zu einer Freistätte für Kunst und Wissenschaft umzuschaffen". Neben der politisch-monarchischen Funktion des Schlossbezirks erhielt somit ein zentraler Bereich Berlins zum ersten Mal einen bildungsbürgerlichen Auftrag. Ein einheitlicher Entwurf, wie er von FRIEDRICH AUGUST STÜLER 1841 vorgelegt worden war, konnte sich nicht durchsetzen, vielmehr nahm die Bebauung den langen Zeitraum bis 1930 in Anspruch. Dennoch entstand ein geschlossenes Ensemble von Museumsbauten, dessen kulturelle Bestimmung von außen ablesbar ist. Einzig der Bau der Stadtbahn 1882 war ein städtebaulicher Einschnitt, der die Museumsinsel wortwörtlich „durchkreuzte".

Noch bevor die Idee zum Ausbau der Freistätte für Kunst und Wissenschaft entstand, war das Museum am Lustgarten – das heutige **ALTE MUSEUM** (❿; LUSTGARTEN/BODESTRASSE 1-3; KARL FRIEDRICH SCHINKEL; 1824-30) – bereits Vorbild für viele Museumsbauten, die im 19. Jh. europaweit entstanden. Der Anlass für die Errichtung des Baus war die 1815 erfolgte Rückführung der Kulturschätze aus dem napoleonischen Kunstraub. Damals entstanden erste Vorstellungen von einer öffentlichen Unterbringung der Sammlungen aus den königlichen Schlössern im alten Akademiegebäude Unter den Linden. Unterstützt vom Kronprinzen Friedrich Wilhelm, entwarf Karl Friedrich Schinkel jedoch – bahnbrechend für die Zeit – einen eigenständigen Museumsbau im Lustgarten gegenüber dem ▶ Berliner Schloss. Noch war der kunstinteressierte Kronprinz die treibende Kraft, denn er sah bei sich die Verantwortung zur Erziehung seines Volkes. Doch obwohl der Museumsbau dem Schlossbezirk zugeordnet war und ein Ensemble nach monarchischer Vorstellung vervollkommnen sollte, entstand mit der Gegenüberstellung von Museum und Schloss ein erster städtebaulicher Ausdruck des Anspruchs des Bürgertums auf gesellschaftliche Mitsprache. Denn die Kunstschätze waren eben nicht mehr in der alten höfischen Umgebung aufbewahrt, sondern wurden zur öffentlich zugänglichen Sammlung, aus der sich eine Institution bürgerlich-humanistischer Bildung entwickeln sollte. Schinkel konnte mit Hilfe des Kronprinzen dem König das Museum als „Verschönerung des Lustgartens" nahe bringen. Den überaus prominenten Standort bezeichnete Schinkel selbst als „schönsten Bauplatz Berlins". Der Lustgarten, der bereits zu drei Seiten durch das Schloss, das ▶ Zeughaus und den ▶ Berliner Dom begrenzt war, erhielt mit dem Bau des Museums eine vierte Platzwand und wurde damit zum städtischen Raum.

Schinkel entwarf das Museum nach dem Vorbild der Athener Philosophenschule Stoa Poikile. Die „Stoa" genannten, lang gestreckten Gebäude mit Säulenfront galten als Prototyp der antiken Schule. Sie dienten im Altertum aber auch anderen öffentlichen Funktionen und begrenzten die städtischen Plätze. Schinkels architektonische

Gestaltung entsprach damit einer bürgerlichen Idealvorstellung von der griechischen Antike. Die Säulenhalle erzeugt in ihrer Größe Ehrfurcht und gibt sich in ihrer Strenge und Feierlichkeit als ein „Tempel der Kunst" zu erkennen. Bewusst entwarf Schinkel sie als vermittelnde Zone zwischen Lustgarten und Museum. Bereits vom Lustgarten aus sah man die – im Krieg zerstörten – Wandbilder mit Darstellungen von Menschen- und Götterleben. Diese Übergangszone zwischen innen und außen setzt sich hinter einer zweiten, momentan verglasten Säulenreihe mit einer großen Freitreppe fort. Den einzigartigen Raum, den Schinkel hier schuf, kann man zu seinen größten Leistungen zählen. Wie von einer Tribüne konnte der Besucher den vorgelagerten Stadtraum mit Dom, Lustgarten und damals auch Schloss betrachten. Der auch als Bühnenbildner arbeitende Architekt komponierte für den Bildungsbürger gewissermaßen ein Bild, das die Gegenüberstellung von Schloss und Museum noch einmal souverän thematisierte.

Von außen verweist nichts auf die innerhalb des Gebäudes liegende spektakuläre Kuppelhalle. Der Raum war als idealer Mittelpunkt des Gebäudes gedacht und spiegelte den Kosmos des damals neuen Zeitgeistes von Bildung und Kultur wider. Seine Proportionen entsprachen dem Pantheon in Rom als Sinnbild architektonischer Vollkommenheit. Trotz reicher und kunstvoller Gestaltung wirkt der Raum klassisch-schlicht. Ein innerer Säulenkranz trägt eine umlaufende Galerie, die Kuppel ist in Kassettenfelder unterteilt, das Licht fällt durch das Kuppelauge weich ins Innere. Die Rotunde ist mit Statuen antiker Götter geschmückt, die eine Verbindung zur Museumsfunktion herstellen.

Den repräsentativen Zonen des Gebäudes standen zweckmäßige und schlicht ge-staltete Ausstellungsräume gegenüber. Das Alte Museum diente aufgrund der Wegeführung, aber auch mit seiner zentralen Kuppelhalle als wichtiges Vorbild für andere Museumsbauten (*vgl. Sanierung und Umstrukturierung der Museumsinsel*).

Auf eine dennoch sich verändernde Kunstauffassung verweisen bereits die Reiter-gruppen auf den Treppenwangen zum Lustgarten. Mit dem Schinkel'schen Konzept haben sie nichts mehr gemein, denn sie greifen in geradezu barocker Manier in den Raum hinein, um ihn auf dramatische Weise zu beleben. Die Amazone von August Kiss stammt aus dem Jahr 1843, der Löwenkämpfer von Albert Wolff von 1861.

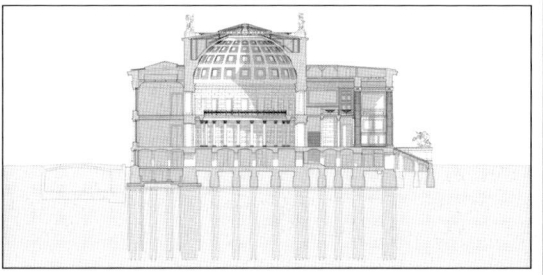

Das **NEUE MUSEUM** (🄳; BODESTRASSE 4; FRIEDRICH AUGUST STÜLER; 1841-56) entstand auf Betreiben Friedrich Wilhelms IV. als erster Teil der eigentlichen Museumsinsel und wurde das wichtigste Bauvorhaben des Königs. Errichtet für die ägyptische
Sammlung, schuf Stüler mit ihm ein Hauptwerk der so genannten Schinkel-Schule.
Den neuesten technischen Entwicklungen folgend, war es der erste Repräsentationsbau Berlins, der mit Hilfe einer Eisenkonstruktion errichtet wurde. Die gusseisernen
Balkendecken ließen Spannweiten bis über 7 m zu, und schmiedeeiserne Hängewerke
ermöglichten zudem die stützenfreie Überdachung des „Ägyptischen Hofes". Die
sichtbare moderne Eisenkonstruktion wurde mit Zink oder Messing verkleidet. In der
Mitte der klar strukturierten Fassade kennzeichnet der höhere Bauteil mit Giebel das
quer eingeschobene Treppenhaus. Es nimmt die gesamte Gebäudetiefe ein und beein-
druckte die Besucher früher mit einer repräsentativen dreiläufigen Treppe, die von
großen Wandgemälden von WILHELM KAULBACH umgeben war. Der Bau ist um zwei
Binnenhöfe gruppiert. Im offenen „Griechischen Hof" hat sich ein Relieffries von
HERMANN SCHIEVELBEIN erhalten, das den Untergang Pompejis darstellt. Anders als die
schlichten magazinartigen Ausstellungsräume des Alten Museums wurden die Säle
des Neuen Museums kunstvoll ausgestaltet, um stilistisch mit den gezeigten Kunst-
werken zu korrespondieren (*vgl. Sanierung und Umstrukturierung der Museumsinsel*).

1861 verknüpfte Konsul Joachim Heinrich Wagener die Überlassung seiner Samm-
lung zeitgenössischer Gemälde an die Öffentlichkeit mit der Bedingung, hierfür eine
seit langem geforderte Nationalgalerie zu errichten. Mit Hilfe deutscher Kunst sollten
der Geist und die Einheit der Nation veranschaulicht werden. Bei der entstandenen
Nationalgalerie (HEUTE **ALTE NATIONALGALERIE**; 🄳; BODESTRASSE 3; FRIEDRICH AUGUST
STÜLER, JOHANN HEINRICH STRACK; 1866-76) verengte sich dementsprechend die
Auswahl auf Themen, die das Nationale betonten. Programmatisch verweist die
Inschrift „Der deutschen Kunst MDCCCLXXI" im Gebälk auf die Reichsgründung 1871;
das humanistische Bildungsideal verwandelte sich in patriotische Kunstpolitik. Für
den Museumsbau überarbeitete Stüler 1862 seine bereits zwanzig Jahre alten Pläne
für ein Fest- und Aulagebäude. Mit der Form eines Tempels auf hohem Sockel griff er
auf David Gillys Denkmalsentwurf für Friedrich II. und auf Leo von Klenzes Walhalla
zurück, obwohl sich diese Architektur für eine Galerie nicht eignete. Als Stüler kurze

Zeit später starb, übernahm Johann Heinrich Strack die Ausführung. Der Bau in der Form eines römischen Podiumtempels ist
von korinthischen Säulen umgeben. Nur an der Schaufront ergeben die Säulen eine offene Vorhalle, seitlich sind sie als
Dreiviertelsäulen ausgebildet, um die Belichtung der Räume zu
gewährleisten. Die Rückseite schließt apsisförmig, wodurch
von der strengen Vorlage des antiken Tempels abgewichen
wurde. Die vom Baukörper abgesetzte Freitreppe erfüllt eigentlich nur die Funktion, das Reiterstandbild des Königs
Friedrich Wilhelm IV. (ALEXANDER CALANDRELLI; 1882) zu tragen
und der Hauptfront eine monumentale Wirkung zu verleihen.
Der Haupteingang befindet sich unter der Treppe.

Der Innenraum war ganz auf die Unterbringung großforma-
tiger Bilder von PETER CORNELIUS ausgerichtet. Hierzu wurden
zwei überhohe Säle ins Zentrum gelegt. Die übrigen Kabinette
mussten um sie herum gelegt werden. Die Corneliussäle wurden in ihrer großzügigen Wirkung 1935 mit dem Einzug einer
niedrigeren Glasdecke beträchtlich verändert. Im Treppenhaus
gibt ein Relieffries von OTTO GEYER die nationale Sicht auf die
deutsche Kunst wieder: Ihr Ursprung wurde in der germa-
nischen Zeit gesehen (*vgl. Sanierung und Umstrukturierung
der Museumsinsel*).

Auf Betreiben Wilhelm von Bodes, des damaligen Direktors
der Berliner Museen, wurde das Kaiser-Friedrich-Museum (SEIT
1958 **BODEMUSEUM**; **D**; AM KUPFERGRABEN; EBERHARD ERNST
VON IHNE; 1897-1904) errichtet. Das Grundstück an der nördlichen Spitze der Spreeinsel war wegen seiner dreieckigen
Form denkbar ungünstig und zudem durch die Stadtbahn von
den anderen Museen abgeschnitten. Hofarchitekt Ihne nutzte
jedoch die besondere Lage und prägte das Erscheinungsbild
der Museumsinsel in einmaliger Weise. Das Gebäude in den
Formen der italienischen Hochrenaissance scheint wie ein
Schiff zwischen Spree und Kupfergraben zu schwimmen. Die
Gebäudespitze wurde abgerundet und mit einer markanten
Kuppel versehen. Über die Monbijoubrücke erreicht man den
Eingang. Nach ihrem Rundgang über die Museumsinsel
müssen die Besucher den Kupfergraben daher zweimal über-
queren, um zum nördlichsten Museum zu gelangen. Der bisher
nur provisorisch wiederhergestellte nördliche Brückenteil soll
in alter Form rekonstruiert werden. Eine besondere Heraus-

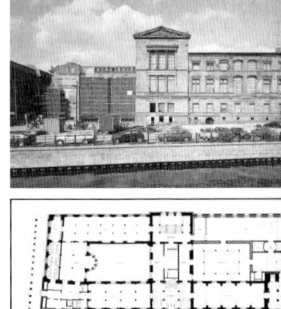

LINKE SEITE
NEUES MUSEUM: WESTANSICHT,
ZUKÜNFTIGER GRUNDRISS DES 1. OG,
NIOBIDENSAAL
ALTE NATIONALGALERIE

RECHTE SEITE
ALTE NATIONALGALERIE:
KUPPELSAAL, GRUNDRISS
BODEMUSEUM: RUHMESHALLE

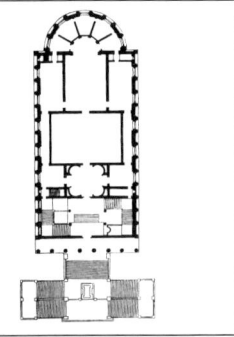

forderung war die Gestaltung der Fassade des Bodemuseums zur Stadtbahn, welcher der Architekt augenscheinlich einen gleichwertigen Charakter zu geben versuchte. Die kleine Kuppel und der stark betonte Mittelrisalit versuchen den Anschein einer Hauptfassade zu erwecken, allerdings durchschneidet die Stadtbahn in Höhe des ersten Geschosses jede Wirkung. Den Gegnern der wilhelminischen Architektur bot diese alles andere als einleuchtende Lösung Gelegenheit zur Kritik. Gleichwohl hatte Ihne in der Addition weniger architektonischer Ausdrucksmittel zu einem für die wilhelminische Repräsentationsarchitektur fortschrittlichen ruhigen Baukörper gefunden, welcher zudem mit einer Stahlkonstruktion der großen Kuppel eine bahnbrechende Ingenieurleistung darstellte.

Auf der Monbijoubrücke, gegenüber dem Eingang, wurde das Reiterstandbild Kaiser Friedrichs III. von RUDOLF MAISON (nach dem Zweiten Weltkrieg eingeschmolzen) aufgestellt, das in Verbindung mit der Kopie des Reiterstandbildes des Großen Kurfürsten in der Ruhmeshalle des Museums gesehen werden sollte – die Hohenzollern als Protektoren der Königlichen Museen. Von der Ruhmeshalle führt eine mittlere Achse zur Basilika im Stil einer Florentiner Renaissance-Kirche und zum hinteren Treppenhaus im Stil des preußischen Rokokos. Nach Vorstellung des Generaldirektors von Bode benötigten die Sammlungen eine Umgebung, die auch die Atmosphäre der Epochen wiedergeben konnte, in denen die Kunstwerke entstanden waren (*vgl. Sanierung und Umstrukturierung der Museumsinsel*).

Mit dem **PERGAMONMUSEUM** (**D**; AM KUPFERGRABEN; ALFRED MESSEL, LUDWIG HOFFMANN; 1910-30) wurde die Museumsinsel vervollständigt. Die eindrucksvolle Dreiflügelanlage ersetzte das „Interims-Gebäude", das erst kurz zuvor 1898-1901 von FRITZ WOLFF errichtet worden war. Bereits der Vorgängerbau nahm den berühmten antiken Pergamonaltar auf. Nur als Hülle für den Altar geplant, wurde er bald zu klein, da sich die Sammlung archäologischer Fundstücke ständig vergrößerte. Generaldirektor von Bode beauftragte den Architekten Alfred Messel, von dem der Kaiser nur schwer überzeugt werden konnte, da Messel ein Vertreter der frühen Moderne war. Der Architekt beabsichtigte in seinen 1907-09 entstandenen Entwürfen, mit dem großen Komplex die gesamte Museumsinsel

neu zu strukturieren. Allerdings starb er 1909 noch vor Baubeginn. Sein ehemaliger Studienfreund Ludwig Hoffmann führte die Arbeit fort. Er fügte ein volles Untergeschoss hinzu, wodurch die Firsthöhe 5 m höher als ursprünglich geplant und die Eingliederung in die Nachbarbebauung beeinträchtigt wurde. Im Zentrum des Baus, dem massigen fensterlosen Eingangsflügel, fand der Pergamonaltar seine Aufstellung. Zwei Tempelfronten schließen die Seitenflügel ab. Die Detaillierung der Fassade aus damals bevorzugtem Muschelkalk ist nicht streng historisierend. In einer für Messel typischen Weise wurde der architektonische Formenkanon eher unakademisch angewandt. Durch die Gliederung der Gebäudeflügel mit dorischen Pilastern in Kolossalordnung verlieh Messel dem Bau eine monumentale Strenge, die bei keinem der anderen Museumsbauten zu finden ist. Der in die Tiefe gezogene Ehrenhof zum Kupfergraben war als Eingangsbereich für die gesamte Museumsinsel gedacht. Seine ungewöhnliche Ausrichtung erklärt sich sofort, wenn man sich die städtebauliche Achse denkt, die Hoffmann zwischen dem Pergamonmuseum und der Erweiterung des Gebäudes der heutigen ▶ Humboldt-Universität plante. Der Erste Weltkrieg durchkreuzte diese Planung und sie wurde aufgegeben. Auch die Säulenhalle, die den Ehrenhof abschließen sollte und die für die räumliche Wirkung von entscheidender Bedeutung gewesen wäre, wurde nicht ausgeführt. Der Museumsbau ist schließlich 1930, als sich die Architekturwelt bereits entscheidend verändert hatte, „unvollendet fertig gestellt" worden. Erst 1980-82 lösten ein neuer gläserner Eingangsbereich und eine Spannbetonbrücke über den Kupfergraben die letzten Provisorien ab. Im Innern wurden sämtliche Räume äußerst schlicht gehalten. Dieses Konzept der Moderne, das die einzelnen Ausstellungsstücke zur Geltung bringen sollte, plante schon Messel in seinen Entwürfen (*vgl. Sanierung und Umstrukturierung der Museumsinsel*).

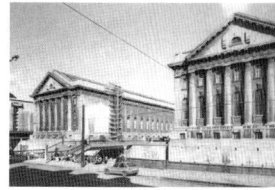

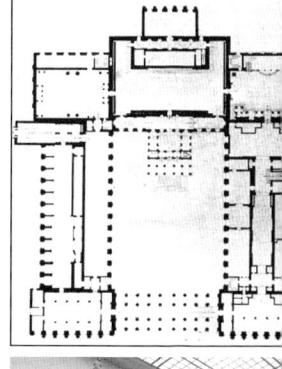

Seit 1999 ist die Museumsinsel in die Liste des UNESCO-Weltkulturerbes eingetragen. Die universellen Sammlungen entwickelten sich zusammen mit der Architektur bis Ende des 19. Jh. zu einem Gesamtkunstwerk von internationalem Rang. Es gestaltete sich jedoch äußerst schwierig, eine allgemein anerkannte Strategie zur **SANIERUNG UND UMSTRUKTURIE-**

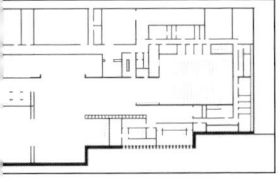

RUNG DER MUSEUMSINSEL zu entwickeln. 1994 wurde ein Wettbewerb veranstaltet, aus dem GIORGIO GRASSI als Sieger hervorging. Sein Entwurf sah u.a. einen strengen riegelartigen Neubau am Kupfergraben vor. Favorisiert wurde von der Stiftung Preußischer Kulturbesitz jedoch der Entwurf von FRANK O. GEHRY, der für seine Neubauten ein Geflecht organischer Strukturen vorsah. Wegen der teilweise starken Eingriffe in das historische Ensemble wurden die Entwürfe auf das heftigste attackiert. Die Pläne scheiterten. Moderne museumspädagogische Konzepte, ein enormer Platzbedarf und die Bewahrung des wertvollen historischen Ensembles schienen unvereinbar. Immer wieder wurden Planungen verworfen, die eine Überdachung des Pergamonhofes in Erwägung zogen. Nach einem zweistufigen Gutachterverfahren zwischen den favorisierten Wettbewerbsentwürfen ging letztendlich der Auftrag zum Wiederaufbau des Neuen Museums 1997 an DAVID CHIPPER-FIELD. Darüber hinaus wurde das Büro zusammen mit den Architekten HEINZ TESAR und HILMER & SATTLER beauftragt, einen Masterplan für die Museumsinsel zu erarbeiten, der im Juni 1999 vom Stiftungsrat der Stiftung Preußischer Kulturbesitz verabschiedet wurde. Das Konzept sieht eine Verbindung der Museumsbauten durch eine **ARCHÄOLOGISCHE PROMENADE** vor. Der Parcours verläuft teils unterirdisch, teils durch die geöffneten Lichthöfe und Sockelgeschosse. Die Museen können damit sowohl über die Archäologische Promenade als auch über Einzeleingänge erschlossen werden. Als einziges Museum bleibt die Alte Nationalgalerie nicht an die neue Promenade angeschlossen. Durch die Rekonstruktion des von Kolonnaden umschlossenen Vorhofes wird jedoch auch wieder die verbindende Funktion dieses kleinen „Forums" reaktiviert werden. Zwischen Neuem Museum und Kupfergraben entsteht ein **ZENTRALES EINGANGSGEBÄUDE** (AM KUPFERGRABEN; DAVID CHIPPERFIELD), in dem auch Wechselausstellungen gezeigt werden. Auf diese Weise können die historischen Gebäude von den Infrastruktureinrichtungen freigehalten werden, die für die zu erwartenden Besuchermassen geschaffen werden müssen. Das frei stehende Haus, das als Komposit abstrakter Volumen erscheint, soll sich durch seinen skulptural objekthaften Charakter in das historische Ensemble einfügen. Umgesetzt werden die Pläne für die Museumsinsel

von der PLANUNGSGRUPPE MUSEUMSINSEL (DAVID CHIPPERFIELD, HILMER & SATTLER UND ALBRECHT, HEINZ TESAR, O.M. UNGERS, LEVIN MONSIGNY LANDSCHAFTSARCHITEKTEN, POLYFORM). Ein wichtiger Bestandteil ist die denkmalgerechte Sanierung der historischen Museumsbauten. Mit großem Aufwand wurde als erstes Bauwerk die **ALTE NATIONALGALERIE** (HG MERZ; 1992-2001) generalsaniert. Im ersten Ausstellungsgeschoss wird der Besucher von der Querhalle empfangen, die nahezu im bauzeitlichen Zustand erhalten ist. Im Treppenhaus wird deutlich, dass mittlerweile auch der Wiederaufbau der Nachkriegszeit einen eigenen denkmalpflegerischen Stellenwert besitzt. So entschied man sich, die Stuckdecke des Treppenhauses im klassizierenden Stil der frühen 1950er Jahre zu belassen. Dagegen wurden die in den 1930er Jahren eingezogenen Zwischendecken der überhohen Corneliussäle durch eine neue Konstruktion ersetzt, um im darüber liegenden Geschoss neue Säle zu gewinnen. Die Sichtbarkeit der Leuchten in der Lichtdecke ist beabsichtigt, um nicht den Eindruck einer Oberlichtdecke zu erwecken. Hinter die alten Holzfenster wurden neue Bronzefenster gesetzt. Sie sorgen dafür, dass die Sicherheits- und Klimaanforderungen des Museums erfüllt werden. Die neue Haus- und Klimatechnik ist weitgehend in eine zweite Schicht zwischen historischen Wänden und neuen Raumabschlüssen gelegt. Das **NEUE MUSEUM** blieb lange eine Ruine, wodurch aber auch die Reste der ursprünglichen Innengestaltung vor einer modernen Umgestaltung wie im Alten Museum geschützt blieben. In einigen Sälen überstanden sogar die romantischen Wandgemälde die Zerstörungen des Krieges. Derzeit wird das Neue Museum als letztes historisches Gebäude der Museumsinsel mit großem denkmalpflegerischen Aufwand wiederhergestellt (DAVID CHIPPERFIELD). Die Wiederherstellung ist eng mit der Errichtung des zentralen Eingangsgebäudes verbunden und soll bis 2009 abgeschlossen sein. Die zerstörten Bauteile werden schmucklos, aber in den Proportionen mit den erhaltenen Bauteilen übereinstimmend, ergänzt.

HILMER, SATTLER & ALBRECHT sanieren bis 2011 das **ALTE MUSEUM**. Um die Verglasung des ursprünglich geöffneten Treppenhauses hinter der Säulenfront zum Lustgarten wieder rückgängig zu machen, werden zwei zusätzliche repräsentative Treppenhäuser geschaffen, die symmetrisch neben der Rotunde liegen werden. Das Museum wird dann nur noch über einen einzigen Eingang im Hauptgeschoss erschlossen, die Treppenanlage zum Lustgarten bleibt für besondere Gelegenheiten vorbehalten. Die beiden bisher nicht genutzten Lichthöfe werden mit filigranen Glasdächern überspannt, um Ausstellungsflächen aufzunehmen. Im westlichen Hof soll der Abgang zur Archäologischen Promenade auf Kellerniveau erfolgen.

Das **PERGAMONMUSEUM** soll 2005-10 von OSWALD MATHIAS UNGERS umgebaut werden. In Anlehnung an die ursprünglich geplante Kolonnade, die den Ehrenhof abschließen sollte, entsteht an der Seite des Kupfergrabens ein gläserner Trakt. Über dem Durchgang zum Hof erhebt sich dann ein Querriegel, der im Hauptgeschoss einen vollständigen Rundgang durch den Komplex ermöglichen wird. Am Hauptflügel entsteht anstelle des gläsernen Vorbaus ein neuer Eingang.

Die Sanierung des **BODEMUSEUMS** erfolgt seit 1997 durch HEINZ TESAR und CHRISTOPH FISCHER und soll bis 2005 abgeschlossen sein. Über die „Archäologische Promenade" wird man auf dem Weg in das Bodemuseum zunächst in einen Ausstellungssaal gelangen, der sich direkt unter der Bahnanlage befinden soll. Ein weiteres Erschließungsbauwerk entsteht in einem der Höfe. Mit der vollständigen Wiederherstellung der Monbijoubrücke wird auch die Anbindung der Museumsinsel an die Spandauer Vorstadt verbessert werden. Zudem soll ein weiterer Steg vom neu zu gestaltenden Platz vor der Ostseite des Pergamonmuseums in den Monbijoupark führen.

TIERGARTEN

Der größte Landschaftspark Berlins, der **TIERGARTEN**, liegt inmitten der Stadt. Im 19. Jh., als sich Berlin in zunehmendem Maße nach Westen ausbreitete, wuchs die Stadt um das einstige, außerhalb gelegene kurfürstliche Jagdrevier herum. Im nördlichen Tiergarten entstand ein neuer politischer Machtbereich, als sich Ende des 19. Jh. Parlamentarismus und Demokratie vom Zentrum des monarchischen Preußens, der Spreeinsel mit dem Schlossbezirk, loslösten. Mit dem Bau des ▶ *Reichstages* entstand ein Gegenzentrum zum Hohenzollernschloss, an dem nach dem Ende der Monarchie und der Gründung der Weimarer Republik die Regierungsfunktionen im Spreebogen räumlich konzentriert werden sollten: in einem nicht realisierten „Forum der Republik". Aber auch die Nationalsozialisten rückten den politisch geprägten Ort ins Zentrum ihrer überdimensionalen Hauptstadtplanung ▶ EXKURS: NEUORDNUNG EINER MILLIONENSTADT. Mit dem Umzug von Bundesregierung und Parlament nach Berlin ist an die demokratische Tradition des Ortes angeknüpft worden. Durch das „Band des Bundes" im Spreebogen sollte die ehemals geteilte Stadt symbolisch neu verbunden werden.

Der **POTSDAMER PLATZ** ist das wohl prominenteste Bauprojekt im wiederver-einigten Berlin. Vor dem Potsdamer Tor gelegen, erlangte der Potsdamer Platz eine herausragende Bedeutung als wichtigster Verkehrsknotenpunkt Berlins. Mit einem der ersten Bahnhöfe, dem Potsdamer Bahnhof, wurde er ab 1837 zu einem Eingangs-tor der Stadt. Ein entscheidender städtebaulicher Mangel Berlins – die nur schlecht entwickelte Anbindung der Innenstadt an die neuen Viertel im Westen – machte den Potsdamer Platz zum wichtigsten Durchgangsort zwischen Ost und West und damit zu einem Nadelöhr, durch das sich immer mehr Verkehr hindurchzwängte. Das Ergebnis war ein ständiges Verkehrschaos. In der von Geschwindigkeit und Masse faszinierten Metropole der 1920er Jahre entstand daraufhin der Mythos vom „verkehrsreichsten Platz Europas". Nachdem der weitgehend kriegszerstörte und dann leer geräumte Platz im Niemandsland des Mauerstreifens verschwunden war, wurden an seinen Wiederaufbau in den 1990er Jahren große Erwartungen geknüpft. Kritiker bezweifelten, dass man ein pulsierendes Stadtzentrum aus dem Boden stampfen kann. Tatsächlich aber ist dies mit dem in Europa einmaligen Projekt gelungen, wenn auch die Kommerzialisierung zunehmend privatwirtschaftlich be-triebener Stadträume gerade am Beispiel des Potsdamer Platzes in der Fach-öffentlichkeit kontrovers diskutiert wird. Im Gegensatz zu vergleichbaren Investoren-projekten in anderen Städten profitiert der Platz im Zentrum der Millionenstadt wieder von seiner herausgehobenen Rolle als wichtigste Verkehrsverbindung zwischen Ost und West. Unter größten logistischen und konstruktionsbedingten Schwierigkeiten während der Bauphase musste der innerstädtische Verkehrsknotenpunkt ober- und unterirdisch neu „gestrickt" werden.

Das angrenzende **KULTURFORUM**, nach Plänen von Hans Scharoun in den 1960er Jahren begonnen, strebte, ganz im Gegensatz zu dem für den Potsdamer Platz gültigen Leitbild einer dichten, funktionsgemischten „europäischen Stadt", eine Stadtlandschaft mit einzelnen funktionsdefinierten Zentren an. Am Kulturforum wurden einige der wichtigsten Kultureinrichtungen West-Berlins konzentriert. Das Forum blieb jedoch ein unvollendeter Stadtraum, dessen Verbindung mit dem Potsdamer Platz eine neue Herausforderung darstellt.

Westlich des Kulturforums schließt sich direkt am Tiergarten das neue **BOT-SCHAFTSVIERTEL** an. Hier entstanden im 19. Jh. herrschaftliche Villen und Landhäuser. Das damalige Tiergartenviertel war eine der besten Wohnlagen Berlins und eine der ältesten Ausdehnungen der Stadt nach Westen. Im Zuge der nationalsozialistischen Hauptstadtplanung wurde ein Teil des Tiergartenviertels zum Diplomatenviertel bestimmt. Anstelle alter Villen wurden unter strengen gestalterischen Vorgaben Botschaftsgebäude für die verbündeten Staaten errichtet. Seit den 1990er Jahren sind mit den neuen Sitzen für Botschaften, Vertretungen der Bundesländer sowie Verbände und Parteien architektonisch oft herausragende Projekte entstanden.

Der **TIERGARTEN** ist Berlins größter Landschaftspark, der, mitten in der Stadt gelegen, die ihn umgebende Architektur mitbestimmt. Seit dem 16. Jh. war die Gegend kurfürstliches Jagdrevier; die erste Umgestaltung zur öffentlichen Parkanlage fand Mitte des 18. Jh. statt. Die Gestaltung zum heutigen Landschaftspark wurde in der ersten Hälfte des 19. Jh. nach Plänen von Peter Joseph Lenné ausgeführt. Ab 1949 begann nach schwerer Kriegsverwüstung die Wiederaufforstung und Neugestaltung in Anlehnung an Lenné.

SIEGESSÄULE (🅳; Grosser Stern; Johannes Strack; 1864-73): Der ursprüngliche Standort befand sich auf dem ehem. Königsplatz, heute Platz der Republik, vor dem ► *Reichstag*. Die Siegessäule war das erste Nationaldenkmal des Deutschen Kaiserreichs. Eingeweiht von Kaiser Wilhelm I., verherrlicht sie die Siege Preußens über Dänemark, Österreich und Frankreich 1864-71. Die Säule ist bekrönt von der vergoldeten Siegesgöttin Viktoria (Friedrich Drake), die, im Gegensatz zur Frieden bringenden Figur der Siegesgöttin auf dem ► *Brandenburger Tor*, äußerst kriegerisch gerüstet wurde. Seit 1938 am neuen Standort, nachdem sie im Zuge der nationalsozialistischen Hauptstadtplanung um eine Trommel erhöht und verschoben wurde.

SOWJETISCHES EHRENMAL (🅳; Strasse des 17. Juni; Lew E. Kerbel, Wladimir E. Zigal, Nikolai W. Sergijewski; 1945-46): Kolonnade aus Granitquadern der Neuen Reichskanzlei Hitlers, Pfeiler tragen die Namen von Gefallenen; Bronzestatue eines triumphierenden Soldaten; Denkmal flankiert von zwei originalen sowjetischen Panzern.

Mit dem Umzug von Bundesregierung und Parlament von Bonn nach Berlin hat die Stadt ihre historische Hauptstadtfunktion wiedergewonnen. Bis auf einen kurzen **188** Zeitabschnitt nach 1989 war Berlin stets Regierungssitz: als Hauptstadt Preußens und

des Kaiserreichs, als Hauptstadt der Weimarer Republik, des Dritten Reichs und schließlich Ost-Berlin als Hauptstadt der DDR. Nach dem Beschluss des Bundestags 1991, den Regierungs- und Parlamentssitz von Bonn nach Berlin zu verlegen, begannen umfangreiche Bautätigkeiten. Entgegen den ursprünglichen Plänen wurde nur ein geringer Teil der Bundeseinrichtungen in Neubauten untergebracht. Daher ist in Berlin kein geschlossenes und auf dem Reißbrett entworfenes Regierungsviertel entstanden. Vielmehr haben sich Regierung und Parlament in die vorhandene Stadtstruktur eingefügt. Die meisten Regierungsstandorte liegen heute wie selbstverständlich in der Stadt verteilt. In der kritischen Auseinandersetzung mit der historisch vielschichtigen Altbausubstanz liegt eine der Stärken der neuen Hauptstadt.

Ein bedeutender Teil der Regierungsfunktionen ist allerdings im **BAND DES BUNDES** vereinigt. Im internationalen städtebaulichen Wettbewerb der Bundesregierung zur Gestaltung des Spreebogens gewannen AXEL SCHULTES ARCHITEKTEN 1993 mit der Idee, durch ein Band aus Gebäuden und Brücken die ehemals geteilte Stadt symbolisch zu verbinden. Die städtebauliche Figur kam leider nicht vollständig zur Ausführung. Das östliche Ende sollte im ursprünglichen Entwurf am ▶ *Bahnhof Friedrichstraße* liegen; das im Zentrum des „Bandes" geplante „Bürgerforum", notwendiger Bestandteil sowohl architektonisch als auch inhaltlich, ist ebenfalls nicht verwirklicht worden.

Der ehem. **REICHSTAG** (HEUTE DEUTSCHER BUNDESTAG; **D**; PLATZ DER REPUBLIK; PAUL WALLOT; 1884-94), das Parlamentsgebäude des Deutschen Reiches, wurde auf dem damaligen Königsplatz im Tiergarten außerhalb der historischen Stadt, vor dem ▶ *Brandenburger Tor* errichtet. Vorausgegangen war ein jahrelanger Streit um den Bauplatz und die Bedeutung des Parlaments. Mit der Bauaufgabe war der Architekt Paul Wallot zwar stilistisch wenig gebunden, denn in der Planungsphase hatte sich keiner der historisierenden Stile zu einem „Nationalstil" durchzusetzen vermocht. Die Schwierigkeit bestand aber eben darin, einen Stil zu finden, der den sowohl unterschiedlichen kulturellen als auch gegensätzlichen sozialen Standpunkten in Deutschland gerecht werden konnte. Der realisierte, mehrfach überarbeitete Entwurf befreite sich daher **189** ausdrücklich von einer strengen Stilnachahmung und wurde als „neuer Zeitabschnitt in der deutschen Baukunst" gefeiert. Vor dem Hintergrund der Moderne ist der Bau zu Unrecht als Ausdruck des Wilhelminismus kritisiert worden. Man vernachlässigte dabei den fortschrittlichen Symbolgehalt des Bauwerks, der die Emanzipation des Parlamentarismus von der Monarchie verdeutlichte. Beherrscht wurde der Bau von einer 75 m hohen, prunkvoll gestalteten Kuppel aus Eisen und Glas, die in ihrer Größe eine technische Meisterleistung war. Zudem akzentuierten vier noch erhaltene Türme die Ecken des Gebäudes. Da sie einst der Kuppel untergeordnet waren, wirken sie heute leicht gedrungen. In dem Gebäude tagte das Parlament bis zum Reichstagsbrand im Februar 1933, der den Plenarsaal zerstörte. Während der Zeit des Nationalsozialismus besaß der Reichstag keine Regierungsfunktion. Die ausgeglühte Kuppel des im Krieg schwer beschädigten Gebäudes musste nach dem Krieg aus statischen Gründen gesprengt werden.

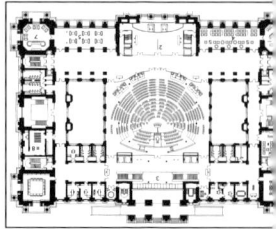

Für den Deutschen Bundestag wurde das ehem. Reichstagsgebäude erstmals 1961-72 von PAUL BAUMGARTEN D.J. umgebaut. Dabei wurde im Innern die Bausubstanz weitgehend beseitigt, um einen sachlich-kühl gestalteten Plenarsaal für den Deutschen Bundestag einzustellen. Vor dem Hintergrund der deutschen Teilung war der Saal aber nur ein politisches Symbol ohne wirkliche Funktion. Für den Umbau zum Sitz des Deutschen Bundestages des wiedervereinigten Deutschlands (NORMAN FOSTER; 1995-99) wurde das Gebäude in den 1990er Jahren erneut komplett entkernt. Dem Umbau ging 1992 ein internationaler Wettbewerb voraus, aus dem Norman Foster als Sieger hervorging. Sein spektakulärer Entwurf sah ein riesiges Dach vor, mit dem das gesamte Reichstagsgebäude überschirmt werden sollte. Nach einer langwierigen Diskussion um die Wiedererrichtung einer Kuppel kam eine völlig überarbeitete Version von Foster zur Ausführung: Von einer gläsernen, eiförmigen Kuppel fällt Streulicht mit Hilfe eines Spiegeltrichters in den Plenarsaal. Über zwei lange Spiralrampen ist die Kuppel begehbar und bietet dem Besucher ein Berlin-Panorama. Auf diese Weise hat der Bundestag Wallots Motto wieder aufgegriffen, „für Staat und Stadt" zu bauen. Im Innern zeigt der entkernte Bau

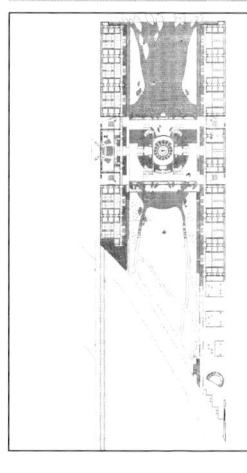

LINKE SEITE
EHEM. REICHSTAG:
GRUNDRISS,
PLENARSAAL
BUNDESKANZLERAMT:
EHRENHOF,
GRUNDRISS

RECHTE SEITE
BUNDESKANZLERAMT

einen starken Kontrast von altem Mauerwerk und neuen Einbauten aus Stahl und Glas. Der kühle modernistische Gestus wird mit neuen Fensterprofilen bis in die Außenfassade getragen. Durch die Entkernung konnte der Plenarsaal gegenüber dem alten Saal erheblich vergrößert werden. Die Besuchertribünen sind hängend in den Saal eingezogen. Im Plenum dominieren Grautöne zusammen mit den Sitzbezügen in „Reichstagsblue".

Im so genannten „Band des Bundes" überragt das **BUNDESKANZLERAMT** (WILLY-BRANDT-STRASSE; AXEL SCHULTES ARCHITEKTEN; 1997-2001) die übrigen Neubauten. Da das Gebäude entgegen den ursprünglichen Plänen zusätzlich erhöht wurde, entstand ein im Wettbewerbsentwurf nicht vorgesehenes Pendant zum Bundestag im mächtigen ► *Reichstag*. Der Gebäudekomplex reicht bis an die Spree und setzt sich über den Fluss hinaus in einem „Kanzlerpark" fort, der durch eine Stützmauer mit halbrundem Abschluss eingefasst ist – der westliche Eckpunkt des „Bandes". Ein zentraler würfelförmiger Bau und zwei seitliche lang gestreckte Verwaltungstrakte gliedern den Hauptteil. Nach Osten begrenzen die Trakte einen Ehrenhof, im Westen umschließen sie einen Garten. Die Büros sind additiv aufgereiht und um große Wintergärten gruppiert, die sich zum Tiergarten öffnen. Im Kerngebäude liegen ein internationaler Konferenzsaal, der Kabinettssaal und im obersten Geschoss die Arbeitszimmer des Bundeskanzlers. In die Fassaden des hohen Kubus sind an Nord- und Südseite großflächige Kreissegmente eingeschnitten, hinter denen die Fensterflächen liegen. Ost- und Westseite des Würfels sind mit einem mehrschichtigen Fassadenaufbau zu „weichen Wänden" aufgebrochen. Im Ehrenhof stehen Sichtbetonstelen wie Skulpturen vor dem Bau, die, mit Bäumen bepflanzt, halb Wand, halb Säule sind. Die Plastizität dieser Fassaden schafft ein Wechselspiel von Massivität und Transparenz. Im Innern setzt sich die plastische Gestaltung mit Stelen, schwingenden Freitreppen und Wellendecken fort. Schultes' Vorbilder für den einmaligen Baukörper waren die Werke von Louis Kahn und des späten Le Corbusier. Kritiker werfen Schultes' Architektur eine Haltung vor, die beim Kanzleramt zu einer nicht angemessenen Aura von festlicher Erhabenheit und Großartigkeit führt.

Mit dem so genannten **ALSEN- UND LUISENBLOCK** wurde das „Band des Bundes" über die östliche Spreeschleife gezogen. Der Brückenschlag erzeugt eine Zweiteilung

des lang gezogenen Komplexes in das westliche **PAUL-LÖBE-HAUS** (ALSENBLOCK, PAUL-LÖBE-ALLEE; STEPHAN BRAUNFELS; 1997-2002) und das östliche **MARIE-ELISABETH-LÜDERS-HAUS** (LUISENBLOCK, SCHIFFBAUERDAMM; STEPHAN BRAUNFELS; 1998-2003). Die Gebäude, in denen sich über 500 Abgeordnetenbüros befinden, sind ähnlich wie das ► *Bundeskanzleramt* in zwei kammartige Zeilen mit geöffneten Höfen aufgelöst; zwischen den Zeilen liegt eine durchgehende Halle mit transparentem Glasdach. Auf diese Weise wurde die Gestalt eines geschlossenen, hermetischen Riegels vermieden. Der mittlere Bauteil nimmt im Paul-Löbe-Haus Ausschusssäle auf, im Marie-Elisabeth-Lüders-Haus eine Bibliothek. Die Längsseiten sind zurückhaltend gestaltet, während die Schmalseiten mit schräg angeschnittenen Flugdächern auf schlanken Stützen die Blicke ins Gebäudeinnere ziehen.

Der Luisenblock sollte sich eigentlich auf die Luisenstraße in der einstigen Friedrich-Wilhelm-Stadt in Mitte beziehen, die aber von einem Plattenwohnbau versperrt wird, der im städtebaulichen Wettbewerb nicht berücksichtigt wurde. Gegenüber dem Plattenbau an der Luisenstraße steht das aufwendig in neobarocken Formen gestaltete ehem. **KAISERLICHE PATENTAMT** (■; LUISENSTRASSE 32-34; AUGUST BUSSE; 1887-91), das ohne den Plattenbau städtebaulich mit dem Luisenblock korrespondieren würde und dadurch besser zur Geltung kommen könnte. Die städtebauliche Chance der Öffnung des „Bandes" zum ► *Bahnhof Friedrichstraße* ist somit ungenutzt geblieben. 1998-99 wurde das Gebäude für die Bundestagsverwaltung umgebaut (BERNHARD BIETMANN), nachdem hier die Oberstaatsanwaltschaft der DDR ihren Sitz hatte.

Unmittelbar nördlich des „Bandes", an der ► *Kronprinzenbrücke*, liegt der Neubau der **BUNDESPRESSEKONFERENZ** (REINHARDTSTRASSE 53-59; NALBACH + NALBACH; 1998-2000), einer von der Bundesregierung organisatorisch unabhängigen Arbeitsgemeinschaft von Journalisten. Die Fassade des klar geformten Blocks aus grauem Vulkanbasalt ist streng gerastert. Jeweils um die halbe Breite gegeneinander verschoben, erzeugen die Fenster zusammen mit in den Zwischenräumen liegenden Leuchtkörpern – besonders nachts – eine interessante Fassadengestalt. Der zentrale Raum des Gebäudes, der große Konferenzsaal, kragt mit einem großen Aussichtsfenster Richtung ► *Bundeskanzleramt* und ► *Paul-Löbe-Haus* aus der Fassade heraus.

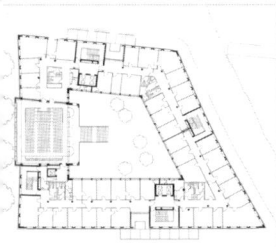

Die **KINDERTAGESSTÄTTE DES BUNDESTAGS** (Otto-von-Bismarck-Allee 2; Gustav Peichl; 1998-99) liegt direkt an der Spree. Der Bau auf dreieckigem Grundriss ist eingeschossig und fällt nicht nur durch das im Vergleich zu den übrigen Parlamentsbauten augenfällig geringere Bauvolumen, sondern auch durch die kugel- und zeltförmigen Aufbauten auf. Dort befinden sich die Ruheräume. Der Kindergarten ist bauökologisch ausgerichtet: Das Regenwasser wird genutzt, das Dach ist begrünt, passiv findet eine Solarnutzung durch große Fensterflächen statt.

Die **SCHWEIZERISCHE BOTSCHAFT** (Otto-v.-Bismarck-Allee 4; Friedrich Hitzig; 1870; Paul Baumgarten d.Ä.; 1910; Diener & Diener; 1998-99) ist an ihrem historischen Standort im Spreebogen geblieben. Der noble Bezirk stand den nationalsozialistischen Planungen einer monumentalen Nord-Süd-Achse im Weg, weswegen weite Teile abgerissen wurden. Das von Hitzig errichtete und von Baumgarten erweiterte und umgebaute Stadtpalais blieb jedoch auch während des Krieges erhalten. So konnte die Schweiz im alten Haus in unmittelbarer Nachbarschaft zu ▶ Reichstag und ▶ Bundeskanzleramt ihre neue diplomatische Vertretung einrichten. Diener & Diener fügten 1998-99 einen Anbau hinzu, der durch seine schroffe, äußerst schlichte Gestalt auffällt. Die Architektursprache ist typisch für die zeitgenössische schweizerische Architektur. Durch den unverkleideten, eingefärbten Sichtbeton und die teils sporadischen Öffnungen in der Fassade gewinnt der Bau eine karge und abstrakte Ästhetik. Der Grundriss ist übersichtlich organisiert. Formal und funktional ist der Anbau vom Altbau losgelöst und diesem dennoch nicht fremd.

An das so genannte „Band des Bundes" schließt sich westlich hinter dem „Kanzlerpark", in Moabit, ein schlangenförmiger **WOHNKOMPLEX FÜR BUNDESBEDIENSTETE** (Moabiter Werder/Paulstrasse; Georg Bumiller; 1996-99) an. Die Wohnungen des ziegelverkleideten Baus sind zur Südseite ausgerichtet. Nach Norden, zur S-Bahn-Trasse, sind in die Ziegelaußenschale in einem unregelmäßigen Muster kleine Fenster eingeschnitten. Der Komplex wird zur Westseite durch einen Mehrzweckbau mit Versorgungseinrichtungen abgeschlossen. Der 1934 für die Reichsbahnverwaltung errichtete Backsteinbau wurde zur Schule umgebaut und in die Anlage eingebunden.

Linke Seite
PAUL-LÖBE-HAUS:
AUSSEN-, INNENANSICHT
MARIE-ELISABETH-LÜDERS-HAUS

Rechte Seite
BUNDESPRESSEKONFERENZ:
GRUNDRISS,
AUSSENANSICHT
KITA DES BUNDESTAGS
SCHWEIZERISCHE BOTSCHAFT
WOHNKOMPLEX FÜR BUNDES-
BEDIENSTETE: LUFTBILD

193

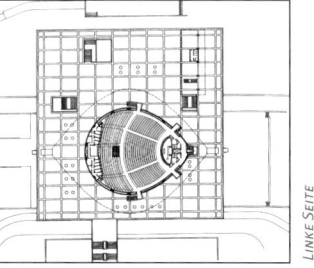

LINKE SEITE
HAUS DER KULTUREN DER WELT:
AUSSENANSICHT,
GRUNDRISS

RECHTE SEITE
BUNDESPRÄSIDIALAMT:
AUSSENANSICHT,
GRUNDRISS
AKADEMIE DER KÜNSTE

Mitten im Tiergarten, an der Spree, liegt das **HAUS DER KULTUREN DER WELT** (EHEM. KONGRESSHALLE; JOHN-FOSTER-DULLES-ALLEE 10; HUGH STUBBINS; 1956-57). Der Bau entstand als amerikanischer Beitrag zur Internationalen Bauausstellung 1957 und sollte Sinnbild der deutsch-amerikanischen Freundschaft sein. Bewusst wurde der Standort mit axialer Sichtbeziehung zum ▶ *Reichstag* in der Nähe der Sektorengrenze gewählt. Über einem zweigeschossigen flachen Sockel erhebt sich theatralisch ein Auditorium, das von einer freitragenden Konstruktion überdacht wird. Die Form der organisch geformten Dachskulptur wirkt äußerst dynamisch. An der weit auskragenden Konstruktion des Daches, das nach außen vorgab, völlig freitragend zu sein, äußerten Fachleute immer wieder Zweifel. Diese Zweifel wurden auf tragische Weise bestätigt, als 1980 ein Teil des Daches einstürzte. Das Gebäude wurde unter Behebung des Konstruktionsfehlers und fortgeschrittener Beherrschung des Materials Beton bis 1987 wiederaufgebaut – diesmal als wirklich freitragende Konstruktion (WOLF RÜDIGER BORCHARDT).

Den ungewöhnlichen Grundriss einer Ellipse besitzt das neue **BUNDESPRÄSIDIALAMT** (SPREEWEG 1; MARTIN GRUBER UND HELMUT KLEINE-KRANEBURG; 1996-98) im Schlosspark Bellevue. Vom ▶ *Schloss Bellevue* ▶EXKURS: SCHLÖSSER IN BERLIN , dem Amtssitz des Bundespräsidenten, setzt sich der Bau optisch deutlich ab. Lediglich die Traufhöhe ist vom Altbau übernommen. Die formale Strenge der gleichmäßigen Lochfassade gerät durch die elliptische Grundform zu vornehmer Eleganz, unterstützt durch die Verkleidung mit poliertem schwarzen Granit. In dieser glänzenden Haut spiegelt sich reizvoll die Parklandschaft. Erschlossen werden die Büros über einen ebenfalls elliptischen Lichthof, in den ein Erschließungsblock eingestellt ist. Über Brücken gelangt man auf einen ringförmigen Umgang mit den Eingängen zu den Büros.

SCHLOSS BELLEVUE (**D**; SPREEWEG 1): ▶EXKURS: SCHLÖSSER IN BERLIN

HANSA-VIERTEL (**G**; HANSAPLATZ): ▶EXKURS: GETEILTE STADT

Wegen der Teilung der Stadt mitsamt ihrer Institutionen erhielt die **AKADEMIE DER KÜNSTE** (D; HANSEATENWEG 10; WERNER DÜTTMANN; 1958-60) West-Berlins einen Neubau im ▶ *Hansaviertel*, dem Gelände der Internationalen Bauausstellung Interbau 1957. Das Gebäude ist dreigeteilt und durch den Einsatz verschiedener Materialien gestaltet. In dem flachen, mit Waschbetonplatten verkleideten Ausstellungsgebäude befindet sich der Haupteingang. Eine Freitreppe führt in die Aus-

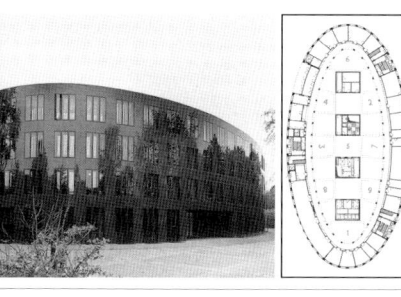 

stellungsräume des ersten Geschosses, die als Oberlichtsäle mit Sheddächern um einen zentralen Innenhof liegen. Der Vortragstrakt nimmt einen mit Backstein verkleideten Saal mit 600 Plätzen auf. Durch eine gefaltete Steildachkonstruktion setzt er sich von den anderen Bauteilen deutlich ab. Der fünfgeschossige Atelier- und Verwaltungstrakt ist im hinteren Bereich angestellt und blau verputzt worden.

VERSUCHSHAUS AUS STAHL (CUXHAVENER STRASSE 12-13; JOCHEN BRANDI & PARTNER; 1974-77): Das zugrunde liegende Baukastensystem diente zur Demonstration der Flexibilität eines Stahlskelettbausystems. Im Stahltragewerk sind Beton-Fertigteildecken eingehängt, die Wohnungsgrundrisse sind frei einteilbar, die Fassadenelemente nicht an eine bestimmte Stelle gebunden.

UMLAUFKANAL DES INSTITUTES FÜR WASSER- UND SCHIFFFAHRTSTECHNIK DER TU BERLIN (STRASSE DES 17. JUNI/MÜLLER-BRESLAU-STRASSE; LUDWIG LEO, INGENIEUR-BÜRO CHRISTIAN BOES; 1968-73): Die Architektur wird von einer offen zur Schau gestellten Maschinenästhetik bestimmt. So resultiert das Äußere allein aus den betrieblichen Abläufen. Über den sichtbaren Rohrkreislauf wurde das Laborgebäude aufgeständert; die Funktionsteile wurden farblich unterschieden (kräftiges Rosa für den Umlaufkanal, blau für das kistenförmige Versuchsgebäude).

Am Südrand des Tiergartens, im einstigen Tiergartenviertel, liegen mehrere Botschafts- und Vertretungsbauten Grundstück an Grundstück. Hier ist das neue **BOTSCHAFTSVIERTEL** der Hauptstadt entstanden.

Als äußerster Teil des Diplomatenviertels der nationalsozialistischen Hauptstadtplanung wurde die **SPANISCHE BOTSCHAFT** (**D**; LICHTENSTEINALLEE 1; WALTER UND JOHANNES KRÜGER, PEDRO MUGURUZA OTANO; 1938) entworfen. In der Mitte des spitzwinklig zulaufenden Grundstücks liegt hinter einem Portikus ein repräsentativer Eingang, der zu einer großen Halle führt. 1991 wurde die Teilruine durch das spanische Büro TYPSA entkernt und innen für die Wiedernutzung durch die Spanische Botschaft neu errichtet. Nur der bestehende Denkmalschutz konnte den Erhalt eines Teils der Fassaden garantieren, denn nach dem Willen des Bauherrn sollte das Gebäude „historisch entrümpelt" werden.

Die Länder Nordeuropas haben auf dem Tiergarten-Dreieck ein gemeinsames Ensemble für ihre Botschaften, die **NORDISCHEN BOTSCHAFTEN** (RAUCHSTRASSE 1; **195**

Gesamtentwurf: Berger & Parkkinen; 1997-99) errichten lassen, das einige der architektonisch überzeugendsten Botschaftsbauten Berlins vereinigt. Von der Straße ist das Ensemble durch ein haushohes geschwungenes Lamellenband aus patiniertem Kupfer abgeschirmt. Im Innern des Areals gruppieren sich die fünf Botschaftsgebäude um einen zentralen Hof. Davor liegt das gemeinschaftliche **FELLESHUS** (Berger & Parkkinen) mit Veranstaltungssaal, Ausstellungsflächen und Café. In das mit Holz ausgefachte Betonrahmenwerk sind schmale Glasbänder eingeschnitten und machen auf das Innere neugierig. Gegenüber liegt die **DÄNISCHE BOTSCHAFT** (Nielsen, Nielsen & Nielsen), die mit Lochblechen aus Edelstahl verkleidet ist und in ihrer schlichten Eleganz qualitativ hochwertiges dänisches Design repräsentiert. Für die **ISLÄNDISCHE BOTSCHAFT** (Pälmar Kristmundson) symbolisieren zwei verkeilte, mit rotem isländischen Stein verkleidete Blöcke die Naturgewalten des Landes. Auch die **NORWEGISCHE BOTSCHAFT** (Snøhetta) ist künstlerisch inszeniert: Eine gebäudehohe, 5 m breite Granittafel aus dem norwegischen Gebirge verweist auf die Fjordlandschaft. Bei der **SCHWEDISCHEN BOTSCHAFT** (Gerd Wingardh) ist die Südfassade mit hellem gotländischen Kalkstein und opalisiertem Glas verkleidet. Eine konsequente Einheit von äußerer Hülle und Innerem zeigt die **FINNISCHE BOTSCHAFT** (Lehtinen, Mäki, Peltola). Vor die Glashaut wurde eine zweite Haut aus schmalen Lärchenholzstäben gezogen.

Gegenüber den ▶ Nordischen Botschaften wurde die Berliner Außenstelle der **KONRAD-ADENAUER-STIFTUNG** (Klingelhöferstrasse/Tiergartenstrasse; Thomas van den Valentyn; 1996-99) errichtet, ein kleines Meisterwerk im Zitieren klassischer moderner Architektur. Nach außen ist der Baukörper wenig geöffnet. Auf rechteckigem Grundriss nimmt er verschiedene Raummodule für unterschiedliche Nutzungen auf. Kern ist der leicht aus der Achse gedrehte, kreisrunde Veranstaltungssaal. Die Dachterrasse ist über eine Rampe zugänglich, die Le Corbusiers Villa Savoye abgeschaut ist. An das Farnsworth House von Mies van der Rohe erinnern die Eingangstreppen mit einem scheinbar schwebenden Zwischenpodest.

Die **JAPANISCHE BOTSCHAFT** (Tiergartenstrasse 24-25; Ludwig Moshammer; 1938-42) entstand im Rahmen des geplanten Ausbaus des Tiergartenviertels zum Zentrum der Diplomatie, der Teil der nationalsozialistischen Hauptstadtplanung war. Die kostbare Innenausstattung von Caesar Pinnau sollte die politische Bedeutung des Tennos

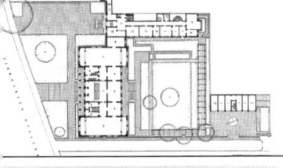

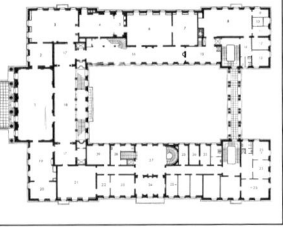

als Verbündeter des Naziregimes illustrieren. Im Zweiten Weltkrieg wurde das Gebäude stark beschädigt. Aufgrund der schlechten Bausubstanz wurde der größte Teil der Botschaft 1988 abgerissen und in der Vorderfront originalgetreu, im Innern weitgehend umgestaltet, wiederaufgebaut (KISHO KUROKAWA) – ein Vorgehen, das damals erhebliche Kritik hervorrief. 1998-2000 wurde das Gebäude erneut für die Botschaft Japans im wiedervereinigten Deutschland umgebaut und durch einen Neubau erweitert (RYOHEI AMEMIYA).

Auch die angrenzende **ITALIENISCHE BOTSCHAFT** (TIERGARTENSTRASSE 21A-23; FRIEDRICH HETZELT; 1938-41) wurde im Rahmen der nationalsozialistischen Hauptstadtplanung konzipiert. Nachdem ein italienischer Entwurf abgelehnt worden war, bestimmte die mit der Hauptstadtplanung beauftragte Generalbauinspektion Albert Speers die Architekten. Nach dem Willen der Inspektion sollte die Gestaltung einer „nationalsozialistischen Baugesinnung" entsprechen. Um der Botschaft des verbündeten faschistischen Italiens einen angemessenen architektonischen Ausdruck zu geben, entwarf Hetzelt das Gebäude im repräsentativen Stil eines Palazzos der italienischen Hochrenaissance. Der pompösen Außengestalt entsprach die prunkvolle und kostbare Ausstattung im Innern. Türen und Friese aus dem 1495 errichteten Palazzo Ducale in Gubbio wurden in den Neubau integriert. Wie die ▶ *Japanische Botschaft* stellte das Gebäude zudem einen neuen Botschaftstypus dar: Im Komplex sind Repräsentationsräume, die Residenz des Botschafters und die Kanzlei vereint. Bei der Sanierung des kriegsbeschädigten Gebäudes 1999-2002 (VITTORIO DE FEO, STEFAN DIETRICH) sind die Spuren der Geschichte weitestgehend bewahrt worden. Die faschistischen Reliefs über der Tür des Botschafterbüros wurden zwar entfernt, aber denkmalgerecht konserviert und im Haus aufgestellt, um an die Geschichte zu erinnern.

Sowohl eine außergewöhnliche Gestaltung als auch eine innovative Konstruktion zeigt die **VERTRETUNG DES LANDES NORDRHEIN-WESTFALEN** (HIROSHIMASTRASSE 22; PETZINKA PINK & PARTNER; 2000-02). Bambusartig gebogene Stahlelemente liegen als äußere Haut vor der Glasfassade und erinnern an gotische Spitzbögen. Die Doppelfassade sorgt für natürliche Belüftung und wandelt Solarenergie mit Hilfe von Brennstoffzellen in Strom und Kälte um.

LINKE SEITE
NORDISCHE BOTSCHAFTEN:
AUSSENANSICHT DES GESAMTKOMPLEXES,
INNENANSICHT DER SCHWEDISCHEN UND
ISLÄNDISCHEN BOTSCHAFTEN

RECHTE SEITE
KONRAD-ADENAUER-STIFTUNG
JAPANISCHE BOTSCHAFT:
AUSSENANSICHT, HIST. GRUNDRISS
ITALIENISCHE BOTSCHAFT:
HIST. AUSSENANSICHT,
HIST. GRUNDRISS

Die **VERTRETUNG DER FREIEN HANSESTADT BREMEN** (HIROSHIMASTRASSE 26; LÉON WOHLHAGE WERNIK; 1998-99) vermittelt mit zwei Baukörpern zwischen der geschlossenen Bebauung am Reichpietschufer und dem Villenensemble an der Hiroshimastraße. Das achtgeschossige Gästehaus bildet als schmale Brandwandbebauung einen Endpunkt der zukünftigen Blockrandbebauung, das viergeschossige Hauptgebäude ist dagegen wie eine Villa frei stehend konzipiert. Die beiden Gebäude sind rötlich verputzt, angelehnt an die hanseatische Backsteinarchitektur. Die Anordnung der Fenster, tief in die Fassade eingeschnitten, erfolgt in einer für die Architekten typischen Art in einem scheinbar freien Spiel.

Bei der **INDISCHEN BOTSCHAFT** (TIERGARTENSTRASSE 16-17; LÉON WOHLHAGE WERNIK; 1999-2000) spielten die Architekten mit plastischen Formen, Positiv- und Negativräumen und Anklängen an die indische Baukunst. Die Fassaden sind mit Bruchsteinen aus indischem Sandstein verkleidet. An der Straße wurde aus dem lang in die Grundstückstiefe gestreckten Gebäude ein zylinderförmiges Volumen ausgeschnitten, das sich an der Gartenseite als Zylinderkörper wiederfindet. Vom Eingang durch das Erdgeschoss über die Gartenterrassen bis zur Botschafterresidenz vermittelt eine Wasserfläche. Der Gartenhof ist offen gestaltet, eine große Freitreppe führt seitlich an den so genannten hängenden Gärten vorbei zum Dachgarten.

Das große Grundstück für die **VERTRETUNG DES LANDES BADEN-WÜRTTEMBERG** (TIERGARTENSTRASSE 15; DIETRICH BANGERT; 1998-2000) wird fast maximal ausgenutzt. Zur Straßenseite ist der Bau trichterförmig eingeschnitten, so dass eine räumliche Sogwirkung ins Innere entsteht. In der Gebäudetiefe reihen sich Foyer, Oberlichtsaal, Lichthöfe, Büros, Gästeräume und Garten auf. Bewegliche Holzelemente schaffen fließende und flexible Raumzusammenhänge. Die architektonisch anspruchsvolle Landesvertretung ist eine der größten in der Bundeshauptstadt.

Unweit ihres alten Standortes befindet sich die **ÖSTERREICHISCHE BOTSCHAFT** (TIERGARTENSTRASSE 12-14/STAUFFENBERGSTRASSE; HANS HOLLEIN; 1999-2000). Der Neubau gliedert sich in drei Teile: Der Konsulatsbau an der Stauffenbergstraße greift die Höhe und die Bauflucht der Nachbarhäuser auf. Auf der Rückseite nimmt der Residenzbereich des Botschafters in seinen Abmessungen Bezug auf die Villenbebauung des Tiergartens. Zur Grundstücksspitze erstreckt sich der Repräsentations-

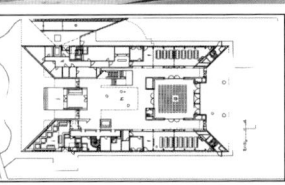

LINKE SEITE

VERTRETUNG DES LANDES NORD-
RHEIN-WESTFALEN
VERTRETUNG DER FREIEN HANSE-
STADT BREMEN

RECHTE SEITE

INDISCHE BOTSCHAFT
VERTRETUNG DES LANDES BADEN-
WÜRTTEMBERG:
AUSSENANSICHT,
GRUNDRISS
ÖSTERREICHISCHE BOTSCHAFT:
INNENANSICHT

bereich als tropfenförmiger Baukörper, der mit Platten auffällig grün verkleidet ist. Der überdachte Eingangsbereich und ein lang gezogenes Panoramafenster für das Botschafterbüro verleihen der Bauform Dynamik, unterstrichen durch eine große Freitreppe im Innern, gestört jedoch durch den wenig auf die Architektur abgestimmten Zaun um das Gebäude.

ÄGYPTISCHE BOTSCHAFT (STAUFFENBERGSTRASSE 6-7; BOFINGER & PARTNER; 1998-99): Kubischer, monumentaler Baukörper mit landestypischer Ornamentik auf der teilweise mit nur wenigen Fensteröffnungen versehenen Natursteinfassade; der Eingangsbereich mit hochgezogenen Stein- und Fensterstreifen wirkt wie ein eingezogener Portikus.

Der **POTSDAMER PLATZ** lag nach dem Fall der ▶ *Berliner Mauer* zwar wieder mitten im Zentrum der Großstadt. Durch Kriegszerstörung und Teilung hatte sich der einst belebteste Platz Berlins jedoch in eine innerstädtische Brachlandschaft verwandelt, die erst wieder reaktiviert werden musste. Aufgrund der herausragenden Bedeutung, einen innerstädtischen Raum komplett neu zu definieren, fand der 1991 ausgelobte städtebauliche Wettbewerb weltweit große Beachtung. Nachdem das Gelände zuvor bereits an nur wenige Groß-Unternehmen verkauft worden war, sollten Monostrukturen verhindert werden. Im 1991 ausgelobten städtebaulichen Wettbewerb forderte der Berliner Senat eine Orientierung an der „europäischen Stadt" mit einer Mischung aus Wohnen, Arbeiten und Freizeit sowie einer stadträumlichen Struktur aus Straßen, Plätzen und klar definierten Blockkanten, also an der für Berlin typischen Blockbebauung. Diese Vorgaben wurden insbesondere im **MASTERPLAN FÜR DAS DAIMLER-BENZ-AREAL** umgesetzt. RENZO PIANO, der aus dem Realisierungswettbewerb (1993) für das von Daimler-Benz erworbene Gelände südlich der Neuen Potsdamer Straße als Gewinner hervorgegangen war, hat das Areal in verschiedene Blöcke aufgeteilt, die von mehreren Architekten gestaltet wurden. Neben der erwünschten Blockstruktur sind Hochhaustürme am Potsdamer Platz und am Landwehrkanal entstanden, um das Gelände an den Rändern zu begrenzen. Der Potsdamer Platz, schon früher mehr eine Straßenkreuzung denn ein Platz, wird durch einen Hochhausfächer akzentuiert, der eine beeindruckende Torsituation entstehen lässt.

199

Den Eingang zur verkehrsberuhigten Alten Potsdamer Straße akzentuiert das **BÜRO- UND GESCHÄFTSHOCHHAUS DEBIS B1** (ALTE POTSDAMER STRASSE/LINKSTRASSE; RENZO PIANO, CHRISTOPH KOHLBECKER; 1995-99) gemeinsam mit dem **BÜRO- UND GESCHÄFTS-HOCHHAUS AM POTSDAMER PLATZ DEBIS A1** (POTSDAMER PLATZ 1; HANS KOLLHOFF; 1994-99). Während Piano den spitzwinkligen Baukörper zum Potsdamer Platz ganz in einer durchgängigen Glasvorhangfassade aufgelöst hat, zitiert Kollhoff mit einer aus dem Grundstückszuschnitt resultierenden Gebäudeform die Hochhausarchitektur New Yorks zu Anfang des 20. Jh., insbesondere das „Flatiron" Fuller Building von Daniel Burnham aus dem Jahr 1902. Auch Anlehnungen an den Art déco sind mit der Ausstattung der Geschäftsräume, den messinggerahmten Schaufenstern und den vergoldeten Dachspitzen zu erkennen. Die zweigeschossige Zone ist mit graugrünem Granit, die übrige Fassade mit dunklen Klinkern verkleidet. Mit Abstufungen, Gesimsbändern und sich abwechselnden horizontalen und vertikalen Betonungen wurde eine tektonische Gliederung erzeugt. Das 24-geschossige Hochhaus stuft sich zweimal nach hinten ab und erreicht am westlichen Abschluss die Traufhöhe der angrenzenden Blöcke.

Drei als eigenes Ensemble innerhalb des Areals gestaltete **GESCHÄFTS- UND WOHN-GEBÄUDE LINKSTRASSE** (RICHARD ROGERS; 1995-98) gegenüber dem lang gezogenen Tilla-Durieux-Park sind im High-Tech-Stil gestaltet, eine Architekturrichtung, zu deren Hauptvertretern der Architekt zählt. Unter Betonung von Stahl und Glas wurden die Baukörper plastisch durchformt. Große Glas-Zylinder sind auf Stahlträgern über breite Freitreppen aufgeständert. Die Gebäudeteile stufen sich in die offenen Höfe hinein ab. Über den Baukörpern schweben große Dachflächen. Rogers stemmte sich mit seiner Architektur gegen die in Berlin verbreitete strenge Blockrandbebauung mit Lochfassaden.

WOHNHAUS LINKSTRASSE/EICHHORNSTRASSE (LAUBER & WÖHRL; 1995-98): Die Fassaden zu den Seitenstraßen wurden mit einer Lochfassade gestaltet, zur Linkstraße hingegen großzügig verglast und mit Schiebetürelementen zu den Balkonen versehen. Alle Wohnungen verfügen über Belichtung von zwei Seiten, indem sie „durchgesteckt" oder übereck geführt wurden.

Die **BVR-GESCHÄFTSZENTRALE** (REICHPIETSCHUFER/LINKSTRASSE/EICHHORNSTRASSE; STEFFEN LEHMANN UND ARATA ISOZAKI; 1994-97) besteht aus zwei parallelen Riegeln, die

leicht gegeneinander verschoben sind. Untereinander sind sie durch Brücken verbunden, der Zwischenraum ist begrünt. Die Gestaltung des von einem Bankenverband genutzten Bauwerks – trapezförmige Fensterelemente in Verbindung mit einer braunrosafarbenen Oberfläche – führte zu wiederholter Kritik.

Die am südlichen Ende des Daimler-Benz-Areals gelegene **DEBIS-HAUPTVERWAL-TUNG** (REICHPIETSCHUFER/SCHELLINGSTRASSE/EICHHORNSTRASSE; RENZO PIANO, CHRISTOPH KOHLBECKER; 1994-97) bildet den Abschluss des Areals zum Landwehrkanal. An den zweiflügligen Block, der um ein kathedralenhaftes, mit Glas überdachtes Atrium gelegt ist, schließt sich ein Hochhaus an. Der Hochhausturm mit einem verglasten Treppenhaus zum Landwehrkanal wird vom Firmensignet, dem grünen Würfel bekrönt. Es sitzt auf dem Schornstein der Entlüftung des Tiergartentunnels. Das Gebäude wurde mit hellgelben Terrakottaelementen verkleidet, die der Fassade eine warme Ausstrahlung verleihen.

Der neu entstandene **MARLENE-DIETRICH-PLATZ**, auf den die Alte Potsdamer Straße vom Potsdamer Platz aus zuläuft, wird von der **SPIELBANK** und dem **STELLA-MUSICAL-THEATER** (RENZO PIANO; 1996-98) eingefasst, die beide Rücken an Rücken zur ► *Neuen Staatsbibliothek* stehen. Durch einen schmalen Schlitz zwischen beiden Gebäuden erscheint im Hintergrund der Bibliotheksbau. Die schräg gestellten Dachflächen des unregelmäßigen Baukörpers wirken sehr inszeniert; sie verdecken zum Teil die gebäudehohen Glasflächen. Zum Platz hin, als Rotunde ausgebildet, befindet sich das **IMAX-KINO** (MARLENE-DIETRICH-PLATZ/EICHHORNSTRASSE; RENZO PIANO; 1995-98). Die Kinokuppel wurde in einer bautechnisch spektakulären Weise über einem aufgeblasenen Ballon betoniert. Gegenüber der Spielbank steht das **HOTEL GRAND HYATT** (MARLENE-DIETRICH-PLATZ 2; JOSÉ RAFAEL MONEO; 1995-98). Die rote Sandsteinfassade wirkt angenehm und verleiht dem von hellem Terrakotta dominierten Platz eine andere farbliche Note.

Einziges historisches Gebäude im Daimler-Benz-Areal ist das **WEINHAUS HUTH** (**D**; ALTE POTSDAMER STRASSE 5; HEIDENREICH & MICHEL; 1910-11). Aufgrund der neuen unterirdischen Anlagen musste es vor der Sanierung (RENZO PIANO, CHRISTOPH KOHLBECKER; 1996-98) durch eine aufwendige Bautechnik neu unterkellert werden.

Die Fassade der **MERCEDES-BENZ-ZENTRALE** (Potsdamer Strasse 7; José Rafael Moneo; 1995-98) ist mit Hilfe durchlaufender, natursteinverkleideter Brüstungen und Bandfenster konsequent horizontal gegliedert. Direkt hinter der Fassade zur Potsdamer Straße liegt ein atriumartiger Hof, der jedoch durch eine halbtransparente Fassadenschicht kaschiert ist.

Vom Daimler-Benz-Areal ist das **SONY-CENTER** (Potsdamer Platz/Potsdamer Strasse/Bellevuestrasse; Helmut Jahn; 1996-2000) durch die während der Bauarbeiten verschwenkte Potsdamer Straße getrennt. Zusammen mit den Hochhäusern von Kollhoff und Piano bildet der verglaste, gerundete Büroturm am Potsdamer Platz eine torartige Situation zwischen Friedrichstadt und Tiergarten. Während Renzo Piano mit seinem Masterplan die „europäische Stadt" revitalisieren wollte und auf die Berliner Bautradition mit einer Blockrandstruktur einging, wirkt das von Helmut Jahn gestaltete Areal „amerikanisch". Von der Umgebung grenzt es sich autark ab und öffnet sich erst im Innern mit einer großen „Plaza". Der innere Platz ist mit einer aufwendigen Zeltkonstruktion überdacht, deren Form an den japanischen Vulkan Fujiyama und damit an die Heimat des Elektronikkonzerns erinnert. Wie bei anderen Projekten von Jahn wirken die Fassaden durch den Einsatz von Stahl und Glas kühl und technikbetont; einzelne Fassadenpartien sind über das eigentliche Gebäudevolumen hinausgezogen. Der Megablock nimmt u.a. unterirdische Kinos und ein Filmmuseum auf. Integriert wurden aber auch die Überreste des **GRAND HOTELS ESPLANADE** (**D**; Bellevuestrasse 1; Otto Rehnig; 1907-12), die mit einer tragenden Stahlkonstruktion überbaut wurden. In einer spektakulären Aktion wurde u.a. der denkmalgeschützte so genannte Kaisersaal, da er dem Neubau im Weg stand, auf Luftkissen um einige Meter verschoben und an neuer Stelle in den Komplex eingefügt. Wie ein Fremdkörper ist der Saal jetzt hinter Glas zur Schau gestellt. An dieser Stelle erscheint die Denkmalpflege höchst fragwürdig, ist das zu konservierende Objekt doch aus jeglichem Kontext herausgerissen.

Die nördliche Begrenzung des Potsdamer Platzes markieren zwei Turmhäuser auf dem so genannten **LENNÉDREIECK** (Potsdamer Platz/Ebertstraße/Lennéstraße). Die beiden gleich proportionierten Hochhäuser bilden den Eingang zur neuen

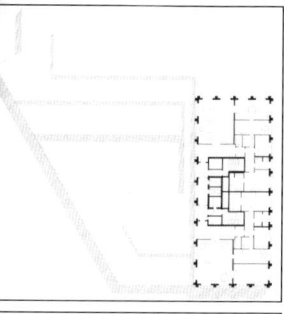

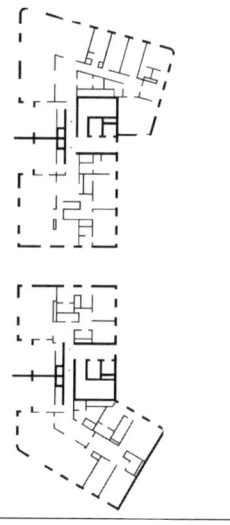

Auguste-Hauschner-Straße, die mitten durch das Areal des **BEISHEIM-CENTERS** führt. Das **DELBRÜCK-HAUS** (POTSDAMER PLATZ 5; KOLLHOFF & TIMMERMANN; 2001-03) zur rechten Seite verjüngt sich wie sein Nachbar durch Rücksprünge zu einem 17-geschossigen Turm, der aus dem Sockelvolumen herauszuwachsen scheint. Der Turmbau des **RITZ CARLTON** (POTSDAMER PLATZ 4; HILMER & SATTLER UND ALBRECHT; 2002-03) gehört zum Beisheim-Center, das die meisten Gebäude auf dem Lennédreieck umfasst. Die Gestalt des Luxushotels orientiert sich an Art-déco-Hochhäusern in New York und Chicago. Das mächtige Aufstreben des Hochhauses wird überhöht durch die vertikalen Vertiefungen, welche die Fassade in Pfeiler und erkerartige Fenster gliedern. Den obersten Abschluss des Gebäudes bildet eine Metallspitze mit einer Kugel. An der Rückseite des Delbrück-Hauses schließt sich das **HOTEL BERLIN MARRIOTT** (AUGUSTE-HAUSCHNER-STRASSE/EBERTSTRASSE; BERND ALBERS; 2002-03) an. Stilistisch schlägt der Architekt eine Brücke zum **BÜROHAUS AN DER EBERTSTRASSE** (MODERSOHN & FREIESLEBEN MIT TOBIAS ZEPTER; 2001-03), indem die Steinfassade serieller und moderner wirkt als bei den beiden Turmbauten am Potsdamer Platz. Einen Blick auf den neu entstehenden Henriette-Herz-Park ermöglicht das zehngeschossige Wohngebäude, der **PARKSIDE APARTMENTS** (HENRIETTE-HERZ-PARK/LENNÉSTRASSE; DAVID CHIPPERFIELD; 2002-03) auf der anderen Seite des Areals. Im Innern des Areals nimmt an einer platzartigen Erweiterung das **BÜROHAUS AUGUSTE-HAUSCHNER-STRASSE** (HILMER UND SATTLER & ALBRECHT; 2002-03) mit Pfeilern, Säulen und Stuckelementen klassizistische Traditionen auf. Das zehnstöckige Bürohaus orientiert sich stark an den frühen Chicagoer Hochhäusern von William Baron Le Jenney, speziell an dem First Leiter Building. Le Jenney verstand diesen Bautypus als direkte Weiterführung des Klassizismus. Entsprechend führt der Berliner Bau mit Pfeilern aus gelbem Sandstein, Kapitellen aus fein ausgebildetem Betonwerkstein und stark horizontal profilierten Brüstungselementen einen lebendigen Dialog mit den filigranen, metallenen Fensterprofilen. Ein zweigeschossiger Sockel, die Normalgeschosse und die zwei obersten Etagen als Laterne bilden eine klassische Dreiteilung des Baukörpers. Das auskragende Gesimsprofil mit stark profilierter Untersicht schließt das Haus zum

LINKE SEITE
LENNÉSTR. 1: MODELLANSICHT
REGIONALBAHNHOF POTSDAMER PLATZ:
EINGANGSPAVILLON

RECHTE SEITE
REGIONALBAHNHOF POTSDAMER PLATZ:
BAHNHOFSHALLE, GRUNDRISS
PARK-KOLONNADEN: KOPFBAU ZUM POTS-
DAMER PLATZ, BÜRO- UND WOHNHAUS
GABRIELE-TERGIT-PROMENADE

Himmel hin ab. Um einen städtebaulichen Übergang zwischen Potsdamer Platz und Tiergarten zu schaffen, sah der Rahmenplan von HILMER & SATTLER zur Lennéstraße die Errichtung von sechs solitär stehenden Turmhäusern mit gleicher Höhe vor. Die entstandenen Wohn- und Bürohäuser Lennéstraße 1-11 wurden von unterschiedlichen Bauherren und Architekturbüros errichtet: **LENNÉSTRASSE 11** (ULRICH-VON-HASSEL-HAUS; WEP EFFINGER PARTNER ARCHITEKTEN BDA; 1998-1999); **LENNÉSTRASSE 9** (WEP EFFINGER PARTNER ARCHITEKTEN BDA; 2001-03); **LENNÉSTRASSE 7** (ASP SCHWEGER PARTNER; 2001- 03); **LENNÉSTRASSE 5** (COLLIGNON FISCHÖTTER; 2001–03); **LENNÉ-STRASSE 3** (COLLIGNON FISCHÖTTER; 2001–03); **LENNÉSTRASSE 1** (PETZINKA PINK; 2001-03). Das Gebäude von Petzinka Pink besteht aus unterschiedlichen Bauteilen. Um an der Ecke Lennéstraße/Ebertstraße Anschluss an die Blockbebauung des ▶ *Beisheim-Centers* zu finden, schließt sich an das elfgeschossige Turmhaus ein zehngeschossiger Bauteil an. Der Büroturm an der Lennéstraße ist mit einer zweischaligen Glasfassade ausgestattet, die geschossweise untergliedert, schuppenartig zusammengesetzt ist. Die dahinter liegenden Fenster sind in Eiche ausgeführt.

Auf dem Potsdamer Platz markieren zwei verglaste Pavillons die Hauptein- bzw. -ausgänge des **REGIONALBAHNHOFS POTSDAMER PLATZ** (HILMER & SATTLER, HERMANN & ÖTTL, MODERSOHN & FREIESLEBEN; 1998-2005). Ihre Ausrichtung der Stahl-Glas-Konstruktionen mit deutlichem Bezug zur Architektur Mies van der Rohes erfolgte nach dem Raster der Friedrichstadt. Durch die Schließung der Pavillonflächen mit Glas gelangt ein Maximum an Tageslicht in den Bahnhof. Über Treppenanlagen wird eine unterirdische zentrale Halle (Passerelle) erschlossen, in die eine große rechteckige Öffnung zu den unteren Ebenen zur besseren Orientierung eingeschnitten ist. Hinterleuchtete Glaswände sollen den Eindruck einer Außenfassade erzeugen, die einen unendlich tiefen Raum erschließt. Die unterste der insgesamt vier Ebenen des Bahnhofs ist mit Gleisen für Intercity- und Regionalzüge ausgestattet. Eine quer über die Gleise spannende Brücke aus Sichtbeton soll einer Erweiterung des U-Bahnnetzes dienen.

Zwischen dem verdichteten Potsdamer Platz und der Blockbebauung von Kreuzberg vermitteln die **PARK-KOLONNADEN** (GABRIELE-TERGIT-PROMENADE/KÖTHENER

STRASSE; GIORGIO GRASSI, JÜRGEN SAWADE, SCHWEGER & PARTNER, DIENER & DIENER; 1998-

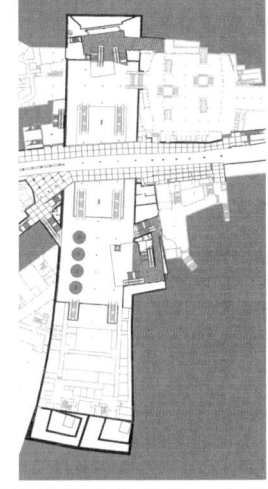

2001). Der durch mehrere Architektur-Büros einheitlich ge-staltete Büro- und Wohnkomplex nach einem städtebaulichen Entwurf von Giorgio Grassi liest sich im Stadtgrundriss als eine zusammenhängende Figur, die einem Fisch mit Kopf, Gräten und Schwanz ähnelt. Das Gesamtkonzept von Grassi sah die Zusammenführung der Einzelbauten zu einem architekto-nischen Ganzen vor, das durch eine einheitliche Traufe (mit Ausnahme des Hochhauses zum Potsdamer Platz), eine ein-heitliche Lochfassade und ein einheitliches rotes Ziegel-mauerwerk gewährleistet werden sollte. Der „Kopf" von Schweger & Partner erinnert mit seiner gerundeten Eckform an das nach schwerer Kriegsbeschädigung abgerissene Haus Vaterland. Entgegen der ursprünglichen Idee des Gesamt-konzepts, auch hinter einer gläsernen Außenschicht das rote Ziegelmauerwerk weiterzuführen, entschieden sich Schweger & Partner für eine zweischichtige Glas-Stahl-Fassade. Aus einem H-förmigen Grundriss erheben sich dahinter die Bauten von Grassi mit strengen, abstrakten Lochfassaden aus roten Ziegeln und hervorgehobenen Fassadenteilen aus Sandstein als strenge Lochfassaden-Typologie sowie von Jürgen Sawade mit dünnen Fensterprofilen aus Stahl als stärker flächige Fassade. Im Anschluss folgen zwei weitere Wohnbauten von Diener & Diener mit begrünten Höfen und zum Abschluss als „Schwanz" das **WOHNGEBÄUDE MENDELSSOHN-BARTHOLDY-PARK** (SCHWEGER & PARTNER; IN PLANUNG), das zur U-Bahn-station Mendelssohn-Bartholdy-Park angrenzen wird. Das Gebäude gliedert sich in vier Baukörper, die aus einem zweige-schossigen Sockel herauswachsen und durch Pergolen gefasst werden. In den Höfen auf dem Sockel entstehen auf unter-schiedlichen Niveaus Kirschgärten und eine Sonnenterrasse, im Zentrum eine Wasserfläche.

WOHNHOF (STRESEMANNSTRASSE 109/DESSAUER STRASSE 40; ZAHA HADID; 1993-94): Im Rahmen der IBA 1987 entstand der keilförmige Eckbau im Stil des Dekonstruktivismus. Hadid, eine Hauptvertreterin dieser Architekturrichtung, musste ange-sichts der Richtlinien des Sozialen Wohnungsbaus die ur-sprünglichen Ideen jedoch deutlich reduzieren.

Das **BUNDESMINISTERIUM FÜR WIRTSCHAFTLICHE ZU-SAMMENARBEIT UND ENTWICKLUNG** ist im Komplex des ehem. Deutschlandhauses und des Europahauses untergekommen. **205**

Reduziert expressionistisches Baudekor zeigt das **DEUTSCH-LANDHAUS** (**D**; STRESEMANNSTRASSE 90; BIELENBERG & MOSER; 1927-35). Das Haus mit zweigeschossiger Ladenpassage wurde 1935 aufgestockt. Das elfgeschossige **EUROPAHAUS** (STRESE-MANNSTRASSE 92-102; OTTO FIRLE; 1931; 1990), eines der ersten Hochhäuser Berlins, konnte wegen der verbreiteten Abneigung gegenüber Hochhäusern in der Stadtsilhouette erst nach jahrelanger Verzögerung nach einem Entwurf von Otto Firle errichtet werden. Nach amerikanischem Vorbild erfolgte die Konstruktion in Stahlskelettbauweise. Als großstädtischer Bau markierte es den geschäftigen Stadtraum zwischen Potsdamer und ► Anhalter Bahnhof. 1990 wurde die äußere Erscheinung wiederhergestellt. Für das Ministerium ist dem Gebäude 1999-2000 eine neue Vorfahrt im Stil der klassischen Moderne vorgesetzt worden, im obersten Bereich des Hochhauses wurde die Fassade bündig nach außen verschoben (WOLFGANG SCHÄFER). Hier liegen ein Konferenzsaal und eine Cafeteria.

Ist der Potsdamer Platz östlich und nördlich durch Blockstrukturen in den Stadtraum eingebunden, so liegt westlich des Quartiers ein völlig anderes Stadtkonzept zugrunde. Der Dichte des Areals um den Potsdamer Platz steht ein geöffneter Stadtraum gegenüber, in dem die einzelnen Solitärbauten wie zufällig platziert erscheinen: das **KULTURFORUM**. Die von HANS SCHAROUN Ende der 1950er Jahre begonnenen Planungen zum Kulturforum mündeten 1964 in einen städtebaulichen Entwurf, der im Laufe der Jahrzehnte in groben Zügen und zu einem großen Teil verwirklicht wurde. In den 1980er Jahren wurde versucht, das Kulturforum in einer zeitgemäßen Sprache zu „vollenden", die vollständige städtebauliche Fassung der „Piazza" im Zentrum des Forums blieb jedoch im Ansatz stecken. Bis heute hält die zwischenzeitlich festgefahrene Diskussion um das Kulturforum an.

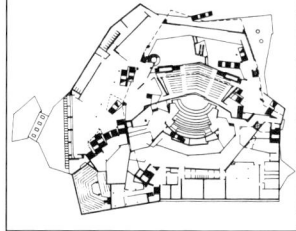

Den baulichen Auftakt für das Kulturforum bildete die **PHILHARMONIE** (**D**; HERBERT-VON-KARAJAN-STRASSE; HANS SCHAROUN; 1960-63) – ein weltweit beachtetes Meisterwerk. Geplant war ursprünglich, den Neubau der Philharmonie in Wilmersdorf zu errichten. Gegen den aus Gesamt-Berliner Sicht dezentralen Standort häuften sich Bedenken. Scharoun konnte den West-Berliner Senat überzeugen, nahe des alten Standortes Bernburger Straße zu bauen und der Philharmonie, die dort im

DEUTSCHLANDHAUS UND EUROPAHAUS
PHILHARMONIE:
AUSSENANSICHT,
GRUNDRISS, EINGANG
KONZERTSAAL
NEUE STAATSBIBLIOTHEK

Hinterhof untergebracht war, endlich einen angemessenen Ort zu verleihen. Das von Scharoun erwogene Kulturforum – durch die ▶ *Berliner Mauer* in peripherer Lage – war durchaus als Teil des Stadtzentrums konzipiert. Scharoun wollte eine „Stadt-Landschaft" kreieren, die den Anschluss zur alten Friedrichstadt, zum ▶ *Branden-burger Tor* und zum ▶ *Reichstag* herstellen sollte. Scharoun entwickelte die Phil-harmonie organisch von innen nach außen. Der Grundriss besteht aus drei Fünfecken, die auf verschiedenen Ebenen ineinander greifen. Im Mittelpunkt steht die Musik selbst: Um das Orchesterpodium herum gliedert sich das gesamte Gebäude. Die Architektur des Konzertsaals ist akustisch und räumlich in vorbildlicher Weise gelöst. Wie ein Zelt steigt der Saal nach oben und ist mit seiner einmaligen Dachsilhouette auch ein Teil des Stadtraums. Die organisch durchgestalteten, nicht voneinander ge-trennten Zuschauerränge steigen mit in den Raum empor und lassen eine weinberg-artige Sitzlandschaft entstehen, die gleichsam die äußere Stadtlandschaft im Innern wiedergibt. Im Foyer entspricht eine frei angeordnete Wegeführung dem bewegten Raumgefüge. Die von Scharoun vorgesehene Verkleidung des Gebäudes mit gelben, eloxierten Aluminiumblechen, die dem Bau eine besondere Präsenz am Kulturforum verleiht, wurde erst 1977-78 angebracht.

Direkt an das Gebäude schließen sich der **KAMMERMUSIKSAAL** (MATTHÄIKIRCH-PLATZ 9; HANS SCHAROUN, EDGAR WISNIEWSKI; 1984-88) und das **MUSIKINSTRUMENTEN-MUSEUM** (TIERGARTENSTRASSE 1; HANS SCHAROUN, EDGAR WISNIEWSKI; 1978-84) an. Die wesentlichen Elemente der Architektur der Philharmonie wurden bei beiden Erwei-terungen aufgenommen, so dass die Bauten zu einem Ganzen verschmelzen. Im Innern sind sie miteinander durch ein gemeinsames Foyer verbunden.

Ebenfalls nach den Plänen von Hans Scharoun zu einem Kulturforum entstand die **NEUE STAATSBIBLIOTHEK** (STAATSBIBLIOTHEK ZU BERLIN HAUS 2; POTSDAMER STRASSE 33; HANS SCHAROUN, EDGAR WISNIEWSKI; 1966-78). Nach dessen Tod ist der Bau, inklusive der Innenraumgestaltung, von Edgar Wisniewski weitergeführt worden. Die Baufigur ergab sich aus der städtebaulichen Situation nahe der ▶ *Berliner Mauer*. Hinter dem Grundstück war die so genannte Westtangente geplant, eine Stadtautobahn quer durch das Zentrum Berlins. Nach Osten ist die Staatsbibliothek dadurch weitgehend ge-schlossen. Das hoch aufragende Bücherdepot sollte zudem das Kulturforum von der Verkehrsschneise abschirmen. Der kompakte fensterlose Bauteil überragt die vor-gelagerten flachen Anbauten und korrespondiert über die gelbe Aluminiumverkleidung mit der Philharmonie. Ähnlich wie dort ist das Innere, der großzügige Katalog- und Lesesaal mit Podest- und Galerieebene sowie frei angeordneten Treppenanlagen, zu einer wirkungsvollen Raumlandschaft gestaltet worden. Hinter dem Bauwerk schließt sich heute das ▶ *Stella-Musical-Theater* des Potsdamer Platzes an. Ein Durchgang vom Potsdamer Platz zur Staatsbibliothek ist erwogen worden. Nach der Wieder-vereinigung Berlins wurden die Bestände mit der ▶ *Alten Staatsbibliothek* Unter den Linden (Haus 1) zusammengeführt und neu geordnet.

Die **NEUE NATIONALGALERIE** (▯; Potsdamer Strasse 50; Ludwig Mies van der Rohe; 1965-68) am Kulturforum ist das einzige nach dem Krieg in Deutschland entstandene Bauwerk des berühmten Architekten der Moderne Mies van der Rohe. Den Auftrag erteilte der West-Berliner Senat direkt an Mies, der auf diese Weise nach seiner Emigration 1938 in die USA noch einmal an seine frühere Wirkungsstätte zurückkehrte. Die Neue Nationalgalerie gilt als Meisterwerk der Moderne. Ausgehend von Schinkels ▶ *Altem Museum*, hat Mies das klassische Tempelmotiv des Tragens und Lastens sowie das im Pantheon in Rom verwirklichte Ideal eines stützenfreien Raumes in eine neue Formensprache übersetzt. Die konstruktive und rationale Reduzierung ist bis zum Äußersten getrieben. Auf quadratischem Grundriss bildet die von acht Kreuzdoppel-T-Stützen getragene stählerne Dachplatte das Gerüst der Halle. Die Deckenkassettierung beruht auf einem Rastermaß, das sich in den Bodenplatten wiederfindet. Der vollständig verglaste Raum ist Eingangsbereich und universeller Ausstellungsraum; er öffnet sich zu allen Seiten der Stadt. Lediglich einige Erschließungselemente sind in die Halle eingestellt. Der weit größere Ausstellungsbereich, die Verwaltung und eine Bibliothek befinden sich im steinverkleideten Sockelgeschoss, das sich einseitig nach Westen zu einem Skulpturenhof öffnet. Die Raumaufteilung verdeutlicht, wie sich unter dem Anspruch ästhetischer Vollendung die Funktion der Form unterwerfen musste. Vom umgebenden Straßenraum hebt sich der Museumsbau durch den Sockel ab und präsentiert sich als Tempel der Kunst. Am Kulturforum schafft die klassizierende Moderne einen Gegenpol zur expressiv-organischen Architektur der ▶ *Philharmonie* und der ▶ *Neuen Staatsbibliothek*.

1967 wurde Rolf Gutbrod mit der Vervollständigung des Kulturforums beauftragt. Die weiteren Planungen mündeten in einem langjährigen, zähen Planungsstreit. Das vorgesehene **KUNSTGEWERBEMUSEUM** (Tiergartenstrasse 5-11; Rolf Gutbrod; 1978-85) konnte aufgrund finanzieller Probleme erst Jahre später errichtet werden. Die architektonischen und museumspädagogischen Konzepte, die sich an den ursprünglichen Planungen orientierten, waren zu diesem Zeitpunkt aber bereits veraltet. Großflächige Epochensäle mit offener Raumaufteilung bestimmen das als „Vitrinenmuseum" angelegte Innere. Das nahezu fensterlose Gebäude ist nachträg-

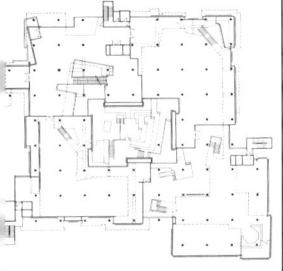

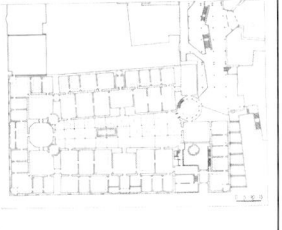

lich mit Ziegelwandelementen verkleidet worden, um den Sichtbeton zu mildern.

Die Umsetzung weiterer Neubauten am Kulturforum nach den Planungen Gutbrods wurde 1985 nach heftigen öffentlichen Kontroversen gestoppt. 1987 wurden Hilmer & Sattler nach einem erneuten Wettbewerb mit der Überarbeitung der Vorentwürfe betraut. Dem alten Plan entsprechend, wurden **KUPFERSTICHKABINETT, KUNSTBIBLIOTHEK UND ZENTRALE EINGANGSHALLE** (MATTHÄIKIRCHPLATZ; HILMER & SATTLER; 1988-92) um eine „Piazetta", einen neu angelegten Teilbereich des Matthäikirchplatzes, gruppiert. Da die Grundrissdisposition des Vorentwurfs nicht mehr geändert werden konnte, blieb nur die Änderung einiger Details. Ein leicht wirkendes Vordach an der Eingangshalle ließ den Baukörper zwar selbstbewusster erscheinen, die Wirkung zum Kulturforum bleibt jedoch gering. Vor allem der Bau des Kupferstichkabinetts und der Kunstbibliothek erscheint unentschlossen und unzeitgemäß. Die Orientierung des Fassadenmaterials an dem Klinker der ▶ *St.-Matthäus-Kirche* irritiert, denn man spürt in der Komposition noch die ursprüngliche Absicht, das Ensemble eher spannungsreich zu komponieren.

In die **GEMÄLDEGALERIE** (MATTHÄIKIRCHPLATZ/SIGISMUNDSTRASSE/STAUFFENBERGSTRASSE; HILMER & SATTLER; 1992-98), die in einer strengen Blockrandbebauung angelegt ist, integrierten die Architekten die ehem. **VILLA PAREY** (**D**; SIGISMUNDSTRASSE 4A; KAYSER & GROSZHEIM; 1895), eines der letzten Zeugnisse des alten Tiergartenviertels. Zum Stadtraum verschließt sich der nach innen gewandte Neubau völlig, so dass die urbanen Qualitäten des Blockrands hier nicht greifen konnten. Stattdessen ist die räumliche Entfaltung im Innern meisterhaft. Der Hauptzugang schließt an die Verteilerhalle mit einer Rotunde an, die von einer rational und zugleich expressiv anmutenden Kuppel aus Sechseckformen belichtet wird. Die einfache Geometrie der Rotunde steht im bewussten Gegensatz zur Architektur der ▶ *Zentralen Eingangshalle*. Über die Rotunde gelangt man in eine dreischiffige, pfeilergestützte Halle, einen Raum von kühler Eleganz, der Licht durch runde Oberlichter erhält. Die Aufenthaltsqualität wird durch seitliche Bänke und ein Wasserbassin gesteigert. Von hier gehen die umliegenden Kabinette ab, die sich am Museumsbau des 19. Jh. orientieren. **209**

Mitten auf dem Kulturforum steht die ev. **ST.-MATTHÄUS-KIRCHE** (**D**; MATTHÄIKIRCHPLATZ; FRIEDRICH AUGUST STÜLER; 1844-46), die früher auf einer Straßenachse an einem aufgeweiteten Platz lag. Die umstehenden Häuser standen der nationalsozialistischen Neuordnung der Hauptstadt im Wege und wurden abgerissen. Die Kirche blieb stehen, wurde jedoch im Krieg schwer getroffen. Nur das Äußere ist wiederhergestellt worden; der Kirchenraum wird seitdem von Betonbindern getragen (PAUL UND JÜRGEN EMMERICH; 1956-60). Stüler machte die drei Kirchenschiffe nach außen durch Giebel sichtbar. An der dreigeteilten Nordfront steigt aus dem Mittelschiff der schlanke viereckige Turm empor. Über die anklingende oberitalienische Romanik hinaus besitzt der Sakralbau durch die Gliederung in stereometrische Baukörper eine stilistische Eigenart, die an Momente der Moderne denken lässt.

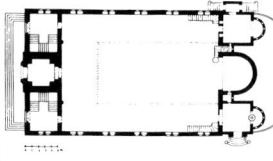

WISSENSCHAFTSZENTRUM BERLIN (REICHPIETSCHUFER 48-58): ► EXKURS: IBA 1987

WOHNHAUS AM KARLSBAD 1-2 (JÜRGEN SAWADE; 1986-87): Die Höhe des kubischen Wohnhauses steigt zur Straßenecke an, um einen architektonischen Gegenpart zum Kulturforum zu bilden. Zusammen mit dem gegenüberliegenden ehem. ► *Geschäftshaus Loeser & Wolff* bildet der Komplex eine Torsituation zur Potsdamer Straße.

Ehem. **GESCHÄFTSHAUS LOESER & WOLFF** (**D**; POTSDAMER STRASSE 58/SCHÖNEBERGER UFER 47; ALBERT BIEBENDT; 1929): Die Straßenfassade wurde 1949 wiederhergestellt. Derzeit findet eine kontrovers diskutierte Aufstockung des denkmalgeschützten Bauwerks statt.

Das ehem. **SHELL-HAUS** (**D**; REICHPIETSCHUFER 60-62/STAUFFENBERGSTRASSE/HITZIGALLEE; EMIL FAHRENKAMP; 1930-32) zählt zu den herausragenden Beispielen der Berliner Bürohausarchitektur der Weimarer Republik. Mit 38 m Bauhöhe ist es eines der wenigen bis 1930 gebauten Hochhäuser in Berlin und zugleich ein völlig eigenständiger Beitrag des Neuen Bauens. Die Hochhausfigur folgt in einer wellenförmigen Staffelung dem Reichpietschufer am Landwehrkanal und steigt aus der Höhe der Nachbarbebauung bis zur zehngeschossigen Scheibe empor. Die expressive Dynamik sollte den Anspruch des Shell-Konzerns auf wirtschaftliches Wachstum und internationale Präsenz versinnbildlichen. Durch die Travertinverkleidung und

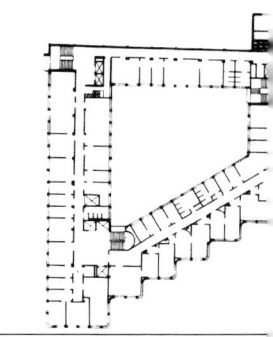

ST.-MATTHÄUS-KIRCHE. AUSSENANSICHT, GRUNDRISS

EHEM. GESCHÄFTSHAUS LOESER & WOLFF (ZUSTAND VOR DEM UMBAU)

SHELL-HAUS: HIST. GRUNDRISS

RECHTE SEITE

SHELL-HAUS

SHELLHAUS QUARTIER

die abgerundeten Gebäudeecken mit ihren gebogenen Fenstern erhält der Bau eine elegante und harmonische Wirkung. Das Tragwerk ist ein Stahlskelett auf einer damals neuartigen 9 m tiefen Eisenbetonwanne, die Erschütterungen durch den Straßenverkehr absorbiert. Im recht konventionell geschnittenen Innern nehmen die Bürotüren mit gewellten Türblättern das Thema der geschwungenen Fassade auf. Die terrassenförmig gestalteten Dächer sind begehbar. Das Shell-Haus zählt zur modernsten, innovativsten Lösung in Emil Fahrenkamps Schaffen, das sich durch eine enorme Gestaltungsvielfalt innerhalb einer eher gemäßigten Moderne auszeichnete. Bis heute wird das 1998-2000 denkmalgerecht und aufwendig sanierte Gebäude als Verwaltungssitz eines Energieunternehmens genutzt.

Das **SHELLHAUS QUARTIER** (STAUFFENBERGSTRASSE, SIGISMUNDSTRASSE; JAN KLEI-HUES; 2003-05) entsteht an der Stelle des 1965-67 von Paul Baumgarten errichteten und 2000 abgerissenen Erweiterungsgebäudes der Bewag und soll ein 1.000 Betten-Hotel aufnehmen. In der Stauffenbergstraße wird durch die Weiterführung der Trauf-höhe des Shellhauses und die Anordnung eines quer zur Straße stehenden Turmes zwischen Neubau und Shellhaus vermittelt. Der Turm markiert zugleich den Haupt-eingang des Hotels. Es entsteht im Kreuzungsbereich Stauffenberg- und Sigismund-straße eine symmetrische Ecksituation, die das neue Gebäude in die Umgebung ein-fügt. Um auf die vorhandenen Baukörper der Gemäldegalerie und der Wohnbebauung adäquat zu reagieren, wurde die Fassade in Richtung Sigismundstraße abgetreppt, die darüber liegenden Geschosse zurückgestaffelt.

Das **BUNDESMINISTERIUM DER VERTEIDIGUNG** (REICHPIETSCHUFER 74-76; REIN-HARDT & SÜSSENGUTH; 1911-14) ist in das ehem. Reichsmarineamt eingezogen. Die mit Muschelkalk verkleidete Fassade zum Landwehrkanal mit Mittelrisalit und Dreiecks-giebel ist in vereinfachten klassizistischen Formen gehalten. 1938 wurde der Komplex entlang der heutigen Stauffenbergstraße um den so genannten Bendlerblock er-weitert. Die Sanierung für das Ministerium erfolgte 1997-99 durch BURCKHARDT, EMCH UND BERGER. Dabei wurden zwei Innenhöfe überdacht – für das Gästekasino und das Besucherzentrum. Durch einen hohen Zaun sowie den dahinter liegenden Hub-schrauber- und Paradeplatz ist die Anlage von ihrer stadträumlichen Umgebung abge-schirmt.

Die ehem. **VILLA VON DER HEYDT** (🅓; Von-der-Heydt-Strasse 16-18; Hermann Ende; 1860-61) ist eines der wenigen erhaltenen Gebäude der ehemals ausgedehnten Villenbebauung des Tiergartenviertels. Hermann Ende hatte anfangs einen asymmetrischen Bau mit Turm geplant, ließ sich jedoch von einem Vorentwurf von G.A. Linke leiten, der eine symmetrische Fassadengliederung zeigte. Dieser an Palladio orientierte Villentypus kam um 1860 in Mode. Wichtiges Fassadenmotiv ist der klassizistische Portikus. Das Dach befindet sich hinter einer breiten, mit Vasen bekrönten Attika. Die Villa, ab 1967 nach Kriegsbeschädigung wieder hergerichtet, ist heute Sitz der Stiftung Preußischer Kulturbesitz.

BAUHAUS-ARCHIV (Klingelhöferstrasse 14): ▶ EXKURS: BAU-HAUS IN BERLIN

Der städtebauliche Rahmenplan für das **TIERGARTEN-DREI-ECK** (auch „Klingelhöfer Dreieck") von Machleidt und Stepp (1995), der einen Übergang zwischen der City-West und der alten Mitte wiederherstellen soll, sah eine strenge Orientierung an der Bauflucht und eine Traufhöhe von 18 m vor.

Alle Gebäude entstanden als selbstständige Blöcke, die durch kleine Gassen von der jeweiligen Nachbarbebauung getrennt sind. Die Gassen führen in das Zentrum des Quartiers, das durch einen kleinen, so genannten Pocket-Park nach Londoner Vorbild gebildet wird.

Innerhalb des Rahmens der strengen Blockgestalt besitzt die **MEXIKANISCHE BOTSCHAFT** (Klingelhöferstrasse 3/Rauchstrasse 27; Teodoro Gonzáles de León, Francisca Serrano; 1999-2000) ein unverwechselbares Äußeres. Die Fassade umrahmen kastenartig kolossale, teilweise schräg gestellte weiße Betonlamellen. Diese sind vorhangartig zurückgerafft, wodurch ein gebäudehohes Portal entstanden ist. Aus der zentralen Rotunde im Innern ergibt sich ein zylindrischer Dachaufbau – ein Motiv von Le Corbusiers Parlamentsgebäude in Chandigarh.

In Nachbarschaft zur ▶ *Mexikanischen Botschaft* liegt der Neubau des Hauptsitzes der Wirtschaftsprüferkammer, das **WIRTSCHAFTSPRÜFERHAUS** (Rauchstrasse 26; Büttner Neumann Braun; 2001-02): Das im Grundriss Z-förmige Gebäude besitzt eine ruhig gestaltete und mit Kalksandstein verkleidete Fassade.

Linke Seite
VILLA VON DER HEYDT
MEXIKANISCHE BOTSCHAFT:
AUSSEN-, INNENANSICHT
MALAYSISCHE BOTSCHAFT:
ATRIUM

Rechte Seite
CDU-BUNDESGESCHÄFTSSTELLE:
AUSSENANSICHT,
SITZUNGSSAAL

Die Lochfassade der **MALAYSISCHEN BOTSCHAFT** (KLINGELHÖFERSTRASSE 6; PSP PYSALL, STAHRENBERG & PARTNER; 1999-2000) aus hellbeigen Betonelementen wird durch Rhythmusvariationen in der Anordnung der Fenster bestimmt, dennoch wirkt die Gestaltung in erster Linie ruhig. Der Block ist in zwei Gebäudeflügel gegliedert, die durch ein Atrium verbunden sind, das sich zu beiden Gassen mit gebäudehohen Glaswänden öffnet.

Ähnlich wie die Parteizentrale der SPD weckt auch die **CDU-BUNDESGESCHÄFTS-STELLE** (KLINGELHÖFERSTRASSE 8/CORNELIUSSTRASSE; PETZINKA, PINK & PARTNER; 1999-2000) Assoziationen an einen „Parteidampfer". Das innere Gebäude ist ähnlich dem Bug eines Hochseeschiffes gestaltet; ganz oben, wo der Kapitän das Schiff steuert, liegen die Räume des Parteivorsitzes. Vor die ersten fünf Etagen wurde wie ein Wintergarten eine zweite Glasfassade gesetzt, die zu Energieeinsparungen führen soll und die südliche Spitze des Tiergarten-Dreiecks betont.

Um an der Ecke Corneliusstraße/Stülerstraße ein Pendant zur CDU-Bundesge-schäftsstelle zu bilden, wurden im Zuge der Realisierung zwei ursprünglich getrennte Blöcke zu einem großen Block zusammengefasst. Der U-förmige Baukörper des **VER-WALTUNGSGEBÄUDES DER BERLIN HYP** (CORNELIUSSTRASSE 7; PSP PYSALL, STAHRENBERG & PARTNER; 1999-2000) umfasst einen begrünten Innenhof. Die zur Corneliusstraße mit Blick auf den Landwehrkanal orientierte Fassade wurde transparent gestaltet, während die zur lärmbelasteten Stülerstraße gelegene Seite eine schallabsorbierende Doppelfassade erhielt.

STADTVILLEN AN DER RAUCHSTRASSE (RAUCHSTRASSE 4-10): ► EXKURS: IBA 1987

Namhafte Architekten waren an dem Bau der so genannten **ÖKO-HÄUSER** (COR-NELIUSSTRASSE 11-12; FREI OTTO, HERMANN KENDEL; 1988-90) beteiligt. Frei Otto und Hermann Kendel konzipierten im Rahmen der IBA 1987 ein Betongerüst, in das die einzelnen Bauherren ihre Eigenheimwünsche „einschieben" konnten. Entsprechend lässt das Gebäude Einheitlichkeit in Materialwahl und Gestaltung vermissen. Energie-einsparungen wurden insbesondere mit verglasten Wintergärten erreicht. Die pluralistische Gestalt blieb in Berlin eine Ausnahmeerscheinung.

Dagegen sind die **ENERGIESPARHÄUSER AM LANDWEHRKANAL** (LÜTZOWUFER 1-5; BERND FASKEL, VON GERHAN, MARG & PARTNER-GMP, PYSALL, KILLPER, SCHIEDHELM; 1984-85) **213**

einheitlicher, als Riegel aus fünf engstehenden Bauten von fünf Architektenteams gestaltet. Im Rahmen der IBA 1987 wurden fünf unterschiedliche Energiekonzepte bei identischen Baukosten vorgestellt. Neben der Sonnenenergienutzung durch Wintergärten wurden Energiekonzepte wie Wärmerückgewinnungsanlagen und Sonnenkollektoren berücksichtigt.

Aus der städtebaulichen Situation zwischen Lützowplatz und Landwehrkanal, einem halbierten, dreieckigen Häuserblock, ergibt sich die Großform des **GRAND HOTELS ESPLANADE** (LÜTZOWUFER 15-19/LÜTZOWSTRASSE; JÜRGEN SAWADE; 1986-88). Es öffnet sich zum Landwehrkanal und stellt rückwärtig den Blockrand wieder her. Die Dreiecksform wiederholt sich im Hof und in der Hotellobby. Außen wie innen zeigt sich der Bau modern, nobel und zeitlos gestaltet. Sawades moderne Haltung war in Zeiten postmoderner, historisierender Hotelbauten eine bemerkenswert unmodische Lösung. Die Außenfassade ist mit poliertem grauem Granit verkleidet, der Hof mit traditionellen keramischen, weiß glasierten „Berliner Pfeifenköpfen". Etwas unterkühlt wirkt die Innengestaltung.

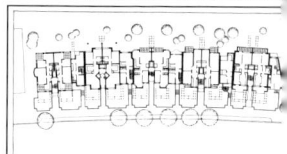

Im Rahmen der IBA 1987 entstand eine **BLOCKRANDBEBAUUNG AM LÜTZOWPLATZ** (1988-90) unter Beteiligung namhafter Architekten. Die Gesamtkonzeption entwickelte STEFAN SCHOLZ. Den Eckbau, das **WOHNHAUS LÜTZOWPLATZ 1**, gestaltete MARIO BOTTA. Zwei mit geometrischen Mustern verklinkerte Wandscheiben stehen rechtwinklig zueinander. In einem Raster sind quadratische Fenster eingefügt. Die Gebäudeecke ist aufgebrochen, die dahinter liegenden Loggien durch die Wandscheiben leider verschattet. Den Nachbarbau, das **WOHN- UND GESCHÄFTSHAUS LÜTZOWPLATZ 3**, gestaltete PETER COOK von „Archigram" spielerisch mit verglasten Wintergärten. Die Wohnungen im Rahmen des sozialen Wohnungsbaus sind unkonventionell geschnitten. Zum Teil sind sie zweigeschossig oder weisen Niveausprünge von ein oder zwei Stufen auf. Am **WOHNHAUS LÜTZOWPLATZ 5** (AXEL SCHULTES ARCHITEKTEN) zeichnen sich die zweigeschossigen Wohnungen durch große durchfensterte Öffnungen in einer streng gerasterten Fassade ab.

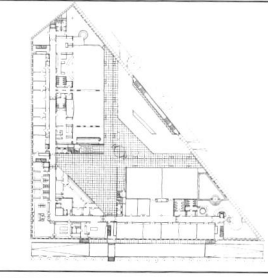

An der Westseite des Lützowplatzes wurde die nach schweren Kriegsschäden abgerissene Platzwand mit der ebenfalls im Rahmen der IBA 1987 erstellten **WOHNANLAGE**

LÜTZOWPLATZ 2-16 (OSWALD MATHIAS UNGERS; 1979-83) wieder-

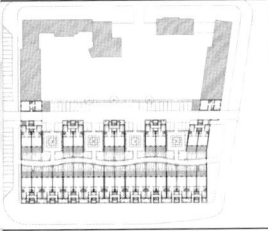

VERWALTUNGSGEBÄUDE DER
BERLIN HYP
ENERGIESPARHÄUSER AM
LANDWEHRKANAL: GRUNDRISS
GRAND HOTEL ESPLANADE:
AUSSENANSICHT, GRUNDRISS
ERWEITERUNGSBAU DES HOTELS
BERLIN AN DER SCHILLSTR.

RECHTE SEITE

BLOCKRANDBEBAUUNG AM
LÜTZOWPLATZ: GRUNDRISS
WOHNANLAGE LÜTZOWPLATZ:
AUSSENANSICHT, GRUNDRISS
BÜROHAUS SCHILLSTR.

hergestellt. Der lang gestreckte Riegel wird durch drei Giebel gegliedert. Aus Lärmschutzgründen liegen zur Straßenseite vorwiegend die Nebenräume. Der rückwärtige Wohnbereich ist kleinteiliger gestaltet, der Abstand zwischen den Wohnungen ist jedoch gering. Insgesamt wurde der Entwurf aus Kostengründen verwässert, u.a. durch die Reduzierung des Sichtmauerwerks auf den Sockelbereich. Ein Abriss ist bereits erwogen worden.

ERWEITERUNGSBAUTEN DES HOTELS BERLIN (LÜTZOWPLATZ 17; MICHAEL KÖNIG, KLAUS THEO BRENNER; FASSADE: BENEDICT TONON; 1986-87; MICHAEL KÖNIG; FASSADE: BETZ ARCHITEKTEN; 1995-96): Die erste Erweiterung eines Hotelbaus aus den 1950er Jahren formulierte die südliche Kante des Lützowplatzes wieder als Blockrandbebauung, um die ursprüngliche stadträumliche Qualität des Ortes wiederherzustellen. Der abknickenden Einemstraße folgt die Fassade mit einer Rundung. Der hier durch Fensterbänder entstandene Stromlinieneffekt erinnert an Vorbilder aus den 1920er Jahren. In den 1990er Jahren folgte ein zweiter Erweiterungsbau parallel zur Schillstraße. Das Volumen des Baukörpers mit Lochfassade ist klarer und härter gestaltet, um den Komplex gegenüber der stark befahrenen Schillstraße abzugrenzen. Die von Betz Architekten gestaltete Granitfassade mit tief in der Laibung sitzenden Fenstern steht im Kontrast zum feststehenden Sonnenschutz aus Lochblech. Diese Gestaltung soll eine bewusste Anspielung auf die Grand-Hotels des 19. Jh. mit großflächigen Fassaden und bunten Markisen sein.

Die Gestaltung des **BÜROHAUSES SCHILLSTRASSE 9-10** (EHEM. NEUE-HEIMAT-HAUS; PYSALL & ROLLENHAGEN; 1972-74) setzte die Tendenz einer plastischen Fassadenausformung aus den 1960er Jahren fort. Hinzu kam eine noch stärkere plastische Gestaltung des gesamten Baukörpers durch eine gleichzeitige Staffelung in der Höhe und im Grundriss. Trotz einer 2000-01 erfolgten Grundinstandsetzung und Modernisierung (DGI BAUWERK) blieb der Charakter des für die 1970er Jahre typischen Bürohauses weitgehend erhalten. Die Grundrisse wurden neu organisiert, die Fassadenoberfläche erneuert, die Eingänge neu gestaltet.

Auch das ehem. **CONSTANZE-PRESSEHAUS** (KURFÜRSTEN-STRASSE 72-74; PYSALL & ROLLENHAGEN; 1968-71), von den selben Architekten entworfen, besitzt diese starke Staffelung, die Fassadengestaltung erfolgte hingegen zurückhaltender. In dem Verwaltungs-, Wohn- und Geschäftshaus befinden sich u.a. Foto- und Filmateliers und Gästeappartements des Verlagshauses.

Um die in den Komplex mit einbezogene historische **VILLA MALTZAHN** (**D**; DERFFLINGERSTRASSE 8; EDUARD WUTTGE; 1872-73) wurde der Neubau für das **FRANZÖSISCHE GYMNASIUM** (DERFFLINGERSTRASSE 8-9; PYSALL & ROLLHAGEN; 1971-74) gruppiert, nachdem der Abriss der Villa verhindert werden konnte. Die drei Bauteile des Gymnasiums sind um einen durch Treppen gegliederten Platz angeordnet und von der Straße zurückgesetzt. Durch die zeittypische Staffelung in Grundriss und Höhe erhielt das Gebäudevolumen eine starke plastische Gestaltung, die in der Fassade durch das Wechselspiel von horizontalen Sichtbetonstreifen und vertikalen Klinkerbändern zusätzlich betont wird.

EHEM. CONTANZE-PRESSEHAUS
FRANZÖSISCHES GYMNASIUM:
AUSSENANSICHT, LAGEPLAN

LUISENSTADT UND KREUZBERG

Das heutige **KREUZBERG**, bis 2001 ein eigener Bezirk, entstand erst 1920. Im Zusammenhang mit der Bildung von Groß-Berlin wurde die **LUISENSTADT** mit Teilen der Südlichen Friedrichstadt und den Stadterweiterungen im Schöneberger und Tempelhofer Revier vereinigt, die seit den 1860er Jahren südlich des Landwehrkanals entstanden. Der neue Verwaltungsbezirk wurde nach dem so genannten Kreuzberg im Viktoriapark benannt. Die historische Luisenstadt umfasste Teile des heutigen Bezirks Mitte bis zur barocken Stadterweiterung Neu-Cölln am Wasser. Bereits im 17. Jh. begann die Entwicklung der Luisenstadt (entlang der heutigen Köpenicker und Dresdner Straße) als Köpenicker Vorstadt. Als die Akzisemauer 1734 in einem weiten Bogen um die Stadt gezogen wurde, waren große Flächen der Vorstadt noch unbebaut und besaßen ländlichen Charakter. 1840 wurde das Köpenicker Feld zum besonderen städtischen Entwicklungsgebiet der Residenzstadt Berlin erklärt, das der König als einen beispielgebenden Städtebau zu fördern gedacht. Peter Joseph Lenné wurde beauftragt, einen großzügigen Bebauungsplan zu entwickeln. Im Geist der Romantik entwarf er eine höchst anspruchsvolle Anlage mit kunstvoll angelegten Plätzen, Kanälen, Wasser- und Grünflächen. Eine geradezu barocke Wasserachse, der **LUISENSTÄDTISCHE KANAL** mit dem **ENGELBECKEN** und der ▶ *St.-Michael-Kirche* als point

de vue, verdeutlichte den noch bestehenden monarchischen Gestaltungsanspruch für die Residenzstadt, die sich jedoch mittlerweile „selbstständig" in eine schnell wachsende Industriemetropole zu wandeln begann. Der Kanal war gleichzeitig die schiffbare Verbindung zwischen Spree und Landwehrkanal und ermöglichte die Ansiedlung von Gewerbe. Heute ist die Kanalführung größtenteils als Grünanlage gestaltet.

Entgegen den romantischen königlichen Vorstellungen wurde das Gebiet zwischen Luisenstadt, Südlicher Friedrichstadt und dem Kreuzberg eher planlos bebaut. Die reizvoll entworfenen Kunstplätze **MORITZPLATZ**, **ORANIENPLATZ** und **HEINRICHPLATZ** ließen sich nur unter großem finanziellen Aufwand den Grundeigentümern gegenüber durchsetzen. Da im Zuge der Industrialisierung der Wohnungsbau mit dem Bevölkerungszustrom aus den Provinzen nicht Schritt halten konnte, entstanden vor dem **KOTTBUSSER** und dem **SCHLESISCHEN TOR** Armensiedlungen ohne baupolizeiliche Genehmigung. 1862 wurde als Grundlage für die weitere städtebauliche Entwicklung Berlins der Hobrecht-Plan verabschiedet, der gerade im Bereich des Landwehrkanals zu einer der dichtesten Bebauungen mit Mietskasernen führte. Auf dem Gelände des Schöneberger und Tempelhofer Reviers, südlich des Kanals, entstanden aber auch gelungene städtebauliche Achsen wie die **YORCKSTRASSE-GNEISENAUSTRASSE-HASENHEIDE** mit dem **SÜDSTERN** sowie der **MEHRINGDAMM**.

Nach schweren Zerstörungen im Zweiten Weltkrieg erfolgte nördlich des Landwehrkanals eine überwiegend aufgelockerte und wenig urbane Bebauung. Eine Stadtentwicklungspolitik, die gezielt die zum Abriss bestimmten Stadtteile verkommen ließ, führte zu verschärften sozialen Problemen. Kreuzberg, seit 1961 zusätzlich benachteiligt durch die Randlage an der ▶ *Berliner Mauer*, wurde zum Problembezirk West-Berlins. Erst die durch Bürgerinitiativen erzwungene behutsame Stadterneuerung seit der IBA 1987 verbesserte die Situation entscheidend. Heute können Teile des alternativ-multikulturell geprägten Kreuzbergs als gelungenes Beispiel für eine urbane Mischung aus Wohnen, Gewerbe und Kleinindustrie stehen. Von der schleichenden sozialen Entmischung Berlins bleibt der sozial schwache Stadtteil aber weiterhin bedroht. 2001 erfolgte die Fusion des Bezirks Kreuzberg mit dem Bezirk Friedrichshain.

Nördlich, im heutigen Bezirk Mitte, wird das einstige Areal der Luisenstadt von der Spree begrenzt, an der Ende des 19. Jh. ein Industriegebiet entstand. Eine unverwechselbare Gestalt besitzt das **HEIZKRAFTWERK MITTE** (KÖPENICKER STRASSE 59-73; KOLLEKTIV DIETRICH ZIMBAL; 1961-64; JOURDAN & MÜLLER PAS; 1994-2000) am Ufer der Spree, dem nördlichen Endpunkt der Luisenstadt. Der Komplex aus den 1960er Jahren wurde vom Architekturbüro Jourdan & Müller PAS zum modernsten innerstädtischen Heizkraftwerk Europas umgebaut. Ziel war es, die Tradition des Berliner Industriebaus unter neuen technischen Anforderungen fortzuschreiben. Die Hallen sind zur Spree hin abgestuft, hohe Schornsteine erheben sich darüber und unterstreichen den in-

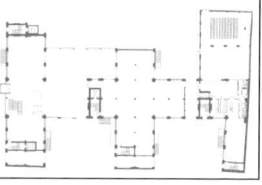

HEIZKRAFTWERK MITTE
DEUTSCHES ARCHITEKTUR
ZENTRUM DAZ:
AUSSENANSICHT,
GRUNDRISS
JANNOWITZ-CENTER

dustriellen Charakter dieses städtischen Raumes. Dunkel ver-
klinkert, erinnert das Kraftwerk an die Umspannwerke von
Hans Heinrich Müller, die in den ersten Jahrzehnten des 20. Jh.
über Berlin verteilt entstanden. Verschiedene künstlerische
Installationen stellen eine Beziehung zwischen Kraftwerk und
Stadtraum her.

In unmittelbarer Nachbarschaft liegt eine für das **DEUTSCHE
ARCHITEKTUR ZENTRUM DAZ** (KÖPENICKER STRASSE 48; ANDER-
HALTEN ARCHITEKTEN; ASSMANN, SALOMON UND SCHEIDT; 1994-96)
umgebaute Fabrikhalle von 1902. Sie befand sich ursprünglich
im Hinterhof der zur Köpenicker Straße geschlossenen Randbebauung. Ein typisches Element der Berliner Gewerbearchitektur um 1900 ist die weiß glasierte Klinkerfassade. In einem
ersten Bauabschnitt wurde der Altbau durch Anderhalten
saniert. Dabei sind die im Krieg eingerissenen Lücken geschlossen worden: Der Eingangsbereich ist vollständig verglast, der Bruch in der Fassade ist nicht behoben, sondern mit
der neuen Fassadengestaltung erlebbar. In einem zweiten
Schritt wurde der Komplex von ASSMANN, SALOMON UND SCHEIDT
aufgestockt und durch die Übernahme der Altbaustruktur zur
Spree hin erweitert. In der Verbindung von historischen und
modernen Elementen ist ein überzeugendes Ensemble entstanden, das der anspruchsvollen „Architektur-Nutzung" voll
gerecht wird.

JANNOWITZ-CENTER (JANNOWITZBRÜCKE/BRÜCKENSTRASSE;
HPP HENTRICH-PETSCHNIGG PARTNER; 1992-97): Der Baukörper ist
aus verschiedenen Architekturelementen zusammengesetzt,
insbesondere ein schräg hervorspringender Körper und ein
Flugdach setzen Akzente. Die Ecksituation am Spreeufer wurde
auf diese Weise städtebaulich betont, wodurch eine prägnante
städtebauliche Dominanz gegenüber Jannowitzbrücke und S-
Bahnhof entstanden ist. Die Planung verfolgte grundlegend
das städtebauliche Ziel, durch Schließen kriegsbedingter
Baulücken die alten Berliner kleinteiligen Stadtstrukturen
wiederherzustellen. Durch eine mit geschlossenen Innenhöfen
gegliederte Blockrandbebauung, die Wiederaufnahme der
Berliner Traufhöhe und Betonung der besonderen Ecksituation
wurde diese Aufgabe gelöst. Die bestehende Bebauung
zwischen den Hinterhöfen musste aufgrund ihres desolaten
baulichen Zustands jedoch ausgekernt und rekonstruiert **219**

werden, in der Rungestraße wurden die Altbauten saniert und zu Wohnungen umgenutzt.

BÜRO-, GESCHÄFTS- UND WOHNHÄUSER ALTE JAKOBSTRASSE 76-80/83-84 (NEUFERT, MITTMANN, GRAF; 1995-97): Wohnturm mit Tonnendach.

KONTORHAUS UND WOHNHAUS ALTE JAKOBSTRASSE 87-88 (JAKOB LEHRECKE; 1997-2000): Zwei Gebäude mit ruhiger Klinkerfassade, die sich dem angrenzenden Umspannwerk anpassen.

Im Verlauf der schnellen Expansion Berlins im 19. Jh. wurde 1840 auch die Luisenstadt erweitert. Deren neues „Rückgrat" wurde der 1848-52 geschaffene **LUISENSTÄDTISCHE KANAL** (1926 zugeschüttet), der von der Spree im Viertelbogen (Bethaniendamm) zum **ENGELBECKEN** am Michaelkirchplatz und weiter zum Landwehrkanal geführt wurde. Den städtebaulichen Mittelpunkt bildet die von König Friedrich Wilhelm IV. geförderte kath. **ST.-MICHAEL-KIRCHE** (**D**; MICHAELKIRCHPLATZ;

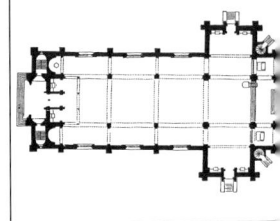

AUGUST SOLLER; 1851-56). Als Kuppelbau in Anlehnung an oberitalienische Backsteinkirchen errichtet, galt die Garnisonskirche zu ihrer Entstehungszeit als vollendete Architektur. Den Nerv der Zeit traf der Architekt, indem er sich nicht auf die bis dahin übliche schlichte Frühromanik konzentrierte, sondern die wesentlich reicheren Formen der Spätromanik mit Elementen der Gotik und der Renaissance verband. Auch die Verbindung von Zentralbau und Langhaus war für die Entwicklung mehrerer Berliner Nachfolgebauten bedeutsam. Mit einer großen Portalnische, einem bekrönenden dreifach durchfensterten Glockengeschoss und der von AUGUST KISS entworfenen Michaelsfigur wendet sich die Hauptfassade dem Luisenstädtischen Kanal zu. Nach der teilweisen Kriegszerstörung der Kirche ist das Langhaus heute noch eine Ruine; Chor und Querschiff wurden 1948 rekonstruiert und 1984-87 umgebaut.

Direkt an der Grenze zwischen Mitte und Kreuzberg steht, durch eine abgerundete Gebäudeecke akzentuiert, das ehem. **HAUS DES DEUTSCHEN VERKEHRSBUNDES** (**D**; MICHAELKIRCHPLATZ/ENGELDAMM 70; BRUNO UND MAX TAUT; 1927-30). In diesem von Bruno Taut entworfenen und von seinem Bruder Max verändert ausgeführten Bürogebäude war die Zentrale derjenigen Gewerkschaften untergebracht, die nicht in den großen Industriegewerkschaften zusammengefasst waren. Aus dem Stahlbetonrahmen wurde eine flächige Fassade mit liegenden

LINKE SEITE
ST.-MICHAEL-KIRCHE:
AUSSENANSICHT, HIST. GRUNDRISS
EHEM. HAUS DES DEUTSCHEN VERKEHRS-
BUNDES
LOFTHOUSE MELCHIORSTR.

RECHTE SEITE
LOFTHOUSE MELCHIORSTR.:
INNENANSICHT, GRUNDRISS
ST.-THOMAS-KIRCHE:
AUSSENANSICHT, HIST. GRUNDRISS
KÜNSTLERHAUS BETHANIEN

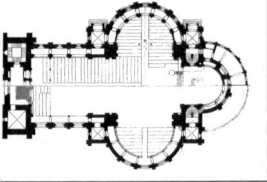

Fenstern abgeleitet, die jeweils paarweise zwischen den tragenden Stützen angeordnet sind. Ein farbliches Konzept unterschied zwischen tragenden und nicht tragenden Teilen. Leider sind wichtige Bauelemente wie Eingangstüren und Fenster, welche zur Qualität des Gebäudes beigetragen hatten, durch nicht adäquate Einbauten ersetzt worden. Auch heute dient das Gebäude einer Gewerkschaft.

LOFTHOUSE MELCHIORSTRASSE 26 (UMBAU: MODERSOHN & FREIESLEBEN MIT TOBIAS ZEPTER; 1999-2000): Ein teilweise zerstörtes Fabrikgebäude im Innern des Blocks wurde saniert und zu einem Wohnhaus mit 32 Loftwohnungen umgebaut. Außen wurde die Fassade nach historischem Vorbild ergänzt, innen blieben vorhandene Struktur und Bauweise wie tragendes massives Außenmauerwerk, verkleidete Stahlstützen und Volutendecken erhalten. Die Einbauten für Bäder und Küchen wurden in die Struktur des ehem. Fabrikgebäudes integriert.

Die zweite, parallele Achse neben dem Luisenstädtischen Kanal ist der 1853 von PETER JOSEPH LENNÉ gestaltete **MARIANNENPLATZ**. An ihren Enden ist die großzügige Platzanlage abgerundet, am nordöstlichen Ende bildet die ev. **ST.-THOMAS-KIRCHE** (**D**; MARIANNENPLATZ; FRIEDRICH ADLER; 1864-69) das Pendant zur ► St.-Michael-Kirche. Der für die Schinkelschule äußerst bedeutende Sakralbau entwickelt mit der imposanten, zum Platz gerichteten Zweiturmfassade die Architektur der ► Friedrichswerderschen Kirche weiter. Wie bei der St.-Michael-Kirche wurde – ein architektonisches Ideal jener Zeit – eine Kombination aus Langhaus und Zentralbau geschaffen. Die Konstruktion war neuartig: Erstmalig im Kirchenbau wurden im Innern gusseiserne Stützen für die Emporen verwendet. Der stark kriegsbeschädigte Bau ist in seinem Äußeren wiederhergestellt, im Innern verändert worden (LUDOLF VON WALTHAUSEN, 1963).

Als erstes Bauwerk am Mariannenplatz entstand das ehem. Diakonissen-Krankenhaus Bethanien, heute **KÜNSTLERHAUS BETHANIEN** (**D**; MARIANNENPLATZ 1-3; THEODOR STEIN, THEODOR FLIEDNER, EDUARD RÖMER; 1845-47). Es war einst eine vorbildliche Krankenhausanlage. Dem Platz verleiht das Gebäude ein unverwechselbares Aussehen. Zwei äußerst schlanke achteckige Türme ragen zwischen dem Eingang empor, gekrönt von spitzen Kegeldächern. Der äußerst sparsam ausgeführten

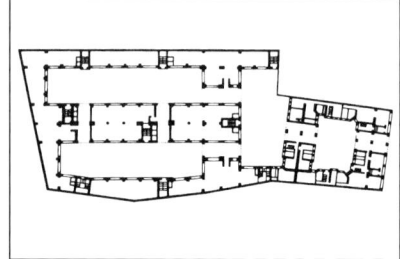

Dreiflügelanlage lag ein Vorentwurf von Ludwig Persius zugrunde, die Idee des Mittelrisalits mit den Achtecktürmen kam von Friedrich August Stüler. Das Innere mit einer Krankenhauskapelle wurde neogotisch und neoromanisch ausgeführt. Das Gebäude wird heute multifunktional für kulturelle, soziale und administrative Aufgaben genutzt.

HEINRICH-ZILLE-SCHULE (ehem. Leibniz-Gymnasium; **D**; Mariannenplatz 27-28; Hermann Blankenstein; 1875-76): Der lang gestreckte, einfach gehaltene Ziegelbau ist durch einen Mittelrisalit mit Rundbogenfenstern akzentuiert. Die Anbauten wurden im Zweiten Weltkrieg schwer beschädigt und später abgerissen. Heute dient das Gebäude als Berufsschule.

Das ehem. **WARENHAUS DER KONSUMGENOSSENSCHAFT** (**D**; Oranienplatz 4-10; Max Taut und Franz Hoffmann; 1930-33) zählt zu den herausragendsten Beispielen der Neuen Sachlichkeit in Berlin. In einer Ecke zum Oranienplatz treffen zwei siebengeschossige Flügel des Gebäudes rechtwinklig aufeinander, wo sie zur Akzentuierung um zwei weitere Geschosse turmartig erhöht wurden. Der modulare Aufbau mit liegenden Fensterformaten ergibt sich wie beim ▶ *Haus des Deutschen Verkehrsbundes* aus dem Stahlbetonskelett. Das oberste Geschoss des flach gedeckten Baus springt zurück. Ursprünglich war hier Leuchtreklame angebracht, die bereits im Entwurf ein typischer Bestandteil jener Großstadt-Architektur war. Im früheren Warenhaus befindet sich heute u.a. ein Architekturbüro.

Die typische Berliner Mischung von Wohnen und industriellem Gewerbe zeigt sich im **ELISABETHHOF** (**D**; Erkelenzdamm 59-61; Kurt Berndt; 1897-98). Wohngebäude und Gewerbegebäude sind auf einem Grundstück zusammengelegt. Während das Vorderhaus mit dem Wohntrakt als Visitenkarte aufwendig gestaltet wurde, zeigen die Seitenflügel und das Quergebäude typische Merkmale von funktional gestalteter Industriearchitektur: große Fenster zur besseren Belichtung in den engen Höfen, sparsam verzierte Verkleidung mit Keramikplatten, sichtbare Konstruktion des kombinierten Mauerwerks-/Stahlfachwerkbaus.

Ev. **ST.-JAKOBI-KIRCHE** (**D**; Oranienstrasse 132-134; Friedrich August Stüler; 1844-45): Die schlichte Backsteinbasilika wird von Pfarr- und Predigerhaus flankiert und ist durch ein quadratisches Atrium mit kreuzgangartigen Arkaden von der Straße

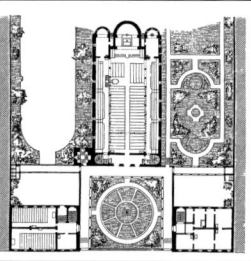

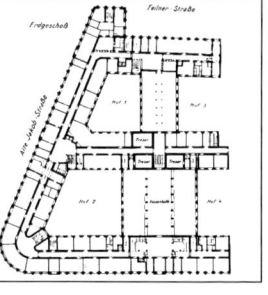

zurückgesetzt; der Turm steht frei neben der Kirche. 1954-57 erfolgte durch PAUL UND JÜRGEN EMMERICH die Wiederherstellung nach schweren Kriegsschäden. Rückwärtig entstanden später zwei Pfarrhäuser, die in Proportionen und Material dem Kirchbau angepasst wurden (DIETER FROWEIN, GERHARD SPANGENBERG; 1980-81).

Die ehem. **REICHSSCHULDENVERWALTUNG** (**D**; ORANIENSTRASSE 106-109; GERMAN BESTELMEYER; 1919-24) war der erste öffentliche Bau der Weimarer Republik und wurde, den begrenzten Möglichkeiten der Nachkriegszeit angepasst, äußerst schlicht und zurückhaltend gestaltet. Die Bauplastik stammt von HUGO LEDERER.

Bereits 1920 wurde die Luisenstadt zwischen den neugeschaffenen Bezirken Mitte und Kreuzberg aufgeteilt. Weitaus folgenreicher war jedoch der Bau der ▶ *Berliner Mauer* 1961. Noch heute sind die Narben im Stadtviertel nachvollziehbar, müssen städtische Lücken der Kriegszerstörung und der Teilung noch geschlossen werden. In geringem räumlichem Abstand liegen zwei unterschiedliche, aber vergleichbare Wiederaufbau-Konzepte der geteilten Stadt. Im amerikanischen Sektor, zu dem Kreuzberg gehörte, entstand nördlich der Ritterstraße 1956-63 die **OTTO-SUHR-SIEDLUNG** nach einem 1955 von den USA initiierten Projekt in offener Zeilenbebauung (MAX RUDOLPH). An der Neuenburger Straße und Alexandrinenstraße wurde 1959-62 die **SPRINGSIEDLUNG** mit Zeilen- und Punkthäusern errichtet (WILS EBERT). Auf der gegenüberliegenden Seite der früheren Sektorengrenze, im Bezirk Mitte, liegt das **HEINRICH-HEINE-VIERTEL** beiderseits der Heinrich-Heine-Straße, 1958 eines der ersten DDR-Projekte industrieller Bauweise. 1967-68 wurde die viergeschossige Zeilenbebauung durch zehngeschossige Wohnscheiben fortgesetzt.

Zwar besteht zwischen den Siedlungen eine erstaunliche Gemeinsamkeit im antiurbanen Städtebau, es fehlen jedoch jegliche Bezüge aufeinander, entlang der alten Grenze existieren riesige Brachflächen. Seit dem Fall der Berliner Mauer 1989 besteht die Aufgabe, die Luisenstadt stadträumlich wieder zusammenzuführen. Eines der neuen Gebäude, die dies versuchen, ist das **WOHNHAUS ALTE JAKOBSTRASSE 45-46** (CARMEN GESKE, THOMAS WENZEL; 1992-93). An das bestehende Wohnhochhaus (1956-63) der ▶ *Otto-Suhr-Siedlung* wurde im

LINKE SEITE
EHEM. WARENHAUS DER KONSUMGENOSSENSCHAFT ELISABETHHOF: HIST. GRUNDRISS

RECHTE SEITE
ST.-JAKOBI-KIRCHE: AUSSENANSICHT, HIST. GRUNDRISS, PFARRHÄUSER
EHEM. REICHSSCHULDEN-VERWALTUNG: HIST. GRUNDRISS

223

rechten Winkel ein mächtiger, klarer Baukörper angefügt, der den Bezug zur Umgebung aufnehmen soll. Während für das bereits bestehende Wohnhochhaus die Definition einer klaren städtebaulichen Situation unmöglich war, weil das Grundstück direkt an der Grenze von Ost- und West-Berlin lag, konnte der Neubau die Blockfiguren abschließen. Der helle Baukörper hebt sich vom dunkleren, geschlossenen Treppenhausturm des Altbaus ab. Dennoch wirkt alles aufeinander bezogen und zugehörig, die Symbiose aus Alt und Neu ist gelungen.

Auch die **BUNDESDRUCKEREI** (KOMMANDANTENSTRASSE 15) liegt am ehem. Grenzstreifen, zugleich befindet sie sich zwischen Oranienstraße und Alte Jakobstraße an einem Ort ihrer eigenen Geschichte. Bereits seit 1852 befand sich hier die Königlich-Preußische Staatsdruckerei, aus der die Reichsdruckerei und schließlich 1951 die Bundesdruckerei hervorgegangen sind. Nach und nach entstanden mehrere Gebäudekomplexe. Doch erst nach dem Fall der ▶ Berliner Mauer bot sich die Möglichkeit, das Gelände zur Kommandantenstraße auszurichten. Der lang gestreckte Baukörper des ersten Bauabschnitts, das neue Wertdruckgebäude (BHHS & PARTNER; 1993-97), bildet die neue Straßenkante. Die auf das Druckereigelände zulaufende und an ihm endende Beuthstraße mündet nun auf einen dreieckigen Platz. Der strenge Bauriegel ist an dieser Stelle abgeschrägt und in einer plastischen Architektursprache aufgebrochen. Hinter der langen doppelten Glasfassade werden metallene Rohre und technische Apparaturen sichtbar, die auf die Druckerei verweisen. Im Innern liegt der modernste Tresor Europas, in dem die gedruckten Banknoten, Ausweise und Wertpapiere eingelagert werden. Mit einer Stahl-Binder-Gelenk-Konstruktion ist der Tresor mit der rückwärtigen Produktionshalle verbunden. Der zweite Bauabschnitt (1997-2001) schloss die vorhandene Lücke zur Alten Jakobstraße, der dritte Bauabschnitt (seit 2001) wird die Ecke Axel-Springer-Straße/Kommandantenstraße neu formulieren (ebenfalls BHHS & PARTNER). Der markante, etwas überhöhte Kopfbau des zweiten Bauabschnitts bildet sowohl den Abschluss der Sichtachse Beuthstraße/Friedrichswerderscher Markt als auch die stadträumliche Schließung des Bundesdruckereiplatzes. In Struktur und Materialwahl (handgestrichene Klinker, Kupfer, Sichtbeton, Glas) setzt das Gebäude das Schichtungsprinzip des 1.Bau-

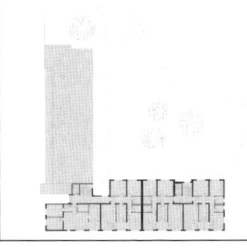

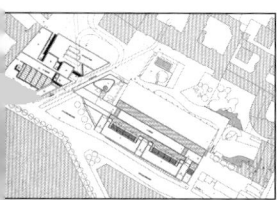

abschnitts fort. Die innere Organisation des Gebäudes ist durch ein siebengeschossiges Atrium geprägt, welches gleichermaßen als Entree, Verteiler und Treffpunkt fungiert.

Das ehem. **HAUS DES DEUTSCHEN METALLARBEITER-VERBANDES** (**D**; ALTE JAKOBSTRASSE 148-155/LINDENSTRASSE; ERICH MENDELSOHN UND RUDOLF W. REICHEL; 1929-30) verdankt seine unkonventionelle Gestaltung dem nicht orthogonalen Straßengrundriss an der Schnittstelle von Friedrich- und Luisenstadt. Das durch den Verlauf der beiden Straßen spitz zulaufende Grundstück animierte die Architekten beim Bau der Gewerkschaftszentrale zu einer außergewöhnlichen Leistung. Für ein derart schwierig geschnittenes Grundstück zeigte wenige Jahre zuvor Fritz Höger mit seinem Hamburger Chilehaus eine Lösung. Im Gegensatz zum prominenten Vorbild gestaltete Erich Mendelsohn das Berliner Verbandshaus jedoch nicht expressionistisch in einer „auf die Spitze" getriebenen Ausdruckskraft der Ecke. Er wählte Ausgewogenheit im Stil der Neuen Sachlichkeit. Der Kopfbau ist unter Kappung der spitzen Ecke konkav geformt, so dass er nicht wie ein Keil in den Straßenraum stößt, sondern die Passanten ins Innere einlädt. Große Glasflächen mit Messingprofilen im Eingangsbereich unterstützen die Wirkung. Durch einen kleinen halbrunden Erker mit einem Fahnenmast wird das verglaste Doppelgeschoss akzentuiert, hinter dem der große Sitzungssaal liegt. Auch auf die Gestaltung der Hofansicht wurde großer Wert gelegt. Der kleine zylinderförmige Erker der Vorderfront wiederholt sich am Kopfbau rückwärtig als großer Treppenhauszylinder. Über die Fassaden sind Fensterstreifen gelegt: einmal horizontale an den Flügeln und einmal vertikale an den Treppenhäusern. Mit der sachlichen Eleganz des Bauwerks erhielt die an Bedeutung gewinnende Gewerkschaft eine würdige bauliche Ausdrucksform; mit der äußerst modernen Architektur wurden deren progressive politische Ziele unterstrichen. Das einmalige Gebäude beherbergt in der Kontinuität heute den Nachfolgeverband IG Metall; 1995-96 fand eine umfassende Restaurierung statt.

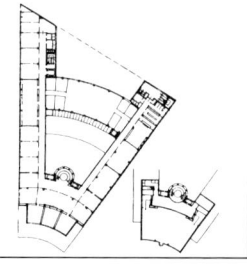

Kath. **ST.-AGNES-KIRCHE** (ALEXANDRINENSTRASSE 118-121; WERNER DÜTTMANN; 1964-66): Fast fensterloser Sakralbau mit geometrischem Glockenturm; die abweisende Architektur erhält im Innern durch das einfallende Licht ihre sakrale Wirkung. **225**

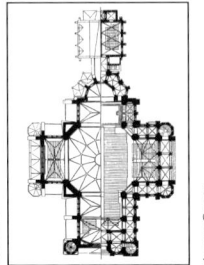

LINKE SEITE
KIRCHE ZUM HEILIGEN KREUZ:
AUSSENANSICHT, HIST. GRUNDRISS

RECHTE SEITE
AMERIKA-GEDENK-BIBLIOTHEK:
AUSSENANSICHT, GRUNDRISS

Auf der Grundlage des Hobrecht-Plans von 1862 erfolgten Stadterweiterungen der Luisenstadt bis zum Landwehrkanal, die sich auch südlich des Kanals bis zum Viktoriapark mit dem Kreuzberg zu erstrecken begannen (Schöneberger und Tempelhofer Revier).

Weithin sichtbar erhebt sich der Kuppelturm der ev. **KIRCHE ZUM HEILIGEN KREUZ** (**D**; ZOSSENER STRASSE 65; JOHANNES OTZEN; 1884-88) – des bedeutendsten neogotischen Zentralbaus der Stadt. Nach schwerer Beschädigung im Zweiten Weltkrieg wurde der Bau 1951 von ERICH RUHTZ vereinfacht wiederhergestellt. Das allmähliche Schrumpfen der Gemeindegröße führte in den 1980er Jahren zum Entschluss, ein völlig neues Raumkonzept für das Kircheninnere zu entwerfen, dessen Umsetzung durch die ARCHITEKTENGRUPPE WASSERTORPLATZ (1991-95) wegweisend ist: Das Kircheninnere wurde mit Stahl-Glas-Elementen unterteilt. Im Zentrum liegt nach wie vor der hohe Kirchenraum. Akustiksegel schaffen optimale Bedingungen für Konzerte. Angrenzend liegen Büro- und Gruppenräume, eine Küche sowie ein Café, in den oberen Geschossen befinden sich weitere Büroräume sowie ein Konferenzraum. Bis in die Außenansicht ist die Hinzufügung neuer architektonischer Elemente getragen worden. Ein frei stehender gläserner Aufzugs- und Treppenturm schafft einen barrierefreien Zugang in die Dachebene, das Dachgestühl wurde durch Glasdächer aufgebrochen und lässt natürliches Licht in die neu geschaffenen Räume einfallen. Dem Bedarf der Gemeinde ist die alte, zu groß gewordene Bausubstanz wieder optimal angepasst worden.

In Erinnerung an die Luftbrücke während der Berlin-Blockade 1948/49 stifteten die USA den Berlinern die **AMERIKA-GEDENK-BIBLIOTHEK** (**D**; BLÜCHERPLATZ; FRITZ BORNEMANN, GERHARD JOBST, WILLY KREUER, HARTMUT WILLE; 1952-58). Nach angelsächsischem Vorbild als Freihandbibliothek eingerichtet, war sie als Beitrag zur demokratischen Erziehung und Bildung der gesamten Bevölkerung Berlins gedacht. Aus diesem Grund kam dem ersten Bibliotheksneubau nach dem Zweiten Weltkrieg eine wichtige Leitfunktion zu, nicht zuletzt aus architektonischer Sicht. Die konsequente moderne Gestaltung und städtebauliche Einordnung waren schon für sich ein politisches Signal. Sie zeigten nicht nur den Bruch mit der nationalsozialistischen Vergangenheit und das Wiederaufleben der in der Diktatur unterdrückten Moderne.

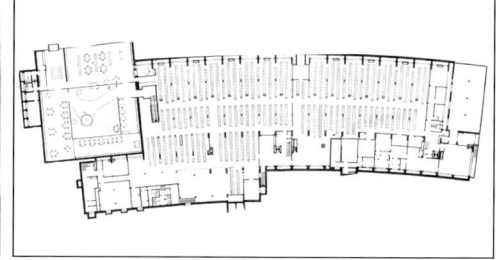

Auch gegenüber Ost-Berlin sollte die Bibliothek als ein Beispiel demokratischer Architektur dienen. Durch die leichte und elegante Biegung ist dem Baukörper jede monumentale Wirkung genommen. Die moderne Konstruktion ist in der Rasterfassade ablesbar. In abstrakter Weise bezieht sich das Gebäude auf sein städtebauliches Umfeld. Durchaus im traditionellen Sinn bildet die Bibliothek den Endpunkt der barocken Friedrichstraße – jedoch im Unterbau leicht aus der Achse geschoben. Der Bau ist in keine klar definierte Struktur eingeschlossen, sondern deutet mit nur leichter Krümmung einen weiter gefassten offenen Stadtraum an. Dieses Segment eines großen Kreises setzt die kreisrunde Form des Mehringplatzes fort und bereitete die Umwandlung der barocken Friedrichstadt in eine moderne Stadtlandschaft vor. Im Innern ist das Gebäude logisch nach Funktionen gegliedert. Sämtliche Benutzerräume liegen im Erdgeschoss, das sich mit großen Glasflächen zum Stadtraum öffnet. Eine Raumabtrennung durch Glaswände gewährleistet Übersichtlichkeit und Transparenz. Arbeitsräume und Magazin liegen in den Obergeschossen.

POSTGIROAMT (HALLESCHES UFER 40-60; PROSPER LEMOINE; 1965-71): Der am Landwehrkanal gelegene 23-geschossige Hochhaustrakt gehört zu den herausragenden Erscheinungen im Stadtraum. Das Hochhaus ist mit einer dunkelgrauen Aluminiumfassade verkleidet; im zweigeschossigen Flachbau befindet sich die Kassenhalle.

FAMILIENGERICHT (HALLESCHES UFER/MÖCKERNSTRASSE; OSWALD MATHIAS UNGERS; 1993-95): Ein Altbau des Gerichts wurde durch ein Gebäude mit strengem Blockgrundriss erweitert, der von einem aus der Bauflucht versetzten Kubus wieder gebrochen wird. Die Würfelskulptur von SOL LE WITT steht mit der Quadrat-Architektur von Ungers in Korrespondenz.

Das ehem. **PUMPWERK III DER STADTENTWÄSSERUNG** (**D**; HALLESCHES UFER 78; 1873-76) war Teil des von Rudolf Virchow geforderten und von JAMES HOBRECHT geplanten Abwasserentsorgungssystems für die wachsende Millionenstadt des späten 19. Jh. Am Backsteinbau mit hohem, viergliedrigem Schornstein findet die zeittypische Verschleierung des technischen Innenlebens durch historisierende Formen statt.

Ehem. **ST.-GERTRAUDEN-STIFT** (HEUTE URBANKRANKENHAUS; **G**; WARTENBURGSTRASSE 1/GROSSBEERENSTRASSE; FRIEDRICH KOCH; 1871-73, 1883-84; FRITZ HAACK; 1910): Steht in der Tradition der Backsteinbauten der Schinkel-Schule unter Einfluss der Neorenaissance. **227**

Ganz im „technischen" Gewand präsentiert sich der Anbau des **DEUTSCHEN TECHNIKMUSEUMS** (TREBBINER STRASSE 10-15/TEMPELHOFER UFER; ULRICH WOLFF, HELGE PITZ; 1996-2000). Die sichtbar moderne und innovative Konstruktion hat funktionale Gründe: Für die teilweise ungewöhnlich großen Ausstellungsexponate wurden weite stützenfreie Räume benötigt. Als spektakulärer Blickfang im Straßenraum dient eine an Stahlgitterträgern aufgehängte originale C 47 der Air Force, ein so genannter Rosinenbomber. Zu den alten Gebäudeteilen in der Trebbiner Straße vermittelt der Neubau durch eine abgestufte verklinkerte Fassade, die formal überzeugt. Dennoch kommt der Gesamtbau zu keiner architektonisch überzeugenden Gesamtform.

Ehem. **KÖNIGLICHE EISENBAHNDIREKTION** (**D**; SCHÖNEBERGER UFER 1-3; ARMIN WEGENER; 1892-95): Lang gestreckter Komplex entlang des Ufers, von zwei kräftigen Türmen seitlich eingerahmt, Mittelrisalit mit hohem Giebel im Stil der deutschen Renaissance.

Ev. **ST.-LUCAS-KIRCHE** (**D**; BERNBURGER STRASSE 3-5; GUSTAV MÖLLER NACH EINEM ENTWURF STÜLERS; 1859-61): Die Kirche wurde in die Straßenflucht durch eine Arkadenhalle integriert, hinter der das Kirchenschiff und der Glockenturm liegen.

Ehem. **ANHALTER BAHNHOF** (RUINE DES PORTIKUS; **D**; ASKANISCHER PLATZ 6-7; FRANZ SCHWECHTEN; 1874-80): Der Kopfbahnhof von einst imposanter Größe wurde in farblich diversen Backsteinen errichtet. Nach dem Abriss der im Krieg schwer beschädigten aber noch funktionstüchtigen Halle sind nur noch Reste, darunter der Portikus, erhalten.

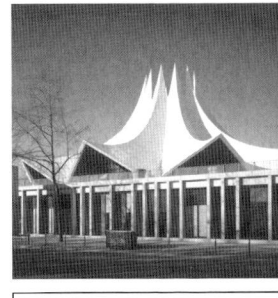

Während der Askanische Platz vor dem ehem. ▶ *Anhalter Bahnhof* früher ein großstädtisches Erscheinungsbild besaß, degenerierte der Platz mit dem Verlust des Bahnhofs und seines baulichen Rahmens infolge des Zweiten Weltkriegs zum Torso und war kaum noch als Platz wahrzunehmen.

Das **WOHN-, BÜRO- UND GESCHÄFTSHAUS ASKANISCHER PLATZ** (HPP HENTRICH-PETSCHNIGG & PARTNER; 1993-98) auf dem Eckgrundstück zur Schöneberger Straße komplettierte die kaum mehr nachzuvollziehende Figur des Platzes. Seine klare Form und die präzisen Raumkanten sind identitätsstiftend.

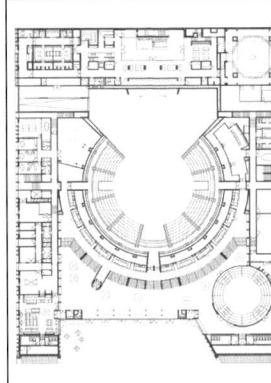

Während sich die Front zur Schöneberger Straße als gleichmäßig rhythmisierte Lochfassade aus Naturstein und mit Fran-

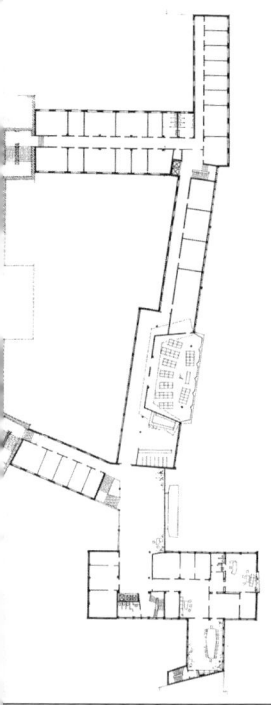

zösischen Fenstern präsentiert, öffnet sich die Fassade zum Platz hin im Stil der klassischen Moderne mit einer Stahl-Glas-Konstruktion, die sich über alle Bürogeschosse erstreckt. Die kubisch-differenzierte Dachlandschaft entsteht dadurch, dass die in den Obergeschossen liegenden Wohnungen wie kleine separate Hauseinheiten auf dem Dach stehen, die dazwischen liegenden Dachgärten wurden intensiv begrünt.

TEMPODROM (MÖCKERNSTRASSE/SCHÖNEBERGER STRASSE; VON GERKAN, MARG & PARTNER – GMP; 1999-2001): Zeltartiger Veranstaltungsbau mit einer 3.700 Zuschauer fassenden Arena, der eine expressiv skulpturale Dachform aus zwölf gefalteten, weiß verkleideten Holzschalen besitzt. In der Gestaltung finden sich Anklänge an die expressive Architektur der Gebrüder Luckhardt sowie an das 2001 abgerissene Restaurant Ahornblatt auf der Fischerinsel in Mitte.

Ehem. **GARDE-DRAGONER-KASERNE** (HEUTE FINANZAMT; **G**; MEHRINGDAMM 20-24; FLEISCHINGER, DREWITZ, BECKER; 1850-53): Gebäude im damals modischen, romantischen Stil eines Kastells, ähnlich der kurz zuvor errichteten Ulanenkaserne in Moabit.

Das **RATHAUS KREUZBERG** (YORCKSTRASSE 4-11; WILLY KREUER; 1952-54) ist ein Ensemble der frühen Nachkriegsmoderne. In typischer Weise akzentuiert es durch eine aufgelockerte Gebäudestruktur den Straßenraum. Ein elfgeschossiger Hochhausteil übernimmt im Stadtraum die Funktion der früheren Rathaustürme. Als Verteilertrakt schließt ein verglaster Zwischenbau an und leitet zum Verwaltungstrakt über. An dessen Fassade hebt sich der Saal der Bezirksverordnetenversammlung nach außen ab.

Gegenüber vom Rathaus erstreckt sich eine einst wegweisende Wohnanlage über die gesamte Tiefe des Baublocks zwischen Yorck-, Großbeeren- und Hagelberger Straße: **RIEHMERS HOFGARTEN** (**G**; YORCKSTRASSE 83-86; WILHELM RIEHMER, OTTO MROSK; 1880-99). Während in Berlin anderorts durch maximale Bebauung des Blocks die berüchtigten Mietskasernen entstanden und Hinterhof an Hinterhof gereiht wurde, ist mit diesem Reformprojekt ein neuer Weg beschritten worden. Sämtliche Häuser sind um einen hellen, parkartigen Innenhof gruppiert, der durch eine „Wohnstraße" erschlossen wird. Die übliche architektonische Vernachlässigung der Hoffassaden ist

LINKE SEITE
DEUTSCHES TECHNIKMUSEUM
WOHN-, BÜRO- UND GESCHÄFTSHAUS
ASKANISCHER PLATZ
TEMPODROM: AUSSENANSICHT,
GRUNDRISS

RECHTE SEITE
RATHAUS KREUZBERG: GRUNDRISS
RIEHMERS HOFGARTEN:
STRASSENANSICHT

229

hier nicht anzutreffen. Die offene Bebauung verwirklichte zum ersten Mal aber auch, was der Hobrecht-Plan aus dem Jahre 1862 bereits intendierte – die private Erschließung der riesigen „Berliner Blocks". Das einmalige Ensemble bietet ein authentisches Bild, es ist vollständig und weitestgehend im Originalzustand erhalten geblieben. Nicht zuletzt auch durch die außergewöhnlich aufwendige und reiche Fassadengestaltung ist Riehmers Hofgarten bis heute ein begehrter Wohnort.

In unmittelbarer Nachbarschaft liegt die ebenso außergewöhnliche **HOFANLAGE YORCKSTRASSE 88-89** (**C**; MAX HASAK; 1906-07). Deren Besonderheit ist die Eingliederung eines Sakralbaus, der kath. **ST.-BONIFATIUS-KIRCHE**. Hasak schuf eine beachtenswerte bauliche Einheit, in der sich die Kirchenfassade mit zwei schlanken gotisierenden Türmen in die Straßenfront einfügt. Links und rechts sind Wohnbauten angefügt, zwei Toreinfahrten führen ins Blockinnere. Dort liegen um den kleinen Kirchgarten weitere Hausgruppen, die dem Stil der Kirche angepasst worden sind.

Auf dem so genannten Kreuzberg steht das **SIEGESDENKMAL FÜR DIE BEFREIUNGSKRIEGE** (**D**; KARL FRIEDRICH SCHINKEL; 1817-21). Das Nationaldenkmal entstand zur Erinnerung an die Befreiungskriege 1813-15 und war Schinkels letztes Werk im Stil der romantischen Neugotik: Ein gusseisernes Monument in Obeliskform erinnert an gotische Turmhelme und scheint ein Überbleibsel der Schinkel'schen Planungen zu einem gotischen Dom zu sein. Das Gusseisen verweist auf die kriegerische Symbolik, zugleich aber auch auf die hochentwickelte Berliner Industrie. 1878 wurde das Denkmal um 8 m angehoben. Um den Kreuzberg erstreckt sich der **VIKTORIAPARK** (HERMANN MÄCHTIG; 1888-1895; ALBERT BRODERSEN; 1911-16). Ein am Kreuzberg angelegter Wasserfall zwischen künstlichen Felsen verleiht dem Denkmal eine ursprünglich nicht beabsichtigte pathetische Note.

Ein ausgezeichnetes Bild von der gründerzeitlichen Bebauung des heutigen Kreuzbergs bietet der **CHAMISSOPLATZ**. Um den rechteckigen, begrünten Platz, der 1887 unter Änderung des Hobrecht-Plans von Hermann Mächtig angelegt wurde, sind zwischen 1877 und 1890 zumeist fünfgeschossige Miethäuser im typischen „Berliner Block" entstanden. Die teils reich geschmückten Stuckfassaden sind nahezu gänzlich

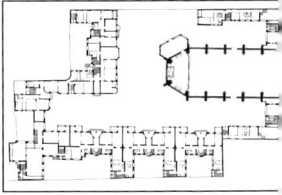

LINKE SEITE
HOFANLAGE YORCKSTR. 88-89 UND
BONIFATIUSKIRCHE:
STRASSENFRONT,
HIST. GRUNDRISS
VIKTORIA-QUARTIER: HIST.
GEBÄUDETEIL

RECHTE SEITE
EHEM. VERBANDSHAUS DER
DEUTSCHEN BUCHDRUCKER:
AUSSENANSICHT,
HIST. GRUNDRISS

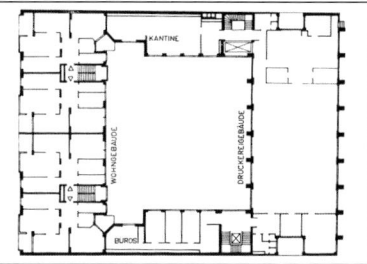

erhalten geblieben und konnten fachgerecht restauriert werden. Sie zeigen den im damaligen Berlin verbreiteten Stil zwischen Spätklassizismus und Neorenaissance. Von den klassizistischen Vorläufern um 1860/70 sind noch vereinzelt Wohnhäuser entlang des Mehringdamms zwischen Gneisenaustraße und Bergmannstraße erhalten geblieben.

VIKTORIA-QUARTIER (EHEM. TIVOLI-BRAUEREI; **G**; METHFESSELSTRASSE; ALTBAU: GUSTAV JUNGHAHN; 1862-1869; UMBAU SIXTUS-VILLA: REICHEN & ROBERT; TOWNHOUSES: FREDERICK FISHER & PARTNERS; 1998-2003): Umbau und Umnutzung des ehem. Brauereigeländes für Kultur, Gewerbe und Wohnen bei Erhalt der denkmalgeschützten Bausubstanz und Aufstockung von Funktionsgebäuden der Brauerei. Das Projekt ist vergleichbar mit der ▶ *Kulturbrauerei* im Prenzlauer Berg.

Beim ehem. **VERBANDSHAUS DER DEUTSCHEN BUCHDRUCKER** (**D**; DUDENSTRASSE 10; MAX TAUT, FRANZ HOFFMANN, KARL BERNHARD; 1924-26) orientierte sich die Fassade am Stahlbetonskelett – wie bereits beim zwei Jahre zuvor entstandenen ▶ *Verwaltungsgebäude des Allgemeinen Deutschen Gewerkschaftsbundes*. Nun führte Taut das Gebäude aber ohne jegliches expressionistisch-prismatische Beiwerk aus und gelangte so schon früh zu einer klaren sachlichen Haltung, die stilbildend werden sollte. Das Druckereigebäude im Hof ermöglichte durch die weite stützenfreie Überspannung eine freie Aufstellung der Druckmaschinen. Die mit gelbem Backstein verkleidete Fassade des Wohnhauses an der Straße erhielt eine tiefengestaffelte Gliederung durch vorkragende Wintergärten und eingeschnittene Loggien. Diese Elemente sind – für die Bauzeit bemerkenswert – in einer durchaus rationalen, seriellen Form modular voneinander unterschieden. 1951 wurde das Gebäude von Max Taut umgebaut.

WOHNANLAGE UND STADTBÜCHEREI DUDENSTRASSE (**D**; DUDENSTRASSE 12-20/ METHFESSELSTRASSE; MAX TAUT; 1954-55): Eines der ersten Wohnhochhäuser Berlins. Übergang von der Bebauungshöhe der Dudenstraße durch drei- und fünfgeschossige Wohnbauten.

Ev. **PASSIONS-KIRCHE** (**D**; MARHEINECKEPLATZ 1-2; THEODOR ASTFALCK; 1902-08): Gut erhaltenes Beispiel des wilhelminischen Kirchenbaus; Synthese aus neoromanischen und Jugendstilelementen.

STADTBAD BAERWALDSTRASSE (; Baerwaldstrasse 64-67; Ludwig Hoffmann, A. Neyne; 1896-1901; 1913-17): Auftakt zu Hoffmanns Berliner Arbeit; in Formen eines Renaissance-Palazzos gestaltet.

KRANKENHAUS AM URBAN (Urbanstrasse 138-150; Hermann Blankenstein; 1887-90): Eine der ersten Großkliniken der Stadt, deren Pavillonbauweise mit zweigeschossigen Einzelgebäuden nach Pariser Vorbild entstand. 1963-70 wurde die Anlage durch einen zweigeschossigen Flachbau, aus dem ein V-förmig angelegtes Bettenhochhaus aufsteigt, erweitert (Peter Poelzig).

Ev. **KIRCHE AM SÜDSTERN** (; Südstern; Ernst August Rossteuscher; 1893-96): Der imposante Bau, städtebaulich exponiert im Zentrum eines sternförmigen Platzes, wurde als Neue Garnisonskirche für die auf dem Tempelhofer Feld stationierten Soldaten errichtet. In Formen der deutschen Frühgotik gestaltet, besitzt die Hallenkirche eine polygonale Apsis und Chorflankentürme, die an die ▶ *Kaiser-Wilhelm-Gedächtnis-Kirche* erinnern.

Am Hermannplatz, auf den mehrere große Verkehrsachsen münden und der den wichtigsten Übergang von Kreuzberg nach Neukölln darstellt, wurde in den 1920er Jahren das seinerzeit größte Warenhaus Deutschlands, das **WARENHAUS KARSTADT** (Hermannplatz 10; Philipp Schaefer; 1927-29) errichtet. Vom Altbau, der als siebengeschossiger Stahlskelettbau mit monumentaler Pfeilergliederung eine enorme städtebauliche Dominanz besaß, sind nach schweren Schäden im Zweiten Weltkrieg noch drei Achsen an der Hasenheide erhalten sowie der direkte Zugang zum U-Bahnhof Hermannplatz – eine dynamisch-großstädtische Verknüpfung von Warenwelt und schnellem Verkehrsmittel. Unter Einbeziehung der Reste des Vorgängerbaus wurde der Neubau (Alfred Busse; 1950-51; 1954-59; 1976; 1998-2000) lediglich viergeschossig ausgeführt. Der letzte Umbau lässt den Versuch erkennen, sich der ursprünglichen Bausilhouette anzunähern; jedoch bleibt auch dieser der konventionellen zeitgenössischen Warenhausarchitektur verhaftet.

Zu den frühesten Arbeiten von Bruno Taut, der maßgebend das Neue Bauen prägte, zählt das **WOHN- UND GESCHÄFTSHAUS KOTTBUSSER DAMM 2-3** (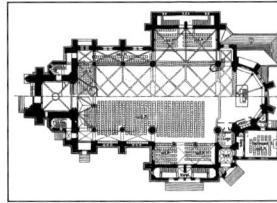; Bruno Taut und Arthur Vogdt; 1910-11). Während Arthur Vogdt für die Grundrisse ver-

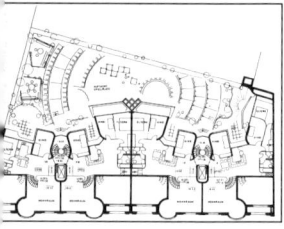

antwortlich war, oblag Taut die Fassadengestaltung, die er, von gängigen Konventionen unberührt, ganz neu interpretierte. Der Funktion entsprechend, ist die Front in eine zweigeschossige Laden- und eine dreigeschossige Wohnzone aufgeteilt. Eher an Geschäftshäusern orientiert, brach Taut mit der traditionellen Fassade des städtischen Wohnhauses und deren hervorgehobener Beletage. In einer seriellen Achsenabfolge wechseln sich Erker und Rundbogen-Loggien ab und verleihen der Fassade Plastizität. Nach schweren Kriegsschäden wurde die Teilruine erst 1977-80 wiederaufgebaut (HINRICH UND INKEN BALLER). Hinter den Zimmern zur Straßenseite liegt ein Neubau mit niedrigeren Räumen. Dadurch besitzen die Wohnungen unterschiedliches Höhenniveau. Die Hoffassade wirkt mit dynamisch vorschwingenden Balkonen lebendig – die persönliche Sprache der Architekten kommt hier frei zum Ausdruck.

So genanntes **WOHNREGAL** (ADMIRALSTRASSE 16; KJELL NYLUND, CHRISTOF PUTTFARKEN, PETER STÜRZEBECHER; 1984-86): Experimentelles Projekt, das im Rahmen der IBA 1987 entstand. In das vorgegebene Stahlbetongerüst wurden zweigeschossige Wohnungen in Holzskelettbauweise eingebaut, die Mieter und Architekten gemeinsam gestalteten.

WOHNBEBAUUNG FRAENKELUFER: ▶ EXKURS: IBA 1987

Insbesondere das Gebiet um das Kottbusser Tor gehörte zu den im Zweiten Weltkrieg am stärksten in Mitleidenschaft gezogenen Stadtvierteln. Durch Neubauten musste der teilweise völlig leergeräumte Stadtraum erst wieder neu definiert werden. Zu den ersten Wiederaufbaumaßnahmen um das Kottbusser Tor gehörte der **WOHNKOMPLEX KOTTBUSSER STRASSE 1-3** (**G**; HANS UND WASSILI LUCKHARDT; 1954-56). Für die spitz auf die verkehrsreiche, platzartig erweiterte Kreuzung zulaufende Blockecke galt es, der herausragenden städtebaulichen Lage gerecht zu werden. Die Architekten lösten die schwierige räumliche Situation, indem sie den Block mit drei einzelnen Baukörpern besetzten, um die Ecke plastisch auszuformen und zu betonen. Während sich zwei Gebäude an stehen gebliebene Gründerzeitbebauung anlehnen, erhebt sich zum entstandenen Platz ein elfgeschossiges Scheibenhochhaus. Eine niedrige Ladenzone verbindet die gleich gestalteten Gebäude miteinander. Durch die Auflockerung der Gebäudemasse ist ein Teil der Grundstücksfläche zum öffentlichen Freiraum geworden.

LINKE SEITE
PASSIONS-KIRCHE: EINGANGSFRONT
KIRCHE AM SÜDSTERN:
INNENANSICHT,
HIST. GRUNDRISS
WARENHAUS KARSTADT:
FASSADENREST DES VORGÄNGERBAUS
(LINKS) UND NEUBAU (RECHTS)

RECHTE SEITE
WOHN- UND GESCHÄFTSHAUS
KOTTBUSSER DAMM 2-3:
STRASSEN-, HOFANSICHT, GRUNDRISS
WOHNKOMPLEX KOTTBUSSER STR. 1-3

233

Während die Brüder Luckhardt in den 1950er Jahren ein zwar frei angeordnetes, aber auf die vorhandene Bebauung bezogenes Ensemble schufen, negierte das **NEUE KREUZBERGER ZENTRUM** (KOTTBUSSER TOR/ADALBERTSTRASSE/DRESDENER STRASSE; WOLFGANG JOKISCH, JOHANNES UHL; 1969-74) den historischen Stadtraum völlig und sprengte das alte Gefüge rücksichtslos. Um die geplante, aber nicht realisierte Stadtautobahn, die so genannte Westtangente, abzuschirmen, wurde ein zwölfgeschossiges Hochhaus abgewinkelt um den Platz gelegt. Es überschneidet sich mit damals zum Abriss vorgesehenen Altbauten, die von der Größe der Neubauanlage erdrückt werden. Durch die rigorose Überbauung der Adalbertstraße mit der Hochhausscheibe wurde der Bezug der dahinter liegenden Luisenstadt zum Kottbusser Tor empfindlich gestört. Das private Investorenprojekt wurde vom West-Berliner Senat im Zusammenhang mit der geplanten Sanierung Kreuzbergs unterstützt. Zur Sanierungspolitik, die vor allem einer sozialen „Bereinigung" des Armutsbezirks dienen sollte, gehörte die gezielte Vernachlässigung der zum Abriss bestimmten Häuserblocks, um eine „Entmietung" zu erreichen. Ein großer Teil dieser betroffenen historischen Bebauung entlang der Oranienstraße im so genannten SO36 konnte aufgrund von Bürgerinitiativen und Hausbesetzungen gerettet werden. Die sozialen Missstände ließen sich allerdings auch nicht von der neuen Wohnanlage abwenden, die heute eine stadtbekannte „Problemzone" darstellt. Das nie genutzte Parkhaus wurde im Rahmen der IBA 1987 zur **KINDERTAGESSTÄTTE DRESDENER STRASSE** (DIETER FROWEIN, GERHARD SPANGENBERG; 1985-87) umgewandelt. Verfehlte Stadtentwicklungspolitik wurde hier am Einzelobjekt zu beheben versucht. Der Betonkörper ist ökologisch ausgerichtet worden, mit einem Glashaus im Innern, einem begrünten Dachgarten, Ziegelverkleidung der Außenfassade und der darüber gezogenen Hülle aus einem Rankgerüst.

GERHART-HAUPTMANN-OBERSCHULE (EHEM. GEMEINDESCHULE; REICHENBERGER STRASSE 131-132; HERMANN BLANKENSTEIN; 1885-86): Dreiflügeliger Ziegelbau, zurückgezogen ins Blockinnere.

Ev. **EMMAUSKIRCHE** (LAUSITZER PLATZ; AUGUST ORTH; 1890-93; LUDOLF VON WALTHAUSEN; 1957-59): Von der ursprünglichen Backsteinkirche im neugotischen Stil ist nur der Turm verblieben, nachdem das Schiff 1945 ausgebrannt und nach dem Krieg abgetragen worden war. Der Neubau ist wesentlich kleiner als sein Vorgänger errichtet

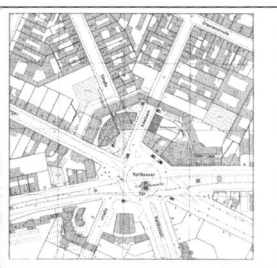

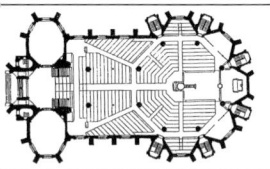

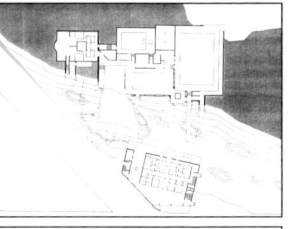

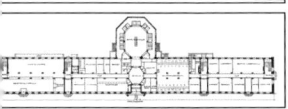

worden; zwischen dem Turm und dem neuen Kirchengebäude vermittelt ein eingeschossiger Verbindungsbau.

Auf dem Gelände des ehem. Görlitzer Bahnhofs, der 1952 stillgelegt und bis 1975 in Etappen abgerissen wurde, ist während der IBA 1987 das **SPORT- UND FREIZEITBAD SPREEWALD-PLATZ** (CHRISTOPH LANGHOF; 1984-87) errichtet worden. Der Schwimmbereich wurde aus gestalterischen und wärmetechnischen Gründen in das aufgeschüttete Erdreich versenkt, darüber wurde ein Teil des neuen Stadtparks angelegt. Von einer goldfarbenen Stahlkonstruktion überspannt, öffnet sich die Schwimmhalle über eine große verglaste Wand zum Spreewaldplatz. Hier nimmt ein farbig verputzter Block Foyer und Umkleideräume auf.

Ehem. Kaserne des 3. Garderegiments zu Fuß, heute **OBER-STUFENZENTRUM HANDEL** (WRANGELSTRASSE 97-99; HEIMER-DINGER & SCHÖNHALS; 1874-78): Wie die ehem. ▶ *Garde-Dragoner-Kaserne* im romantischen Stil eines Kastells, mit zwei achteckigen Türmen den Haupteingang betonend.

POSTAMT SKALITZER STRASSE 84-92 (**D**; JAKOB, NISSLE; 1925-27): Gebäude von enormer Länge; einheitlich expressionistisch gestaltete Front mit 43 Fensterachsen.

U-BAHNHOF SCHLESISCHES TOR (**D**; HANS GRISEBACH, GEORG DINKLAGE; 1899-1901): Der Bahnhof der über Viadukte geführten Hochbahn ist ein außerordentlich gut erhaltenes Beispiel seiner Art. Aufgrund der Lage zwischen den sich kreuzenden Straßen, vor der Kurve zur ▶ *Oberbaumbrücke*, bot sich die Möglichkeit einer besonders herausgehobenen Gestaltung. Die aufwendige historische Architektur mit verwinkelter Vielfalt, Turm und Arkaden berücksichtigte den bürgerlichen Unmut, den eine „moderne" Architektur wie bei der kurz zuvor errichteten Station Görlitzer Bahnhof auslösen würde.

An der Ecke Schlesische Straße/Taborstraße wurde ein rechtwinkliges Grundstück bebaut, das durch die Brandwand eines Gründerzeithauses und ein von der Straßenflucht zurückweichendes Wohnhaus der 1960er Jahre begrenzt war. Léon und Wohlhage haben mit dem formal und funktional überzeugenden **WOHN- UND GESCHÄFTSHAUS SCHLESISCHE STRASSE 22** (HILDE LÉON & KONRAD WOHLHAGE; 1991-94) die Brüche des Stadtraumes behoben und überzeugende Stadtreparatur geleistet. Die Baulücke ist besetzt, aber nicht

LINKE SEITE
NEUES KREUZBERGER ZENTRUM:
ANSICHT KOTTBUSSER TOR,
KITA DRESDENER STR.

RECHTE SEITE
NEUES KREUZBERGER ZENTRUM:
LAGEPLAN
EMMAUSKIRCHE: HIST. GRUNDRISS
SPORT- UND FREIZEITBAD SPREEWALD-PLATZ: INNENANSICHT, LAGEPLAN
POSTAMT SKALITZER STR.:
HIST. GRUNDRISS

235

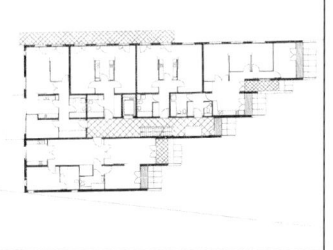

hermetisch abgeschlossen worden. Gegenüber beiden Nachbarbauten lässt der Neubau eine Lücke frei, durch die man in den Gartenbereich gelangt. Zur Brandwand des Gründerzeithauses wurde der Baukörper abgeschrägt. Mit diesem „kreativen Kniff" konnten im entstandenen Zwischenraum Wintergärten angelegt werden. Die Sonnenwärme wird durch die schräge Verglasung optimal eingefangen. Raumhohe Schiebewände erlauben eine flexible Abtrennung der Wohnräume. Durch die Abschrägung des Baukörpers, die lang gestreckten, zur Kreuzung gelagerten Balkone und Dachaufbauten „kippt" die Komposition optisch zur Straßenecke, die dadurch auf gelungene Art akzentuiert wird.

WOLKENRIEGEL (SCHLESISCHE STRASSE 28; RUIKEN & VETTER; 1998-2000): Architektonisch anspruchsvolle Verdichtung einer denkmalgeschützten Uferbebauung durch aufgeständerte Überbauung der vorhandenen Gebäude, da eine Aufstockung nicht möglich war.

EXKURS: BERLINER MIETSKASERNEN

„Steinernes Berlin", „größte Mietskasernenstadt der Welt" – das waren Anfang des 20. Jh. die Bezeichnungen für die Hauptstadt des Deutschen Reichs. Seit den 1860er Jahren und insbesondere nach der Reichsgründung 1871 entstanden bis zum Ersten Weltkrieg in weiten Teilen der Stadt riesige Quartiere mit einer neuen Form geschlossener Mietshausbebauung. Es entwickelte sich ein eigener Berliner Bautypus, die „Mietskaserne", der wie kein anderer das Stadtbild bis heute prägt. Mit dieser besonderen typologischen Ausprägung von Mietshäusern, die sich von denen anderer europäischer Metropolen unterschied, war auch eine spezifische städtebauliche Struktur, der „Berliner Block", verbunden.

In seiner ursprünglichen Bedeutung geht der Begriff **MIETSKASERNE** auf ein militärisches Bauwerk zurück, in dem verheiratete Soldaten mit ihren Angehörigen einquartiert wurden. Da der Wohnraum sehr begrenzt war, lag es nicht fern, die ebenso bescheidenen Wohnverhältnisse der entstandenen Mietshäuser mit diesem Begriff zu umschreiben. In diesem Sinne benutzten auch Kritiker und Reformer des Wohnungsbaus die Bezeichnung, um die Unzulänglichkeiten und die Missstände der Mietunterkünfte anzuprangern. Mietskaserne – dieser Begriff stand für die Vernachlässigung jeglicher Individualität der Bewohner durch eine unterschiedslose, stan-

dardisierte Masse von Wohnräumen, für beengte Verhältnisse, Überfüllung und Verlust an Privatsphäre.

Die Entstehung der Mietskasernen wurde durch besondere politische und gesellschaftliche Konstellationen im Berlin des 19. Jh. befördert. Der kaum zu stillende Bedarf an Arbeitskräften für die Industrialisierung und eine anhaltende Landflucht in Preußen führten zu einem Bevölkerungsanstieg in Berlin, wie er kaum noch zu bewältigen war. Die akute Wohnungsnot wurde zum immer größeren Problem. Als zudem durch den Deutsch-Französischen Krieg 1870 kaum Wohnungen gebaut wurden und seit 1871 die Ausbildung eines Geschäftszentrums in der Innenstadt den Wohnraum verknappte, wurden Mietshäuser zum Spekulationsobjekt. Im Vordergrund der neuen Stadterweiterungen Berlins stand nun zum ersten Mal das Profitdenken von Investoren.

Während auch in anderen Städten des Deutschen Reichs zu dieser Zeit Mietshäuser mit unzureichendem Wohnkomfort entstanden, bildete sich in Berlin auf Grundlage des **HOBRECHT-PLANES** eine spezielle Form der Grundstücksausnutzung heraus. Der Generalbebauungsplan Berlins (JAMES HOBRECHT; 1862) war eigentlich weniger ein Bebauungsplan als ein Fluchtlinienplan, der nur den Raster für öffentliche Straßen und Plätze bildete, aber nichts über das Maß der Flächennutzung aussagte. Angedacht war, das durch den Plan nur weitmaschig festgelegte öffentliche Straßennetz durch private Straßen auf den Grundstücken zu ergänzen. Tatsächlich aber lehnten die Grundstückseigentümer den Bau weiterer Straßen ab, um eine höchstmögliche Ausnutzung zu erreichen – der **BERLINER BLOCK** entstand.

Über die ganze Tiefe der riesigen Blöcke drängte sich bald eine fünf- bis sechsgeschossige Bebauung, nur durch eine Unzahl von Hinterhöfen unterbrochen. Und immer wiederholte sich das gleiche Schema: Hinter dem Vorderhaus folgte ein geschlossener Hof mit Seitenflügeln und Hinterhaus, ein Prinzip, das sich in weiteren Höfen beliebig innerhalb des Blocks fortsetzen ließ. Die Höfe mussten zwar durch strenge bau- und feuerpolizeiliche Vorschriften eine bestimmte Größe aufweisen, jedoch reichten die Mindestabmessungen für die Feuerwehrwagen in keiner Weise für ausreichend Sonne und Belüftung.

Auch für die Wohnungsgrundrisse ergab sich ein besonderes Schema. Mit den ersten Typen der 1870er und 1880er Jahre entstanden Kleinwohnungen, die als „Vier- bis Zehnspänner" nach dem Vorbild der Wohnunterkünfte für Militärangehörige erschlossen waren: An langen gemeinschaftlichen Korridoren aufgereiht, befand sich auf der einen Seite die Stube, auf der anderen Seite Küche und Kammer. Den Wohnungen fehlte daher jede Privatsphäre; der Begriff Mietskaserne setzte sich durch. In den 1890er Jahren dominierte der Typus des „Zwei- und Dreispänners", der den Baublock viel optimaler ausnutzen konnte. Nun wurden direkt vom Treppenhaus zwei oder drei in sich abgeschlossene Wohnungen pro Etage erschlossen. An den Hofecken musste dafür ein so genanntes **BERLINER ZIMMER** in Kauf genommen werden. Es stellte die Verbindung zwischen zwei Flügeln her und war daher ein Durchgangszimmer. Nur an seinem äußersten Ende von einem Fenster belichtet, konnte der stets zum Hof gelegene Raum nur wenig Licht einfangen.

Nachdem der Schöpfer des Fluchtlinienplanes, der Ingenieur Hobrecht, für die Entstehung der Mietskaserne verantwortlich gemacht wurde, versuchte dieser sich damit zu rechtfertigen, dass die Mietskaserne für eine „Durchdringung und Versöhnung der sozialen Klassen" stünde, im Gegensatz zur räumlichen Klassentrennung in England. Damit war die durchaus häufige Berliner Praxis gemeint, dass in den Vorderhäusern mit reicher Stuckverzierung vorwiegend das Bürgertum, in den Hinterhäusern das Proletariat wohnte. Kritiker sahen aber eher die Absicht, die sozialen Missstände hinter den schönen Stuckfassaden zu verstecken. Statt sozialer Mischung bildeten sich zudem immer differenziertere Typen der Mietskaserne. Für das gehobene Wohnen des mit der Industrialisierung wohlhabend gewordenen Berliner Bürgertums entstanden äußerst luxuriöse und weiträumige Varianten des gleichen Blockschemas. Eine einzelne Wohnung konnte sich, vom Vorderhaus ausgehend, mit mehr als zehn Zimmern über drei Flügel erstrecken und bis zu 500 qm Wohnfläche besitzen. Vor allem aber bildeten sich immer deutlicher sozial unterschiedlich geprägte Stadtteile heraus. Wo der Einzug zahlungskräftiger Mieter nicht zu erwarten war, wurden auch im Vorderhaus schlecht ausgestattete Kleinstwohnungen eingerichtet; der Typ der berüchtigten

LINKE SEITE
BERLINER BLOCKRASTER AM CHAMISSOPLATZ
MIETSHÄUSER SCHÜTZENSTR. UND CHAMISSOPLATZ (MITTE/KREUZBERG; 1880ER JAHRE)

RECHTE SEITE
MIETSHAUS KÖPENICKER STR. (MITTE; 1884)
MEYERS HOF: GRUNDRISS

239

Arbeiter-Mietskaserne entstand. Bis zur Jahrhundertwende hatte sich zumindest ein Standardtyp mit gewissen Grundanforderungen herausgebildet, bestehend aus abgeschlossenen Wohnungen, erschlossen durch ein Dreispänner-Treppenhaus, mit belichteter Toilette innerhalb der Wohnung sowie Balkonen im Vorderhaus. Während die älteren Mietshäuser ohne solche Standards, mit gemeinschaftlichen Toiletten auf den Treppenpodesten und einer enormen Belegungsdichte entstanden (insbesondere in den Arbeiterbezirken Wedding, Prenzlauer Berg und Friedrichshain), sind die neueren Bautypen nicht nur im früheren Stadtgebiet Berlins, sondern auch in den damals noch eigenständigen Städten wie Rixdorf (heute Neukölln), Charlottenburg und Wilmersdorf anzutreffen.

Mit der dichten innerstädtischen Mietshausbebauung in anderen Großstädten Europas kann die strenge, uniforme Berliner Mietskaserne nicht gleichgesetzt werden. Vor allem im Erschließungssystem liegen Unterschiede. In Paris und Lyon war das offene Treppenhaus üblich, die Hofhäuser in Wien, Prag und Budapest waren über Galerien erschlossen, die auch als private Wohnfläche genutzt wurden. Obwohl diese Hofform von den Altberliner Häusern bekannt war, wurde sie zugunsten feuersicher abgeschlossener Treppenhäuser aufgegeben.

Eine einmalige Ausnahmeerscheinung der Berliner Mietskaserne war **MEYERS HOF** in der Ackerstraße im Wedding. Die größte Mietskaserne Berlins nahm fast 1.000 Bewohner auf. Obwohl aus heutiger Sicht eine derart dichte Belegung unerträglich erscheint, war der von einem privaten Investor 1874 angelegte Wohnhof durchaus ein sozial ambitioniertes Projekt. Mit kleinen Wohnungen wurde Raum für die Massen Wohnungsloser geschaffen, einschließlich gemeinschaftlicher Badegelegenheiten. Eine prächtige Straßenfront wertete die Anlage auf, mit sechs hintereinander gereihten Quergebäuden wurde auf Seitenflügel verzichtet, wodurch im Vergleich zu anderen Anlagen die Bebauungsdichte geringer ausfiel. Dennoch entwickelte sich das Quartier bald zum Elendsviertel. 1972 wurde Meyers Hof als Sinnbild des Berliner Arbeiterelends dem Erdboden gleichgemacht.

Seit ihrer Entstehung war die Berliner Mietskaserne über Deutschland hinaus zum Negativbeispiel innerstädtischen Wohnens erklärt worden. Bereits Ende des 19. Jh. wurden vor diesem Hintergrund erste **REFORMPROJEKTE** im Berliner Wohnungsbau

MIETSHAUS HOLZMARKTSTR. (MITTE)
MIETSHAUS TORSTR.: TREPPENAUFGANG
(MITTE; 1890)
MIETSHÄUSER ACKERSTR. (MITTE; 1874-77)

RECHTE SEITE

MIETSHÄUSER MARIENSTR. (MITTE; 1838-43)
ZWEI HINTERHÖFE IN MITTE

eingeleitet. Der Hof wurde nicht mehr vollständig umbaut, sondern aufgeweitet (► *Wohnanlage Sickingenstraße*, Moabit), die Höfe mit aufgewerteten Fassaden zu einer Privatstraße aneinandergereiht (► *Versöhnungs-Privatstraße*, Wedding), eine offene Hofstruktur wurde angelegt (► *Riehmers Hofgarten*, Kreuzberg). Schließlich kam es in der Entwicklung der Reformarchitektur zu einer völlig freien, fast schon zeilenartigen Anordnung der Gebäudeteile (► *Wohnanlage Grabbeallee*, Pankow). Seit der neuen Bauordnung für Groß-Berlin von 1925 war die Bebauung in die Tiefe des Grundstücks nicht mehr zugelassen. Der Bautypus Mietskaserne war nicht nur von neuen architektonischen Konzepten, sondern auch von den baurechtlichen Vorschriften überholt worden.

Seit den 1960er Jahren ist die Mietskaserne das Objekt unterschiedlichster Sanierungsstrategien gewesen. Während anfangs noch ein Flächenabriss propagiert wurde, drückt sich in der Entkernung der Höfe und schließlich in der Sanierung kompletter Anlagen seit den 1970er Jahren eine gestiegene Wertschätzung dieses baulichen Erbes aus.

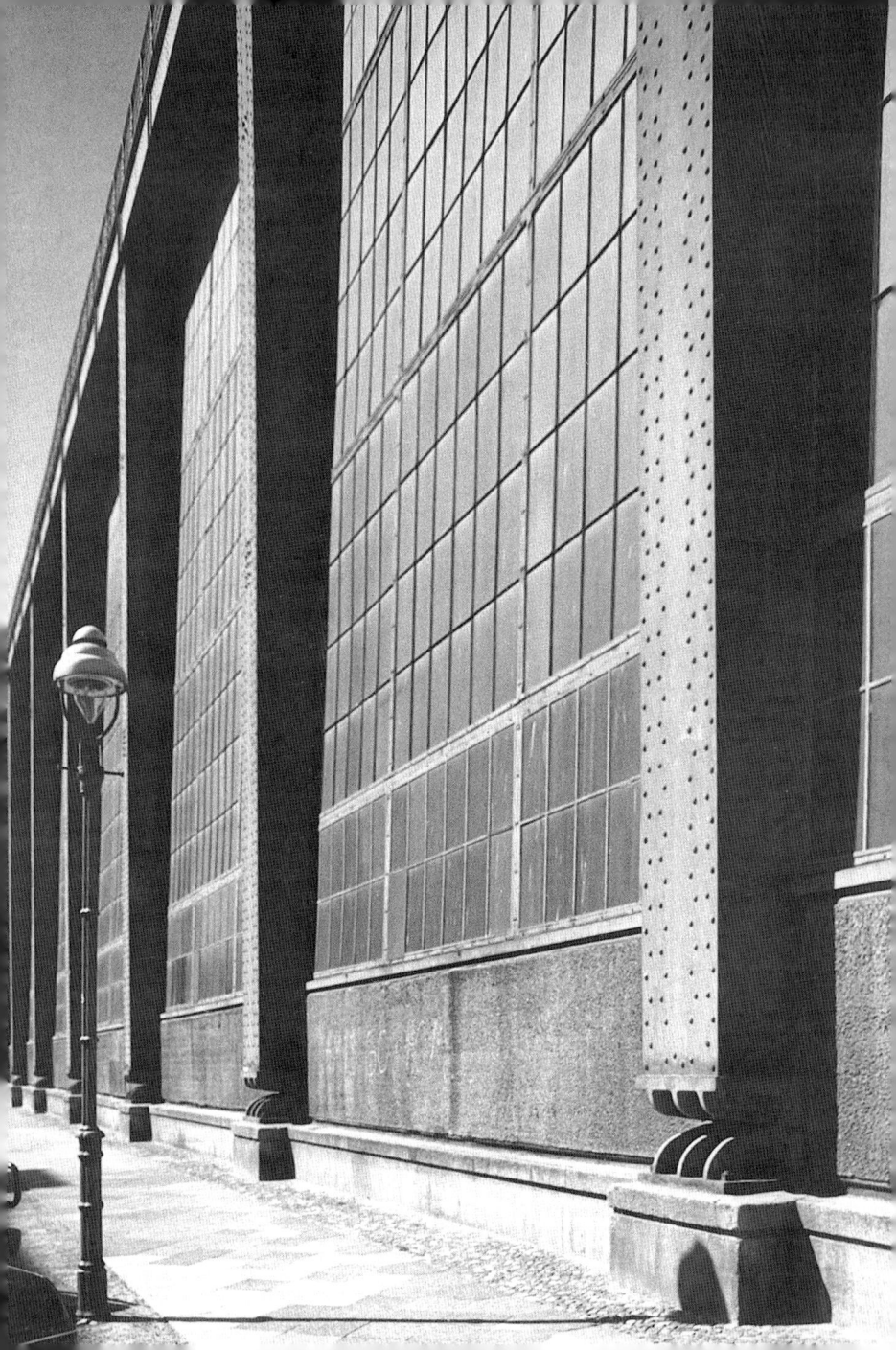

WEDDING UND MOABIT

Im Zuge der Industrialisierung Berlins entstanden im Norden der Stadt riesige neue Arbeiterquartiere. Ausgangspunkt war in erster Linie das Gebiet vor dem Oranienburger Tor (heute Chausseestraße/Torstraße/Invalidenstraße), wo sich in der ersten Hälfte des 19. Jh. mehrere Betriebe niederließen. Das expandierende Industriegewerbe benötigte jedoch zunehmend größere Areale, ausgebaute Verkehrswege und eine ausreichende Energie- und Wasserversorgung. Um dem ständig wachsenden Bedarf gerecht zu werden, wurden in kürzester Zeit entlang der Spree neue Häfen ausgebaut und Eisenbahntrassen bis vor die Tore der Stadt gelegt. Günstig gelegene und freie Flächen standen in ausreichendem Maße im Nordwesten der Stadt, im **WEDDING** und in **MOABIT** zur Verfügung. Die Gebiete waren ehemals ländlich-bäuerliche Kolonien, die sich im Besitz der Stadt befanden. Auch für den neu zu schaffenden Wohnraum für die aus den preußischen Provinzen nach Berlin strömenden Arbeiter bot sich genügend Platz. Entsprechend dem Hobrecht-Plan von 1862 wurden Wedding und Moabit mit einer dichten Mietskasernenbebauung überzogen. Eine räumliche Trennung der Wohnviertel von den Industrieanlagen wurde nicht angestrebt. Im Gegenteil: Sowohl die Mietshäuser als auch die Fabriken teilten sich den städtischen Baublock. Eine derartige Dichte ohne Freiflächen und Grünanlagen führte zu unhaltbaren Lebensbedingungen. Lärm, Abgase, mangelnde hygienische Verhältnisse und wenig Licht – die enorm gesteigerte Ausnutzung des Grundstücks im „Berliner Block", das neue Ausmaß der Baukörper und der Belegungsdichte führten zu eklatanten Missständen in den Berliner Arbeitervierteln, mit den traditionellen Gewerbehöfen nicht zu vergleichen. Wedding und Moabit wurden zu Negativbeispielen für die Stadtplaner und Architekten der Moderne, da sich hier die dichte Bebauung und die Mischstruktur aus Industrie und Wohnen besonders nachteilig entwickelten und sich bis in die jüngste Zeit als persistent erwiesen. Seit 1864 ist beispielsweise der Pharmakonzern Schering auf seinem innerstädtischen Gelände im Wedding ansässig, umgeben von Wohnvierteln und weiteren Industriearealen. Erst langsam verändern sich die Nutzungsformen durch Konversion alter Industriebrachen in neue Dienstleistungszentren. Die oft bemerkenswerten architektonischen Qualitäten des Berliner Industriebaus, der auf sein städtisches Umfeld abgestimmt werden musste, zeigen sich gerade im Wedding und in Moabit an vielen Beispielen. Durch die Randlage der beiden Stadtgebiete an der ▶ *Berliner Mauer* verzögerte sich trotz vieler öffentlicher Umbauprojekte die moderne Umstrukturierung. Erst seit wenigen Jahren entstehen durch die Nähe zum neu entstandenen Regierungsviertel und die neuen Verkehrsknotenpunkte ▶ *Berlin Hauptbahnhof – Lehrter Bahnhof* und Bahnhof Gesundbrunnen massive Veränderungen, deren Konsequenzen für die sozialen Problembezirke noch nicht abzusehen sind. Seit 2001 gehören der ehem. Bezirk Wedding und der Stadtteil Moabit zum ehem. Bezirk Tiergarten zum neuen Großbezirk Mitte.

WEDDING

Der im Zentrum des Wedding gelegene Nettelbeckplatz blieb nach dem Abriss eines Großteils der im Zweiten Weltkrieg schwer beschädigten Umbauung lange Zeit ein undefinierter und unansehnlicher Stadtraum, der von einem rücksichtslos geplanten Kreisverkehr zusätzlich zerrissen wurde. Im Jahre 1981 begannen die Vorbereitungen für eine **NEUBEBAUUNG DES NETTELBECKPLATZES** (FISCHER/FROMM + PARTNER; 1981-87), die auf eine behutsame Stadtreparatur zielten. Der Platz sollte wieder als Stadtraum erlebbar und benutzbar gemacht werden. Zentrale Punkte der Umgestaltung waren die Neuregelung der Verkehrsführung und eine neue räumliche Fassung, um den Ort als städtischen Platz wieder erfahrbar zu machen.

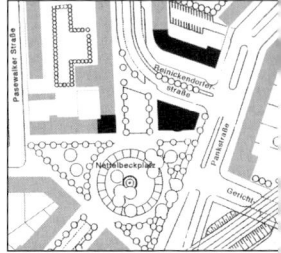

Fischer und Fromm verbanden in ihrem Konzept das Leitbild der traditionellen Berliner Platzgestaltung mit den Grundgedanken eines oberitalienischen Stadtplatzes, dem Inbegriff funktionaler Urbanität. Eine Besonderheit für das Bauen im West-Berliner Innenstadtbereich stellte die Gestaltung eines der Neubauten als Solitär dar. Das Wohn- und Geschäftshaus erhielt eine nur aus der Ensemblewirkung verständliche, eigenwillige Gebäudehülle: Ein streng gegliedertes Gerüstsystem vervollständigt zum Platz hin den Solitär als fast würfelförmigen Kubus. Dieser Kunstgriff ermöglichte sowohl eine den Nutzungsansprüchen gerechte Gebäudestruktur als auch die notwendige strenge Raumfassung des Platzes.

WERKSGELÄNDE DER SCHERING AG (MÜLLERSTRASSE/FENN-STRASSE/SELLERSTRASSE; BORCK, BOYE SCHAEFER; 1969-70; DIET-RICH KOLB, REINHARD STEINWEG; 1970-78): Seit 1864 befindet sich hier der Standort der Firma. Das Hochhaus mit Forschungsbereich (BORCK, BOYE SCHAEFER) besitzt einen fast quadratischen Grundriss. In zeittypischer Weise betont die Gestaltung den Werkstoff Beton, insbesondere an den Treppenhaus- und Fahrstuhltürmen. Die Erweiterung durch einen Verwaltungs- und Brückenbau (KOLB, STEINWEG) diente der Verbindung über die das Werksgelände trennende Fennstraße. 1985 entstand ein roter Klinkerbau an der Sellerstraße als Schulungszentrum (ALFONS HIERGEIST).

Der Werksarchitekt der Berliner Städtischen Elektrizitätswerke AG (Bewag), Hans Heinrich Müller, errichtete zahlreiche,

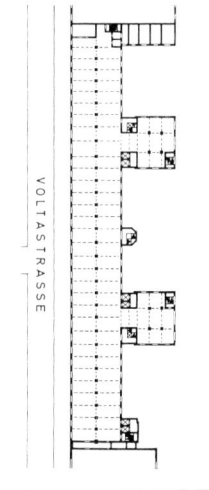

über die Stadt verteilte Elektrizitätsbauwerke. Das **ABSPANN-WERK SCHARNHORST** (**D**; Sellerstrasse 16-26; Hans Heinrich Müller; 1927-29) unterscheidet sich von den übrigen durch seine zum Nordhafen gerichtete expressive Fassade. Durch dreieckige Vorsprünge erinnert die aufgefaltete Gebäudeseite an eine Ziehharmonika. In dieser Gestaltung folgte Müller dem Zeitgeist mit seinen klinkerverkleideten expressionistischen Industriebauten, während der Architekt für das zeitgleich entstandene Abspannwerk „Leibniz" (► *MetaHaus)* in Charlottenburg eine ruhige, glatte Fassade wählte.

Die ehem. **AEG-APPARATEFABRIK** (**D**; Ackerstrasse 71-76; Franz Heinrich Schwechten, Paul Tropp; 1888-90) erhielt als innerstädtische Industrieanlage eine besondere repräsentativ-künstlerische Gestaltung durch den damals bedeutenden Architekten Schwechten. Gegenüber den folgenden wegweisend modernen Bauten der AEG, die Peter Behrens als künstlerischer Berater des Unternehmens entwarf, ist die Gestaltung der Apparatefabrik jedoch noch ganz althergebrachten Traditionen verhaftet. Während die Grundrissgestaltung von der AEG-Bauabteilung im Sinne der rationalen Produktionsorganisation erfolgte, wurde die Straßenfassade als eigenständiger, fast losgelöster Bauteil behandelt. Dem gewünschten äußeren Bild des patriarchalisch geführten Familienunternehmens entsprechend, erhielt die Fabrik das repräsentative Aussehen eines italienischen Patrizierpalastes. Deutlich zeigt sich auch der Bezug zur Architektur der ► *Bauakademie* von Karl Friedrich Schinkel. Terrakottareliefs stellen allegorisch die Elektrizität dar. Heute sind in dem Industriebau Institute der Technischen Universität untergebracht.

Die **AEG-HOCHSPANNUNGSFABRIK** (**G**; Hussitenstrasse/ Voltastrasse/Gustav-Meyer-Allee; Peter Behrens; 1909-10) war nach der ► *AEG-Turbinenfabrik* in Moabit der zweite für die AEG errichtete Industriebau, mit dem Behrens die beginnende Moderne in der Industriearchitektur verkörperte. Erneut ist die Front ins Monumentale gesteigert, hier durch ein doppeltes Giebelmotiv am Halleneingang, während der übrige Baukörper den funktionalen Anforderungen der einzelnen Gebäudeteile gerecht wird.

Im zeitlichen Anschluss entstand die **AEG-KLEINMOTOREN-FABRIK** (**G**; Voltastrasse; Peter Behrens; 1910-13). Da alle

Anlagen auf dem begrenzten und seit Ende des 19. Jh. bebauten Block untergebracht werden mussten, und zwar bei enormem Flächenbedarf, wurde recht pragmatisch für die Kleinmotorenfabrik ein Grundstücksstreifen parallel zur Voltastraße bereitgestellt. Behrens nutzte die dargebotene räumliche Situation wie auch schon bei der ▶ *AEG-Turbinenfabrik* zur selbstbewussten Firmenwerbung durch eine programmatisch moderne und monumentalisierte Architektur. Mächtige kolossale Halbsäulen, die fünf Geschosse übergreifen, erzeugen eine „rhythmisch-syntaktische Reihung". Das Prinzip wird durch die gleichartigen Fensterflächen gesteigert, hinter denen identische Fabrikations- und Lagerräume liegen. Zur Umgebung sucht der Solitär keinerlei Beziehung. Die außergewöhnlich strenge Fassadenfront ist auf Behrens' Auseinandersetzung mit dem preußischen Klassizismus zurückzuführen. Seine extrem reduzierte klassizistische Haltung übertrug er sowohl auf den Industriebau als auch – mit der zeitgleich entstandenen Kaiserlichen Botschaft in St. Petersburg – auf den politischen Repräsentationsbau. In konsequenter Weiterentwicklung der funktionalen Aspekte im Industriebau verzichtete Behrens mit der **AEG-MONTAGEHALLE** (**G**; Hussitenstrasse/Voltastrasse; 1911-13; Glasdach kriegszerstört) jedoch schließlich auf jegliche Monumentalität.

Den städtebaulichen Abschluss des ehem. AEG-Geländes nach Nordosten vollzieht der **WOHN- UND BÜROKOMPLEX BRUNNENSTRASSE 111/VOLTASTRASSE 1-6** (Josef P. Kleihues mit Norbert Hensel; 1994-96). Ein ellipsenförmiges, 13-geschossiges Hochhaus an der Brunnenstraße setzt dabei ein markantes Zeichen im Stadtraum. Die durch die dunkelroten Klinker der alten Industriearchitektur angepassten Neubauten beziehen das alte repräsentative Werkstor („Beamtentor"; **D**; Franz Heinrich Schwechten; 1896-97) über eine kleine Piazza in die Architektur ein. Ein zentraler Bestandteil des Komplexes ist der unmittelbar an die Kleinmotorenfabrik angrenzende Mediaport Berlin – Standort für die Medienanstalt „Deutsche Welle". Der dunkel verklinkerte Neubau übernimmt die Traufhöhe der Nachbarbebauungen mit Ausnahme des Hauptbaukörpers, der mit zwölf Geschossen turmartig den Eingang zum neuen Medienkomplex markiert und dabei die Turmmotive der Hochspannungsfabrik reflektiert. Das konstruktive

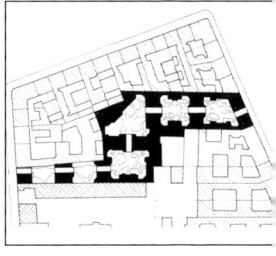

WOHN- UND BÜROKOMPLEX BRUNNEN-
STR. 111/VOLTASTR.:
TURMHAUS AN DER BRUNNENSTR.
(MEDIENANSTALT DEUTSCHE WELLE)
WOHNANLAGE EHEM. VERSÖHNUNGS-
PRIVAT-STR.: HIST. LAGEPLAN

System des klar konzipierten Neubaus basiert auf einem Makromodul von 12,60 x 12,60 m. Damit wurde für die Nutzer ein hohes Maß an Flexibilität erreicht und zugleich an die Größendimensionen der Nachbargebäude angeknüpft. Mit dem T-förmigen Gebäudegrundriss wurde eine Hofbildung entsprechend der industriellen Nachbarbebauung ermöglicht.

Von den tristen Hinterhöfen der Weddinger Mietskasernen setzte sich die **WOHNANLAGE EHEM. VERSÖHNUNGS-PRIVAT-STRASSE** (**D**; HUSSITENSTRASSE 4-5; E. SCHWARTZKOPFF, GUSTAV LIEBIG; 1903-04) auf ganz besondere Weise ab. Jeder der sechs aufeinander folgenden Innenhöfe, die von der Hussitenstraße zur Strelitzer Straße führten, war aufwendig im Stil einer historischen Epoche gestaltet. Mit der außergewöhnlichen Erscheinung sollte eine Aufwertung der zu den Höfen gelegenen Wohnungen erreicht werden, die zudem Erker und Balkone besitzen. Der Zugang zur Anlage für niedrig verdienende Beamte und Arbeiter erfolgt durch den „Romanischen Hof". Von diesem ist nach Kriegszerstörung nur noch die hintere Seite erhalten, die heute den Eingang zu den noch erhaltenen Teilen der Anlage bildet. Auf diesen folgt der „Gotische Hof" sowie der im Stil der deutschen Renaissance gehaltene „Nürnberger Hof". Hier finden sich, nach dem Krieg vereinfachend wiederhergestellt, geschwungene Fachwerkgiebel und Turmhelme. Die drei Höfe, mit denen die Entwicklung bis ins 20. Jh. beschrieben worden war, wurden ebenfalls nach schweren Kriegsschäden abgerissen.

Seit 1961 war das Viertel rund um die **BRUNNENSTRASSE**, bereits nördlich durch den S-Bahn-Graben vom übrigen Wedding abgeschnitten, zusätzlich an drei Seiten von der ▶ *Berliner Mauer* umgeben. Durch diese Insellage wurde die Entwicklung des Stadtteils zum politischen Problem West-Berlins. Die im Krieg kaum zerstörte Altbausubstanz war von einfachen Arbeiter-Mietskasernen geprägt, die bereits in den Jahrzehnten zuvor immer wieder auf Kritik stießen. Durch umfangreiche Sanierungspläne hoffte man, die sozialen Probleme, aber auch das politische Unruhepotenzial des Viertels zu bewältigen. 1963 wurde das großräumige Gebiet zum größten Sanierungsgebiet West-Berlins ernannt (zwischen Gartenstraße, Scheringstraße, Gustav-Meyer-Allee, Ramlerstraße). In einem städtebaulichen Gutachten von FRITZ EGGELING war als „Sanierung" der Totalabriss des Viertels vorgesehen, das alte Straßennetz sollte einem neuen weichen. Im Laufe der Jahre wurde das Sanierungskonzept jedoch immer wieder überarbeitet. Von der Flächensanierung durch Abriss gelangte man zur Blockrandbebauung mit Neubauten, bis schließlich auch die Altbausanierung des Einzelobjektes einen angemessenen Stellenwert erhielt. In den 20 Jahren seiner Sanierung war das Quartier damit zu einem der größten Experimentierfelder für Stadterneuerung geworden.

Rund um den Vinetaplatz entstand auf dem alten Straßengrundriss ein Fußgängerbereich. Hier orientierte sich ein Neubau zum ersten Mal wieder an der historischen Berliner Blockstruktur. JOSEF PAUL KLEIHUES hat mit seinem Entwurf von

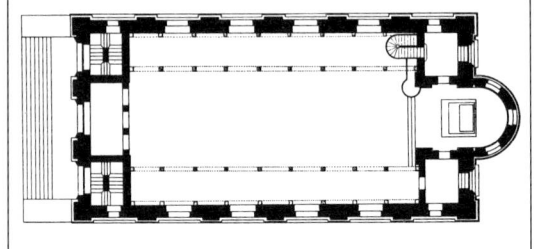

1973/74 für die **WOHNANLAGE VINETAPLATZ** (VINETAPLATZ/BERNAUER STRASSE/SWI-
NEMÜNDER STRASSE; 1975-77) der gemeinnützigen Wohnungsbaugesellschaft DEGEWO
den Gedanken des „Berliner Blocks" wieder aufgegriffen, ohne die Nachteile und
Fehler der alten Mietskasernenbebauung zu wiederholen. Die von der inneren Hofecke
kaum belichteten Eckbauten wurden ausgelassen, stattdessen ist der Baublock hier
aufgebrochen, eine Verbindung zwischen Straßenraum und Wohnhof ist entstanden.
Auch sind hier keine Wohnungen anzutreffen, die, wie in den Seitenflügeln und
Hinterhäusern der Mietskasernen, nur zu einer Seite ausgerichtet sind. Die Gestaltung
der Fassaden mit liegenden Fenstern und tief eingeschnittenen Loggien ist dem
sozialen Wohnungsbau der 1920er Jahre entlehnt. Die Wohnqualität konnte so entschieden verbessert werden, ohne auf die urbanen Qualitäten der Blockrandbebauung verzichten zu müssen, die sich in baulich abgegrenzten Straßen-, Platz- und
Kreuzungsräumen aus einer Dialektik von Straße und Hof, von Geschlossenheit und
Öffnung, von baulicher Verdichtung und platzartiger Weitung ergeben. Mit der „behutsamen Stadtreparatur", der ersten geschlossenen Blockrandbebauung Berlins seit
dem Zweiten Weltkrieg, hat Kleihues erste und wichtige Anregungen für die IBA-
Stadterneuerung der 1980er Jahre geliefert.

Zu den vier Vorstadtkirchen Schinkels gehört die ev. **ST.-PAULS-KIRCHE** (**D**; BAD-
STRASSE 50-51; KARL FRIEDRICH SCHINKEL; 1832-35). Wie die ▶ *Elisabethkirche* in der
Invalidenstraße wurde sie in klassizistischen Formen gestaltet und durch korinthische
Pilaster gegliedert. Sakristei und Glockenturm wurden 1885-89 angebaut (MAX
SPITTA); das Gemeindehaus entstand 1910-11 (JOHANNES KRAAZ). Nach Kriegsschäden
ist das Innere vereinfacht wiederhergestellt worden.

In der Badstraße ist ein vielfarbig verklinkertes Wohn- und Geschäftshaus auffällig
in den Straßenraum gestellt: das **LUISENHAUS** (BADSTRASSE 38/39; CARL GALUSCHKI;
1892-93). Die Schauseite verwies auf das im Blockinnern des Weddinger Arbeiter-
quartiers gelegene Heilbad, das ehem. Luisenbad, von dem nur noch Gebäudereste
vorhanden sind. Diese wurden in den neuen Gebäudekomplex der **BIBLIOTHEK AM
LUISENBAD** (TRAVEMÜNDER STRASSE 2; CHESTNUTT NIESS; 1988-96) integriert. Die alte,
teils ruinös belassene Bausubstanz ist durch neu hinzugefügte Baukörper reaktiviert
worden, die sich als moderne Fortführung des vorgefundenen Collageprinzips ver-

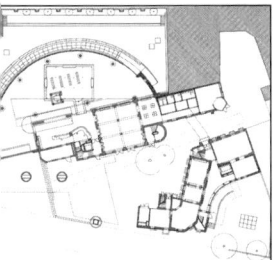

stehen. Das alte Vestibül des Bades wurde um einen halb-kreisförmigen Anbau erweitert und dient nun als Foyer der Bibliothek. Dieses führt zu den unterirdischen Lesebereichen, die unter dem Hof eine Verbindung zweier sich gegenüber-stehender Gebäudereste ermöglichen. Vor allem durch den Einsatz großflächiger Verglasungen ist das Mauerwerk des alten Badhauses im großzügigen Einklang mit der neuen licht-erfüllten Architektur zu erleben, im reizvollen Miteinander von historischen Bruchstellen, neuem Klinker und Sichtbeton.

Die breitgelagerte Hauptfront des **AMTSGERICHTS WEDDING** (**D**; Brunnenplatz 1; Paul Thoemer und Rudolf Mönnich; 1901-06) am Ende einer parkähnlichen Grünanlage verleiht dem Bau eine monumentale stadträumliche Wirkung. Thoemer und Mönnich entwarfen für die Berliner Justiz zahlreiche Gerichts-bauten. Für das Amtsgericht Wedding wählten sie die Al-brechtsburg in Meißen als Vorbild. Hinter dem erhöhten, reich verzierten Mittelteil mit großem Fenster ist als Zentrum der ge-samten Anlage die überdimensionierte Treppenanlage unterge-bracht, die, wie bei den anderen „Justizpalästen" des Archi-tektenteams, gegenüber den Besuchern die Autorität des Justizwesens verkörpern sollte.

WOHNBEBAUUNG DRONTHEIMER STRASSE 22-23 (Kollhoff & Timmermann; 1995): Die Straßenfassade ist durch eine strenge Abfolge gleich gestalteter Französischer Fenster be-stimmt. Liegende Fensterformate an der Hofseite erinnern an den Siedlungsbau der 1920er Jahre.

Ev. **STEPHANUS-KIRCHE** (**D**; Prinzenallee 39-40; Bürckner & Eicke; 1902-04): In gotischem Stil erbaut; der hohe, schlanke Turm dominiert den Stadtraum. Die Kirche ist mit einem Ge-meindehaus verbunden, das mit einem niedrigeren Turm zur Kirche vermittelt.

Als dreiflüglige Anlage schloss das ehem. **OSRAM-WERK B** (**G**; Oudenarder Strasse 14-16; Waldemar Pattri; 1936-37) die Baulücke Ecke Groninger Straße/Oudenarderstraße und er-gänzte den bereits vorhandenen Komplex der einstigen **SIEGMUND BERGMANN GLÜHLAMPEN AG** (**G**; C. und B. Bor-chardt; 1888-89; H. Eders; 1896-1910; Richard Schirop; 1910-14). Pattris Architektur verdeutlicht die nach der Machtergrei-fung der Nationalsozialisten ungebrochene Kontinuität im Industriebau. Aus funktionalen Erwägungen erschienen auch im Dritten Reich die Prinzipien einer modernen Industrie-architektur angebracht. So zeichnet sich das Fabrikgebäude, das heute als Berufsinformationszentrum genutzt wird, durch eine klare Trennung von Verkehrs- und Produktionsflächen aus sowie durch großflächige Verglasungen im klinkerverblendeten Stahlskelett.

Die ev. **ALTE NAZARETH-KIRCHE** (**D**; Leopoldplatz; Karl Friedrich Schinkel; 1832-35) zählt zu den vier „Armenkirchen", die im industrialisierten Berliner Norden für die zahlreichen Hinzugezogenen errichtet wurden (▶ *Elisabethkirche*). Für alle Kirchen wählte Schinkel den Typus eines einschiffigen, turm-losen Saalbaus mit abschließender halbrunder Apsis. Bei der Alten Nazareth-Kirche ist der klassizistische Charakter nur durch den flachen Dreiecksgiebel gegeben, ansonsten folgte Schinkel mit den drei Rundbogenportalen und der Fensterrose der oberitalienischen Romanik. Anfang des 20. Jh. wurde das schlichte Saalinnere durch eine Zwischendecke in zwei Ge-schosse unterteilt.

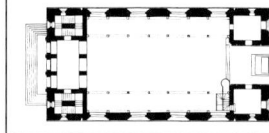

Ev. **NEUE NAZARETH-KIRCHE** (**D**; Leopoldplatz; Max Spitta, A. Bürde; 1889-93): Im Stil der märkischen Backsteingotik er-richtet. Dem dreischiffigen Kreuzschiff ist ein hoher, schlanker Westturm vorgelagert, der den Haupteingang aufnimmt.

Völlig anders als die bis dahin errichteten Berliner Rat-häuser wurde das **RATHAUS WEDDING** (**G**; Müllerstrasse 146-147; Friedrich Hellwig; 1925-30; Fritz Bornemann; 1962-66) gestaltet. Friedrich Hellwig verzichtete auf alle repräsentativen Elemente: auf den üblichen Rathausturm als städtebauliches Zeichen, auf eine repräsentative Eingangshalle und sonstigen zierenden Bauschmuck. Dem Zeitgeist der Neuen Sachlichkeit entsprechend, ist das Rathaus mit seinem strengen Fens-terraster ein klar gegliederter, flächig-kubischer Verwaltungs-bau. Im Erdgeschoss zur belebten Müllerstraße wurden Geschäftsläden und eine Bankfiliale eingerichtet, womit der Rathaustypus des Mittelalters mit seiner Kombination aus Rathaus und Kaufläden eine moderne Fortsetzung erfuhr. 1964-66 wurde das Gebäude im Innern von Fritz Bornemann umge-baut. Anfang der 1960er Jahre genügte der Altbau nicht mehr dem Raumbedarf des Rathauses. Als kompakte Anlage war dieser jedoch nur schwer anbaufähig, weswegen der Erwei-terungsbau (Fritz Bornemann; 1962-64) seitlich abgerückt er-

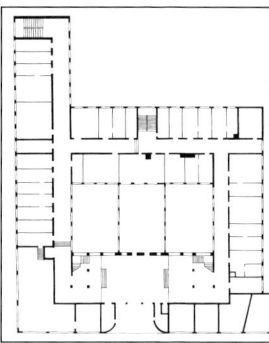

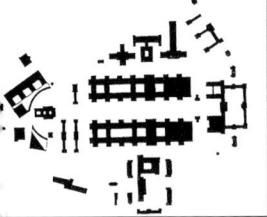

richtet wurde. Lediglich durch eine Verbindungsbrücke sind beide miteinander verbunden. Zurückgezogen von der Müllerstraße entstand durch die Gruppierung der Bauteile – ein Flachbau, aus dem ein Hochhaus emporsteigt, sowie ein frei stehender Saal für die Bezirksverordneten-Versammlung – ein großzügiger Platz. Mit der geometrisch klaren Aufteilung der Baukörper, den ruhigen Fassaden aus schlanken Stützen und großen Glasflächen bezieht sich der Erweiterungsbau vorzüglich auf die überzeugend einfache Struktur des Altbaus und behält trotz des deutlich erweiterten Raumangebots einen höchst bescheidenen Gestus.

Mit einem weitflächig ausgedehnten Krankenhauskomplex, dem **RUDOLF-VIRCHOW-KRANKENHAUS** (**G**; AUGUSTENBURGER PLATZ 1/AMRUMER STRASSE; LUDWIG HOFFMANN; 1897-1907), entwickelte Stadtbaurat Hoffmann den von seinem Amtsvorgänger Hermann Blankenstein vorgegebenen Krankenhaustypus einer Pavillonanlage weiter. Auf dem ehem. Militärgelände wurden die Einzelbauten entsprechend einer barocken Schlossanlage strukturiert. Den Auftakt zur Anlage bildet der Verwaltungsbau mit zentraler Tordurchfahrt. Die ebenfalls an barocke Schlossarchitektur erinnernde Fassade, die den Stadtraum erheblich aufwertet, wendet sich dem Augustenburger Platz zu und verbirgt die vom Stadtraum abgewandte Gartenanlage mit den Pavillonbauten. Entlang einer als Zentralachse angelegten Hauptallee wurden die 21 Patientenpavillons angeordnet; separat von außen erschlossen sind lediglich die Versorgungseinrichtungen wie Küche und Maschinenhaus. Hoffmann orientierte sich bei den in Zeilenbauweise errichteten Pavillons auch an die zu jener Zeit entstandene und beispielhafte Idee einer aufgelockerten Gartenstadt. Durch freundliche Krankensäle, hochwertige Architektur und viel Grün sollte eine „Gartenstadt für Kranke" entstehen, die den Heilungsprozess der Patienten unterstützt. So entstand eine weiträumige und klar strukturierte Anlage, deren Pavillonsystem jedoch – trotz der offensichtlich angestrebten reibungslosen Klinikorganisation – zu langen umständlichen Wegen führte. Nach schweren Kriegszerstörungen und dem Abriss fast aller Pavillons zugunsten überdimensionierter Neubauten verblieben vom ursprünglichen Bauensemble nur noch die Allee und einzelne Altbauten, darunter das Pathologiegebäude am Ende der Mittelachse. Um

251

das Gebäude legten DEUBZER & KÖNIG 1990-95 halbkreisförmig ein **LEHR- UND EIN FORSCHUNGSGEBÄUDE**. Mit ihrer klaren Fassadenstruktur entsprechen die gebogenen Riegel dem Charakter der Anlage und vermögen sie wieder einzufassen.

Für den Neubau des **STUDENTENWOHNHAUSES AM AUGUS-TENBURGER PLATZ** (LUXEMBURGER STRASSE 20 B-C; GERKE, VON HORLACHER, RUOFF LINIE 5 ARCHITEKTEN; 1995-98) bestand eine Aufgabe darin, zu einer besseren städtebaulichen Ordnung am Platz beizutragen. Der Baukörper nimmt die Bauflucht der Triftstraße auf und vermittelt mit Hilfe eines geschwungenen gläsernen Lärmschutzschirms zur Achse der Luxemburger Straße. Zwischen Wohngebäude und Glasschirm entstand ein geschützter, jedoch belüfteter offener Zwischenraum, in dem sich Treppenanlagen befinden.

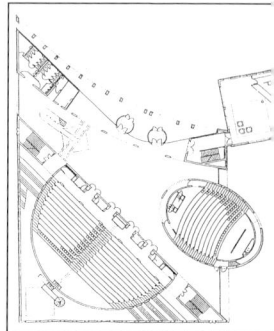

Die **GSW-WOHNANLAGE** (AFRIKANISCHE STRASSE 15-41; LUD-WIG MIES VAN DER ROHE; 1925-27) ist Mies' einziges Projekt im sozialen Wohnungsbau Berlins. Die Anlage im Wedding unterscheidet sich in der Herangehensweise deutlich von seinen Villenprojekten und Hochhausentwürfen. Innovation und kühle Eleganz, die Mies im folgenden Jahr auch im Wohnungsbau mit der Stuttgarter Weißenhofsiedlung umzusetzen wusste, werden hier vermisst. Die Grundrisse der Ein- bis Drei-Zimmer-Wohnungen sind für den gemeinnützigen Wohnungsbau der Zeit konventionell gehalten. Ruhig und angenehm gestaltet sind die schlicht verputzten Fassaden durch die verschiedenen Formate der bündig eingepassten Fenster. Abgerundete Balkone verbinden die vier Zeilenbauten entlang der Straße mit den Eckbauten.

Eines der frühesten Beispiele für eine Zeilenbebauung in Berlin ist die **FRIEDRICH-EBERT-SIEDLUNG** (◪; AFRIKANISCHE STRASSE 139-148/150/152-154/156; PAUL MEBES, PAUL EMMERICH; BRUNO TAUT; 1929-31). Zu den Wohnhöfen wurden die Zeilen durch eingeschossige Laden- und Kopfbauten geschlossen. Die für Taut typische Farbgebung ist nicht mehr erhalten.

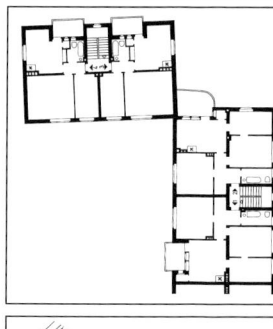

Zum Siedlungskomplex gehört die **WOHNANLAGE GHANA-STRASSE 24-28** (LEHRECKE & LEHRECKE; 1994-95), die mit einer geschwungenen Lochfassade aus gleich großen quadratischen Fenstern zwei Altbauten verbindet.

SIEDLUNG AM SCHILLERPARK (◪; BRISTOLSTRASSE 1-27; BRUNO TAUT, MAX TAUT, FRANZ HOFFMANN; 1924-30): Anlage aus

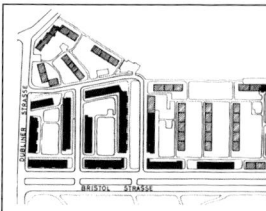

LINKE SEITE
RUDOLF-VIRCHOW-KRANKENHAUS:
GRUNDRISS DES LEHR- UND FOR-
SCHUNGSGEBÄUDES
STUDENTENWOHNHAUS AM AUGUSTEN-
BURGER PLATZ
GSW-WOHNANLAGE: GRUNDRISSBEISPIEL
SIEDLUNG AM SCHILLERPARK: LAGEPLAN

RECHTE SEITE
WESTHAFEN

Zeilenbauten, im Zweiten Weltkrieg teilweise zerstört und durch Neubauten (HANS HOFFMANN; 1954-59) ersetzt, die sich vorbildlich eingliedern.

MOABIT

Wedding und Moabit sind stadträumlich durch den Berlin-Spandauer Schifffahrtskanal, den ▶ *Westhafen* sowie durch breite Eisenbahntrassen voneinander getrennt. In diesem Übergangsbereich am nördlichsten Rand von Moabit liegt das ehem. **FABRIKGEBÄUDE DER AUER-LICHTGESELLSCHAFT AG** (**D**; FRIEDRICH-KRAUSE-UFER 24; EGON EIERMANN; 1937-38). Das Haus gehört zu einer Reihe von Industriebauten, die Eiermann während des Dritten Reichs im Stil der Neuen Sachlichkeit realisieren konnte. Die in einem besonderen Verband verklinkerte Fassade wirkt überaus flächig durch die bündig eingefügten weißen Stahlfenster, die mit einem Kipp- und einem Wendeflügel ganz wesentlich zur Auflockerung des strengen Erscheinungsbildes beitragen. Der 1987 sanierte Industriebau ist heute zusammen mit einem 1994-96 errichteten Erweiterungsbau Sitz der **BERLINER AUSLÄNDERBEHÖRDE**. Dieser Verwaltungsbau von WALTER A. NOEBEL ist mit seinem klaren kubischen Aufbau, der rational-flächigen Fassadengestaltung einschließlich der weißen Lackierung der Fenster ganz auf Eiermanns Industriebau ausgerichtet. Auf diese Weise erfuhr die Neue Sachlichkeit in dem zeitgenössischen Bau eine Fortsetzung. Dennoch setzt sich der Neubau als Erweiterung vom Altbau ab, insbesondere durch die Verkleidung mit Basaltlava, durch andere Fensterformate und einen höheren Fensterflächenanteil. Die Erweiterung zeigt, dass mit einem neuen Verwaltungsbau durchaus an die architektonische Ästhetik eines historischen Industriebaus angeknüpft werden kann.

Kurz vor dem Ersten Weltkrieg wurde mit dem Ausbau eines der größten Binnenhäfen Deutschlands, dem **WESTHAFEN** (**G**; WESTHAFENSTRASSE; RICHARD WOLFFENSTEIN, FRIEDRICH KRAUSE; 1914-27), begonnen, der erst 1923 in Betrieb ging. Durch einen Uhrturm ist das streng klassizierend von Wolffenstein gestaltete **VERWALTUNGSGEBÄUDE WESTHAFEN** (WESTHAFENSTRASSE 1-3; 1914-23) im Stadtraum besonders hervorgehoben. Stadträumlich prägnant ist auch der 1963 entstandene **ZEMENTSILO** (SCHRAMM & ELINGIUS, KARL PETERS UND ROLF WINDELS), ein plastisch durchgebildeter **253**

Stahlbetonbau aus 14 sechseckigen Silos, die eine Wabenstruktur bilden. Der dreieckige freistehende Aufzugsturm überragt die Silos.

Zum Vorreiter des genossenschaftlichen Wohnungsbaus wurde der 1892 gegründete Berliner Spar- und Bauverein, der in Alfred Messel einen Pionier der Reformarchitektur fand. Die **WOHNANLAGE SICKINGENSTRASSE** (**D**; SICKINGENSTRASSE 7-8; ALFRED MESSEL; 1893-94) wurde das erste Bauvorhaben der Genossenschaft, Messels Architektur zum Leitbild folgender Reformwohnanlagen. Die Fehler des Mietskasernenbaus sollten vermieden werden. Um ein architektonisches und damit soziales Gefälle zwischen Vorder- und Hinterhaus zu verhindern, ist das Hintergebäude durch eine Baulücke von den Seitenflügeln abgesetzt. Ihm blieb auf diese Weise ein schlecht belichtetes, in der Gebäudeecke gelegenes „Berliner Zimmer" erspart; der Hof ist zum aufgeweiteten Grünraum geworden. Trotz der innovativen Anordnung blieb der Grundriss der Wohnungen dem üblichen Berliner Mietskasernen-Schematismus verhaftet. Sämtliche Wohnungen in den beiden Seitenflügeln und im Gartenhaus sind nur zu einer Seite ausgerichtet, wodurch die Querbelüftung der Wohnungen und eine zweiseitige Besonnung unmöglich ist. Die nach hinten gelegten Wohnungen des Gartenhauses sind durch die Ausrichtung nach Norden und zur Bahnlinie doppelt benachteiligt, wodurch letztlich das Vorderhaus mit seiner prächtigen Balkonfassade nach Süden erneut besser gestellt ist. Mit dessen differenzierter Aufteilung der Balkone und Giebel und den heruntergezogenen Dachflächen wurde für die Straßenfront ein malerisches, anheimelndes Erscheinungsbild kreiert. Die „Schauseite" produziert sich, indem sie sich von den strengen, lieblosen Lochfassaden der Mietskasernen ganz deutlich distanziert.

Der beginnende Funktionalismus, der sich in herausragenden Beispielen des Berliner Industriebaus Anfang des 20. Jh. durchsetzte, manifestiert sich in der ehem. **AEG-GLÜHLAMPENFABRIK** (**D**; BERLICHINGENSTRASSE 25; VIKTOR KÜHN UND GUSTAV TESKE; 1905-11). Die Spitzen der Backsteinpfeiler lassen noch den historisierenden Bezug zur märkischen Backsteingotik anklingen, während die Wandflächen bereits flächig mit großen Fensteröffnungen versehen sind. Alles in allem überwiegt ein klarer, sachlicher Baukubus, dessen Geschossflächen entsprechend den Produktionsanforderungen völlig frei einteilbar waren. Das Fabrikgebäude dient heute weiterhin einer gewerblichen Nutzung.

 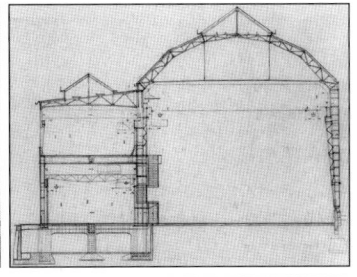

Als PETER BEHRENS 1907 von der AEG zum „künstlerischen Beirat" berufen wurde, konnte das Gründungsmitglied des Deutschen Werkbundes exemplarisch die Ideen einer Einheit von Kunst und industrieller Produktion umsetzen. Mit Hilfe von Design und Architektur entwickelte Behrens für die AEG eine, wie man heute sagen würde, „Corporate Identity". Besonders eindrucksvoll gelang ihm dies mit seinem ersten Fabrikgebäude für die AEG, der **AEG-TURBINENFABRIK** (◘; HUTTENSTRASSE 12-19/BERLICHINGENSTRASSE; PETER BEHRENS; 1908-09). Durch eine außergewöhnliche monumentale Ausdrucksstärke ragt der zugleich moderne und klassizierende Bau der Turbinenhalle künstlerisch aus der zeitgenössischen Industriearchitektur heraus. Allerdings ist die damals Aufsehen erregende moderne Erscheinung voller Widersprüche. Die Gestaltung der langen Seitenfront wird konsequent von der funktionsbedingten Eisenkonstruktion bestimmt. Zum ersten Mal war die offene Tragwerkkonstruktion architektonisches Element und Teil der Ästhetik. Für diese künstlerische Funktion erscheinen Rahmen, Gelenke und Eisenstützen noch als eine klassische, tempelartige Pfeilerabfolge, deren Rhythmus durch die leicht geneigten Fensterfelder zusätzlich betont wird. Vor allem in der Stirnfront zeigt sich das Tempelmotiv. Die massiv erscheinenden, rustikal gestalteten Eckpfeiler sind, entgegen ihrer Wirkung, nichttragend – nur eine dünne Betonhaut. Gleichzeitig empfand man damals gerade diese Front aufgrund der neuartigen Abstraktion und Einfachheit als modern. Mit dem ebenfalls von Behrens entworfenen Firmenlogo und dem Schriftzug „Turbinenfabrik" im Giebelfeld wurde die Architektur im Stadtraum zum Träger selbstbewusster Firmenwerbung. Die Tempelfront strahlt Erhabenheit, wirtschaftliche Stärke und unternehmerischen Stolz aus. 1939 wurde die Turbinenhalle auf 207 m verlängert (SCHALLENBERGER & SCHMIDT). Das Fabrikgebäude dient heute weiterhin einer gewerblichen Nutzung.

Unweit der AEG-Turbinenfabrik wurde das ehem. Verwaltungsgebäude für die **LUDWIG-LOEWE-AG** (◘; HUTTENSTRASSE 17-20; ALFRED GRENANDER; 1907) errichtet. Der Backsteinbau auf dem Firmengelände zeigt eine betont vertikale Ausrichtung durch geschossübergreifende Wandvorlagen. Bekrönt wird der Bau mit einem schweren Kranzgesims und Dachgauben; der Eingangsbereich ist durch flankierende Säulen hervorgehoben. Das Gebäude wird heute weiterhin als Bürohaus genutzt.

 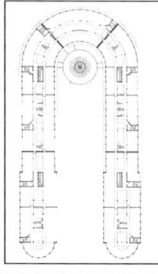 

Auf ganz ungewöhnliche Weise interpretiert das **ABWASSERPUMPWERK TIER-
GARTEN** (Alt-Moabit 67-70; Oswald Mathias Ungers; 1985-87) die Berliner Industriearchitektur. Ungers hat den Bau formal anspruchsvoll in geometrischen Grundformen
gehalten. Dieser greift die Form einer Basilika auf, aus den beiden „Seitenschiffen"
erheben sich je zwei Schornsteine. Städtebaulich fügt sich der Solitär – ohne seinen
Werkscharakter verschleiern zu wollen – in den Straßenzug fast unauffällig ein.

Ev. **HEILANDS-KIRCHE** (Thusneldaallee; Friedrich Schulze und F. Kieschke; 1892-
94): Im so genannten Kleinen Tiergarten, zwischen Turmstraße und Alt-Moabit; Hallenkirche aus Backstein auf kreuzförmigem Grundriss mit kurzen Querschiffen. Bemerkenswert ist der überaus schlanke und sehr hohe Turm mit außergewöhnlich hohem
Spitzdach, der mit 91 m zu den höchsten Kirchtürmen in Berlin zählt; dominiert das
Zentrum von Moabit.

RATHAUS TIERGARTEN (Turmstrasse 35; Richard Ermisch; 1935-36): H-förmige
Anlage mit Ehrenhof zur Straße, jedoch keine monumental-einschüchternde Gestalt
wie bei anderen Regierungsbauten der NS-Zeit.

ARMINIUSHALLE (Markthalle X; **D**; Arminiusstrasse 2/Bremer Strasse 9; Hermann Blankenstein; 1890-92): Backsteinfront in der Tradition der Schinkelschule,
dreischiffige Halle mit gusseisernen Säulen; ursprünglicher Zustand verändert.

SCHULTHEISS-BRAUEREI (**G**; Stromstrasse 17; Friedrich Koch; 1871-77): Der burg-
artige gelbe Ziegelbaukomplex sollte an die Tradition märkischer Backsteingotik anknüpfen. 1880-1900 erfolgte ein Teilabriss und die Errichtung von ähnlich gestalteten
Neubauten (Overbeck & Lüdicke). Von der ursprünglichen Anlage ist lediglich das
Sudhaus an der Stromstraße erhalten. Heute wird das Areal gewerblich genutzt.

Am Moabiter Nordufer der Spree, zwischen Kirchstraße, Alt-Moabit und Stromstraße,
sind brachliegende Industrieanlagen in einen neuen Dienstleistungsstandort umgewandelt worden. Dies geschah in drei Projekten mit architektonisch und städtebaulich
ganz unterschiedlichen Konzepten. Auf dem abgeräumten Gelände früherer Getreide-
mühlen wurde in vier Bauabschnitten das Wirtschaftszentrum **FOCUS TELEPORT**
(Stromstrasse 1-7/Alt- Moabit 91-97; Joachim Ganz, Walter Rolfes; 1987-93) errichtet, ein Gewerbepark für Computer- und Elektronikunternehmen. Die Architekten wählten aus Gründen der Kostenersparnis quadratische Serien-Betonplatten, die an fast

LINKE SEITE
ALTE BOLLE MEIEREI:
INNENANSICHT
SPREEBOGEN:
GRUNDRISS,
WASSERANSICHT
RECHTE SEITE
ST.-JOHANNIS-KIRCHE:
AUSSENANSICHT,
GRUNDRISS

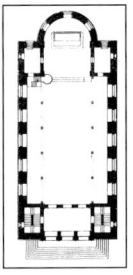

allen Gebäudeteilen zum Einsatz kamen und somit charakteristische, von Rationalität geprägte Rasterfassaden bilden. In die Platten sind Terrakotta-Fliesen eingelegt, die zusammen mit den blauen Fensterrahmen das strenge Fassadenraster auflockern. Stadtraumprägend ist der breite Turm, der an der Lessingbrücke für Moabit eine unverwechselbare Eingangssituation formuliert und um den sich an der Straße eine lang gestreckte Produktionshalle sowie mehrere Baublöcke anschließen. Die auch im Grundriss rasterförmige Anlage ist eine zeitgemäße Umsetzung sachlich gestalteter Berliner Industriehöfe.

Östlich grenzt das ehem. Produktionsgebäude der so genannten **ALTEN BOLLE MEIEREI** (**D**; ALT-MOABIT 98-104; UM 1890) an, einst eine der größten Meiereien Berlins. Hier galt es, den verbliebenen Teil der historischen Industriebauten zu erhalten und einer neuen Nutzung zuzuführen. Der in die Tiefe des Grundstücks gezogene Backsteinbau wurde von WOLF-RÜDIGER BORCHARDT 1993-95 zu einem Hotel mit langer Ladenfront umgebaut. An der Spreeseite ist der Altbau auf gleichen Geschossebenen erweitert worden, mit einer backsteinverkleideten Fassade wird die Struktur der Altbausubstanz aufgegriffen und weitergeführt. Darin eingeschoben ist ein viel größer dimensionierter zehngeschossiger Stahlkörper, der zusammen mit einem unnötig auf die fünfte Geschossebene hochgeständerten Bauteil die guten Ansätze der Erweiterung durchkreuzt.

In unmittelbarer Nachbarschaft sprengt ein Bauwerk die gewohnten Größenverhältnisse Moabits: der **SPREE-BOGEN** (ALT-MOABIT 98; KÜHN-BERGANDER-BLEY; 1992-94). Die monumentale Gestalt ist von weitem als Landmarke an der Spree zu erkennen. Mit einer U-Form öffnet sich der 13-geschossige Komplex zum Fluss, während er von der Straße Alt-Moabit zurückgezogen hinter der Blockrandbebauung liegt und so zum Moabiter Stadtraum keinen Bezug herstellt. An den beiden Enden zur Spree ist die Lochfassade in zwei Glaszylinder aufgelöst, wobei die Lochfassaden mit ihrer Steinverkleidung in den drei oberen Geschossen die Glaskörper umgreifen, als ob diese eine solche Umklammerung benötigten. Dadurch wirkt der unproportionierte Baukörper zugleich auch formal ungeschickt. Als Mieter ist das Bundesministerium des Innern (Alt-Moabit 101D) eingezogen.

Die ev. **ST.-JOHANNIS-KIRCHE** (**G**; ALT-MOABIT 25; KARL FRIEDRICH SCHINKEL; 1832-35) gehört zu den vier Vorstadtkirchen Schinkels (▶ *Elisabethkirche*). Wie die ▶ *Alte*

Nazareth-Kirche wurde die einschiffige Hallenkirche als romanisch-oberitalienischer Backsteinbau gestaltet. 1844-53 erfolgte eine Erweiterung durch FRIEDRICH AUGUST STÜLER: Eine Vorhalle mit Arkadengang, eine seitlich angeordnete Gemeindeschule sowie ein frei stehender Glockenturm in Form eines italienischen Campanile wurden angefügt. Das Küsterhaus entstand 1865 (ASSMANN); Querhaus und neuer Chor stammen von MAX SPITTA (1895-96). Nach schwerer Kriegsbeschädigung wurde der Gebäudekomplex 1952-57 durch OTTO BARTNING leicht verändert wiederhergestellt.

Noch prunkvoller als das ▶ *Amtsgericht Wedding* fiel das **KRIMINALGERICHT MOABIT** (**D**; TURMSTRASSE 91; RUDOLF MÖNNICH, CARL VOHL; 1902-06) aus. Mit imposanten schlanken Ecktürmen ist die breite Front eingefasst, hinter der sich die Treppenanlage befindet, deren zahlreiche Treppenaufgänge Ehrfurcht gebietend zu den Gerichtssälen führen.

Der erhaltene historische Bau der **UNTERSUCHUNGSHAFT-ANSTALT MOABIT** (**D**; ALT MOABIT 12A-13/RATHENOWER STRASSE; HEINRICH HERMANN, AUGUST BUSSE; 1877-82) besitzt einen sternförmigen Grundriss. Damit orientierte sich die Architektur an dem im 19. Jh. erdachten „Panoptikum"-Typus einer Gefängnisanstalt, durch den eine optimale Überwachung aller Gefangenen gesichert werden sollte. Von einer zentralen Kuppelhalle sollten alle Trakte in gleicher Weise einsichtig und erreichbar sein.

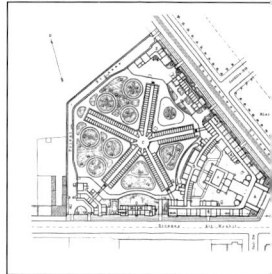

POLIZEIINSPEKTION TIERGARTEN (INVALIDENSTRASSE 57; RAINER GERHARD RÜMMLER, H.J. LORENZ; 1964-66): Mehrstöckige, aufgeständerte Flachbauten in kubischer Staffelung, mit Fensterbändern, grauem Torkretputz, Sichtbetonfassaden; wegweisend für weitere Polizeianlagen.

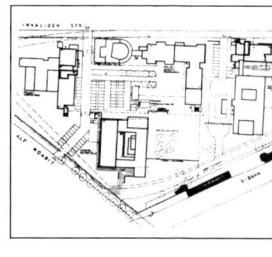

Der heutige **HUMBOLDTHAFEN** zwischen ehem. ▶ *Hamburger Bahnhof* und neuem ▶ *Berlin Hauptbahnhof – Lehrter Bahnhof* war im 18. Jh., außerhalb der Stadtmauern gelegen, Teil einer Munitionsfabrik und der Ansiedlung des Pestkrankenhauses, aus dem die ▶ *Charité* entstanden ist. Erst die Bebauungspläne von PETER JOSEPH LENNÉ und KARL FRIEDRICH SCHINKEL hatten die Eingliederung in die städtischen Strukturen vorgesehen. Mit dem Humboldthafen wurde ein Verbindungsweg von der Spree über den Berlin-Spandauer-Schiff-

fahrtskanal zum Nordhafen geschaffen. Mit der Anlage der

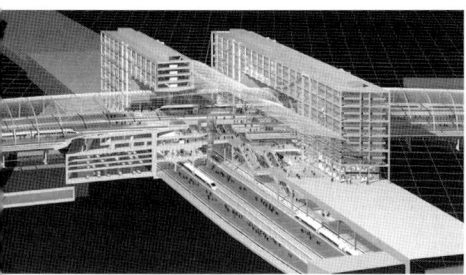

Stadtbahn und der Bahnhöfe war das Wasserbecken jedoch von Verkehrsflächen umgeben und durchschnitten. Der Bau des neuen Lehrter Bahnhofs rückte das Gelände wieder in das Blickfeld städtebaulicher Planungen. OSWALD MATHIAS UNGERS sieht die Einfassung des Humboldthafens durch eine vierseitige Kolonnade vor (Entwurf 1999). Nördlich des Bahnhofs soll ein Bürohochhaus, südlich ein Hotelkubus das Umfeld des Humboldthafens prägen. Ob die Planungen umgesetzt werden, hängt sicher auch von den stadträumlichen Impulsen ab, die der neue **BERLIN HAUPT-BAHNHOF – LEHRTER BAHNHOF** (INVALIDENSTRASSE; VON GERKAN, MARG & PARTNER - GMP; 1996-2006) aussenden wird. Bis zu seinem Abriss nach schwerer Kriegsbeschädigung stand hier der historische Lehrter Bahnhof, ein Kopfbahnhof, der im geteilten Berlin seine Funktion überwiegend verloren hatte. In unmittelbarer Nachbarschaft zu den Regierungsbauten gelegen, wird der neue Zentralbahnhof der Hauptstadt eine durchgehende Nord-Süd-Bahnstrecke integrieren, die seit dem letzten Jahrhundert immer wieder Gegenstand der Berliner Stadtplanung war. Zwei Bahnlinien werden sich kreuzen: die bereits bestehende oberirdische Stadtbahntrasse in Ost-West-Richtung und die unterirdische, durch den neuen „Tiergartentunnel" gelegte Nord-Süd-Trasse. Dieser städtischen Kreuzung geben die Architekten gmp eine beeindruckende Großform, die das gesamte umliegende Quartier prägen wird. Von einer langen, ellipsenförmigen Glashalle aus einem Gitterschalennetz wird die Ost-West-Bahnsteighalle überspannt. Sie durchstößt zwei diagonal gestellte Gebäuderiegel, welche die unterirdische Nord-Süd-Trasse im Stadtraum wiedergeben. Während der Bauarbeiten wurde die Glashalle zu beiden Seiten wesentlich verkürzt, um die Fertigstellung nicht zu verzögern. Die Konsequenz ist ein gegenüber der Planung stark verändertes Erscheinungsbild, dem einiges an Eleganz verloren gegangen sein dürfte. Zwischen den beiden Gebäude-Riegeln liegt die glasgedeckte Bahnhofshalle. Als offener, über alle Geschosse reichender Luftraum mit eingezogenen Ebenen, Rolltreppen und Aufzügen wird sie bis zu den tiefer gelegenen Bahnsteigen natürliches Licht einströmen lassen. Im 19. Jh. zählten Bahnhöfe zu den wichtigsten städtischen Bauaufgaben und riefen innovative Ingenieursleistungen hervor. Mit dem in Deutschland einmaligen Projekt kehrt der Bahnhof als großstädtischer Ort architektonisch, technisch und stadträumlich wieder zu seiner früheren Bedeutung zurück. **259**

 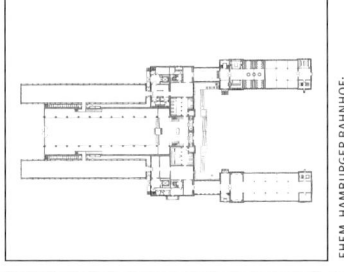

Das **LANDESSOZIALGERICHT** (**D**; INVALIDENSTRASSE 52; FRIEDRICH NEUHAUS; 1874) wurde als Verwaltungsgebäude der Berlin-Hamburger Eisenbahngesellschaft neben dem ebenfalls von Neuhaus geplanten ► *Hamburger Bahnhof* errichtet. Auch bei diesem, Jahrzehnte später entstandenen Bauwerk spielte der Architekt auf die italienische Renaissance an, hier mit der Form eines Palazzos, und schuf so einen architektonischen Bezug zwischen Bahnhof und Verwaltungsgebäude. Ende des 19. Jh. und 1933-35 wurde das Gebäude erweitert.

Als einziger der früheren Berliner Kopfbahnhöfe ist der ehem. **HAMBURGER BAHNHOF** (HEUTE MUSEUM FÜR GEGENWART DER STAATLICHEN MUSEEN ZU BERLIN; **D**; INVALIDENSTRASSE 50-51; FRIEDRICH NEUHAUS; 1845-47) zumindest in Teilen erhalten. Der prächtige Verkehrsbau wurde schon wenige Jahre nach Einführung des Eisenbahnverkehrs in Deutschland errichtet. Neuhaus gestaltete ihn in Formen des Berliner Spätklassizismus, während der mittlere Teil mit den Bogenportalen, den Pfeilerarkaden und den zwei Türmen an eine größer ausgefallene italienische Renaissance-Villa erinnert. Bereits 1884 wurde der zu klein gewordene Bahnhof stillgelegt und die Gleishalle abgebrochen. Mit der Einrichtung eines Verkehrs- und Baumuseums 1905-06 (SCHWARZ & DOERGE) wurde die Halle in neuen Formen wiederaufgebaut und die Anlage um zwei eingeschossige Seitenflügel erweitert. Weitere Veränderungen, u.a. die Aufstockung der Seitenflügel (1912-15), fanden statt, bis schließlich der ehem. Bahnhof zum **MUSEUM FÜR GEGENWART** (JOSEF PAUL KLEIHUES; 1993-96) umgebaut wurde. Die vollständige Planung von Kleihues sieht zu beiden Seiten der Bahnhofshalle den Anbau von Erweiterungsflügeln vor, wobei erst einer realisiert worden ist. Als lang gestreckter Raum mit einem durchgehenden gläsernen Tonnengewölbe strahlt das Innere eine sachliche Eleganz aus; die Gestaltung tritt zugunsten der Kunstobjekte in den Hintergrund. Die blaue Lichtplastik von DAN FLAVIN an der Eingangsfront macht im Stadtraum auf den Kunstbahnhof der Gegenwart aufmerksam. Für die Sammlung Flick wird bis ca. 2005 die Rick-Halle umgebaut (KÜHN MALVEZZI).

FRIEDRICHSHAIN UND PRENZLAUER BERG

In den vergangenen zehn Jahren hat sich die soziale Struktur von **FRIEDRICHSHAIN** und **PRENZLAUER BERG**, zwei frühere Berliner Arbeiterbezirke mit typischer Mietskasernenbebauung, entscheidend verändert. Viele Einwohner schätzen die urbane Dichte der gründerzeitlichen Bebauung. Aus den ehem. „Problemvierteln", die zusammen mit Kreuzberg die höchste Wohndichte Berlins aufwiesen, sind inzwischen begehrte innerstädtische Viertel mit einem hohen Anteil an aufwendig sanierter Altbausubstanz geworden.

Die Entwicklung der noch vor kurzem eigenständigen Bezirke (Friedrichshain fusionierte mit Kreuzberg, Prenzlauer Berg mit Pankow und Weißensee) verlief ähnlich, auch wenn der westliche Teil von Friedrichshain seit dem 18. Jh. als **STRALAUER VORSTADT** bereits innerhalb der Berliner Akzisemauer lag, während sich das gesamte Gebiet des heutigen Prenzlauer Bergs noch als Ackerfläche vor den Toren der Stadt befand. Die entscheidenden Wachstumsimpulse setzten ab Mitte des 19. Jh. mit dem Wegfall der Zollmauer und der Industrialisierung ein. Flächendeckend entstanden riesige Mietskasernenviertel für die Industriearbeiter. Durch den Bau der Ringbahn in den 1870er Jahren war vorübergehend eine neue Siedlungsgrenze nach Osten und Nordosten geschaffen worden, innerhalb derer die Bebauung auf der Grundlage des

Hobrecht-Plans von 1862 erfolgte. Durch intensive Bodenspekulation und maximale Ausnutzung der Vorgaben des Bebauungsplanes konzentrierten sich hier die noch zu einem großen Teil erhaltenen Arbeiter-Mietskasernen mit ihren engen Hinterhöfen. Zugleich wurden nach dem Hobrecht-Plan durch das Freilassen von Baublöcken geometrische, meist rechteckige Schmuckplätze angelegt, wie der **ARNIMPLATZ**, der **BOXHAGENER PLATZ** und der **HUMANNPLATZ**. Die heutige urbane Attraktivität ergibt sich nicht zuletzt aus diesen städtebaulichen Kompositionen.

Im Gegensatz zum Prenzlauer Berg, der eine weitgehend unzerstörte, geschlossene Altbausubstanz vorweisen kann, wurde der westliche Teil des Friedrichshains durch die letzten Kämpfe des Zweiten Weltkriegs in großen Teilen dem Erdboden gleichgemacht. Als Aufbaumaßnahme erfolgte in den 1950er Jahren die Errichtung der „ersten sozialistischen Straße der Hauptstadt der DDR", der ▶ *Stalinallee*. Aufgrund ihrer klassizierenden Architektur und hochwertigen Ausstattung sind die „Arbeiterpaläste" auch nach dem Ende der DDR geschätzte Wohnbauten geblieben. Zwischen dem einzigartigen Ensemble der 1961 in Karl-Marx-Allee umbenannten Stalinallee und den erhaltenen Gründerzeitvierteln im östlichen Friedrichshain existieren beachtliche stadträumliche Unterschiede. Während die gründerzeitliche Bebauung urbane Dichte vermittelt, stehen die Scheibenhäuser als Kulissenarchitektur parallel entlang der Karl-Marx-Allee, ohne eine Anbindung an die nördlichen und südlichen Stadtviertel zu erlangen. Es fehlt städtische Dichte und Tiefe, wodurch die Allee heute wenig belebt ist.

Besondere Entwicklungschancen bietet eventuell die notwendige Umwandlung der stillgelegten Industrieareale. Gelungene Mischnutzungskonzepte und eine stadträumliche Verbindung mit den vorhandenen Vierteln könnten ein Beitrag zu lebendigen und urbanen Stadtvierteln sein.

FRIEDRICHSHAIN

An der durch die Spree gebildeten Grenze zwischen Friedrichshain und Kreuzberg liegt die wehrhaft im Stil märkischer Backsteingotik errichtete **OBERBAUMBRÜCKE** (**D**; OTTO STAHN; 1894-96). Die Gestalt erinnert an die Funktion der mittelalterlichen Brücke als Zollgrenze der Stadt, die sie gemeinsam mit der Unterbaumbrücke (heute

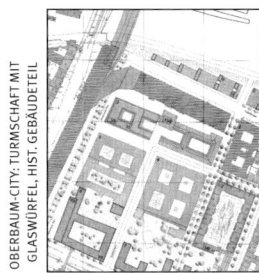  

► *Kronprinzenbrücke*) erfüllte. Das steinerne Bauwerk, das einen hölzernen Vor-gängerbau ersetzte, konnte mit seiner erhöhten Viaduktanlage nun auch die Hochbahn zwischen Kreuzberg und Friedrichshain aufnehmen. Im Zuge einer um-fassenden Sanierung und weitgehenden Rekonstruktion der historischen Bauteile ist das Mittelteil der Brücke als leichte, elegante Stahlkonstruktion ausgeführt worden (SANTIAGO CALATRAVA; 1992-95).

Im weitläufigen, kilometerlangen Areal entlang der Spree zwischen der ► *Janno-witzbrücke* und Stralau siedelten sich im Laufe des 19. und beginnenden 20. Jh. neben Hafen- und Speicheranlagen verschiedene Industriebetriebe an. Aufgrund des immensen Entwicklungspotenzials der innenstadtnahen Flächen erfährt dieser Stadtraum seit kurzem eine der dynamischsten Wandlungsprozesse innerhalb Berlins. Die alten Industrieareale werden nach und nach in moderne Dienstleistungsstandorte umgewandelt. In unmittelbarer Nähe zu den neuen „Szenevierteln" im Friedrichshain lassen sich hier insbesondere „Kreativfirmen" und Szene-Institutionen nieder, woraus sich wahrscheinlich weitere umfassende Veränderungen des Stadtraumes ergeben.

Das ehem. **EIERKÜHLHAUS** (**D**; STRALAUER ALLEE 1; OSKAR PUSCH; 1928-29; 1940) und die so genannten **SPREE-SPEICHER** (**D**; STRALAUER ALLEE 1-16; GESAMTANLAGE: FRIED-RICH KRAUSE; HOCHBAUTEN: ZAAR & HENRICI; 1907-13) auf dem Areal des 1913 eröffneten Osthafens bilden heute eine sehr individuelle Kulisse für Unternehmen der Musik-branche. Die historischen Bauten wurden durch SCHUWIRTH ERMAN & PARTNER im Innern völlig neu gestaltet (1999-2000), außen wurde die einst vollständig ge-schlossene Klinkerfassade des Eierkühlhauses teilweise durch eine Glasfassade ersetzt, auf der das kleinteilige Muster des Klinkers fortgeführt wurde. Eine Glashalle stellt die Verbindung zum Spree-Speicher her.

Auf der gegenüberliegenden, bereits Kreuzberger Spreeseite wird der Viktoria-Speicher zwischen Köpenicker Straße und Fluss zum Wohngebiet **NEUE SPREE-SPEICHER** (CUVRYSTRASSE/SCHLESISCHE STRASSE; REINHARD MÜLLER; 2001-04) umge-baut.

Auf dem Gelände der heutigen **OBERBAUM-CITY** (WARSCHAUER PLATZ/RUDOLF-STRASSE/LEHMBRUCKSTRASSE/ROTHERSTRASSE; WILHELM WALTHER, THEODOR KAMPFFMEYER, HERMANN DERNBURG; 1906-14; SCHWEGER & PARTNER; 1993-2001) erstreckt sich über

mehrere städtische Blocks die ehem. **FABRIKANLAGE DER DEUTSCHEN GASGLÜHLICHT AG**. In der innerstädtischen Lage zwischen enger Mietskasernenbebauung gelegen, wurden die Industriebauten als Blockrandbebauung errichtet. Gegenüber den Wohnhäusern setzen sie sich mit klaren Rasterfassaden aus Backstein, teils mit Schmuckgiebeln verziert, ab. Nachdem das in der DDR unter dem Namen NARVA tätige Werk 1992 geschlossen worden war, wurde die Industriebrache zu einem neuen Dienstleistungszentrum umgestaltet, es entstand die so genannte Oberbaum-City. Die auffälligste Veränderung ist die Aufstockung des Turmes an der Rotherstraße nach Plänen von Schweger & Partner. Auf den historischen Turmschaft ist ein fünfgeschossiger Glaswürfel gesetzt worden, der, mit diesem nur durch den inneren Versorgungskern verbunden, scheinbar keine Berührung mit dem Unterbau eingeht – ein ästhetisch gelungener Kontrast von Alt und Neu.

U-BAHNHOF WARSCHAUER STRASSE (**G**; PAUL WITTIG UND OTTO STAHN; 1896-1902): Hochbahnhof mit Viadukt; Wagenreparaturhalle von ALFRED GRENANDER (1907); 1994-95 wurde die Anlage denkmalgerecht wiederhergestellt.

Der im Stadtraum weithin sichtbare Turm der ev. **ZWINGLIKIRCHE** (**E**; RUDOLFSTRASSE 14/ROTHERSTRASSE 1-4; JÜRGEN KRÖGER; 1905-08) markiert das Wohnviertel im Anschluss an die heutige ▶ *Oberbaum-City*. Der Sakralbau wurde im Stil der märkischen Frühgotik errichtet. Westlich schließt sich ein **GEMEINDEHAUS** (**D**; FRITZ BUCH; 1927-28) in Formen des späten Expressionismus an.

Neben der ▶ *Oberbaum-City* wurden weitere Versuche unternommen, den undefinierten Stadtraum neu zu strukturieren, der zwischen Plattenbauten, ▶ *Ostbahnhof* und dem Streifen an der ehem. ▶ *Berliner Mauer* architektonisch wenig Attraktivität besitzt, dafür aber als informeller Stadtraum in verschiedenen Lagerhallen und Speichern zahlreiche Szene-Lokalitäten beherbergt. Das längste erhaltene Stück Berliner Mauer zeigt entlang der Mühlenstraße, zwischen ▶ *Oberbaumbrücke* und Ostbahnhof, die **EAST SIDE GALLERY**, als Aktionsraum internationaler Künstler 1990 entstanden. Das künstlerisch wie historisch wertvolle Denkmal belastet zugleich die stadträumliche Entwicklung des Gebietes, da es die Verbindung des Areals, das zusätzlich im Norden durch Bahngleise abgeschnitten ist, zum Spreeufer verhindert. Ziel bleibt es aber, den bisher benachteiligten Stadtraum zur Spree und damit auch zum

gegenüberliegenden Kreuzberg in einem Spreepark zu öffnen und eine „Stadt am Fluss" zu schaffen. Für das Gesamtareal wurde bereits 1992 ein städtebaulicher Ideenwettbewerb ausgeschrieben. Die Sieger, Julia Tophof und Norbert Hemprich, sehen eine Verdichtung mit an der Berliner Traufhöhe orientierten Blöcken vor, die als Netz über die Spree hinweg eine Verbindung nach Kreuzberg herstellen sollen. Entscheidender Schritt zur Verwirklichung ist ein Investorenprojekt auf dem 340.000 qm großen so genannten **ANSCHUTZ-AREAL** (Mühlenstrasse/Warschauer Strasse/Bahngelände; städtebaulicher Masterplan: Hemprich Tophof Architekten; geplante Fertigstellung 2012/17). Kernstück des neuen Stadtviertels soll eine 16.000 Zuschauer fassende Mehrzweckhalle mit Büro- und Dienstleistungszentrum werden (HO+K; 2003-05).

Auch das daneben liegende **POSTAREAL AM OSTBAHNHOF** (Mühlenstrasse/Strasse der Pariser Kommune), soll nach einem aktuellen Projekt mit Hochhäusern bebaut werden. Den gesamten Stadtraum soll ein Hochhaus an der Ecke Mühlenstraße/Straße der Pariser Kommune/Stralauer Platz dominieren, das auch den Bahnhofsvorplatz des Ostbahnhofs hervorheben wird. Zwischen Holzmarktstraße und Spree werden sich neue Dienstleistungs-Komplexe wie der geplante **SPREESINUS** (Holzmarktstrasse 25-30; Axel Schultes Architekten; geplante Fertigstellung 2004) und das bereits fertig gestellte **HOTEL-, BÜRO- UND WOHNHAUS SCHILLING-BRÜCKEN-KOPF** (Holzmarktstrasse 34; Nalbach + Nalbach; 1997-2000) erstrecken. Der auffällig in den Straßenraum platzierte Gebäudekomplex ist zur Straße hin abgeschrägt. Zur Spree hin verweist die Wellenform der Balkone auf die Uferlage.

OSTBAHNHOF (Karl-Ernst Swora, Herbert Aust, Jürgen Pilz; 1985-89; Becker Gewers Kühn & Kühn; 1998-2000): Mehrfache Neugestaltung des in der zweiten Hälfte des 19. Jh. erbauten einstigen Schlesischen Bahnhofs.

Mit dem **CITY-CARRÉ I** (Koppenstrasse; Fischer + Fischer; 1991-97) am ▶ *Ostbahnhof*, einem großen backsteinverkleideten Baukörper mit einer Kuppelrotunde im Innern, gelang bereits die bauliche Einfassung auf der Nordseite des Bahngeländes. Zusammen mit dem früheren Centrum-Warenhaus (heute Kaufhof; Gesamtleitung Ehrhardt Gisske; 1978) entstand in dem städtebaulich ausgefransten Gebiet ein erster

Linke Seite
Zwinglikirche
Anschutz-Areal: Modellansicht, Mehrzweckhalle (Computerperspektive)

Rechte Seite
Hotel-, Büro- und Wohnhaus Schilling-Brücken-Kopf-Haus
City-Carré I: Atrium
City-Carré II

urbaner Ansatz. In die neue Blockrandbebauung ist ein altes, jedoch vom Straßenraum aus kaum mehr sichtbares Schulgebäude von 1878 integriert, das – in Berlin einmalig – zu einem Hotel umgebaut worden ist. Das angrenzende Büro- und Geschäftshaus **CITY-CARRÉ II** (ANDREASSTRASSE 7-12; FISCHER + FISCHER; 1993-98) rundete die vom City-Carré I vorgegebene Blockbebauung ab. Mit großen Glasflächen und einem mächtigen Faltdach stellt sich der Bau selbstbewusst im Stadtraum dar. Durch eine Baustruktur aus zwei parallelen Riegeln mit jeweils zurückgesetzten Brückenbauten an den Stirnseiten und umlaufenden Arkaden wurde der Blockrand frei interpretiert. Somit konnte ein räumlicher Anschluss zum angrenzenden Stadtraum gewährleistet werden, der von der lockeren Siedlungsstruktur der Plattenbauten geprägt ist.

Ehem. **VERLAG NEUES DEUTSCHLAND** (FRANZ-MEHRING-PLATZ; EDGAR HOFFMANN, EBERHARD JUST UND KOLLEKTIV; 1969-74): Auf dem Gelände des nach schweren Kriegsschäden abgerissenen Bahnhofs der Ostbahn entstand die neungeschossige Büroscheibe mit skulpturaler Betonüberdachung im Eingangsbereich.

WOHNGEBIET STRASSE DER PARISER KOMMUNE (HELMUT STINGL, HARALD HANSPACH, HEINZ MEHLAN; 1970-73): Drei Doppelwohnhochhäuser mit 18 bis 21 Geschossen, elfgeschossige Wohnscheiben in Plattenbauweise.

BÜROHAUS KARL-MARX-ALLEE 90/STRASSE DER PARISER KOMMUNE (WÖRLE & PARTNER; 1995-97): In das denkmalgeschützte Ensemble der einstigen Stalinallee setzte die moderne Bürohausarchitektur ein äußerst selbstbewusstes neues Zeichen. Versuch einer platzartigen Betonung der Straßenkreuzung.

Der westliche Teil Friedrichshains, ein bis zum Zweiten Weltkrieg dicht bebautes Arbeiterviertel, wird seit den 1950er Jahren von der kilometerlangen, kaum stadträumliche Tiefe ausbildenden Magistrale der ehem. ▶ *Stalinallee*, seit 1961 **KARL-MARX-ALLEE/FRANKFURTER ALLEE** dominiert. Hinter den mächtigen Hochhausscheiben erscheint der dahinter liegende Stadtraum untergeordnet, sekundär. Südlich der Magistrale liegt an der Weberwiese das architektonische Vorbild der Stalinallee, das **HOCHHAUS AN DER WEBERWIESE** (**D**; MARCHLEWSKISTRASSE 25; HERMANN HENSELMANN; 1951-52). Auf rechteckigem Grundriss errichtet, ist der Bau fast freigestellt in

eine durchaus modern gegliederte Wohnsiedlung (**G**; MARCHLEWSKISTRASSE 16-22/24-

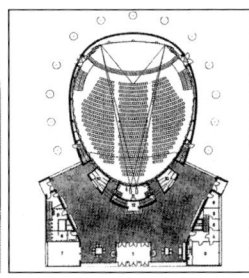

30/25/25A-C) um die parkartige Weberwiese integriert. Mit der Anlage gab Hermann Henselmann die formale und ästhetische Gestaltung der gesamten Stalinallee vor. Die Orientierung am preußischen Klassizismus überzeugte die SED, die nach einer dem sowjetischen Vorbild entsprechenden Architektur, „national in der Form, sozialistisch im Inhalt", suchte. Während die stadträumliche Einbindung des Bauwerkes durchaus den Vorstellungen einer aufgelockerten, gegliederten Stadtstruktur entspricht, folgte die Gestaltung nach traditionellen Prinzipien: Über einem klassischen Sockelgeschoss erhebt sich das neungeschossige Wohnhochhaus, das von massiv wirkenden Eckrisaliten eingerahmt wird. Ein Traufgesims und ein penthouseartiges Staffelgeschoss schließen das Gebäude ab. Meißner Keramik dient der teilweisen Verkleidung und den inszenierten Dekorationsstücken, die sich an klassizistischer Ornamentik orientieren. Henselmanns kreativer und auch ironischer Umgang mit dem traditionellen Formenschatz unterschied sich wesentlich von der folgenden monumentalen stalinistischen Architektur der meisten anderen Kollegen und überzeugt noch heute.

Ehem. **STALINALLEE** (seit 1961 Karl-Marx-Allee/Frankfurter Allee): ▶ EXKURS: GETEILTE STADT .

An einer platzartigen Erweiterung der Karl-Marx-Allee zwischen den Wohnhochhausscheiben liegt das **FILMTHEATER KOSMOS** (🄳; KARL-MARX-ALLEE 131a; JOSEF KAISER, GÜNTER KUNERT UND KOLLEKTIV; 1959-62). Zur Straße erstreckt sich der breite eingeschossige Eingangstrakt, über dem sich von außen ablesbar der höhere Kinosaal erhebt. Mit einem eiförmigen Grundriss ist dieser in das gläserne Foyer eingeschoben. Deutlich zeigt das Filmtheater den binnen weniger Jahre vollzogenen Wandel in der DDR-Architektur der 1950er Jahre. Während die umliegende Wohnbebauung neoklassizistisch in der Architektur der „Nationalen Tradition" gestaltet wurde, ist das Kino bereits ganz der Moderne verpflichtet. In den 1990er Jahren erfolgte die Erweiterung zu einem Kinokomplex. Um das Baudenkmal so wenig wie möglich zu beeinträchtigen, wurden die neuen Säle unterirdisch um den alten Saal gelegt.

UMBAUUNG DES BERSARINPLATZES (FRITZ UNGEWITTER, GEORG TIMME; 1985-87): Für die industrielle Bautechnik der Plattenbauserie war die Anpassung an die historischen Baufluchten äußerst aufwendig.

Ev. **GALILÄA-KIRCHE** (◧; Rigaer Strasse 9-10; Dinklage & Paulus; 1909-10): Kirche und Gemeindehaus wurden in die Straßenflucht integriert. Das Innere des neogotischen Klinkerbaus ist zentralraumartig mit Emporen gestaltet.

Im Gegensatz zum in weiten Teilen kriegszerstörten westlichen Friedrichshain ist der Stadtraum östlich der Warschauer Straße in seiner gründerzeitlich dichten Bebauung nahezu vollständig erhalten. Neben Mietskasernen im „Berliner Block" finden sich auch in Friedrichshain herausragende Beispiele von Wohnanlagen, mit denen anstelle von menschenunwürdiger Belegungsdichte durch Auflockerung weitgehende Verbesserungen der Wohnverhältnisse erreicht werden sollten.

Ein etwas älteres wegweisendes Projekt der Reformarchitektur ist die **WOHNANLAGE PROSKAUER STRASSE** (◧; Proskauer Strasse 14-15/Schreinerstrasse/Bänschstrasse; Alfred Messel; 1897-98). Messel schuf für den Berliner Spar- und Bauverein eine Mietwohnanlage, die wegen ihrer überzeugenden Architektur auf der Weltausstellung in Paris 1900 mit einer Goldmedaille ausgezeichnet wurde. In Blockrandbauweise wurden fünf Einzelhäuser aneinander gereiht um einen Garten gruppiert. Das unvorteilhafte „Berliner Zimmer" in der Hofecke ist vermieden worden, indem das Treppenhaus hierher gelegt wurde. Alle Wohnungen sind anders als bei den Mietskasernen zur Straßen- und zur Hofseite ausgerichtet und damit „durchgesteckt", wodurch die Querbelüftung möglich wird. Außerdem besaßen die Wohnungen von Anfang an eine Innentoilette, die meisten haben eine Loggia oder einen Balkon. Vorbildlich war die Infrastruktur der Anlage mit einem Veranstaltungsraum, einer Bibliothek und einem Kindergarten, einer Bäckerei, vier Läden und zwei Gaststätten.

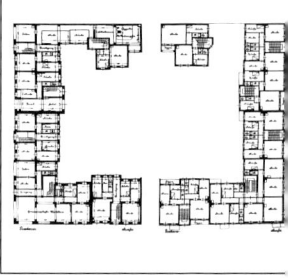

Ein herausragendes Beispiel dieser „Reformarchitektur" um 1900 ist der **HELENENHOF** (◪; Helenenhof 1-8/Sonntagstrasse/ Holteistrasse/Simplonstrasse/Gryphiusstrasse; Erich Köhn; 1904-06). Die Wohnanlage des genossenschaftlichen Beamten-Wohnungs-Vereins mit 442 Wohnungen war seinerzeit deutlich besser ausgestattet als die üblichen Mietskasernen und bot vor allem mehr Licht und Luft. Der Block ist durch eine Wohnstraße in zwei Hälften aufgeteilt. In gestalterischer Vielfalt sind südlich der Wohnstraße um drei, nördlich um vier Innenhöfe

fünfgeschossige Wohnbauten gruppiert. Im Zentrum der Anlage liegt ein kleiner Platz.

Ehem. **FRIEDHOFSKAPELLE DER EV. GEORGEN-PAROCHIAL-GEMEINDE** (**D**; BOXHAGENER STRASSE 100; GUSTAV KNOBLAUCH, H. WEX; 1879): Klinkerbau mit Satteldach im Rundbogenstil der Schinkel-Schule. Die auf dem Friedhof IV gelegene Kapelle wird seit 1949 von der ev. Verheißungs-Kirchengemeinde genutzt.

WOHN- UND GESCHÄFTSHÄUSER FRANKFURTER ALLEE SÜD (ZWISCHEN NIEDERBARNIMSTRASSE UND S-BAHN-TRASSE; ERNST KRISTEN UND KOLLEKTIVE; 1983-89): Modernisierung und Sanierung von Altbauten; die in Plattenbauweise in die Baulücken gesetzten Neubauten beziehen sich mit Erkern, Dachgauben und abgeschrägten Straßenecken auf die Altbausubstanz.

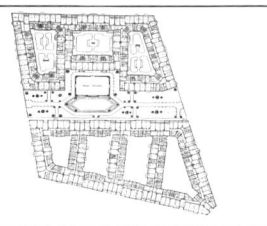

BÜRO- UND GESCHÄFTSHAUS QUASAR (FRANKFURTER ALLEE/ VOIGTSTRASSE; SHIN TAKAMATSU; 1993-94): Der auffällige Baukörper besitzt zur außergewöhnlich inszenierten Ecke vier ellipsenförmige Leuchtröhren, die über die Gebäudehöhe hinausragen und als Entlüftungskanäle dienen. Nachts dienen sie als Lichtzeichen im Straßenraum.

Die ev. **SAMARITER-KIRCHE** (**D**; SAMARITERPLATZ; GOTTHILF LUDWIG MÖCKEL; 1892-94) liegt stadträumlich äußerst wirkungsvoll in der durch einen mittleren Grünstreifen und durch den Kirchenbau zusätzlich aufgeweiteten Bänschstraße. Der aufwendig gestaltete neogotische Sakralbau mit einem markanten Westturm steht zentral in der Achse des Straßenzuges. Im Innern wählte Möckel eine raumweitende Lösung, indem er die Eckräume zwischen Hauptschiff und breitem Querhaus in die Vierung einbezog. Der Chorschluss ist flach, seitlich flankiert von zwei niedrigen, polygonalen Anbauten.

Auf dem Areal des 1881 eröffneten ehem. **ZENTRALVIEH-UND -SCHLACHTHOFS** zwischen Eldenaer Straße, Hausburgstraße und Landsberger Allee entsteht seit 2000 das neue **HAUSBURG-VIERTEL** nach einem städtebaulichen Konzept von TROJAN, TROJAN & NEU. Mit einem neu angelegten Straßennetz wird das vormals autarke Gelände stadträumlich erschlossen. Ob dabei die Anbindung an die angrenzenden Stadtviertel im Friedrichshain und in Lichtenberg gelingt, wird sich erst zeigen. Im Sinne einer Stadtreparatur wird das Gelände durch die Sanierung der Anlage und durch ergänzende Neubauten für die

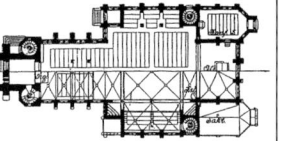

neuen Nutzungen umgewandelt. Aus den Resten einer über 100 Jahre alten Viehhalle wird eine Schulsporthalle, das ehem. Haus des Veterinärs ist für Büros saniert worden, für den Wasserturm ist die Nutzung durch eine Galerie und ein Café geplant, in den übrigen Viehhallen entstehen unter anderem Warenhäuser.

In der Thaerstraße fällt ein weitgehend geschlossenes Gebäude auf: die **110-KV-SCHALTANLAGE DER BEWAG** (THAERSTRASSE 26; ASSMANN SALOMON UND SCHEIDT; 2000-01). Die wenigen kleinen Öffnungen des reinen Technikgebäudes sind frei auf die Fassade komponiert und schräg in die Tiefe der Fassade eingeschnitten. Mit farblich changierenden Natursteinplatten aus Basaltlava nimmt die Fassade die Strenge des Entwurfs. In dem Friedrichshainer Neubau sind die auf die Stadt verteilten Umspannwerke der 1920er Jahre von Hans Heinrich Müller auf zeitgemäße Art neu interpretiert worden.

WOHNANLAGE WEISBACHSTRASSE (**G**; WEISBACHSTRASSE 1-8/EBERTYSTRASSE/EBELINGSTRASSE; ALFRED MESSEL; 1899-1905): Reformwohnanlage in Blockrandbebauung um einen freien Innenhof für den „Verein zur Verbesserung der kleinen Wohnungen in Berlin".

Im Rahmen der Bewerbung Berlins für die Olympischen Spiele 2000 entstand an der Landsberger Allee die Sportanlage **VELODROM UND SCHWIMMSPORTHALLE** (LANDSBERGER ALLEE/ PAUL-HEYSE-STRASSE; DOMINIQUE PERRAULT; 1993-99). Die Haupterschließung erfolgt gemäß der erwarteten Besucherströme von der S-Bahn-Station über eine lang gestreckte Vorhalle, die durch schlanke Betonstützen gegliedert ist. Ansonsten besitzt das Bauwerk keine Schaufassade, denn das kreisrunde Velodrom und die fast quadratische Schwimmhalle ragen ganz unauffällig nur mit einer metallenen Dachkonstruktion aus dem aufgeschütteten, mit Apfelbäumen bepflanzten Landschaftssockel hervor. Mit freitragenden Stahlfachwerken und einer Gitterstruktur konnten die Hallen völlig stützenlos angelegt werden.

Jenseits des früheren Königstores und des Landsberger Tores wurde 1840 als erster seiner Art der **VOLKSPARK FRIEDRICHSHAIN** im Osten der Stadt angelegt, als östliches Pendant zum Tiergarten. Der ursprüngliche Landschaftspark mit Teichen und Spielplätzen, der von GUSTAV MEYER, einem Schüler

LINKE SEITE
110-KV-SCHALTANLAGE DER BEWAG
VELODROM: AUSSENANSICHT
VELODROM UND SCHWIMMSPORTHALLE:
GRUNDRISS
SCHWIMMSPORTHALLE: AUSSENANSICHT

RECHTE SEITE
KRANKENHAUS FRIEDRICHSHAIN:
UNTERSUCHUNGS- UND
BEHANDLUNGSTRAKT
SPORT- UND ERHOLUNGSZENTRUM SEZ:
GRUNDRISS

 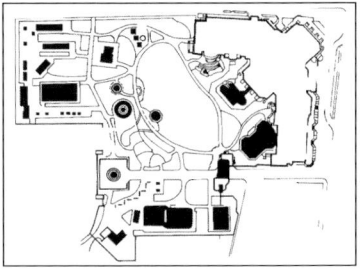

PETER JOSEPH LENNÉS, gestaltet worden war, veränderte im Laufe der Zeit seine Gestalt. 1913 wurde am Parkeingang der **MÄRCHENBRUNNEN** von LUDWIG HOFFMANN eingeweiht, als Schauarchitektur mit Kaskaden und Märchenfiguren. Im Zweiten Weltkrieg wurden im Volkspark Flakhochbunker errichtet, die nach dem Krieg gesprengt, mit Trümmerschutt aufgeschüttet und als „großer und kleiner Bunkerberg" in die Gesamtanlage eingebunden wurden. 1969-73 erfolgte eine Neugestaltung des Parks mit Pavillons (WERNER DUTSCHKE) und Spielanlagen. In die Parkanlagen eingebunden sind das ▶ *Krankenhaus Friedrichshain* und das ▶ *Sport- und Erholungszentrum SEZ.*

Das **KRANKENHAUS FRIEDRICHSHAIN** (◪; LANDSBERGER ALLEE 49; GROPIUS & SCHMIEDEN; 1868-74) wurde als erstes städtisches Krankenhaus im Pavillonsystem eröffnet. Mit dem Neubau eines Untersuchungs- und Behandlungstraktes (HÖHNE & RAPP; 1997-2000) ist die nach Kriegszerstörungen 1952-54 stark verändert wiederaufgebaute Anlage neu strukturiert worden. Es war eines der vom Bauherrn vorgegebenen Ziele, die weitläufige Anlage zur Landsberger Allee als öffentliche Einrichtung präsent zu machen und ihr einen neuen Haupteingang zu verleihen. Der strenge Neubau passt sich durch den orangefarbenen Ziegel der Fassaden den verbliebenen Bauten des 19. Jh. an und vervollständigt gleichzeitig die Architektur der „Nationalen Tradition" des Bettenhauses aus den 1950er Jahren. Der Mixtur verschiedener Architekturstile sollte keine weitere Typologie fremd gegenüberstehen.

Das **SPORT- UND ERHOLUNGSZENTRUM SEZ** (LANDSBERGER ALLEE 77; BERND FUNDEL, GÜNTER REISS, KLAUS TRÖGER, OTTO PATZELT; 1978-81) war ein aufwendiges und kostspieliges Prestigeprojekt für Ost-Berlin. Nach den Funktionsbereichen mit Schwimmhalle, Eislaufhalle sowie Sport- und Spielbereich ist der Baukörper dreigeteilt. Die für DDR-Verhältnisse außergewöhnliche Architektur auf damals westlichem Niveau gründet sich auf eine fachwerkartige Stahlkonstruktion, mit der die Verwendung von großen Glasflächen und damit die Durchdringung von Außen- und Innenraum möglich wurde. Seit Ende 2002 ist das SEZ geschlossen; die Zukunft des Gebäudekomplexes ist ungewiss.

Der frühere Leninplatz, seit 1992 **PLATZ DER VEREINTEN NATIONEN** (◪; ENTWURF: HERMANN HENSELMANN; AUSFÜHRUNG: HEINZ MEHLAN UND KOLLEKTIV; 1968-70), ist ein

LINKE SEITE
PLATZ DER VEREINTEN NATIONEN:
HOCHHAUSGRUPPE, MODELLANSICHT DES
URSPRÜNGLICHEN KONZEPTES 1968

RECHTE SEITE
ST.-BARTHOLOMÄUS-KIRCHE
BÜRO- UND GESCHÄFTSHAUS
SCHÖNHAUSER TOR
KÖNIGSSTADT-TERRASSEN

wichtiges städtisches Gelenkstück zwischen Alexanderplatz und den Ostbezirken. Nachdem die Bebauung im Zweiten Weltkrieg fast vollständig zerstört worden war, wurde die hier entlangführende Landsberger Allee in Leninallee umbenannt und zur Ausfallstraße verbreitert. Zur neuen Magistrale wurde mit einem dreifach gestaffelten Wohnhochhaus am früheren Landsberger Platz, nun Leninplatz, ein kräftiger vertikaler Kontrapunkt gesetzt. An der Nordwest- und Südostseite wird der Straßenraum dynamisch fließend von zwei geschwungenen Wohnschlangen eingerahmt. In konstruktiver Hinsicht waren diese Plattenbauten weltweit wegweisend, da ein trapezförmiges Sonderelement erstmals die gekurvte Führung ermöglichte. Mittelpunkt der Anlage war bis 1991 ein 19 m hohes Lenin-Denkmal aus rotem ukrainischen Granit (NIKOLAI W. TOMSKI; 1970). Mit seinem abgeschrägten Denkmalsrücken, der eine wehende Arbeiterfahne symbolisierte, bezog sich das Monumentalwerk auf die abgestufte Hochhausgruppe. Der „sozialistische Realismus" des Denkmals stand jedoch im Gegensatz zur ursprünglichen Idee des Architekten, den Mittelpunkt des Platzes als öffentliche Bibliothek in der nur abstrakt nachempfundenen Form einer geschwungenen Fahne zu gestalten, in der sich die fließende Bewegung des Platzes gebündelt hätte. Henselmann versuchte mit dem Gesamtkunstwerk Leninplatz, eine zeitgemäße Antwort auf die geforderte „Synthese von Kunst und Architektur" zu finden. Mit dem Ende der DDR wurde das Denkmal abgerissen, das zumindest als Mittelpunkt des Ensembles funktionierte. Seitdem ist das Platzensemble zur reinen Verkehrsfläche aufgelöst worden. 1998-99 wurden die Wohngebäude beispielhaft saniert (KLAUS THEO BRENNER).

UMBAU UND ERWEITERUNG SCHULE FRIEDRICHSBERGER STRASSE/PALISADEN-STRASSE (KLEIN & BRENCHA, AUSFÜHRUNG: SCHMUCK & KÖNNECKE; 2000-02): Umbau einer in Plattenbauweise errichteten Schule, Anfügung einer Doppelsporthalle zum Freigelände, Übergang zum Altbau durch ein gebäudehohes Atrium.

Ev. **ST.-BARTHOLOMÄUS-KIRCHE** (**D**; FRIEDENSTRASSE 1; ENTWURF: FRIEDRICH AUGUST STÜLER; AUSFÜHRUNG: FRIEDRICH ADLER; 1854-58): Die neogotische, dreischiffige Backsteinkirche besitzt einen polygonalen Chor und eine flach gedeckte Halle mit Emporen. 1952-57 erfolgte eine vereinfachte Wiederherstellung nach starker Kriegsbeschädigung. Dabei wurden die ursprünglich wie bei der ▶ *St.-Matthäi-Kirche*

parallelen Satteldächer über den Mittel- und Seitenschiffen durch ein einheitlich über-greifendes Dach ersetzt.

Ev. **AUFERSTEHUNGSKIRCHE** (**D**; FRIEDENSTRASSE 83; HERMANN BLANKENSTEIN, AUGUST MENKEN; 1892-95): Die dreischiffige Hallenkirche in spätromanischen Formen ist ein Mauerwerkbau, der mit Hilfe eiserner Mittelschiffsäulen gestützt wird, die mit hellroten Klinkern verblendet wurden. In der Gestaltung ist ein reicher Dekor aus Formsteinen und Glasurziegeln bestimmend. Nach Kriegsschäden erfolgte eine ver-einfachte Wiederherstellung (GÜNTER AHRENS, PAUL SCHULZ, FRITZ OELLERKING; 1950-61).

PRENZLAUER BERG

Den Eingang zum Stadtteil Prenzlauer Berg markiert das **BÜRO- UND GESCHÄFTSHAUS SCHÖNHAUSER TOR** (TORSTRASSE 49/SCHÖNHAUSER ALLEE; FFNS & GIESE-BOHNE PLANUNGS-GESELLSCHAFT MBH; 1994-95). Wegen Denkmalschutzauflagen wurde bei der Errichtung die Stahlskelettkonstruktion des Vorgängerbaus von 1928 verwendet und integriert.

Zu den frühen, fast vollständig erhaltenen Bereichen des heutigen Prenzlauer Bergs gehört der 1862 nach dem Hobrecht-Plan angelegte **TEUTOBURGER PLATZ**. Der Stadtplatz wurde durch die Aussparung eines der Baublöcke gebildet, die zwischen 1862 und 1872 bebaut wurden. Das umliegende **QUARTIER LOTTUMSTRASSE**, zwischen so genanntem Weinberg und Schönhauser Allee gelegen, umfasst fünf dieser Blöcke mit einer nahezu einheitlich gestalteten spätklassizistischen Bebauung. Hier finden sich die typischen Seiten- und Quergebäude der so genannten Mietskasernen in aus-geprägter Form.

Auf dem Gelände der ehem. Königsstadt-Brauerei, dessen Gebäude aus dem 19. Jh. nach schweren Kriegsschäden teilweise abgerissen wurden, entstand ein neues Büro- und Geschäftshaus, die **KÖNIGSSTADT-TERRASSEN** (SCHÖNHAUSER ALLEE 10-11; MÜLLER REIMANN ARCHITEKTEN; 1995-97). Zur Schönhauser Allee öffnen sich die zwei L-för-migen Baukörper mit einer bepflanzten Terrasse, die über einem niedrigen Laden-geschoss liegen. Seinen strengen Charakter erhält das Bauwerk durch die klare Struktur, den dunkelroten Klinker und die langgezogenen Fensterbänder.

Gegenüber wird die Ecke durch die Neubauten der **WOHN- UND BÜROGEBÄUDE SCHÖNHAUSER ALLEE/FEHRBELLINER STRASSE** (PSP PSYSALL, STAHRENBERG & PARTNER; **273**

1996-99) betont. Die Blockrandbebauung aus drei Wohnhäusern und einem Bürogebäude versteht sich als kritische
Rekonstruktion innerhalb der gründerzeitlichen Wohnbebauung des Umfeldes. Wegen der hohen Lärmemissionen sind
die Schlafzimmer aller Wohnungen zum Innenhof orientiert,
während auf der Straßenseite vollständig zu öffnende und
damit auch als Balkon nutzbare Wintergärten als Klima- und
Schallschutzpuffer fungieren. Die großflächig verglaste Fassade
des als Bürogebäude genutzten Eckhauses wird durch den
Kontrast zwischen der Metallblechverkleidung der Brüstungen
und den Naturholzrahmen der Fenster belebt.

Den Beginn des seit den 1880ern zunehmend dicht bebauten Bereichs des Prenzlauer Bergs markiert der nördlich
des Schönhauser Tores gelegene **SENEFELDERPLATZ** (**E**; HER-
MANN MÄCHTIG; 1885), dessen Anlage seit 1995 rekonstruiert
wird. Mit dem dreieckigen Platz begann die nordöstliche Aus-
fahrt aus der Innenstadt über die Schönhauser Allee. Bereits
seit Mitte des 19. Jh. siedelten sich entlang der Allee mehrere
Brauereien an, deren frühe Gebäude Ende des Jh. durch Erweiterungen mit den entstehenden Mietskasernen zu einem
dicht bebauten Stadtraum verschmolzen. All diese Entwick-
lungsphasen umfasst die am Senefelderplatz gelegene ehem.
BRAUEREI PFEFFERBERG (**G**; CHRISTINENSTRASSE 18-19/SCHÖN-
HAUSER ALLEE 176; CARL KOEPPEN, A. ROHMER, G. DITTRICH; 1842-
1914). Das denkmalgeschützte Areal wird nach einem Mischnutzungskonzept für Kultureinrichtungen umgebaut und
saniert (RENATE HARMS; 2002-04). Aus einem alten Pferdestall
entsteht ein traditionelles japanisches Bad, integriert werden
die Neubauten einer Kindertagesstätte sowie eines Hotels in
einer Baulücke an der Christinenstraße.

Zu den vollständig erhaltenen Brauereikomplexen zählt
ebenso die ehem. Schultheiss-Brauerei, heute **KULTUR-**
BRAUEREI (**G**; SCHÖNHAUSER ALLEE 36-39/KNAACKSTRASSE/
SREDZKISTRASSE; FRANZ HEINRICH SCHWECHTEN; 1886-91). Der
Bauauftrag bestand darin, das ab 1864 planlos gewachsene
Areal in ein geschlossenes Bauensemble zu verwandeln. Durch
eine aufwendige historisierende Gestaltung sollte der inmitten
eines Wohnviertels liegende Gebäudekomplex eine prägnante
städtebauliche Gesamtwirkung erzielen. Als Vorbild diente
dabei die wenige Jahre zuvor errichtete Schultheiss-Brauerei in

LINKE SEITE
WOHN- UND BÜROGEBÄUDE SCHÖNHAUSER ALLEE/ FEHRBELLINER STR.: BÜROECKGEBÄUDE, GRUNDRISS
KULTURBRAUEREI: HIST. GEBÄUDETEIL
DOPPELSPORTHALLE MIT WOHNHAUS SREDZKISTR.: AUSSENANSICHT, INNENANSICHT SPORTHALLE

Moabit, deren dem Mittelalter entlehnte Backsteinarchitektur eine entscheidende Vorgabe für den neuen Bautypus der Industrie-Brauereien war. Schwechtens Rückgriff auf die Staufische Romanik machte die Schultheiss-Brauerei zu einer burgartigen Erscheinung, die der jahrhundertealten Tradition des Bierbrauens entsprechen sollte. Im Straßenraum an der Schönhauser Allee wirbt ein übereck gestellter, fast zu hoch wirkender Turm für die Brauerei. Alle Gebäude wurden mit dem für Berlin typischen Backstein ausgeführt, womit das Unternehmen Ortsverbundenheit demonstrierte. Die aufwendige Gestaltung entsprach auch dem damals für Brauereien üblichen Angebot verschiedener Festsäle, die seit den 1980ern, die Brauerei war längst stillgelegt, kulturell neu genutzt wurden. 1998-2000 erfolgte die Sanierung nach einem Mischnutzungskonzept mit kulturellem Schwerpunkt (insbesondere Kinokomplex, Veranstaltungsräume, Gastronomie, Büroflächen), um die bis dahin öffentlich geförderte „Kulturbrauerei" privatwirtschaftlich weiterzuführen (Weiss& Faust) . Mit der Öffnung des Geländes über den vielseitig genutzten Hof ist das Areal optimal in den Stadtraum eingebunden. Obwohl vieles sehr inszeniert wirkt, ist die Umwidmung des Industrieareals besser gelungen als bei vergleichbaren Berliner Projekten.

Auf dem Grundstück einer Grundschule entstand die **DOPPELSPORTHALLE MIT WOHNHAUS SREDZKISTRASSE 8** (Hentschel-Oestreich architekten; 1999-2002), deren große Baumasse in die denkmalwerte gründerzeitliche Wohnbebauung der Straße eingefügt werden musste, ohne das Ensemble zu stören. Dem Architekturbüro erschien sowohl Integration als auch Eigenständigkeit notwendig, was sich vor allem in der Baukörpergliederung und der Materialwahl zeigen sollte. Die vorhandene Baulücke wurde nicht vollständig geschlossen, sondern an der Hallenlängsseite ein schmaler Weg als Erschließung für den Schulhof angelegt. Der Nebenraumtrakt und die untere Halle wurden mit einer Klinkerfassade versehen, die obere Halle ist mit Faserzementplatten verkleidet. Während die verklinkerten Bauteile des Wohnhauses durch ihre Höhenentwicklung und die Fassadengestaltung mit der angrenzenden Wohnbebauung korrespondieren, hebt sich der Hallenbaukörper durch Material und architektonische Auffassung klar von den Nachbargebäuden ab.

Die für den Prenzlauer Berg charakteristische historische Wohnbebauung ist besonders eindrucksvoll rund um den **KOLLWITZPLATZ** erhalten geblieben. Anlässlich des 750-jährigen Stadtjubiläums Berlins 1987 ließ der Ost-Berliner Magistrat mit staatlicher Hilfe die Husemannstraße aufwendig sanieren, um beispielhaft die Architektur der Gründerzeit und zugleich die Bemühungen um deren Erhalt zu demonstrieren. Der Straßenzug bot sich aufgrund seiner Einheitlichkeit an. Von 1890-1900 entstand die Bebauung durch den Deutsch-Holländischen Actienverein unter Verwendung genormter Bauteile wie Deckenbalken, Ornamente und Balkonbrüstungen. Das DDR-Vorzeigeprojekt ging so weit, dass nicht nur die Fassaden, sondern auch historische Läden und Straßenschilder rekonstruiert wurden, vervollständigt durch ein Museum zum Berliner Arbeiterleben um 1900. Der gesamte Stadtgrundriss dieses Viertels geht auf den Hobrecht-Plan von 1862 zurück, so auch die fast dreieckige Form des früheren Wörther Platzes, der seit 1947 Kollwitzplatz heißt. Sieben Straßen laufen auf den begrünten Platz zu, der zu den attraktivsten Stadträumen Berlins gezählt werden kann.

Wie die anderen Berliner Synagogen wurde auch die **SYNA-GOGE RYKESTRASSE** (**G**; RYKESTRASSE 53; JOHANN HOENIGER; 1902-04) in der Pogromnacht 1938 von den Nationalsozialisten geschändet. Jedoch ist der Komplex im Zweiten Weltkrieg nicht durch Bomben zerstört worden und gehört damit zu den wenigen erhaltenen alten Synagogen Berlins. In dem zur Straße in die Häuserzeile eingefügten Gebäudeteil befand sich neben Wohnungen auch die Religionsschule mit Aula. Die Synagoge selbst liegt als quer gelagerte dreischiffige Basilika im Hof, zu dem die beiden Tore im Straßengebäude führen. Wie die meisten Synagogenbauten jener Zeit ist auch diese Basilika in romanischen Formen gehalten. Im Mittelrisalit mit erhöhtem Giebel nehmen die beiden für Frauen und Männer getrennten Eingänge das Motiv der Tordurchgänge des Vorderhauses wieder auf. Beide Eingänge führen jedoch – charakteristisch für Reformsynagogen – in ein gemeinsames Vestibül.

Technisch beeindruckend ist noch heute die **WASSER-VERSORGUNGSANLAGE KNAACKSTRASSE** (**G**; KNAACKSTRASSE 23-29; HENRY GILL; 1852-75), die erste zentrale Wasserversorgungsanlage Berlins. Gelegen auf einer Anhöhe, wo früher Windmühlen standen, wurden mit der Anlage auf dem noch unbebauten Gelände vor den Toren der Stadt die ersten Bauten des Prenzlauer Bergs errichtet. Noch heute heben sich der Tiefbehälter und der äußerst schlanke Steigrohrturm von der Umgebung ab. 1877-89 wurde die Anlage durch den Bau eines Maschinenpumpwerkes und eines Wasserturms mit Hochbehälter erweitert (WILHELM VOLLHERING), ein wesentlich dickerer Rundturm, der zugleich fünf Wohngeschosse aufnimmt. Erst 1952 wurde der Hochbehälter außer Betrieb genommen. Im unterirdischen Wasserbehälter finden heute kulturelle Veranstaltungen statt.

Im Rahmen der sozial verträglichen Stadterneuerung, die einer Verdrängung der angestammten Bevölkerung entgegenwirken soll, wurde das **WOHNHAUS KOLLWITZSTRASSE 37** (1896; BÜRO WEST; 2001-02) saniert. Alle Wohnungsgrundrisse

LINKE SEITE
SYNAGOGE RYKESTR.: STRASSENANSICHT
WASSERVERSORGUNGSANLAGE KNAACKSTR.

RECHTE SEITE
WOHNGEBIET ERNST-THÄLMANN-PARK:
WOHNHOCHHÄUSER,
LAGEPLAN

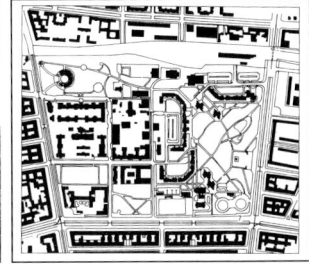

des gründerzeitlichen Hauses wurden in Absprache mit den Altmietern überarbeitet, so dass sich in ihnen die Vielfalt der Nutzungsansprüche widerspiegelt. Ein besonderes Merkmal ist auch die architektonisch neugestaltete südliche Brandwand. Da sie mit angrenzender Grünfläche von einer Nachbarbebauung frei bleibt, konnte sie mit Fensteröffnungen, Balkonen und einem Pflanzengerüst versehen werden.

Ehem. **KÖNIGSTÄDTISCHES LYZEUM** (**G**; GREIFSWALDER STRASSE 25; LUDWIG HOFFMANN; 1913-14): Das Schulgebäude wurde wegen des Verkehrslärms und der Bodenpreise hinter einem repräsentativen Wohngebäude mit ionischen Säulen errichtet. Auf dem lang gestreckten Hofgrundstück wurde der Bau einhüftig angelegt.

Nördlich an den Volkspark Friedrichshain grenzt das **BÖTZOWVIERTEL**, das sich durch eine weitgehend geschlossen erhaltene gründerzeitliche Bebauung auszeichnet. Im Zentrum liegt der Arnswalder Platz, der 1904-07 höchstwahrscheinlich von HERMANN MÄCHTIG angelegt worden ist und 1933-34 von RICHARD ERMISCH neu gestaltet wurde.

Auf dem angrenzenden Gelände des 1873-1981 betriebenen ehem. Berliner Gaswerks entstand in den 1980er Jahren das **WOHNGEBIET ERNST-THÄLMANN-PARK** (GREIFSWALDER STRASSE/LILLI-HENOCH-STRASSE/DANZIGER STRASSE; HELMUT STINGL; 1983-86). Nach dem unter Protesten erfolgten fast vollständigen Abriss des erhaltenswerten Industriedenkmals entstanden in Plattenbauweise achtgeschossige Wohnbauten sowie 12- und 18-geschossigen Punkthochhäuser, die den Rahmen einer monumentalen Denkmalanlage bilden. In einem Rückgriff auf veraltete Konzepte des sozialistischen Städtebaus aus den späten 1960er und frühen 1970er Jahren entstand eine Anlage, die noch einmal die gescheiterte „Synthese von Kunst und Architektur" bewerkstelligen sollte (▶ *Platz der Vereinten Nationen*). Die geradezu plumpe Pathetik und Protzigkeit der Anlage wurde in der damaligen Öffentlichkeit außergewöhnlich heftig und offen kritisiert.

WOHNKOMPLEX GREIFSWALDER STRASSE (GREIFSWALDER STRASSE/STORKOWER STRASSE/THOMAS-MANN-STRASSE; ROLAND KORN, KARIN MAASS, HARALD HANSPACH; 1973-83): Typischer industriell vorgefertigter Ost-Berliner Plattenbaukomplex mit zentralen Einrichtungen (Gaststätte, Schwimmhalle, „Dienstleistungswürfel"). Sowohl Architektur als auch städtebauliche Anordnung der inzwischen sanierten und stark ver-

änderten Anlage entsprachen bis ins Detail dem Konzept weiterer, ab Mitte der 1970er Jahre entstandener Wohnanlagen (z.B. Marzahn).

Inmitten einer großzügigen Grünanlage befindet sich das **SENIORENPFLEGEHEIM GÜRTELSTRASSE 32** (1976; PARTNERSCHAFT FEDDERSEN VON HERDER WINKELBAUER ARCHI-TEKTEN; 2000-01). Die heutige Gestalt des Komplexes mit Pflegeplätzen und „betreutem Wohnen" ist Ergebnis des Umbaus eines DDR-Plattenbaus. Der Typ „SK Berlin" aus dem Jahr 1976 war das industriell gefertigte Standardmodell für Seniorenheime in Ost-Berlin. Die Struktur des Gebäudes entsprach nicht mehr den heutigen Anforderungen und musste verändert werden. Durch eine andere Aufteilung und Neugestaltung der Innenräume (die Zahl der Heimplätze wurde von 290 auf 150 reduziert) sowie der Fassaden erreichten Feddersen Architekten unter Einsatz von hochwertigen Materialien und einer differenzierten Farbigkeit eine neue architektonische Qualität. In Anlehnung an die ursprüngliche Fassadenkonstruktion besteht die neue Außenhaut ebenfalls aus Betonfertigteilen. Jede Seite setzt sich aus 235 sandsteinroten Sandwichelementen aus Sichtbeton zusammen. Eine eingerückte Sockelzone hebt das Gebäude mit runden Betonstützen optisch vom Boden ab. Auch der Überstand des neuen Satteldachs sowie die Sonnenschutzlamellen gliedern die zuvor ebene Fassade und geben ihr Plastizität. Die Bewohnerzimmer wurden um eine Loggiazone erweitert. Die neue Raumstruktur unterstützt die Bewohner in ihrem Alltag: Zentrale Wohnküchen bilden tagsüber einen Mittelpunkt im gemeinschaftlichen Leben. Die Eingangshalle dient als Empfang und Treffpunkt. Flexible Trennwände im Speisesaal ermöglichen separate Nutzungen für Feierlichkeiten und Ergotherapie.

Die **WOHNSTADT CARL LEGIEN** (**G**; ERICH-WEINERT-STRASSE 98-100; BRUNO TAUT; FRANZ HILLINGER; 1928-30) am nordöstlichen Rand des ehem. Bezirks Prenzlauer Berg entstand auf dem Höhepunkt der Neuen Sachlichkeit entworfen von einem der damals engagiertesten Vertreter des sozialen Wohnungsbaus, Bruno Taut. Statt der im Prenzlauer Berg vorherrschenden Blockrandbebauung sind die 1.150 Wohnungen der Gemeinnützigen Heimstätten AG (GEHAG) zu dreiteiligen Häuserblocks um geräumige Höfe gelegt, die sich nach Süden öffnen. Die Fassaden sind farbig verputzt und erhalten durch unterschiedliche Fensterformate mit bunt gefassten Rahmungen ein heiteres Erscheinungsbild; großzügige Balkone und Loggien schaffen einen hohen

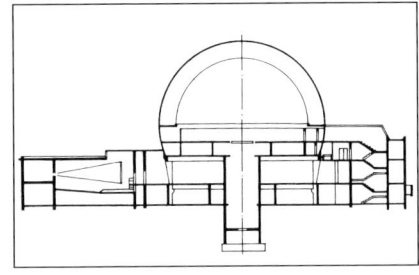

LINKE SEITE
SENIORENPFLEGEHEIM GÜRTELSTR.
WOHNSTADT CARL LEGIEN: ZWEI ANSICHTEN

RECHTE SEITE
ZEISS-GROSSPLANETARIUM: SCHNITT
BERUFSSCHULE UND INSTITUT FÜR BERUF-
LICHE ENTWICKLUNG

Wohnwert. An der Erich-Weinert-Straße sind die Wohnhöfe durch eine eingeschossige Ladenzeile geschlossen. Einige Zeilenbauten sind bereits denkmalgerecht saniert worden, wobei die originale Farbfassung wiederhergestellt worden ist.

ZEISS-GROSSPLANETARIUM (PRENZLAUER ALLEE/DIESTERWEGSTRASSE; GOTTFRIED HEIN; 1985-87): Die Projektkuppel mit 23 m Durchmesser, von einer freitragenden Betonschalenkuppel umhüllt, entstand im Zusammenhang der Errichtung des ▶ *Wohngebiets Ernst-Thälmann-Park*.

Während der Amtszeit des Stadtbaurates HERMANN BLANKENSTEIN, 1872-1896, entstanden zahlreiche kommunale Bauten, die die städtische Infrastruktur der immens wachsenden Hauptstadt deutlich verbesserten und den Anspruch einer modernen Großstadt unterstrichen. Zu Blankensteins Schaffen zählt der Bau von Schulen, Fürsorgeeinrichtungen, Krankenhäusern sowie Bauten der Versorgung. Immer wieder griff Blankenstein auf die Ziegelarchitektur zurück, die mit der märkischen Backsteingotik, aber auch mit der Schinkelschule eine Berliner Tradition besaß. Je nach sozialem Rang des Bauprogramms wählte der Stadtrat eine sparsame, nüchterne bis detailreiche Formgebung bei stets gleichem Baumaterial. Die kommunale Architektur der Kaiserzeit fiel dadurch deutlich funktionaler, schlichter und moderner aus als die pompös-repräsentative wilhelminische Hofarchitektur. Exemplarisch für zahlreiche von Blankenstein errichtete, im Zweiten Weltkrieg größtenteils zerstörte Schulbauten steht die heutige **BERUFSSCHULE UND INSTITUT FÜR BERUFLICHE ENTWICKLUNG** (EHEM. GEMEINDESCHULE; PAPPELALLEE 30-31; HERMANN BLANKENSTEIN; 1873-74). Die Schulanlage wurde unspektakulär in die Blockbebauung integriert. Unter Verzicht auf Bauschmuck und Details gerät das Schulgebäude zu einem äußerst einfach gehaltenen kubischen Baukörper von großer Sachlichkeit, mit einem nahezu gleichförmigen Raster von Fensteröffnungen; nur das oberste Geschoss weicht durch die Rundbogen-Fenstergruppen ab. Gerade wegen seiner Funktionalität und Sparsamkeit wurde dieser Schultypus im gesamten Berliner Stadtgebiet von Blankenstein mehrfach wiederholt.

Blankensteins Nachfolger LUDWIG HOFFMANN knüpfte an die funktional-moderne Haltung kommunaler Architektur an. Auch er beschäftigte sich intensiv mit dem Schulbau. In der Dunckerstraße mussten auf schmalen Grundstücken beiderseits der

Bahnstrecke zwei Schulbauten errichtet werden: die heutige **KÄTHE-KOLLWITZ-OBERSCHULE** (; Dunckerstrasse 65-66; Ludwig Hoffmann; 1898-1900) und die heutige **HEINRICH-SCHLIEMANN-OBERSCHULE** (; Dunckerstrasse 64; Ludwig Hoffmann; 1912-14). Die beiden Gebäude, denen lediglich eine städtische „Restfläche" zugewiesen worden war, wurden mit Hoffmanns Architektur zu wichtigen öffentlichen Bauten aufgewertet. Mit einem Bau im Stil eines niederländischen Renaissance-Rathauses (Käthe-Kollwitz-Oberschule) und einem an Alfred Messels Bauten angelehnten neugotischen Komplex mit Lehrerwohnhaus und Straßenreinigungsdepot (Heinrich-Schliemann-Oberschule) entstand ein stadträumlich wirkungsvolles Ensemble.

Die Heinrich-Schliemann-Oberschule ist um einen **FACHKLASSENTRAKT FÜR NATURWISSENSCHAFTEN UND EINE DOPPELSPORTHALLE** (Klaus Theo Brenner; 1999-2001) erweitert worden. Der Fachklassentrakt ist direkt an den Altbau angebaut und übernimmt damit auch die vorhandenen Geschosshöhen. Die Sporthalle mit zwei übereinander gestapelten Dreifachsporthallen steht mit dem Altbau Rücken an Rücken und orientiert sich damit statt zur S-Bahn-Trasse zur Wichertstraße – mit einer gebäudehohen Glasfassade aus transluzentem, geätztem Glas.

WOHN- UND GESCHÄFTSHAUS LYCHENER STRASSE 43 (Walter Nägeli, Sascha Zander; 2000-01): Schließt eine schmale, bis dahin nie bebaute Baulücke am Helmholtzplatz.

Auf einem quadratischen Platz, steht die neogotische ev. **GETHSEMANEKIRCHE** (; Stargarder Strasse 77/Greifenhagener Strasse; August Orth; 1891-93), eine kreuzförmige Hallenkirche. Durch die gegenüber dem Stadtquartier leicht erhöhte Lage und durch den hohen Turm kommt der Sakralbau stadträumlich voll zur Geltung. Die Besonderheit des lichten Innenraums besteht in der eingestellten oktogonalen Emporenanordnung, welche die lang gestreckte Kirche zum bewegten Zentralraum umformt. Bis zur Apsis umlaufend, zum Teil doppelgeschossig, sind die steinernen Emporen zusammen mit dem Sterngewölbe raumprägend. In der Mitte des Oktogons, also annähernd im Zentrum des Kirchenbaus, befand sich für die protestantische Predigtkirche anfänglich die Kanzel.

Eines von mehreren Reformprojekten Messels ist die **WOHNANLAGE DES BERLINER**

280 **SPAR- UND BAUVEREINS** (; Greifenhagener Strasse 56-57/Stargarder Strasse;

KÄTHE-KOLLWITZ-OBERSCHULE
HEINRICH-SCHLIEMANN-OBERSCHULE:
DOPPELSPORTHALLE
GETHSEMANEKIRCHE

RECHTE SEITE
WOHNANLAGE DES BERLINER SPAR- UND
BAUVEREINS
HOCHBAHNANLAGE SCHÖNHAUSER ALLEE:
EINGANG U-BAHNHOF EBERSWALDER STR.

ALFRED MESSEL; 1899-1900). Um das Bauschema der fantasielosen Mietskasernen zu überwinden, wurden die Wohnungen nach der Maßgabe neu geordnet, besser auf die eigentlichen Bedürfnisse der Bewohner eingehen zu können. Die Anlage mit Ein- und Zweizimmerwohnungen ist mit drei Flügeln um einen großzügigen Hof gruppiert, wo ein Gartenhaus errichtet wurde. Der Anspruch sollte auch nach außen deutlich werden, indem die strenge Fassadenschablone der Mietskasernen durch einen Malerischen Stil mit der Funktion entsprechend angeordneten Fenstern, Giebeln, Erkern und Türmchen gegliedert und aufgelockert wurde.

HOCHBAHNANLAGE SCHÖNHAUSER ALLEE (G; ZWISCHEN SREDZKISTRASSE UND GREN-ZE ZU PANKOW; ALFRED GRENANDER UND JOHANNES BOUSSET; 1911-13): Technischer Verkehrsbau mit eleganter, künstlerischer Viaduktführung; zusammen mit den beiden Bahnhöfen Eberswalder Straße und Schönhauser Allee weitgehend unverändert erhalten.

Der begrünte, vermutlich um 1900 von HERRMANN MÄCHTIG angelegte **ARNIMPLATZ** entstand auf quadratischem Grundriss durch die Auslassung eines Baublocks. Das eng bebaute Viertel, bereits außerhalb des S-Bahn-Rings gelegen, gewann dadurch einen Freiraum, der schon damals zur Anlage eines Kinderspielplatzes genutzt wurde. Die Fassaden der Wohnhäuser aus der Zeit um 1900 sind zum Platz mit reichen Stuckelementen verziert. Doch nicht nur auf die Fassaden wurde ein verstärktes Augenmerk gelegt. Um Luft und Sonne in die Wohnungen zu bringen, wurden die Hinterhöfe aufgelockert; durch einen unscheinbaren Toreingang in der Seelower Straße 7 führt ein Verbindungsweg – ungewöhnlich in Berlin – vom Arnimplatz zur Schönhauser Allee. Noch zu DDR-Zeiten wurde mit der Sanierung des Wohnviertels begonnen.

Kath. **PFARRKIRCHE ST.-AUGUSTINUS UND GEMEINDEHAUS** (D; DÄNENSTRASSE 17-18; JOSEF BACHEM, HEINRICH HORVATIN; 1927-28): Der Gebäudekomplex ist in die Häuserfront eingeordnet und sehr nach der Fernwirkung gestaltet, die durch zwei leicht vorspringende Türme an der Straßenfassade und einen dahinterliegenden hohen Glockenturm mit Pyramidendach erreicht wird. Die Fassade ist mit Klinker verkleidet und in spätexpressionistischen Formen gestaltet.

Ein eindrucksvolles Beispiel Berliner Industriearchitektur ist das **UMSPANNWERK HUMBOLDT** (D; KOPENHAGENER STRASSE 58-63/SONNENBURGER STRASSE; HANS HEINRICH

MÜLLER; 1925-27). Hier wurde bis 1993 der Strom für die Versorgung des Viertels auf eine niedrigere Voltzahl gebracht. Seit 2000 ist in dem schroffen Bau die Berliner Dependance des **VITRA DESIGN MUSEUMS** eingerichtet worden (PETER THIEL). In der etwa 100 m langen Gleichrichterhalle zur Kopenhagener Straße, die nur durch kleine hohe Fenster gegliedert ist, befindet sich der neue Ausstellungsbereich, ein schmaler, lang gestreckter Raum mit industriellem Charakter, der stets von neuem durch die Ausstellungsarchitektur nutzbar gemacht wird. Hinter einem hohen spitzbogigen Doppeltor an der Sonnenburger Straße liegen weitere Gebäude der vollständig erhaltenen Anlage: das Schalt- und das Transformatorenhaus, die Messwarte sowie ein Wohnhaus. Alle Gebäude sind als Klinkerbauten in Mauerwerk bzw. in Stahlskelettbauweise mit Klinkerverblendung ausgeführt, so dass ein einheitliches Gesamtbild entstanden ist, das recht wehrhaft wirkt und an mittelalterliche Burgen erinnert.

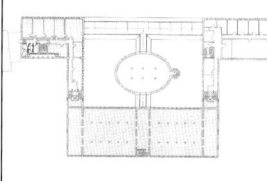

Zwischen Schwedter Straße und Gleimstraße, auf dem Gebiet des ehem. „Todesstreifens" an der ▶ *Berliner Mauer* sowie auf einem Teil des 1951 angelegten Ludwig-Jahn-Sportparks entstand 1993-2000 der **MAUERPARK** (SCHWEGER & PARTNER; 1993-2000). Nach dem Fall der Mauer 1989 entstand die Grünanlage mit unterschiedlichen landschaftlichen Motiven, Bepflanzungen und Materialien. An den Park grenzt die **MAX-SCHMELING-HALLE** (CANTIANSTRASSE 24; JOPPIEN DIETZ; 1993-96), ein Sportbau, der zur Olympia-Bewerbung 2000 errichtet worden war. Eingebettet in die begehbare Hügellandschaft, zeigen sich die Dimensionen des Bauwerks mit seinem weitgespannten Tonnendach erst an der Nordseite. Große Glasflächen und das kraftvoll abgeschrägte Dach der Haupthalle erzeugen am großzügig angelegten Vorplatz einen angemessenen stadträumlichen Ausdruck, während die Nebeneingänge – passend zum Landschaftspark – in die Hügel eingeschnitten sind. Im Innern liegen neben der zentralen Arena weitere Sporthallen in einer dreischiffigen Anordnung.

CANTIANHAUS (CANTIANSTRASSE 10-11; MICHAEL PETER MIT MARKUS BAUER UND MARTIN WAHL; 2000-01): Baulückenschließung mit einem Wohnhaus, dessen Architektur sich durch Klarheit und Hochwertigkeit auszeichnet. Durch die für Neubauten ungewöhnlichen Geschosshöhen von über 3 m, durch

LINKE SEITE
UMSPANNWERK HUMBOLDT:
DOPPELTOR, GRUNDRISS,
VITRA DESIGN MUSEUMSCAFÉ
MAX-SCHMELING-HALLE

RECHTE SEITE
MAX-SCHMELING-HALLE: LUFTBILD
CANTIANHAUS
STADTBAD PRENZLAUER BERG

raumhohe Türen und Fenster sowie Wintergärten wird eine außergewöhnliche Großzügigkeit erreicht. Die Fassade besitzt durch raumhohe Glasschiebetüren lediglich ein dünnes Fassadenraster, das mit Elbsandstein verkleidet ist. Den Abschluss des Gebäudes bildet ein Penthouse mit zwei Wohnungen.

WOHNHAUS KASTANIENALLEE 10 (▣; Siegfried Löwenstein; 1910-11): Typischer Aufbau einer Mietskaserne: großzügige Wohnungen im Vorderhaus, das mit seiner aufwendig gestalteten Fassade den Mietskasernencharakter verschleiert; einfache Ein- und Zwei-Zimmer-Wohnungen in drei Quergebäuden. Im Hof schließt sich ein Fabrikgebäude von Carl Sievert an (1891).

STADTBAD PRENZLAUER BERG (▣; Oderberger Strasse 57-59; Ludwig Hoffmann; 1899-1902): Für den „Verein für Volksbäder" zur Verbesserung der hygienischen Zustände in den Mietskasernenvierteln errichtet und im Stil der deutschen Renaissance gestaltet. Der Eingang erhielt ein typisches Renaissanceportal. Das Innere ist, ohne als Wiederspruch zur historisierenden Architektur zu erscheinen, rational organisiert; seit 1986 außer Betrieb.

EXKURS: NEUORDNUNG EINER MILLIONENSTADT

Mit der Industrialisierung setzte ein Wachstum Berlins in bisher ungekanntem Ausmaß ein. So stieg zwischen 1861 und 1914 die Einwohnerzahl von 521.000 auf 2,1 Mio. Ihre enorme Anziehungskraft erlangte die Hauptstadt durch die zentrale Lage im damaligen Preußen – zwischen den Kohle- und Stahlrevieren des Ruhrgebiets und Oberschlesiens. Vor allem das 1838 mit der Strecke Berlin-Potsdam begonnene sternförmige Eisenbahnnetz wurde zum Motor für Zuwanderung und Wirtschaftswachstum. Als Planungsgrundlage der Stadtentwicklung diente der 1863 bis 1925 gültige **HOBRECHT-PLAN** (JAMES HOBRECHT; 1862) ▶ EXKURS: BERLINER MIETSKASERNEN . Mit ihm sollte ein geordnetes Wachstum Berlins ermöglicht werden. Tatsächlich aber wurde eine ganz andere, unbeabsichtigte Wirkung erzielt. Die im Plan vorgegebenen großen städtischen Blöcke zwischen den geplanten öffentlichen Straßen und Plätzen benötigten eine zusätzliche Erschließung durch kleinere Straßen. Das wiederum lag in der Verantwortung der jeweiligen Grundbesitzer, die jedoch ihren Block ohne weitere Straßen maximal ausnutzen wollten. Auf diese Weise entstand die für Berlin typische Architektur der so genannten Mietskaserne mit dichter Hinterhofbebauung und Mischnutzung aus Wohnen und Gewerbe.

Die Grundlagen zu einer Reform des Städtebaus wurden nach vielen verschiedenen Ansätzen erst 1905 durch den privat organisierten „Ausschuß Groß-Berlin" gelegt, aus dem 1911 der **ZWECKVERBAND GROSS-BERLIN** hervorging. Sein Ziel war, die Entwicklung der immer noch auswuchernden Stadt planmäßig besser zu erfassen und neu zu ordnen. Für den auf 5 Mio. Einwohner projizierten Großraum wurde ein Grundplan erstellt, der die stadträumliche Trennung in Wohn-, Geschäfts- und Industrieareale vorsah. Soziale Reformen wie die Linderung des verbreiteten Elends in den Mietskasernen und die Beseitigung des Mangels an Grünflächen rückten in den Vordergrund.

Die Ergebnisse des ausgeschriebenen **WETTBEWERBS GROSS-BERLIN** wurden auf der Allgemeinen Städtebauausstellung Berlin 1910 präsentiert. Die Träger der zwei ersten Preise, HERMANN JANSEN sowie JOSEPH BRIX und FELIX GENZMER, widmeten sich wie die anderen Teilnehmer in erster Linie den verkehrstechnischen Fragen. Nach ihrer Vorstellung sollten Eisenbahntrassen unter dem Tiergarten Lehrter, Potsdamer und Anhalter Bahnhof miteinander verbinden – ein Vorschlag, der jetzt, 100 Jahre später, in ganz ähnlicher Weise umgesetzt wird. Für die Neuordnung des großstädtischen Verkehrs hatten der Potsdamer und der Leipziger Platz eine zentrale Bedeutung. BRUNO SCHMITZ fasste in seinem Entwurf, der im Wettbewerb den vierten Platz belegte, beide Plätze zusammen. Die Ideen des Wettbewerbs mündeten in den 1925 verabschiedeten **GENERALBEBAUUNGSPLAN**, der eine Hinterhofbebauung untersagte. Dieser Plan galt nun für Groß-Berlin, der neuen Einheitsgemeinde mit 4 Mio. Einwohnern.

UND FRIEDRICHSTADT, IM HINTERGRUND ALEXANDERPLATZ, SPANDAUER VORSTADT UND FRIEDRICHSHAIN)

Noch kurz vor Ende des Ersten Weltkrieges zeigte der **MÄCHLER-PLAN** (MARTIN MÄCHLER; 1917) eine großmaßstäbliche Studie für die Neuordnung Berlins. Mächler sah eine monumentale Nord-Süd-Achse vor, begrenzt durch einen Nordbahnhof an der Invalidenstraße und einen Südbahnhof in Schöneberg. Der Königsplatz (heute Platz der Republik) sollte eingerahmt werden von Ministerien und einem Pendant zum ▶ *Reichstag*, dem Neubau der Reichskanzlei.

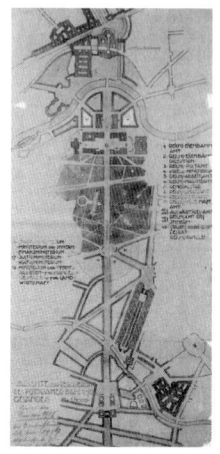

Mächlers Idee der Nord-Süd-Achse wurde von Hitler und seinem Hauptstadt-Architekten ALBERT SPEER für die **NATIONALSOZIALISTISCHE HAUPTSTADTPLANUNG** übernommen und ins Gigantomanische übersteigert. Seit 1936 wurde der Umbau Berlins in „Germania" projektiert. Speer erhielt 1937 den Titel des „Generalbauinspektors für die Reichshauptstadt" und verfügte über einen riesigen Mitarbeiterstab. Er war mit außerordentlichen Vollmachten ausgestattet, durch die kommunalpolitische Einsprüche außer Kraft gesetzt werden konnten. Voraussetzung für den geplanten großflächigen Abriss war eine rigorose Entmietungs- und Enteignungspolitik, in die auch die Vernichtung der jüdischen Bevölkerung Berlins bereits mit einberechnet wurde. Die 120 m breite Nord-Süd-Achse sollte über 5 km zwischen einem Nord- und einem Südbahnhof verlaufen. Zwei weitere Achsen hätten im Süden den 1939 in Betrieb genommenen ▶ *Flughafen Tempelhof* und im Westen die geplante „Hochschulstadt" mit der Innenstadt verbunden. Der Königsplatz vor dem Reichstag stand im Zentrum der Achsenplanung: Hier sollte die gigantische „Große Halle" mit einer 220 m hohen Kuppel entstehen, in der 180.000 Menschen bei Massenversammlungen Platz gefunden hätten. Als eine der ersten Maßnahmen wurde die ▶ *Siegessäule* von ihrem Standort auf dem Königsplatz zum Großen Stern versetzt. 1950 sollten die Bauarbeiten abgeschlossen sein, Berlin wäre dann in „Germania" umbenannt worden.

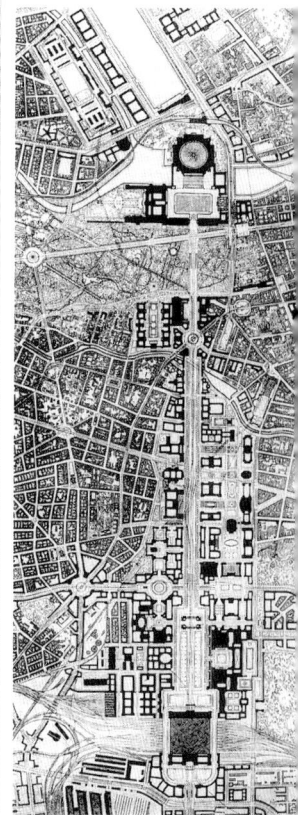

Bereits kurz nach Ende des Zweiten Weltkrieges begannen im befreiten Berlin die Diskussionen um den Wiederaufbau der zu großen Teilen zerstörten Stadt. Die erste Gesamtkonzeption wurde 1946 präsentiert. Das Planungskollektiv des Berliner Magistrats unter der Leitung von HANS SCHAROUN verstand im so genannten **KOLLEKTIVPLAN** die immensen Zerstörungen als eine Chance. Eine völlig neue, aufgelockerte Stadt sollte ent-

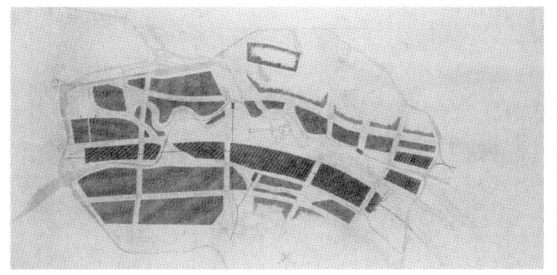

stehen, deren bandartige, dezentrale Struktur dem Verlauf des Urstromtals der Spree folgen sollte. Von einem Raster kreuzungsfreier Autoschnellstraßen bestimmt, trennte der Kollektivplan klar verschiedene Funktionen wie Wohnen und Arbeiten und sah eine gleichmäßige Begrünung vor.

Im Gegensatz dazu stand das Konzept des ZEHLENDORFER PLANUNGSAMTES, der so genannte **ZEHLENDORFER PLAN**, unter der Prämisse des Machbaren. Er nahm größere Rücksicht auf die bestehenden und erhaltenen Strukturen der Stadt. Um die Innenstadt sollte ein Grüngürtel gelegt werden, von den Planungen Speers wurde das Ringstraßensystem mit abgehenden Ausfallstraßen übernommen. Damit folgte auch dieser Plan dem Leitbild einer autogerechten Stadt, das nach den Zerstörungen der historischen Stadt offensichtlich leichter umzusetzen war. Aber auch der Zehlendorfer Plan kam nicht in seiner Gesamtheit zur Ausführung. Parallel wurde in der Praxis bereits in vielen kleineren räumlichen Einheiten geplant. Für den Wiederaufbau des Geschäftszentrums am Kurfürstendamm wurde 1948 der **IDEENWETTBEWERB „RUND UM DEN ZOO"** ausgeschrieben. Zu den Eckpunkten der Vorschläge gehörte die Trennung von Fußgänger- und Autoverkehr sowie von Geschäfts- und Wohnviertel. Den radikalen Aufbruch zu Neuem verkörperte der Vorschlag von SERGIUS RUEGENBERG, neben dem Zoo einen zentralen Flughafen anzulegen.

Zur wichtigen Grundlage für die West-Berliner Flächennutzungspläne der Nachkriegszeit wurde der für Gesamt-Berlin entworfene **BONATZ-PLAN** (KARL BONATZ; 1948). Die Vorschläge von Bonatz sahen vor, die Innenstadt als Kern des neuen Berlins zu belassen, die Stadt jedoch insgesamt autogerecht umzubauen. Die vorhandenen Naherholungsgebiete sollten ausgedehnt, weitere Grünflächen geschaffen werden.

Bereits unter dem Zeichen der politischen Spaltung Berlins stand die Weiterentwicklung des Kollektivplans, der **GENERALAUFBAUPLAN** von 1949. Die Gesamt-Berliner Planungen scheiterten Anfang 1950. Ein letzter Versuch, den Wiederaufbau der Stadt für Ost- und West-Berlin zu planen, missglückte 1958. Da der **WETTBEWERB „HAUPTSTADT BERLIN"** von der Bundesregierung und dem West-Berliner Senat ausgeschrieben war, wurde die Inanspruchnahme Ost-Berlins seitens der DDR als Provokation aufgefasst. Fortan beschränkten sich die Planungen auf die jeweilige Stadthälfte.

 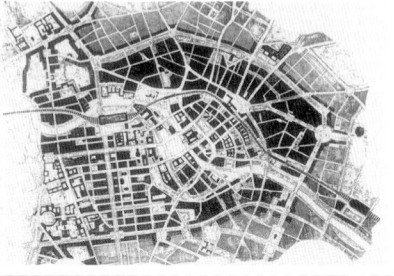

ZEHLENDORFER PLAN (1946)
GENERALAUFBAUPLAN (1949)

Erst nach dem Fall der ▶ *Berliner Mauer* 1989 konnte wieder eine Gesamt-Berliner Stadtplanung verfolgt werden. Die Planungsprämissen hatten sich im Laufe der Jahrzehnte zugunsten einer Mischung der Funktionen Wohnen, Arbeiten und Freizeit gewandelt. Die Suche nach der Gestaltung des Regierungsviertels im Spreebogen wurde beantwortet. Das **BAND DES BUNDES** von Axel Schultes Architekten schlägt eine symbolische Brücke zwischen Ost und West – ohne einschüchternde Gigantomanie und ohne falsche Bescheidenheit. Nicht zuletzt mit der Untertunnelung des Tiergartens und dem zentralen ▶ *Berlin Hauptbahnhof - Lehrter Bahnhof* ist die wechselvolle Berlin-Planung eines ganzen Jahrhunderts zu einem vorläufigen Ende gekommen.

CITY-WEST

Die Berliner City, das Tag und Nacht belebte Geschäfts- und Unterhaltungszentrum der Stadt, ist nicht die historische Innenstadt, sondern die südwestlich davon gelegene Gegend zwischen Wittenbergplatz, Zoologischer Garten und Kurfürstendamm. Hier konzentrieren sich die Büro- und Warenhäuser, Kinos und Diskotheken, Hotels, Geschäfte und Restaurants weit mehr als anderswo.

Der Grundstein für die heutige City-West wurde 1883 gelegt. Damals wurde begonnen, inmitten weitgehend unbebauter Flächen den **KURFÜRSTENDAMM**, ein früherer Jagdweg in den Grunewald, als Prachtboulevard anzulegen. In kürzester Zeit reihten sich prächtige Wohnbauten mit repräsentativen Vorgärten entlang der breiten und fast schnurgeraden Straße von über 3 km Länge bis Halensee. Frühere vornehme Viertel im „Alten Westen" waren noch direkt an das Stadtgebiet Berlins angebunden – und sie waren von der etablierten Gesellschaft der preußischen Hauptstadt geprägt. Der „**NEUE WESTEN**" hingegen war durch den Tiergarten von Berlin getrennt und Teil eigenständiger Kommunen. Hier bestimmte zunehmend das neue Großbürgertum, dessen Unabhängigkeit sich in zahlreichen neuen kulturellen Einrichtungen manifestierte. Spätestens in den 1920er Jahren entwickelte sich der Kurfürstendamm, längst ein weltstädtischer Boulevard, zum Zentrum einer neuen, zweiten Berliner City.

Der heutige City-Charakter ist nicht zuletzt auch eine Folge der langen Spaltung der Stadt, denn West-Berlin benötigte ein neues, von Ost-Berlin unabhängiges Zentrum. Die Gestaltung des Stadtraumes war dabei weniger eine Folge gezielter Planung, da die West-Berliner Politik offiziell bestrebt sein musste, am gemeinsamen Zentrum der Stadt festzuhalten. Vielmehr konzentrierte sich die Geschäftswelt von sich aus in der bereits urban entwickelten Gegend um den Zoo. Im Gegensatz zum Ostteil definierte sich die neue West-Berliner Mitte ausschließlich als Geschäftszentrum – Kurfürstendamm und Tauentzienstraße wurden zum „Schaufenster des Westens". Vor allem nach dem Bau der ▶ *Berliner Mauer*, der sich verheerend auf die Wirtschaft der Teilstadt auswirkte, war der West-Berliner Senat gezwungen, mit zahlreichen baulichen Ausnahmegenehmigungen und Sonderförderungen Investoren anzulocken. Viele Projekte verletzten daher den gegebenen stadträumlichen Maßstab, ein eindeutiges städtebauliches Ordnungsprinzip ist nie zustande gekommen. Dennoch entstand ein einmaliges und charakteristisches städtisches Geflecht mit überraschenden räumlichen und architektonischen Qualitäten.

Nach dem Fall der Mauer 1989 erhielt die City-West mit der Friedrichstadt und dem Potsdamer Platz starke Konkurrenz. Das vor allem in den 1950er bis 1970er Jahren geprägte Zentrum West schien seine Bedeutung einzubüßen. Während in der historischen Innenstadt das bauliche Volumen der Neubauprojekte begrenzt und städtebaulich geordnet wurde, entstanden und entstehen in der City-West jedoch in beachtenswerter Kontinuität neue großmaßstäbliche Investoren-Projekte, mit denen die einmalige dichte urbane Struktur ausgenutzt wird.

Von Anfang an war der **WITTENBERGPLATZ** ein wichtiges Zentrum des „Neuen Westens", das sich Ende des 19. Jh. zu entwickeln begann. Der Platz war Teil einer im Hobrecht-Plan von 1862 vorgesehenen, von Schmuckplätzen unterbrochenen West-Ost-Achse vom heutigen Breitscheidplatz über den Wittenbergplatz und den Nollendorfplatz bis zum Südstern und zum Hermannplatz, die städtebaulich wirkungsvoll den „Neuen Westen" mit Kreuzberg verbunden hätte. Der Flächenbedarf der Eisenbahn mit dem Anhalter Güterbahnhof und dem Gleisdreieck war jedoch so groß, dass die durchgehende Achse nie verwirklicht wurde und Schöneberg von Kreuzberg bis heute stadträumlich getrennt geblieben ist. Die vom Wittenbergplatz zum heutigen Breitscheidplatz führende Tauentzienstraße entwickelte sich rasch zu einer belebten Einkaufsstraße, die entsprechend leistungsfähige Verkehrsanschlüsse benötigte. Mit der 1902 eröffneten Untergrundbahn erhielt die Gegend einen weiteren Aufschwung in ihrer Entwicklung zur neuen City-West. Im Zusammenhang mit einer Umgestaltung der gesamten Platzanlage wurde ein repräsentatives Empfangsgebäude für den **U-BAHNHOF WITTENBERGPLATZ** (**D**; ALFRED GRENANDER; 1911-13) in der Mitte des Platzes errichtet, das der Bedeutung des Platzes gerecht werden sollte. Auf kreuzförmigem Grundriss erfolgt der Zugang über die Ost-West-Achse, die Nord-Süd-Achse dient als Empfangshalle. Nach einer 1983 erfolgten Sanierung durch

WOLF-RÜDIGER BORCHARDT ist die schlichte neoklassizistische Architektur des Bahnhofs wiederhergestellt.

Zur herausragenden Stellung des Platzes trug insbesondere das **KAUFHAUS DES WESTENS KADEWE** (TAUENTZIENSTRASSE 21-24; JOHANN EMIL SCHAUDT; 1906-07; 1929-30) bei. Neben dem ehem. ▶ *Warenhaus Wertheim* in der Rosenthaler Straße ist es der einzige im Krieg nicht größtenteils zerstörte Warenhausbau vom Anfang des 20. Jh. Für das Warenhaus im gehobenen Wohngebiet des „Neuen Westens" wählte Schaudt nicht den von Alfred Messel vorgegebenen und gängigen Stil der Warenhausgotik mit einer über alle Geschosse reichenden Pfeilerfront. Die stark gegliederte Fassade mit konventionell gestalteten kleinformatigen Fenstern sollte vielmehr den Eindruck eines repräsentativen Wohnhauses erwecken. Vom ursprünglichen Charakter der Architektur ist heute nur noch wenig zu spüren. Nach schweren Kriegsschäden wurde das Gebäude mit einem Flachdach wiederaufgebaut (HANS SOLL; 1950), weitere Umbauten erfolgten 1967-77 und 1993 (STRÖMING, ERNSTLING & PARTNER). Mit dem neuen Walmdach ist das Erscheinungsbild jedoch auf recht triviale Weise der ursprünglichen Architektur angenähert worden.

An der Ecke Tauentzienstraße/Marburger Straße wurde die Gestaltung des **SALAMANDERHAUSES** (TAUENTZIENSTRASSE 15; VON GERKAN MARG & PARTNER – GMP; 1990-92) aus dem Stahlraster der Konstruktion heraus entwickelt. Die Sockelzone des Geschäftshauses wurde hinter das Gerüst zurückversetzt und bildet einen zweigeschossigen Arkadengang. Darüber dienen Wintergärten den Hauptgeschossen als Puffer zur Straße und Klimaausgleich. Aus der Ecke wächst als Verweis auf die traditionelle Berliner Geschäftshausarchitektur ein turmartiger Aufsatz empor, der das in die Architektur eingefügte Markenzeichen des Schuhhauses in den Straßenraum trägt.

Auch die Architektur des **MODEKAUFHAUSES PEEK & CLOPPENBURG** (TAUENTZIENSTRASSE 19; GOTTFRIED UND PETER BÖHM; 1994-95) wurde konsequent aus dem Gerüst entwickelt, das nach außen in mächtigen Betonpfeilern frei ersichtlich bleibt. Auf Traufhöhe gehen die Pfeiler in ein walmdachähnliches Betongitter über. Zwischen den massiven Pfeilern ist ein transparenter Glasvorhang nach vorn geschwungen. Mehr noch als beim ▶ *Salamanderhaus* spielt die Gestaltung auf traditionelle Berliner Geschäftshausarchitektur an, vor allem die Pfeiler erinnern an Vorbilder um 1900. Dadurch bleibt der Bau trotz des spannungsreichen Wechselspiels von rationalem Raster und expressiver Glashaut auf recht konventionelle Weise der Kaufhausarchitektur treu und passt sich in die Umgebung der Tauentzienstraße ein.

Mit dem ehem. **TAUENTZIENPALAST** (URSPR. FEMINA-PALAST; **D**; NÜRNBERGER STRASSE 50-55; BIELENBERG & MOSER; 1928-31) wandte sich ein Architekturbüro, das sich in seinen früheren Projekten noch einem repräsentativen Historismus verpflichtet fühlte, in ganz eindeutiger Weise dem Stil der Neuen Sachlichkeit zu. Der lang gestreckte Komplex ist äußerst schlicht gehalten. Durch eine waagerechte Fensterbänderung wird die Straßenfront optisch zusätzlich in die Länge gezogen, vorspringende Treppenhaustürme und abgerundete Erker bieten einen starken Gegenhalt. Einzig das Messing der Ladenfront gab dem Bau den vornehm-eleganten Charakter eines Geschäftshauses des „Neuen Westens".

GESCHÄFTSHAUS NIKETOWN (ECKE TAUENTZIENSTRASSE 7B-C/NÜRNBERGER STRASSE; ELLER + ELLER; 1996-99): Fassade durch große Glasflächen und Fenstererker gegliedert.

SENIORENRESIDENZ TERTIANUM (PASSAUER STRASSE 5-7, HILMER & SATTLER UND ALBRECHT; 1998-2000): Mit dem Gebäude wurde eine der letzten noch vorhandenen Baulücken rund um den Wittenbergplatz geschlossen. Die mehrfach geschwungene Fassade besteht aus einer zweigeschossigen Sockelzone und fünf Wohngeschossen. Profiliert wird die Fassade durch zwei Gesimsbänder pro Geschoss, welche die Fenster oben und unten einfassen. Eine Wellenbewegung über zwei Fensterachsen umfasst jeweils ein Appartement: Im heraustretenden Teil der Welle befindet sich ein Wintergarten, im Wellental ein dazugehöriger Wohnraum. In Höhe der Berliner Traufe von 22 m schließt eine auskragende Platte die Fassade ab. Das darüber befindliche penthouseartige Dachgeschoss ist mit einer linearen Fassade zurückgestaffelt. Entsprechend des luxuriösen Anspruchs der Seniorenresidenz, die einem Hotel gleichen soll, bildet das Zentrum der Anlage ein der Hotelarchitektur entlehntes großzügiges Atrium, um das in allen Geschossen weitgespannte Arkadenbögen gelegt sind. Diese erschließen die Appartements und sollen die Kommunikation der Bewohner fördern.

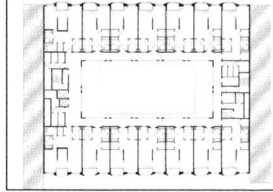

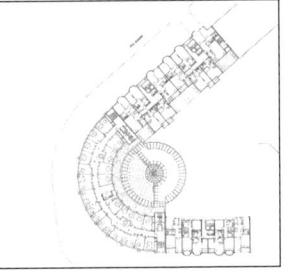

Eine der letzten durch den Zweiten Weltkrieg verursachten Baulücken, die Straßenecke Kurfürstenstraße/Budapester Straße, wurde in den 1980er Jahren geschlossen. Gegenüber vom Haupteingang des Zoologischen Gartens bildet seitdem die ehem. **GESCHÄFTSZENTRALE DER GRUNDKREDITBANK** (BUDAPESTER STRASSE 25; PSP PYSALL, STAHRENBERG & PARTNER; 1983-85) die neue Platzwand. Durch die weitgeschwungene Rundung und die signifikante, mit rötlichem Naturstein verkleidete Fassade entstand eine der prägnantesten Eckbebauungen im Stadtraum rund um den Zoo. Mit einer Vertikalgliederung aus Lisenen, die an die Berliner Geschäftshausarchitektur um 1900 anknüpft, strebt das Gebäude in die Höhe, das niedrige Kupferdach ist als Gebäudeabschluss dagegen sehr gedrungen. Die abstrahierte Fassade aus Lisenen und Lochgiebeln ist nicht tragend einer Aluminium-Glas-Fassade vorgeblendet. Aus dem schmückenden Natursteinraster und den großen verglasten Zwischenräumen entstand ein harmonisches Fassadenbild, das der stadträumlichen Bedeutung am Zoo entsprechen kann. Im Zentrum des edel gestalteten Gebäudeinnern, zwischen den beiden Gebäudeschenkeln entlang der Straßen, die einen Gartenhof einfassen, liegt im Erdgeschoss eine kreisförmige „Kunsthalle", im ersten Obergeschoss ein zum Himmel verglastes Börsencafé. Die Grundkreditbank gehört heute zur Berliner Volksbank.

Für die Errichtung des heutigen **HOTEL INTER-CONTINENTAL** (BIS 1979 BERLIN HILTON; **G**; BUDAPESTER STRASSE 2; PEREIRA & LUCKMANN; 1957-58) wurden PAUL SCHWEBES und HANS SCHOSZBERGER als Berliner Kontaktarchitekten hinzugezogen. Diese hatten bereits Erfahrung mit dem ▶ *Büro- und Geschäftskomplex Zentrum am Zoo* gesammelt. Unverkennbar zeigt sich ihre Handschrift mit der zum Straßenverlauf quer gestellten, auf das Zentrum um die ▶ *Kaiser-Wilhelm-Gedächtniskirche* ausgerichteten Hochhausscheibe, die bis heute den östlichen Abschluss der City-West markiert. Neben dem 13-geschossigen Hochhaus mit den Gästezimmern besteht der Hotelkomplex aus einem flachen quaderförmigen Bau, in dem sich Banketträume, Gesellschaftsräume und ein Restaurant befinden. Erneut haben die Architekten damit eine spannungsreiche Komposition aus unterschiedlich hohen Kuben geschaffen. Von außen bildet die Fassade des Hochhauses ein schachbrett-

LINKE SEITE
MODEKAUFHAUS PEEK & CLOPPENBURG EHEM. TAUENTZIENPALAST
GESCHÄFTSHAUS NIKETOWN
SENIORENRESIDENZ TERTIANUM: AUSSENANSICHT, GRUNDRISS

RECHTE SEITE
SENIORENRESIDENZ TERTIANUM: ATRIUM
EHEM. GESCHÄFTSZENTRALE DER GRUNDKREDITBANK: AUSSENANSICHT, GRUNDRISS

artiges Muster. Im Zuge mehrerer Umbauten und Erweiterungen (INGE BECH, ROBERT MERCHANT, GÜNTER MAIWALD; 1975; BASSENGE PUHAN-SCHULZ; 1980-81) veränderte sich die ursprüngliche Erscheinung des Komplexes erheblich. Als neuer Eingang und Verbindung zum Erweiterungsbau von 1981 dient ein flaches Empfangsgebäude mit einer hervortretenden Glaspyramide. Die Architektur der 1980er Jahre suchte hierbei keinen Anschluss an das Gestaltkonzept des Altbaus. Nachdem die ursprüngliche Wirkung der Hochhaus-Fassade durch eine neue Verkleidung erheblich beeinträchtigt war, erhielt sie ihr ursprüngliches Aussehen während eines 2002-03 erfolgten Umbaus zurück (BASSENGE HEINRICH PUHAN-SCHULZ). Neben dem Umbau wurde der Komplex um einen neuen Südflügel erweitert. Die Erweiterung reagierte auf die veränderte städtebauliche Situation der östlichen City-West durch die Wiedervereinigung Berlins. Mit der Blockrandbebauung sollte dem östlichen Eingang zur City eine neue Fassung gegeben werden.

Auf der gegenüberliegenden Seite der Budapester Straße liegen das **HUMBOLDT-HAUS** (DEUTSCHES INSTITUT FÜR NORMUNG DIN; BUDAPESTER STRASSE 41; BASSENGE HEINRICH PUHAN-SCHULZ; 1997-99) und das **DORINT HOTEL SCHWEIZERHOF** (BUDAPESTER STRASSE 21-29; BASSENGE HEINRICH PUHAN-SCHULZ; 1997-99). Die beiden Gebäude entstanden auf dem Grundstück des zuvor abgerissenen Vorgängerbaus des Schweizerhofs aus den 1960er Jahren. Das Gebäude der DIN-Hauptverwaltung ist eine Erweiterung des Stammhauses an der Burggrafenstraße, mit dem der Neubau durch eine Passage und verglaste Brücken in allen Geschossen verbunden ist. An der Budapester Straße spiegeln sich zwei Entwurfsgedanken wieder: Zum einen sollte die Blockschließung wiederhergestellt werden. Zum anderen verdeutlicht der dominierende elfgeschossige Gebäudeteil auch in der Fassade die Durchdringung des Blocks zur Burggrafenstraße durch ein Quergebäude. Die Fassade des neuen Schweizerhofs mit einer einheitlichen Höhe setzt dagegen bewusst nur wenig Akzente. Zweigeschossig vorgeblendete Fensterelemente aus Aluminium überspielen die geringen Geschosshöhen und stellen einen Bezug zur Maßstäblichkeit der Nachbarbebauung her.

Bereits 1841-44 wurde der **ZOOLOGISCHE GARTEN** (BUDAPESTER STRASSE 34/HARDENBERGPLATZ) von PETER JOSEPH LENNÉ auf

dem Gelände der für Friedrich II. eingerichteten Fasanerie (1742) als Landschaftspark angelegt. Bis heute fanden viele tiefgreifende Veränderungen statt, so dass von der Erstbebauung nichts mehr erhalten ist. Das **ELEFANTENTOR** (BUDAPESTER STRASSE/OLOF-PALME-PLATZ; ZAAR & VAHL; 1898-99) und das **LÖWENTOR**, (HARDENBERGPLATZ; ZAAR & VAHL; 1908-09) wurden nach ihrer Kriegszerstörung in den 1980er Jahren originalgetreu rekonstruiert. Einige der historischen Bauten, die „im Stil der Heimatländer der Tiere" errichtet wurden, sind im Original erhalten: z.B. das **ANTILOPENHAUS** (ENDE & BÖCKMANN; 1872) in „siamesischem Stil" und das **EINHUFERHAUS** (ZAAR & VAHL; 1908-10) mit dem „Persischen Turm" im „Stil des Wohnsitzes eines Araberscheichs in Ostafrika". Das **DIENSTWOHNHAUS** (KATHARINA-HEINROTH-UFER; FRITZ HÖGER; 1928-29) ist ein blockhafter Klinkerbau.

Wichtigstes Zentrum der City-West ist der **BREITSCHEIDPLATZ**, von dem sternförmig die großen Geschäftsstraßen abgehen: der Kurfürstendamm, die Tauentzienstraße, die Budapester Straße, die Hardenbergstraße und die Kantstraße. In diesem Stadtraum nimmt die ev. **KAISER-WILHELM-GEDÄCHTNISKIRCHE** (🅳; BREITSCHEIDPLATZ; FRANZ HEINRICH SCHWECHTEN; 1891-95; EGON EIERMANN; 1960-61) eine deutlich herausgehobene Stellung ein. Die städtebauliche Lage war von Beginn an für einen bedeutungsgeladenen Bau prädestiniert. Immerhin war die Kaiser-Wilhelm-Gedächtniskirche das zweite große Prestigeprojekt im wilhelminischen Kirchenbau neben dem ► *Berliner Dom*. Als Mittelpunkt des großbürgerlichen „Neuen Westens" kam ihr auch eine politische Aufgabe zu: Verbunden mit dem Andenken an den ersten Kaiser des Deutschen Reiches, Wilhelm I., war der Sakralbau ein Symbol kaiserlicher Macht. Nicht zufällig erfolgte die Gestaltung in den für Berlin ungewöhnlichen Formen rheinischer Spätromanik – mit ihnen sollte eine Verbindung zum staufischen Kaiserreich des Mittelalters hergestellt werden. Franz Schwechten gliederte die Kirche nach malerischen Gesichtspunkten reich mit Giebeln und Dächern, schlanke Türme sorgten für eine lebendige, emporstrebende Silhouette. Die Gestaltung stand seitens des Bürgertums jedoch unter heftiger Kritik, in den 1920er Jahren wurde sogar der Abriss gefordert. Erst die Ruine wurde von den Berlinern ins Herz geschlossen. Als nach schwerer Kriegs-

LINKE SEITE
HOTEL INTER-CONTINENTAL:
BLICK AUF DAS HOCHHAUS,
GESAMT- UND DETAILANSICHT
SÜDFLÜGEL
HUMBOLDT-HAUS

RECHTE SEITE
DORINT HOTEL SCHWEIZERHOF
ZOOLOGISCHER GARTEN:
ELEFANTENTOR
KAISER-WILHELM-GEDÄCHTNIS-
KIRCHE

beschädigung 1956 ein Wettbewerb für einen Neubau stattfand, aus dem Egon Eiermann als Sieger hervorging, protestierten die Berliner gegen den Abriss der Ruine. Nachdem man sich für den teilweisen Erhalt entschieden hatte, blieb Eiermann bei seinem ursprünglichen Entwurf der Neubauten (Kirchenraum, Glockenturm, Sakristei und Kapelle), ordnete sie nun aber um die Ruine herum an. Gerade das kontrastreiche Gegeneinander ließ ein erstaunlich gelungenes Ensemble entstehen, das zum Wahrzeichen West-Berlins wurde. Denn in der gegensätzlichen Einheit konnte es sowohl die Tragik der zerstörten und dann geteilten Stadt, als auch deren Aufbauleistung und Selbstbehauptung verkörpern. Zum Straßenraum bewahrt ein Treppensockel die Distanz zum Verkehrslärm, wie auch das Innere des oktogonalen Kirchenraumes durch eine zweischalige Haut geschützt ist. Bei Ausleuchtung des Zwischenraums erstrahlt tiefblaues Glas in Betonwaben, mit der die meditative Raumwirkung in den Stadtraum getragen wird.

Der **BÜRO- UND GESCHÄFTSKOMPLEX ZENTRUM AM ZOO** (◪; BUDAPESTER STRASSE 38-50, HARDENBERGSTRASSE 2-4, 29; SCHWEBES & SCHOSZBERGER; 1955-57) ist eines der herausragendsten Wiederaufbauprojekte der West-Berliner Nachkriegszeit. Mit der Neubebauung durch einen einzigen Investor galt es, eine städtebaulich schwierige Situation neu zu definieren: Zwischen ▶ Bahnhof Zoologischer Garten und Breitscheidplatz sollte eine großstädtische Architektur vermitteln, ohne die angrenzenden Grünanlagen des ▶ Zoologischen Gartens zu stören. Wie bei kaum einem anderen Berliner Projekt der 1950er Jahre nahmen die Architekten dabei eine konsequent moderne Haltung ein. Scheibenhäuser in unterschiedlicher Höhe mit Ladengeschäften, Büros und Wohnungen definieren in abstrakter Weise den Raum und fassen ihn ein. Die 16-geschossige **HOCHHAUSSCHEIBE HARDENBERGPLATZ** (HARDENBERGSTRASSE 29 D/HARDENBERGPLATZ 2) begrenzt den Hardenbergplatz und markiert den Eingang zur City-West. Als nördliche Kante des Breitscheidplatzes zieht sich ein lang gestreckter Riegel entlang der Budapester Straße, ein kleineres Scheibenhochhaus (Budapester Straße 40) bildet den östlichen Abschluss. Die plastisch modellierten und aufgestelzten Stahlbetonbauten weisen differenzierte und detailreiche Vorhangfassaden auf. Der in das Ensemble eingefügte

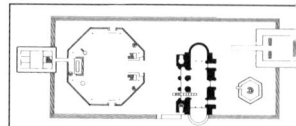

KAISER-WILHELM-GEDÄCHTNIS-
KIRCHE: GRUNDRISS
BÜRO- UND GESCHÄFTSKOMPLEX
ZENTRUM AM ZOO: ZOOPALAST,
SO GENANNTES BIKINI-HAUS
EUROPA-CENTER

Einzelbau des Kinos **ZOO-PALAST** (■; Hardenbergstrasse 29 A; Schwebes & Schosz-berger, Gerhard Fritsche; 1955-57) bildet mit seiner geschlossenen Fassade hierzu einen reizvollen Kontrast. Am Breitscheidplatz verbindet ein Arkadengang einen Teil der Baukörper; ein Luftgeschoss, in dem sich die Betonpfeiler fortsetzen, teilte ur-sprünglich den Riegel in einen unteren Geschäftsbereich und einen oberen Büroteil. In Anspielung auf den Hauptnutzer, die Damenoberbekleidungsindustrie, wurde der Bau daher **BIKINI-HAUS** (Budapester Strasse 42-50) genannt. Durch bauliche Verände-rungen hat die Wirkung des Ensembles große Einbußen erlitten. Mit der Schließung des Luftgeschosses 1977-78 (Winnetou Kampmann, Ute Weström) ging die Leich-tigkeit des Riegels verloren, 1986 verdarben neue Verkleidungen und Fenster aus weißem Kunststoff die Fassaden an den Scheibenhochhäusern.

Innerhalb der City-West nimmt das **EUROPA-CENTER** (Breitscheidplatz/Budapester Strasse/Tauentzienstrasse; Helmut Hentrich & Hubert Petschnigg; 1963-65) eine be-sondere Stellung ein. Das Projekt, das den Abschluss des Neuaufbaus am Zoo bildete, entstand unmittelbar nach Errichtung der ► *Berliner Mauer*. Im neuen Zentrum West-Berlins sollte es nach dem Willen des Senats den Überlebenswillen der Teilstadt und ihre Westintegration demonstrieren. Dies führte zu einer recht unkritischen Übernahme der Investorenwünsche und eines US-amerikanisch geprägten Stadtleitbildes. Erstmalig in Deutschland wurde mit dem Center das aus den USA stammende Shop-in-Shop-Konzept verwirklicht, das 100 Läden, Gaststätten, Kinos und andere Freizeitein-richtungen unter einem Dach vereint. Mit zwei (mittlerweile abgerissenen) Fuß-gängerbrücken wurden die Passanten auch von den gegenüberliegenden Straßenseiten der Tauentzien- und der Budapester Straße in das Center gezogen – eine neuartige „Kommerzialisierung" des öffentlichen Raumes. Mit dem Konzept des ins Gebäu-deinnere gekehrten Stadtraumes stand das Projekt im Gegensatz zur städtebaulichen Kontinuität des Ortes. Zudem missachtete das Hochhaus, das damals mit 86 m höchste Bürogebäude der Stadt, die Proportionsverhältnisse des Breitscheidplatzes.

Wenige Jahrzehnte später ist das Hochhaus des Europa-Centers zum festen Bestandteil des Ensembles am Breitscheidplatz geworden und bedarf wiederum des Denkmalschutzes, um als städtebauliches Zeugnis der 1960er Jahre dem Verän-derungsdruck in der City standhalten zu können. Die Beschränkung des Denkmal-schutzes auf das äußere Erscheinungsbild erlaubte nach vollständiger Entmietung jedoch den Rückbau bis auf den Rohbau und eine umfassende Modernisierung im Innern, den heutigen Bedürfnissen entsprechend. Hentrich und Petschnigg wurden, nachdem sie bereits das Gebäude entworfen und errichtet hatten, auch mit dem Umbau beauftragt. Eine besondere Herausforderung war die Umsetzung einer zeitgemäßen Fassadenkonstruktion mit zu öffnenden Fenstern in jeder Büroachse, da zumindest die äußere denkmalgeschützte Erscheinung erhalten bleiben sollte. Die vollständig neue Fassade ist letztlich nicht von ihrer Vorgängerin zu unterscheiden.

Zahlreiche Projekte am Kurfürstendamm veranschaulichen den Maßstabssprung, **297**

den der ehemalige Wohnboulevard auf dem Weg zu einem weltstädtischen Zentrum vollzogen hat. Neben Bauten der Nachkriegszeit zielen insbesondere Projekte, die seit den 1990er Jahren entstanden sind, auf eine maximale Ausnutzung der Grundstücke in bester City-Lage.

Auf wohl beeindruckendste Weise wird das 118 m hohe so genannte ZOOFENSTER (HARDENBERGSTRASSE/JOACHIMSTALER STRASSE/KANTSTRASSE; CHRISTOPH MÄCKLER ARCHITEKTEN; 2002-04) die Veränderungen verdeutlichen, die in den folgenden Jahren in der City-West ablaufen werden, ist das Hochhaus doch nach dem Wunsch vieler Investoren nur der Auftakt für ähnliche Hochhaus-Projekte um den Breitscheidplatz. Der Wunsch der Investoren nach Hochhäusern stand stets im Widerspruch zu den städtebaulichen Vorstellungen des Bezirkes, der v.a. die städtebauliche Dominanz der ▶ Kaiser-Wilhelm-Gedächtniskirche bewahren und eine Verschattung des ▶ Zoologischen Gartens verhindern möchte. Auch die einmalige Funktionsmischung der City-West steht auf dem Spiel, da mit den Großprojekten eine zunehmende Monostruktur droht. Es scheint so, als ob noch vor der Entstehung eines neuen Hochhauszentrums am Alexanderplatz weitere Hochhäuser die City-West prägen werden. Ein Beispiel ist die Planung der NEUBEBAUUNG AM SCHIMMELPFENG-HAUS (KANTSTRASSE/BREITSCHEIDPLATZ/KURFÜRSTENDAMM; CHRISTOPH LANGHOF; GEPLANT 2004-07) gleich in Nachbarschaft zum ▶ Zoofenster. Für das Projekt soll das eigentlich denkmalgeschützte SCHIMMELPFENG-HAUS (🖪; KURFÜRSTENDAMM 11; FRANZ HEINRICH SOBOTKA, GUSTAV MÜLLER; 1957-60) weichen, das durch Überbauung der Kantstraße eine Platzwand zum Breitscheidplatz bildet. Die dadurch entstandene Hinterhofsituation der Kantstraße stellte sich als nachteilig heraus.

Ein weiteres Neubauprojekt in der Nähe des Breitscheidplatzes ist das CITY LIGHT HOUSE (JOACHIMSTALER STRASSE/KANTSTRASSE; COLLIGNON FISCHÖTTER; 2002-04), das mit weitgehend natürlicher Lüftung, einer doppelten Glasfassade und einem begrünten Hinterhof ein „Vorzeigeprojekt für ökologisches Bauen in der City" werden soll.

WOHN- UND GESCHÄFTSHAUS KURFÜRSTENDAMM 235 (GRAAF, SCHWEGER & PARTNER; 1983-85): Zeitgemäße Anpassung an die historische Kurfürstendamm-Architektur.

In die Blockrandbebauung des Kurfürstendamms integriert, nimmt das WARENHAUS WERTHEIM (KURFÜRSTENDAMM 230-233; HANS SOLL; 1971) eine für den Bautypus

Warenhaus bezeichnende überdimensionierte Stellung gegenüber der Nachbarbebauung ein, da die Straßenfront des Großkomplexes überaus breit angelegt werden musste. WERNER DÜTTMANN, dem die städtebauliche Beratung des Projektes unterlag, versuchte, durch Vor- und Rücksprünge die Dominanz zu mildern, was nur ansatzweise gelang. 1983 versuchte das Architekturbüro HAUS-RUCKER-CO nach einem Wettbewerb die horizontale Ausrichtung des Baus mit einer vorgehängten Glasfassade und einem Kreissegment als oberem Abschluss zu mildern; seit 1991 streckt das oberste Geschoss den Komplex mit einem abgeschrägten, leicht wirkenden Glasdach in die Höhe (PUHAN-SCHULZ, HEINRICH, SCHREIBER).

Das **NEUE KU'DAMM-ECK** (KURFÜRSTENDAMM 227-228/JOACHIMSTALER STRASSE; GERKAN, MARG UND PARTNER – GMP; 2000-01) ersetzte einen Vorgängerbau von WERNER DÜTTMANN (1969-72). Dieser war ein frühes Beispiel für ein „Shop-in-Shop-Kaufhaus" gewesen, dessen Funktionsvielfalt mit Geschäften, Restaurants, Kino, Bowlinganlage und Rollschuhbahn durch ineinander verschränkte Großkuben nach außen getragen werden sollte. Eine riesige Werbewand mit Lichtraster für bewegliche Bilder bezeugte den weltstädtischen Anspruch des Kurfürstendamms. 30 Jahre später stand das Gebäude bereits im völligen Gegensatz zu den städtebaulichen Vorstellungen der 1990er Jahre, und auch die Gestaltung schien nicht mehr zeitgemäß für eine attraktive Einkaufsstraße. Der Neubau, der ein Hotel und ein Modekaufhaus beherbergt, ist in gleichem Maße großdimensioniert und großstädtisch. Mit geschwungenen niedrigeren Bauteilen wurde versucht, den zehngeschossigen Halbrundbau in die Nachbarbebauung einzubinden. Die monotone Fassadenhülle aus tiefen, in grau gehaltenen Fensterlamellen betont dagegen die Einheit des massigen Baukörpers.

HOTEL AUGSBURGER STRASSE (AUGSBURGER STRASSE 39/43, JOACHIMSTALER STRASSE 33/35; JAN KLEIHUES; 2002-04): Luxushotel mit 750 Betten. Das Baugrundstück befindet sich an der Schnittstelle zwischen dem Kurfürstendamm und der stadtplanerisch bisher vernachlässigten Augsburger Straße, deren Straßenbild trotz der unmittelbaren Nähe zum Kurfürstendamm einen reizlosen Rückseitencharakter aufweist. Durch die Herstellung stadtplanerischer Verbindungen und optischer Bezüge soll die Augsburger Straße städtisch belebt werden. Deshalb soll die Erdgeschosszone offen und einladend wirken, das Gebäude vermittelt durch sein Volumen und seine

LINKE SEITE
HOTEL AUGSBURGER STRASSE:
COMPUTERPERSPEKTIVE
VERKEHRSKANZEL UND PAVILLON
(IM HINTERGRUND ALLIANZ-HAUS)

RECHTE SEITE
VICTORIA-AREAL: STRASSENANSICHT.

gestalterische Form zwischen der hohen Bebauung des Kurfürstendamms und der daran anschließenden traditionellen Traufhöhe des Berliner Blocks. In einem 17 Geschosse hohen Turm werden im obersten Geschoss ein Restaurant und der Wellnessbereich des Hotels liegen.

Ein Hochhausprojekt aus der Zeit der ersten Bauwelle in der City-West nach dem Zweiten Weltkrieg ist das **ALLIANZ-HAUS** (; JOACHIMSTALER STRASSE 10-12; ALFRED GUNZENHAUSER MIT PAUL SCHWEBES; 1953-55). Der Büro- und Geschäftskomplex setzte einen neuen Größenmaßstab am Kurfürstendamm. Zum ersten Mal wurde in diesem Stadtraum, etwas zurückversetzt zur Ecke Kurfürstendamm/Joachimstaler Straße, ein Hochhaus errichtet. Zur niedrigeren Bebauung am Kurfürstendamm, welche die Joachimstaler Straße zum Joachimstaler Platz aufweitet, vermittelt der seitliche sechsgeschossige Bauteil mit Ladenzone durch eine geschwungene Form. Während die Gliederung des Gebäudevolumens an die Moderne der Weimarer Republik anknüpft, zeigt die Gestaltung der Fassaden – typisch für viele damalige Verwaltungsbauten von Banken und Versicherungen – noch deutlich die Kontinuität eines monumentalisierten Neoklassizismus des Dritten Reichs. Es dominieren nicht Glas und Leichtigkeit wie bei anderen zeitgenössischen Bauten, sondern großflächige Travertinverkleidung und wuchtige Lisenen zwischen schmalen Fenstern.

VERKEHRSKANZEL UND PAVILLON MIT KIOSK (; JOACHIMSTALER PLATZ; WERNER KLENKE, WERNER DÜTTMANN, BRUNO GRIMMEK; 1953-56): Die Aufmerksamkeit, die man der architektonischen Gestaltung der Verkehrskanzel zukommen ließ, zeugt vom damaligen Ideal einer „autogerechten Stadt". Die vom Betrachter nur schwer erfassbare Grundform der weit auskragenden Dachkonstruktion demonstriert eingehend den Drang nach Bewegung und Leichtigkeit dieser typischen Gestaltungsrichtung der 1950er Jahre: Je nach Perspektive scheint sich die Form zu verändern.

Die unter Denkmalschutz stehende Aufstockung des **HOTELS AM ZOO** (; KURFÜRSTENDAMM 25; ALFRED MESSEL; 1891-92; PAUL BAUMGARTEN; 1956-57) aus den 1950er Jahren ist in ihrer gestalterischen Qualität ein herausragendes und noch heute überzeugendes Beispiel der modernen Nachkriegsarchitektur West-Berlins.

Ehem. **FILMBÜHNE WIEN** (; KURFÜRSTENDAMM 26; NENTWICH & SIMON; 1912-13):

Nach dem Zweiten Weltkrieg mehrfach umgebaut und im Innern verändert. Derzeit wird das einstige Kino in ein Geschäftshaus umgebaut.

Die neue Größenordnung der Neubauten ist Zeichen der Veränderungen, die derzeit in der City-West stattfinden und deren bisher prominentestes Beispiel das **VICTORIA-AREAL** (**G**; Kurfürstendamm 18-21/24/Joachimstaler Strasse 5-6; Hanns Dustmann; 1955-63; Helmut Jahn; 1998-2001) ist. In den 1950er Jahren beauftragte die Eigentümerin, die Victoria Versicherung, Hanns Dustmann mit der Neubebauung des nach schweren Kriegsschäden leer geräumten Grundstücks in exponierter Lage. Dessen Entwurf sah eine für die Nachkriegsmoderne typische Höhenstaffelung einzelner Baukörper vor, die nach ihrer Funktion getrennt waren: Ein nicht ausgeführtes hohes Scheibenhaus für Büroräume sollte mit einem zweigeschossigen Flachbau für den Geschäftsbereich entlang der Straßen kontrastieren. Zu den Straßenecken wurde der Komplex jeweils betont: zur Kantstraße mit dem ehem. **KAUFHAUS BILKA** (heute Karstadt Sport, Joachimstaler Strasse 7-9; 1955-56), einem fensterlosen Kubus, zum Kurfürstendamm mit dem runden Pavillonaufsatz des **CAFÉS KRANZLER** (Kurfürstendamm 18-21/Joachimstaler Strasse 7-9; 1957). Das **VICTORIA-HAUS** (Kurfürstendamm 24; 1961-63) schloss den Komplex zur Nachbarbebauung ab. Zu den historischen Gebäuden nahm es durch die Orientierung an deren Traufhöhe eine vermittelnde Rolle ein. Mit dem Entwicklungs-Boom der 1990er Jahre nahmen die Investoren eine Nachverdichtung vor, die sich an den alten Plänen orientierte (Helmut Jahn; 1998-2001). Zwar blieb dadurch der flache Bau mit dem Café Kranzler – Sinnbild des Kurfürstendamms der Nachkriegszeit – erhalten, das hintere Areal wurde dafür unter Abriss eines Teils des Ensembles umso höher bebaut. Obwohl der ursprüngliche Plan aufgegriffen wurde, wirken die neuen Bauten wie Fremdkörper. Ein Teil des gläsernen Hochhausriegels stößt bis auf den Boulevard vor. Der inszenierten Spitze, einer leeren Fassadenhülle aus Glas, fehlt jegliche Funktion, die Bürogeschosse enden bereits einige Meter davor. Im gewollten Widerspruch treffen Glaskeil und alte Ladenbebauung aufeinander. Die offenen Ladenpassagen, die erstmals eine Wegeverbindung vom Kurfürstendamm zur Kantstraße ermöglichen, erwecken den Eindruck hoher Schluchten aus Stahl und Glas; die angestrebte urbane Aufenthaltsqualität zwischen den unterkühlten Bauten fehlt.

Als Ausdruck des kulturellen Anspruchs des „Neuen Westens" wurde das **THEATER DES WESTENS** (▣; KANTSTRASSE 12; BERNHARD SEHRING; 1895-96) errichtet. Auffallend ist die unterschiedliche Gestaltung von Zuschauer- und Bühnenhaus. Während die Straßenfassade als repräsentativer Eingang palastartig in einer Mischung aus Neorenaissance und Neobarock gestaltet wurde, liegt das Bühnenhaus hinter den nachempfundenen Formen einer mittelalterlichen Burg mit Fachwerk und neugotischer Werksteingliederung verborgen. Die trennende Gestaltung der beiden Bauteile war zu jener Zeit für den Theaterbau nichts Ungewöhnliches.

BAHNHOF ZOOLOGISCHER GARTEN (HARDENBERGPLATZ; ERNST DIRCKSEN; 1878-84; FRITZ HANE; 1934-41; ARCHITEKTEN-SOCIETÄT FIGALLO, ROTTWINKEL, ROTTWINKEL-TUNCEL, BIRKEL; 1994-96; 1998-2002): 1882 für den Stadtbahn-, 1884 für den Fernbahnverkehr eröffnet; erhielt eine herausragende Bedeutung als zentraler Bahnhof West-Berlins.

BUNDESVERWALTUNGSGERICHT (EHEM. KGL. PREUSSISCHES OBERVERWALTUNGSGE-RICHT; ▣; HARDENBERGSTRASSE 31; PAUL KIESCHKE, EDUARD FÜRSTENAU; 1905-07): Gut erhaltenes Beispiel eines neobarocken Gerichtsgebäudes der wilhelminischen Ära.

Gegenüber der ▶ *Industrie- und Handelskammer* zeigt sich im **KONZERTSAAL DER HOCHSCHULE FÜR MUSIK** (▣; HARDENBERGSTRASSE 34; PAUL BAUMGARTEN D.J.; 1952-54) ein weiteres wichtiges öffentliches Bauprojekt West-Berlins nach dem Zweiten Weltkrieg, das auf den Fundamenten der nach schweren Kriegsschäden abgerissenen Konzert- und Theatersäle der ehem. **HOCHSCHULE FÜR MUSIK** (HEUTE UdK; ▣; FASA-NENSTRASSE 1B; KAYSER & GROSZHEIM; 1897-1902) errichtet wurde. Die moderne und klare Architektur des Konzertsaals setzte in West-Berlin ein Zeichen für die Nachkriegs-architektur. Die angestrebte Wirkung von Offenheit und Leichtigkeit sowie die auch nach außen betonte Differenzierung der Funktionsräume spielte dabei eine große Rolle. Mit einem verglasten Foyer öffnet sich der Saalbau zur Hardenbergstraße. Der Saal, in die Mitte des Gebäudes als schlichte Hülle eingestellt, zeichnet sich mit seiner gewölbten Decke im Äußeren ab. Zur besseren Akustik sind die Längswände des Saals um die Emporen nicht gerade, sondern rautenförmig nach außen gestellt. An der Fasanenstraße stellte Baumgarten direkt an den noch erhaltenen Altbauteil 1971-75 eine Studiobühne. Diesen Bauteil gestaltete Baumgarten strenger geometrisch als den Konzertsaal.

Ehem. **HOCHSCHULE FÜR BILDENDE KÜNSTE** (HEUTE UNIVERSITÄT DER KÜNSTE; **D**; HARDENBERGSTRASSE 33; KAYSER & GROSZHEIM; 1898-1902): Im wilhelminischen Neubarock gestaltet, mit hohem Rustikageschoss und festlichem Piano nobile. Die Fassade entlang der Hardenbergstraße ist durch Mittel- und Eckrisalite gegliedert. Der turmartige Aufbau auf dem Mittelrisalit wurde nach Kriegsschäden nicht wiederhergestellt.

Einen Eindruck von den Wiederaufbauvorstellungen der City-West nach dem Krieg gibt die **INDUSTRIE- UND HANDELSKAMMER IHK** (**D**; HARDENBERGSTRASSE 16-18; FRANZ HEINRICH SOBOTKA, GUSTAV MÜLLER; 1954-55). Das Verwaltungsgebäude sollte im Stadtraum eine herausragende und repräsentative Wirkung erreichen. So zeigt sich hier trotz der grundlegend modernen Gestaltung die Tendenz zu einer traditionellen Monumentalisierung der Architektur, erreicht durch die Verkleidung mit Travertinstein, die über alle Stockwerke laufenden Pfeilerstreifen und die massiv wirkenden Gebäudeecken. Diese Tendenz zur Monumentalisierung war in der westdeutschen Architektur der 1950er Jahre bei Neubauten für Banken und Versicherungen stark verbreitet (▶ *Allianz-Haus*). Vergleichsweise bescheiden wirkt der Haupteingang an der Hardenbergstraße, der lediglich durch ein Vordach betont ist. Von hier war der aufgeständerte sechseckige Börsensaal im Hof, der Hauptteil des Komplexes, zu erreichen, der für den Börsen-Neubau, das **LUDWIG-ERHARD-HAUS** (FASANENSTRASSE 83-84; NICOLAS GRIMSHAW & PARTNERS; 1994-97), abgerissen wurde. Die neue Berliner Börse erhielt eine in der Stadt einmalige und unverwechselbare Baugestalt. Parabelförmige Stahlbinder überfangen organisch den gesamten Baukörper. Treffend bezeichnete der Architekt selbst den Bau als „Gürteltier". Die Konstruktion im Stil der High-Tech-Architektur überragt die Traufhöhe der Nachbarbebauung. Mit seiner innovativen, wenig fassbaren Gebäudeform verstieß das Ludwig-Erhard-Haus jedoch gegen die Auflagen des Berliner Senats zur Einhaltung der Blockkante und des dreiteiligen Fassadenaufrisses. Aus diesem Grund musste der ursprüngliche Entwurf zur Fasanenstraße geändert werden, wo er eine begradigte Fassade erhielt, die den Schwung der Bogenkonstruktion jedoch größtenteils versteckt und das Gesamterscheinungsbild banalisiert. Die Möglichkeit einer spannungsreichen Komposition, die in der Thematik der Bogenkonstruktion angelegt ist, blieb somit bis auf die Gebäuderückseite ungenutzt. Die Fassadenflächen wirken statisch und wie eingestellt **303** in die „zoomorphe" Großform. Da die unterschiedlich hohen Bogenrundungen zwar aus der Fernsicht im Stadtraum ihre Wirkung entfalten können, zur Fasanenstraße aber in der lotrechten Fassade gefangen sind, deaktiviert sich die bemerkenswerte Baugestalt in der Nahbetrachtung. Auch im Innern kommen die „Gurtbögen" nicht zur Geltung, weil die öffentlich zugängliche interne Straße zugestellt wirkt.

DELPHI-PALAST (**D**; Kantstrasse 12/Fasanenstrasse 11; Bernhard Sehring; 1895-96, 1927-28): Einst Tanz-Café, heute Kino (Umbau: Brader & Buggenhagen; 1949); 1997-98 Rekonstruktion der „Kaisertreppe", Teil der einstigen Gartenterrasse.

Auf einem von der Stadtbahn durchschnittenen städtischen Block wurde das so genannte **KANTDREIECK** (Kantstrasse 155/Fasanenstrasse 81; Josef Paul Kleihues, 1992-95) errichtet. Aus dem Grundstückszuschnitt entwickelte Kleihues einen der S-Bahn zugewandten dreieckigen Gebäudekeil, während ein zweiter Baukörper die Form des Quadrates aufgreift. Als Turm in streng quadratisch-modularer Form markiert er den Straßenraum an der Kreuzung Kantstraße/Fasanenstraße. Auf dem Dach findet die Form des Grundstücks ihre Wiederholung: als bewegliches Windsegel, das unverwechselbar für die Kantstraße ein Zeichen setzt. Gegenüber dem Turm wirkt das Segel zu groß, doch ursprünglich sollte der Bürobau um ein Drittel höher ausfallen. Die Gestaltung der Turmfassade ist außergewöhnlich. Während den ersten Geschossen mit ihren Lochfenstern Granitplatten mit Hilfe sichtbarer Schrauben vorgehängt sind, wurden die oberen Geschosse mit Aluminiumplatten verkleidet, vor die sichtbare Kreuzstreben zur Aussteifung des Baus gespannt wurden.

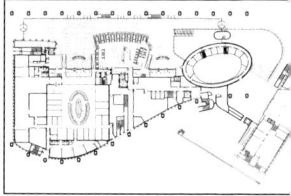

Als nach 1900 um den Kurfürstendamm die gerade erst wenige Jahre alte Villenbebauung zunehmend durch luxuriöse Mietspaläste abgelöst wurde, fiel das so genannte **KÜNST-LERHAUS ST. LUKAS** (**D**; Fasanenstrasse 13; Bernhard Sehring; 1889-90) nicht nur aus dem Rahmen der im Entstehen begriffenen „Kurfürstendamm-Architektur". Mit dem für seine Zeit außergewöhnlichen Wohnhaus löste sich Sehring überhaupt von den akademischen Vorstellungen seiner Zeit. Seine freie, malerische Komposition lässt bereits die sich anbahnende Moderne erkennen. Ein Teil des Gebäudes ist von der Straßenfront zurückgesetzt. Die mehrere Geschosse zusam-

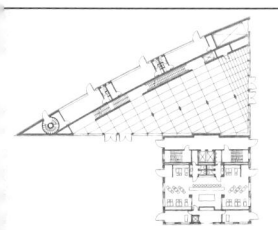

menfassenden Fensteröffnungen streben nach oben. Scheinbar willkürlich wurden die Balkone und die unterschiedlichen Fensterformate angeordnet, ein Türmchen ragt aus der Bebauung heraus. Jenseits strenger Schablonen entwickelte der Architekt individuelle Gestaltungs- und Nutzungskonzepte. Nach außen entspricht die Architektur nicht nur dem Bedürfnis nach einer freien und malerischen Komposition, sondern auch den differenzierten Nutzungen im Innern, wie den zum Teil zweigeschossigen Ateliers. Dieser „malerische Stil" wurde wenige Jahre später auch von Ludwig Hoffmann für den Bau des ► *Märkischen Museums* angewandt.

Der erste Hotelneubau Berlins nach dem Zweiten Weltkrieg war das **HOTEL KEMPINSKI** (Kurfürstendamm 27; Paul Schwebes; 1951-52). Der Architekt knüpfte an die dynamischen Ecklösungen der 1920er Jahre an: Die siebengeschossige Blockrandbebauung ist an der Straßenecke Kurfürstendamm/Fasanenstraße abgerundet, zur Fasanenstraße springt ein auskragender Baukörper vor und zieht den Boulevard Kurfürstendamm durch die einheitliche Gestaltung mit der gerasterten, gleichmäßig befensterten Fassade in die Tiefe der Seitenstraße hinein. 1957-58 wurde das Hotel mit einem Hochhaus nach Norden erweitert.

Von der Bauflucht der Fasanenstraße durch einen großen Eingangshof zurückgesetzt liegt das **JÜDISCHE GEMEINDEHAUS** (🅳; Fasanenstrasse 79-80; Dieter Knoblauch, Heinz Heise; 1957-59). Der lang gestreckte Bau wurde anstelle der in romanisch-byzantinischen Formen gestalteten und während der Pogromnacht 1938 völlig ausgebrannten Synagoge (Ehrenfried Hessel; 1911-12) für Gemeinschaftsräume, Büros und eine Religionsschule errichtet. An das Gebäude schließt sich ein Säulenhof mit Gedenkstätte an, dem Zugang zur Eingangshalle sind zur mahnenden Erinnerung Reste vom Torbogen der zerstörten Synagoge vorgestellt.

BANKHAUS LÖBBECKE (Fasanenstrasse 76-78; Wolf-Rüdiger Borchardt; 1991-97): Rücksichtsvolle und seinerzeit wegweisende moderne Erweiterung der historischen **VILLA ILSE** (🅳; Fasanenstrasse 78; H. Sobotta; 1872-74) aus der Entstehungszeit des „Neuen Westens". Der Altbau wurde 1991-93 zum Kundenzentrum umgebaut. Die Neubauten, das so genannte Glashaus und Steinhaus, umfassen eine kleine

LINKE SEITE
LUDWIG-ERHARD-HAUS:
AUSSEN-, INNENANSICHT,
GRUNDRISS
KANTDREIECK

RECHTE SEITE
KANTDREIECK:
GRUNDRISS
KÜNSTLERHAUS ST. LUKAS
HOTEL KEMPINSKI
JÜDISCHES GEMEINDEHAUS

305

Piazzetta, die von einer als Kunstwerk gestalteten Brücke (MONA FUX) überspannt wird.

Die **FASANENSTRASSE**, eine Seitenstraße des Kurfürstendamms, ist bis heute eine vornehme Wohn- und mittlerweile auch eine edle Geschäftsadresse. Prachtvolle Wohnbauten mit aufwendigen Hauseingängen zeugen vom aufblühenden Westen und der „Kurfürstendamm-Architektur". Zwei Gründerzeitvillen, das so genannte **WINTERGARTEN-ENSEMBLE** (**D**; FASANENSTRASSE 23-24; NR. 23: BECKER & SCHLÜTER; 1889-92; NR. 24: FRANZ MERTENS; 1871), sind nicht in der Straßenflucht errichtet worden. Sehr anschaulich zeigen die beiden Häuser die anfängliche Bebauung der Gegend um den Kurfürstendamm. In damals noch peripherer Lage zur Stadt entstanden in den 1870er und 1880er Jahren großzügige, frei stehende und von Gärten umgebene Villenbauten des Großbürgertums. Haus Nr. 23 wurde in Formen eines italienischen Renaissance-Palazzos gestaltet, Haus Nr. 24 mit spätklassizistischen Fassadenelementen verziert (erweitert und umgebaut 1888 von AUGUST ORTH, 1917 von ERNST LESSING). Die beiden anschließenden **EINFAMILIENHÄUSER FASANENSTRASSE 25-26** (**D**; NR. 25: HANS GRISEBACH; 1891-92; NR. 26: WILHELM MARTENS; 1891-92) bildeten bereits eine städtische Blockrandbebauung. Auch die weit üppigere Gestaltung mit historisierenden Formen stand nun im Geist der aufwendigen „Kurfürstendamm-Architektur". So verwendet die Nr. 25 – als selbstbewusste Architekturgeste des Bürgertums – Zitate einer Burg. Von Grisebach für sich selbst als Wohnhaus errichtet, ist in dem Gebäude heute u.a. das Käthe-Kollwitz-Museum untergebracht; auch die anderen Häuser werden kulturell genutzt. In den 1980er Jahren wurde die kriegsbedingte Baulücke Nr. 27 von HUNDERTMARK & KETTERER mit einem Wohnhaus geschlossen.

WOHN- UND GESCHÄFTSHAUS LIETZENBURGER STRASSE 86 (HINRICH BALLER UND INKEN BALLER; 1977-78): Aus der Verwendung von schallreflektierenden Balkonschalen, dem Aufständern des Gebäudes und der Verknüpfung zweier beziehungsloser Nachbargiebel über ein mehrgliedriges Kugelelement im Grundriss entwickelten die Architekten eine außergewöhnliche Gestaltung, in der sie eine Verschmelzung von Struktur und Ornament sahen.

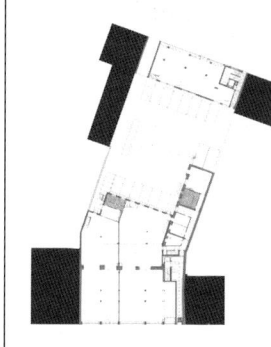

LINKE SEITE
WINTERGARTEN-ENSEMBLE
BÜRO- UND GESCHÄFTSHÄUSER
KURFÜRSTENDAMM 42 UND
MOMMSENSTR. 71:
GRUNDRISS,
ANSICHT KURFÜRSTENDAMM

RECHTE SEITE
MIETWOHNHAUS KURFÜRSTEN-
DAMM 59-60/LEIBNIZSTR.:
GRUNDRISS,
AUSSENANSICHT

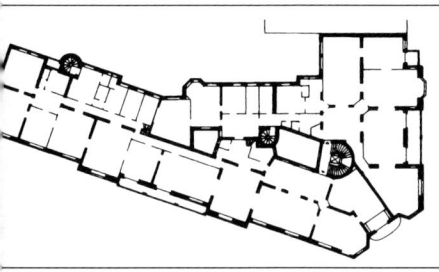

Auf einem durchgestreckten Grundstück zwischen Kurfürstendamm und Momm-
senstraße sollten die Fassaden und Eingangsbereiche der bereits bestehenden **BÜRO-
UND GESCHÄFTSHÄUSER KURFÜRSTENDAMM 42 UND MOMMSENSTRASSE 71** (UMBAU:
NIETZ PRASCH SIGL TSCHOBAN VOSS; 2001-02) saniert und neu interpretiert werden. Die
als Ergänzung kriegsbeschädigter Altbauten in den 1950er Jahren errichteten Gebäude
besaßen hochwertige Natursteinfassaden, an die bei der Neugestaltung angeknüpft
werden sollte. Am Kurfürstendamm 42 wurde die bisherige Fassade durch eine Zusammenfassung der Fenster zu Bändern mit dunkel verglasten Zwischenfeldern und eine
bandartig strukturierte Travertinverkleidung vollständig verändert. An der Mommsen-
straße hingegen erhielt nur der Schaufensterbereich eine neue Gestaltung. Die vorhandene Travertin-Putz-Fassade wurde beibehalten und instand gesetzt.

Die repräsentative Eckbebauung des **MIETWOHNHAUSES KURFÜRSTENDAMM 59-
60/LEIBNIZSTRASSE** (🄖; HANS TOEBELMANN, HENRY GROSS; 1905-07) steht exemplarisch
für die großbürgerlichen Mietshäuser des „Neuen Westens", die um 1900 am
Kurfürstendamm von Terraingesellschaften und vermögenden Privatpersonen errichtet
wurden. Mit pompöser Geste besetzt der aufwendig gestaltete fünfgeschossige Bau
das spitz zulaufende Grundstück. Neben der imposant hervorragenden Mittelkuppel
betonen zwei weitere kupfergedeckte Kuppeln die Straßenecke – ein herausragender
Akzent am Kurfürstendamm. Zwischen Haus und Straße lag ein 8 m breiter Vorgarten,
denn auch das Erdgeschoss diente dem Wohnzweck. Der Garten war typischer
Bestandteil der von Kritikern als protzig getadelten „Kurfürstendamm-Architektur".
Bereits in den 1920er Jahren, als sich der Kurfürstendamm zunehmend zum Geschäfts-
boulevard wandelte, wurden die Vorgärten beseitigt und das Erdgeschoss zur Ge-
schäftsfläche umgebaut. Die Fassade mit Erkern, Loggien, Balkonen und Ziergiebeln
sprach vom neuen Reichtum, der wirtschaftlichen Stärke und dem kulturellen Anspruch
des Großbürgertums. So genannte hochherrschaftliche Wohnungen lagen hinter der
ornamentierten Prachtfassade, bei ursprünglich nur zwei Wohneinheiten je Geschoss
lässt sich ihre enorme Größe noch erahnen. Einer der beiden Wohnungstypen erstreckte sich entlang der Leibnizstraße über die gesamte Gebäudebreite. Die ursprünglichen Grundrisse der Elf-Zimmerwohnungen (575 qm) mit separaten Dienstpersonal-
aufgängen orientierten sich an den Zimmerfluchten adliger Palais. Heute sind die   **307**

Wohnungen in mehrere Appartements unterteilt, im Erdgeschoss befindet sich eine Bankfiliale.

Zum Ensemble der erhaltenen Beispiele historischer „Kurfürstendamm-Architektur" gehört das imposante **BÜRO- UND GESCHÄFTSHAUS KURFÜRSTENDAMM 185** (; WILHELM KLOPSCH; 1902-03; WOLF-RÜDIGER BORCHARDT; 1990-93). Wie bei anderen zeitgenössischen Bauten am Kurfürstendamm wurde die Ecksituation ausgenutzt und besonders betont: Zwischen die im aufwendigen Neobarock gestalteten Fassaden zum Kurfürstendamm und zur Wielandstraße ist – als eine Art Scharnier – ein Rundturm mit Kuppelabschluss gestellt. Ein für Berlin und die Kurfürstendamm-Architektur eher ungewöhnliches Gestaltungselement sind die drei um den Rundturm wie Gürtel gespannten Balkone. Sie tragen jedoch entscheidend zum eleganten und einzigartigen Charakter des Gebäudes bei. Das von Wilhelm Klopsch als Mietwohnhaus errichtete und später als Hotel genutzte Gebäude brannte 1989 vollkommen aus, so dass ein vollständiger Abriss drohte. Nach einer heftigen Diskussion über das Für und Wider einer Rekonstruktion entschied man sich für die Wiederherstellung der Fassade in ihrer ursprünglichen Form und die Errichtung eines dahinter liegenden modernen Büro- und Geschäftshauses (WOLF-RÜDIGER BORCHARDT). Die mit der historischen Fassade verbundenen Räume behielten bis in das vierte Obergeschoss ihre bisherige Höhe von jeweils über 3 m. Die Raumaufteilung im Dachgeschoss konnte dagegen frei erfolgen, ohne das Straßenbild zu beeinträchtigen.

Auf einem bislang unbebauten Gelände zwischen zwei Brandwänden in innerstädtischer Lage unweit des Kurfürstendamms entstand mit den **LEIBNIZ-KOLONNADEN** (WALTER-BENJAMIN-PLATZ/LEIBNIZSTRASSE 49-53/WIELANDSTRASSE 19-22; KOLLHOFF & TIMMERMANN; 1998-2001) ein neuartiger, für Berlin ungewöhnlicher Platz. Mit zwei lang gestreckten Baukörpern, die sich U-förmig an die Brandwände anschließen, wurde eine Bebauung rechtwinklig zum Straßenverlauf zwischen der Leibniz- und der Wielandstraße geschaffen. Typisch für Berlin wäre eine Blockrandschließung, aber so rahmen nun beide Baukörper einen Platz ein, der sich durch die gesamte Tiefe des Baublocks zieht. Als Fußgängerbereich vom Autoverkehr abgewandt besitzt der Platz durch die klare architektonische Eingrenzung eine hohe städtebauliche Qualität. Beide Wohn- und

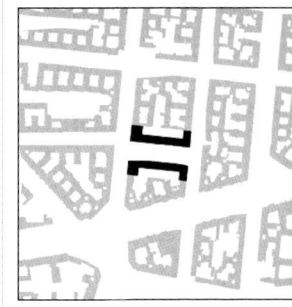

LINKE SEITE
GESCHÄFTSHAUS KURFÜRSTENDAMM 185
LEIBNIZ-KOLONNADEN: LAGEPLAN, BLICK
AUF DEN WALTER-BENJAMIN-PLATZ

RECHTE SEITE
STILWERK DESIGN CENTER:
AUSSEN-, INNENANSICHT

Geschäftsgebäude sind ohne Beachtung der Himmelsrichtungen und der Besonnung gleich gestaltet. Zweigeschossige Arkaden vermitteln zwischen dem Platz und dem Inneren der Bauten, die mit stets gleichen Fensterformaten strenge, abstrahierte Fassaden besitzen.

Durch einen aufwendigen Uhrturm und geschmückte Portale wurde das Gebäude der ehem. **25. UND 26. GEMEINDE-DOPPELSCHULE** (; SYBELSTRASSE 20-21; HEINRICH SEELING, WALTHER SPICKENDORFF; 1907-09) baulich aufgewertet. Von einem prächtigen Rathausbau ist der Schulbau im Straßenraum kaum zu unterscheiden. Mit der Architektur wurde die Wertschätzung der Institution Schule eindrucksvoll zum Ausdruck gebracht. Noch heute sind in dem Gebäude diverse Schulen untergebracht.

Der **SAVIGNYPLATZ** ist mit seiner rechteckigen Form, der Einmündung von sieben Straßen und seiner Bebauung aus der Zeit um 1900 einer der bemerkenswertesten Plätze Berlins. Die 1895 entstandene Anlage geht auf den Hobrecht-Plan von 1862 zurück. Im Süden ist der Platz von den S-Bahn-Bögen begrenzt, die entlang einer schmalen Fußgängergasse für Läden, Cafés und Galerien geöffnet worden sind. Der **KIOSK AUF DEM SAVIGNYPLATZ** (ALFRED GRENANDER; 1905) ist ein anschauliches Beispiel für die Straßenmöblierung zur Zeit der Wende vom 19. ins 20. Jh. Leider halbiert die heute viel befahrene Kantstraße den Platz, dessen gärtnerische Gestaltung durch ERWIN BARTH von 1926/27 in den 1980ern wiederhergestellt wurde, in eine südliche und eine nördliche Hälfte.

STILWERK DESIGN CENTER (KANTSTRASSE 17-20/UHLANDSTRASSE 9-11; NOVOTNY, MÄHNER & ASSOZIIERTE, OFFENBACH, STUDIO & PARTNERS; 1998-99): Durch eine geschwungene Fassade und die Verwendung von bronze-metallfarbenen Materialien auffällige, einprägsame und edel wirkende Erscheinung, die auf die Präsentation hochwertiger Design-Inneneinrichtungen im Innern verweist.

Eines der wenigen erhaltenen Beispiele einer Berliner Mietshausfassade im Jugendstil ist das **WOHNHAUS UHLANDSTRASSE 197** (AUGUST ENDELL; 1906). Endell wurde durch die Gestaltung der ▶ *Hackeschen Höfe* bekannt. Mit einem polygonalen Bauteil ist die Fassadenfront unterteilt, sparsamer Bauschmuck schafft ein zwar dekoratives, aber von akademischen Formen des Historismus abgewandtes Erscheinungsbild.

WOHN- UND GESCHÄFTSHAUS UHLANDSTRASSE 195-196 (GEORG HEINRICHS & PARTNER; 1976-77): Die Straßenfront mit umlaufenden Balkonen bildet einen Vorhof.

Ehem. **VILLA HERTER** (**D**; UHLANDSTRASSE 6; MAX RAVOTH; 1899-1900): Typische Bebauung um 1900 in der Gegend um den Kurfürstendamm mit einer frei stehenden Villa. Künstlerhaus des Bildhauers ERNST HERTER, der die Reliefplatten schuf.

RENAISSANCE-THEATER (EHEM. MOTIVHAUS; **D**; HARDENBERGSTRASSE 6; REIMER & KÖRTE; 1901-02): Kleiner, im Äußeren schmuckloser, im Innern prächtig ausgestatteter Theaterbau mit geschwungenem Rang auf trapezförmigem Grundriss; 1919 Umbau des einstigen Vereinshauses zum Kino (OTTO BERLICH); 1926-27 Teilumbau zum Theater (OSKAR KAUFMANN). Die Innenausstattung aus den 1920er Jahren ist eines der wenigen erhaltenen Beispiele für das so genannte „expressionistische Rokoko", eine deutsche Variante des Art déco.

GESCHÄFTSHAUS HARDENBERG (AUCH SO GENANNTES KIEPERT-HAUS; **D**; HARDENBERGSTRASSE 4-5; PAUL SCHWEBES; 1955-56): Mit dem geschwungenen Baukörper wurde eine trapezförmige Baulücke geschlossen. Die elegante Glasfassade knüpft mit abgerundeten Ecken an die moderne Geschäftshaus-Architektur der 1920er Jahre an. Gegenüber ihren Vorbildern erhält die horizontal geschichtete, bandartige Struktur aus Fensterbändern und Brüstungsfeldern von schwarzem Opakglas einen zusätzlichen Schwung, wie er geradezu typisch für das ästhetische Gefühl der 1950er Jahre ist: Eine hauchdünne Fassadenrahmung aus Beton zieht sich als Band um den gesamten Bau und schwingt als Flugdach über den abgerundeten Ecken zusätzlich aus. Optisch stellt sich der Effekt ein, als ob damit die gesamte Fassade bewegt werden würde. Nach einer denkmalgerechten Sanierung (KARL-HEINZ WINKENS; GEPLANT 2003-04) soll sich die Rahmung abends in ein Lichtband verwandeln. Bei der Sanierung werden die vorhandenen Verbundfenster erhalten und restauriert, da sie einen optimalen Lärm- und Klimaschutz bieten. Die Räumlichkeiten können problemlos dem heutigen Bedarf angepasst werden, da Schwebes das Haus mit einer Stützenkonstruktion entworfen hat, die eine flexible Raumaufteilung ermöglicht.

CHARLOTTENBURG

Als eigenständige Kommune bis 1920, entwickelte **CHARLOTTENBURG** einen besonderen städtebaulichen Charakter, der sich noch heute bemerkbar macht. Entstanden ist Charlottenburg aus dem ehem. Angerdorf **LIETZOW** (heute Alt-Lietzow), das unmittelbar an das ▶ *Schloss Charlottenburg* angrenzte. Mit dem Bau der Sommerresidenz für die Kurfürstin Sophie Charlotte entstand ab 1695 eine neue Ansiedlung, die 1705 zur Stadt Charlottenburg erhoben wurde, Lietzow wurde 1720 eingemeindet. Neben der alten Dorfbebauung entstanden damals auf einem rechtwinkligen Straßenraster kleinstädtische Bauten wie die später von KARL FRIEDRICH SCHINKEL umgebaute ▶ *Luisenkirche*. In der ersten Hälfte des 19. Jh. erfolgte die Ausdehnung entlang der Verbindungsstraße nach Berlin, der heutigen **OTTO-SUHR-ALLEE**, und nach Süden über die breit angelegte **SCHLOSSSTRASSE**, die axial auf das Schloss zuläuft. Während sich das Stadtgebiet zu dieser Zeit noch auf den Bereich nördlich der heutigen Bismarckstraße beschränkte, wurden mit dem Hobrecht-Plan 1862 neue Straßenzüge nach Süden festgelegt. Für Charlottenburg wurde damit der **KURFÜRSTENDAMM** zur neuen Hauptachse, entlang der sich die städtebauliche Entwicklung des „Neuen Westens" vollzog. Das rasante Wachstum des bürgerlichen Wohnbezirks wurde insbesondere durch die Stadtbahn (seit 1882) gefördert, deren

DEUTSCHE OPER BERLIN

BAHNHÖFE ZOOLOGISCHER GARTEN und **CHARLOTTENBURG** sich zu bedeutenden Haltepunkten entwickelten und nachträglich ausgebaut werden mussten. Durch die zunehmend verbesserten Verkehrsanschlüsse wuchs auch die Anbindung an Berlin. Die Übernahme der Berliner Bauordnung 1887 wurde zur rechtlichen Grundlage für eine dichtere und großstädtische Bebauung der Grundstücke. Dennoch entstand eine im Vergleich zu anderen Berliner Stadträumen eher großzügige Bebauung mit bürgerlichen bis großbürgerlichen Mietshäusern. Der vornehme Kurfürstendamm, den sich Charlottenburg und Wilmersdorf teilen, sowie die nicht weniger elegante Nachbarschaft zum Schloss Charlottenburg zogen zahlreiche großbürgerliche Familien aus dem alten Berlin an, die sich oftmals auch aus der räumlichen und gesellschaftlichen Enge der Reichshauptstadt befreien wollten. Charlottenburg wurde auf diesem Weg zu einer der reichsten Städte Europas. Noch heute ist durch aufwendige Wohn- und Kulturbauten viel vom einst großbürgerlichen Charakter Charlottenburgs zu spüren. Die Mietshäuser sind oft reicher geschmückt und ausgestattet als anderswo in Berlin, viele Straßen sind sehr breit angelegt, Arbeiter-Mietskasernen findet man kaum. Dass der Kurfürstendamm schon bald die Funktion einer City übernahm, erklärt, warum Charlottenburg ein eigenständiges Stadtzentrum fehlt. Mehrere Straßenzüge nehmen neben der City-West mit Kurfürstendamm und Tauentzienstraße vielmehr eine subzentrale Funktion ein, darunter die Kantstraße sowie die Wilmersdorfer Straße als Einkaufs-Fußgängerzone. Die erst 1920 in Groß-Berlin eingemeindete Stadt konnte nahezu unbegrenzt nach Westen expandieren. Daher umfasst Charlottenburg auch vorstädtisch wirkende Gebiete wie die 1866 gegründete Villenkolonie Westend, das 1914 entstandene Messegelände oder das weitläufige ▶ *Olympiagelände* von 1936.

Auf dem Weg zum ▶ *Schloss Charlottenburg* machte die vom ▶ *Berliner Schloss* durch den Tiergarten führende gerade Charlottenburger Chaussee, die heutige **STRASSE DES 17. JUNI**, am so genannten Knie, dem heutigen **ERNST-REUTER-PLATZ**, eine Biege, an dem sich weitere wichtige Verkehrswege kreuzten. Da die Verkehrsschnittstelle auf der großen Achse vom Kaiserdamm bis Unter den Linden eine herausragende städtebauliche Lage gegenüber der historischen Innenstadt einnahm, unternahm der West-Berliner Senat in den 1950er Jahren besondere Planungsanstrengungen, die im Krieg schwer getroffene Kreuzung wiederaufzubauen. Mit der städtebaulichen Planung 1955 ordnete Bernhard Hermkes das enorme Verkehrsaufkommen in einem Kreisverkehr (Verkehrsinsel: Werner Düttmann; 1960). Zudem sah Hermkes Hochhausscheiben vor, die im rechtwinkligen Raster als Solitäre um den Platz gestellt werden sollten. Sein städtebaulicher Leitgedanke schien den Wettbewerbsbeitrag von Mies van der Rohe zur Gestaltung des Alexanderplatzes von 1930 wiederaufzunehmen.

Eine Schlüsselfunktion kommt dem 21-geschossigen, 80 m hohen so genannten **TELEFUNKEN-HAUS** (heute TU Berlin; ▯ ; Ernst-Reuter-Platz 7; Paul Schwebes, Hans Schoszberger; 1958-60) zu. Zwar besteht zwischen dem weit sichtbaren Höhen-

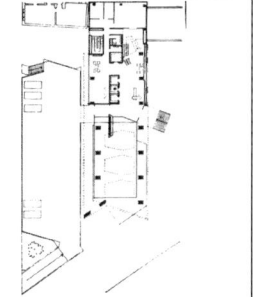

ERNST-REUTER-PLATZ: NORD-WEST-
ANSICHT
TELEFUNKEN-HAUS
IBM-HAUS: GRUNDRISS
FAKULTÄT FÜR ARCHITEKTUR DER TU

zeichen und der historischen Innenstadt ein beabsichtigter städteräumlicher Zusammenhang. Dennoch wurde das Bürogebäude bewusst nicht in die Mitte der zum ► *Brandenburger Tor* führenden Achse platziert, wie dies dem monumentalen Städtebau des Dritten Reichs entsprochen hätte. Aus der Achse herausgerückt, verleiht das Hochhaus dem Platz vielmehr einen asymmetrischen, ahierarchischen Aufbau, in dem sich die anderen Solitärbauten gleichberechtigt behaupten können. Das damals höchste Gebäude Berlins wurde auf einem langgezogenen sechseckigen Grundriss errichtet. Zusammen mit der sichtbaren Stützkonstruktion, die sich teilweise in Betonlisenen nach oben hin verjüngt, entsteht – trotz des großen Gebäudevolumens – eine Eleganz und Leichtigkeit wie sie typisch für die moderne Architektur der 1950er Jahre ist.

Der Gedanke, durch Vermeidung von Symmetrie und Gleichförmigkeit vis-à-vis von Ost-Berlin eine Art Beispiel für demokratischen Städtebau zu schaffen, drückt sich auch in den ausdrücklich differenziert gestalteten Fassaden aus. Die als Solitärbauten gestalteten Institutsgebäude, Büro- und Geschäftsbauten sind durchweg von hoher architektonischer Qualität und geben ein gutes Beispiel für verschiedene Architekturströmungen der 1950er und 1960er Jahre: **OSRAM-HAUS** (D; Ernst-Reuter-Platz 8; Bernhard Hermkes; 1956-58), **IBM-HAUS** (D; Ernst-Reuter-Platz 2; Rolf Gutbrod, Bernhard Binder, Hermann Kiess; 1960-61), **BERLINER DISCONTO-BANK** (heute Deutsche Bank; Otto-Suhr-Allee 6-16; Günter Hönow, Friedrich Koch; 1966-67).

Am Gebäude der **FAKULTÄT FÜR ARCHITEKTUR DER TU** (D; Strasse des 17. Juni; Hochhaus: Bernhard Hermkes, Flachbau: Hans Scharoun; 1966-68) sind die verschiedenen Nutzungsbereiche in der Gliederung des Gebäudes kenntlich gemacht. So ist die Fakultät in ein zehngeschossiges Hochhaus und einen dreigeschossigen Flachbau unterteilt. In der Fassade des Hochhauses wurden zudem die unterschiedlichen Raumhöhen verschiedener Nutzungsbereiche gestalterisch betont. Durch versetzte Steinplatten, rote Metallplatten und orangefarbene Jalousien ist die Fassade außerordentlich belebt.

Das stadträumliche Ensemble des Ernst-Reuter-Platzes, Spiegelbild städtebaulicher Planungsgrundsätze der 1950er Jahre, ist in seinem bauhistorischen, denkmalpflegerischen

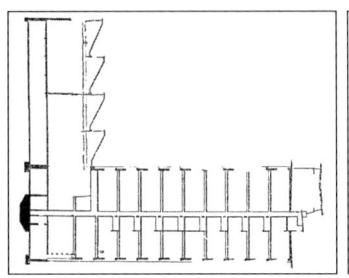
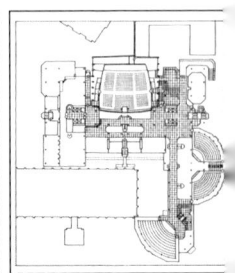

Wert massiv gefährdet, seit durch den Berliner Senat eine Nachverdichtung auf Grundlage des „Planwerks Innenstadt" vorgesehen ist. Durch zusätzliche Bauten, die teilweise an die Solitäre angebaut würden, soll der Platz heutigen Vorstellungen von Urbanität entsprechend verengt und dem Stadtgrundriss der Vorkriegszeit angenähert werden, wodurch die in den 1950er Jahren durchaus berechtigten Vorstellungen von einer aufgelockerten Stadtlandschaft abhanden kämen. Das **INSTITUTSGEBÄUDE DER TU-FAKULTÄT FÜR BERGBAU UND HÜTTENWESEN** (**D**; ERNST-REUTER-PLATZ 1; WILLY KREUER; 1955-59), ein denkmalgeschützter Bau der frühen Nachkriegsmoderne, wird den Planungen zufolge für einen Neubau abgerissen. Nicht zuletzt aufgrund der von Kreuer selbst gestalteten und erhaltenen Innenausstattung ginge ein wichtiges Zeugnis der Nachkriegsarchitektur von hoher architektonischer Qualität verloren. Bemerkenswert ist der angepasste, aber nicht angebiederte architektonische Übergang zum neoromanischen **INSTITUT FÜR KIRCHENMUSIK** (**D**; HARDENBERGSTRASSE 41; ANTON ADAMS, PAUL MEBES; 1902-03). Die romanischen Stilelemente verleihen dem Gebäude einen ehrwürdigen Charakter und sollen sicherlich auf die jahrhundertealte Tradition der Kirchenmusik anspielen.

HAUPTGEBÄUDE DER TU BERLIN (**G**; STRASSE DES 17. JUNI 135; RICHARD LUCAE, FRIEDRICH HITZIG, JULIUS CARL RASCHDORFF; 1878-84; KURT DÜBBERS, KARL-HEINZ SCHWENNICKE; 1961-65): Die repräsentativ in Formen der italienischen Hochrenaissance gestaltete Anlage entstand für die neu gegründete „Polytechnische Hochschule Charlottenburg". Nach schweren Kriegsbeschädigungen wurde zwischen den erhaltenen Seitenflügeln anstelle des zerstörten Eingangsbaus eine Hochhausscheibe errichtet.

Ehem. **CHEMISCHES LABORATORIUM DER EHEM. TECHNISCHEN HOCHSCHULE** (HEUTE INSTITUT FÜR TECHNISCHE CHEMIE DER TU; **G**; STRASSE DES 17. JUNI 115; JULIUS RASCHDORFF; 1882-84): Wie das Hauptgebäude der TU in Formen der italienischen Hochrenaissance gestaltet.

INSTITUT FÜR MATHEMATIK UND EDV-GRUNDAUSBILDUNG DER TU BERLIN (STRASSE DES 17. JUNI 122-128, GEORG KOHLMAIER, BARNA VON SARTORY; 1976-83): Energiesparender Bau durch optimierte Sonnenausnutzung bei großen Glasflächen und wärmespeichernden Einbauten.

BERGBAU UND HÜTTENWESEN:
AUSSENANSICHT, GRUNDRISS
INSTITUT FÜR MATHEMATIK UND EDV-
GRUNDAUSBILDUNG DER TU BERLIN:
GRUNDRISS

RECHTE SEITE
HAUS DES BERGBAUS: MODELLANSICHT
MERCEDES-WELT AM SALZUFER
VERWALTUNGSGEBÄUDE BEWOGE

CHARLOTTENBURGER TOR (STRASSE DES 17. JUNI; BERNHARD SCHAEDE; 1907-08): Kolonnadenartige Toranlage an der ehemaligen Stadtgrenze und heutigen Bezirksgrenze von Charlottenburg. Gedacht als Pendant zum Brandenburger Tor, im Zuge des Ausbaus der Ost-West-Achse ►EXKURS: NEUORDNUNG EINER MILLIONENSTADT weiter auseinander gerückt. Die Bronzefiguren zeigen den Stadtgründer Friedrich I. sowie Sophie Charlotte mit einem Modell des Charlottenburger Schlosses.

ERNST-REUTER-HAUS (STRASSE DES 17. JUNI 110; WALTER SCHLEMPP; 1938-42): Als Verwaltungsgebäude für den Gemeindetag an der ausgebauten Ost-West-Achse ►EXKURS: NEUORDNUNG EINER MILLIONENSTADT errichtete schlossähnliche Anlage. Im Zweiten Weltkrieg teilweise zerstört und bis 1952 wiederhergestellt. Seit 1956 dient das in Ernst-Reuter-Haus umbenannte Gebäude als Sitz des Deutschen Städtetages.

HAUS DES BERGBAUS (ENGLISCHE STRASSE 1-4; JAN KLEIHUES; 2004): Auf einem schmalen, parallel zur Englischen Straße ausgerichteten Grundstück orientiert sich das Gebäude im südlichen Teil des Baukörpers an der Traufhöhe des Ernst-Reuter-Hauses. In der Fassade spiegeln sich die verschiedenen Nutzungen des Hauses wider: Im nördlichen Teil befinden sich die Wohnungen mit Französischen Fenstern, im südlichen Teil liegen zu beiden Seiten einer Mittelzone variabel unterteilbare Büroräume. Den Übergang zwischen Wohn- und Bürobereich bilden die zur Längsachse symmetrisch angeordneten Treppenhäuser. Als Kontrast zu der massiven Fassade des Ernst-Reuter-Hauses wird die Südfassade als eine doppelte Glashaut (Twin-Face) ausgebildet. Über den gesamten Baukörper spannt sich ein steinernes konstruktives „Netz", mit dem durch eine durchgängige Maßordnung die verschiedenen Fassadenbereiche zu einer einheitlichen Gesamtfigur zusammengefasst werden.

MERCEDES-WELT AM SALZUFER (SALZUFER; LAMM, WEBER, DONATH & PARTNER; 1998-2000): Gläsern-transparentes Autohaus auf keilförmigem Grundriss, das in Abwandlung expressionistischer Backsteinarchitektur wie dem Chile-Haus von Fritz Höger in Hamburg die spitz zulaufende Gebäudeecke durch ein weit überstehendes Dach dramatisiert.

VERWALTUNGSGEBÄUDE BEWOGE (OTTO-SUHR-ALLEE 30; SCHATTAUER & TIBES; 1993-94): Schließung der seit den 1950er Jahren offenen städtebaulichen Situation an der Ecke Cauerstraße. Der siebengeschossige Baukörper entwickelt sich entlang der

Hauptverkehrsachse und leitet mit einer Viertelkreisform in die Nebenstraße ein. Das Gebäude besteht aus einem Konstruktionsraster als Gitterwerk von Stahlbetonstützen und -balken, die mit verschiedenfarbigen Aluminiumblechen ummantelt sind und die „Hülle" für den eigentlichen Baukörper mit dessen Metall-Glas- und Naturstein-Fassade bilden.

Das **RATHAUS CHARLOTTENBURG** (**D**; OTTO-SUHR-ALLEE 96-102; REINHARDT & SÜSSENGUTH; 1899-1905) besitzt eine städtebaulich äußerst bemerkenswerte Lage. Für den Repräsentationsbau einer der damals reichsten Kommunen Europas erweckt die Einfügung in den Blockrand zwischen einfacher Wohnhausbebauung den Eindruck großer Bescheidenheit. Ein repräsentativer Vorplatz, der dem Bau mehr Würde verliehen hätte, fehlt. Dennoch wurde dieser Standort sehr bedacht gewählt. Mit Alt-Lietzow, dem ältesten Kern von Charlottenburg „im Rücken", liegt das Rathaus an der wichtigen Verkehrsverbindung zwischen Berlin und dem ► *Schloss Charlottenburg*, der heutigen Otto-Suhr-Allee. Durch den Bau des Rathauses erhielt die Schlosskuppel, auf welche die Allee direkt zuläuft, eine wohlbeabsichtigte „bürgerliche" Konkurrenz. Aus diesem Grund erklärt sich, dass der Bau eben nicht von der Straßenflucht zurückversetzt wurde. Der schlanke, mit 89 m außergewöhnlich hohe Turm findet in dieser Größe sogar aus der Fernsicht vom heutigen Ernst-Reuter-Platz angemessene Beachtung. In der opulenten, nur teilweise erhaltenen Ausschmückung des Rathauses kam das kommunale Selbstbewusstsein Charlottenburgs zum Ausdruck. Noch während der Ausführung wurde der neugotische Stil von zeitgemäßeren Jugendstilformen abgelöst.

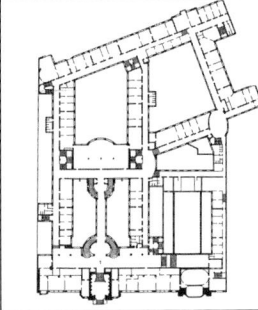

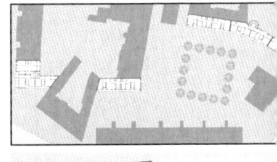

Auf dem ehem. Dorfanger von Lietzow ist die ev. **LIETZOW-KIRCHE** (ALT-LIETZOW; LUDOLF VON WALTHAUSEN; 1960-61) der bereits fünfte Kirchenbau, nachdem der unmittelbare Vorgänger, eine barockisierende Kirche von 1910/11 (JÜRGEN KRÖGER), im Zweiten Weltkrieg zerstört wurde. Der Neubau orientiert sich in seiner Größe stärker an den Dorfkirchen-Vorgängern als an der städtischen Kirche der Vorkriegszeit. Ein zeltförmiger Sakralraum ist durch einen gedeckten Gang mit dem Gemeindehaus und dem frei stehenden Glockenturm verbunden.

Auf moderne städtebauliche Weise sollte sich die **WOHN-**

BEBAUUNG AM LUISENPLATZ (LUISENPLATZ/EOSANDERSTRASSE/

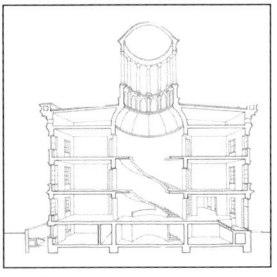

CHARLOTTENBURGER UFER; ANDREAS BRANDT, WOLFGANG BÖTTCHER, HORST HIELSCHER, GEORG-PETER MÜGGE, PHILIPP KAHL, KAI-MICHAEL KOCH, ANDREAS UFFELMANN, HANS KOLL-HOFF; 1984-88) auf das ▶ *Schloss Charlottenburg* beziehen. Ein dreigeschossiger Zeilenbau (Andreas Brandt, Wolfgang Böttcher) mit flachem Walmdach steht – lediglich von der breiten Fahrstraße getrennt – orthogonal zum Knobelsdorff-Flügel des Schlosses. Nur vom durchgezogenen Dachaufbau rührt der Eindruck einer lang gestreckten Zeile, denn ein haushoher Durchbruch teilt das Gebäude und führt auf einen neu angelegten Fußgängerplatz, der von zwei hohen Wohnzeilen (Hans Kollhoff) eingefasst ist. Über die gesamte Gebäudebreite liegen zum Platz hin Wintergärten, die zugleich als Lärmpuffer dienen. Kollhoffs Formensprache ist bei diesem frühen Projekt noch weniger streng als spätere Entwürfe. Das Flugdach erinnert an die Architektur Le Corbusiers oder Egon Eiermanns. In einigen Punkten kann die Anlage wenig überzeugen: Ein breit angelegter Durchgang führt in einen praktisch nicht vorhandenen Hof, der mit Beton aufgeständerte Durchgang ist eine typische „Schmuddelecke" geworden. Der nördliche Riegel setzt sich über einen vorhandenen Baublock fiktiv hinweg und wird zum Charlottenburger Ufer hin mit gleichen architektonischen Mitteln wieder aufgenommen. Hier liegen die Wintergärten nun fast hinter der quer stehenden Brandwand, die eine direkte Sonneneinstrahlung kaum ermöglicht.

SCHLOSS CHARLOTTENBURG (**D**; LUISENPLATZ 1): ▶ EXKURS: SCHLÖSSER IN BERLIN

Nicht nur das ▶ *Rathaus Charlottenburg*, auch andere Bauten im alten Kern Charlottenburgs, müssen versuchen, sich gegenüber dem stadträumlich dominanten ▶ *Schloss Charlottenburg* zu behaupten. Gegenüber vom Schloss entstanden die **OFFIZIERS-KASERNEN DER GARDES DU CORPS** (**G**; SCHLOSSSTRASSE 1-1A/70/SPAN-DAUER DAMM; FRIEDRICH AUGUST STÜLER; 1851-59) nach einem Entwurf FRIEDRICH WIL-HELMS IV. Als zwei bauliche Pendants bilden sie beidseitig den Auftakt zur breiten großbürgerlichen Schlossstraße. Ihre Dachaufsätze in Form antiker Rundtempel beziehen sich wirkungsvoll auf den Kuppelturm des Schlosses. Der stadträumliche Effekt, zum einen vom Schlosshof auf die Bebauung Charlottenburgs, zum anderen von der Schlossstraße als Einrahmung der Schlossansicht, war wohl kalkuliert. Nach Schäden im Zweiten Weltkrieg werden die dreigeschossigen Bauten auf quadratischem Grundriss museal genutzt (Westbau seit 1995 **SAMMLUNG BERGGRUEN**, **317**

 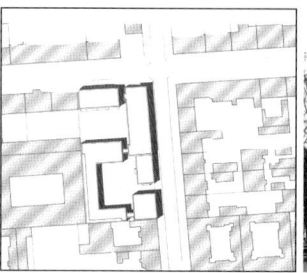 

Umbau Hilmer & Sattler; Ostbau seit 1967 **ÄGYPTISCHES MUSEUM**, Umbau Wils Ebert).

Ehem. **KÖNIGLICHES MARSTALLGEBÄUDE** (**D**; Luisenplatz 7-9; Carl Drewitz; 1855-58): Der Backsteinbau im Rundbogenstil der Schinkel-Schule ist heute Teil des Ägyptischen Museums.

Ehem. **KASERNE DES KÖNIGIN-ELISABETH-GARDE-GRENADIER-REGIMENTS NR. 3** (heute Bröhan-Museum; Schlossstrasse 1; Kahl & Wieczorek; 1892-93): Schlichter, strenger Bau mit Rustikasockel und erhöhtem Mittelteil. Zu den verschiedenen Verwendungen des Gebäudes zählt u.a. die 1971-78 erfolgte Nutzung durch das Bauhaus-Archiv.

Mit dem **ENGELHARDT-HOF** (Danckelmannstrasse 9/Christstrasse 30; Petra & Paul Kahlfeldt; 1995-96) wurde der Typus des Berliner Wohn- und Gewerbehofes gemäß den heutigen Anforderungen übersetzt. Die Anlage wurde 1996 vom Bund Deutscher Architekten (BDA) mit einer Anerkennung ausgezeichnet. Die Neubauten sind Ergänzungen zum Altbaubestand einer ehem. Brauerei, die in eine von Miets-häusern dominierte Blockbebauung eingefügt ist. Um zwei Höfe gruppierten die Architekten Büro-, Gewerbe- und Wohnflügel, die handwerklich und in ihrer Detail-verarbeitung von hoher Qualität zeugen. Besonders gut fügt sich die Straßenfassade des Wohnhauses an der Christstraße in die vorhandene Bebauungsstruktur des Vier-tels ein. In abstrahierter Weise wurde hierbei die Fassadentypologie des Berliner Mietshauses auf den Neubau übertragen. Durch stehende Fensterformate, die sogar als Kastendoppelfenster ausgeführt sind, wird der vertraute Rhythmus Berliner Mietshausfassaden erzeugt.

GROSSTURN- UND SPORTHALLE SCHLOSSSTRASSE/OTTO-GRÜNEBERG-WEG (Inken & Hinrich Baller; 1988): In einem aufgeständerten Baukörper wurden zwei Turnhallen übereinander angeordnet. Filigrane Balkongitter und Dachgaupen fügen die Turnhalle in die angrenzende Wohnbebauung ein.

Neben dem Dorfanger Alt-Lietzow bildete die ev. **LUISENKIRCHE** (**D**; Gierkeplatz; Philipp Gerlach; 1712-16) als Stadtkirche Charlottenburgs neben dem Schloss einen weiteren Mittelpunkt der 1705 gegründeten Stadt. Von Gerlach entworfen, wurde der

Bau von Martin Böhme ausgeführt. Karl Friedrich Schinkel gab der einfachen

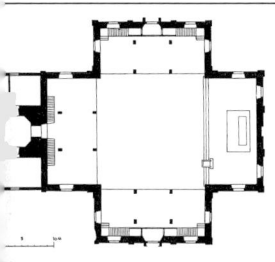

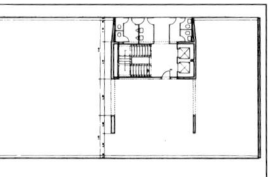

barocken Kirche 1823-26 durch Umbau klassizistische Formen und baute einen Turm auf quadratischem Grundriss an. Im Innern entstand ein feierlicher Raumeindruck durch korinthisch kannelierte Emporensäulen. Nach Kriegsbeschädigung wurde die Luisenkirche 1950-56 durch den ehem. Bauhauslehrer HINNERK SCHEPER wiederhergestellt. Das Innere wurde dabei mit einer flach gespannten Betondecke und Sichtbetonpfeilern neu gestaltet. Durch erneute Umgestaltung 1987 ist der Innenraum wieder an Schinkel angelehnt worden.

Mit der Straße des 17. Juni, dem Kaiserdamm und der Heerstraße bildet die Bismarckstraße die längste und wichtigste innerstädtische Ost-West-Achse Berlins. Entsprechend sind hier herausragende Institutionen errichtet worden.

Das **SCHILLER-THEATER** (**D**; BISMARCKSTRASSE 110; HEINZ VÖLKER & RUDOLF GROSSE; 1950-51) entstand unter weitgehender Einbeziehung intakter Bauteile des im Zweiten Weltkrieg schwer beschädigten Vorgängerbaus (JACOB HEILMANN & MAX LITTMANN; 1905-06; PAUL BAUMGARTEN D.Ä.; 1937-38), an dem es sich in seiner äußeren Gestalt und stadträumlichen Ausrichtung dadurch viel stärker orientiert als der wenige Jahre später entstandene Nachfolgebau der ▶ Deutschen Oper Berlin. Klar sind von außen die Funktionsbereiche Foyer, Zuschauerraum und Bühnenturm zu erkennen. Auffällig ist die zum Vorplatz an der Bismarckstraße vorgewölbte große Eingangsfront, die sich nicht wie die Deutsche Oper zur Straße verschließt, sondern das Foyer zum „Schaufenster" macht. Mit Parkett und Rang ist der Zuschauerraum konventioneller als sein Vorgänger, der als „Volkstheater" mit einem steil ansteigenden Parkett und „Oberring" über 1.400 Plätze bot.

Eine für die Nachkriegsmoderne typische Aufteilung der Gebäudekörper nach Funktion zeigt das **RUHRKOHLE-HAUS** (**D**; BISMARCKSTRASSE 107; PAUL BAUMGARTEN D.J.; 1958-59). Direkt an die Straßenflucht ist der siebengeschossige Hauptbau mit den Büros gerückt, zur rückwärtigen Seite in der Grundstückstiefe liegt ein eingeschossiger Flachbau, der einen Vortragssaal aufnimmt. Die Gestaltung der Fassade zur Bismarckstraße war richtungsweisend und wurde bei vielen Berliner Projekten kopiert: Das von der Bauflucht zurückgesetzte Erdgeschoss zur Straßenseite ist als Ladenzone fast vollständig verglast. Darüber gliedert die erste reine Vorhangfassade Berlins mit qua-

LINKE SEITE ENGELHARDT-HOF: AUSSENANSICHT, LAGEPLAN LUISENKIRCHE RECHTE SEITE LUISENKIRCHE: GRUNDRISS SCHILLER-THEATER RUHRKOHLE-HAUS: AUSSENANSICHT, GRUNDRISS NORMALGESCHOSS

319

dratischen Glasscheiben, blau emaillierten Stahlblechbrüstungen und schmalen, vor-
geblendeten Metallleisten die Bürogeschosse.

An der Ecke Bismarckstraße/Weimarer Straße, auf einem zur Hauptstraße sehr
schmalen, zur Seitenstraße lang gestreckten Grundstück, findet sich mit dem
BÜROHAUS BISMARCKSTRASSE 101 (KOHN PEDERSEN FOX; 1993-95) ein architektonisches Motiv, das bis dahin in diesem Stadtraum unbekannt war. Durch eine ausschwingende Rundung der Fassade verliehen die Architekten dem Bau eine Dynamik,
die an Entwürfe der 1920er Jahre, beispielsweise der Gebrüder Luckhardt, erinnert.
Mit der klassischen Aufteilung der Fassade in ein unteres Ladengeschoss, eine gleichmäßig rhythmisierte Bürogeschosszone und ein zurückversetztes Dachgeschoss mit
Gesims fügt sich das Gebäude gut in die vorhandene Bebauung ein.

Verschlossen und etwas schroff zur Bismarckstraße wirkt die **DEUTSCHE OPER
BERLIN** (**D**; BISMARCKSTRASSE 35-37; FRITZ BORNEMANN; 1956-61). Größer konnte der
Kontrast in der äußeren Wirkung zwischen dem 1943 schwer beschädigten
Vorgängerbau und dem aus einem Wettbewerb 1955 hervorgegangenen Nachfolgebau
der Deutschen Oper nicht ausfallen. Zur Bismarckstraße besaß der neoklassizistische
Ursprungsbau (HEINRICH SEELING; 1911-12) eine prächtige Repräsentationsfront mit
ionischen Säulenpaaren und rundbogigen Fenstern. Der Neubau von Fritz Bornemann
dagegen, der dem erhaltenen Bühnenhaus angefügt wurde, folgt einer für die
Moderne typischen Entwurfshaltung, nach der sich auch die äußere Gestaltung nach
dem architektonischen Konzept richtet, das aus den Nutzungsansprüchen im Innern
entwickelt wurde. So verschließt sich das Gebäude u.a. aus Lärmschutzgründen zur
Straße. Nur der Schriftzug verweist auf die Funktion des Opernhauses. Die asymmetrisch dem Bau vorgestellte, abstrakte Stahlskulptur von HANS UHLMANN (1961)
nimmt nur ein wenig von der Strenge der fensterlosen, abweisenden Front aus
Waschbeton, die über dem Sockel auskragt und den Baukörper dadurch in einen
scheinbar schwebenden, von der Straße losgelösten Zustand versetzt. Erst die Seiten
geben mit ihrer großflächigen Verglasung, die zur Waschbetonfront in einer reizvollen
Dialektik stehen, den Blick ins Innere frei. Bornemann bezog sich dabei auf den vielbeachteten, aber nicht ausgeführten Entwurf Mies van der Rohes zum Nationaltheater

Mannheim (1953). Ein großzügiges Parkettfoyer erstreckt sich mit einer Galerie und

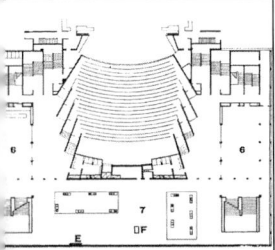

frei hängenden Treppen zwischen den beiden seitlichen Glasfronten, der Rang besitzt ein eigenes Foyer. Der durch den Einsatz von Edelhölzern elegant-zurückhaltend wirkende Zuschauerraum mit knapp 1.900 Plätzen ist seitlich mit Balkonen gestaffelt. Nach hinten schließen sich zwei Ränge an, die in Betonkonstruktion stützenlos ausgeführt werden konnten. Auf diese Weise wurden die Sichtverhältnisse verbessert und die Raumwirkung vereinfacht. Mit der dennoch traditionellen Sitzanordnung wurde der überlieferte Bautypus Opernhaus in modernen Formen weiterentwickelt.

WOHNBEBAUUNG OPERNVIERTEL (BISMARCKSTRASSE 23-31/ 86-90, GEORG HEINRICHS, HANS CHRISTIAN MÜLLER, ROLF GUTBROD; 1966-70): Der Hochhausbebauung ist zur Straße ein niedriger Wohnriegel vorgelagert, welcher dem Schallschutz dient und einen Höhenübergang von der baulichen Umgebung herstellt.

Die lang gestreckte Front des **MIETSHAUSES BERINGER** (🄳; BISMARCKSTRASSE 79-80; OTTO MARCH; 1905-07) zeigt Elemente der beginnenden Moderne, die wenige Jahre später von Bruno Taut beim ▶ *Wohn- und Geschäftshaus am Kottbusser Damm 2-3* übernommen wurden. In regelmäßiger Addition wiederholen sich Fensterformate, Erker und Loggien. Das wellenförmige Dach bindet den Baukörper zu einem zeilenartigen Ganzen zusammen.

BOSCH-HAUS (🄳; BISMARCKSTRASSE 71; BIELENBERG & MOSER; 1916-17): Bei der Gestaltung der repräsentativen Fassade wurde auf den zur Bauzeit üblichen historisierenden Bauschmuck verzichtet.

Ehem. **POLIZEIPRÄSIDIUM CHARLOTTENBURG** (🄳; KAISERDAMM 1; LAUNER & KLOEPPEL; 1906-10): In wilhelminischem Neubarock gestaltet. Die Gliederung durch Lisenen entsprach bereits der modernen flächig-seriellen Gestaltung der Fassade, wie beispielsweise bei der ▶ *Alten Staatsbibliothek Unter den Linden*.

In der zur Fußgänger-Einkaufszone umgestalteten **WILMERSDORFER STRASSE** findet sich ein erhaltenes Beispiel der „Nierentisch-Architektur" der 1950er Jahre: das **GESCHÄFTSHAUS STILLER** (🄳; WILMERSDORFER STRASSE 58; HANS SIMON; 1955-57). Über dem Eingang des sechsgeschossigen, leicht aus der Straßenfront nach innen gewölbten Baus kragt ein dünnes Betondach aus. Das Büro- und Geschäftshaus schließt

LINKE SEITE
BÜROHAUS BISMARCKSTR.
DEUTSCHE OPER BERLIN

RECHTE SEITE
DEUTSCHE OPER BERLIN:
GRUNDRISS,
ZUSCHAUERRAUM,
FOYER
MIETSHAUS BERINGER

 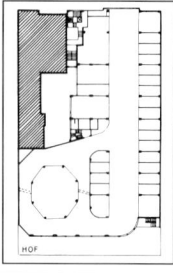 

mit einem weiteren Betondach ab, in das fünf kreisrunde Öffnungen eingeschnitten sind. Dieses Motiv wiederholte sich in den Leuchtstoffröhren unter dem Eingangsdach, die bereits 1971 aufgrund eines veränderten Zeitgeschmacks beseitigt wurden.

Ev. **TRINITATISKIRCHE** (**D**; KARL-AUGUST-PLATZ; J. VOLLMER & HEINRICH JASSOY; 1896-98): Im Grundriss auf der Form eines griechischen Kreuzes errichtet, zeigt der Bau im Stil eine Anlehnung an die märkische Backsteingotik. Der Innenraum wurde nach schwerer Beschädigung im Krieg in vereinfachter Form 1951-53 wiederhergestellt. In den Jahren 1960-69 wurde das Innere künstlerisch neu gestaltet.

KANT-GARAGENPALAST (**D**; KANTSTRASSE 126-127; RICHARD PAULICK & HERMANN ZWEIGENTHAL; 1929-30): Die Hochgarage auf sechs Geschossen ist für 300 Autos gedacht. Eine Spiralrampe mit ineinandergreifender, getrennter Auf- und Abfahrt führt in die einzelnen Ebenen. Im Erdgeschoss befanden sich ursprünglich Tankstelle und Waschanlage. Die Konstruktion wurde in Eisenbeton ausgeführt, Vorder- und Rückfront wurden verglast.

METAHAUS (EHEM. ABSPANNWERK LEIBNIZ; **D**; LEIBNIZSTRASSE 65-68A; HANS HEINRICH MÜLLER; 1927-29): Schlicht-sachlicher roter Klinkerbau mit abgerundeter Straßenecke und schmalem vertikalem Fensterband, die Fassaden werden durch die Fenster und Lüftungsschlitze gegliedert. 1951-53 entstand ein Anbau; 2001-02 erfolgten Sanierung und Umbau zu einem Bürogebäude (PETRA UND PAUL KAHLFELDT), bei dem die einfachverglasten Fenster erhalten blieben. Der Innenhof wurde durch eine Glasdecke geschlossen.

Am Kurfürstendamm wurde Anfang der 1990er Jahre auf einer als unbebaubar geltenden schmalen Restfläche, die sich aus dem Ausbau der Lewishamstraße zur breiten Verkehrsschneise ergeben hatte, das ungewöhnliche **BÜROHAUS KURFÜRSTENDAMM 70** (HELMUT JAHN; 1992-94) errichtet. Wie ein Tuch scheint das äußerst schmale Gebäude vor die Nachbarbebauung gespannt. Um überhaupt Raum gewinnen zu können, überkragen die oberen Geschosse die Bauflucht um bis zu 5 m. Die Erschließung der Geschosse musste entlang der Brandwand erfolgen, um die schmalen äußeren Flächen ganz der Büronutzung zuzuführen. Mit seiner spitz zulaufenden Schmalseite betont es zwangsläufig die Vertikale, wirkungsvoll unter-

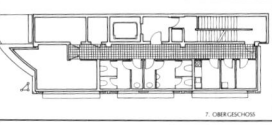

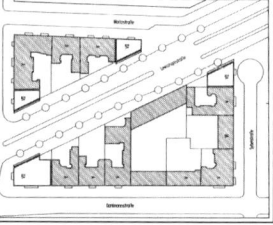

LINKE SEITE
GESCHÄFTSHAUS STILLER
KANT-GARAGENPALAST: GRUNDRISS
METAHAUS
RECHTE SEITE
BÜROHAUS KURFÜRSTENDAMM 70:
AUSSENANSICHT, GRUNDRISS
WOHNBEBAUUNG LEWISHAMSTR.:
LAGEPLAN
IGNATIUS-HAUS

strichen noch durch eine aus der schlanken Baumasse empor-
ragenden Antenne, die einen im Straßenraum vielbeachteten
Akzent setzt.

Der diagonale Straßendurchbruch der Lewishamstraße
mitten durch einen Baublock hatte offene Hinterhöfe und ge-
brochene Straßenecken erzeugt, so dass eine neue strukturierende Randbebauung angebracht erschien. Beidseitig zur
Straße entstand die neue **WOHNBEBAUUNG LEWISHAM-
STRASSE** (LEWISHAMSTRASSE/MOMMSENSTRASSE 40/SYBELSTRASSE
15; JÜRGEN SAWADE; 1977-81), die im Grundriss den diagonalen
Verlauf der Straße aufgreift und die aufgerissenen Baublöcke
schließt. Vor die Wohnungen sind Wintergärten gesetzt, die als
Lärm- und Wärmepuffer zur stark befahrenen Lewishamstraße
dienen. Indem der zerschnittene Block neue Kanten erhalten
hat, wurden die durch die Verkehrsschneise entstandenen
Schäden behoben. Sawade lieferte damit ein frühes Beispiel
der Stadtreparatur.

Aus den 1950er Jahren stammt die typische Ecklösung mit
einer eingeschossigen abgerundeten Ladenzeile, die dem
parallel zur Neuen Kantstraße liegenden kath. Wohnheim
IGNATIUS-HAUS (**D**; NEUE KANTSTRASSE 1/SUAREZSTRASSE; JO-
HANNES JACKEL; 1956-57) vorgelagert ist. Obwohl es sich um exponierten Baugrund handelt, zeigt die Straßenecke die damals
übliche aufgelockerte Bebauung, die auf eine Schließung und
Betonung der Ecke ausdrücklich verzichtet. Zum benachbarten
WILHELM-WESKAMM-HAUS (**D**; SUAREZSTRASSE 15-17; HEINZ
VÖLKER, RUDOLF GROSSE; 1955-56), einem kath. Studenten-
wohnheim, hält der flache Baukörper zudem einen großzügigen Abstand, um zum einen den Durchblick auf die zeitgleich entstandene ▶ St.-Canisius-Kirche zu ermöglichen, zum
anderen, um die Schmalseite des Wohnheims zur Geltung
kommen zu lassen, die durch einen polygonalen, voll verglasten Treppenturm akzentuiert ist. Ursprünglich konnte
dieser bemerkenswerte Bauteil, bei dem die schlanke
Betonwendeltreppe sichtbar ist, besser im Straßenraum zur
Wirkung kommen, denn heute ist das Gebäude durch Hecken
umstellt. Zur Längsseite entlang der Straße ist das Gebäude
durch kastenartig hervortretende Balkone gegliedert.

AMTSGERICHT CHARLOTTENBURG (**D**; AMTSGERICHTSPLATZ
1; POETSCH & CLASEN; 1895-97): Neobarockes Gerichtsgebäude

mit festlich wirkendem Eingangsrisalit. Die Gliederung der Fassade erfolgt durch Rustikasockel und Lisenen. In den Jahren 1915-21 fand eine Erweiterung in der Witzlebenstraße 22 statt (SCHULZ).

Am westlichen Uferhang des Lietzensees liegt eine durch die Einbindung in die Landschaft reizvollsten Berliner Kirchen der Nachkriegszeit: die ev. **KIRCHE AM LIETZENSEE** (**G**; HERBARTSTRASSE 4-6; PAUL BAUMGARTEN D.J. 1957-59). Zur Straße kragt eine geschlossene trapezförmige Stirnwand aus schalungsgemasertem Sichtbeton schwebend über die niedrige Umfassungsmauer und den Eingang der Anlage aus. Erst im oberen Bereich geht sie in einen horizontal gelagerten Glockenstuhl über. Der Kirchenraum öffnet sich ganz der Seeseite. Zeltartig liegt er unter einem an zwei Ecken bis zum Boden herabgezogenen, lärchenholzvertäfelten Faltdach, die Natur ist eindrucksvoller und besinnlicher Hintergrund des verglasten Altarbereichs.

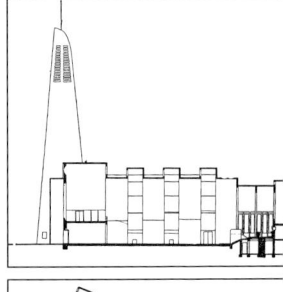

EHEM. OBERPOSTDIREKTION (**G**; DERNBURGSTRASSE 44/48-54; WILLY HOFFMANN; 1925-28): Funktionalistischer Verwaltungsbau mit repräsentativen Portalen; heute Deutsche Post AG.

Kath. **ST.-CANISIUS-KIRCHE** (WITZLEBENSTRASSE 27-29; REINHOLD HOFBAUER; 1954-57): Der parabolisch gewölbte Kirchenbau verengt sich zum Altar. Durch indirekte Beleuchtung mittels farbiger Fensterbänder entlang des parabolischen Daches entsteht eine meditative Stimmung. Der vorgelagerte Glockenturm erhielt eine Halbparabel-Form.

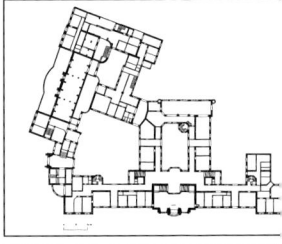

Ehem. **REICHSMILITÄRGERICHT** (HEUTE KAMMERGERICHT UND BUNDESGERICHT; **D**; WITZLEBENPLATZ 1-2; KAYSER & GROSZHEIM; 1908-10): Zweiteiliger Komplex aus Gerichts- und Wohngebäuden im zur Bauzeit für Gerichtsbauten bevorzugten Neobarock.

Das **BÜRO-, GESCHÄFTS- UND WOHNHAUS KAISERDAMM 97** (JÜRGEN SAWADE; 1991-93) steht auf einem städtebaulich höchst problematischen Grundstück. Zur Nordseite richtet es sich zum viel befahrenen Kaiserdamm, an der Westseite liegt schluchtartig in der Tiefe die Stadtautobahn. Nur unter besonderer Berücksichtigung des Lärmschutzes konnte die Baulücke geschlossen werden: Zur Autobahn hin steht das achtgeschossige Wohnhaus auf einem schallschluckenden Sockel aus Lochziegeln und wird vom Büro- und Geschäfts-

LINKE SEITE
KIRCHE AM LIETZENSEE:
INNENANSICHT
ST.-CANISIUS-KIRCHE: SCHNITT
EHEM. REICHSMILITÄRGERICHT: HIST.
GRUNDRISS
BÜRO-, GESCHÄFTS- UND WOHNHAUS
KAISERDAMM 97

RECHTE SEITE
APARTMENTHAUS AM KAISERDAMM
EPIPHANIEN-KIRCHE

haus am Kaiserdamm aus betreten. Der erschließende Laubengang, der mit Industrieverglasung geschlossen wurde, dient als Puffer zu den Wohnungen, die mit Französischen Fenstern und Wintergärten alle zum ruhigen Wohnhof ausgerichtet sind. Unter den schwierigen Gegebenheiten hat Sawade mit der leicht gekrümmten, vielgeschossigen Glasfassade aber auch ästhetisch eine überzeugende Form gefunden.

Stadträumlich trennen die Ringbahn und die parallel verlaufende Stadtautobahn Charlottenburg von seinen westlichen Ortsteilen Westend, Ruhleben und Eichkamp. Das **APARTMENTHAUS AM KAISERDAMM** (**D**; KAISERDAMM 25-25A/KÖNIGIN-ELISABETH-STRASSSE; HANS SCHAROUN; 1928-29) schloss die an einer Straßenkreuzung gelegene Baulücke. Zur Nachbarbebauung mit ihren typischen Berliner Mietshäusern der Zeit vor 1918 versuchte die Architektur zu vermitteln: Das Steildach des Nachbarhauses ist ein Stück über den Neubau weitergezogen, bis zu der über der Traufe hervortretenden Brandmauer, mit der die Zäsur zum flachgedeckten Bauteil erfolgt. Die Fassade ist von den dahinterliegenden Apartments bestimmt, allesamt kleine Ein- und Zwei-Zimmer-Wohnungen. Auf äußerst effizient ausgenutzten Grundrissen, für die GEORG JACOBOWITZ verantwortlich war, öffnen sich die Wohnungen mit Französischen Fenstern zur Straße. Dabei sind die Austritte, damals außerdem die Fensterrahmen, leicht nach vorne gezogen, so dass ein plastisches Fassadenrelief entstanden ist. Mit gegeneinander versetzten Fenstern der Treppenhäuser und den Bullaugen wurden Motive des holländischen De Stijl und der Schiffsarchitektur zitiert.

Ev. **EPIPHANIEN-KIRCHE** (KNOBELSDORFFSTRASSE 72-74; KONRAD SAGE, KARL HEBECKER; 1960): Wiederaufbau und Umbau einer 1904-05 errichteten, schwer kriegsbeschädigten Kirche (JÜRGEN KRÖGER). Der Altar wurde dabei von der Ostseite in die Nordseite verlegt. Ein gefaltetes Aluminium-Dach mit verglasten Feldern führt viel Licht ins Kircheninnere. Es entstand eine gelungene Annäherung der modernen Architektur von 1960 an die historisierende Gestaltung von Kröger.

Zwischen Messedamm und Masurenallee befindet sich seit 1914 das **MESSE-GELÄNDE**. Im Laufe der Jahrzehnte wurde das Gelände durch mehrmals wechselnde räumliche Organisationskonzepte verändert, wodurch heute mehrere architektonische Leitbilder aus verschiedenen Epochen nebeneinander bestehen. Ein erstes herausragendes architektonisches Zeichen wurde mit dem **FUNK-TURM** (◪; Messedamm 12-18/Messegelände; Heinrich Straumer; 1924-26) gesetzt, der zur Übertragung der Radiosendungen aus der „Halle der deutschen Funkindustrie" (Heinrich Straumer; 1924; 1935 abgebrannt) gebaut wurde. Gegenüber dem Pariser Eiffelturm (1885-89) war die deutlich niedrigere Stahlfachwerk-konstruktion ein technischer Fortschritt, da auf einer viel kleineren Grundfläche äußerst wenig Eisen benötigt wurde. Von der schnurgeraden, 10 km langen **AVUS**, der 1921 eröffneten „Automobil-Verkehrs- und Übungsstraße", und von der Eisenbahntrasse aus war der Funkturm von nun an das erste bauliche Wahrzeichen der Stadt. Auch die Aussicht vom Turm auf die Stadt wurde in die Architektur mit einbezogen. In 55 m Höhe befindet sich ein zweigeschossiges Restaurant, das als Stahlrahmenbau etwa 5 m über den Turmschaft nach außen kragt, wodurch der schlank aufstrebende Turm eine effektvolle Horizontalbetonung erfährt. In 125 m Höhe befindet sich die Aussichtsplattform.

Von einem 1928 erarbeiteten raumordnenden Entwurf von Martin Wagner und Hans Poelzig, welcher die Messehallen zu einem Ring geschlossen und dem ▶ *Haus des Rundfunks* ein ovales Messegebäude gegenübergestellt hätte, wurde nur die „Halle der deutschen Funkindustrie" realisiert. Stattdessen kamen in den 1930er Jahren Pläne von Richard Ermisch für den **MESSEEINGANG HAMMARSKJÖLDPLATZ** zur Ausführung, die sich an einem monumentalisierten und reduzierten Neoklassizismus orientierten, wie er bei Repräsentations-bauten der NS-Zeit üblich war. Die 35 m hohe **EHRENHALLE AM MESSEEINGANG HAMMARSKJÖLDPLATZ** (Heute Halle 19; ◪; Hammarskjöldplatz 1-5; Richard Ermisch; 1935-37) wird von zwei 100 m langen Bauten (Hallen 18 und 20) blockhaft einge-fasst und bildet noch heute den Hauptzugang zum Gelände. Ein herausragendes Beispiel der Architektur der frühen 1950er Jahre ist das **GEORGE-C.-MARSHALL-HAUS MIT ERP-PAVILLON** (◨; Messegelände; Bruno Grimmek, Werner Düttmann; 1950) im südlichen Sommergarten. Die verglaste Ausstellungshalle mit einer geschwungenen Empore und einer auf schlanken Stützen stehenden verglasten Galerie, die schneckenförmig den Pavillon verbinden, steht in ihrer Leichtigkeit und Heiter-keit in größtem Gegensatz zum Monumentalbau der NS-Zeit.

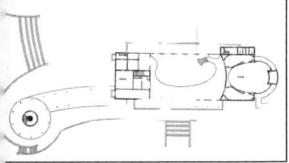

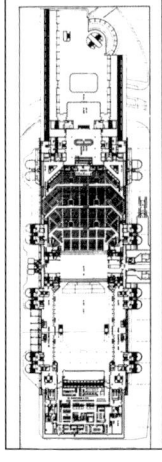

Das seit der Nachkriegszeit ohne übergreifende Planung nach Bedarf erweiterte Messegelände sollte 1990 durch eine neue Gesamtkonzeption klare räumliche Strukturen erhalten. Die **ERWEITERUNG DES MESSEGELÄNDES SÜD** (OSWALD MATHIAS UNGERS; 1990-99) erhielt ihre Ordnung aus einem für Ungers' Werk typischen quadratischen Grundmodul, das sowohl für die Fassade als auch für den Grundriss angelegt wurde. Im Innern ist der Baukörper durch je drei parallel angeordnete Hallenriegel gegliedert, außen sind seitlich schmale Riegel angefügt, über welche die Hallen erschlossen werden. Wirkt das Quadratemodul bei anderen Projekten von Ungers oft zu schematisch und starr, entwickelt sich daraus für die Messe-Erweiterung eine starke strukturierende und Klarheit schaffende Kraft, auch wenn einige Unstimmigkeiten aufgrund Ungers' konsequenter Anwendung des Moduls hingenommen werden müssen. Da sich der Schwerpunkt des Messegeländes nun eindeutig vom nördlichen Sommergarten nach Süden verlagert hatte, sollte der **EINGANG MESSE SÜD** (JAFFÉSTRASSE; OSWALD MATHIAS UNGERS, J. LENSCHOW; 2002-10; BEREITS TEILWEISE FERTIG GESTELLT) eine neue attraktive und den neuen Erfordernissen entsprechende Gestaltung erhalten. Mit dem neuen Eingangsgebäude erhielten die südlichen Messehallen eine eindeutige Orientierung. Die Eingangshalle kontrastiert als gläserner Halbkreis zu den quaderförmigen Messehallen. Durch die Absenkung des Vorplatzes entsteht ein Forum, das den umgebenen Raum auf den Eingang zu konzentrieren vermag.

Das ab 1965 entworfene **INTERNATIONALE CONGRESS CENTRUM ICC** (MESSEDAMM 19; RALF SCHÜLER, URSULINA SCHÜLER-WITTE; 1973-79) ist ein von Anfang an geplanter stadträumlicher Solitär. Futuristisch liegt der Großkomplex, zu allen Seiten umgeben von Stadtautobahnen, wie eine große Stadtmaschine an einem wichtigen Eingang zur Innenstadt. Seine technoide Fassadenästhetik weist jeglichen Bezug zur Umwelt ab. Vielmehr zieht das Gebäude die Umwelt ins Innere: Über ein „Autofoyer" wird auf acht Spuren der Verkehr ins Innere geleitet, durch ein elektronisches Leitsystem werden die Besucher zu den einzelnen Kongresssälen geführt. Diese sind stützenfrei, auch um Schallübertragungen zu vermeiden; die erforderlichen Stahldachbinder sind außen von weitem als

Hauptgestaltungsmerkmal des Gebäudes ablesbar. Mit 800.000 qm umbautem Raum ist das ICC das größte Kongresszentrum Deutschlands. Wie kein anderer Bau in Berlin steht das tadellos funktionierende ICC für die Technikgläubigkeit der Entstehungszeit und das Leitbild der autogerechten Stadt, die den Maßstab des Fußgängers im Stadtraum ignorierte. Zugleich nahm das ICC mit seinem deutlich technisierten Erscheinungsbild und der unverkleideten Konstruktion die Strömung der High-Tech-Architektur auf, die zur Bauzeit aufkam und bis heute andauert. Ähnlichkeiten in der Entwurfshaltung lassen sich im ▶ *Ludwig-Erhard-Haus* und in den drei ▶ *Geschäfts- und Wohngebäuden an der Linkstraße* erkennen.

Auch im Norden, am Hammarskjöldplatz, bedarf die Eingangssituation zum Messegelände einer starken Verbesserung, wirkt der Stadtraum städtebaulich wie funktional noch unfertig und öde. Nach einem städtebaulichen Gutachten (ENS ECKERT, NEGWER, SUSELBEEK) soll das Gelände neu gefasst werden. Dabei soll vor allem der Hammarskjöldplatz als Messe-Entree deutlich aufgewertet werden. Einen Anfang zur Neuordnung des Stadtraumes bilden die, unmittelbar an das ▶ *Haus des Rundfunks* grenzenden zwei würfelförmigen, achtgeschossigen **BÜROHOCHHÄUSER MASURENALLEE/SOORSTRASSE** (ENGEL & ZILLICH; 2001-02), ein drittes ist geplant. Sie rücken bis auf wenige Meter an den Altbau heran und überragen dessen Traufhöhe. Weil sie aber an der spitzbogigen Rückfront des Baudenkmals hintereinander gestaffelt sind, kann sich das Rundfunkgebäude weiter selbst behaupten. Die strenge, ruhige Fassade des Rundfunkgebäudes greifen die Neubauten in ihrer klaren Kubatur auf; der Gegensatz von dunkelroter Klinkerfassade des Altbaus und weiß verputzten Fassaden der Neubauten setzt Alt und Neu voneinander ab.

Zu der bereits 1928 von Martin Wagner und Hans Poelzig projektierten Umstrukturierung des Messegeländes gehörte das **HAUS DES RUNDFUNKS** (**D**; MASURENALLEE 8-14; HANS POELZIG; 1929-31). Die 155 m lange Hauptfront des ersten deutschen Funkhauses ist daher auf das Messegelände ausgerichtet, wo ein bauliches Pendant entstehen sollte. Auch durch die strengen, im Stil der Neuen Sachlichkeit gehaltenen Fassaden mit dunklen Klinkern wendet sich der große Komplex von der stadträumlichen Umwelt als selbstbehauptender

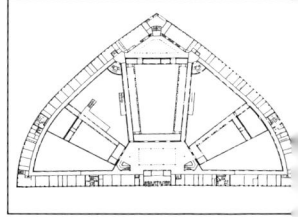

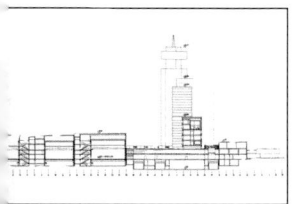

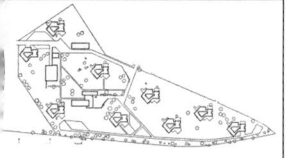

Solitär ab. Von Binnenhöfen umgeben, liegen im Innern der Anlage, abgeschottet vom Straßenlärm, die Studios. Nachdem das Gebäude 1959 im Innern umgebaut wurde, entschied man sich in den 1980ern, den eindrucksvollen großen Lichthof mit Galerien in seiner ursprünglichen Gestalt wiederherzustellen.

RBB-FERNSEHZENTRUM (EHEM. SFB-FERNSEHZENTRUM; THEODOR-HEUSS-PLATZ; ROBERT TEPEZ; 1963-71): Der Komplex aus kubisch gestaffelten Baukörpern wird von einem Hochhaus mit bis zu 14 Geschossen dominiert, das wiederum von einem Erschließungsturm überragt wird. Das Hochhaus steht auf Stützen und im stumpfen Winkel zur Straßenkreuzung.

DOPPELVILLA KAROLINGERPLATZ 5 UND 5A (**D**; ERICH MENDELSOHN; 1921-22): Einer der ersten kubischen Bauten Berlins mit Flachdach; spiegelbildlich an der Straßenecke gestaffelt angeordnet.

INTERNATIONALES STUDENTENHEIM EICHKAMP (**G**; HARBIGSTRASSE 14; HANS CHRISTIAN MÜLLER, HEINZ WEBER; GEORG HEINRICHS, LUDWIG LEO; 1950; 1958-59; 1967): Fünf Wohnbauten, gruppiert um einen zentralen Verwaltungsbau mit Mensa. Doppelzimmer als Maisonette mit Schlafgalerie.

Am nördlichen Rand des Grunewalds, beidseitig der nach Westen verlaufenden Ausfallstraße, der Heerstraße, liegt ein Viertel mit einer frei stehenden, teils villenartigen Wohnbebauung. Hier befindet sich u.a. das **GEORG-KOLBE-MUSEUM** (**D**; SENSBURGER ALLEE 25-26; ERNST RENTSCH; 1928-29) im ehem. Wohnhaus und Ateliergebäude des Künstlers. Die Anlage öffnet sich, hinter einer Klinkermauer von der Straße abgeschirmt, zum Garten um einen Skulpturenhof. Der kubische klinkerverkleidete Bau des Neuen Bauens wurde 1932, sehr gut abgestimmt durch Paul Lindner, um einen weiteren Atelierbau erweitert.

Eine blütenförmige Grundrissanlage öffnet die **HEINZ-GALINSKI-SCHULE** (WALDSCHULALLEE 73-75; ZVI HECKER; 1993-95) zur Natur des angrenzenden Grunewalds. Die erste nach dem Holocaust neu entstandene jüdische Schulanlage in Berlin besteht aus fünf Pavillons, die sich als gekrümmte Baukörper spitz zulaufend um einen zentralen Hof gruppieren. Daraus ergibt sich eine spannungsreiche, expressive Dichte der Baukörper mit attraktiven Durchgängen vom Hof zum Rand der Anlage.

Eine nach Süden abfallende Hangkante am Rande des Grunewalds wird von den **TERRASSENHÄUSERN AM TEUFELS-BERG** (KRANZALLEE 5-11/GRETHE-WEISER-WEG 1-13; JAN & ROLF RAVE; 1969-72) genutzt. Zwischen den elf terrassierten Häuserzeilen aus abgetreppten kubischen Baukörpern liegen schmale Treppengassen, die eine Durchwegung der Anlage vom offenen Landschaftsraum zu den oberen, nach Norden gelegenen Höfen ermöglichen, die aus konventionellen Etagenwohnbauten und Garagen gebildet sind. Die in die Landschaft eingefügte und dabei dennoch verdichtete Terrassenanlage orientiert sich an Schweizer Vorbildern (Gruppe 5), deren hohe architektonische Qualität in der Berliner Anlage wiederzufinden ist.

Das **HAUS STEINGROEVER** (**D**; STALLUPÖNER ALLEE 37; EGON EIERMANN; 1937) besteht aus zwei überkreuzten länglichen Flügeln, die auf die Hanglage des schmalen Grundstücks Rücksicht nehmen. Im Winkel zwischen Wohn- und Schlaftrakt wurde die große Terrasse angelegt. Da der Bau während der NS-Zeit errichtet wurde, war es für den der Moderne verpflichteten Architekten unvermeidlich, ihn mit einem steilen Satteldach zu decken.

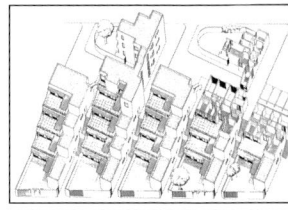

In dem Villenviertel **KOLONIE AM RUPENHORN**, einer Hanglage mit Blick auf die Havellandschaft, liegen drei bemerkenswerte, kaum veränderte Villen der Moderne. Die zwei **WOHNHÄUSER AM RUPENHORN 24 UND 25** (**D**; HANS & WASSILI LUCKHARDT, ALFONS ANKER; 1929-32) gehören zu den bedeutendsten Berliner Beiträgen zum Neuen Bauen. Von den drei geplanten Einfamilienhäusern wurden zwei ähnlich konzipierte ausgeführt. Die frei stehenden, blendend weiß gestrichenen Kuben sind wirkungsvoll und kontrastreich in die Hanglage am Waldrand eingefügt. Mit einer weit ausladenden Terrasse und großen Fensterfronten öffnet sich das Erdgeschoss, das ganz vom Wohnzimmer eingenommen wird, der Natur. Im ersten Obergeschoss liegen die Schlafzimmer, das Flachdach dient als Dachterrasse. Der großzügige Charakter der Villen ergibt sich nicht aus repräsentativen und symmetrischen Formen wie bei vergleichbaren Bauten der Jahre zuvor, sondern ganz aus dem elementaren Kubus mit seiner einfachen wie großzügigen Raumdisposition.

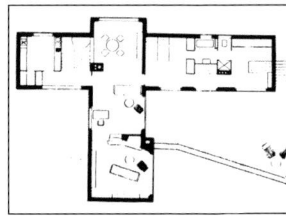

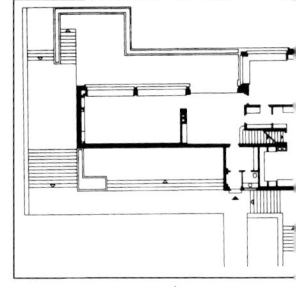

Wenige Grundstücke weiter liegt das **WOHNHAUS ERICH MENDELSOHNS** (**D**; AM RUPENHORN 6; ERICH MENDELSOHN; 1928-

LINKE SEITE
TERRASSENHÄUSER AM TEUFELSBERG:
AUSSENANSICHT, ISOMETRIE
HAUS STEINGROEVER: HIST. GRUNDRISS
WOHNHAUS ERICH MENDELSOHN:
HIST. GRUNDRISS

RECHTE SEITE
CORBUSIER-HAUS: AUSSENANSICHT, SCHNITT

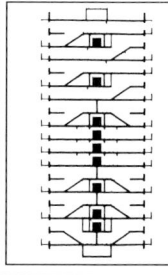

29) auf einer Anhöhe mit Blick über die Havel. Der L-förmige Baukörper, mit dem Mendelsohn seine organisch-dynamischen Formen zugunsten einer kubischen Sachlichkeit aufgab, vermittelt mit mehreren Terrassen auf unterschiedlichen Niveaus zum Garten. Der Wohnbereich wurde nach Westen ausgerichtet, um durch große, versenkbare Scheiben das Landschaftspanorama genießen zu können. Die Schlafzimmer im Obergeschoss liegen mit einem langen Fensterband zur Ostseite. Mendelsohn gestaltete das komplette Interieur. Ein Großteil der Möbel waren Wandschränke.

Le Corbusiers Projekt „Unité d'Habitation Typ Berlin", das so genannte **CORBU-SIER-HAUS** (**G**; FLATOWALLEE 16; LE CORBUSIER; 1956-58), ist im Rahmen der Interbau 1957 entstanden. Aufgrund der Größe des Bauwerks liegt es außerhalb des Veranstaltungsortes ▶ *Hansaviertel* in einem parkartigen Gelände zwischen Heerstraße und ▶ *Olympiagelände*. Hier steht die 17-geschossige Hochhausscheibe in Nord-Süd-Lage, wodurch die meisten der 530 Wohnungen nach Osten oder Westen, die größeren Wohnungen zu beiden Himmelsrichtungen hin ausgerichtet sind. Nach den Wohnhäusern in Marseilles und Nantes war der Berliner Bau Le Corbusiers dritte „Unité d'Habitation". Wie die beiden Vorgänger hebt sich das Hochhaus auf Betonstützen – so genannten Pilotis – vom Boden ab. Als „Betonregal", in das Maisonettewohnungen, eingeschoben sind, soll es eine eigene „vertikale Stadt" darstellen, die über innere fensterlose „Straßen" von über 100 m Länge erschlossen wird. Zum Projekt gehörte daher eine umfassende Infrastruktur, von der Einkaufsstraße über den Kindergarten bis zur gemeinschaftlichen Dachterrasse. Von all dem wurde in Berlin aufgrund starrer Regelungen im Sozialen Wohnungsbau nichts verwirklicht, weshalb sich der Architekt von dem Projekt schließlich distanzierte. Neben den für die Unité-Projekte üblichen Maisonettewohnungen finden sich im Typ Berlin auch Ein-Zimmer-Appartements. Das für die Wohnungen von Le Corbusier entwickelte Proportionssystem, der „Modulor", musste in Berlin an der deutschen Bauordnung scheitern. Die Raumhöhe des „Modulors" von 2,26 m – die sich bei den zweigeschossigen Wohnungen mit Galerie in einen doppelt so hohen Wohnraum aufweitet – wurde auf 2,50 m gehoben.

Große Ausfallstraßen und die bereits vorhandenen S- und U-Bahnhöfe boten am westlichen Stadtrand Berlins optimale Voraussetzungen für das **OLYMPIAGELÄNDE** der XI. Olympischen Spiele 1936. Das ehem. **REICHSSPORT-FELD** (Olympiagelände; **G**; Olympischer Platz 1-5; Werner March; 1934-36) liegt auf einem schon vor dem Ersten Weltkrieg zu Sportzwecken genutzten Areal des Deutschen Stadions am westlichen Rand Charlottenburgs. Neben dem ▶ *Flughafen Tempelhof* gehört das ehem. Reichssportfeld zu den städtebaulichen Großprojekten der Nationalsozialisten in Berlin. Der NS-Staat präsentierte sich zu den XI. Olympischen Spielen 1936 der Weltöffentlichkeit mit einer weitläufigen, antiken Vorbildern angelehnten Anlage. Um eine vermeintliche Weltoffenheit Deutschlands vorzutäuschen, wirkt sie weit weniger einschüchternd als andere nationalsozialistische Projekte. Grundsätzlich entsprach die Anlage aber – immerhin gab es noch keine eindeutigen Vorbilder nationalsozialistischer Architektur – den Vorstellungen der politischen Führung. Das von Osten leicht ansteigende natürliche Plateau bot die Möglichkeit einer gesteigerten theatralisch-heroischen Inszenierung der Architektur. In einer 2 km langen Ost-West-Achse wurde die Gesamtanlage symmetrisch angeordnet: der Olympische Platz, das Olympische Tor, das ▶ *Olympiastadion* und der Aufmarschplatz Maifeld. Die Nord-Süd-Achsen-Planung der Hauptstadt hatte so im Einzelprojekt ihre Entsprechung gefunden, wobei die strenge Axialität durch einzelne, aus der Achse herausgehobene Teile wie die in die Natur eingebettete ehem. Dietrich-Eckart-Freilichtbühne (heute Waldbühne, Am Glockenturm) eine Auflockerung erfuhr.

Im nördlichen Bereich des ehem. ▶ *Reichssportfeldes* entstand als gemeinsamer Sitz der Deutschen Sporthochschule und des Reichsausschusses für Leibesübungen das ehem. **DEUTSCHE SPORTFORUM** (**G**; Friedrich-Friesen-Allee; Werner March; 1926-28). Der symmetrische, hufeisenförmige Komplex umfasst das zentrale **HAUS DES DEUTSCHEN SPORTS** (Jahnplatz) mit einer monumentalen Pfeilerhalle. 1956 erfolgten Umbauten.

Das **OLYMPIASTADION** (**G**; Olympischer Platz; Werner March; 1934-36) wurde als offene Arena für 100.000 Zuschauer angelegt und bildet mit der äußeren Fassadengestalt, einem Kranz aus 14 m hohen monumentalen Pfeilern, den architektonischen Mittelpunkt der Gesamtanlage des Olympiageländes. Plante Werner March ursprünglich, den Stahl-

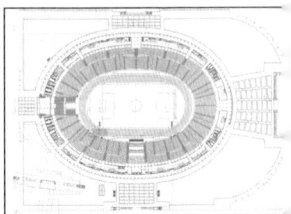

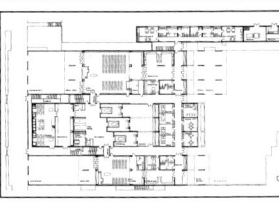

OLYMPIASTADION:
GRUNDRISS,
COMPUTERPERSPEKTIVE DER
INNENANSICHT
HORST-KORBER-
SPORTZENTRUM:
INNENANSICHT DER
SPORTHALLE
KREMATORIUM RUHLEBEN:
AUSSENANSICHT,
GRUNDRISS

beton des Stadions sichtbar zu lassen, musste der Bau wie andere Repräsentationsbauten des Dritten Reichs auf Wunsch Hitlers mit Naturstein verkleidet werden, um die moderne Konstruktion zu verdecken. Auch die ursprünglich schlanker geplanten Pfeiler wurden wuchtig monumentalisiert. Nach Westen ist das Tribünenoval durchbrochen. Zwei Treppenhausblöcke erzeugen eine Toröffnung, das Marathontor, mit dem die Arena zum so genannten, für Aufmärsche bestimmten Maifeld geöffnet ist und die Ost-West-Achse fortschreibt. Das heute noch vorbildliche Erschließungssystem des Stadions beruht auf einem ebenerdigen Zugangsring, der sich aus einer Absenkung des Sportfeldes um 12 m ergibt und die rasche Verteilung der Besucher auf den oberen und den unteren Rang ermöglicht. Nach einer 1974 erfolgten Teilüberdachung (FRIEDRICH WILHELM KRAHE) wird das Stadion 2002-06 zu einer modernen Multiarena umgebaut (VON GERKAN, MARG & PARTNER - GMP). Der Oberrang wird saniert, der Unterrang durch einen Neubau ersetzt, das Sportfeld abermals abgesenkt. Mit einer minimierten Stahlkonstruktion und einer transluzenten Dachmembran werden die Tribünen überdacht, das Marathontor bleibt offen – ein Spagat zwischen Denkmalschutz und weitreichenden Erfordernissen an eine moderne Sportarena.

HORST-KORBER-SPORTZENTRUM (GLOCKENTURMSTRASSE 24; CHRISTOPH LANGHOF, THOMAS M. HÄNNI, HERBERT MEERSTEIN; 1987-90): Die Anlage besteht aus zwei Bereichen, die unterirdisch miteinander verbunden sind: einem lang gestreckten, teilweise geschwungenen und aufgestützten Baukörper, der den Übernachtungs- und Verwaltungsbereich aufnimmt, und der Sporthalle. Die teilbare Halle wurde beinahe vollständig in das Gelände versenkt und in die leicht abfallende Landschaft integriert. Das Hallendach besteht aus einer Stahlkonstruktion mit Glaslichtkuppeln, die bei schönem Wetter geöffnet werden können. Das Dach hängt an den zu einer Seite der Halle platzierten acht Pylonen. An den je fünf „Fingern" sind die Seile gespannt, die im Gebäude rückverankert sind. Mit einer Höhe von 30 m verleihen die Pylonen dem Bau seine charakteristische Gestalt.

Das **KREMATORIUM RUHLEBEN** (AM HAIN; JAN & ROLF RAVE; 1972-75) entstand nach einem bereits 1963 gewonnenen Wettbewerb. Den Architekten war es ein Anliegen, die Konzeption der Anlage weniger nach traditionellen Vorbildern zu richten, die sich am Kirchenbau orientieren. Vielmehr versuchten sie von den Bedürfnissen der Mitglieder einer Trauerfeier auszugehen. Die zwei Feierhallen, die zentral angeordnete Vorbereitungs- und Aufbahrungsräume flankieren, besitzen jeweils einen eigenen Eingang mit offener Vorhalle, einen Vor- und Warteraum sowie abschließende, ummauerte Kondolenzhöfe. Während der Trauerfeier werden die Särge nicht wie bei einer Erdbestattung versenkt, sondern über eine Schleuse hinausgefahren. Damit sollte die ausdrückliche Trennung von technischer Funktion und Pathos vermieden werden. Durch markante kupferverkleidete Sheddächer fällt Licht in die Feierhallen; die Fassaden zeigen in Sichtmauerwerk ausgeführte Betonsteine.

Unter der Gesamtplanung von Hans Scharoun wurde die an der Grenze zwischen Charlottenburg und Spandau gelegene Siedlung ▶ *Siemensstadt* nach Osten als **WOHNSIEDLUNG CHARLOTTENBURG-NORD** (**G**; Heilmannring; 1956-61) erweitert. Scharoun fand mit seinen aus der organischen Moderne heraus entwickelten nord-südlich ausgerichteten Zeilenbauten, die als leicht geknickte Baukörper paarweise kleine „Wohnhöfe" bilden, eine bemerkenswerte Form der Zeilenbauweise. In dieser Siedlung stellt auch die kath. **MARIA-REGINA-MARTYRUM-KIRCHE** (**D**; Heckerdamm 230-232; Hans Schädel und Friedrich Ebert; 1960-63) eine stadträumlich besonders eigenständige Lösung für den Kirchenbau der 1960er Jahre dar. Eine Betonmauer grenzt den terrassierten Hof vollständig von der stadträumlichen Umgebung ab – eine moderne Ausdrucksform für eine in sich geschlossene Kirchenanlage. Einzig der kastenförmige Glockenturm an der Grundstücksecke signalisiert im Straßenraum den Sakralbau, der mit Ober- und Unterkirche in der Tiefe des weiten Kirchhofes liegt. Der karge, durch Waschbeton erzeugte Raumeindruck von Anlage und Kirchenraum ist ein frühes Beispiel des in den 1960er Jahren aufkommenden Brutalismus.

Ehem. **LANDGERICHT III** (heute Landgericht Charlottenburg; **D**; Tegeler Weg 17-20; Erich Petersen, Rudolf Mönnich, Paul Thoemer; 1901-06): Die Gestaltung im Stil deutscher und norditalienischer Romanik stellt für ein Berliner Gerichtsgebäude jener Zeit eine Besonderheit dar. 1912-15 erfolgte eine Erweiterung durch Waldemar Pattri.

In dem von Bauten der 1920er Jahre geprägten Viertel rund um den Mierendorffplatz liegt die ev. **GUSTAV-ADOLF-KIRCHE** (**D**; Fabriciusstrasse 31; Otto Bartning; 1932-34). Das Gebäude betont in einer für Berliner Kirchenbauten einmaligen Form die Kreuzung Brahestraße/Herschelstraße. Der fächerförmige Grundriss des Kirchenraums läuft auf die Straßenecke zu. Hier sind die Baumassen in die Höhe gestaffelt, ein schlanker Turm tritt daraus als städtebaulicher Akzent hervor. Die sichtbare Stahlbetonkonstruktion wurde für eine überaus klare Expressivität eingesetzt.

Das architektonische Konzept des **PRODUKTIONSTECHNISCHEN ZENTRUMS** (Pascalstrasse 8-9; Gerd Fesel, Peter Bayerer, Hans-Dietrich Hecker, Roland Ostertag; 1983-86)

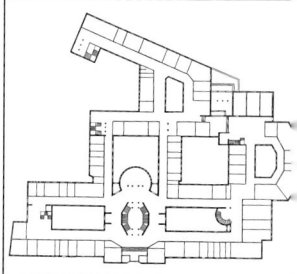

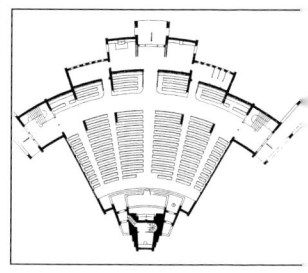

Linke Seite
WOHNSIEDLUNG CHARLOTTENBURG-NORD: LAGEPLAN
EHEM. LANDGERICHT III: HIST. GRUNDRISS
GUSTAV-ADOLF-KIRCHE: GRUNDRISS

Rechte Seite
PRODUKTIONSTECHNISCHES ZENTRUM: AUSSEN-, INNENANSICHT

wurde speziell für Forschungsprojekte in der industriellen Fertigung entwickelt. Zwischen den theoretischen Arbeitsräumen, den experimentellen Arbeitsflächen und der Produktion sollte ein möglichst enger räumlicher und visueller Bezug bestehen. Ergebnis war eine kreisrunde Gebäudeform, die aus der mittigen Anordnung einer großen Versuchshalle und einen um sie gelegten Gürtel von Arbeitsräumen und Laboratorien resultiert. Einfluss auf die äußere Gestalt nahm auch die Lage an der südlichen Spitze des Charlottenburger Spreebogens; zur Spree hin wurde das Gebäude abgetreppt, der Komplex öffnet sich mit der großen Glasfläche der Produktionshalle.

SCHÖNEBERG UND WILMERSDORF

SCHÖNEBERG und **WILMERSDORF** zählen zu den bürgerlichen Wohnvierteln Berlins. Stadträumlich bilden sie einen Gegenpol zu den Bezirken nördlich und östlich der alten Berliner Innenstadt mit deren Mietskasernen. Bis 2001 waren beide eigenständige Stadtbezirke, heute bilden Schöneberg mit Tempelhof bzw. Wilmersdorf mit Charlottenburg neue Verwaltungseinheiten. Schöneberg und Wilmersdorf sind eng angebunden an die City-West, den Kurfürstendamm und die Tauentzienstraße. Zu den angrenzenden Bezirken Tiergarten und Charlottenburg wie auch zwischen den beiden Bezirken selbst existieren keine städtebaulich erkennbaren Grenzen, vielmehr sind es fließende Übergänge. Das Straßennetz des ab den 1880er Jahren entstandenen „Neuen Westens" zeigt, dass die damals eigenständigen Städte Charlottenburg, Schöneberg und Wilmersdorf von Beginn an als Stadterweiterung Berlins geplant wurden. Der Hobrecht-Plan von 1862 sah sogar eine von Schmuckplätzen unterbrochene West-Ost-Achse vom heutigen Breitscheidplatz über den Wittenbergplatz und den Nollendorfplatz bis zum Südstern und zum Hermannplatz vor, die städtebaulich wirkungsvoll den „Neuen Westen" mit Kreuzberg verbunden hätte. Der Flächenbedarf der Eisenbahn mit dem Anhalter Güterbahnhof und dem Gleisdreieck war jedoch so groß, dass die durchgehende Achse nie verwirklicht wurde und Schöneberg von Kreuzberg bis heute stadträumlich getrennt blieb. Zusammen mit der trennenden Wirkung des Tiergartens entwickelte sich der „Neue Westen" als eigenständiger, bürgerlich geprägter Stadtraum.

Da der Hobrecht-Plan bei der Entstehung des neuen Stadtraums bereits über 20 Jahre alt war und als überholt galt, wurde für den Westteil Schönebergs ein neuer Bebauungsplan aufgestellt. Von den tiefen Baublöcken und vom rechtwinkligen Straßennetz kam der Plan ab. Insbesondere wollten die Investoren mit zeitgemäßen „Schönheitsgrundsätzen" ein besser gestelltes Bürgertum ansprechen. So sahen die kommerziellen Terraingesellschaften sternförmige Schmuckplätze vor, von denen fächerförmig die Straßenzüge abgehen (**VIKTORIA-LUISE-PLATZ, WINTERFELDT-PLATZ, NIKOLSBURGER PLATZ, PRAGER PLATZ, BAYERISCHER PLATZ, BARBAROSSA-PLATZ**). Auch in Wilmersdorf wurden ähnliche Schmuckplätze angelegt, so u.a. der Ludwigkirchplatz. Das Leitbild gefällig gestalteter Wohnanlagen gipfelte mit dem ▶ *Rheinischen Viertel* (Wilmersdorf) in einer städtisch verdichteten, idyllisch-bürgerlichen Gartenstadt.

Die alten dörflichen Siedlungsstrukturen Schönebergs und Wilmersdorfs sind heute kaum noch zu erkennen. Verkehrstechnisch herausgehoben lag das Dorf Schöneberg an der Straße von Berlin nach Potsdam, welche als erste Straße Preußens Ende des 18. Jh. von Carl Gotthard Langhans zur Chaussee ausgebaut wurde (heute Hauptstraße). Auch der Dorfkern von Wilmersdorf (Wilhelmsaue) wurde mit der rasanten Entwicklung ab den 1880er Jahren schnell großstädtisch überformt. In dieser Zeit entstand eine enge Bindung zu Charlottenburg. Nach Westen expandierte Wilmersdorf mit den Villenkolonien **HALENSEE** und **GRUNEWALD,** und auch im ehem. Bauerndorf **SCHMARGENDORF** (Breite Straße) bildeten sich mit einer niedrigen Bebauung, teils im Heimat- und im Landhausstil, vorstädtische und später städtische Strukturen heraus. Grunewald und Schmargendorf sind jedoch mehr mit dem grünen Südwesten ▶ KAPITEL: GRUNEWALD UND ZEHLENDORF als mit dem städtischen Wilmersdorf verbunden. Friedenau hat sich bis heute den Charakter eines in sich geschlossenen Stadtviertels bewahrt. 1871 wurde es als Landhauskolonie gegründet und um den zentralen **FRIEDRICH-WILHELM-PLATZ** in halbrunden, orthogonalen und diagonalen Straßenverläufen angelegt. Schon wenige Jahre später kam es neben der Landhausbebauung zu einer städtischen Mietshausbebauung.

SCHÖNEBERG:

Unter den vornehmen Schmuckplätzen war der **VIKTORIA-LUISE-PLATZ** (Fritz Encke; 1898-1900) der herausragendste. Nicht nur eine besonders prachtvolle Umbauung mit luxuriösen Mietspalästen, sondern auch eine außergewöhnlich aufwendig gestaltete Grünanlage zeichneten den Platz aus. Die Erscheinung des Platzes trug wesentlich zum Zuzug wohlhabender Bevölkerungsschichten bei. Als „festlich-froher Gartenplatz" angelegt, befindet sich im Zentrum ein Bassin mit Fontäne, seitlich von zwei Arkaden umgeben. Noch heute zählt der 1979-80 denkmalgerecht wiederhergestellte Platz zu den schönsten Berlins.

UMBAU UND ERWEITERUNG FINOW-GRUNDSCHULE (Welserstrasse 16-22; BHHS Bayerer Hanson Heidenreich Schuster & Partner; 1992-97): Für einen von der Straße zurückgesetzten Schulbau aus den 1970er Jahren wurde ein neuer Zugangsbereich geschaffen. Die Schule ist ein gängiger Gebäudetypus der 1960er und 1970er Jahre mit pavillonartiger Anordnung der Baukörper. Untersuchungen ergaben, dass das Gebäude durch Asbest und PCB gesundheitsgefährdend kontaminiert war; der Energiehaushalt entsprach nicht den heutigen Anforderungen. Die bauliche Anordnung der dreizügigen Grundschule blieb vollständig erhalten, ergänzt wurde nur ein Aufzugturm. Mit der Fassadensanierung sollte der Gebäudeduktus erhalten bleiben; ein Putzanstrich der Waschbetonplatten und neue Fenstereinteilungen betonen die horizontale Gliederung zusätzlich.

Als eine der großen Achsen des „Neuen Westens" verbinden die **BÜLOWSTRASSE** und die **KLEISTSTRASSE** Schöneberg mit der City-West. Während der Wittenbergplatz (▶ „City-West") noch vieles von seiner historischen Platzsituation bewahrt hat, folgt die Kreuzung Kleiststraße/An der Urania ganz dem städtebaulichen Leitbild der 1960er Jahre. Breite Straßenzüge zeugen von der autogerechten Stadt, Hochhaussolitäre stehen scheinbar ohne Beziehung zueinander im aufgelockerten, wenig definierten Straßenraum. Das als Haus der Werbung entstandene **DORLAND-HAUS** (◨; An der

Urania 20-22; Rolf Gutbrod, Horst Schwaderer, Hermann Kiess; 1964-66) besitzt als

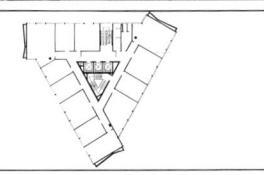

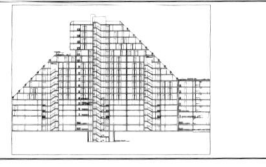

FINOW-GRUNDSCHULE
DORLAND-HAUS: AUSSENANSICHT,
GRUNDRISS
WOHN- UND GESCHÄFTSHAUS
KLEISTSTR. 3-6: SCHNITT
HOCH- UND U-BAHNHOF NOLLENDORF-
PLATZ: EINGANG ZUR EMPFANGSHALLE

Solitär eine markante Form, die sich aus einem dreieckigen Grundriss ergibt. Es war im West-Berlin der 1960er Jahre ein herausragender Beitrag im Hochhausbau und spiegelt den charakteristischen Trend jener Zeit wider, den Solitären mehr Plastizität zu verleihen. Das 13-geschossige Bürohochhaus ist als so genanntes Mittelkern-Haus angelegt: Die flexibel einteilbaren Büros liegen um einen dreieckigen Erschließungskern. Die Fassade ist mit Edelstahlplatten verkleidet, die sich mit durchlaufenden Fensterbändern abwechseln. An den Stirnwänden und am Turmaufsatz verwendeten die Architekten Sichtbeton.

WOHN- UND GESCHÄFTSHAUS KLEISTSTRASSE 3-6 (FRIDTJOF SCHLIEPHACKE; 1970-71): Die einprägsame Gestaltung des Hochhauses als terrassierte Großskulptur ergab sich aus der Überlegung, dem verdichteten Wohnungsbau in der Großstadt mit neuen Lösungen zu begegnen. Den an den Schrägseiten liegenden Wohnungen sind Dachterrassen zugeordnet.

Den Mittelpunkt des ehemals polygonalen, von zwei diagonalen Straßenverläufen durchzogenen **NOLLENDORFPLATZES** bildet der **HOCH- UND U-BAHNHOF NOLLENDORFPLATZ** (**D**; CREMER & WOLFFENSTEIN; 1902; 1909-10; ALFRED GRENANDER; 1925-26; 1928-29): Als westlicher Endpunkt der von Berlin kommenden Hochbahn, die auf Wunsch der reichen Gemeinden Schöneberg und Charlottenburg nur unterirdisch fortgeführt werden durfte, erhielt der Bahnhof eine besonders repräsentative Baugestalt. Cremer & Wolffenstein setzten eine Kuppel auf die Bahnsteighalle, die zusammen mit hochaufragenden Flankentürmen ein unübersehbares stadträumliches Ausrufezeichen am Nollendorfplatz setzte. Die Konstruktion war innovativ, denn die großen halbkreisförmigen Wandausschnitte waren vollständig verglast und boten als Aussichtsplattform dem Fahrgast einen Blick auf den Platz. Wegen der herausragenden stadträumlichen Wirkung wurde die kriegszerstörte Kuppel in modern interpretierter Form rekonstruiert (RALF SCHÜLER, URSULINA SCHÜLER-WITTE; 2001-02). In den 1920er Jahren wurde der Bahnhof von Alfred Grenander zum Umsteigepunkt für drei Linien ausgebaut. Grenander löste die komplizierte Aufgabe der Erschließung auf vier Ebenen technisch wie architektonisch überzeugend. Als „Scharnier" zwischen Hochbahnhalle und neuer Untergrundanlage entstand ein Empfangsgebäude quer unter der Hochbahn, ebenerdig zum Platz. Von der nördlichen und der südlichen Platzhälfte strömen die Fahrgäste in die Empfangshalle. Weil der aus der Hochbahn-Achse winklig verschobene Verlauf der U-Bahn eine seitliche Erschließung erforderte, setzte Grenander links und rechts des Aufgangs zur Hochbahn zwei Rotunden. Die linke führt mit einer geschwungenen Treppe hinunter zum zweigeschossigen U-Bahn-Bereich, die rechte, ohne Erschließungsfunktion, ist als Gedenkhalle für im Ersten Weltkrieg gefallene BVG-Mitarbeiter ausgeführt. Dadurch besitzt der Grundriss einen klaren symmetrischen Aufbau, der die ältere Hochbahnanlage respektiert. Der erste größere Berliner Verkehrsbau der Neuen Sachlichkeit setzte zudem zur etwas überschwänglichen Gestalt der Hochbahnanlage einen spannungsreichen Kontrast. Nach der Sanierung 1997-2001 ist seitlich von der Empfangshalle 2002-03 eine Info-Zentrale neu errichtet worden (ARCHITEKTEN-SOCIETÄT FIGALLO, BIRKEL UND PARTNER).

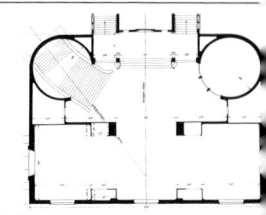

Das **METROPOL** (EHEM. NEUES SCHAUSPIELHAUS; **◩**; NOLLENDORFPLATZ 5; BOSWAU & KNAUER, ALBERT FRÖHLICH; 1906) ist neben dem U-Bahnhof der dominanteste erhaltene Altbau am Nollendorfplatz. Das abgewinkelte Gebäude wendet sich mit einer groß dimensionierten Fassade zum Platz und vereint mit Rundbogen, Giebel und seitlichen pylonenartigen Turmaufbauten mehrere Motive auf einmal. Die Fassade wirkt dadurch uneinheitlich, eklektizistisch und erweckt den Eindruck von erzwungener Monumentalität. Die auffällige Gestalt am Platz ist aber vor allem ein Zeichen für die kommerziellen Erwägungen, nach denen das Schauspielhaus errichtet wurde. So reiht sich das Gebäude in eine Reihe monumental-bizarrer Theaterbauten ein, die der Berliner Unternehmer Oskar Kaufmann errichten ließ. Die ansatzweise noch erhaltene Innenraumgestaltung wurde zeittypisch mit Jugendstil-Elementen ausgeführt. Heute finden hier verschiedene Veranstaltungen wie Konzerte und Diskotheken statt.

Mitten in der zum Platz aufgeweiteten Zietenstraße steht die nach Süden gerichtete ev. **ZWÖLF-APOSTEL-KIRCHE** (**◩**; AN DER APOSTELKIRCHE; HERMANN BLANKENSTEIN; 1871-74). Die dreischiffige Hallenkirche markiert zeitlich und stilistisch den Übergang von Schinkels und Stülers einfach gehaltenen Kirchenbauten zu den aufwendigen wilhelminischen Großkirchen mit

ihrem üppigen historisierenden Formenschatz. Blankensteins Backstein-Kirchenbau ist – auch aufgrund der beschränkten finanziellen Mittel der Gemeinde – schlicht, fast kubisch ausgefallen. Die flächige Wirkung der Außenmauern des Langhauses wird von den Strebepfeilern kaum gestört. So ist der gotisch empfundene Baukörper mit Kreuzrippengewölben im Kircheninnern noch immer formal dem sachlichen Rundbogenstil verbunden. Die Wiederholung der wenigen Detailmotive verrät in ihrer konsequenten Anwendung moderne Stringenz – im Unterschied zur Überhäufung stilistischer Elemente im wilhelminischen Kirchenbau, wie bei der ▶ *Kaiser-Wilhelm-Gedächtniskirche.*

HAUS DER DEUTSCHEN BAUINDUSTRIE (KURFÜRSTENSTRASSE 129; SCHWEGER & PARTNER; 1996-98): Die streng symmetrisch gestaltete Straßenfassade ist mit grün-grauem Betonwerkstein verkleidet, vor die zurückgesetzten Fenster wurden bündige Glaslamellen gesetzt. Nach Süden erhielt die Hoffassade horizontal verschiebbare Faltläden aus Metall. Der Innenausbau erfolgte repräsentativ u.a. mit Kirschholz.

Die **WOHNBEBAUUNG NELLY-SACHS-PARK** (DENNEWITZSTRASSE/NELLY-SACHS-PARK; RAINER OEFELEIN; 1995-97) sollte die Stadtraumgrenze zwischen der Schöneberger Blockbebauung und dem weiträumigen Verkehrsgelände des Gleisdreiecks im Sinne einer urbanen Verdichtung neu definieren. Zwei fünfgeschossige kubische Stadthäuser mit Dachterrasse, eine viergeschossige Kindertagesstätte und zwei lang gestreckte sechsgeschossige Gebäudekörper bilden einen auf das begrünte Blockinnere bezogenen Wohnpark. Zu den östlich gelegenen Gleisanlagen grenzt sich die Anlage mit Lochfassaden ab, zum Park erhielten die westlichen Fassaden wellenartige Balkone. Formal lehnt sich die Anlage an den Siedlungsbau der 1920er Jahre (weißer Putzanstrich, Bullaugen- und Dachbodenfenster) an.

In städtebaulich exponierter Lage wurde die ev. **LUTHERKIRCHE** (**D**; DENNEWITZPLATZ; JOHANNES OTZEN; 1891-94) errichtet. Sie steht auf der im Hobrecht-Plan von 1862 projektierten Straßenachse Bülowstraße-Yorckstraße, deren durchgehende Führung allerdings von den nicht eingeplanten Bahnanlagen des Gleisdreiecks verhindert wurde. Die dreischiffige Hallenkirche gehört zu den prächtigsten erhaltenen Bauten im Stil märkischer Backsteingotik.

Eines der wichtigsten Zentren des heutigen Schönebergs ist der **WINTERFELDTPLATZ** mit der kath. **ST.-MATTHIAS-KIRCHE** (**D**; Winterfeldtplatz; Engelbert Seibertz; 1893-96), deren im Krieg zerstörte Turmspitze nicht wieder rekonstruiert wurde. Der Platz wurde 1890 als Markt gestaltet, eine Funktion, die er heute noch einnimmt.

In der Winterfeldtstraße steht das zu Baubeginn größte europäische Fernmeldeamt, das ehem. **FERNMELDEAMT 1** (**D**; Winterfeldtstrasse 19-13; Otto Spalding, Kurt Kuhlow; 1922-24; 1926-29). Die lange Fassadenfront ist mit ihren nur kleinen Fenstern durch Lisenen gegliedert, so dass der Stahlbetonbau mit seiner roten Verklinkerung Ähnlichkeiten mit der expressiven Backsteinarchitektur Fritz Högers aufweist. An der Straßenseite ist der Baukörper mit insgesamt zehn Geschossen mehrfach zurückgestuft, wodurch Dachterrassen entstanden sind, die als Rettungswege auf die benachbarten Dächer wie auch den Angestellten als Ruhezonen dienen. Im Innern befinden sich doppelstöckige, fast 7 m hohe und 530 qm große Betriebssäle. Im Laufe der Zeit wurde der bis heute als Fernmeldeamt genutzte Bau im Innern mehrfach umgebaut; 1985-89 wurde ein Neubau für die Zentrale Vermittlungsstelle angefügt (Bassenge, Puhan-Schulz, Heinrich, Schreiber).

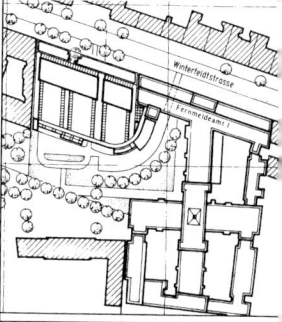

Über die Pallasstraße sowie einen ehem. Hochbunker ist der lang gestreckte zehngeschossige Hochhausriegel der **WOHNANLAGE AM KLEISTPARK** (Potsdamer Strasse 170-176/ Pallasstrasse 1-6; Jürgen Sawade, Dieter Frowein, Dietmar Grötzebach, Günter Plessow; 1974-77) gezogen. In dem Komplex des sozialen Wohnungsbaus befinden sich 541 Wohneinheiten und mehrstöckige Parkdecks. Nach Osten, zur umliegenden Altbaustruktur hin, vermitteln sechsgeschossige Zeilenbauten. Große Loggien prägen das serielle Fassadenbild. Unter dem Namen „Sozialpalast" ist die Großanlage als Negativbeispiel für den sozialen Wohnungsbau der 1970er Jahre bekannt geworden.

Das ehem. **BOTANISCHE MUSEUM** (**D**; Grunewaldstrasse 6/7; Karl Zastrau, Eduard Haeseke; 1878-80) ist der einzig erhaltene Bau des ehem. Botanischen Gartens auf dem Gelände des heutigen Kleistparks. Der Backsteinbau in der Nachfolge der Schinkel-Schule besitzt im obersten Geschoss einen Mittelrisalit mit charakteristischem hohen Dreibogen-

LINKE SEITE
EHEM. FERNMELDEAMT 1:
HOFANSICHT, GRUNDRISS
WOHNANLAGE AM KLEISTPARK

RECHTE SEITE
KAMMERGERICHT:
MITTELRISALIT
KATHREINER-HOCHHAUS:
HIST. AUSSENANSICHT,
HIST. GRUNDRISS

  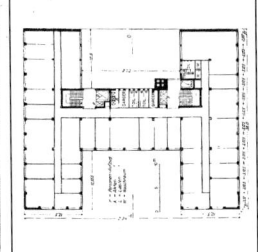

motiv. Im Innern ist eine eiserne Treppe mit Marmorstiegen erhalten geblieben. Heute wird der Bau vom Kunstamt Schöneberg genutzt.

Mit der Verlegung des ► *Botanischen Gartens* von Schöneberg nach Dahlem 1902 begann die städtebauliche Neuordnung des Geländes zwischen Potsdamer Straße, Elßholzstraße und Grunewaldstraße zum Kleistpark. Als baulicher Mittelpunkt der Anlage wurde das **KAMMERGERICHT** (1945-90 ALLIIERTER KONTROLLRAT; **D**; ELSSHOLZ-STRASSE 30-33; PAUL THOEMER, RUDOLF MÖNNICH, CARL VOHL; 1909-13) errichtet. Der Bau war damals für das oberste Landgericht Preußens bestimmt und folgt mit einem immensen Raumprogramm von mehr als 500 Räumen wie andere Gerichtsgebäude von Thoemer und Mönnich dem Typus des „Justizpalastes". Das im Stil einer barocken Palastanlage gestaltete Gebäude ist mit einem Mittelrisalit samt Dreiecksgiebel zum Park hin orientiert, was ursprünglich noch durch einen heute nicht mehr erhaltenen schlanken Uhrturm zusätzlich betont wurde. Dieser repräsentative Gestus ist im Innern fortgesetzt worden und erreicht mit dem prunkvollen Sitzungssaal seinen Höhepunkt. Hier tagte im Dritten Reich zeitweilig der „Volksgerichtshof". Nach dem Zweiten Weltkrieg kam in dem Gerichtsgebäude der Alliierte Kontrollrat für Deutschland unter. Seit dem Abzug der alliierten Streitkräfte dient das Gebäude wieder als Kammergericht.

Mit den aus verkehrstechnischen Gründen 1910-11 von der Königsbrücke am Alexanderplatz in den Kleistpark versetzten **KÖNIGSKOLONNADEN** (**D**; POTSDAMER STRASSE 186-188/KLEISTPARK; KARL VON GONTARD; 1777-80) entstand eine räumliche Tiefenwirkung von der Potsdamer Straße in den Park auf das ► *Kammergericht* zu, die den Charakter einer barocken Schlossanlage unterstreicht. Auf die Schauarchitektur bezieht sich auch der ehem. Verwaltungsbau der Kathreiner-Malzkaffee-Fabriken, das so genannte **KATHREINER-HOCHHAUS** (**D**; POTSDAMER STRASSE 186; BRUNO PAUL; 1929-30), das heute von den Berliner Verkehrsbetrieben (BVG) genutzt wird. Mit einem H-förmigen Grundriss öffnet sich das Gebäude zur Parkseite. Die Seitenflügel zu den Kolonnaden sind nur sechsgeschossig ausgeführt und vermitteln so zwischen Park und der aus dem Komplex erwachsenden zwölfgeschossigen Hochhausscheibe. Mit der Gestaltung des Erdgeschosses hat sich Bruno Paul auf die barocke Kolonnadenarchitektur bezogen. Die zur Potsdamer Straße hin orientierten **343**

Pfeilerstützen nehmen das Motiv in reduzierter Form auf. Mit den horizontalen Fensterbändern, die über die gesamte Fassade gezogen sind, wird optisch der Höhe des Komplexes entgegengewirkt.

Für die gründerzeitliche Bebauung rund um die Eisenacher Straße und die Akazienstraße bildet die ev. **APOSTEL-PAULUS-KIRCHE** (**D**; GRUNEWALDSTRASSE/AKAZIENSTRASSE; FRANZ HEINRICH SCHWECHTEN; 1892-94) den stadträumlichen Mittelpunkt. Zeitgleich mit Schwechtens ▶ *Kaiser-Wilhelm-Gedächtniskirche* entstanden, orientiert sich die Schöneberger Kirche an der märkischen Backsteingotik. Der Sakralbau ist mit seiner Apsis nach Süden gerichtet, so dass der 85 m hohe Glockenturm nach Norden den Straßenzug der Grunewaldstraße dominieren kann. Im Innern sind die Seitenschiffe in ihrer Breite sehr reduziert.

AMTSGERICHT SCHÖNEBERG (**D**; GRUNEWALDSTRASSE 66/67; PAUL THOEMER, RUDOLF MÖNNICH; 1901-06): Justizpalast in einer Stilmischung aus Neobarock und Jugendstil, der vergleichbar mit den anderen Berliner Gerichtsgebäuden von Thoemer und Mönnich ist. Durch einen erhöhten Dachaufbau mit hoher Laterne wird der Mittelrisalit deutlich herausgehoben. An der Martin-Luther-Straße entstand 1957 ein Erweiterungsbau (HERMANN JÜNEMANN).

Ev. **KÖNIGIN-LUISE-GEDÄCHTNIS-KIRCHE** (**D**; GUSTAV-MÜLLER-PLATZ; F. BERGER; 1910-12): Im Zentrum des Platzes gelegen, erhielt der Bau in Anknüpfung an die Berliner Zentralbaukirchen des Barocks eine hohe und groß dimensionierte Kuppel.

Ev. **DORFKIRCHE SCHÖNEBERG** (**D**; HAUPTSTRASSE 46; JOHANN FRIEDRICH LEHMANN; 1764-66): Barocker Sakralbau an der Stelle von Vorgängerbauten. Der erhöhte Standort zeigt die topografische Lage des alten Dorfes. Nach Kriegsschäden 1953-55 außen in alter Form, jedoch mit neuer Innenausstattung wiederhergestellt (WALTER KRÜGER).

Zusammen mit der benachbarten ev. **PAUL-GERHARDT-KIRCHE** (**D**; HAUPTSTRASSE 47-48; HERMANN FEHLING, DANIEL GOGEL, PETER PFANKUCH; KIRCHE: 1961-62; KINDERGARTEN: 1966) bildet die Dorfkirche ein eigenwilliges Ensemble. Die expressiv gefaltete Zeltarchitektur der Paul-Gerhardt-Kirche setzt mit dem skulptural gestalteten Glockenturm einen stadträumlichen

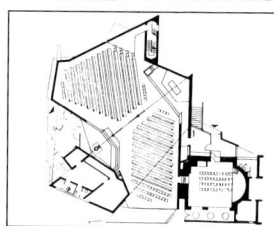

Akzent, der die benachbarte Dorfkirche mit einbezieht.

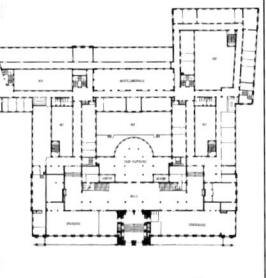

Das **RATHAUS SCHÖNEBERG** (◘; JOHN-F.-KENNEDY-PLATZ; JÜRGENSEN & BACHMANN; KURT DÜBBERS; 1911-14) steht zu allen Seiten frei auf die große Platzanlage, den John-F.-Kennedy-Platz, gerichtet. Alle Gebäudeteile sind zu einem großen Block zusammengefasst, aus dem der 70 m hohe Rathausturm ragt. Auf quadratischem Grundriss errichtet, wirkt dieser mächtig und teilt die breite Hauptfront des Gebäudes in zwei Hälften. Im Gegensatz zu den in den Jahren zuvor entstandenen Rathäusern in und um Berlin zeigt die flächige Fassade nur sehr sparsame Formen. Im Vordergrund steht eine blockhafte Kubatur mit monumentalem Charakter, die Tendenzen der 1920er Jahre vorwegnimmt. Nach Kriegsschäden wurde das Rathaus 1950-55 wiederaufgebaut (KURT DÜBBERS) und erhielt einen veränderten Turmabschluss. Als Sitz des Abgeordnetenhauses und des Regierenden Bürgermeisters von West-Berlin erlangte das Gebäude eine herausragende politische Bedeutung innerhalb der geteilten Stadt. 1981-88 wurde es von RAVE & PARTNER umgebaut, heute dient es wieder als kommunales Rathaus für den 2001 neu gebildeten Bezirk Schöneberg-Tempelhof.

Mit einer markanten Rundung zur Straßenecke hin folgt das **NORDSTERNHAUS** (◘; BADENSCHE STRASSE 2; PAUL MEBES, PAUL EMMERICH; 1912-14) dem Verlauf der Salzburger Straße. Der mit Muschelkalk verkleidete Stahlskelettbau zeigt durch sparsamen Bauschmuck und horizontale Ausrichtung der Fassade Ansätze der frühen Moderne. Im Innern des ehem. Verwaltungsgebäudes der Nordstern-Versicherung lagen, als Vorläufer der späteren Großraumbüros, große Arbeitssäle.

Das **WOHN- UND GESCHÄFTSHAUS INNSBRUCKER PLATZ 4** (◪; PAUL UND JÜRGEN EMMERICH; 1950) war das erste nach dem Zweiten Weltkrieg erbaute Hochhaus Berlins. Zum Platz hin erhielt das Gebäude einen über alle Wohngeschosse reichenden Erker, nach oben schließt es mit einem Friesband ab. Deutlich fallen die Unterschiede zu den zeitgleich in den USA entstandenen kubischen Hochhausprojekten Mies van der Rohes in Stahl und Glas oder dem ▶ *Hochhaus an der Weberwiese* aus. Dem deutlich gemäßigt modernen Projekt fehlt das Innovative genauso wie die in Ost-Berlin favorisierte klassizistische Haltung. Vielmehr wurde das Hochhaus – ohne den neuen Zeitgeist zu berücksichtigen – dem Vorgängerbau angepasst, einem kriegszerstörten fünfgeschossigen Wohnblock der

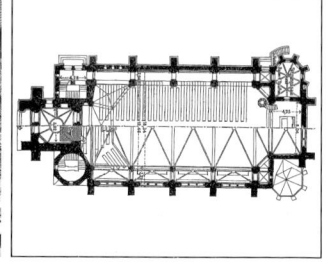

angrenzenden Wohnanlage von Paul Mebes und Paul Emmerich (1922-28). Zwar gab das Hochhaus der Wohnanlage einen markanten und raumdefinierenden Abschluss zum Innsbrucker Platz. In den folgenden Jahrzehnten entwickelte sich der Platz jedoch immer mehr zum großen Verkehrsknoten, der vor allem infolge der hier vorbei-führenden Stadtautobahn von städtebaulich geradezu katastrophaler Erscheinung ist.

BÜRO- UND GESCHÄFTSHAUS WEXSTRASSE 2 (MAEDEBACH, REDELEIT & PARTNER; 1992-93): Komplettiert einen traditionellen „Berliner Block" am Innsbrucker Platz.

Neben dem ▶ Titania-Palast in Steglitz ist der ehem. **ROXY-PALAST** (**D**; HAUPT-STRASSE 78-79; MARTIN PUNITZER; 1929) in Friedenau der zweite große Kino-Komplex der 1920er Jahre im Süden Berlins. Während das Steglitzer Kino sich an einer Straßen-ecke im Stadtraum präsentieren konnte, musste Punitzer den Bau in die Straßenflucht integrieren. Die Fassade erhielt eine an den holländischen De Stijl erinnernde geo-metrische Gestaltung. Über dem Eingang befindet sich eine in den 1950er Jahren ent-fernte und 1987 rekonstruierte Schautafel aus rechteckigen Glassegmenten, auf der die Filmplakate präsentiert wurden. In der für Kinopaläste jener Jahre typischen „Lichtarchitektur" verwies im Stadtraum ein nach unten gerichteter Pfeil mit dem Namen des Kinos effektvoll und dynamisch auf den Eingang. Heute wird das ehem. Kino gewerblich genutzt.

Als dreigeschossige Häuserzeilen um einen schmalen rechteckigen Platz wurde die **SIEDLUNG CECILIENGÄRTEN** (**G**; CECILIENGÄRTEN 2-53; HEINRICH LASSEN; 1924-28) für die Gemeinnützige Heimstättengesellschaft der Berliner Straßenbahn errichtet. Der Eingang ist wirkungsvoll als turmartiger Torbau gestaltet; die Blockrandbebauung auf der östlichen Seite der Rubensstraße wurde 1927-28 von PAUL MEBES und PAUL EMME-RICH fortgesetzt.

Ev. **KIRCHE ZUM GUTEN HIRTEN** (**D**; FRIEDRICH-WILHELM-PLATZ; CARL DOFLEIN; 1891-94): Backsteinbau in gotischen Formen. Das Langhaus besitzt schmale, gangartige Seitenschiffe und einen rechtwinklig geschlossenen Chor. Durch den schlanken, hohen Turm und die seitlichen kleinen Giebel mit Satteldächern entstand ein imposanter, stadtraumprägender Bau als architektonisches Zentrum von Friedenau.

Im südlichen Schöneberg entstand während der 1930er Jahre beidseitig des Grazer Damms zwischen Vorarlberger Damm und Prellerweg die **SIEDLUNG GRAZER DAMM**

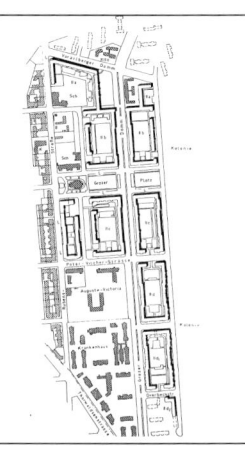

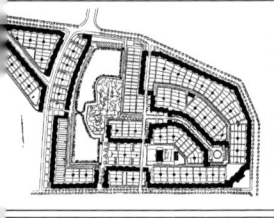

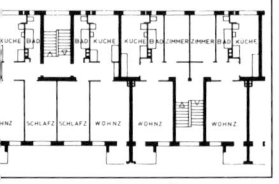

(**G**; GRAZER DAMM 110-120/122-122C/124-170/113-213; CARL CRAMER, ERNST DANNEBERG, RICHARD PARDON, HUGO VIRCHOW; 1938-40). Sie ist mit 2.000 Wohneinheiten die größte Wohnanlage des Dritten Reichs und vermittelt durch ihre spartanische Ausstattung die untergeordnete Rolle des Wohnungsbaus im Nationalsozialismus. Im Gegensatz zu den Wohnanlagen der Weimarer Republik besitzen die Wohnungen keinen Balkon, waren sanitär schlecht ausgestattet und ohne Zentralheizung. Damit wurden längst erreichte Standards im Wohnungsbau unterboten. Wichtiger erschien der städtebauliche Gedanke, mit Hilfe eines streng geordneten Straßenzuges einen repräsentativen Rahmen für die südliche Einfahrt nach Berlin zu schaffen. Als Blockrandbebauung sind die gleichförmigen Fassaden mit ihren kleinen Fenstern durch massive Stützen im Erdgeschoss und Walmdächer äußerst streng gegliedert.

SIEDLUNG LINDENHOF (**G**; EYTHSTRASSE 14-64; MARTIN WAGNER; 1919-21; HEINZ LASSEN; 1929-31; ADOLPH JÜRGENSEN; 1930-31): Gerade und geschwungen geführte Häuserzeilen in Blockrandbebauung, einen Park mit Nutzgärten einschließend. Lediglich zwei Haustypen: Vier- und Einfamilienhäuser.

WILMERSDORF:

Wie Schöneberg grenzt auch Wilmersdorf in fließendem Übergang an die City-West ▶ KAPITEL: CITY-WEST an, die aus Teilen der drei ehem. Bezirke Charlottenburg, Wilmersdorf und Schöneberg besteht. Eine Art südliche Grenze des zentralen City-Bereichs entstand durch den Ausbau der Lietzenburger Straße zu einer breiten Verkehrsschneise. Die Verbreiterung der vorhandenen Straße erfolgte auf Kosten der Baublöcke auf der südlichen Seite. Infolgedessen entstanden teilweise kaum noch nutzbare Restgrundstücke, an die nun frei stehende Brandmauern der zum Abriss vorgesehenen Altbauten grenzten. Diesen Planungen der Nachkriegszeit, die eine Auflockerung der Stadt anstrebten, standen jedoch oftmals private Nutzungsinteressen entgegen, die an einer Ausnutzung der alten Grundstücksgrenzen interessiert waren. So schloss das Gebäude der **BERLINISCHEN LEBENSVERSICHERUNGSANSTALT** (**D**; LIETZENBURGER STRASSE 51/RANKEPLATZ; CURT HANS FRITZSCHE; 1951-52) noch in traditioneller Eckbebauung die Blockränder.

Eine dynamische Eckabrundung in Beton und Glas mit horizontalen Fensterbändern griff die Geschäftshaus-Architektur der 1920er Jahre wieder auf.

Zu den frühen Bauten des aufstrebenden „Neuen Westens" gehört das ehem. **JOACHIMSTHALSCHE GYMNASIUM** (**D**; BUNDESALLEE 1-12; JOHANN HEINRICH STRACK, LUDWIG GIERSBERG, JOHANN EDUARD JACOBSTHAL; 1875-80), das nach einem Entwurf Stracks von Giersberg und Jacobsthal in der Tradition der Schinkel-Schule ausgeführt wurde. Mit einer langen Straßenfront ist der heute von der Universität der Künste genutzte Bau entlang der Bundesallee angeordnet. Hierfür wurde eine besondere Gliederung vorgenommen. Mit einer durch zwei Risalite eingespannten Arkadenreihe wurde die Front mittig aufgewertet und durch einen prächtigen Mittelrisalit mit hohen Rundbogenfenstern und Dreiecksgiebel auch in der Höhe hervorgehoben.

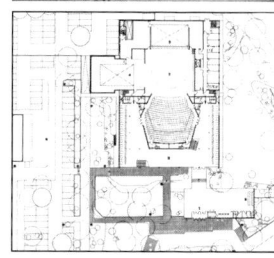

Auf dem ausgedehnten, in die Grundstückstiefe reichenden Parkgrundstück des ▶ *Joachimsthalschen Gymnasiums* wurde die ehem. **FREIE VOLKSBÜHNE** (**D**; SCHAPERSTRASSE 24; FRITZ BORNEMANN; 1960-63) errichtet. Harmonisch ist der Theaterbau mit seiner transparenten, pavillonähnlichen Architektur in die Parklandschaft einbezogen. Er tritt zum Gymnasium nicht in Konkurrenz und öffnet sich mit einer eingeschossigen Kassenhalle zur Schaperstraße. Von dem eigenständigen Baukörper schreiten die Theaterbesucher durch einen Glasgang in das verglaste Foyer. Der sechseckige Zuschauerraum ist in die Mitte eingestellt und verfügt über Parkett und Rang. In der Verwendung von Glas und Beton und der funktionsbetonten Gestalt ist die Freie Volksbühne unter den Theaterneubauten der Nachkriegszeit derjenige mit der größten architektonischen Klarheit. Nachdem 1992 die Freie Volksbühne geschlossen werden musste, wird das Theater seit 2001 von den Berliner Festspielen genutzt.

WOHNHAUS FASANENSTRASSE 62 (GOTTFRIED BÖHM; 1980): Achtgeschossiger Wohnbau, der am Fasanenplatz (JOHANN ANTON WILHELM VON CARSTENN-LICHTERFELDE; 1870) durch Ecktürme und Runderker eine markante Platzseite bildet.

Auffällig steht die ev. **KIRCHE AM HOHENZOLLERNPLATZ** (**D**; HOHENZOLLERNDAMM 202-203; FRITZ HÖGER; 1930-33) im

Straßenraum des Hohenzollerndamms. Der verklinkerte Kir-

LINKE SEITE
EHEM. JOACHIMSTHALSCHES GYMNASIUM
EHEM. FREIE VOLKSBÜHNE:
AUSSENANSICHT, GRUNDRISS
WOHNHAUS FASANENSTR.
KIRCHE AM HOHENZOLLERNPLATZ:
EINGANGSFRONT

RECHTE SEITE
KIRCHE AM HOHENZOLLERNPLATZ:
GRUNDRISS
WOHNBEBAUUNG PRAGER PLATZ

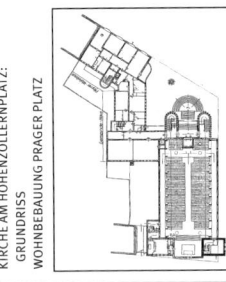

chenbau ist ein Hauptwerk des deutschen Expressionismus und besteht aus einem quer stehenden, mit der Wohnbebauung verbundenen Baukörper und einem äußerst schlank aufragenden Glockenturm. Die fensterlosen Seitenschiffwände sind monumental durch Lisenen gegliedert. Ein eingeschnittener Spitzbogen markiert den Eingangsbereich. Im Innern wird das expressive Motiv des Spitzbogens in den Betonbindern fortgesetzt; Licht dringt lediglich durch die Chorfenster ein.

HAUPTPUMPWERK WILMERSDORF (HOHENZOLLERNDAMM 208; ACKERMANN & PARTNER; 1993-97): Klar gegliederter Glaskörper, der viel Licht in den unterirdischen technischen Bereich einfallen lässt und die passive Solarenergie ausnutzt. Zum angrenzenden alten Abwasserpumpwerk (**D**; HERMANN MÜLER; 1905-06), das im Stil der märkischen Backsteingotik ausgeführt wurde, steht der Neubau in reizvollem Kontrast.

WOHNBEBAUUNG PRAGER PLATZ (TRAUTENAUSTRASSE 23-24/PRAGER PLATZ 4; GOTTFRIED BÖHM; 1988): Das Projekt der IBA 1987 rekonstruierte die Platzwände. Elemente wie Turm und Runderker nahmen Bezug auf die frühere Architektur des Viertels. Mit einem konkaven Schwung greifen die Fassaden die Platzform auf.

Bereits zur Jahrhundertwende rückte der **FEHRBELLINER PLATZ** in den Mittelpunkt des städtebaulichen Interesses von Wilmersdorf. Der Platz entstand aus dem Schnittpunkt einer ehem. Dorfstraße (heute Brandenburgische Straße) und des 1899 angelegten Hohenzollerndamms, der in den Grunewald führt. 1913 erhielt der Platz einen U-Bahn-Anschluss. Seitdem wurde bis in die 1920er Jahre ein hufeisenförmiger Platz mit Öffnung zum nördlichen Preußenpark geplant. Doch erst nach 1933 wurde das Konzept im großen Stil umgesetzt; das ursprüngliche Konzept wurde der nationalsozialistischen Planung für die neue Hauptstadt „Germania"

▶ EXKURS: NEUORDNUNG EINER MILLIONENSTADT untergeordnet. Dabei konnte sich der Entwurf von Otto Firle gegen denjenigen der Deutschen Arbeitsfront (DAF) durchsetzen. Als erstes Gebäude wurde das ehem. **NORDSTERN-VERSICHERUNGS-HAUS FEHRBELLINER PLATZ 2** (**D**; OTTO FIRLE; 1935-36) errichtet. In einer konkaven Biegung passt sich das Gebäude der projektierten Platzform an, zu den Schmalseiten sind die Bürgersteige als Laubengang ausgebildet. Die mit grauem Naturstein verkleidete Fassade ist im gleichmäßigen Rhythmus durch hochformatige Fenster gegliedert, die durch schmale Bänder aus Steinplatten miteinander verbunden sind, so dass sie ein

LINKE SEITE
FEHRBELLINER PLATZ: LUFTBILD

RECHTE SEITE
U-BAHNHOF FEHRBELLINER PLATZ
BÜROHAUS DER BFA:
LAGEPLAN, AUSSENANSICHT
APPARTEMENTHAUS AM HOHENZOLLERN-
DAMM

gewebeartiges Geflecht bilden. Dadurch behält die Architektur trotz ihrer Monumentalität eine moderne Formensprache bei, wie sie durchaus noch typisch für die erste Phase der nationalsozialistischen Architektur ist.

Nachdem die **REICHS-GETREIDESTELLE** (**D**; FEHRBELLINER PLATZ 3; LUDWIG MOSHAMMER, REICHSBAUDIREKTION BERLIN; 1935-38) errichtet worden war, wurde das Platzstück zwischen Barstraße und Hohenzollerndamm durch das **VERWALTUNGSGEBÄUDE DER DEUTSCHEN ARBEITSFRONT** (HEUTE RATHAUS WILMERSDORF; **D**; FEHRBELLINER PLATZ 4; A. REMMELMANN, BAUBÜRO DER DAF; 1941-43) geschlossen. Anders als die bisherigen Gebäude wurde der Verwaltungsbau kriegsbedingt nicht in Stahlbeton, sondern als Mauerwerksbau ausgeführt. Zudem besitzt die Architektur im Gegensatz zum ▶ *Nordstern-Versicherungs-Haus Fehrbelliner Platz 2* eine wesentlich konservativere, klassizistische Formensprache, die charakteristisch für die spätere Phase nationalsozialistischer Architektur Anfang der 1940er Jahre ist. Dennoch ist durch ähnliche Traufhöhen, strenge Lochfassaden und Orientierung der Bauten an der Platzform ein einheitliches Ensemble entstanden, das deutlich den uniformen und monumentalen Gestus repräsentativer NS-Architektur trägt. Seit 1954 wird das ehem. Verwaltungsgebäude der Deutschen Arbeitsfront als Rathaus Wilmersdorf genutzt; die übrigen Gebäude dienen ebenfalls weiterhin administrativen Zwecken, hier sind Landes- und Bundeseinrichtungen untergekommen.

In einem wohltuenden Kontrast zur nationalsozialistischen Architektur steht der Eingangspavillon des **U-BAHNHOFS FEHRBELLINER PLATZ** (RAINER GERHARD RÜMMLER; 1967-72) in der Platzmitte. Der mit kleinen roten Keramikfliesen verkleidete skulpturale Bau besteht aus organisch geschwungenen Elementen und einem Turm mit dem U-Bahn-Schild. Die Pop-Architektur wurde ganz bewusst in Form und Farbe gegen die triste, strenge Platzbebauung gestellt, spiegelt zugleich aber auch vortrefflich den Zeitgeist am Ende der 1960er und Anfang der 1970er Jahre wider.

Auch das Architekturbüro Rave musste sich mit der Platzbebauung des Dritten Reichs auseinander setzen. Das **BÜROHAUS DER BUNDESVERSICHERUNGSANSTALT FÜR ANGESTELLTE BFA** (FEHRBELLINER PLATZ 5; JAN UND ROLF RAVE; 1970-73) schloss die letzte Lücke des Platzes und respektiert dabei die ursprünglich projektierte Platzform. Mit einem Rücksprung ab dem fünften Obergeschoss wird die Traufhöhe der anderen

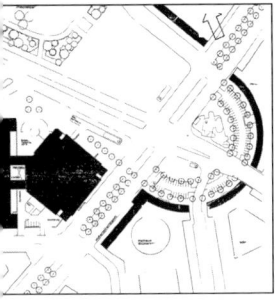

Bauten aufgegriffen. Durch horizontale Fensterbänder mit Sonnenblenden und den eingeschobenen, verglasten Treppenhäusern besitzt die Fassade mit ganz anderen Ausdrucksmitteln eine kräftige Erscheinung, mit der sich das Bürohaus am Platz behaupten kann. Mit einer Einkaufspassage im Erdgeschoss wird der durch die Verwaltungsbauten unbelebte Platz aufgewertet. Im Innern wurden dem Geist der Zeit entsprechend auf vier Stockwerken Großraumbüros konzipiert.

APPARTEMENTHAUS AM HOHENZOLLERNDAMM (**D**; HOHENZOLLERNDAMM 35-36/MANSFELDERSTRASSE 24; HANS SCHAROUN, GEORG JACOBOWITZ; 1929-30): Durch vorspringende, abgerundete Balkone, die im Winkel an der Straßenecke platziert wurden, entstand eine dynamische Ecklösung. Den Appartements lagen intelligente Grundrisse zugrunde, die von parallelen, höhenversetzten und von einem Lichthof getrennten Gebäudeteilen bestimmt wurden. Im Lichthof liegen ovale Treppenhäuser, welche die großzügigen Appartements ohne Hausflur direkt erschließen.

ISLAMISCHE MOSCHEE (**D**; BRIENNER STRASSE 7-8; K.A. HERRMANN; 1924-28): In Anlehnung an den „indischen Mogulstil" mit zentraler Kuppel und zwei Minaretten.

Ev. AUENKIRCHE (DORFKIRCHE; **D**; WILHELMSAUE 119; MAX SPITTA; 1895-97): Dreischiffige Backstein-Hallenkirche, deren Frontseite, in formaler Anlehnung an die Backsteingotik, im „Malerischen Stil" mit Türmchen, Giebel und Dachaufbauten gestaltet wurde. Der Bau wurde anstelle der alten Dorfkirche von Wilmersdorf errichtet. Anfang der 1960er Jahre wurde, unter Einbeziehung von Teilen der sichtbar gelassenen Westfassade, ein mehrstöckiges Gemeindehaus angebaut (WERNER HARTING), dessen terrassierte Südseite vollständig in Glas aufgelöst ist, während die Nordseite als geschlossene Wand wirkt.

Kath. HEILIG-KREUZ-KIRCHE (**D**; HILDEGARDSTRASSE 3-3A; MAX HASAK; 1910-12): Der Bau ist in die Straßenflucht eingebunden, flankiert von Wohnbauten der 1920er Jahre.

Ev. VATER-UNSER-KIRCHE (**D**; DETMOLDER STRASSE 17-18; WERNER MARCH; 1959-61): Ecklage, durch einen Glockenturm aus Stahlbeton betont.

Im Süden Wilmersdorfs, rund um den **RÜDESHEIMER PLATZ**, ist die kurz vor dem Ersten Weltkrieg entstandene GARTENTERRASSENSTADT RHEINISCHES VIERTEL (**E**; RÜDES-

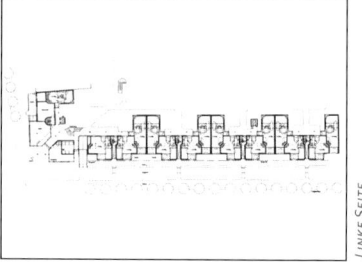

LINKE SEITE
GARTENTERRASSENSTADT RHEINISCHES VIERTEL
INTERNATIONALES BEGEGNUNGSZENTRUM DER WISSENSCHAFTEN – IBZ: GRUNDRISS

RECHTE SEITE
AUTOBAHNÜBERBAUUNG SCHLANGEN-

HEIMER PLATZ 1-5/7-11; GESAMTKONZEPT: PAUL JATZOW; 1910-14) als Ensemble komplett erhalten. Es zeigt die Ansprüche bürgerlichen Wohnens im frühen 20. Jh. in einer für Berlin einmaligen Weise. Das noch heute geschlossene Erscheinungsbild einer „bürgerlichen Idylle" innerhalb der Großstadt ergibt sich aufgrund der Planung aus einer Hand. Bauherr war die Terraingesellschaft Südwest, die auch schon das ebenfalls in Wilmersdorf gelegene Bayerische Viertel errichtet hatte. Die Gesellschaft engagierte Paul Jatzow für die Gesamtkonzeption. Die übrigen beteiligten Architekten mussten Jatzows Vorgaben einhalten und seine Fassadenentwürfe übernehmen. Als Vorbild wählte er englische Landhäuser, die in städtische Mietshäuser von vier Stockwerken „übersetzt" wurden. Eine besondere Lösung stellen die Gartenterrassen dar. Vor den Wohnhäusern in Blockrandbebauung liegen leicht ansteigende Vorgärten. Mittelpunkt des Viertels ist der Rüdesheimer Platz mit dem neobarocken Siegfried-brunnen und seinen flankierenden Figuren „Rhein" und „Nahe" (EMIL CAUER D.J.; 1911).

INTERNATIONALES BEGEGNUNGSZENTRUM DER WISSENSCHAFTEN – IBZ (WIES-BADENER STRASSE 18-23; OTTO STEIDLE, SIGWART GEIGER; 1980-83): Einbindung in die städtebauliche Charakteristik des ► *Rheinischen Viertels*. An der Hausrückseite Erschließung der Gastwissenschaftler-Wohnungen über einen „kommunikativen" Laubengang.

Mit der Verlegung breiter Autobahnschneisen durch die Innenstadt war in den 1960er Jahren wertvoller Baugrund, der in der politischen Insellage West-Berlins besonders rar war, verloren gegangen. Um lebenswichtige Grünflächen der Stadt zu erhalten und dennoch Wohnraum zu schaffen, wurde über eine abschnittsweise Über-bauung der Stadtautobahnen nachgedacht. Mit einem Pilotprojekt an der A 104, der **AUTOBAHNÜBERBAUUNG SCHLANGENBADER STRASSE** (SCHLANGENBADER STRASSE 12-36; GEORG HEINRICHS, PROJEKTLEITUNG: WOLF BERTELSMANN; 1976-82) wurde die tech-nische Durchführbarkeit getestet. Auf einer Länge von fast 500 m ist die Autobahn längs überbaut. Die „Wohnschlange" passt sich – durch hohe Treppenhaustürme in sieben Baukörper unterteilt – dem gekurvten Verlauf der Trasse an. Beidseitig ist die Autobahn mit einem Terrassenhaus umbaut und „überdeckelt", auf dem ein mehr-geschossiger Gebäuderiegel aufsitzt, so dass sich die Anlage insgesamt auf 14

Geschosse auftürmt. Die Stadtautobahn ist durch zwei statisch und akustisch vom übrigen Gebäude getrennte Hohlkästen geführt, unter denen sich zwei Parkdecks für die Wohnanlage befinden. In den Stadtraum des Wohnviertels eingebunden ist der Baukörper mit seinen außergewöhnlichen Dimensionen durch eine flankierende flachere Bebauung, die sich bis zur Schlangenbader Straße erstreckt, einen begrünten Hof umschließt und als Blockrand zur Straße Geschäfte aufnimmt. Die im Gemeinnützigen Wohnungsbau errichteten 2.200 Wohnungen besitzen ein bis vier Zimmer und vorgelagerte Terrassen. Bei den Bewohnern erfreuen sich die Grundrisse, die weit über dem üblichen Standard liegen, großer Beliebtheit. Das Pilotprojekt, dessen Planung 1971 begann, veranschaulicht die Technik- und Fortschrittsgläubigkeit jener Zeit, wie sie sich etwa auch im ▶ ICC ausdrückt. Der hohe technische Aufwand sowie die durch den Baugrund bedingten Probleme bei der Realisierung führten dazu, dass der Prototyp nicht weiterentwickelt worden ist.

RUSSISCH-ORTHODOXE KATHEDRALE CHRISTI AUFERSTEHUNG (◨; BERLINER STRASSE 76; PREUSSISCHE BAU- UND FINANZDIREKTION – MINISTERIALRAT SCHELLBERG UND MINISTERIALRAT VON HERTZBERG; 1936-37): Schmuckloser, überkuppelter Kubus; westlicher Eingang unter Säulenbaldachin.

S-BAHNHOF HOHENZOLLERNDAMM (◨; HEINRICH THIERING; 1908-10): Da der Name des Gebäudeensembles aus Bahnhofseingang und Wohnhaus auf die Familie des Kaisers verwies, wurde auf die Gestaltung besonderer Wert gelegt. Die Fassaden erhielten eine repräsentative Muschelkalkverkleidung mit kräftiger Rustikaquaderung.

Ehem. **MARGARINEHAUS** (◨; HOHENZOLLERNDAMM 46/47; CARL THEODOR BRODFÜHRER; 1938-39): Verwaltungsbau der Margarine Union Hamburg. Aufgrund der städtebaulich herausgehobenen Lage an der Einfallstraße in die ehem. Reichshauptstadt wurde der Komplex trotz der kriegsvorbereitenden Kontingentierung von Stahl als Stahlskelettbau ausgeführt. Nach außen bestimmt eine wuchtige Pfeileranordnung die abgerundete Fassade. Als Erweiterung im Zusammenhang mit einer neuen Nutzung entstand auf dem angrenzenden Gelände das **BÜROHOCHHAUS DER BUNDESVERSICHERUNGSANSTALT FÜR ANGESTELLTE BFA** (HOHENZOLLERNDAMM 47; HANS SCHÄFERS, HANS JÜRGEN LÖFFLER, BAUDEZERNAT DER BfA; 1973-77). Charakteristisch für die Entstehungszeit ist die Gestaltung des Baus als Solitär mit starker plastischer

Gliederung: Vier Hochhaustürme sind winkelförmig um einen Kern angeordnet; auf halber Höhe und unterhalb des Obergeschosses wurden „Leergeschosse" eingefügt, die den plastischen Eindruck verstärken.

Die städtebauliche Lage und die problemorientierte Herangehensweise für die **WOHNANLAGE SEESENER STRASSE 70A-F** (KOLLHOFF & TIMMERMANN; 1992-94) ist vergleichbar mit dem Projekt ▶ *Büro-, Geschäfts- und Wohnhaus Kaiserdamm 97*. Das Grundstück mit Längsseite zur S-Bahn und zur Stadtautobahn ist einer enormen Lärmbelastung ausgesetzt. Wie auch das Gebäude von Sawade schirmt der Bau von Kollhoff & Timmermann den Hof vom Lärm ab und schafft mit einer großzügigen Verglasung einen Lärmpuffer. Anders als Sawades Projekt liegt der Erschließungstrakt jedoch zum Hofbereich, die Wohnungen öffnen sich geschützt zur lärmintensiven Westseite, die einen reizvollen Ausblick in die Stadtlandschaft bietet. Im Sockelgeschoss liegen großzügig verglaste Maisonette-Wohnungen, in den darüber liegenden Geschossen eingeschossige Wohnungen mit Wintergärten.

Ein neues unverwechselbares Zeichen im Stadtraum setzte das **BÜROHAUS AM HALENSEE** („ZITRONE"; KRONPRINZENDAMM 15; HILDE LÉON UND KONRAD WOHLHAGE; 1994-96). Es entstand auf einer städtebaulich problematischen Restfläche an der Stadtautobahn. Dieser Herausforderung stellten die Architekten eine originelle Idee entgegen: Über einem dynamisch geschwungenen Natursteinsockel heben sich sieben Bürogeschosse aufgestelzt und auskragend von der Autobahn ab. Zu dieser Seite ist der Glaskörper aus akustischen Gründen zweischalig verglast. Passend zur städtebaulichen Stellung als Solitär, der von Verkehrsschneisen umgeben ist, sind die Fassaden gewölbt und laufen zu beiden Seiten spitz zu. Wegen der entstandenen ungewöhnlichen Form erhielt das Gebäude den Spitznamen „Zitrone". Aus der Masse der gleichförmigen Bürokomplexe, die in den letzten Jahren entstanden, tritt das individuell gestaltete Bürohaus erfreulich hervor.

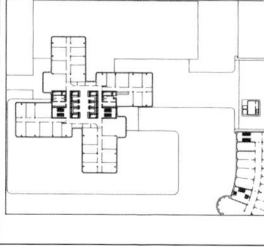

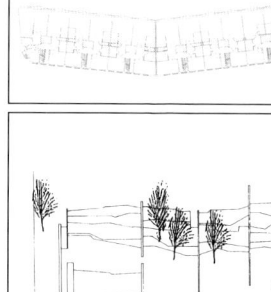

Ehem. **JUNGGESELLENWOHNHAUS** (**D**; NESTORSTRASSE 18/ PAULSBORNER STRASSE 17-20; BRUNO BUCH; 1930-31): Senkrechte Klinkerbänder gliedern die Fassade an der Straßenecke, die durchgehenden Balkone erzeugen eine Horizontalgliederung.

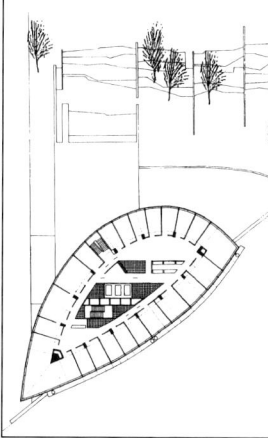

BFA-HOCHHAUS
EHEM. MARGARINEHAUS UND BFA-HOCH-
HAUS: GRUNDRISS
WOHNANLAGE SEESENER STR.: GRUNDRISS
BÜROHAUS AM HALENSEE: GRUNDRISS

RECHTE SEITE
WOGA-KOMPLEX: AUSSENANSICHT
SCHAUBÜHNE

Mit dem ehem. **WOGA-KOMPLEX** (HEUTE U.A. SCHAUBÜHNE; **G**; KURFÜRSTENDAMM 153/154-155B/156/CICEROSTRASSE; ERICH MENDELSOHN; 1926-31) errichtete Mendelsohn für die Wohnhausgrundstücksverwertungs-AG (WOGA) eine kleine „Stadt in der Stadt". In mehreren Gebäuden waren Wohnungen, ein Hotel, ein Kabarett und das Universum-Lichtspieltheater untergebracht. Die Anlage ist zum Kurfürstendamm platzartig aufgeweitet, mit dem abgerundeten Kinogebäude als Hauptaugenmerk im Straßenraum. An der auffälligen aufwärts strebenden Mauerfläche war früher Licht- und Kinoreklame angebracht. 1978-81 wurde der Komplex wiederhergestellt und das ehem. Kino zum Theater der **SCHAUBÜHNE** umgestaltet (JÜRGEN SAWADE).

EXKURS: BAUHAUS IN BERLIN

Das **BAUHAUS** hat in den 1920er und beginnenden 1930er Jahren die Architektur und Stadtplanung Berlins maßgebend beeinflusst und mitgestaltet. Zahlreiche Gebäude und Siedlungen entstanden nach Plänen von Bauhauslehrern, oft unter Mitwirkung ihrer Schüler.

In Weimar 1919 von WALTER GROPIUS gegründet, musste die avantgardistische Kunstschule aufgrund politischer Entscheidungen zweimal umziehen. Nach der Schließung des Bauhauses 1932 in Dessau wurde die Schule in Berlin noch bis 1933 als Privatinstitut weitergeführt. LUDWIG MIES VAN DER ROHE, nach Gropius und HANNES MEYER der dritte Direktor des Bauhauses, mietete dafür in der Birkbuschstraße in Steglitz eine ehem. Telefonfabrik.

Das Bauhaus war in der Berliner Architektur freilich schon vor 1932 mit zahlreichen Projekten vertreten. Bereits Anfang der 1920er Jahre entstand als Wohnsitz für den Bauunternehmer Adolf Sommerfeld das **HAUS SOMMERFELD** (STEGLITZ/LIMONENSTR. 30; WALTER GROPIUS UND ADOLF MEYER; 1920-21; ZERSTÖRT; ERHALTEN IST NOCH DAS 1956 UMGEBAUTE CHAUFFEURSHAUS; **◻**). Mit dem Blockhaus wurde zum ersten Mal die gemeinsame Arbeit „am Bau", eines der wichtigsten Ziele der Schule, an einem größeren Projekt ermöglicht. Neben expressionistischen Formen zeigte es den Einfluss von FRANK LLOYD WRIGHT und dessen Präriehäusern. Wie es im Programm des Bauhauses formuliert war, schufen Künstler und Schüler aus verschiedenen Disziplinen ein „Einheitskunstwerk". Zu nennen sind unter anderem Buntglasfenster von JOSEF ALBERS, Schnitzereien von JOOST SCHMIDT und Möbel von MARCEL BREUER. Bildhauerei, Malerei, Kunstgewerbe und Handwerk fanden zu einer neuen Baukunst zusammen.

Das **HAUS OTTE** (**◻**; ZEHLENDORF/WOLZOGENSTR. 17; WALTER GROPIUS UND ADOLF MEYER; 1921-22) wurde in einer reduzierten expressionistischen Formensprache gestaltet. Im Werk von Gropius ist es eine entscheidende Station auf dem Weg zu seinen kubischen, seriell gefertigten Wohnhäusern. Die von JOSEF ALBERS gestalteten schlitzartigen Treppenhausfenster wurden zu Beginn der 1930er Jahre entfernt. In den 1990er Jahren fand eine Rekonstruktion statt.

Als Gropius das **HAUS LEWIN** (**◻**; ZEHLENDORF/FISCHERHÜTTENSTR. 106; WALTER GROPIUS; 1927-29) errichtete, hatte er bereits seit einigen Jahren die kubischen Formen angewandt, die nach seiner Vorstellung einer seriellen Wohnhausarchitektur entsprachen. Die Ähnlichkeit mit den 1925-26 entstandenen Meisterhäusern von Gropius in Dessau ist unverkennbar. Jedoch ist das Haus Lewin – ein traditioneller Mauerwerksbau – weit weniger innovativ als die Dessauer Doppelhäuser, die mit ihren gespiegelten identischen Haushälften auf einen rationalisierten Baustellenablauf hin geplant wurden.

Die **BUNDESSCHULE DES ALLGEMEINEN DEUTSCHEN GEWERKSCHAFTSBUNDES (ADGB)** in Bernau bei Berlin (BERNAU/FRITZ-HECKERT-STRASSE 43; HANNES MEYER, HANS

Wittwer und Bauabteilung Bauhaus Dessau; 1928-30) ist das bedeutendste Projekt der Bauabteilung, entstanden in enger Zusammenarbeit von Bauhauslehrern und -schülern. Der Bauherr wollte nicht eine „Schulkaserne" errichten lassen, sondern ein „Musterbeispiel moderner Baukultur". Hier sollten die Gewerkschafter nicht nur geschult werden, sondern auch Erholung finden. Die Anlage ist annähernd Z-förmig in eine Kiefernlichtung mit kleinem See eingebettet. Vom Gemeinschaftstrakt mit Mensa und Vortragssälen gelangt man durch einen vorgelagerten Glasgang zu den gegeneinander versetzten Wohneinheiten. Im hinteren Trakt befinden sich neben der Bibliothek und der Turnhalle Klassenräume, deren Arbeitstische in neuartiger Weise indirekt über Deckenfluter beleuchtet wurden. Ebenfalls gegeneinander versetzt sind die Lehrerwohnungen. Die Bauhauswerkstätten entwarfen die gesamte Innenausstattung. Nach strengen denkmalpflegerischen Gesichtspunkten wird die erweiterte und stark veränderte Schulanlage für das „Barnim Wissens Zentrum" saniert (Winfried Brenne; 2002-04).

1928 schrieb die Reichsforschungsgesellschaft für Wirtschaftlichkeit im Bau- und Wohnungswesen einen Wettbewerb für die **SIEDLUNG HASELHORST** (◨; Spandau/Haselhorster Damm 1-25/19-65/42-48; 1930-35) aus. Der 1. Preis ging an Walter Gropius und Stefan Fischer. Realisiert wurde die „Reichsforschungssiedlung" in Zeilenbauweise jedoch nach Entwürfen von Fréd Forbát, der zuvor am Bauhaus in Weimar gelehrt hatte.

Ludwig Hilberseimer, der 1929 Lehrer für Architektur und Stadtplanung am Bauhaus Dessau wurde, legte im gleichen Jahr einen radikalen Vorschlag zur **NEUBEBAUUNG DER FRIEDRICHSTADT** westlich des Gendarmenmarktes vor. Wegen ihrer unzureichenden Ausrichtung auf verkehrstechnische, funktionale, hygienische und soziale Belange lehnte Hilberseimer die historische Stadt ab und setzte in seinem Entwurf gereihte Hochhausscheiben anstelle der überlieferten Blockstruktur. Neben der Arbeit an solchen ideellen Stadtentwürfen verwirklichte er kleine Projekte in Berlin. Das **HAUS BLUMENTHAL** (◨; Zehlendorf/Wilskistrasse 66; Ludwig Hilberseimer; 1932) ist vor allem durch Funktionalität bestimmt.

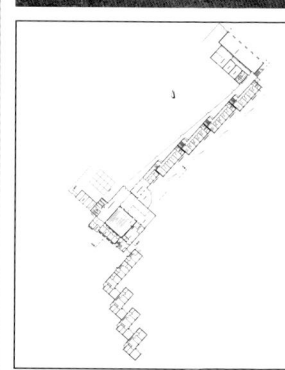

Der mit sparsamen Gestaltungsmitteln versehene würfel-

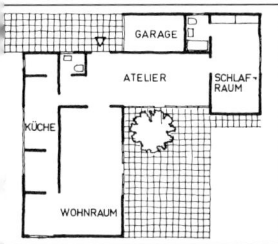

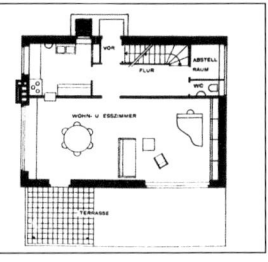

förmige Bau öffnet sich mit den Wohn- und Schlafräumen zur Gartenseite.

WALTER GROPIUS nahm 1931 den bereits Anfang der 1920er Jahre diskutierten Bautypus Hochhaus wieder auf, als er für das nordwestliche Ufer des Wannsees eine Siedlung mit 15 scheibenförmigen **WOHNHOCHHÄUSERN** plante. Aber erst nach dem Zweiten Weltkrieg setzte sich in Deutschland der Bau von Wohnhochhäusern durch, meist unzureichend mit sozialen und öffentlichen Einrichtungen ausgestattet. Dagegen plante Gropius zwischen jedem Hochhauspaar Pavillons, die Vortrags- und Tanzsäle, Bäder und Versorgungseinrichtungen aufnehmen sollten. Als öffentlicher Raum mit Restaurants und Gärten waren ebenso Dachterrassen und die siebten Geschosse vorgesehen.

Mies van der Rohe entwarf das **HAUS LEMKE** (**D**; HOHEN-SCHÖNHAUSEN/OBERSEESTRASSE 60; LUDWIG MIES VAN DER ROHE; 1932) in der Zeit seines Direktorats am Bauhaus, zugleich ist dies sein letzter realisierter Entwurf vor der Auswanderung in die USA. Das eingeschossige, mit Backstein verkleidete Gebäude besteht aus zwei Flügeln, die eine Terrasse umschließen. Große Fensterflächen ermöglichen den Ausblick auf den Obersee. Heute beherbergt das Haus eine kommunale Galerie.

Nachdem das Bauhaus bereits Weimar und Dessau verlassen musste, wurde es 1933 in Berlin von der politischen Entwicklung in Deutschland eingeholt. Schon bald nach Hitlers Machtergreifung wurden die Räume des Bauhauses von der Gestapo durchsucht und versiegelt. Das Institut wurde als „Keimzelle des Bolschewismus" diffamiert. Statt den Forderungen nachzukommen, einen nationalsozialistischen Lehrplan einzurichten sowie WASSILY KANDINSKY und jüdische Lehrer zu entlassen, löste sich das Bauhaus im Juli 1933 selbst auf.

Nach dem Zweiten Weltkrieg beteiligten sich die früheren Bauhauslehrer und -schüler entscheidend am Wiederaufbau der Stadt. Das ▶ Hansaviertel entstand zur Interbau 57 mit Beiträgen von WALTER GROPIUS und den Bauhausschülern GUSTAV HASSENPFLUG, HUBERT HOFFMANN und EDUARD LUDWIG. Den ▶ Zweiten Bauabschnitt der Stalinallee (1965) plante der Bauhausschüler EDMUND COLLEIN. RICHARD PAULICK, der von 1927 bis 1928 Assistent im Baubüro Gropius am Bauhaus

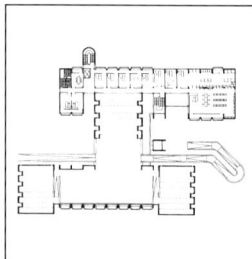

Dessau war, wurde einer der bedeutendsten Architekten der DDR. Für den Aufbau Berlins entwarf er Anfang der 1950er Jahre Wohnbauten an der ▶ *Stalinallee* und die 1951 errichtete Deutsche Sporthalle (1971 Abriss aufgrund von Baumängeln). Paulick leitete auch den Wiederaufbau bedeutender historischer Bauten wie die ▶ *Staatsoper Unter den Linden*, das ▶ *Prinzessinnenpalais* und das ▶ *Kronprinzenpalais*.

Von GROPIUS und seinem amerikanischen Büro TAC (THE ARCHITECTS COLLABORATIVE) stammen erste Planungen für eine **GROSSSIEDLUNG BRITZ-BUCKOW-RUDOW** (▶ *Gropiusstadt*). Die Leitung des Projekts übernahm sein Kontaktpartner in Berlin, der Bauhausschüler WILS EBERT. LUDWIG MIES VAN DER ROHE entwarf nach seiner Emigration in die USA für Berlin die ▶ *Neue Nationalgalerie*, sein einziges nach dem Krieg in Deutschland realisiertes Bauwerk.

Von der Idee geleitet, Kunstwerke und Sachzeugnisse des Bauhauses zu sammeln, wurde 1960 in Darmstadt das Bauhaus-Archiv gegründet. Walter Gropius entwarf mit seinem Büro TAC für diesen Zweck ein Museumsgebäude, das in Hanglage, auf der Rosenhöhe in Darmstadt, gebaut werden sollte. Nach dem Umzug der Einrichtung nach West-Berlin wurde der Entwurf des inzwischen verstorbenen Gropius für den flachen Standort in Tiergarten verändert. Aus städtebaulichen Gründen wurde die große Ausstellungshalle des **BAUHAUS-ARCHIVS** (KLINGELHÖFERSTR. 14; WALTER GROPIUS/TAC; ALEX CVIJANOVIC; 1976-79) nun nach Süden orientiert, die das Gebäude durchquerende Zugangsrampe war ein neues Element. Erhalten geblieben ist aber die Charakteristik des ursprünglichen Entwurfs mit den nach Norden ausgerichteten Sheddächern.

GRUNEWALD UND ZEHLENDORF

Große Teile des Berliner Südwestens gelten als exklusive Wohnadressen. In weiter Ausdehnung liegen die Villenvororte der Millionenstadt in landschaftlich reizvoller Lage im **GRUNEWALD**, am **WANNSEE** und an zahlreichen kleinen Seen. Das südwestliche Randgebiet der Stadt unterscheidet sich auffällig vom industriell geprägten Nordwesten, Osten und Süden der Stadt wie auch vom teilweise noch ländlichen Berliner Norden. Der Südwesten ist fast ausschließlich von seiner Wohnfunktion geprägt. Charakteristisch für den Stadtraum ist die Bebauung aus frei stehenden Einfamilienhäusern, Villen und Landhäusern entlang ruhiger Wohnstraßen, die zu einer für Berlin bemerkenswert homogenen Stadtstruktur führt.

Die Entwicklung des Berliner Südwestens setzte erst sehr spät ein, am Übergang vom 19. ins 20. Jh. Im Gegensatz zu anderen Stadträumen Berlins hatten die Eisenbahnstrecken – die Potsdamer Bahn (1838) und die Wannseebahn (1874) – keine städtische oder gar industrielle Entwicklung ausgelöst. Die Bevölkerungsdichte in den Dörfern **DAHLEM**, **ZEHLENDORF** und **STOLPE** (später Teil der Gemeinde Wannsee) blieb sehr gering.

Erst als mit der Anlage von Boulevards das Wachstum der Stadt in die Peripherie gesteuert wurde, geriet der Südwesten in den Blickpunkt städtischer Entwicklung.

Der Kurfürstendamm leitete, in der Verlängerung der **KOENIGSALLEE**, direkt in die **VILLENKOLONIE GRUNEWALD** über. Private Terrain- und Baugesellschaften erschlossen den Baugrund und ließen in einem neobarocken Stadtgrundriss entlang der Hauptachse, der Bismarckallee, zwei sternförmige Schmuckplätze anlegen: den Joachimplatz (heute **BISMARCKPLATZ**) und den **JOHANNAPLATZ**. Gegenüber der Berliner Blockrasterstruktur mit dichter Bebauung sollte sich das Villenviertel deutlich abheben und aufgelockerte Noblesse ausstrahlen. Bald wurden Teile des neobarocken Straßengrundrisses aber zugunsten eines malerischen Städtebaus aufgegeben, um im Verlauf der Koenigsallee die Villenkolonie ganz der Landschaft anzupassen. Durch eine künstlich angelegte Seenlandschaft wurde deren reizvolle Wirkung noch gesteigert. Aufgrund der enormen stilistischen und typologischen Vielfalt der Bebauung ist die Villenkolonie Grunewald ein herausragendes Beispiel für die Berliner Vorortbebauung.

Auch der Aufteilungsplan für die **DOMÄNE DAHLEM** folgte anfangs dem Schema gerader, von Sternplätzen unterbrochener Straßenführungen. In der langen Achse Rheinbabenallee-Podbielskiallee ist die Villenkolonie Grunewald mit Dahlem und dem Botanischen Garten verbunden. Dennoch lag eine großstädtische Wirkung nicht in der Absicht der Stadtplaner. Ab 1900 wurde die Achse, für vermögende Bauherrn von größter Attraktivität, rasch mit großbürgerlichen Villen bebaut, die auf großen, parkähnlich gestalteten Grundstücken liegen. In den noch unbebauten Teilen wurde der Plan kurze Zeit später ebenfalls zugunsten einer stärkeren Landschaftseinbindung abgeändert. Kurvige Straßenverläufe folgen Grünzügen wie dem Finkenpark und dem Thiel- und Triestpark.

Während in Grunewald und Dahlem sowohl der Villen- als auch der Landhaustypus vertreten sind, wurden in **ZEHLENDORF** vorwiegend Landhäuser errichtet. Zu Beginn des 20. Jh. entwickelte sich der Ort zum Zentrum des Südwestens. Eine allmähliche Verstädterung setzte ein (Teltower Damm, Berliner Straße), die teilweise aber dem Charakter der Landhaussiedlung unterworfen wurde. Selbst die Dahlemer Museums- und Institutsgebäude sind als „Großvillen" in die Bebauungsstruktur einbezogen. Das Zitieren eines ländlichen Charakters gipfelt in der Verleugnung großstädtischer U-Bahnhöfe, die als „Bauernhäuser" und „Landvillen" verkleidet wurden.

Zum ehem. Bezirk Wilmersdorf, der 2001 mit Charlottenburg fusionierte, zählen die Ortsteile Grunewald und Schmargendorf. Ortsteile des ehemaligen Bezirkes Zehlendorf, der mit Steglitz zu einem neuen Großbezirk fusionierte, sind Dahlem, Schlachtensee, Nikolassee und Wannsee.

GRUNEWALD:

In der **VILLENKOLONIE GRUNEWALD**, in der Verlängerung des prächtigen Wohnboulevards Kurfürstendamm, entstanden seit der Gründung 1889 Villen und Landhäuser in diversen, Länder und Epochen zitierenden Stilrichtungen. Ganz unmissverständlich auf die Tradition heimischer Architektur bezieht sich die **VILLA RATHENAU** (**D**; KOENIGSALLEE 65; WALTHER RATHENAU UND JOHANNES KRAAZ; 1910). Das Landhaus des Großindustriellen Walther Rathenau zeigt sich als äußerst klar gegliederter Baukörper. Diese neue Klarheit implizierte einen Neoklassizismus, der aus damaliger Sicht den „preußischen Tugenden" entsprach und der den zunehmend als dekadent empfundenen wilhelminischen Neobarock ablösen sollte. Dass eine deutlich ablesbare Beziehung zum „preußischen Stil um 1800" hergestellt werden sollte, zeigt v.a. der breite Spiralrankenfries nach Vorbildern in der Berliner Bürgerhausarchitektur um 1800, etwa beim ▶ *Knoblauchhaus*.

WOHNANLAGE AM HUNDEKEHLESEE (KOENIGSALLEE 77; ARNO BONANNI, KLAUS LATTERMANN; 1989-92): Repräsentative klassizierende Wohnanlage im Geist der Postmoderne. Mittig der halbkreisförmig („Crescent") zum See angeordneten Luxussiedlung verläuft eine Zentralachse mit Terrassen.

VILLA KONSCHEWSKI (**D**; GOTTFRIED-VON-CRAMM-WEG 33-37; OSKAR KAUFMANN; 1922-24): Die hochrepräsentative Anlage für einen Bankier besteht aus einem schlossartigen Gebäudekomplex mit breitgelagertem, seitlich ausschwingendem Hauptgebäude, einem geschwungenen Garagenflügel mit Pförtnerhaus sowie einem so genannten Nymphaeum mit Orangerie. Der Schlossarchitektur entsprechend, wurden im Innern des Hautgebäudes die Wohnräume als Raumfluchten aneinander gereiht. Das Nymphaeum ist auf dem zum Wasser abfallenden Gelände dem Wohnhaus als Terrasse vorgelagert und öffnet sich zum See.

Auf einem zum Hundekehlesee abfallenden Grundstück öffnet sich das **CLUBHAUS DES LTTC ROT-WEISS** (**D**; GOTTFRIED-VON-CRAMM-WEG 47; PAUL BAUMGARTEN D.J.; 1958) mit großzügigen Glasflächen zum See. Der Baukörper ist zum abfallenden Gelände hin aufgeständert und wird von einem weit auskragenden Flachdach überspannt.

Von herausragender architektonischer Bedeutung innerhalb der Villenbebauung des Grunewalds ist das **HAUS FLECHTHEIM** (**D**; DOUGLASSTRASSE 12; OTTO RUDOLF SALVISBERG; 1928-29): Die Architektur des repräsentativen Wohnhauses vertrat konsequent die betonte Schlichtheit des Neuen Bauens inmitten der von großbürgerlichen Repräsentationsbauten bestimmten Wohngegend. Die horizontale Lagerung des Bauwerks wird durch Fensterbänder und eine Umfriedungsmauer zusätzlich betont. Die Materialien Klinker und Travertin treten anstatt von Ornamenten verstärkt als Gestaltungselement in den Vordergrund.

Das so genannte **LÖWENPALAIS** (**D**; KOENIGSALLEE 30-32; BERNHARD SEHRING; 1903-04) wurde als repräsentative Villa für die Brauereibesitzerin Emilie Habel errichtet. Nach außen ist das Gebäude von zeitgemäßen, konventionellen Anleihen aus der barocken Palaisarchitektur geprägt; eine Kupferhaube über dem ausschwingenden Mittelrisalit bekrönt das Bauwerk.

HAUS NOELLE (**D**; WINKLERSTRASSE 10; HERMANN SOLF, FRANZ WICHARDS; 1901-02): Landhaus im Stil der deutschen Renaissance. Im Gegensatz zum Typus der repräsentativen Stadtvilla besitzt das Landhaus einen frei komponierten Grundriss.

Die Gliederung des **ETERNIT-GÄSTEHAUSES** (**D**; WISSMANN-STRASSE 12A; PAUL BAUMGARTEN D.J.; 1955-56) ist eine Reaktion auf das abfallende Gelände am Koenigssee. Während sich an der Straßenseite in einem eingeschossigen Bauteil der Eingang und die Garage befinden, liegen die Gästewohnungen im zweigeschossigen hinteren Teil zum See ausgerichtet im oberen Stockwerk über der Hausmeisterwohnung. Das Dach neigt sich zur Straßenseite und zeichnet die Abtreppung der Gebäudehöhe nach. Bei dem zu Werbezwecken für den Asbestzement-Hersteller Eternit AG errichteten Bau wurde der Baustoff des Bauherrn demonstrativ verwendet. So sind das Dach und die Seitenfronten mit Well-Eternit gedeckt, die Betonstufen der inneren Treppe wurden mit schwarzem Eternit belegt, um die Trittfestigkeit des Materials zu zeigen.

APARTMENTHÄUSER WALLOTSTRASSE 9 (HEINZ SCHUDNA-GIES; 1971-72): Der Baukörper wurde in moderner Abwandlung der äußeren Erscheinung großbürgerlicher Grunewald-Villen als gestaffeltes Mehrfamilienhaus gestaltet.

HAUS VOLLBERG (**D**; DELBRÜCKSTRASSE 29; EGON EIERMANN; 1939-42): Die Gestaltungsprinzipien der Moderne mussten hier durch ein leicht geneigtes Satteldach den Auflagen des NS-Regimes angepasst werden.

Die architektonische Wirkung der **VILLA LASSENSTRASSE 32-34** (**D**; CREMER & WOLFFENSTEIN; 1912-13) sollte zwischen der Erscheinung eines repräsentativen Herrenhauses und eines einfachen Landhauses vermitteln. Für damalige Repräsentationsbauten wichtige äußerliche Gesten entfallen: Das

LINKE SEITE
HAUS FLECHTHEIM
LÖWENPALAIS
HAUS NOELLE
VILLA LASSENSTR.

RECHTE SEITE
KREUZKIRCHE: EINGANG
HAUS MEYER
HAUS ANDREAE
GESCHÄFTSHAUS AM ROSENECK
WOHNHOCHHAUS AM ROSENECK:
GRUNDRISS

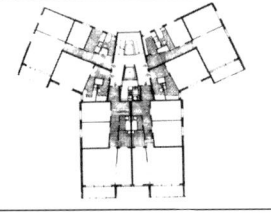

Gebäude ist nicht in die Mitte, sondern an die Seite des Grundstücks gerückt. Während sich die architektonisch untergeordnete Front der Straße zuwendet, öffnet sich die Villa zum privaten Garten. Im Jahre 1924 wurde das Haus von BRUNO PAUL erweitert.

Ev. **KREUZKIRCHE** (**D**; HOHENZOLLERNDAMM 130; ERNST UND GÜNTHER PAULUS; 1927-29): Herausragendes Beispiel expressionistischer Backsteinarchitektur, die ins Monumentale gesteigert wurde. Der Turm steht als hoher Querriegel zur Straße und nimmt die Vorhalle bzw. „Brauthalle" auf. Turm und Halle sind einem polygonalen, kuppelüberwölbten Saal vorgelagert, mit dem sie durch einen Gang verbunden sind.

Von einer geradezu unbekümmerten eklektizistischen Mischung gotisierender, neobarocker, klassizistischer und Jugendstil-Elemente ist das **HAUS MEYER** (**D**; SEEBERGSTEIG 23; ARNOLD HARTMANN; 1897-98) geprägt. Die spektakulär und fantastisch wirkende Architektur erinnert an ein Märchenschloss.

Zu den an Größe und architektonischer Qualität bedeutendsten Villenanlagen des Grunewalds gehört zweifelsohne das **HAUS ANDREAE** (**D**; KRONBERGER STRASSE 7-9; BRESLAUER & SALINGER; 1912-14). Das repräsentative Landhaus eines Bankiers wurde auf einem nahezu quadratischem Grundriss errichtet; die Gestaltung im Stil der italienischen Renaissance ist einfach und klar. In der Berliner Villenarchitektur war das Vorbild eines italienischen Herrenhauses eine Ausnahmeerscheinung.

GESCHÄFTSHAUS AM ROSENECK (HOHENZOLLERNDAMM/KÖNIGSMARCKSTRASSE/HAGENSTRASSE; NALBACH + NALBACH; 1988-92): Die ausschwingende Fassade des zweigeschossigen weißen Gebäudes stellt eine überzeugende städtebauliche Beziehung zwischen dem Grunewald und der großen Straßenkreuzung am Roseneck her.

WOHNHOCHHAUS AM ROSENECK (HOHENZOLLERNDAMM 105-110; FRANZ HEINRICH SOBOTKA, GUSTAV MÜLLER; 1954-55): Ganz im Sinne eines aufgelockerten Städtebaus der Nachkriegszeit wurde das Hochhaus frei stehend auf Y-förmigem Grundriss errichtet.

RATHAUS SCHMARGENDORF (**D**; BERKAER PLATZ 1; OTTO KERWIEN; 1900-02): In Formen der märkischen Backsteingotik gestaltet, ist das Gebäude ein typisches Beispiel für die **365**

GRUNEWALD UND ZEHLENDORF

damalige Rathausarchitektur der rasant wachsenden Gemeinden um Berlin, in der Bürgerstolz und Wohlstand zum Ausdruck
kommen sollte.

Ev. **DORFKIRCHE SCHMARGENDORF** (**D**; BREITE STRASSE 38;
13./14. JH): Stand ursprünglich im Zentrum des 1960 be-
seitigten Dorfangers. Die kleinste der Dorfkirchen im heutigen
Berliner Stadtgebiet wurde als rechteckiger, flach gedeckter
Saalbau aus Feldsteinen errichtet. Der hölzerne Dachturm aus
Fachwerk (1831) wurde bei einer Erneuerung 1957 verbrettert.

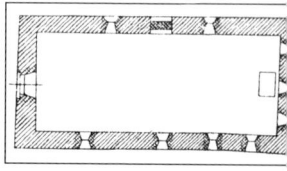

MAX-PLANCK-INSTITUT FÜR BILDUNGSFORSCHUNG (LENTZE-
ALLEE 94; FEHLING UND GOGEL; 1972-74): Der expressiv gegliederte-
te Gebäudekomplex mit geknickten Dachflächen lehnt sich an
Gestaltungsideen von Hans Scharoun an. Eine herausragende,
fast autonome Rolle im Werk von Hermann Fehling und Daniel
Gogel spielen Treppenhäuser – so auch im Max-Planck-Institut.
Durch komplizierte Raumschichtungen und Lichtspiele wird das
Treppenhaus zu einer Festarchitektur erhöht. Die im Detail
scheinbar ungeordneten Einzelelemente verbinden sich zu
einem sinnlich erfahrbaren Zusammenspiel, das vor allem das
Thema „Bewegung" lesbar werden lässt. Zum außergewöhnlichen Raumerlebnis des Treppenhauses fügt sich recht passend
mit der guten Akustik auch ein herausragendes Klangerlebnis
bei den gelegentlich dort stattfindenden Musik-Aufführungen.

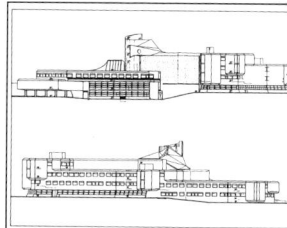

ELEKTRONENSPEICHERRINGANLAGE BESSY (LENTZEALLEE
100; GERD HÄNSKA, BERND JOHAE; 1978-81): Die der Grund-
lagenforschung dienende Anlage bedingte einen kreisförmigen
Hauptfunktionsbau, der mit einer kupfergedeckten Kuppel
überdeckt wurde. Die städtebauliche Einbindung gelang durch
vorgelagerte Flachbauten, in denen Labors, Werkstätten und
Büros untergebracht sind.

HAUS SCHARF (**D**; MIQUELSTRASSE 39A/B; HANS SCHAROUN,
1938): Die konventionelle Straßenfront mit Steildach passte
sich den Gestaltungsauflagen des NS-Regimes an. Eine freiere
Gestaltung, wie sie typisch für Scharoun ist, zeigt sich zum
Garten hin und in der offenen Raumaufteilung im Innern.

Ehem. **REICHSKNAPPSCHAFTSHAUS** (HEUTE INSTITUTSGEBÄU-
DE DER FREIEN UNIVERSITÄT; BREITENBACHPLATZ 2; MAX TAUT,
FRANZ HOFFMANN; 1929-30): Wie bei anderen Projekten der
Architekten wurde die Baukonstruktion zur Fassadengestal-
tung eingesetzt. Violette Keramikplatten zeichnen die horizon-

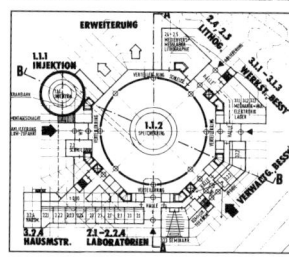

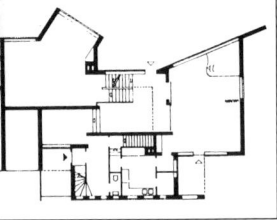

talen und vertikalen Bänder der Stahlträger nach, die Zwischenfelder wurden mit rötlichen und bläulichen Klinkern verkleidet.

GRUNEWALD-TURM (; HAVELCHAUSSEE; FRANZ HEINRICH SCHWECHTEN; 1897-99): Anlässlich des 100. Geburtstages von Kaiser Wilhelm I. vom Kreis Teltow als Denkmal gestiftet. Der im Stil märkischer Backsteingotik gestaltete Turm erhebt sich mit 55 m Höhe über einem wuchtigen Sockelgeschoss. Der obere Abschluss wird von kleinen Türmen und Ausgucksbalkonen flankiert; das Portal ist einer gotischen Kirche entlehnt.

ZEHLENDORF:

Zahlreiche Alleen im Südwesten verbinden die Villenkolonien untereinander, so dass an den administrativen Grenzen der ehemaligen Bezirke Wilmersdorf und Zehlendorf und unter den Villenkolonien selbst keine merklichen stadträumlichen Abgrenzungen bestehen.

Am Rande des Grunewalds, bereits im Ortsteil **DAHLEM**, wurde das **BRÜCKE-MUSEUM** (BUSSARDSTEIG 9; WERNER DÜTTMANN; 1966-67) kontrastreich in die Waldlandschaft eingefügt. Mit einer niedrigen Mauer aus Sichtbeton grenzt sich die Anlage von der Straße ab. Um einen fast quadratischen Innenhof ist der Museumstrakt rechtwinklig mit drei eingeschossigen Baukörpern gruppiert. Die weiß verputzten Kuben mit Flachdächern kontrastieren mit den hoch aufragenden Bäumen – ein architektonisches Motiv, das 1925/26 von Gropius durch die Meisterhäuser in Dessau eingeführt worden war und hier nicht zuletzt mit dem Wechselspiel von geschlossenen und geöffneten Wandflächen erneut aufgegriffen wurde. Zwischen die einzelnen U-förmigen Wandnischen der Ausstellungsräume sind senkrechte Fensterbänder eingefügt, die dem Besucher den Blick in die Landschaft des Grunewalds ermöglichen. Oberlichtbänder erhellen die Ausstellungsräume indirekt.

JAGDSCHLOSS GRUNEWALD (■; IM JAGEN 11): ►EXKURS: SCHLÖSSER IN BERLIN

Ehem. **WILDMEISTEREI „FORSTHAUS PAULSBORN"** (AM GRUNEWALDSEE; GÖHRE; 1905-06): In bewusster Anlehnung an das benachbarte Jagdschloss Grunewald als Gästehaus geplant.

367

STADTHÄUSER AM PETERSBERG (HÜTTENWEG 51; AM PETERS-
BERG 2-30; KLAUS THEO BRENNER; 1998-2000): Die Stadthäuser
basieren auf einer Typenentwicklung für frei stehende Mehrfamilienhäuser in Beton-Fertigteilbauweise. Die Anlage besteht
aus 105 Wohneinheiten, die in zwei Haustypen, einem T-Typus
und einem U-Typus, errichtet worden sind. Der T-Typ ist dreigeschossig mit quer zur Fassade stehendem Treppenhaus. Auf
jeder Etage befinden sich zwei Vier-Zimmer-Wohnungen mit
einem Balkon, der alle Zimmer miteinander verbindet. Der U-
Typ ist ebenfalls dreigeschossig, mit längs zur Fassade stehendem Treppenhaus und zwei Drei-Zimmer-Wohnungen pro
Etage. Hier verbindet eine Loggia alle Zimmer. Sämtliche
Fassadenelemente basieren auf einem Grundmodul von 1,25
m und einheitlichen raumhohen Fenstern.

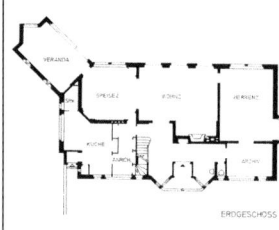

HAUS AUERBACH (◨; CLAYALLEE 34-38; BRUNO PAUL; 1923-
25): Gelungene Verbindung von traditionell-konservativer
Architektur mit expressionistischen Elementen.

HAUS MATTHES (AM HIRSCHSPRUNG 63; BERNHARD BINDER;
1973-74): Herausragendes Beispiel eines Mehrfamilienhauses
der 1970er Jahre; Ausführung als Stahlbetonskelettbau.

VILLA BASTIAN (MAX-EYTH-STRASSE 29; PETRA UND PAUL KAHL-
FELDT): Neubau der 1990er Jahre als Kopie einer eleganten
preußischen Klassizismus-Villa, von außerordentlicher Präzision. Bauzeit damit für den Laien nicht erkennbar.

VILLA PÜCKLERSTRASSE 14 (RICHARD WALTER; 1912): Die
ehem. Fabrikantenvilla wurde 1998-99 zur Amtswohnung des
Bundeskanzlers umgebaut (GESINE WEINMILLER). Während das
Erdgeschoss für repräsentative Aufgaben ausgestattet wurde,
dient das Obergeschoss als Wohnung. An der Straße entstand
ein Neubau für die Wache: ein schlichter, mit Dorfer Grün verkleideter Kubus.

VILLA MIQUELSTRASSE 66 (◨; BRUNO AHRENDS; 1911-12):
Die Villa ist ein Frühwerk des Architekten für die eigene Familie
und wurde im norddeutschen Landhausstil gestaltet. 1999 erfolgte der Umbau zur Residenz des Bundestagspräsidenten
(GESINE WEINMILLER), momentan genutzt vom Bundespräsidenten.

HAUS CRAMER (◨; PACELLIALLEE 18; HERMANN MUTHESIUS;
1911-13): Im Unterschied zu anderen Landhäusern von Muthesius besitzt die Vorderfront einen streng symmetrischen Aufbau. Der rustikale Charakter der Architektur wird durch das

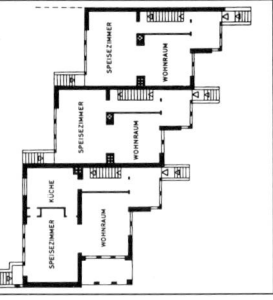

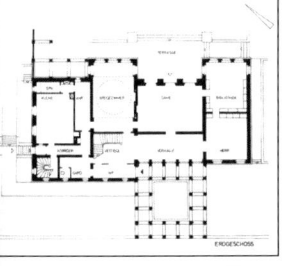

Bruchsteinmauerwerk an der gesamten Fassade bestimmt.

RUDOLF-STEINER-HAUS (BERNADOTTESTRASSE 90/92; EDDA & HERBERT LECHNER; 1982-83): Typische anthroposophische Architektur mit gebrochener Dachkante, Vermeidung des rechten Winkels.

U-BAHNHOF PODBIELSKIALLEE (**D**; HEINRICH SCHWEITZER; 1911-13): Im „Mittelalterstil" errichtet.

VERSUCHSSIEDLUNG SCHORLEMERALLEE (**G**; SCHORLEMER-ALLEE 7-23; WASSILI UND HANS LUCKHARDT, ALFONS ANKER; 1925-30): In drei Bauabschnitten errichtete Versuchssiedlung zur Entwicklung kostengünstigen Wohnraums. Der erste Abschnitt (Nr. 13-23) erfolgte in konventioneller Mauertechnik, der zweite Abschnitt (Nr. 7-11) in Stahlskelettbauweise, der dritte Abschnitt (Nr. 12-12c) entstand als Stahlbetonkonstruktion.

Eine durchgehende Achse des Grundrisses bestimmt das **HAUS WIEGAND** (**D**; PETER-LENNÉ-STRASSE 28-30; 1911-12; PETER BEHRENS): An der Peter-Lenné-Straße ist der Villa eine offene Vorhalle vorgesetzt, die in den Eingangsbereich des Gebäudes führt. Von dort setzt sich die Raumachse über das Empfangszimmer bis in den rückwärtigen Garten fort. Eine Pergola mit dorischen Säulen schirmt den Garten zur Drygalskistraße ab. Wie Behrens' Industrieprojekte jener Jahre ist auch die Villa in stark vereinfachten neoklassizistischen Formen ausgeführt, die den Eindruck von Monumentalität entstehen lassen.

DOMÄNE DAHLEM (**G**; KÖNIGIN-LUISE-STRASSE 47-51; EHEM. GUTSHAUS 1678-80; UMBAU ANFANG 18. JH.; ERWEITERUNG: HEINRICH SCHWEITZER; 1913). Barocker Putzbau mit Satteldach und Dreiecksgiebel; Gutspächter-Villa 1901-02. Das ehem. Gut ist seit 1841 Domäne Dahlem und dient heute als landwirtschaftliches Museum.

U-BAHNHOF DAHLEM-DORF (**D**; FRITZ UND WILHELM HENNINGS; 1912-13): Die großstädtische Funktion des Gebäudes musste auf Wunsch des Kaisers verschleiert werden, der auf einer Gestaltung als niedersächsisches Bauernhaus bestand. Der Mauerwerksbau erhielt daher eine Fachwerkverblendung und wurde auch im Innern nach ländlichen Traditionen gestaltet.

Die ev. **ST.-ANNEN-KIRCHE** (DORFKIRCHE; **D**; KÖNIGIN-LUISE-STRASSE 55) ist eine der besterhaltenen Dorfkirchen Berlins und wurde aus Backsteinen auf einem Feldsteinfundament errichtet. Der Chorschluss besitzt spitzbogige Fenster aus gegliedertem Maßwerk. Einige Jahrzehnte nach dem Chor wurde der spätgotische Gruftanbau an der Nordseite errichtet, der wie der ältere Bauteil kreuzgewölbt ist. Dem in der 1. Hälfte des 13. Jh. errichteten Langhaus wurde nachträglich ein neuer Chor (2. Hälfte 15. Jh.) angefügt. Das Langhausgewölbe wurde 1671-79 in seiner jetzigen Form erneuert, 1953 musste der Dachstuhl ersetzt werden.

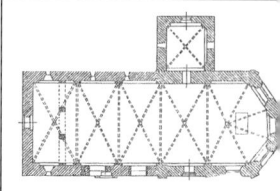

VÖLKERKUNDEMUSEUM (ARNIMALLEE 23-27/LANSSTRASSE 8; BRUNO PAUL; 1914-23; BRUNO GRIMMECK, WILS EBERT, FRITZ BORNEMANN; 1964-73): Die ursprünglich von Paul als Asiatisches Museum geplante symmetrische Dreiflügelanlage in strengen neoklassizistischen Formen wurde nur teilweise realisiert. Vier kubische Neubauten von Ebert, die mit einer geschlossenen Fassade Licht von Sheddächern beziehen, vervollkommneten den Komplex später in einem neuen Sinn, um die aus dem zerstörten Domizil nach Dahlem gezogene Museumssammlung aufzunehmen.

Ehem. **PREUSSISCHES GEHEIMES STAATSARCHIV** (ARCHIVSTRASSE 12; EDUARD FÜRSTENAU; 1912-24): In zurückhaltenden neobarocken Formen errichtet. Heute befindet sich hier die Stiftung Preußischer Kulturbesitz.

In der herrschaftlich bebauten Dahlemer Straße **IM SCHWARZEN GRUND**, die mit den benachbarten Straßenzügen landschaftlich reizvoll um den Thielpark angelegt worden ist, entstand in Anlehnung an die historische Nachbarbebauung die **VILLA GERL** (IM SCHWARZEN GRUND 20-22; HANS KOLLHOFF; 2000), die sich nicht sofort als Neubau zu erkennen gibt. In bemerkenswerter handwerklicher Präzision ausgeführt, verrät das klassizistisch anmutende Bauwerk sein Entstehungsdatum allenfalls Fachleuten. Mit den vier turmartigen Dachaufbauten erinnert der Baukörper an das ▶ Schloss Tegel von Karl Friedrich Schinkel. Doch gerade bei den Dachaufbauten dringt mit den dicht aneinander gereihten schlanken Fensterformaten und den breiten Dachüberständen der typische Schriftzug Kollhoffs durch. So stehen die Dachaufbauten nicht auf den ersten, aber doch auf den zweiten Blick in einem gewissen Widerspruch zu den klassizistisch durchgestalteten unteren beiden Geschossen.

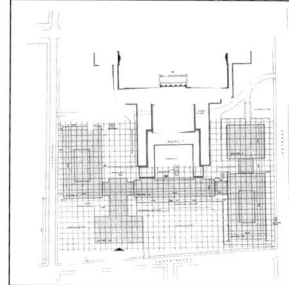

U-BAHNHOF THIELPLATZ (🅳; HEINRICH STRAUMER; 1912-13): Landhausstil; deutlicher Bezug zum ▶ Haus Freudenberg.

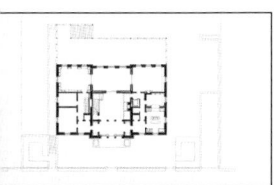

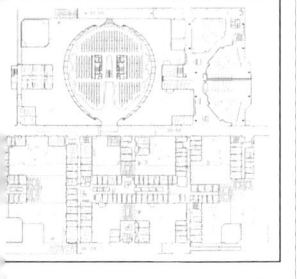

HAUS MOCKEN (Gelfertstrasse 44/46; Franz Mocken; 1965-66): Das Haus des Architekten ist eines der wenigen Atriumhäuser in Berlin. Um einen Atriumhof ziehen sich zwischen dünne Pfeiler gestellte große Glasflächen, die eine fließende Verbindung zwischen Wohnbereich und Hof herstellen.

OTTO-HAHN-BAU DER FU (ehem. Institut für Chemie der Kaiser-Wilhelm-Gesellschaft; **D**; Thielallee 63/Faradayweg; Eberhard Ernst von Ihne, Max Guth; 1911-12): Um den Komplex in die vornehme Umgebung Dahlems einzuordnen, erhielt er die Wirkung einer „Großvilla".

Die **GEISTESWISSENSCHAFTLICHEN INSTITUTE DER FU** (Habelschwerdter Allee 45; George Candilis, Alexis Josic, Shadrach Woods, Manfred Schiedhelm; 1967-79) wurden als niedrige „Teppichbebauung" realisiert, um den einheitlichen Charakter des Dahlemer Villenviertels nicht durch zu hohe, maßstabslose Universitätsgebäude zu stören. In einem schachbrettförmigen Grundriss, bei dem auf übliche hierarchische Strukturen bewusst verzichtet wurde, sind die einzelnen Institute in rasterförmige Erschließungsmodule eingestellt. Begrünte kleine Höfe und eine flexible, durch die Stahlverbundkonstruktion ermöglichte Raumstruktur sind wesentliche Merkmale der Architektur. Die Bauten des ersten Abschnitts erhielten eine Verkleidung aus Platten mit künstlichem Rost, die des zweiten Abschnitts glänzende Aluminiumplatten („Rost- und Silberlaube"). Bis 2004 wird der Komplex von Norman Foster saniert und umgebaut. Dabei soll die Patchwork-Struktur der Institute durch ein klares Ordnungsschema ersetzt werden; so wird jedes Institut einen eigenen Eingang erhalten. Die Rostplatten weichen braun glänzender Baubronze. Neuer Mittelpunkt des Komplexes wird der in die „Rostlaube" eingestellte **NEUBAU DER PHILOLOGISCHEN BIBLIOTHEK**. Der spektakuläre Entwurf besteht aus einer gekrümmten Hülle, die fünf Ebenen überspannt. Mit einem Idealverhältnis von Hüllfläche zu Volumen sollen die Klimatisierungskosten gegenüber vergleichbaren Bibliotheken um die Hälfte gesenkt werden.

Für den die Nachkriegsmoderne kennzeichnenden typologischen Übergang von der Villa zum weniger auf Repräsentation, mehr auf privaten Wohnkomfort bedachten Bungalow ist das **HAUS LUCKHARDT** (◧; FABECKSTRASSE 48; WASSILI LUCK-HARDT; 1956-57) ein herausragendes Beispiel. Das Wohnhaus des Architekten ist sowohl in seinem Äußeren als auch im Grundriss äußerst bemerkenswert. Mit einem klaren geometrischen, die Horizontale betonenden Baukörper liegen die Wohnräume hinter einer großen Glasfront, die vom Boden bis zum vorkragenden Traufgesims und der attikaartigen Dachplatte reicht. Kontrastreich sind die restlichen Außenwandflächen und auch die Terrasse in sichtbarem Bruchsteinmauerwerk ausgeführt. Die tragenden Innenwände reichen nicht bis an die große Glasfront, dadurch sind die Wohnräume nur teilweise voneinander abgetrennt und gehen fließend ineinander über.

PHILOSOPHISCHES INSTITUT DER FU (HABELSCHWERDTER ALLEE 30; HINRICH & INKEN BALLER; 1982-83): Verspielte Architektur mit geschwungenen Dachformen, verschnörkelten Gittern und Geländern, wie sie typisch für Baller ist. Große Transparenz wird durch die mit Glas ausgefüllte filigrane Stahlkonstruktion erreicht. Die individuellen Raumformen wurden in Zusammenarbeit mit dem Institut entwickelt.

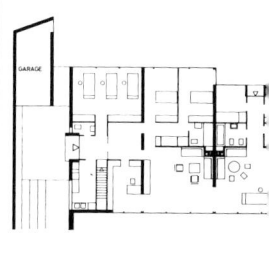

Ehem. **ENTOMOLOGISCHES MUSEUM** (◧; GOSSLERSTRASSE 18/20; HEINRICH STRAUMER; 1908-11): Museumsbau mit Direktorenwohnhaus; Ziegelbauten im Landhausstil.

Der **HENRY-FORD-BAU DER FU** (◧; GARYSTRASSE 35/39; FRANZ HEINRICH SOBOTKA, GUSTAV MÜLLER; 1952-54) bildet ein Zentrum auf dem Hochschul-Campus der 1948 gegründeten Freien Universität, deren Institute zu einem Großteil in den umliegenden Villen untergekommen sind. Als horizontal gelagerter Bau passt sich der Komplex mit Auditorium Maximum und weiteren Hörsälen in seiner Größe der historischen Bebauung Dahlems an. Dennoch erscheint der Bau im Stadtraum als kräftige Dominante. Mit seiner engen Pfeilerstellung und einem weit überstehenden Flachdach bedient sich das Gebäude des Tempelmotivs.

Im Gegensatz zum monumental-repräsentativen Stil des ▶ *Henry-Ford-Baus* ist die benachbarte, zeitgleich errichtete **MENSA DER FU** (◧; VAN'T-HOFF-STRASSE 6; HERMANN FEHLING, PETER PFANKUCH, DANIEL GOGEL; 1952-53) der klassischen Moderne verpflichtet. Mit großen Fensterflächen öffnen sich die Speisesäle zum parkartigen Campus. Als aufgeständerter Baukörper mit Dachterrasse bezieht sich der Bau auf Arbeiten

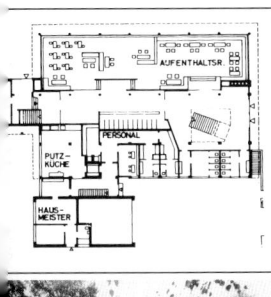

LINKE SEITE
GEISTESWISSENSCHAFTLICHE INSTITUTE
DER FU: INNENANSICHT BIBLIOTHEKS-
NEUBAU (COMPUTERPERSPEKTIVE)
HAUS LUCKHARDT: GRUNDRISS
PHILOSOPHISCHES INSTITUT DER FU
HENRY-FORD-BAU DER FU

RECHTE SEITE
MENSA DER FU: GRUNDRISS
GROSSSIEDLUNG ONKEL TOMS HÜTTE: ZWEI
AUSSENANSICHTEN, LAGEPLAN

Le Corbusiers. 1975 wurde der Hauptfront, abermals durch Fehling und Gogel, ein halbkreisförmig hervortretender Bauteil vorgesetzt, der neue sanitäre Anlagen aufnimmt.

Im Gegensatz zur 1925 projektierten Neuköllner Hufeisen-Siedlung verzichtete die nach einem nahe gelegenen Aus-flugslokal benannte Zehlendorfer **GROSSSIEDLUNG ONKEL TOMS HÜTTE** (WALDSIEDLUNG ZEHLENDORF; **E**; ARGENTINISCHE ALLEE/RIEMEISTERSTRASSE/ONKEL-TOM-STRASSE/QUERMATENWEG/ AM HEGEWINKEL; BRUNO TAUT, HUGO HÄRING, OTTO RUDOLF SALVIS-BERG; 1926-32) auf eine bildhafte, an ländliche Formen an-gelehnte Struktur. Die Zeilenbauten wurden meist parallel zu den Straßen angeordnet, dabei gehörte die Einbindung der Bauten in den dichten Baumbestand des Grunewalds zum Programm. Der Siedlungsmittelpunkt ist nicht eine in sich ruhende Form wie das „Hufeisen", sondern ein städtisches Element, wie es anderen Siedlungen der 1920er Jahre meist fehlt: der **U-BAHNHOF ONKEL TOMS HÜTTE** (OTTO RUDOLF SALVISBERG). Dessen beidseitige Zugangshallen sind in die Wohnungszeilen eingebunden. Salvisberg schuf ohne Vorbild einen neuartigen Komplex, indem er die Bahnsteighalle durch zwei Ladenstraßen flankierte. So thematisiert der Siedlungs-mittelpunkt das Ankommen und Abfahren, das Dynamische der Stadt. Mit seinen Einkaufsmöglichkeiten ist der U-Bahnhof eine sehr frühe Vorwegnahme des heute weitverbreiteten multi-funktionalen Centers. Doch zur stadträumlichen Villen-Umge-bung Zehlendorfs war die für mittlere Beamte konzipierte Sied-lung nicht nur sozial different. Die Architektur der Moderne, konsequent sachlich-kubisch aus den typisierten Wohnungs-grundrissen entwickelt, galt als architektonischer Fremdkörper. Von extremer Länge ist der **PEITSCHENKNALL** (ARGENTINISCHE ALLEE 157-219; BRUNO TAUT), eine Zeile aus 31 Hauseinheiten; Taut hat sie dennoch durch abgerundete Wandvorsprünge und den Einsatz von Farben meisterhaft gegliedert.

Die modernen Flachdächer der ▶ *Großsiedlung Onkel Toms Hütte* provozierten Ende der 1920er Jahre den „Zehlen-dorfer Dächerkrieg". In der südlich benachbarten **VERSUCHS-SIEDLUNG AM FISCHTAL** (**E**; AM FISCHTAL 2-90; PLANUNGSLEI-TUNG: HEINRICH TESSENOW, 1928-29) wurden die Flachdächer mit steilen Satteldächern an den Ein- und Mehrfamilienhäusern be-antwortet. Weitere Gestaltungsvorgaben, um ein traditionelles und der Moderne entgegengesetztes Bild zu erreichen, waren Holzpergolen, Sprossenfenster mit Klappläden und eine symmetrische Fassade. Trotz der Beteiligung namhafter Architekten der Moderne wie Hans Poelzig und Mebes & Emmerich wurde das Vorhaben seitens der Vertreter einer modernen Architektur heftig kritisiert, da die Gestaltung als konservative und rückwärtsgewandte Provokation empfunden wurde.

HAUS BLUMENTHAL (**D**; WILSKISTRASSE 66): ▶ EXKURS: BAU-HAUS IN BERLIN

HAUS LEWIN (**D**; FISCHERHÜTTENSTRASSE 106): ▶ EXKURS: BAU-HAUS IN BERLIN

U-BAHNHOF KRUMME LANKE (ALFRED GRENANDER; 1929): Endbahnhof, der durch die sachlich-funktionale Eleganz der gerundeten Eingangshalle wegweisend für Verkehrsbauten in Europa war. Nach dem notwendigen Abriss der altersgeschwächten Bausubstanz erfolgte 1988-89 die Rekonstruktion (RUPERT STUHLEMMER), die jedoch nicht vollständig den Originalzustand wiedergeben kann.

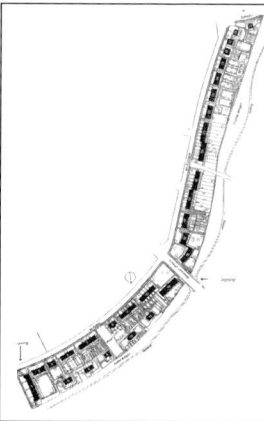

Das **HAUS PERLS** (**D**; HERMANNSTRASSE 14; LUDWIG MIES VAN DER ROHE; 1911-12; 1928) wurde zu seiner Entstehungszeit auf ungewöhnliche Weise in den Straßenraum eingeordnet. Um eine optimale Besonnung zu erreichen, stellte der Architekt das Gebäude mit seiner Längsseite, und damit seiner eigentlichen Hauptansicht, in einen rechten Winkel zur Straße. Auf ein Wesensmerkmal des damaligen Villenbaus, die Repräsentation nach außen, wurde damit verzichtet. Die symmetrisch aufgebaute Villa für den Kunsthändler Hugo Perls entwarf Mies während seiner Tätigkeit im Büro von Peter Behrens. Dessen Einfluss auf das Projekt ist mit den reduziert klassizistischen Formen unverkennbar. Wie bei Behrens' ▶ *Haus Wiegand* wurde auch hier der Garten architektonisch mit einbezogen. Die in die rechteckige Grundrissform eingefügte Loggia ist fassadenbündig mit zwei von dorischen Kapitellen bekrönten Pfeilern abgegrenzt. In dieser Durchdringung von Außen- und Innenraum nahm Mies das Motiv des Neuen Pavillons im ▶ *Schlosspark Charlottenburg* auf und folgte so auch seinem zweiten Vorbild, Karl Friedrich Schinkel. Mies selbst erweiterte den Ausstellungsbereich 1928 durch einen Anbau, der dessen gewandelte, mittlerweile ganz eigenständige Architektursprache zeigt, die sich hier insbesondere in großflächigen Wand-

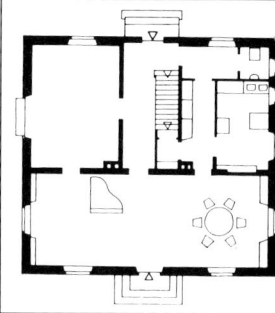

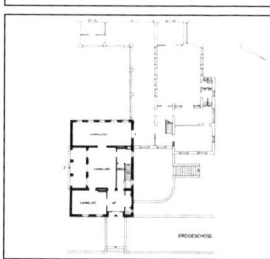

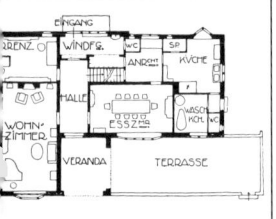

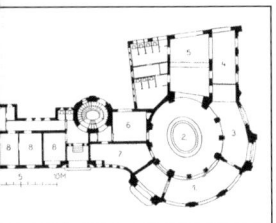

und Fensterflächen und einer Reduktion vormals eingesetzter architektonischer Mittel wie der Pfeiler zu Fensterprofilen ausdrückt.

Das benachbarte, ebenfalls von Mies entworfene **HAUS WERNER** (**D**; QUERMATENWEG 2-4; LUDWIG MIES VAN DER ROHE; 1913) besitzt auf Wunsch des Bauherrn den Charakter eines Landhauses. Trotz symmetrischer Gartenfront ist der Einfluss der strengen Architektursprache Behrens' hier nicht mehr durchgedrungen. Entsprechend englischer Landhaus-Vorbilder, ist der Grundriss freier gestaltet als beim Haus Perls und lässt bereits Ansätze einer geöffneten Raumdisposition erkennen.

Mit dem **HAUS DE BURLET** (**D**; SCHLICKWEG 12; HERMANN MUTHESIUS; 1911) unweit des Schlachtensees setzte Muthesius seine programmatische Architektur des englischen Landhausstils am konsequentesten um. Auf L-förmigem „englischem" Grundriss sind die Räume autonom aus ihrer Funktion entwickelt und besitzen daher jeweils einen individuellen Charakter. Das Gebäude ist ganz ohne repräsentative Geste an die nördliche Grundstücksgrenze gerückt, um Schlaf- und Wohnräume auf den vergrößerten Garten auszurichten.

In die Landhausstil-Bebauung des Mexikoplatzes (OTTO KUHLMANN; 1905-10) fügt sich malerisch der **S-BAHNHOF MEXIKOPLATZ** (**G**; HART & LESSER; 1903-05) ein. Diese Wirkung erhält das Empfangsgebäude durch seine hohe Rundkuppel und die geschwungenen Fenster- und Portalöffnungen. Mit seinen Jugendstilformen besaß der Bahnhof im Vergleich zu den wenig später im Heimatstil entstandenen U-Bahnhöfen Dahlems eine durchaus moderne Architektur.

HAUS OTTE (**D**; WOLZOGENSTRASSE 17): ▶ EXKURS: BAUHAUS IN BERLIN

Mit der **GARTENSTADT ZEHLENDORF** (**G**; BERLEPSCHSTRASS 33-55C/CAMPHAUSENSTRASSE/DALLWITZSTRASSE; MEBES & EMMERICH; 1912-23) wurden sozialreformerische Ansätze im Wohnungsbau städtebaulich optimal umgesetzt. Paul Mebes und Paul Emmerich entwickelten vorausgegangene Konzepte einer offenen Randbebauung parallel zu den Straßen (Wohnanlagen ▶ Fritschweg in Steglitz und ▶ Grabbeallee in Pankow) zur Zeilenbauweise weiter. Die 92 Einfamilienhäuser wurden in elf Zeilen zusammengefasst und zur Sonne ausgerichtet. Ein lebendiges Erscheinungsbild wurde mit reduziert klassizistischen Formen erzeugt, mit Dreiecks- und Segmentgiebeln sowie Wandpilastern. Die Wohnungen besitzen typisierte Grundrisse.

RATHAUS ZEHLENDORF (KIRCHSTRASSE 1-3; EDUARD JOBST SIEDLER, KARL HEBECKER; 1926-29): Schlichter, schmuckloser Rathausbau, der als erstes der Rathäuser der Berliner Gemeinden keinen Turm erhielt. Repräsentations- und Verwaltungsräume sind außen ablesbar getrennt.

Ev. **DORFKIRCHE ZEHLENDORF** (**D**; CLAYALLEE 223/POTSDAMER STRASSE; 1768): Der achteckige barocke Zentralbau ist ungewöhnlich für die Region. Ursprünglich besaß der Bau einen Glockenturm, der aus dem Pyramidendach ragte; bereits 1788 wurde er jedoch wieder abgetragen. Von der ursprünglichen Innenausstattung ist nichts mehr erhalten.

STADTVILLEN KLEINAUSTRASSE 7-15 (REGINA POLY, KARL-HEINZ D. STEINEBACH, FRIEDRICH WEBER; 1986): Würfelförmige Baugestalt, die durch ausladende Gesimse, durchbrochene Thermenfenster und Vorbauten geschmückt und aufgelockert wird und dadurch zeittypisch für die Postmoderne ist.

Im Süden des alten Dorfkerns von Zehlendorf existierte ausreichend Baugrund, um einen weitläufigen Schulkomplex, die **JOHN-F.-KENNEDY-SCHULE** (TELTOWER DAMM 87-93; HARALD DEILMANN; 1966-69), zu errichten. Deilmann hat mehrere abgetreppte Baukörper ohne Hierarchie so gruppiert, dass dabei hofartige Freiflächen entstanden sind. Die Sport- und Verwaltungsbauten sind frei in das Gelände gestellt. In der flexiblen Grundrissorganisation wurde der Bau den pädagogischen Konzepten einer zweisprachigen deutsch-amerikanischen Gesamt- und Ganztagsschule gerecht.

KRANKENHAUS ZEHLENDORF (GIMPELSTEIG 3-5; BÖHM & STEINIGEWEG; 1992-96): Neubau eines Bettenhauses. Der Baukörper öffnet sich zur parkartigen Grünfläche im Blockinnern.

Wie stark sich die Architektur der 1950er Jahre an der von der NS-Zeit unterbrochenen Moderne des Neuen Bauens orientierte, zeigt das **STUDENTENDORF SCHLACHTENSEE** (**G**; POTSDAMER CHAUSSEE 33/WASGENSTRASSE; HERMANN FEHLING, DANIEL GOGEL, PETER PFANKUCH; 1959-64), ein Geschenk der USA an Berlin. Eingebettet in eine weitläufige Grünanlage und zeilenartig um einen zentralen Platz mit Läden gruppiert, sind

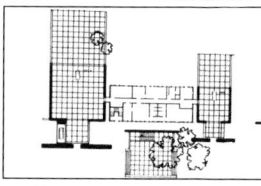

die zwei- bis dreigeschossigen hell verputzten Wohneinheiten

LINKE SEITE
GARTENSTADT ZEHLENDORF: LAGEPLAN
DORFKIRCHE ZEHLENDORF
KRANKENHAUS ZEHLENDORF:
EINGANGSHALLE
STUDENTENDORF SCHLACHTENSEE
FEIERHALLEN DES WALDFRIEDHOFS
ZEHLENDORF: GRUNDRISS

RECHTE SEITE
HAUS FREUDENBERG:
AUSSENANSICHT, HIST. GRUNDRISS

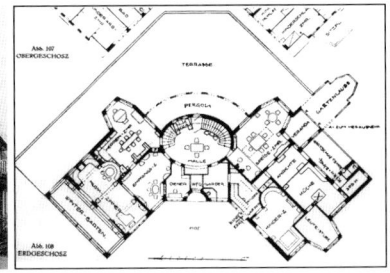

für je 30 Studierende durch horizontale Bänder aus Fenstern und dunklere Zwischenflächen gegliedert. Gedeckt sind die Kuben mit leicht abfallenden Flachdächern. Im Innern setzt sich das differenzierte Bild wie beim Neuen Bauen durch den Einsatz von Farbe fort. Die Wohnräume waren weiß, die Nasszellen grau, die Gemeinschaftsräume und Küchen lila gehalten. Trotz des bestehenden Denkmalschutzes stand zur Debatte, die Anlage bis auf wenige Gebäude für ein Investoren-Wohnprojekt abzureißen. Daher steht das Studentendorf derzeit weitgehend leer. Doch dank einer studentischen Initiative wurde ein neuer Investor gefunden, der die dringende Sanierung dieser herausragenden Berliner Nachkriegsarchitektur der 1950er Jahre finanzieren will. Der Parkplatz der Anlage soll in diesem Zuge mit Einfamilienhäusern überbaut werden.

FEIERHALLEN DES WALDFRIEDHOFS ZEHLENDORF (**D**; POTSDAMER CHAUSSEE 75; SERGIUS RUEGENBERG, WOLF VON MÖLLENDORF; 1956-57): Der mit Beton und Glas modern gestaltete Komplex geht eine einfühlsame Verbindung mit der umgebenen Natur des Parks ein. Der Höhepunkt der inszenierten Architektur liegt in der großflächigen Verglasung der Trauerhallen, die zu einem fließenden Übergang zwischen Innen und Außen führte, die Schwelle zwischen Tod und Leben symbolisierend.

Ev. **KIRCHE NIKOLASSEE** (KIRCHWEG 21; ERICH BLUNCK UND JOHANN BARTSCHAT; 1909-10): Eine programmatische Absage an die historisierende Formenwelt. Auffällig ist der hohe, spitze Turm, der in die Landschaft der Rehwiese hervorragend eingebunden ist.

Das **HAUS FREUDENBERG** (**D**; POTSDAMER CHAUSSEE 48; HERMANN MUTHESIUS; 1907-08) in Nikolassee ist das herausragendste Beispiel eines großbürgerlichen Landhauses, wie es im Berliner Südwesten in verschiedenen Abwandlungen für sehr wohlhabende Bürger errichtet wurde. Von der Potsdamer Chaussee weit in die Grundstückstiefe zurückversetzt, läuft die Zufahrtsachse auf ein symmetrisch erscheinendes Gebäude zu, das mit zwei seitlichen Flügeln die Vorfahrt räumlich kompakt einfasst. Dadurch ist ein sehr repräsentatives Erscheinungsbild entstanden. Dennoch hat das Gebäude englische Landhäuser zum Vorbild, deren Grundrisse viel freier und stärker aus der Funktion heraus gestaltet wurden, als dies beim repräsentativ-strengen Villentypus der Fall ist. Die freie Raumgestaltung zeigt sich nach außen zur Gartenseite. Hier, am Hang mit Blick auf die Rehwiese, ist die Fassade mit Erkern,

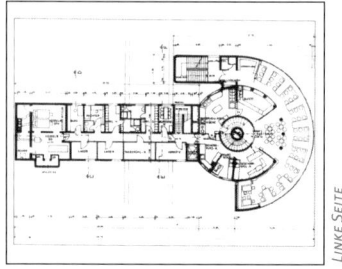

LINKE SEITE
HAUS MUTHESIUS
KONTROLLPUNKT DREILINDEN: GRUNDRISS

RECHTE SEITE
S-BAHNHOF WANNSEE:
AUFRISS UND GRUNDRISS
STRANDBAD WANNSEE:
MODELLANSICHT, HIST. ANSICHT

Vorsprüngen und einer großzügigen Terrasse weitaus differenzierter gestaltet. Stilistisch wurde die englische Landhausarchitektur mit der Formensprache niederdeutscher Fachwerkhäuser kombiniert. Heute ist das Landhaus in mehrere Wohnungen unterteilt, so dass die zentrale Halle, die in der Grundrissorganisation das „Scharnier" zwischen beiden Flügeln bildet, nun als Verteiler dienen muss. Störend wirkt sich das Fehlen der ursprünglichen kleinteiligen Sprossenfenster aus. Doch schwerer wiegt die Bedrängung des Altbaus durch die in den 1970er Jahren auf dem Grundstück beidseitig entstandenen Wohnbauten (ALEXANDER HUNECKE; 1974-75). Sie versuchen zwar, sich in ihrer angewinkelten Anordnung auf das Landhaus zu beziehen und die Vorfahrt räumlich weitgefasst einzurahmen. Mit ihren zeittypischen Fassaden aus nackten Lochfenstern und Balkonen können sie jedoch keinen Bezug zur Landhausarchitektur herstellen.

HAUS MUTHESIUS (**D**; POTSDAMER CHAUSSEE 49; HERMANN MUTHESIUS; 1906-07): In unmittelbarer Nachbarschaft zum ► *Haus Freudenberg* gelegen, errichtete sich der Architekt sein eigenes Wohnhaus. Auch im Landhausstil gebaut, besaß es eine ganz eigene Raumdisposition, indem die repräsentativen Wohnbereiche – wahrscheinlich aus Gründen der Aussicht – im Obergeschoss lagen. Heute ist das Haus in mehrere Wohnungen unterteilt; der Garten wurde zum Teil originalgetreu rekonstruiert.

Während der deutschen Teilung wurde unmittelbar an der Grenze zur DDR auf West-Berliner Territorium ein Autobahn-Kontrollpunkt mit Kontrollgebäude, Raststätte und zwei Tankstellen errichtet: der Alliierten-Checkpoint „Bravo", so genannter **KONTROLLPUNKT DREILINDEN** (**E**; POTSDAMER CHAUSSEE 61A-63/BAB 115; HANS JOACHIM SCHRÖDER, RAINER GERHARD RÜMMLER; 1968-73). Die Anlage ist mit ihrer auffälligen Farbgebung Beispiel für die in den 1970er Jahren aufgekommene Pop-Architektur, die Rümmler auch mit dem ► *U-Bahnhof Fehrbelliner Platz* an der Verlängerung der U-Bahn-Linie 7 umsetzte. Nachdem die Grenzanlagen zwischen West-Berlin und der DDR 1990 ihre Funktion verloren haben, ist die Anlage an dem heutigen Autobahnparkplatz stillgelegt.

S-BAHNHOF NIKOLASSEE (**G**; FRITZ BRÜHNING, PAUL VOGLER; 1901-02): Den Villen

der Umgebung wurde der Bahnhof durch Giebel und Vorbauten angepasst, wobei

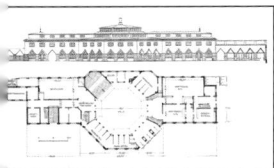

weitgehend neogotische Stilformen verwendet wurden. Dominantes Gestaltungselement ist der mittelalterlich anmutende Turm.

S-BAHNHOF WANNSEE (**G**; RICHARD BRADEMANN; 1927-28; 1932): Zeittypischer Klinkerbau mit expressionistischen Gestaltungselementen wie Tür- und Fensteröffnungen.

Entlang eines Hangs zwischen Grunewald und Wannsee erstreckt sich das **STRANDBAD WANNSEE** (**G**; WANNSEEBADWEG 25; FRANZ FEDLER; 1927-28; MARTIN WAGNER, RICHARD ERMISCH; 1929-30). Die Terrassenanlage von Wagner und Ermisch besteht aus vier lang gestreckten Hallen, in denen Umkleiden, Duschen und Läden untergebracht sind, die Flachdächer laden zum Sonnenbaden ein. Mit einer langen Pergola sind die Einzelbauten zu einer Einheit verbunden. Ursprünglich war die Anlage noch größer geplant, aufgrund der Weltwirtschaftskrise konnte sie jedoch nicht vollständig realisiert werden. In seiner klaren sachlichen Architektur ist das größte Binnenseebad Europas ein herausragendes Beispiel für die soziale Intention des Neuen Bauens. Licht, Luft und Sonne sollten für die gesamte Berliner Bevölkerung gewährt werden, und so ist die Anlage in ihrer seriellen Aufreihung auf den Massenbetrieb ausgelegt. Die notwendige grundlegende Sanierung des Strandbades ruht seit mehreren Jahren. Das Verwaltungsgebäude mit den Eingangskassen stammt von Fedler.

Eine besondere Durchbildung von Haus und Garten wurde mit dem **HAUS SPRINGER** (**D**; AM GROSSEN WANNSEE 39; ALFRED MESSEL; 1901-03) im Ortsteil Wannsee erreicht. Der durch Erker und Vorsprünge stark gegliederte Baukörper bezog sich vor allem mit einer breiten überdachten Terrasse auf einen kleinen englischen Landschaftspark, der bedauerlicherweise zum Parkplatz umgewandelt wurde. Die Villa dagegen ist sehr gut erhalten. Sie zeigt das Konzept eines englischen Landhauses mit individuell gestalteten Räumen um eine zentrale Diele, woraus sich der kleinteilige Aufbau der Fassade ergibt, der durch ein steiles Mansarddach zusammengefasst wird.

Kath. **PFARRKIRCHE ST.-MICHAEL** (**D**; KÖNIGSTRASSE 43; WILHELM FAHLBUSCH; 1926-27): Die erste expressionistisch gestaltete Kirche Berlins erhielt drei spitze Turmhelme auf einem blockhaften Turmsockel und wurde mit Klinker verkleidet.

Ev. **DORFKIRCHE STOLPE** (**D**; Wilhelmplatz 2; Friedrich August Stüler; 1858-59): Die Gestaltung erfolgte nach Ideen des Königs Wilhelm IV. Ein mächtiger, fast kathedralenhaft anmutender Vierungsturm im romanischen Rundbogenstil erhebt sich über dem Langhaus; der Vierung schließen sich drei polygonale Apsiden an. Die Eckfialen des Turmes entstammen der gotischen Formenwelt.

HAUS BEJACH (**D**; Bernhard-Beyer-Strasse 12; Erich Mendelsohn; 1926-27): Backsteinbau, der durch die Gliederung der Backsteinschichten und den Überstand des Flachdachs eine horizontale Betonung erhielt.

BLOCKHAUS NIKOLSKOE (**D**; Nikolskoer Weg 15; Hauptmann Snethlage; 1819): Der Stil ist russischen Bauernhäusern nachempfunden. 1984 erfolgte die Rekonstruktion (Wolf-Rüdiger Borchardt), nachdem das Gebäude durch Brand zerstört worden war.

Ev. **KIRCHE ST. PETER UND PAUL** (**D**; Nikolskoer Weg 17; Friedrich August Stüler, Albert Dietrich Schadow; 1834-37): Nach einer Idee von Karl Friedrich Schinkel errichtet, ist die Architektur des einfachen Backsteinsaalbaus mit halbrunder Apsis eine Fortführung von Schinkels Vorstadtkirchen. Die eingefügten „russischen" Architekturelemente folgen dabei dem Verständnis des Klassizismus. Der flach gedeckte, farbige Emporensaal ist der einzig unverändert erhaltene Sakralraum der Schinkelzeit in Berlin.

PFAUENINSEL (**G**): ▶ EXKURS: SCHLÖSSER IN BERLIN

SCHLOSS KLEIN-GLIENICKE (**G**; Königstrass) : ▶ EXKURS: SCHLÖSSER IN BERLIN

JAGDSCHLOSS GLIENICKE (**G**; Königstrass) : ▶ EXKURS: SCHLÖSSER IN BERLIN

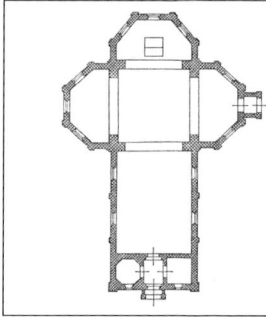

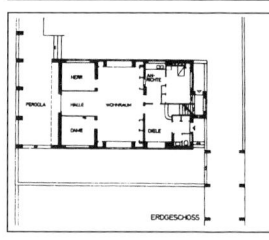

ERDGESCHOSS

DORFKIRCHE STOLPE:
AUSSENANSICHT, GRUNDRISS
HAUS BEJACH: GRUNDRISS

STEGLITZ, TEMPELHOF UND NEUKÖLLN

Der Süden Berlins ist von gegensätzlichen städtebaulichen Charakteren geprägt. Während im Südwesten die eher homogen strukturierten Villenbezirke von Dahlem und Zehlendorf angrenzen, weisen **STEGLITZ**, **TEMPELHOF** und **NEUKÖLLN** sehr unterschiedliche Stadtstrukturen auf. Selbst innerhalb des ehemals selbstständigen Bezirks Tempelhof, der 2001 mit dem innerstädtischen Schöneberg zu einem Großbezirk fusionierte, waren die stadträumlichen Gegensätze schon immer sehr groß. **LICHTENRADE**, im äußersten Süden Schöneberg-Tempelhofs, konnte sich den Charakter eines Vorortes bewahren, während der frühere Dorfanger **ALT-TEMPELHOFS** gänzlich verstädterte. Das geradezu noch ländlich wirkende **ALT-MARIENFELDE** liegt sogar nur unweit des größten in der Nachkriegszeit entstandenen Industrieareals Berlins. Der Bezirk Neukölln, der bis 1912 noch als eigenständige Kommune den Namen **RIXDORF** trug, entwickelte sich wie Tempelhof bis Anfang des 20. Jh. durch die 1877 eröffnete Ringbahn und den 1906 in Betrieb genommenen Teltowkanal sowie den Neuköllner Schifffahrtskanal sprunghaft von einem Dorf (heutiger Richardplatz) zu einer Stadt mit rund 100.000 Einwohnern. Stadträumlich eng an Kreuzberg gebunden, entstanden in Rixdorf zahlreiche Mietskasernen. Unter der Regie des Rixdorfer Stadtbaurats Reinhold Kiehl wurden für die erfolgreiche Kommune am Rande Berlins aufwendige

öffentliche Bauten wie das ▶ *Rathaus Neukölln* oder das ▶ *Stadtbad Neukölln* mit angrenzender Volksbibliothek errichtet. Sie zeugen noch von einer bis 1920 kommunal eigenständigen Großstadt, die große Anstrengungen unternahm, die städtischen Lebensverhältnisse nachhaltig zu verbessern. Der hohe Stellenwert einer sozialen Stadtentwicklung im durch Arbeiterviertel geprägten Neukölln zeigt sich in zwei städtebaulich herausragenden Großsiedlungen: der in den 1920er Jahren entstandenen ▶ *Hufeisen-Siedlung* und der ▶ *Gropiusstadt* der 1960er Jahre.

Aufgrund der bevorzugten Richtung der städtebaulichen Entwicklung Berlins nach Südwesten und der damit verbundenen Ausdehnung der Innenstadtgebiete über die City-West hinaus entstand eine auffällige Konzentration städtischer Zentrumsfunktion bis nach **STEGLITZ**. Diese Tendenz wurde mit der Abschottung West-Berlins durch die DDR und der damit verbundenen, nach innen gerichtete Stadtentwicklung noch verstärkt. Im Zentrum von Steglitz bildet daher die **SCHLOSSSTRASSE** mit Warenhäusern, Geschäften und Kinos einen City-Bereich von gesamtstädtischer Bedeutung. Auf den ehemals dörflichen Charakter von Steglitz, das seit 2001 mit Zehlendorf einen Großbezirk bildet, verweist nur noch ein Herrenhaus, das so genannte ▶ *Wrangel-Schlösschen*. **LANKWITZ** und **LICHTERFELDE** im Süden von Steglitz wandelten sich von Angerdörfern zu Villenkolonien vor den Toren der Stadt, ohne jedoch eine herausragende Bedeutung wie Dahlem oder Wannsee zu erlangen.

Eine städtebauliche Besonderheit stellt der ▶ *Flughafen Tempelhof* aufgrund seiner innerstädtischen Lage dar. Anfangs in randstädtischer Lage, war der Flughafen im Zuge der städtebaulichen Entwicklung immer mehr von innerstädtischer Bebauung umgeben. Da der Flughafen Tempelhof mit dem Bau des geplanten Großflughafens Berlin-Brandenburg in Schönefeld geschlossen werden soll, stünde ein innerstädtisches Areal von enormen Ausmaßen für neue städtebauliche Lösungen frei.

STEGLITZ

Die Steglitzer **SCHLOSSSTRASSE**, die sich von ihren dörflichen Strukturen als Ausgangsort der zunehmend städtischen Entwicklung des ehem. Bezirks im Verlauf des 20. Jh. in eine moderne City verwandelte, weist einige eindrückliche Beispiele einer innerstädtischen Architektur auf.

Ähnlich wie das ▶ *Europa-Center* am Breitscheidplatz wurde in der Steglitzer Haupteinkaufsstraße das **FORUM STEGLITZ** (Schlossstrasse 1-2; Georg Heinrichs; 1967-70) als „Shop-in-Shop-Center" konzipiert. Unter einem Dach vereint es zahlreiche Einzelläden. Die Obergeschosse kragen über dem verglasten Erdgeschoss aus und schaffen eine geschützte Atmosphäre für den Einkaufsbummel. Zwei kastenartige Vorsprünge im fünften Obergeschoss verleihen der ansonsten wenig ansprechenden Fassade aus Aluminiumplatten, umlaufenden Fluchtbalkonen und der von Egon Eiermanns Architektur abgeschauten Gestängefassade einen unverwechselbaren, wenn auch gestalterisch zweifelhaften Ausdruck. An den Seitenfronten ragen zudem

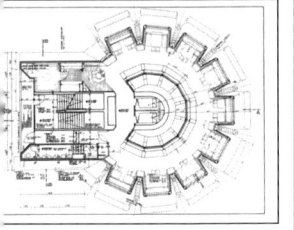

FORUM STEGLITZ
TITANIA-PALAST
TURMRESTAURANT
BIERPINSEL:
AUSSENANSICHT,
GRUNDRISS

die geschlossenen Treppenhaustürme weit über das oberste Geschoss hinaus, so dass im Stadtraum insgesamt ein wenig integrativer Eindruck entsteht.

Der **TITANIA-PALAST** (**D**; SCHLOSSSTRASSE 4-5; JACOBI, SCHLOENBACH & SCHÖFFLER; 1926-28) ist das am besten erhaltene Berliner Beispiel der Erlebnis- und Freizeitarchitektur der 1920er Jahre. Der Kinokomplex markiert mit einem 30 m hohen, sehr schlanken Turm und horizontal umlaufenden Lichtbändern im Straßenraum unübersehbar den Ort großstädtischen Vergnügens. An der Straßenkreuzung staffeln sich zum Turm hin kubische Baumassen. Damit beanspruchte das Kino eine exponierte städtische Raumwirkung, die zuvor Rathäusern oder Kirchen vorbehalten war. Das geschwungene Innere des über 1.900 Plätze fassenden Saals war im Gegensatz zu dem im Stil der Neuen Sachlichkeit gehaltenen Äußeren schwungvoll-organisch gestaltet. Der Zustand des Gebäudes ist heute stark verändert (UMBAU INNEN: HERMANN FEHLING; 1953); im Kinobau sind mehrere Geschäfte untergekommen. Teile des ehemaligen Kinos werden seit 1995 wieder für Filmvorführungen genutzt.

Ein weiteres auffälliges Zeichen im Straßenzug der Schlossstraße setzt ein außergewöhnliches, für Berlin einmaliges Projekt der 1970er Jahre. Ganz im Zeichen des autogerechten Stadtumbaus ist die Schildhornstraße, die zwei Stadtautobahnen miteinander verbindet, für einen reibungslosen Verkehrsablauf über die Schlossstraße hinweg auf einer Brücke geführt. Mitten in dem auf zwei Ebenen angelegten Verkehrskreuz markiert das **TURMRESTAURANT BIERPINSEL** (SCHLOSSSTRASSE/SCHILDHORNSTRASSE; RALF SCHÜLER, URSULINA SCHÜLER-WITTE; 1972-76) den Kreuzungsbereich mit der Haupteinkaufsstraße. An einem schlanken Turm kragt ein mehrgeschossiger Bauteil mit einer auffälligen, roten Stahlplattenverkleidung weit aus und nimmt das Turmrestaurant auf. Zudem markiert der Turm den Eingangsbereich zur U-Bahn-Station Schlossstraße, wo die farbige Plattenverkleidung in den Einbauten und Ausstattungselementen eine Fortsetzung findet. Mit der Verkehrsanlage Schlossstraße/Schildhornstraße ist ein herausragendes Beispiel futuristischer und technikgläubiger Architektur im Sinne der „autogerechten Stadt" entstanden. Von der gleichen Einstellung ließen sich die

Architekten bei der Gestaltung des ▶ *ICC in Charlottenburg* leiten.

GESCHÄFTSHAUS GALLERIA (Schlossstrasse 101; Quick, Bäckmann und Quick; 1993-94): Das Eckgrundstück ist auffällig durch eine linsenförmige Glasfassade als großes „Schaufenster" gestaltet.

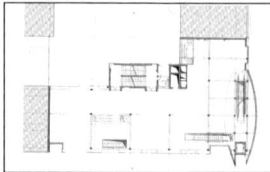

HAUS ZIEGLER (**D**; Lepsiusstrasse 112; Hugo Häring; 1936): Aus einem freien Grundrissaufbau resultiert die bewegte Gebäudeform, die durch ein geneigtes Dach die nationalsozialistischen Gestaltungsauflagen im Bauen berücksichtigen musste.

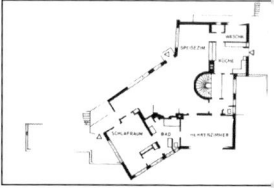

WOHNANLAGE STEGLITZ II (**G**; Fritschweg 1-16; Paul Mebes; 1907-08): Die Hauszeilen entlang einer Privatstraße sind zu einem Wohnhof aufgeweitet. Als Reformprojekt grenzte sich die Architektur betont von der Mietskaserne ab. Eine Anlage von Mebes in ganz ähnlicher Form entstand in Pankow (▶ *Wohnanlage Grabbeallee*).

Kath. **ROSENKRANZBASILIKA** (**D**; Kieler Strasse; Christoph Hehl; 1898-1900): Kirchenbau in Formen der Neoromanik, dem Charakter märkischer Backsteinbauten angepasst.

Eine der ersten städtebaulichen Dominanten auf der Schlossstraße entstand mit dem **RATHAUS STEGLITZ** (**D**; Schlossstrasse 36-37; Reinhardt & Süssnguth; 1896-97) . Das Gebäude, mit dem ein städtischer Maßstab in Steglitz eingeführt wurde, steht am Hans-Ehlers-Platz zur Grunewaldstraße. In dieser Lage an der Straßenkreuzung wurde der Rathausturm zur Gebäudeecke platziert. Mit Erkern, Türmchen und Zinnen greift der Bau in rotem Klinker Formen der märkischen Backsteingotik auf.

Der **VW-PAVILLON WINTER** (**D**; Schlossstrasse 38-40; Curt Hans Fritzsche; 1951) gegenüber dem ▶ *Rathaus Steglitz* ist ein herausragendes Baudokument der 1950er Jahre. Auf einem kreisrunden Podest erhebt sich ein vollständig verglaster Ausstellungsbau zur Präsentation von Autos, dessen flaches, überkragendes Betondach von runden Stahlstützen getragen wird. Im Zeichen des „Wirtschaftswunders" dokumentiert es die bauliche Leichtigkeit und den Optimismus der Nachkriegsmoderne. Zwischen der typischen Blockrandbebauung aus Mietshäusern, der Villenbebauung in der Blocktiefe und dem frei im Stadtraum platzierten Pavillon ist ein städtebaulicher Bruch entstanden, der durch die überdimensionierten Bauten der 1970er Jahre noch verstärkt wird.

LINKE SEITE
GESCHÄFTSHAUS GALLERIA:
GRUNDRISS
HAUS ZIEGLER: GRUNDRISS
WOHNANLAGE STEGLITZ II
ROSENKRANZBASILIKA

RECHTE SEITE
RATHAUS STEGLITZ: AUSSENANSICHT,
GRUNDRISS
BÜRO- UND GESCHÄFTSHAUS
SCHLOSSSTR. 40: AUSSENANSICHT
MIT VW-PAVILLON WINTER,
GRUNDRISS

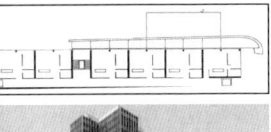

Als Riegel entlang der Mietshaus-Brandwand inszeniert das **BÜRO- UND GESCHÄFTSHAUS SCHLOSSSTRASSE 40** (ASSMANN, SALOMON UND SCHEIDT; 1991-92) diesen Bruch. Das Gebäude spielt mit den Elementen Fuge, Wand und Scheibe und schafft für den Autopavillon eine dynamische Wandkulisse. Zum Platz hin wird die vollständig verglaste Stirnseite durch eine losgelöste und dynamisch um die Ecke geschwungene Wand abgeschirmt.

An der gegenüberliegenden Straßenecke erhebt sich der mächtige Komplex des so genannten **STEGLITZER KREISELS** (SCHLOSSSTRASSE 85/KUHLIGKSHOFSTRASSE; SIGRID KRESZMANN-ZSCHACH; 1969-75). Ein siebengeschossiger Gebäudeteil vermittelt als Sockel zwischen dem Stadtraum und dem 30-geschossigen Hochhaus. Der Maßstab des groß dimensionierten Gebäudekomplexes bezieht sich stärker auf die nahe liegende breite Stadtautobahn als auf die Kleinteiligkeit der angrenzenden Bauten. Mit seiner städtebaulich rücksichtslosen Haltung reiht sich das noch heute deplaziert wirkende Hochhaus in die überdimensionierten West-Berliner Investorenprojekte der 1960er Jahre ein, als sich der Senat aufgrund der politischen und wirtschaftlichen Lage der Teilstadt zu schweren Kompromissen gegenüber Investoren gezwungen sah. Da der Komplex schon während der Bauzeit wegen explodierender Baukosten zur Investitionsruine zu verkommen drohte, sprang der Senat helfend ein. Als Nutzer zog das Bezirksamt Steglitz ein.

GEMEINDEHAUS DER EV. MATTHÄUS-KIRCHE (◘; SCHLOSS-STRASSE 44; OTTO RUDOLF SALVISBERG; 1928-30): Der Kirchenvorplatz wird durch zwei Gebäudeflügel U-förmig eingefasst. Zwei bis zum Dach reichende Pfeiler verleihen dem Eingangsbereich eine monumentale Wirkung, die wiederum durch Asymmetrien und Fensterbänder gebrochen wird.

GUTSHAUS STEGLITZ (WRANGEL-SCHLÖSSCHEN; ◘; SCHLOSS-STRASSE 48; DAVID GILLY, HEINRICH GENTZ; 1801-04; SEIT 1880 WIEDERHOLT UMGEBAUT): Gut erhaltenes Beispiel frühklassizistischer Architektur in Berlin, benannt nach dem späteren Besitzer, Generalfeldmarschall Wrangel. Der symmetrische Bau mit vorgestelltem Portikus besitzt im Innern einen runden Gartensaal.

1897 wurde der **BOTANISCHE GARTEN** vom Schöneberger Kleistpark nach Steglitz verlegt. Mit der neuen Anlage entstand ein Ensemble von Bauten (1897-1914), von denen die **PFLAN-ZENHÄUSER DES BOTANISCHEN GARTENS** (Unter den Eichen 5-10/Königin-Luise-Platz; Alfred Koerner, Heinrich Müller-Breslau; 1899-1903) mit imposanten, kathedralenartigen Stahl-Glas-Konstruktionen am meisten beeindrucken. Die Gebäude wurden 1984-87 renoviert und durch drei neue Gewächshäuser ergänzt (Engelbert Kremser; Manfred Korthals).

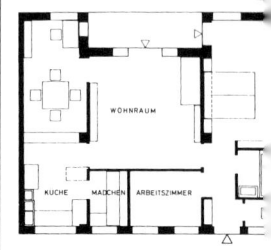

Das **BOTANISCHE MUSEUM** (**G**; Königin-Luise-Platz; Alfred Koerner; 1903-04) wurde ab 1945 vereinfacht wiederaufgebaut. Ein angepasster Neubau anstelle des nach schweren Kriegsschäden abgerissenen Ostflügels vervollständigte wieder die Dreiflügelanlage (Rainer G. Rümmler; 1986-87).

HAUS MÖLLER (**D**; Altensteinstrasse 66; Heinrich Möller; 1920-21): Mischung expressionistischer Elemente mit der Bauweise der klassischen Moderne.

WOHNHAUSGRUPPE AM BOTANISCHEN GARTEN (**G**; Hortensienstrasse 34-63/Hortensienplatz 1-3; Otto Rudolf Salvisberg; 1924-26): Blockrandbebauung mit drei schlichten Fassadenseiten und einer zum Hortensienplatz gerichteten Schmuckfassade aus spitzen Erkern und Putzbänderungen.

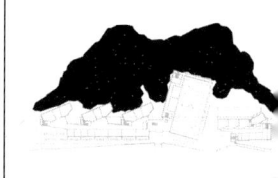

LAUBENGANGHAUS NEUCHATELLER STRASSE 19-20 (**D**; Anton Brenner, Paul Mebes, Paul Emmerich; 1929-30): Die südliche Wohnseite wurde von den Architekten unterschiedlich gestaltet: Mebes und Emmerich entwarfen geschlossene Lauben, Brenner breite Loggien.

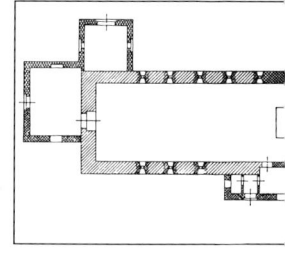

Die **GRUNDSCHULE UND KINDERTAGESSTÄTTE CURTIUS-STRASSE 39-41** (Andrew Alberts, Tim Heide, Peter Sassenroth; 1995-98) vermittelt zwischen der Wohnbebauung von Lichterfelde und der S-Bahn-Anlage. Auf einer begrenzten Grundstücksfläche mussten der Pausenhof und die Außensportanlage auf eine große Dachplattform verlegt werden. Mit ihr sind alle darunter liegenden Baukörper zu einem kompakten Komplex zusammengefasst, V-förmige Stahlstützen tragen die Platte mit ihrer käfigartigen Brüstung. Schon einmal ist ein ähnlicher baulicher Gedanke für eine Schule auf beengtem Grund gefunden worden. Bereits 1926/27 hat der spätere Bauhausdirektor Hannes Meyer in einem spektakulären, nicht ausgeführten Entwurf zur Petersschule in Basel den Pausenhof konstruktivistisch an Stahlseilen vor den Baukörper gehängt.

Linke Seite
LAUBENGANGHAUS NEUCHATELLER STR.:
WOHNUNGSGRUNDRISS
GRUNDSCHULE UND KITA CURTIUSSTR.:
AUSSENANSICHT, LAGEPLAN
DORFKIRCHE LICHTERFELDE: GRUNDRISS

Rechte Seite
GUTSHAUS LICHTERFELDE
DORFKIRCHE GIESENSDORF

Ev. **DORFKIRCHE LICHTERFELDE** (**D**; Hindenburgdamm/Dorfanger; Mitte 14. Jh.): Als Feldsteinkirche auf einfachem rechteckigem Grundriss errichtet und von einem Dachturm bekrönt. Nach schwerer Beschädigung im 30-jährigen Krieg wurde die Kirche mit Umbauten wiederhergestellt. 1776 und 1790 erfolgten Kapellenanbauten, 1895 wurde der Bau nach Osten erweitert. Kirchenschiff und Anbauten wurden 1939 zusammengefasst und durch einen seitlichen Sakristeianbau erweitert; der barocke westliche Anbau zur Vorhalle, die das Spitzbogenportal verdeckt, wurde vergrößert.

Auf dem Anger neben der Dorfkirche wurde die ev. **PAULUS-KIRCHE** (**D**; Hindenburgdamm/Dorfanger; Fritz Gottlob; 1898-1900) in Formen norddeutscher Backsteingotik errichtet. Dabei fanden große Ziegel und im Sockel bearbeitete Granitfindlinge Anwendung. Nach schwerer Beschädigung im Zweiten Weltkrieg wurde der Bau 1952-57 im Äußeren originalgetreu rekonstruiert (Erich Ruhtz, Karl Streckebach); der Innenraum wurde stark vereinfacht.

GUTSHAUS LICHTERFELDE (Carstenn-Schlösschen; **D**; Hindenburgdamm 28; um 1700; Ausbau um 1800): Im Jahr 1868 fand eine weitgehende Umgestaltung (wahrscheinlich von Johannes Otzen) zu einem spätklassizistischen Bau mit charakteristischen Dreifenstergruppen statt.

INSTITUT FÜR HYGIENE UND MEDIZINISCHE MIKROBIOLOGIE DER FU (Hindenburgdamm 27; Hermann Fehling, Daniel Gogel; 1970-74): Komplex mit mehreren Trakten, dem Schiffsbau entlehnte Architekturmotive, die die Vorbilder Le Corbusier und Scharoun erkennen lassen.

ZENTRALE TIERLABORATORIEN DER FU (Krahmerstrasse 6-12; Gerd Hänska; 1971-80): Aus Hygiene- und Sicherheitsgründen von der Umwelt abgeschirmtes Gebäude, das in seiner Formgestaltung an ein Kriegsschiff erinnert.

BENJAMIN-FRANKLIN-KLINIKUM DER FU (Hindenburgdamm 30; Curtis & Davis, Franz Mocken; 1959-67): Der Komplex ist in verschiedene Funktionseinheiten gegliedert, die auch durch ihre Fassadengliederung unterschieden werden.

AMTSGERICHT LICHTERFELDE (**G**; Ringstrasse 9; Rudolf Mönnich, Walter Sarkur und Paul Thoemer; 1902-06): Mit dem Stil der deutschen Renaissance passte sich das Gebäude, das sich deutlich von den innerstädtischen Justizpalästen unterscheidet, hervorragend in die bürgerliche Vorortsbebauung ein.

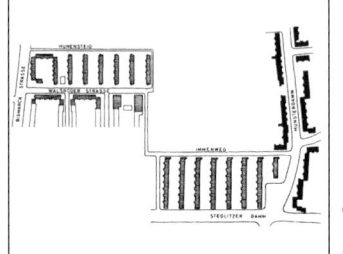

LINKE SEITE
AUTOHAUS NOWRATY
„RAUCHLOSE SIEDLUNG": LAGEPLAN

RECHTE SEITE
HAUS KAPP: GRUNDRISS
DORFKIRCHE LANKWITZ: GRUNDRISS
FLUGHAFEN TEMPELHOF: MODELLANSICHT,
HAUPTABFERTIGUNGSHALLE

Die ev. **DORFKIRCHE GIESENSDORF** (OSTPREUSSENDAMM 64; UM 1250 BEGONNEN) entstand auf der heute nicht mehr erkennbaren Dorfaue von Giesensdorf, das seit dem 19. Jh. eingemeindet zu Groß-Lichterfelde gehört. Um 1250 als Feldsteinkirche begonnen; erhielt der Bau 1609 größere Fenster. 1955 konnte der Bau nach schwerer Beschädigung im Zweiten Weltkrieg wiederhergestellt werden (LUDOLF VON WALTHAUSEN). Dabei wurde der verbretterte Turm aus dem 19. Jh. nicht wieder aufgebaut, sondern der Westgiebel zu einem Dachreiter als Glockenträger hochgezogen.

STADION LICHTERFELDE (OSTPREUSSENDAMM; FRITZ FREYMÜLLER, 1926-29): Stadionbau des Neuen Bauens, mit Flachdach, Fensterbändern, weißem Glattputz und rundem, von überstehendem Flachdach bedecktem Treppenturm.

VILLA ANDRESEN (**D**; FRAUENSTRASSE 6; SEPP KAISER; 1906-07): Ein seltenes erhaltenes Beispiel des Berliner Jugendstils, das mit seiner feinteiligen Fassadenornamentik an Bauten des Wiener Jugendstils (Joseph Maria Olbrich, Otto Wagner) erinnert.

Im östlichen Steglitz, das durch die Stadtautobahn vom alten Zentrum getrennt ist, steht in einem Umfeld aus Wohn- und Gewerbebauten, von der Straße abgerückt im hinteren Bereich des Grundstücks, das bemerkenswerte **AUTOHAUS NOWRATY** (BISMARCKSTRASSE 18A; FISCHER/FROMM + PARTNER; 1991-92). In seinen abgerundeten, an den Wendekreis eines Autos angepassten Formen und dem weißen Anstrich erinnert der Baukörper an städtische Autogaragen der 1920er und 1930er Jahre. Das unterste Geschoss nimmt den Werkstattbereich auf, im ersten Obergeschoss liegt der Verkaufsraum, davor ein Balkon, der mit einem Materialwagen befahren werden kann. Die Auskragung wird zur Befahrung mit Autos im zweiten Obergeschoss größer. Die Lasten werden über eine Stütze mit Auskragungen und über V-förmige Stahlrohre getragen.

„RAUCHLOSE SIEDLUNG" (STEGLITZER DAMM 13-45; PAUL MEBES, PAUL EMMERICH; 1931-32): Von der Gemeinnützigen Bau- und Siedlungs-AG „Heimat"; konsequente Nord-Süd-Ausrichtung der Zeilenbauten; konsequente Typisierung von Grundrissen, Türen und Fenstern; die Versorgung der Siedlung mit Fernwärme aus dem Steglitzer Heizkraftwerk machte Schornsteine überflüssig.

EISENBAHN-BUNDESAMT UND BUNDESEISENBAHNVERMÖGEN (STEGLITZER DAMM 119-123; AUKETT & HEESE; 2001-02): Zwei gleich große L-förmige Baukörper, die nach

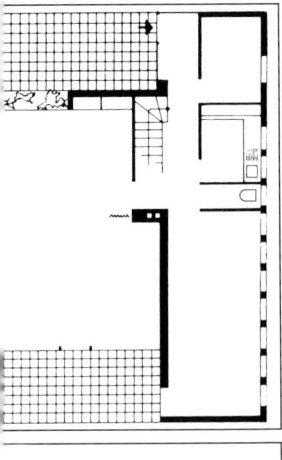

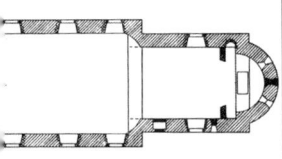

Süden einen öffentlichen Eingangshof mit Zugang zum S-Bahnhof Attilastraße und im Innern einen privaten Heckengarten umschließen.

HAUS KAPP (**D**; LEONORENSTRASSE 53; WASSILI UND HANS LUCKHARDT SOWIE ALFONS ANKER; 1932): In ungewöhnlich strengen Formen errichtetes Wohn- und Atelierhaus für den Maler Caspar Kapp.

Ev. **DORFKIRCHE LANKWITZ** (**D**; ALT-LANKWITZ; ZWEITES VIERTEL 13. JH.): Kirche aus Feldsteinen auf rechteckigem Grundriss. Mitte des 18. Jahrhunderts wurde der verbretterte Turm errichtet und die Kirche durch einen schmalen Choranbau erweitert. Dabei wurden die Fenster vergrößert, die Fenster der Apsis entsprechen jedoch der mittelalterlichen Bauzeit. Der ursprünglich an der Südseite angeordnete Eingang ist 1936 an die westliche Turmseite verlegt worden. Nach Kriegsschäden wurde die Kirche 1955-56 wiederhergestellt (WOLFRAM KONWIARZ). In den Jahren 1974-77 erfolgten unter Berücksichtigung des ursprünglichen Raumcharakters Restaurierung und Sanierung (HANS-JOACHIM ARNDT).

WOHNBEBAUUNG BÜRGIPFAD 22-36 (KLAUS WIECHERS & CHRISTIAN BECK; 1993-95): Am Stadtrand gelegene Siedlung von vorwiegend dreigeschossigen Reihenhäusern, deren oberstes Geschoss jeweils aus einer 1,5- bis 2-Zimmer-Wohnung besteht. Fast alle Wohnungen der in Fertigteilmontage errichteten Häuser haben über eine kleine Außentreppe Zugang zu einer Gartenparzelle.

TEMPELHOF

Der **FLUGHAFEN TEMPELHOF** (**G**; PLATZ DER LUFTBRÜCKE 1-6; ERNST SAGEBIEL; 1936-41) im Norden des Bezirkes an der Schnittstelle zu Kreuzberg und Neukölln war ein zentrales Projekt innerhalb der geplanten Neugestaltung der Reichshauptstadt im Dritten Reich. Stadträumlich sollte sich der „Zentralflughafen", dessen Gebäude aus den 1920er Jahren abgerissen wurden, auf die riesige Nord-Süd-Achse beziehen, mit der er durch eine Querachse entlang der heutigen Dudenstraße verbunden worden wäre. Die axialsymmetrisch gestaltete Anlage wurde daher diagonal in den Stadtraum gestellt und auf das geplante Zentrum der Reichshauptstadt ausgerichtet. Entstanden ist der größte zusammenhängende

Gebäudekomplex Europas. Den heutigen Platz der Luftbrücke umgeben, ähnlich wie am Fehrbelliner Platz, halbkreisförmig Verwaltungsbauten. Der Platz öffnet sich mit einem großen Ehrenhof zum Empfangsgebäude, in dessen Innern die hohe Empfangshalle liegt. Dahinter schließen sich in einem riesigen Kreissegment die Flugsteige mit einer 400 m langen Flugsteighalle an, die zusammen mit den anschließenden Hangars eine 1.230 m lange Gebäudefront bildet. Wie eine überdimensionierte Stadtmauer zieht sich die Front, durch wehrhaft wirkende Treppenhaustürme untergliedert, weit in den Stadtraum hinein. Statt die riesige Baumasse aufzulockern, wurde die monumentale Wirkung durch riesige geschlossene, mit Stein verkleidete Wandflächen und streng gereihte Fensterachsen gesteigert. Grob minimalisierte Pfeilerarkaden entstanden, wo Stahlträger mit den braunen Natursteinplatten verkleidet wurden. Dennoch wurden innovative Bautechniken wie die Stahlbinderkonstruktion der Flugsteighalle auch offen gezeigt, wo dies der technischen Nutzung zu entsprechen schien. Nach starken Kriegsbeschädigungen erfolgten 1959-62 mehrere Um- und Anbauten. Nach Eröffnung des Flughafens Tegel wurde der Flughafen Tempelhof vorwiegend von den Alliierten genutzt. Heute dient der Flughafen insbesondere Kurzstreckenflügen.

SIEDLUNG AUF DEM TEMPELHOFER FELD (MANFRED-VON-RICHTHOFEN-STRASSE; FRITZ BRÄUNING, ERNST UND GÜNTHER PAULUS, EDUARD JOBST SIEDLER, WALTER BORCHARDT; 1920-28, 1930, 1932-34): Kleine Plätze, halbkreisförmig geführte Straßen und ein Parkgürtel zeigen ein Straßenmuster, das in Anlehnung an englische Gartenstädte gestaltet wurde. Die fünfgeschossige Randbebauung wurde mit zweigeschossigen Einfamilienhäusern kombiniert; am Adolf-Scheidt-Platz entstanden Schule und Krankenhaus von LUDWIG HOFFMANN, 1927-28.

Die **WOHN- UND GESCHÄFTSHÄUSER DUDENSTRASSE 9** (**G**; BRUNO MÖHRING; 1912-13) sind als Torbauten gestaltet mit dynamischer Rundung und Kolossalsäulen. Sie waren als Auftakt zu einer großstädtischen Bebauung des Tempelhofer Feldes gedacht.

OBERSTUFENZENTRUM DUDENSTRASSE 23-55 (BANGERT, JANSEN, SCHOLZ, SCHULTES – BJSS; 1977-79): Streng geometrisch gestalteter Blockrand, der in fünf Hauseinheiten untergliedert ist.

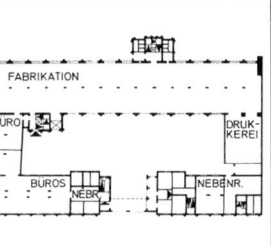

Die symmetrischen **TORHÄUSER TEMPELHOFER DAMM 44-46** (CHESTNUTT NIESS; 1989-92) mit skulpturaler Wirkung sind eine Reaktion auf den gegenüberliegenden monumentalen ▶ *Flughafen Tempelhof*. Sie sollen zwischen den völlig ungleichen Nachbarn Flughafen und der hinter den Torhäusern liegenden Gartenstadt Neu-Tempelhof eine Membran bilden, zugleich aber vermitteln. Als Reaktion auf den Straßenlärm sind die Gebäude aus zwei Körpern zusammengesetzt: Ein geschlossener Riegel mit Laubengängen und Nebenräumen bildet den Puffer zur Straße. Ein bogenförmiger Bauteil mit den Wohnbereichen orientiert sich zum ruhigen Blockinneren.

Um den ehemals dörflichen, heute verstädterten Kern von Tempelhof (**ALT-TEM-PELHOF**) wuchs sehr schnell eine dichte städtische Bebauung; vor allem entstanden im Übergang zum 20. Jh. die beinahe ringförmig an den Rändern Tempelhofs liegenden Industrie- und Gewerbeareale.

Im Industriegebiet westlich des Tempelhofer Dorfkerns, das zum ehem. und heute mit Tempelhof fusionierten Bezirk Schöneberg zählt, befindet sich der Gebäudekomplex der **SCHWARZKOPF-FABRIK** (**D**; ALBOINSTRASSE 36-42; CARL MACKENSEN; 1928-30). Das Fabrikgebäude ist zur Straße höhengestaffelt und mit zwei zweigeschossigen (seit 1936 dreigeschossigen) Verwaltungstrakten und einem niedrigen Portalbau ausgerichtet, während sich im hinteren Bereich des Hofs die breit gelagerte Fabrikationshalle auf fünf Geschossen erstreckt. Asymmetrisch ragt aus der Halle ein Turm empor, auf dessen Glasaufsatz das Firmensignet angebracht wurde. Mit seiner Backsteinfassade, rautenförmigen Fenstern und gotisierenden Elementen zeigt der Fabrikbau in anschaulicher Weise den zu jener Zeit modischen spätexpressionistischen Stil, zu dessen Hauptvertretern Fritz Höger zählte.

Auf einem schmalen Grundstück zwischen Stadtautobahn und Ringbahnstraße wurde in zwei Bauabschnitten die **HAUPTWERKSTATT DER BERLINER STADTREI-NIGUNG** (BSR; RINGBAHNSTRASSE 88-124; JOSEF PAUL KLEIHUES; 1970-78) angelegt. Die Gebäudestruktur wurde aus den Anforderungen an Wartung und Reparatur des Fuhrparks entwickelt. Um einen Dienstleistungskern aus Sonderwerkstätten, Werkbüros und Sozialräumen sind zwei parallele Werkshallen angeordnet. In der rational-seriellen Reihung und der ganz aus der Funktion heraus entwickelten klar ge-

 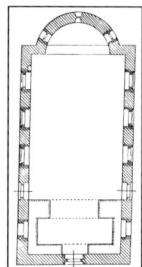 

gliederten Erscheinung leistete Kleihues einen wichtigen wie auch überzeugenden Beitrag zur Berliner Industriearchitektur.

Ehem. **REICHSPOSTZENTRALAMT** (**G**; RINGBAHNSTRASSE 130; KARL PFUHL; 1925-28): Expressionistisch gestalteter Verwaltungskomplex. Die lang gestreckte Straßenfront wird durch vorspringende Flügelbauten und zwei Turmbauten rhythmisiert.

Ev. **DORFKIRCHE TEMPELHOF** (**D**; PARKSTRASSE 5; MITTE 13. JH.): Ehem. Templer-ordenskirche, südlich des alten Dorfangers. Das Mauerwerk besteht aus Granit-findlingen; ein schlitzartiges Schartenfenster in der Apsis zeigt die ursprüngliche Funktion als Wehrkirche. 1954-56 wurde die Kirche vereinfacht wiederaufgebaut und der Turm historisierend neu errichtet.

Ehem. **SAROTTI-FABRIK** (**G**; TEILESTRASSE 13-16; HERMANN DERNBURG; BRUNO BUCH; 1911-12; 1922-24): Sachlicher Industriebau aus einem Stahlbetonskelett, verkleidet mit Muschelkalkplatten. Die repräsentative Eingangshalle besitzt einen großzügigen Treppenaufgang.

GILETTE-FABRIK (**D**; OBERLANDSTRASSE 74-84; PAUL RENNER; 1936-39): Fabrikge-bäude als monumentalisierte, pseudoklassizistische Dreiflügelanlage, die eine Produktionshalle umschließt.

Zwischen dem Ufer des Teltowkanals und einer großen Straßenkreuzung auf dem Mariendorfer Damm dominiert ein großer Gewerbekomplex den Stadtraum. Inhaltlich dem Trend der neuen Kauf- und Gewerbezentren folgend, entstand mit dem **GEWER-BEZENTRUM ULLSTEINHAUS** (MARIENDORFER DAMM 1-3/ULLSTEINSTRASSE 114-142; NALBACH + NALBACH; 1991-95) eine architektonisch herausragende Mischung von his-torischen Industriealtbauten und moderner Gewerbearchitektur. Das **ULLSTEIN-DRUCKHAUS** (**D**; MARIENDORFER DAMM 1-3; EUGEN G. SCHMOHL; 1925-30) war einst der größte Gebäudekomplex seiner Art. Schmohl setzte alles daran, dem Unterneh-menssitz eine starke architektonische Identität und Ausdruckskraft zu verleihen. Als symbolhaftes Zeichen des Komplexes entwarf er daher den 77 m hohen Turm, der aus dem siebengeschossigen Hauptgebäude empor ragt. Dem aufwendig mit plas-tisch gegliedertem, dunkelrotem Klinker verkleideten Großkomplex sieht man nicht an, dass er vollständig in Beton gegossen wurde. Geschossübergreifende Wandpfeiler betonen die Vertikale, so dass insgesamt der Eindruck einer „Gewerbe-Kathedrale"

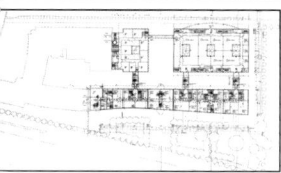

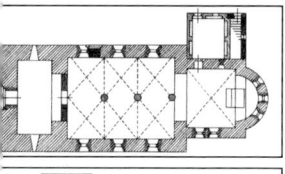

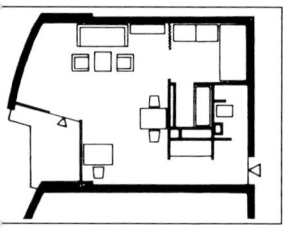

HAUPTWERKSTATT DER BERLINER
STADTREINIGUNG: FASSADENDETAIL
DORFKIRCHE TEMPELHOF:
GRUNDRISS
GEWERBEZENTRUM ULLSTEINHAUS:
LUFTBILD

RECHTE SEITE
GEWERBEZENTRUM ULLSTEINHAUS:
AUSSENANSICHT, GRUNDRISS
WOHNHAUS KÖNIGSTR. 37
DORFKIRCHE MARIENDORF:
GRUNDRISS
SIEDLUNG MARIENDORF OST:
WOHNUNGSGRUNDRISS

entstanden ist. An das Baudenkmal der 1920er Jahre knüpften Nalbach + Nalbach an und bezogen den flächenmäßig größeren Erweiterungskomplex auf den Altbau. Die Traufhöhe wurde aufgegriffen, der rot-rosé eingefärbte Betonwerkstein steht in farblicher Korrespondenz zum dunkleren Klinker des Altbaus. Dennoch besitzen die Baukörper mit einem strengen Grundrissraster eine eigene Sprache, was sich insbesondere in den aus der Baumasse herausgestellten Treppenhaustürmen zeigt, die an einer Seite abgeschrägt sind. Sie ergeben aus der Fernsicht eine Turmlandschaft, die in spannungsreicher Konkurrenz zum überragenden Druckhaus-Turm steht.

WOHNHAUS KÖNIGSTRASSE 37 (SCHATTAUER & TIBES; 2001-02): Auf einem Eckgrundstück zur Machonstraße gelegen, setzt sich der Neubau von der bis in die 1970er Jahre gültigen Zeilenbauweise ab und erzeugt eine städtisch angemessene geschlossene Ecksituation, die durch eine abgerundete Ecke mit Balkonen betont wird.

Ev. **DORFKIRCHE MARIENDORF** (**D**; ALT-MARIENDORF 37; MITTE 13. JH; UMBAUTEN MITTE 16. JH.; 1737; 1953-54): Aus Feldsteinen errichteter Sakralbau, bestehend aus dem Westturm, dem zweischiffigen Kirchraum, quadratischem Chorraum, Sakristei und einer halbrunden Apsis. Die Architektur entspricht grundsätzlich den anderen Dorfkirchen im ▶ Berliner Süden, jedoch ist der Westturm im Gegensatz zur ▶ *Dorfkirche Marienfelde* nicht in voller Breite ausgeführt, sondern staffelt sich in der Höhe als Holzturm auf quadratischem Grundriss. In den Jahren 1953-54 wurde das romanische Nordportal vermauert und das spitzbogige Westportal in ein rundbogiges Stufenportal umgebaut.

SIEDLUNG MARIENDORF OST (RIXDORFER STRASSE 165; WILS EBERT; 1955-56): Für 7.000 Bewohner errichtet, war sie zur Bauzeit die größte Neubausiedlung West-Berlins. Die Mischstruktur umfasst Einfamilienhäuser, Zeilenbauten und ein Hochhaus.

WOHNHÄUSER IMBROSWEG 70/70G (ELW EYL, WUERMLE & PARTNER, A. HIERHOLZER; 1992-93): Erweiterung der ▶ *Siedlung Mariendorf Ost* mit vier Wohnbauten, darunter zwei Torbauten, die durch eine Stahl-Glas-Brücke miteinander verbunden sind; unterschiedlich perforierte Fassaden.

WOHNPARK BRITZER STRASSE 52-64 (NALBACH + NALBACH; 1991-93): Städtisch dichte Siedlung in einem eher vorstädtischen Kontext mit Bauten von verschiedenen Architekten (NALBACH + NALBACH; KAMMANN GROSSMANN DAMOSY; RAINER OEFELEIN; EYL, WAITZ, WÜRMLE & PARTNER).

FRITZ-WERNER-WERKZEUGMASCHINENFABRIK (FRITZ-WERNER-STRASSE 58; KARL STODIECK; 1914-16): Eingeschossige Maschinenhalle mit umschließendem dreiflügligem Hauptgebäude von zeittypisch monumentaler Gestalt.

Die ev. **DORFKIRCHE MARIENFELDE** (**D**; ALT-MARIENFELDE; UM 1220) auf dem sehr gut erhaltenen Dorfanger von Marienfelde im Süden des Großbezirks Schöneberg-Tempelhof ist die wahrscheinlich älteste Dorfkirche Berlins und eine der ältesten Kirchen Brandenburgs überhaupt. Das Ensemble vermittelt ein eindrucksvolles Bild von der ehem. dörflichen Siedlungsstruktur in der Umgebung der Doppelstadt Berlin-Cölln. Die Kirche wurde aus gleichmäßigen Findlingssteinen erbaut. Das wehrhafte Äußere mit dem mächtigen Westturm lässt darauf schließen, dass die Dorfkirche als Wehrkirche den Dorfbewohnern zum Schutz vor Überfällen diente. Daher waren die Fenster des Langhauses und des Chors ursprünglich kleiner, sie wurden erst Ende des 19. Jh. vergrößert. 1921 wurde die flache Balkendecke des Langhauses durch ein Tonnengewölbe ersetzt, aus dieser Zeit stammt auch die giebelbekrönte Vorhalle an der Turmfront (BRUNO MÖHRING).

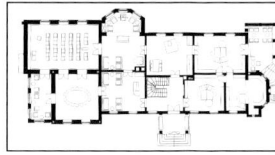

Das ehem. **GUTSHAUS MARIENFELDE** (**D**; ALT-MARIENFELDE 17; 1850-60) entstand aus dem Umbau und der Erweiterung eines Bauernhauses. Der weiße Putzbau wurde in zurückhaltenden klassizistischen Formen gestaltet und besitzt als typisches Element preußischer Herrenhäuser jener Zeit einen dreigeschossigen Turm nach dem Vorbild der so genannten Potsdamer Turmvillen von Ludwig Persius. 1999-2002 wurde das ehem. Gutshaus denkmalpflegerisch instand gesetzt (WINFRIED BRENNE ARCHITEKTEN MIT RAINER BERG); es dient heute der FU-Berlin als Institutsgebäude auf einem Versuchsgut.

BÜROGEBÄUDE DER IBM (NAHMITZER DAMM 12; JÜRGEN SAWADE; 1987): Ein strenger geometrischer Grundrissaufbau aus Dreieck, Quadrat und Rechteck und eine serielle Gliederung der Fassaden bestimmen die Architektur.

HAUS MOHRMANN (**D**; FALCKENSTEINSTRASSE 10; HANS SCHAROUN; 1938-40): Ähnlich wie das ▶ *Haus Baensch* in Spandau besitzt das unter dem NS-Regime entstandene

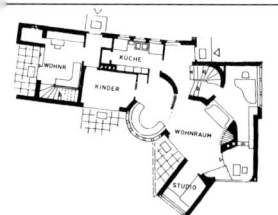

Wohnhaus eine konventionelle Straßenfront und eine organische, aus einem freien, lebendigen Grundriss mit versetzten Geschossebenen entwickelte Rückseite.

Ev. **DORFKIRCHE LICHTENRADE** (**D**; ALT-LICHTENRADE; 14. JH.): Auf dem erhaltenen Dorfanger, einfacher rechteckiger Saalbau aus Feldsteinen. Einen kleinen Turm erhielt die Kirche vor 1810; ein weiterer Glockenturm wurde 1902 durch einen hohen Feldsteinturm ersetzt. Der spitze Helm des Turms (GEORG SCHWARTZKOPFF; 1902) wurde nach Kriegszerstörung durch ein Satteldach ersetzt (1947-49).

Ehem. **MÄLZEREI DER SCHLOSSBRAUEREI SCHÖNEBERG** (**D**; STEINSTRASSE 37-41; WILHELM WALTHER; 1898): Backstein-Industriebau im Neorenaissancestil, von zwei Dunstschloten überragt.

NEUKÖLLN:

Die Karl-Marx-Straße stellt als Hauptachse zwischen dem Hermannplatz und dem S-Bahnhof Neukölln auf der Ringbahn die Anbindung des Zentrums von Neukölln mit Kreuzberg und den südlichen Ortsteilen Britz, Buckow und Rudow her. In dieser stadträumlich exponierten Straße wurde das **RATHAUS NEUKÖLLN** (**D**; KARL-MARX-STRASSE 83-85; REINHOLD KIEHL; 1905-09) errichtet. Durch die Anordnung des Komplexes ist ein reizvoller städtischer Vorplatz entstanden, der den Straßenraum aufweitet. Neuartig für die Bauzeit war die Trennung eines durch größere Fenster von außen ablesbaren Repräsentationsbereichs vom zu den Seitenstraßen hin ausgerichteten Verwaltungsbereich mit schlichten Fassaden. In der äußeren Differenzierung klingt bereits die Moderne mit ihrer strikten baulichen Funktionsunterscheidung an.

AMTSGERICHT UND GEFÄNGNIS NEUKÖLLN (**D**; KARL-MARX-STRASSE 77/79; PAUL THOEMER, FAERBER & BOHL; 1899-1901; UMBAU 1910-12): Im Stil der deutschen Renaissance errichteter repräsentativer Bau. Die Treppenhalle ist im Vergleich zu anderen zeitgenössischen Berliner Gerichtsbauten eher zweckmäßig gestaltet.

POSTAMT KARL-MARX-STRASSE 97/99 (STRUVE; 1905-07): In Formen der deutschen Renaissance errichteter repräsentativer Bau.

PASSAGE KARL-MARX-STRASSE 131-133 (**D**; REINHOLD KIEHL; 1909-10): Für die Entstehungszeit besitzt der Passagenkomplex eine einmalige Funktionsvielfalt. Den Eingang der öffentlichen Ladenpassage zur Richardstraße rahmen zwei schmale, hohe Mietshäuser. Das Querhaus zur Richardstraße ist mit einer dreigeschossigen Rundbogengalerie ausgestattet, die einen großen Ballsaal aufnahm (heute Neuköllner Oper und Kino).

WOHNANLAGE OSSASTRASSE 9-16A (BRUNO TAUT; 1927-28): Sachlich gestaltete Wohnzeile, die durch die Anpassung an den gekrümmten Verlauf der Straße und durch tief eingeschnittene Loggien eine Auflockerung erfährt.

Ehem. **FILMFABRIK GEYER** (◼; HARZER STRASSE 39/46; OTTO RUDOLF SALVISBERG; 1928): Fabrikkomplex im Stil der Neuen Sachlichkeit, als dunkelroter Backsteinbau ausgeführt.

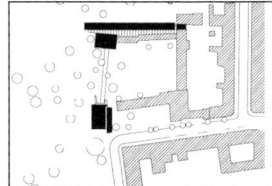

Die bestehende U-förmige Schulanlage einer Grund- und Oberschule aus den 1950er Jahren sollte bei der **ERWEITE-RUNG DER KARLSGARTENGRUNDSCHULE UND NEUBAU DOP-PELSPORTHALLE** (KARLSGARTENSTRASSE 6-7; ASSMANN, SALOMON UND SCHEIDT; 1995-99) funktional optimiert und räumlich ge-stärkt werden. Dabei wurde das Erscheinungsbild des vor-handenen Komplexes ebenso bewahrt wie die hohe Frei-raumqualität des außergewöhnlichen Schulhofes mit seinem Bezug zum Volkspark Hasenheide. Die aufgeständerte Sport-halle dominiert den Stadtraum als vorgelagerter Solitär und markiert die Blockkante im Übergang zur Hasenheide. Das Gebäude enthält zwei übereinander gelegte Sporthallen mit se-paratem Nebenraumtrakt. Der zweigeschossige Neubau der Grundschule dient in einem Teil der neuen Erschließung des Komplexes und umfasst neben dem Haupteingang die Aula und die Verwaltung. Die Fassade setzt die Sprache der vor-handenen Gebäudeteile in moderner Form fort. Hinter einer gläsernen Galerie, die sich entlang der Altbauten zieht, ist der Unterrichtsräume beherbergende Neubauteil als lang gestreck-ter Riegel angeordnet.

SANIERUNGSGEBIET ROLLBERGE (WERBELLINSTRASSE/MO-RUSSTRASSE/KOPFSTRASSE/FALKSTRASSE; RAINER OEFELEIN, BERN-HARD FREUND, REINHARD SCHMOCK; 1974-77): Im Jahre 1963 be-schloss der Berliner Senat, die ab 1875 entstandene dichte Mietskasernenbebauung des Rollbergquartiers durch einen Flächenabriss zu beseitigen und durch ein zeitgemäßes Wohn-quartier zu ersetzen. Der Ansatz für diese „Stadtsanierung" war

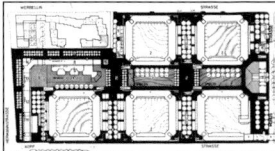

LINKE SEITE
KARLSGARTENGRUNDSCHULE:
AUSSENANSICHT SPORTHALLE, LAGEPLAN
SANIERUNGSGEBIET ROLLBERGE: LUFTBILD,
DETAILANSICHT, LAGEPLAN

RECHTE SEITE
GROSSSPORTHALLE STADION BERLIN-
NEUKÖLLN: AUSSENANSICHT, SCHNITT,
GRUNDRISS

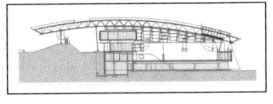

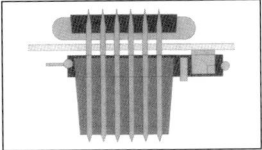

vergleichbar mit dem Sanierungsgebiet rund um die Brunnenstraße im Wedding. Aus einem Gutachterwettbewerb 1971-72 ging die Idee einer Ringbebauung hervor: Fünf jeweils zum Ring geschlossene Häuserblöcke mit 60 x 60 m großen Innenhöfen bildeten ein Wohnquartier mit zugehöriger Infrastruktur. Innerhalb des Quartiers wurden die Straßen zu Fußgängerbereichen umgewandelt; an den Gebäudeecken liegen jeweils Treppenanlagen.

Auf dem kreisrunden Herrfurthplatz bildet die ev. **GENEZARETH-KIRCHE** (HERR-FURTHPLATZ; FRANZ SCHWECHTEN; 1903-05) das Zentrum der zwischen 1890 und 1900 angelegten Erweiterung Rixdorfs nach Westen rund um die Schillerpromenade. Der neogotische Backsteinbau wurde als Zentralbau angelegt und erhielt vier gleich lange Kreuzarme und einen Turm über der Vierung. Aufgrund der Nähe zum ▶ *Flughafen Tempelhof* wurde der Turm 1939-40 drastisch gekürzt. Das Kircheninnere wurde nach Kriegsschäden 1955-59 von WERNER HARTING unter Betonung des auf ein Zentrum bezogenen Sakralraums neu gestaltet.

Im Zusammenhang der Vision „Olympia Berlin 2000" entstand für das an der Grenze zu Tempelhof gelegene Sportgelände Oderstraße der Auftrag zur Errichtung der **GROSSSPORTHALLE STADION BERLIN-NEUKÖLLN** (ODERSTRASSE 3A-5A; PSP PYSALL, STAHRENBERG & PARTNER; 1995-98). Die Leitidee des verwirklichten Entwurfs (1990) war die gleichzeitige Überspannung der Großsporthalle, des öffentlichen Erschließungs-wegs und der Tribüne eines bereits vorhandenen Eislaufstadions durch ein Bo-gendach. Sechs bis zu 2 m hohe Dreigurtbinder aus Stahl spannen sich bogenförmig über die Halle und kragen über die angrenzenden Zuschauertribünen mit 200 Sitzplätzen aus. Innerhalb der teilbaren Halle mit den Abmessungen 45 x 27 m er-lauben einschiebbare Tribünen die Nutzung für ein sportliches Großereignis.

Die **WOHNANLAGE INNSTRASSE 20-23** (PAUL MEBES, PAUL EMMERICH; 1926-27) wurde vom gemeinnützigen Beamten-Wohnungs-Verein Neukölln in kurviger Blockrandbe-bauung errichtet. Durch tief eingeschnittene Loggien werden die konsequent schmucklos-modernen Fassaden rhythmisiert.

WOHNANLAGE WERRA-BLOCK (ROSEGGERSTRASSE/WERRA-/INN-/WESERSTRASSE; MEBES & EMMERICH; 1925-26): Blockrandbebauung in einer Kombination aus modernen Elementen wie einem Flachdach und expressiv ornamentierter Klinkerfassade.

Das **STADTBAD NEUKÖLLN** (**D**; GANGHOFERSTRASSE 3-5; HEINRICH BEST, REINHOLD KIEHL; 1912-14) war damals eine der größten Anlagen ihrer Art. In freier Nachbildung antiker Vorbilder wurden die beiden Schwimmhallen in Form dreischiffiger Basiliken gestaltet. In seiner kostbaren Ausstattung mit edlen Materialien wie Marmor, Travertin und Mosaiken ist das Stadtbad in dieser Ausführung ein einmaliges kommunales Gebäude, das die soziale Intention eines „Badetempels für alle" zu Beginn des 20. Jh. dokumentiert. Dem hohen Anspruch gemäß wurde die Anlage durch eine mit dem Bad verbundene Volksbibliothek (heute Heimatmuseum) ergänzt, zu der man über einen Atriumhof gelangte. Die lang gestreckte Fassade zur Straße weist – für die Bauzeit charakteristisch – statt historisierender Stilnachbildung bereits nur noch eine sparsame Gliederung des Baukörpers durch Pilaster auf.

KINDERTAGESSTÄTTE UND WOHNHAUS BÖHMISCHE STRASSE 38-39 (GERKE, VON HORLACHER, RUOFF LINIE 5 ARCHITEKTEN BDA; 1995-96): Wohnhaus in kubischer Baugestalt mit weiß verputzten Fassaden. Die eingeschossige Kindertagesstätte wurde unter den aufgeständerten Wohnbau eingeschoben.

Auf der ehem. Dorfaue von Rixdorf wurde die **BÖHMISCH-LUTHERISCHE BETHLEHEMSKIRCHE** (**D**; RICHARDPLATZ 22; UM 1430) als Dorfkirche errichtet. Vom spätmittelalterlichen Bau sind die Sockelzone und der dreiseitige Chorabschluss erhalten geblieben. 1755 fanden barocke Umbauten, u.a. am Turm, statt; bei einem 1939-41 erfolgten Umbau wurde das Dach vor dem Turm vorgezogen, so dass nun der Eindruck eines Dachreiters entsteht.

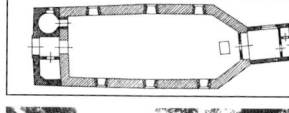

Auf einem brach liegenden Grundstück inmitten des hochverdichteten Zentrums von Neukölln sollten unter größtmöglichem Erhalt der bestehenden Grünflächen eine Grundschule und eine Sporthalle neu gebaut werden. Der entstandene Komplex der **GRUNDSCHULE UND SPORTHALLE DRORYSTRASSE** (BACKMANN SCHIEBER PARTNER; 1997-98) ist deutlich von der umgebenen Blockbebauung getrennt. Um ein Maximum an zgänglichen Erschließungs- und Freiflächen zu erhalten, überspannt ein Brückenbau der aus drei Bauteilen kombinierten Schule die Drorystraße, die beiden anderen Baukörper schließen direkt an die Brandwände der benachbarten Wohnhäuser an. Zudem wurde die zentral im Block-

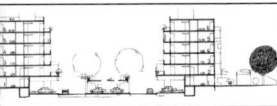

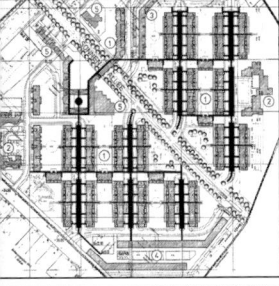

innern gelegene Sporthalle als „topografisches Element" in den Freiraum integriert. Über eine großzügige Freitreppe erreicht man die Grünanlagen auf dem Dach der Halle, das auf diese Weise als ein Teil der umgebenen Grünanlage wahrgenommen wird.

Das **WOHNHEIM TEUPITZER STRASSE 36-42** (KARL BONATZ; 1928-29) ist nach funktionalen Gesichtspunkten in einzelne Baukörper aufgeteilt, die eine sachlich-kubische Gestaltung mit Flachdach erhielten. Ursprünglich besaß jedes Stockwerk eine andere Farbgebung.

WOHN- UND GESCHÄFTSHAUS SONNENALLEE 166 (ELMAR LEIST, J. MÜLLER-LEIST, D. WÖHLER; 1992-93): Komplettiert die geschlossene Blockrandbebauung auf einem spitz zulaufenden Grundstück.

ARBEITSAMT SONNENALLEE 262 (**D**; LEO LOTTERMOSER; 1931-32): Mit Backstein verkleideter, nüchtern-funktionaler Stahlskelettbau, der eher an ein Fabrikgebäude erinnert.

HIGHDECK-SIEDLUNG (SONNENALLEE/MICHAEL-BOHNEN-RING; RAINER OEFELEIN, BERNHARD FREUND; 1973-75): Die Wohnanlage für 8.500 Bewohner besitzt eigene Anwohnerautostraßen auf Höhe der Kellergeschosse, die als Garagen dienen. Darauf wurden gesondert Fußgängerterrassen aufgeständert („Highdecks"), die von der Hauptstraße und den Grünflächen über Rampen zugänglich sind.

Mit dem Bau des **ESTREL RESIDENCE HOTELS** (SONNENALLEE 225; HENNES & TILEMANN; 1994-95), einem der größten Hotelgebäude Deutschlands, ist der Versuch unternommen worden, auf einer spitzwinklig zulaufenden Straßenecke eine stadträumlich dominante und unverwechselbare Baugestalt zu bilden. Einer der beiden Baukörper mit 18 Geschossen ist diagonal abgeschrägt, wodurch er wie abgeschnitten wirkt. Der andere Baukörper wurde dagegen nur in der Gestaltung der Fassade durch den Einsatz der Stein- und Glasverkleidung „abgetreppt". Insgesamt wirkt der Komplex dadurch sehr uneinheitlich und eher wie ein gewinnorientiertes Investorenprojekt denn als architektonisch und städtebaulich ambitioniertes Projekt. Das Innere bleibt mit Atrium und Passage konventioneller Hotelarchitektur verhaftet.

SCHULPAVILLON DAMMWEG 216 (**D**; BRUNO TAUT; 1928): Modellprojekt für die geplante, aber nicht realisierte Damm-

LINKE SEITE
STADTBAD NEUKÖLLN:
SCHWIMMHALLE
KITA U. WOHNHAUS BÖHMISCHE STR.
BETHLEHEMSKIRCHE: GRUNDRISS
GRUNDSCHULE DRORYSTR.
SPORTHALLE DRORYSTR.

RECHTE SEITE
HIGHDECK-SIEDLUNG:
AUSSENANSICHT, SCHNITT,
LAGEPLAN
ESTREL RESIDENCE HOTEL:
AUSSENANSICHT, EINGANG ZUM
KONGRESSZENTRUM

399

wegschule. Der Klassenraum wurde als ebenerdiger Pavillon mit Oberlichtern angelegt.

Während Neukölln innerhalb des S-Bahn-Rings, also im nördlichen Teil des Bezirkes, eine sehr dichte Bebauung mit Mietskasernen aufweist und einen nahtlosen Übergang zur Bebauung Kreuzbergs bildet, ist der südliche Bezirk weit weniger städtisch und geht in **BUCKOW** und **RUDOW** schließlich in eine vorstädtische Siedlungsstruktur über.

GUTSHAUS BRITZ (◨; ALT-BRITZ 73; CARL BUSSE; 1706; 1881-83): Erweiterung in sparsamen klassizistischen Formen, dominiert von einem Turm mit geschwungener Gaube. Die Wirtschaftsgebäude ◨ entstanden 1870-80 in Anlehnung an italienische Landhäuser.

Ev. **DORFKIRCHE BRITZ** (◨; BACKBERGSTRASSE 40; 2. HÄLFTE 13. JH.): Einfacher Feldsteinbau; der Gruftanbau von 1776 seit 1885 Sakristei; Umbau 1888 mit aufwendigem Turm, neuen spitzbogigen hohen Fenstern und neuen Portalen.

Im Rahmen der Bundesgartenschau 1985 wurde das **CAFÉ AM SEE** (STADTPARK BRITZ; ENGELBERT KREMSER; 1983-84) an einem künstlich angelegten See errichtet. Der biomorph geformte Dachbau besteht aus Spritzbeton.

KOLONIE IDEAL (PINTSCHALLEE; RICHARD DEUTHE, BRUNO PAUL, KARL BÜCKLERS; 1912-19; BRUNO TAUT; 1925-30; WALTER FUCHS; 1936-37): In die in den 1910er Jahren entstandene Wohnbebauung mit Erkern, Rundbögen und Dachgauben wurden die sachlich-modernen Bauten integriert.

JOHANNITERHAUS BRITZ (BUSCHKRUGALLEE 131; JAN & ROLF RAVE; 1985): Behindertengerechtes Wohnen in zwei parallelen Häuserreihen, die über einen zentralen Aufzugsturm und Laubengänge erschlossen werden.

Die so genannte **HUFEISEN-SIEDLUNG** (GROSSSIEDLUNG BRITZ; ◨; FRITZ-REUTER-ALLEE 2-72/78-120/PARCHIMER ALLEE/STAVENHAGENER STRASSE/ONKEL-BRÄSING-STRASSE; BRUNO TAUT, MARTIN WAGNER; 1925-31) der Gemeinnützigen Heimstätten AG (GEHAG) zählt zu den bekanntesten Siedlungen der Weimarer Republik. Wie bei kaum einem anderen Neubauprojekt dieser Zeit sind die Wohnbauten in die Landschaft eingebettet, so dass sich ein fast ländlicher Charakter ergibt. Mit einer architektonischen Großform, dem Hufeisen, legt sich eine dreigeschossige Wohnzeile gebogen um eine

HUFEISEN-SIEDLUNG: LUFTBILD

RECHTE SEITE

ALBERT-EINSTEIN-SCHULE: ELLIPTISCHER
BAUKÖRPER DES NEUBAUES
SIEDLUNG SPRUCH

NEUKÖLLN

Bodensenke mit einem kleinen Teich. Die in sich geschlossene Form des Hufeisens bildet mit den Kopfbauten an dessen Öffnung das Zentrum der Anlage. Nur am Eingang zum Hufeisen sind Geschäfte und ein Lokal untergebracht. Den ländlichen Charakter der Siedlung unterstrichen Bruno Taut und Martin Wagner insbesondere mit dem „Hüsung", einem Platz in Form eines verkleinerten Dorfangers. Seitlich der Anlage verlaufen Straßen mit zweigeschossigen Einfamilien-Reihenhäusern; kleine Wege liegen zu den Gartenseiten und verbinden die Straßen untereinander. Innerhalb der Großstadt ist auf diese Weise ein Siedlungsidyll entstanden, das sich von der städtischen Dichte anderer Siedlungen der 1920er Jahre unterscheidet. Obwohl im Hufeisen 172 Wohnungen untergebracht wurden, herrscht kein Gefühl von Übergröße und Anonymität. Vielmehr wurde mit der ungewöhnlichen Form der Anlage der soziale Anspruch unterstrichen. Denn der Wohnkomplex, dessen blau gestrichene Loggien allesamt auf die Parkanlage mit dem Teich gerichtet sind, vermittelt das Gefühl von Gemeinschaft und Gleichheit. Mit der Beschränkung auf vier Wohnungstypen, der Standardisierung der Fenstergrößen, der Rationalisierung des Bauablaufs und durch den Einsatz von Farbe, die Taut als „billigstes Gestaltungsmittel" bezeichnete, wurde das wirtschaftliche Bauen einer Großsiedlung erprobt.

Am südwestlichen Rand der Hufeisen-Siedlung liegt die Erweiterung der **ALBERT-EINSTEIN-SCHULE** (PARCHIMER ALLEE 125; BANGERT SCHOLZ, 1988-91), die einen Komplex aus den 1950er Jahren ergänzte. Ein elliptischer, in allen Stockwerken gleich befensterter und dadurch ruhiger Baukörper ist harmonisch den Altbauten zur Seite gestellt. Dieser nimmt Sonderräume wie Bibliothek, Lehrerzimmer und Fachklassenzimmer auf. Ein langer Erschließungsflur verbindet die bestehenden Bautrakte miteinander und mündet in eine neue weiträumige Foyerhalle, die mit einer Cafeteria und Aufenthaltsräumen als neues Zentrum der Schulanlage dient. Die plastische Wirkung des Gebäudes wird durch eine um das Gebäude gestellte Beton-Säulenreihe noch unterstrichen. Nicht zuletzt wegen der ausgewogenen Materialwahl aus Ziegelmauerverkleidung, Holz, Beton und Granitfußböden ist der Erweiterungsbau 1992 mit dem Architekturpreis des Bundes Deutscher Architekten (BDA) ausgezeichnet worden.

Die 1996 mit dem Architekturpreis des Bundes Deutscher Architekten (BDA) ausgezeichnete **SIEDLUNG SPRUCH** (KALKSTEINWEG; ENGEL & ZILLICH; 1993-95) im Ortsteil

Buckow entstand als stadtperipheres Wohngebiet. Entlang einer Haupterschließungsstraße, dem Kalksteinweg, liegen quer die als Sackgassen angelegten Wohnhöfe und die Freiräume, die als Gärten von allen Bewohnern genutzt werden. Den Architekten ist eine wegweisende räumliche Anordnung der gegeneinander versetzten Baukörper zu einer verdichteten und doch aufgelockerten Struktur gelungen. Der einheitliche Bautypus ist durch Balkone, Wintergärten und Rücksprünge in der Fassade variantenreich abgewandelt worden, wodurch ein abwechslungsreiches und zugleich doch gemeinschaftliches Siedlungsbild entstanden ist. Die Fensterformate, der Abschluss der Gebäude mit ihren Flachdächern und der Einsatz von Farbe als Gestaltungsmittel knüpften an die Tradition des Bezirks mit dessen Siedlungen der 1920er Jahre an.

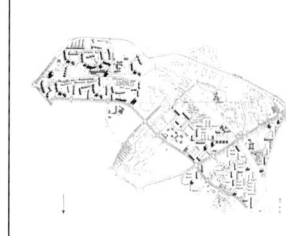

KRANKENHAUS NEUKÖLLN (RUDOWER STRASSE 47; JOSEF PAUL KLEIHUES, JÜRGEN KÖNIG; 1977-86): Der dreischiffig gegliederte, über 300 m lange Gebäuderiegel wurde aus einem zugrunde gelegten Modul entwickelt, mit dem Raumgrößen, Fenstermaße und Fassade definiert worden sind. Die weiße Aluminiumfassade wurde mit Hilfe aufgeschraubter schwarzer Metallprofile in einzelne Felder unterteilt.

Innerhalb von zehn Jahren entstand im gemeinnützigen Wohnungsbau die **GROPIUSSTADT** (GROSSSIEDLUNG BRITZ-BUCKOW-RUDOW; FRITZ-ERLER-ALLEE/JOHANNISTHALER CHAUSSEE/LIPSCHITZALLEE; ERSTE PLANUNGEN WALTER GROPIUS; WILS EBERT; WOLFGANG DOMMER, KLAUS H. ERNST, ROLF GUTBROD, HANS BANDEL; 1962-72) mit 17.000 Wohnungen für 50.000 Einwohner. Die ersten Planungen für ein ausgedehntes Siedlungsgebiet zwischen den alten Ortskernen Britz, Buckow und Rudow entlang einer neuen U-Bahn-Trasse stammen aus den 1950er Jahren von Walter Gropius in Zusammenarbeit mit TAC (The Architects Collaborative). Er sah ein eindeutiges Zentrum vor, in dem die Bebauungsdichte durch Hochhäuser zunehmen sollte. In der Planungsphase wurde aber auf Betreiben der Wohnungsbaugesellschaft eine Verdichtung der gesamten Siedlung vorgenommen. In der mittleren Siedlungszone entstanden nun unter der Gesamtleitung von Wils Ebert neungeschossige Scheibenhochhäuser, im östlichen Planungsgebiet vor allem gestaffelte Baukörper. Trotz der zusätzlichen Ver-

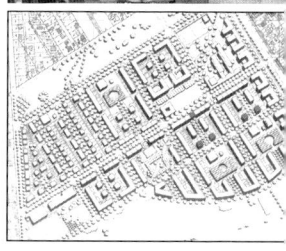

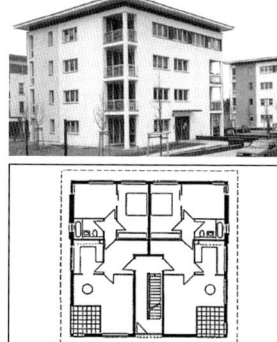

GROPIUSSTADT:
LAGEPLAN
KITA GROSS-ZIETHENER
CHAUSSEE
WOHNSIEDLUNG RUDOWER
FELDER:
LAGEPLAN
STADTVILLA JEANETTE-WOLFF-
STR.: AUSSENANSICHT,
GRUNDRISS

dichtung blieb der Grundgedanke einer durchgrünten und aufgelockerten „Stadtland-schaft" erhalten. Ein weitläufiges inneres Wegesystem führt, vom Autoverkehr ge-trennt, durch großzügige Grünanlagen. Doch sind die von zahlreichen Architekten unterschiedlich gestalteten Wohnbauten aus Fertigteilen in ihren Dimensionen und ihrer Entwurfsqualität fast durchweg unbefriedigend. Das in Anlehnung an die ▶ *Hufeisen-Siedlung* halbrunde Hochhaus von Gropius mit 18 Geschossen (Fritz-Erler-Allee 110) weist genau die Schwächen auf, die in der Hufeisensiedlung ausdrücklich vermieden wurden: Durch den gigantischen Maßstabssprung entstand ein dominanter Eindruck sowohl von Anonymität als auch von aufdringlicher Nähe. Sorgfältig ge-staltete Details wie bei der Bauhaus-Architektur waren im Massenwohnungsbau erst gar nicht vorgesehen. Dennoch ist es dem städtebaulichen Konzept der durchgrünten „Stadtlandschaft" mit umfassender Infrastruktur zu verdanken, dass die Gropiusstadt eine intakte und beliebte Siedlung ist.

Ev. **DORFKIRCHE RUDOW** (🅳; Köpenicker Strasse 175; um 1400): Turmportal aus der Entstehungszeit unverändert erhalten; Dachturm von 1713. In den Jahren 1804 und 1909 erfolgten Turmumbauten und der Umbau der Kirche im Grundriss eines grie-chischen Kreuzes mit dreiseitigem Chorschluss. Bei der Beseitigung der Kriegs-schäden 1954 wurde der ursprüngliche einfache Chorschluss wiederhergestellt.

KINDERTAGESSTÄTTE GROSS-ZIETHENER CHAUSSEE 144 (Deubzer & König; 1991-94): Im Kontext der Einfamilienhausbebauung entstanden flache Baukörper, die von steilen, die Typologie der Wohnhäuser aufgreifenden Dreiecksdächern bekrönt werden.

Unmittelbar an der Grenze Berlins bilden die **WOHNSIEDLUNG RUDOWER FELDER UND DIE GARTENSTADT RUDOW-SÜD** (Waltersdorfer Chaussee/Lieselotte-Berger-Strasse/Schönefelder Strasse; städtebauliches Konzept: Martin & Pächter; Schattauer & Tibes; Mussotter & Poeverlein; Arno Bonanni; 1995-97) eine „Stadt-kante". Das Projekt gehört zu den nach 1990 entstandenen „Neuen Vorstädten" Berlins. Am Helene-Jung-Platz wurde das Zentrumsquartier errichtet, das sich durch eine dichte Baufolge in Blöcken und Zeilen auszeichnet. Auch entlang der Waltersdorfer Chaussee entstand eine dichte Straßenrandbebauung. Westlich liegt ein Quartier mit Stadtvillen, südlich, entlang des Hiltrud-Dudek-Wegs, wurde die „Stadtkante" durch Blöcke gebildet. Ein Mindestmaß an Einheitlichkeit wurde mit der durchgehend vier- bis fünfgeschossigen Bebauung, mit Flachdächern oder lediglich flach geneigten Dächern erreicht.

STADTVILLEN JEANETTE-WOLFF-STRASSE 8-18 (Schattauer & Tibes; 1996-97): Vier frei stehende Mehrfamilienhäuser mit jeweils acht Drei-Zimmer-Wohnungen; das Farbkonzept mit gebäudehohen monochromen Farbflächen und Fensterbändern basierend auf der vorgegebenen Farbpalette des städtebaulichen Plans von Martin & Pächter.

Ev. **DORFKIRCHE BUCKOW** (🅳; Alt-Buckow 38; um 1250; Umbauten 15./16. Jh., 1912, 1950, 1964): Ähnlich wie die ▶ *Dorfkirche Marienfelde* als Wehrkirche mit **403** mächtigem Turm errichtet. Spitzbogenportal aus dem 15. Jh., im Innern Kreuzgratgewölbe aus dem 16. Jh. Die beiden äußeren Nischen in der Ostwand sind ehemalige Fenster; in der Südwand sind ebenfalls drei Fenster aus der Bauzeit erhalten.

WOHNQUARTIER GERLINGER STRASSE 54 (LIEPE & STEIGELMANN, KLAUS GAYER; 1993-94): Ensemble aus frei stehenden Mehrfamilienhäusern, Wohnhauszeilen und Genossenschaftshäusern mit glasgedeckten Gemeinschaftshallen, um das sich als großer Wintergarten die Wohnungen gruppieren.

GRÜNE HÄUSER AM IRISSEE (BERND FASKEL, THOMAS HERZOG, ERICH SCHNEIDER-WESSLING, OTTO STEIDLE, PETER STÜRZEBECHER; 1982-85): Errichtet im Rahmen der Bundesgartenschau 1985 zur Demonstration neuer ökologischer Baumöglichkeiten; mehrere zwei- bis dreigeschossige Wohnhausgruppen.

DORFKIRCHE BUCKOW
WOHNQUARTIER GERLINGER STR.:
GEMEINSCHAFTSHALLE
GRÜNE HÄUSER

EXKURS: GETEILTE STADT

Über vier Jahrzehnte verlief die Stadtentwicklung Berlins auf getrennten Wegen. Mit dem Ende des Zweiten Weltkriegs 1945 wurde die Stadt in vier von den Alliierten besetzte Sektoren aufgeteilt. Nachdem die Sowjetunion die politische Zusammenarbeit mit den Westmächten aufgekündigt hatte und die Spannungen 1948/49 in der Berlin-Blockade gipfelten, war die Stadt nicht nur politisch in eine West- und eine Osthälfte geteilt. Mit der Gründung der DDR 1949 geriet West-Berlin in eine stadträumliche Insellage, während Ost-Berlin trotz des besonderen Vier-Mächte-Status Berlins „Hauptstadt der DDR" wurde. Für West-Berlin hatte die Isolation fatale Folgen, denn von der historischen Stadtmitte war man fortan abgeschnitten. Die meisten zentralen Einrichtungen der Millionenstadt lagen im Ostteil der Stadt. Zahlreiche Institutionen mussten in West-Berlin neu errichtet werden, so die ▶ *Neue Staatsbibliothek*, die ▶ *Neue Nationalgalerie* und die ▶ *Freie Volksbühne*. Als neues kulturelles Zentrum der Stadt entstand seit den 1960er Jahren das Kulturforum am Tiergarten, nahe dem Potsdamer Platz, dessen zentrale Gesamt-Berliner Lage die erhoffte Überwindung der Ost-West-Trennung berücksichtigte. Das westliche Stadtgebiet um den Kurfürstendamm und den Bahnhof Zoologischer Garten, die heutige City-West, übernahm die Funktion eines Ersatz-Zentrums. Das ▶ *Rathaus Schöneberg* wurde provisorischer

Sitz des West-Berliner Abgeordnetenhauses, nachdem die Gesamt-Berliner Stadtverordnetenversammlung 1948 massiv in ihrer Arbeit behindert worden war.

Die politische Spaltung der beiden Stadthälften wirkte sich bereits 1949 auf die
Stadtplanung aus. Noch wurde mit dem **GENERAL-AUFBAUPLAN** (HAUPTAMT FÜR
PLANUNG II, LEITUNG WILS EBERT; 1949) in Anlehnung an Scharouns Kollektivplan eine
bandartige, nach Funktionen untergliederte Stadtstruktur für Gesamt-Berlin geplant,
doch noch im selben Jahr wurde der General-Aufbauplan von der DDR-Führung wegen
fehlender Möglichkeiten der politisch-repräsentativen Selbstdarstellung verworfen.
Noch auf der Grundlage dieses Plans wurden jedoch zwei Laubenganghäuser der
WOHNZELLE FRIEDRICHSHAIN (🅖; FRIEDRICHSHAIN/KARL-MARX-ALLEE 102-104 UND 126-
128; ENTWURFSKOLLEKTIV LUDMILLA HERZENSTEIN MIT HANS SCHAROUN, HELMUT RIEDEL,
RICHARD PAULICK, SCHMIDT UND ZAHN; 1949-51) in der damaligen Frankfurter Straße errichtet, die 1949 in Stalinallee umbenannt worden war. Hans Scharoun hatte für den
teilweise völlig zerstörten Stadtraum des westlichen Friedrichshains eine neue
städtebauliche Struktur von Wohnanlagen mit Laubenganghäusern vorgesehen, die er
„Wohnzelle Friedrichshain" nannte. Mitte 1950 verhängte die SED-Führung jedoch
einen Baustopp, da die moderne Architektur und das städtebauliche Konzept nicht
mit deren Vorstellungen von vorgeblicher sozialistischer Architektur zu vereinen
waren. Beide Laubenganghäuser wurden in den folgenden Jahren sogar hinter einer
dichten Baumreihe versteckt. Erschließungstechnisch wie formal übernehmen die
Laubenganghäuser den in den 1920er und frühen 1930er Jahren von der Moderne für
den gemeinnützigen Wohnungsbau fortentwickelten Bautypus.

Die Staats- und Parteiführung leitete noch 1950 eine städtebauliche und architektonische Wende ein, die aus inszenierten und kontrollierten Diskussionen
„resultieren" sollte, für die es also scheinbar einen offenen Ausgang gab. „Demokratisch" legitimiert, sollte der neue Weg von den Architekten selbst gefunden werden. In
Wahrheit stand die strenge Orientierung an der sowjetischen Architektur im Politbüro
bereits fest. Partei und Magistrat forderten drei Architektenkollektive auf, eine erste
„sozialistische Straße" zu entwerfen, die dem neuen Leitsatz „National in der Form,
sozialistisch im Inhalt" verpflichtet sein sollte. Mit dem Entwurf für das ▶ *Hochhaus*

an der Weberwiese in Friedrichshain hatte es HERMANN HENSELMANN 1951 verstanden,

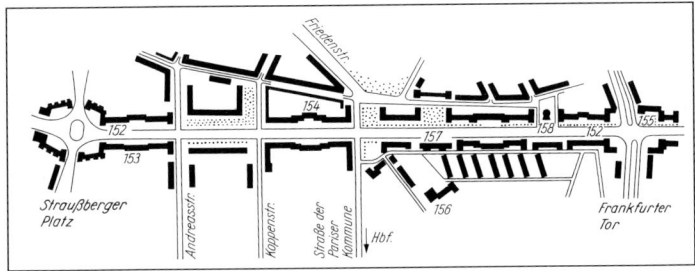

den Vorstellungen der SED stilistisch zu entsprechen. Seine Adaption des Schinkel'-schen Klassizismus wurde zum Vorbild für die Gestaltung der **STALINALLEE** (**G**; FRIEDRICHSHAIN/HEUTIGE KARL-MARX-ALLEE/FRANKFURTER ALLEE; 1951-60), dem zentralen Prestige-Bauprojekt der frühen DDR. Städtebaulich setzte sich die Stalinallee von allen vorausgegangenen Planungen einer aufgelockerten, nach Funktionen gegliederten Stadt ab. Nach dem Vorbild der Moskauer Radialachsen wurde die Stalinallee als Magistrale geplant, die der Organisation der Massenaufmärsche diente, welche sternförmig auf das Zentrum geführt werden sollten. Zugleich wurde die Stalinallee als politisches Instrumentarium genutzt, um die neue Gesellschaftsordnung der DDR in sichtbaren Kontrast zu den Lebensverhältnissen im Kapitalismus zu setzen. Das „Nationale Aufbauprogramm" war stark von sowjetischen Vorbildern beeinflusst. Eigens reiste eine Delegation ausgesuchter deutscher Architekten und Baufunktionäre 1950 in die Sowjetunion, um sich mit den sowjetischen Erfahrungen im stalinistischen Städtebau vertraut zu machen.

Angeblich auf Grundlage dieses Erfahrungsaustausches unter Architekten wurden im Juli 1950 vom Ministerrat der DDR die **16 GRUNDSÄTZE DES STÄDTEBAUS** verabschiedet, die in Wirklichkeit eine im Vorfeld beschlossene politische Angelegenheit der Parteiführung waren. Die 16 Grundsätze forderten eine „kompakte Stadt", die im Zentrum mit den wichtigsten und monumentalsten Gebäuden bebaut werden solle. Plätze und Straßen im Zentrum wurden in den Dienst der politischen Machthaber gestellt, sie wurden mit den 16 Grundsätzen zu politischen Demonstrationen und Aufmärschen zweckbestimmt. Die Machtkontrolle sollte mit der sozialistischen Stadtplanung durch eine „Stadt als einem Ganzen" garantiert sein; Wohnbezirke und Wohnkomplexe sollten sich ausdrücklich nicht von der Gesamtstadt isolieren können. Auch wurde mit der aufgelockerten Gartenstadt ein unkontrollierter bürgerlicher Individualismus befürchtet.

Die Pläne für die Stalinallee erarbeiteten sechs Kollektive (HENSELMANN, HARTMANN, PAULICK, LEUCHT, HOPP, SOURADNY). Gemäß dem Vorbild Moskauer Magistralen wurde die Straße auf 90 m verbreitert. Es entstand mit der Vorzeige-Allee eine repräsentative Flaniermeile, deren großzügige Grünflächen an die europäischen Boulevards erinnern.

Als modernes städtebauliches Element ist der asymmetrische Straßenquerschnitt zu werten. Die Fahrbahn verläuft nicht mittig, sondern ist nach Süden verlegt, so dass

an der Nordseite ein breiter Grünstreifen entstehen konnte, der über die südlichen Blöcke hinweg optimal besonnt wird. Die platzartige Bebauung am **FRANKFURTER TOR** (◪; Friedrichshain/Kreuzung Karl-Marx-Allee/Warschauer Strasse/Petersburger Strasse; Hermann Henselmann und Kollektiv; 1957-60) und der **STRAUSBERGER PLATZ** mit den zwei gestaffelten Hochhäusern **HAUS BERLIN** und **HAUS DES KINDES** (◪; Friedrichshain/Strausberger Platz; Hermann Henselmann, Rolf Göpfert, Emil Leibold und Kollektive; 1951-53) sollten stadträumlich inszenierte Eingangsbereiche und Abschnitte auf dem Weg zum Zentrum mit einem geplanten, aber nie verwirklichten Regierungshochhaus als Höhendominante bilden. Nach Henselmanns Vorstellung sollte die Dramaturgie der Platzabfolgen in einem Hochhaus am Alexanderplatz einen weiteren Höhepunkt finden. Mit den beiden den Boulevard flankierenden Rundtürmen am Frankfurter Tor bezog sich Henselmann auf die Doppeltürme des Gendarmenmarktes. In mehreren Bauabschnitten entstanden die 100 bis 300 m langen, sieben- bis neungeschossigen **WOHNHÄUSER STALINALLEE** (◪; Friedrichshain/Karl-Marx-Allee/Frankfurter Allee; Kollektive Henselmann, Hartmann, Paulick, Leucht, Hopp, Souradny; 1951-60) parallel zur Straße. Als weit gestreckte U-förmige Bauten definieren sie eine eingefasste Hofseite und schaffen einen Übergang zu den Seitenstraßen. Indem die Bebauung aber nicht konsequent auf die nördlich und südlich der Allee gelegenen Straßenblöcke fortgeführt wurde, blieb die Stalinallee eine auf Repräsentation angelegte lange Achse, der eine stadträumliche Tiefe fehlt.

Alle Fassaden wurden klassisch in drei Zonen aufgeteilt: in eine Sockelzone mit Vorbauten für Läden und Gaststätten im Erdgeschoss, die den Boulevardcharakter unterstreichen, in Hauptgeschosse, die einheitlich mit Meißner Keramikfliesen verkleidet sind, und in eine Traufzone mit attikaähnlichen Aufbauten. Die Wohnungen sind großzügig, die Ausstattung lag weit über dem üblichen Standard. Unübersehbar war der politische Anspruch durch das Stalindenkmal, das 1951 auf der Südseite der Allee zwischen Andreas- und Koppenstraße aufgestellt wurde. Im Zuge der Entstalinisierung wurde das Denkmal 1961 entfernt und die Straße in Karl-Marx-Allee umbenannt. Nach 1990 wurden die Gebäude an Privatinvestoren verkauft und denkmalgerecht saniert (u.a. Gibbins). Heute ist die Karl-Marx-Allee das längste Baudenkmal Deutschlands, dessen Ensemblewirkung jedoch durch den für die

FRANKFURTER TOR
STRAUSBERGER PLATZ

RECHTE SEITE

HANSAVIERTEL: LAGEPLAN
SCHEIBENHOCHHAUS HÄNDELALLEE 3-9

EXKURS: GETEILTE STADT

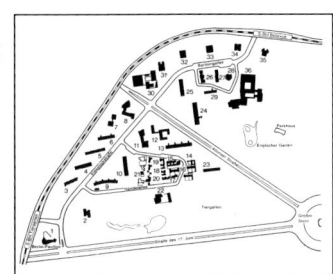

Magistrale zwar eingeplanten, aber in der heutigen Intensität nie bedachten Straßenverkehr und die dadurch verminderte Aufenthaltsqualität stark eingeschränkt wird.

Das Gegenstück zur Ost-Berliner Stalinallee ist das West-Berliner Interbau-Projekt rund um den Hansaplatz. Wie die Stalinallee für den Städtebau der DDR Mustergültigkeit besaß, so sollte die Neubebauung des kriegszerstörten **HANSAVIERTELS** (; TIERGARTEN/HANSAPLATZ; STÄDTEBAULICHER RAHMENPLAN: WILLY KREUER UND GERHARD JOBST; 1956-62) im Tiergarten ein herausragendes Beispiel für den westlichen Städtebau schaffen. Als 1953 Kreuer und Jobst den Ideenwettbewerb gewannen, sollte sich ihr Entwurf ausdrücklich vom repräsentativen und hierarchischen Städtebau der DDR mit seiner Machtarchitektur abheben. Die Prinzipien einer aufgelockerten „Stadtlandschaft", die bereits 1948 im Kollektivplan von Hans Scharoun veröffentlicht worden waren, sollten in der natürlichen und zwanglosen Anordnung von Straßen und individuell gestalteten Solitärbauten die demokratische Grundordnung wiedergeben. Im Gegensatz zur klassizierenden Machtarchitektur der Stalinallee führt das Hansaviertel die von der CIAM in den 1930er Jahren formulierten Grundsätze eines Städtebaus der Moderne nahtlos fort, die auf die Funktionstrennung von Wohnen, Arbeiten, Freizeit und Verkehr ausgerichtet sind. Der erhaltene Verlauf des alten Straßengrundrisses wurde überarbeitet zugunsten einer hierarchischen und verkehrsdifferenzierenden Ordnung aus Erschließungs- und Anwohnerstraßen sowie Fußgängerwegen. Mit der **INTERNATIONALEN BAUAUSSTELLUNG 1957** (INTERBAU 57) wurde das neue Hansaviertel der Weltöffentlichkeit präsentiert. 36 Einzelobjekte verschiedenster Größe und Gestaltung, von international namhaften Architekten der Moderne geplant, waren entstanden. In einer Mischbebauung aus Hoch- und Flachbauten wurde ein stadträumlicher Übergang geschaffen: Zum Tiergarten liegen Einfamilienhäuser und bilden den Übergang von der Landschaft in das Viertel, entlang des S-Bahn-Bogens markieren Punkthochhäuser den nördlichen Abschluss des Viertels. Das **WOHNHOCHHAUS ALTONAER STRASSE 4-14** (; OSCAR NIEMEYER; 1956-57) definiert zusammen mit dem **WOHNHOCHHAUS ALTONAER STRASSE 3-9** (; FRITZ JAENECKE UND STEN SAMUELSEN; 1956-57) die Eingangssituation, ohne eine stadtraumdominierende Stellung wie die Turmbauten am ▶ *Frankfurter Tor* einzunehmen. Wie auch die Hochhausscheibe des **WOHNHAUSES BARTNINGALLEE 2-4** (; EGON

409

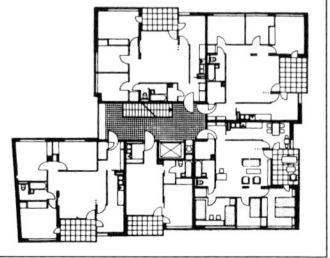

Eiermann; 1961-62) verläuft Niemeyers Wohnhochhaus in Nord-Süd-Richtung. Die Erschließung findet bei beiden Gebäuden seitlich bzw. von der Ostseite her statt, die Wohnzimmer sind zur Westseite hin ausgerichtet. Anders als bei Eiermanns Bau ist Niemeyers Erschließungssystem wenig bewohnerfreundlich, denn über einen frei stehenden Aufzugsturm bietet es nur im fünften und siebten Obergeschoss Übergänge zum Wohnhaus. Das fünfte Obergeschoss, das aus dem Fassadenraster mit einem Fensterband ausbricht, nahm einen Gemeinschaftsraum auf, der aber nie genutzt worden ist.

Gropius entwarf mit seinem Berliner Kontaktarchitekten Ebert das **SCHEIBEN-HOCHHAUS HÄNDELALLEE 3-9** (**D**; Walter Gropius/TAC, Wils Ebert; 1956-57), das sich mit einer konkaven Biegung zur Südseite hin ausrichtet. Einen besonderen Rhythmus besitzt die Fassade durch die paarweise versetzten Balkone, zur Nordseite durch die herausgestellten Fahrstuhltürme. Die Grundrisse der Wohnungen sind dagegen eher konventionell. Das achtgeschossige **WOHNHAUS KLOPSTOCKSTRASSE 30-32** (**G**; Alvar Aalto; 1956-57) besteht aus zwei leicht gegeneinander versetzten Bauteilen und einem Verbindungskörper mit dem Eingangsbereich. Da sich aus dieser Form zwei zentrale, großzügige Treppenhäuser ergaben, konnten die Flure in den Wohnungen minimiert werden, die zentralen Wohnzimmer dienen als Verteiler. Die Fassade ist durch ein klares Fassadenraster und die Verkleidung aus weißen Kunststeinplatten gekennzeichnet. Von den Ausstellungshallen der Interbau ist einzig der **BERLIN-PAVILLON** (**G**; Strasse des 17. Juni 100/Klopstockstrasse; Hermann Fehling, Daniel Gogel, Peter Pfankuch; 1957) erhalten geblieben.

Den beiden großen Städtebau-Projekten in Ost und West, der Stalinallee und dem Hansaviertel, ist der Charakter eines politisch motivierten, hoch subventionierten Vorzeigeprojekts gemein, das wegen wirtschaftlicher Gesichtspunkte nie im Massenwohnungsbau umgesetzt werden könnte. Dennoch: Während in Ost-Berlin für die dringende Schaffung von Wohnraum die konventionelle, aufwendige und kostenintensive Bauweise der Stalinallee zugunsten einer industriellen Massenproduktion verworfen wurde, baute in West-Berlin der Soziale Wohnungsbau u.a. auf den Erfahrungen der Interbau 57 auf.

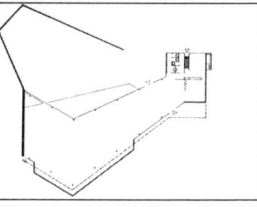

LINKE SEITE
WOHNHAUS KLOPSTOCKSTR. 30-32:
ANSICHT, TEIL-GRUNDRISS

RECHTE SEITE
HOCHHAUS BARTNINGALLEE
BERLIN-PAVILLON: GRUNDRISS
GEDENKSTÄTTE BERLINER MAUER

Die **BERLINER MAUER** wurde das längste und weltweit zu trauriger Berühmtheit gelangte Bauwerk der Stadt. In den 1950er Jahren flüchteten zahlreiche Bürger der DDR in die Bundesrepublik Deutschland und nach West-Berlin, die meisten über die mehr oder weniger offenen Grenzen Berlins, bis schließlich am 13. August 1961 durch das SED-Regime unpassierbare Sperranlagen errichtet wurden. Mit 43,1 km Länge trennte die Mauer Ost- von West-Berlin, mit weiteren 111,9 km war das gesamte West-Berlin vom Territorium der DDR durch eine Mauer oder einen Metallgitterzaun abgeschirmt. Als breite, hochgesicherte Grenzanlage mit „Todesstreifen" schnitt die Berliner Mauer eine unüberwindbare Schneise in die Stadt. Am schwersten wog die Teilung ehemals zusammenhängender Stadträume. In der Bernauer Straße verlief die Mauer mitten durch ein eng bebautes Wohngebiet, beiderseits der Mauer verkamen Pariser, Potsdamer und Leipziger Platz, einst pulsierende Zentren Berlins, zu Ödland.

Nachdem die Berliner Mauer am 9. November 1989 gefallen war, wurden in den darauf folgenden Monaten Mauer und Grenzanlagen bisweilen sehr voreilig und ohne Reflexion ihrer historischen Aussagekraft abgerissen – bis auf wenige Mauerabschnitte (**D**; U.A. NIEDERKIRCHNERSTRASSE 8-10; „EAST-SIDE-GALLERY" MÜHLENSTRASSE; BEOBACHTUNGSTÜRME AM LEIPZIGER PLATZ; SCHARNHORSTSTRASSE/INVALIDENFRIEDHOF). Der westliche Teil des Grenzübergangs Friedrichstraße/Zimmerstraße, die **BARACKE DES ALLIIERTEN KONTROLLPUNKTES CHECKPOINT CHARLIE** (NACHBAU; FRIEDRICHSTRASSE/ZIMMERSTRASSE) ist sogar nachgestaltet worden, nachdem das Original ins Alliiertenmuseum in Zehlendorf transportiert wurde. Durch die städtebauliche Entwicklung seit 1990, mit der die Teilung stadträumlich weitgehend überwunden wurde, ist der Verlauf der Berliner Mauer kaum mehr nachvollziehbar. An die gewaltsame Teilung Berlins und an die Opfer der Mauer erinnern heute mehrere Mahn- und Gedenkstätten, darunter die von der Bundesregierung und vom Berliner Senat errichtete offizielle **GEDENKSTÄTTE BERLINER MAUER** (MITTE/BERNAUER STRASSE/ACKERSTRASSE; KOHLHOFF & KOHLHOFF; ANDREAS ZERR; 1997-98).

Seit 2001 bilden Treptow und Köpenick den neuen Großbezirk Treptow-Köpenick. Während Treptow bis zur Eingemeindung in das neue Groß-Berlin von 1920 eine Landgemeinde blieb, kann **KÖPENICK** auf eine weit zurückreichende Stadtgeschichte blicken. Archäologische Grabungen ergaben, dass bereits im 9. Jh. auf der heutigen Schlossinsel eine slawische Burg angelegt wurde. Später entstand an dieser Stelle im 16. Jh. ein kurfürstliches Jagdschloss, aus dem das ▶ *Schloss Köpenick* hervorging. Um 1245 wurde nördlich der Burginsel eine Straßensiedlung angelegt, die axial auf die Burg zuführte und aus der sich die **KÖPENICKER ALTSTADT** entwickelte. Seit 1686 siedelten sich Hugenotten an, die Köpenick und (ab 1753) Friedrichshagen zu einem Zentrum der Seidenweberei machten. **FRIEDRICHSHAGEN** entstand als neue Ortschaft im Zusammenhang mit der Kolonistentätigkeit Friedrichs des Großen, der hier Kolonien gründen ließ (**MÜGGELHEIM** 1747; **GRÜNAU** 1749; **SCHÖNERLINDE** 1752).

Eine wesentliche städtebauliche Entwicklung erfuhr Alt-Köpenick aber erst ab 1842 mit dem Anschluss an die Eisenbahn: Nördlich der Altstadt entstand mit der Bahnhofstraße ein neues Geschäftszentrum. Während die Altstadt weiterhin ihren kleinstädtischen Charakter behielt, erfolgte südöstlich eine Erweiterung mit der **KIETZER VORSTADT** (1883), westlich mit der **KÖLLNISCHEN VORSTADT** (1891) und nordwestlich mit der **DAMMVORSTADT** (1896).

Die größte Fläche des Bezirks wird von Wald- und Seengebieten eingenommen, der **MÜGGELSEE** entwickelte sich Ende des 19. Jh. zum Zentrum des Berliner Wassersports. Zwischen den 1870er und 1920er Jahren entstanden Siedlungen unterschiedlichen Charakters wie die Villensiedlung **HIRSCHGARTEN**, die Kleinhaussiedlungen **GRÜNAU** und **WILHELMSHAGEN**, die Landhauskolonie **UHLENHORST** sowie Gartenstädte wie **DAMMFELD, ELSENGRUND** und **WOLFSGARTEN**.

Eine industrielle Entwicklung trat Ende des 19. Jh. vor allem in **OBERSCHÖNEWEIDE** ein (bis 1938 zu Treptow). Mit der Randwanderung der Berliner Industrie ab 1896 siedelten sich entlang der Spree Großbetriebe an, die in Berlin keine Erweiterungsmöglichkeiten mehr sahen. Oberschöneweide wurde zu einem der wichtigsten Industriezentren Berlins. Wegen des Rückgangs der Produktion nach 1989 und einer großen Zahl von Industriebrachen steht Oberschöneweide unter einem enormen Veränderungsdruck.

Entlang der Köpenicker Landstraße war **TREPTOW** einst die letzte südöstliche Reisestation vor Berlin; die Umgebung (Köllnische Heide) entwickelte sich bereits im 18. Jh. zum beliebten Ausflugsziel der Berliner, im Laufe der Zeit entstand eine ganze Infrastruktur mit Dampferanlegestellen und Gasthäusern. Die Köllnische Heide wurde in den 1870er und 1880er Jahren zum **TREPTOWER PARK** und zum **PLÄNTERWALD** umgestaltet (GUSTAV MEYER). Der Ort Treptow blieb von dieser Entwicklung unberührt. Erst um 1900, während in **NIEDERSCHÖNEWEIDE** (1878-1920 eine selbstständige Gemeinde) ein bedeutender Industriestandort entstand, wurden zwischen Landwehrkanal und Ringbahn Mietskasernen und entlang des Treptower Parks vornehme Miethäuser errichtet. Als traditioneller Standort einer Gärtnerei und Baumschule entwickelte sich der Ortsteil **BAUMSCHULENWEG** ab den 1890er Jahren langsam zum vorstädtischen, von Grün umgebenen Wohngebiet. Den ehem. Kolonien **JOHANNISTHAL** und **ADLERSHOF** gab der 1909 eröffnete Flugplatz Johannisthal den entscheidenden Wachstumsimpuls; und während sich das Dorf **ALTGLIENICKE** durch mehrere kleine Siedlungen ausdehnte, blieb **BOHNSDORF** von der vorstädtischen Entwicklung unerfasst und auf den Dorfanger begrenzt.

KÖPENICK

SCHLOSS KÖPENICK (**G**; SCHLOSSINSEL): ▶ EXKURS: SCHLÖSSER IN BERLIN

Baulicher Mittelpunkt der von den Flüssen Spree und Dahme in ihrer Ausdehnung von weniger als einem halben Kilometer begrenzten Köpenicker Altstadt ist das **RATHAUS KÖPENICK** (**D**; ALT-KÖPENICK 21-29/ROSENSTRASSE; HANS SCHÜTTE, HUGO KINZER; 1901-04; 1926-27; 1936-39). Es ersetzte einen Vorgängerbau aus dem 18. Jh. Mit dem Neubau galt es, die jahrhundertealte Geschichte und Selbstständigkeit Köpenicks angemessen zur Schau zu stellen. So wirkt das prächtige kommunale Bauwerk in Formen der märkischen Backsteingotik stolzer als manch anderes Rathaus im Berliner Stadtgebiet. Der 54 m hohe Turm zur Straßenecke Alt-Köpenick/Rosenstraße wurde diagonal in den Blockrandbau eingefügt und verleiht der Altstadt Köpenick eine markante Silhouette. Besonders aufwendig erfolgte die Ausschmückung im Innern, die bis heute größtenteils erhalten ist. Die Flure sind floral-ornamental ausgemalt, und auch die Fenster weisen zahlreiche Glasmalereien auf.

Die Hauptpfarrkirche der Altstadt ist die ev. **ST.-LAURENTIUSKIRCHE** (**D**; ALT-KÖPENICK/KIRCHSTRASSE; BERNHARD BUTZKE; 1838-41). Nachdem der Vorgängerbau aus dem 13. Jh. 1837 abgerissen wurde, entstand ein Neubau im Stil der Schinkel-Schule mit Rundbögen und einem Turm mit spitzem Helm.

Von dem denkmalgeschützten Altstadtkern sind mehrere Wohnbauten aufgrund ihrer erhaltenen Bausubstanz aus dem 17. und 18. Jahrhunderts bemerkenswert. Das heutige **HEIMATMUSEUM** (**D**; ALTER MARKT 1; UM 1665) entstand als ehemaliges Freigut. Der zweigeschossige Bau mit einem Obergeschoss aus Fachwerk und einem steilen Satteldach ist 1991-92 restauriert worden. Das so genannte **ANDERSONSCHE PALAIS** (**D**; ALT-KÖPENICK 15; UM 1770) ist ebenfalls zweigeschossig und besitzt eine Hofdurchfahrt mit übergiebeltem Mittelrisalit sowie in der Durchfahrt eine um ein ovales Auge geführte hölzerne Treppe aus der Bauzeit. Durch den Einbau von Läden ist das Erdgeschoss verändert worden. Eine nahezu unveränderte Bebauung aus dem 17. und 18. Jahrhundert findet sich mit den **WOHNHÄUSERN KATZENGRABEN 3** (**D**; 1765) **UND 14** (**D**; 1683), die als Fachwerkbauten heute jedoch verputzt sind.

Die **ALEXANDER-VON-HUMBOLDT-SCHULE** (EHEM. DOROTHEEN-LYZEUM; **G**; OBER-

SPREESTRASSE 173-179; MAX TAUT; 1928-29) in der Köllnischen Vorstadt vollzieht leicht

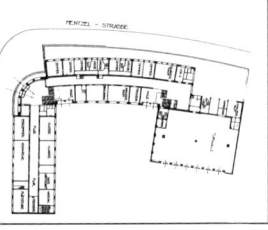

abgeschwungen die Straßenecke Oberspreestraße/Mentzel-straße nach. Der Eingangstrakt mit dem Keramikrelief „Heilige Dorothea" von Rudolf Belling dient dabei dem dreigliedrigen Bau als Scharnier zwischen den beiden rechtwinklig stehenden Straßenflügeln. Dem Trakt entlang der Mentzelstraße ist hof-seitig ein Turnhallentrakt angestellt, dessen Flachdach als Gym-nastikterrasse diente. Nach Max Tauts architektonischer und künstlerischer Gesamtkonzeption sollte die Schule mit „Licht und Luft" spielen. Die Fassade, die heute durch Rauhputz ent-stellt wird, war bis 1973 mit mattgelben Kacheln verkleidet.

In der Glienicker Straße sollten zwei benachbarte Schulge-bäude aus dem 19. Jh. durch einen zentralen Neubau zu einer Einheit verbunden werden. Der Neubau der **LÉVI-STRAUSS-OBERSCHULE** (GLIENICKER STRASSE 24-30; CHRISTOPH MÄCKLER; 1997-2000) gleicht sich in Gestaltung und Materialität den Altbauten an und inszeniert deren Erscheinungsbild auf eine deutlichere Weise als dies vorher möglich war, da dieser die formale Übereinstimmung der Altbauten unterstreicht. Betont symmetrisch im Aufbau, ist die Straßenfassade skulptural durch eine mittig im Dachbereich eingeknickte Ziegelsteinwand geformt, die eine hohe verglaste Treppenhausfront umfasst. Der zentrale Einknick bezieht sich auf die beiden Giebelab-schlüsse der Altbauten und bildet sozusagen deren negatives Abbild. Die Altbauten sind nur durch feingliedrige gläserne Brücken mit dem Neubau verbunden und bleiben so in ihrer Eigenständigkeit lesbar. Im Ergänzungsbau befinden sich die Erschließungsbereiche, Aula und Klassenräume.

Das **SALVADOR-ALLENDE-VIERTEL** (SALVADOR-ALLENDE STRASSE/WENDENSCHLOSSSTRASSE/PABLO-NERUDA-STRASSE; HEL-MUT STINGL, EDITH DIEHL, HARALD HANSPACH; 1971-76) östlich der Köpenicker Altstadt ist ein typisches Ost-Berliner Großsied-lungsprojekt der 1970er Jahre. Die Scheibenhochhäuser aus Betonfertigelementen für 8.000 Einwohner sind, ohne Rück-sicht auf die städtebauliche oder landschaftliche Umgebung, in weitgehend orthogonaler Stellung angeordnet. 1979-82 fand nach dem gleichen Prinzip eine Erweiterung mit abgewinkelten Großbauten statt (KOLLEKTIV LOTHAR ARZT, MARIANNE BATTKE, JOHANNA SASSE, MARTIN TREBS).

Ein Beispiel für den „Malerischen Stil" ist die **FRIEDRICH-FRÖBEL-SCHULE** (**G**; LINDENSTRASSE 1/BAHNHOFSTRASSE; HUGO

LINKE SEITE
WASSERWERK FRIEDRICHSHAGEN:
ZWEI EINZELGEBÄUDE
RECHTE SEITE
SIEDLUNG ELSENGRUND
FREIZEIT- UND ERHOLUNGSZENTRUM
WUHLHEIDE: GRUNDRISS

KINZER; 1909-10). Sie wurde als Realgymnasuim errichtet und umfasst in dem Komplex Turnhalle, Aula und Rektorenwohnhaus.

Ev. **GEMEINDEHAUS** (**D**; AM GENERALSHOF 1A; OTTO FIRLE; 1927-28): In Formen der Neuen Sachlichkeit errichtet.

SIEDLUNG BAHNHOFSTRASSE/HÄMMERLINGSTRASSE (**G**; BAHNHOFSTRASSE 48/50-56; WILLY WAGENKNECHT, HEINRICH PETER KAISER; 1922-24; 1925-27): Blockrandbebauung, mit turmartigen Eckerkern eine zur Bauzeit eher traditionelle formale Lösung.

STADTBEZIRKSGERICHT KÖPENICK (**D**; MANDRELLAPLATZ 5-6; PAUL THOEMER; 1899-1901): Neorenaissance-Bau mit Ecktürmchen, Ziergiebel und einem aufwendig gestalteten Portal.

SIEDLUNG HIRSCHGARTEN (FÜRSTENWALDER DAMM/STILLERZEILE/MARIENWERDER WEG/LIEBSTÄDTER GANG/GILGENBURGER STRASSE; KURT HEINRICH TISCHER; 1928-30): Traditionell wirkende zwei- und dreigeschossige Wohnbauten mit Walmdächern, die in ihrer Anordnung großzügige Platzsituationen schaffen.

Ehem. **KOLONISTENSIEDLUNG FRIEDRICHSHAGEN** (**E**; BÖLSCHESTRASSE, U.A. BÖLSCHESTRASSE 10, 12, 78, 79, 81, 89, 128, 129): Siedlung, die auf eine Initiative Friedrichs II. zurückgeht. Entlang der heutigen Bölschestraße wurde 1753 eine Kolonie als Straßendorf für böhmische und sächsische Baumwollspinner gegründet. Das „Spinnerdorf" entstand als regelmäßige Anlage vom Reißbrett mit Grundstücken und eingeschossigen Doppelhäusern in einheitlicher Größe. Die ungewöhnliche Breite der Bölschestraße resultiert aus der dort vorgesehenen Anpflanzung von Maulbeerbäumen für die Seidenraupenzucht. Die Siedlung wurde im Laufe des 19. Jh. stark überformt, jedoch ist auch noch ursprüngliche Bausubstanz erhalten. Das **HAUS BÖLSCHESTRASSE 12A** ist das einzige nicht vergrößerte Kolonistenhaus. Abgesehen von einem Küchenanbau (1871) zeigt es noch die eine Doppelhaushälfte mit quadratischem Grundriss von lediglich knapp über 7m Seitenlänge.

Ev. **CHRISTOPHORUSKIRCHE** (**D**; BÖLSCHESTRASSE; JÜRGEN KRÖGER, 1901-03): Anstelle eines Betsaales der Kolonistensiedlung ist die Kirche im Stil der märkischen Backsteingotik errichtet worden. Der Südwestturm auf quadratischem Grundriss besaß einen Spitzhelm, der 1972 durch ein Satteldach ersetzt worden ist. Der

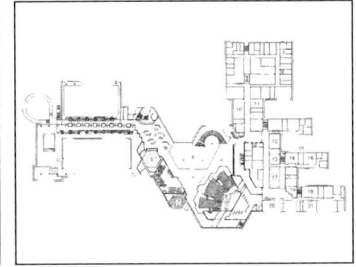

Emporensaal besitzt ein Netzgewölbe. Unter den Emporen sind 1972-77 Gemeinde-räume abgetrennt worden.

Das **WASSERWERK FRIEDRICHSHAGEN** (; MÜGGELSEEDAMM 301-307/308-310; HENRY GILL, RICHARD SCHULTZE; 1889-93) wurde auf einer Fläche von 35 ha am Nord-rand des Müggelsees zur Versorgung weiter Teile Berlins mit Reinwasser errichtet. Die Einzelgebäude des gut erhaltenen Industriedenkmals wurden neogotisch mit rotem Backstein gestaltet.

STRANDBAD MÜGGELSEE (■; FÜRSTENWALDER DAMM 838-844; MARTIN WAGNER, RICHARD ERMISCH, HENNINGS; 1929-30): Ähnlich dem zeitgleich errichteten ▶ *Strand-bad Wannsee* entstanden Terrassengebäude, eine Eingangshalle und eine Pförtner-wohnung. Die eingeschossige Terrassenanlage aus Stahlbeton mit Umkleideräumen, Läden und Wandelgang wurde 1955 erweitert.

Die **SIEDLUNG ELSENGRUND** (■; STELLINGDAMM 16-51/WOLFSGARTENSTRASSE/MIT-TELHEIDE/HEIDEKRUGSTRASSE; OTTO RUDOLF SALVISBERG; 1919-21; 1921-28; 1928-29) liegt als räumlich abgeschlossenes Wohngebiet nördlich der Köpenicker Altstadt zwischen Bahngleisen und Wald. Salvisberg bediente sich mit dieser kleinflächigen „Gartenstadt", der jegliche großstädtische Infrastruktur fehlt, eines kleinstädtischen Musters. Der Eingang zur Siedlung ist durch Torbauten markiert, ein kleiner „Markt-platz" bildet das Zentrum. Die Straßenzüge aus zweistöckigen, mit Walmdächern ge-deckten Reihenhausgruppen sind gebogen angelegt. Dadurch, dass sich die Ar-chitektur auf drei Reihenhaustypen mit Garten beschränkt, besitzt die Siedlung ein einheitliches und durch die Kleinteiligkeit idyllisches Erscheinungsbild. In einem zweiten und dritten Bauabschnitt wurden, ebenfalls durch Salvisberg, etwas größer dimensionierte, parallel zur Mittelheide gestellte Zeilenbauten in den vorhandenen Baumbestand eingefügt.

BOOTSHAUS ELEKTRA (■; AN DER WUHLHEIDE 192-194; PETER BEHRENS; 1910-12): Für den Angestellten-Sportverein der AEG errichtet.

FREIZEIT- UND ERHOLUNGSZENTRUM (FEZ; VOLKSPARK WUHLHEIDE; GÜNTER STAHN UND KOLLEKTIV; 1976-79): Als Pionierpalast „Ernst Thälmann" erbaut, war der re-präsentative Gebäudekomplex ein Prestigeprojekt der DDR. Die Zukunft des Kom-plexes ist wegen der geplanten Schließung des FEZ ungewiss.

  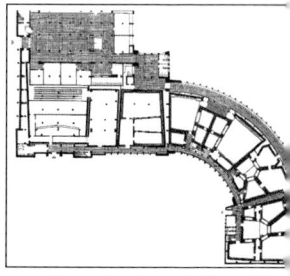

Am traditionellen Industriestandort **OBERSCHÖNEWEIDE** entstand mit der Erweiterung einer 1912 errichteten Gemeindeschule durch einen Neubau das **OBERSTUFENZENTRUM FÜR SOZIALVERSICHERUNGEN** (NALEPASTRASSE 201-209/HELMHOLTZSTRASSE 37; HILDE LÉON, KONRAD WOHLHAGE UND SIEGFRIED WENZEL; 1995-98). Der glatte Baukubus mit tief eingeschnittenem Eingangsbereich und unterschiedlichen Fensterformaten definiert die Straßenecke. Über einen gläsernen Brückentrakt ist das quaderförmige Gebäude mit dem in strengen Fensterachsen gegliederten Altbau verbunden. Mit einem blassorange lasierten Glattputz korrespondiert der formal eigenständige Neubau mit den orangeroten Ziegeln des Altbaus. Im Erweiterungsbau wurden die Sonderfunktionsräume untergebracht: das Lehrerzimmer, die Mensa und eine Sporthalle im zweiten und dritten Obergeschoss, deren Abmessungen die Größe des Blocks bestimmten.

Das ehem. **DDR-RUNDFUNKZENTRUM** (**G**; NALEPASTRASSE 10-50; FRANZ EHRLICH, GERHARD PROBST UND KOLLEKTIV; 1951-56) war wegen der Teilung der Stadt notwendig geworden, da in der Westhälfte das ▶ *Haus des Rundfunks* (Charlottenburg) lag. Der Stahlbetonbau mit klinkerverblendeter Fassade besitzt Sendesäle und Studios auf trapezförmigem und polygonalem Grundriss.

SIEDLUNG OBERSCHÖNEWEIDE (**G**; ZEPPELINSTRASSE 11-71/FONTANESTRASSE/ROEDERNSTRASSE; PETER BEHRENS, J. TH. HAMACHER; PLANUNG: 1914-1915; AUSFÜHRUNG: 1919-21; ERWEITERUNG: 1921-23): Durch Giebel und abgewalmte Satteldächer aufgelockerte Wohnzeilen der „Gemeinnützigen Baugesellschaft".

Ehem. **NATIONALE AUTOMOBIL-GESELLSCHAFT** (NAG; **G**; OSTENDSTRASSE 1-4/WILHELMINENHOFSTRASSE; PETER BEHRENS; 1913-17): Die Industrieanlage mit Hochbauten und Doppelhalle entstand als Produktionsstätte für Lastkraftwagen und Omnibusse der NAG, ein Tochterunternehmen der AEG. Zu DDR-Zeiten war dies ein Werk für Fernsehelektronik, heute entstehen hier weiterhin Bildröhren. Der Industriekomplex besitzt eine Fassade von nahezu 1.000 m Länge, die durch ein gleichmäßiges Raster aus Kolossalpilastern gegliedert ist. Die Hauptzufahrt zum Hof liegt unter einem 70 m hohen Turm auf quadratischem Grundriss, der als weithin sichtbares Zeichen des Industrieareals prägnant in die Blickachse der Wilhelminenhofstraße gesetzt wurde. Bemerkenswert ist die Kombination des Komplexes aus produktions-

OBERSTUFENZENTRUM FÜR
SOZIALVERSICHERUNGEN
EHEM. DDR-RUNDFUNKZENTRUM:
AUSSENANSICHT, GRUNDRISS

RECHTE SEITE
EHEM. NATIONALE AUTOMOBIL-GESELL-
SCHAFT
MÜGGELTURM

bedingter Industrie- und repräsentationsbedachter Verwaltungsanlage, wobei letztere in der Eingangs- und Treppenhalle mit umlaufenden Galerien unter Einsatz des edlen Baustoffs Travertin ihren Ausdruck findet.

Ehem. **KABELWERK OBERSPREE**, heute **HANDWERKER- UND GEWERBEZENTRUM WILHELMINENHOF** (**G**; WILHELMINENHOFSTRASSE 76; PAUL TROPP; 1896-97): Industriekomplex aus zahlreichen Gebäuden, ursprünglich als Ensemble in Neugotik- und Renaissanceformen, im Laufe der Jahrzehnte mehrfach erweitert. Wie auch der Komplex der ehem. ▶ *Nationalen Automobil-Gesellschaft* ist die Anlage eine typische großstädtische Stockwerksfabrik. Die zeitgleich auf dem Gelände errichtete **VILLA RATHENAU** (WILHELMINENHOFSTRASSE 75; JOHANNES KRAAZ) ist anschauliches Beispiel einer Direktorenvilla auf eigenem Firmenareal und des dadurch demonstrierten patriarchalischen Anspruchs des Unternehmers. In deutlichem Gegensatz steht das Wohngebäude, gestaltet als Landhausvilla mit Fachwerk, zur umgebenden Industriearchitektur mit ihren dominierenden Klinkerfassaden. In den Jahren 1995-98 ist das Industriedenkmal als **HANDWERKER- UND GEWERBEZENTRUM WILHELMINENHOF** (FRANK AUGUSTIN) instand gesetzt und umgebaut worden. Aufgesetzte verglaste Tonnendächer bilden seitdem ein gelungenes Zusammenspiel mit den Klinkerfassaden.

Ehem. **KRAFTWERK OBERSPREE** (**G**; WILHELMINENHOFSTRASSE 77; PAUL TROPP; 1895-97): Die Turbinenhalle ist als Straßenfassade mit breiten Wandpfeilern sowie kapitellartigen Sandsteinreliefs gestaltet, die im Jugendstil gehalten die Symbole der Elektrizität darstellen. Die Dampfmaschinenhalle mit monumentaler Giebelfront und einem zentralen großen Fenster in neugotischen Formen zur Klarastraße gerichtet, zur Spree ebenfalls mit einem großen Fenster in Neorenaissance-Formen. Press- und Stanzhalle von PETER BEHRENS (1916).

Südöstlich der Köpenicker Innenstadt liegen die Köpenicker Müggelberge, die höchste natürliche Erhebung Berlins. Auf 92 m Höhe wurde in den 1960er Jahren ein 29 m hoher Aussichtsturm errichtet. Der **MÜGGELTURM** (**D**; MÜGGELBERGE/STRASSE ZUM MÜGGELTURM; JÖRG STREITPARTH, SIEGFRIED WAGNER, KLAUS WEISS AUPT; 1960-61) ersetzte einen bereits 1889 als Ausflugsziel erbauten, 1958 abgebrannten hölzernen Aussichtsturm. Der schlanke Neubau von Architekturstudenten um Selman Sel- **419** managic war ein wichtiger Beitrag in der frühen DDR-Moderne. Die über Eck geführten Fenster auf allen Treppenabsätzen und das Flugdach über der Aussichtsplattform verschaffen der Konstruktion aus Stahlbeton eine leichte Erscheinung. Wie sein Vorgänger bietet der Müggelturm einen einmaligen Blick über das südöstliche Berlin mit seiner Seenlandschaft und den unterschiedlichen Bebauungsformen. Am Fuß des Turmes liegt ein der Topographie angepasster Gebäudekomplex mit Flachbauten und vorgelagerten Terrassen, der ein mittlerweile geschlossenes Restaurant aufgenommen hat. Seit langem ist eine tiefgreifende Umgestaltung geplant, deren Realisierung wegen unterschiedlicher Vorstellungen seitens des Investors und des Bezirks ungewiss ist.

Ev. **DORFKIRCHE MÜGGELHEIM** (**D**; ALT-MÜGGELHEIM 22; BERGER; 1803-04)**:** Schlichte Kirche über quadratischem Grundriss; seit 1912 mit kleinem Dachreiter. Während der 1962 erfolgten Restaurierung wurde die Empore durch Glas als Gemeinderaum abgetrennt.

Ev. **DORFKIRCHE RAHNSDORF** (**D**; DORFSTRASSE; KAPPEN & ADLER; 1886-87)**:** In romanisierenden Formen gestaltet. Auf dem höchsten Punkt des auf einer Düne angelegten Dorfangers wirkt die Kirche mit ihrem hoch aufragenden Turm und dem hohen Turmhelm mit vier Eckfialen besonders eindrucksvoll. An der Stelle befanden sich bereits Vorgängerbauten.

Ev. **DORFKIRCHE SCHMÖCKWITZ** (**D**; ALT-SCHMÖCKWITZ; ABRAHAM BOCKSFELD; 1798-99)**:** Anstelle eines Vorgängerbaus in klassizistischen Formen errichtet. Der kleine Westturm besitzt ein Zeltdach. Die Innenausstattung des klar gegliederten rechteckigen Saalbaus mit Empore ist erhalten.

TREPTOW

Der ehem. Bezirk Treptow erstreckt sich als lang gezogener, schmaler Stadtteil von Alt-Treptow, mit dem innerstädtischen Berlin verwoben und unmittelbar in die dichte Bebauung von Friedrichshain, Kreuzberg und Neukölln übergehend, bis zur südöstlichen Stadtgrenze in Bohnsdorf.

Das Gebäude der **BEWAG-HAUPTVERWALTUNG** (PUSCHKIN-ALLEE 52; LIEPE & STEIGELMANN, MICHAEL VAERST; 1993-95) bildet den städtebaulichen Übergang des nördlichsten Randes

LINKE SEITE
BEWAG-HAUPTVERWALTUNG:
LUFTBILD, GRUNDRISS
TREPTOWER:
GRUNDRISS, AUSSENANSICHT

RECHTE SEITE
TREPTOWER: LAGEPLAN
SPREEANSICHT TREPTOWER UND TWIN-
TOWERS

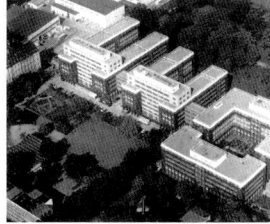

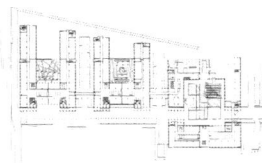

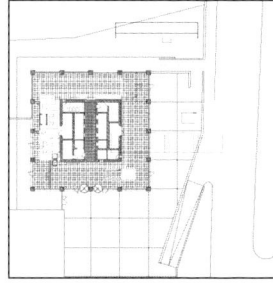

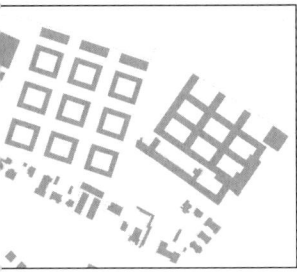 

Treptows zum Park Schlesischer Busch, der die Grenze zwischen den beiden Großbezirken Treptow-Köpenick und Kreuzberg-Friedrichshain bildet. Drei U-förmige Baukörper von großer gestalterischer Klarheit sind durch Brückenbauten miteinander verbunden und unterstreichen den traditionellen Gewerbegürtel entlang des Landwehrkanals, der im ehem. Grenzbereich zwischen Ost- und West-Berlin größtenteils brach lag.

In herausgehobener stadträumlicher Lage, am Spreeufer mit der Elsenbrücke als Bindeglied zwischen Friedrichshain und Treptow, erhebt sich mit 125 m das höchste Hochhaus Berlins, der so genannte **TREPTOWER** (AN DEN TREPTOWERS / HOFFMANN-STRASSE; GERHARD SPANGENBERG; 1995-98). Im durch den S-Bahn-Ring definierten Übergang von der Innenstadt zu den Randbezirken soll der Büroturm Schnitt- und Orientierungspunkt im Stadtraum sein. Der Treptower gehört zu einem großen Dienstleistungskomplex, der auf einem ehem. Industriegelände der AEG entstand, das in der DDR den Elektro-Apparate-Werken (EAW; **G**; ERNST ZIESEL; 1927-38) diente. Für die neue Nutzung wurden die Altbauten saniert (REICHEL & STAUDT) und in den Neubaukomplex integriert. Die flächigen Rasterfassaden der Backsteinbauten von Ziesel gaben das Schema für die Neubauten vor. Das 30-geschossige Hochhaus nimmt die Fassadenstruktur der Altbauten durch die Unterteilung der Glasflächen auf, die zehngeschossige Kammbebauung (SCHWEGER & PARTNER), die sich zur Spree öffnet, bezieht sich v.a. mit einer flächig-ruhigen Fassadengestaltung auf die Backsteinbauten. Zudem greifen die ersten sechs Geschosse des Hochhauses durch die Steinverkleidung der Längsseiten die Höhe des Altbaus auf, während die obersten Geschosse durchgängig verglast sind. Die benachbarten **TWIN-TOWERS** (HOFFMANN-STRASSE / EICHENSTRASSE; KIEFERLE & PARTNER; 1995-97) brechen aus diesem Gestaltungsschema aus. Größer hätte der Gegensatz in einem Gesamtkomplex nicht ausfallen können als zwischen dem wohlproportionierten Treptower und den nervös auftretenden Doppeltürmen. Mit auskragenden Dächern, einem abgerundeten Abschluss und einer sehr plastisch gestalteten Fassade wirken die 60 m hohen Türme äußerst verspielt. Trotz dieser Gegensätze ist die Konversion des Industriegeländes gelungen und die großdimensionierte Neugestaltung der stadträumlichen Lage angemessen.

Auf dem Industrieareal am Spreeufer befindet sich ein herausragendes Zeugnis Berliner Industriearchitektur: die heutige **ARENA-HALLE** (**D**; EICHENSTRASSE 4; FRANZ AHRENS; 1929-30; DEMEL ARCHITEKTEN; 1995-99). Das ehem. Busdepot war zur Bauzeit eine technische Meisterleistung, da die 100 m breite Stahlhalle völlig stützenfrei konstruiert wurde. Um einen optimalen Betriebsablauf im Busdepot zu gewährleisten, war der damals außergewöhnliche technische Aufwand gerechtfertigt: Das massive Dach mit Bimsbeton-Kassetten wird von Dreigelenk-Fachwerk-Bogenbindern mit 70 m Spannweite und je 20 m Abstand getragen. Bis 1999 wurde das Gebäude von Robert Demel zur Konzert- und Veranstaltungshalle „arena" umgebaut, wobei die heutigen Baunormen und Nutzungsanforderungen mit dem Denkmalschutz in Einklang gebracht werden konnten. Während sich bereits die Anbauten an der Spreefront in unaufdringlichen und gut proportionierten modernen Formen dem Altbau anpassen, sind auch die technischen Neuerungen an der Dachkonstruktion mit nur geringen Eingriffen in die Substanz und das Erscheinungsbild verbunden. So erhielten die Lichtraupen des Daches automatische Fensteröffner und faltbare Verdunklungselemente, die geschickt mit der bestehenden Konstruktion verbunden wurden.

Ev. **BEKENNTNISKIRCHE** (**D**; PLESSER STRASSE 3-4; CURT STEINBERG; 1930-31): Sachlicher, in die Straßenfront eingefügter Bau in Klinkermauerwerk.

Der **TREPTOWER PARK** und der **PLÄNTERWALD** nehmen einen Großteil des nördlichen Treptows ein, an dessen Rändern die Bebauung lediglich eine geringe stadträumliche Tiefe ausbildet und sich vielmehr entlang der Köpenicker Landstraße nach Südosten zieht.

Aufgrund seiner enormen Größe wurde das **SOWJETISCHE EHRENMAL** (JAKOW B. BELOPOLSKI, JEWGENI V. WUTSCHETITSCH, SARRA S. WALERIUS, ALEXANDER A. GORPENKO; 1946-49) im Treptower Park zu einem der Wahrzeichen Treptows. Die monumentale Gedenkstätte für die im Kampf um Berlin gefallenen sowjetischen Soldaten umfasst einen Ehrenhain mit Grabanlagen, durch den eine zentrale Achse zum „Mausoleum" führt, das auf einem Hügel steht und als Sockel für eine 11 m hohe Bronzefigur dient, einen sowjetischen Soldaten mit gesenktem Schwert und einem geretteten deutschen Kind auf dem Arm darstellend. Die Anlage ist ein anschauliches Beispiel stalinistischer Monumentalkunst.

GASTHAUS ZENNER (**D**; ALT-TREPTOW 14-17; HERMANN HENSEL-MANN; 1954-56): In freier Anlehnung an den im Zweiten Welt-krieg stark beschädigten Ursprungsbau (KARL FERDINAND LANG-HANS; 1821-22) errichtetes Ausflugslokal mit Terrassen zur Spree.

GASTHAUS EIERHÄUSCHEN (**D**; KIEHNWERDERALLEE; 1890-92): Ausflugslokal in Spreenähe, stark gegliederter Ziegelbau mit Fachwerkturm und vorkragendem Satteldach. Derzeit ge-schlossen und dem Verfall preisgegeben.

MIETSHÄUSER AM TREPTOWER PARK (**E**; AM TREPTOWER PARK 16-21/24-25/27-39/40-42/43-50; 1888; 1907-12): Entlang des Treptower Parks entstanden etwa zur gleichen Zeit herr-schaftliche Mietshäuser, die eine entsprechende prunkvolle eklektizistische Gestaltung erhielten. Die Fassade des Hauses Nr. 45-46 (D; WILHELM HAUPT; 1911-12) wurde zum Park mit Friesen, ionischen Kolossalpilastern und einer Kolonnade toskanischer Säulen gegliedert. Des Weiteren sind hervor-zuheben: Nr. 17 (**D**; ERNST HEINRICH KATZMANN; 1910-11); Nr. 31 (**D**; PAUL HÖFCHEN; 1888); Nr. 36 (**D**; FRIEDRICH KOCH; 1911-12); Nr. 43 (**D**; A. SCHULZE; 1910); Nr. 44 (**D**; ANDRE WISCHKAT; 1910-11); Nr. 47 und 48 (**D**; OTTO DOWE; 1910-11). Alle Häuser be-sitzen großzügige Treppenanlagen.

An die grüne und locker bebaute Umgebung zwischen Trep-tower Park und Plänterwald angepasst, wurde das **RATHAUS TREPTOW** (**D**; NEUE KRUGALLEE 2-6; REINHARDT & SÜSSENGUTH; 1909-11) im Ortsteil Plänterwald als frei stehender Bau er-richtet, dessen schlichte, aber heitere Gestaltung an ein Renaissanceschloss erinnert. Die Anlage mit zwei Flügeln zu beiden Straßen hin ist asymmetrisch gegliedert, insbesondere durch zwei halbrunde Erker, wobei der eine im Erdgeschoss ge-öffnet als Vorhalle des Haupteingangs und im zweiten Ober-geschoss als Balkon ausgebildet ist. Das steile Satteldach mit kleinem Uhrturm hingegen versucht die Asymmetrie ordnend einzufassen. Reinhardt und Süßenguth hatten zuvor bereits mit dem ▶ *Rathaus Steglitz* und dem ▶ *Rathaus Charlotten-burg* Maßstäbe im Berliner Rathausbau gesetzt.

WOHNANLAGE NEUE KRUGALLEE 32-52 (**G**; PAUL KREBS; 1927-28): Rhythmische Gliederung durch expressiv hervor-tretende Treppenhäuser.

Ev. Kirche **ZUM VATERHAUS** (**G**; BAUMSCHULENSTRASSE 79-83; REINHARDT & SÜSSENGUTH; 1910-11): Kirche mit Pfarrhaus, **423**

Schule und Lehrerwohnhaus. Um einen Vorplatz wurden die Gebäude zu einem Ensemble zusammengefasst. Die Architektur ist im Stil einer bayerischen Barockkirche gehalten.

BANK- UND WOHNHAUS BAUMSCHULENSTRASSE 92 (**D**; FRIEDRICH BRINKMANN; OTTOMAR MELZENBACH; 1927-28): Die Fassade ist mit für Berlin außergewöhnlichen Art-deco-Stilelementen überzogen. Von WALTER KREUSEL stammt die Portalplastik „Merkur".

Im Zentrum der Hauptachse des Alten Friedhofs, die zur Straße mit einem Torhaus (ERICH BIENTZ, MATHIAS BARDENHEUER; 1911) beginnt, liegt das anstelle eines Vorgängerbaus (BIENTZ & BARDENHEUER) errichtete **KREMATORIUM BAUMSCHULENWEG** (KIEFHOLZSTRASSE 221; AXEL SCHULTES ARCHITEKTEN; 1996-98). Schultes nahm die Axialität der Anlage in einem symetrischen Bau auf. Der mächtige Kubus ist, an verschiedenen Stellen plastisch aufgebrochen. Das Zentrum bildet die Kondolenzhalle, die mit ihren Sichtbetonstützen eine meditative Raumwirkung ausstrahlt, indem an den „Kapitellen" durch eine glasgedeckte Öffnung Licht von oben einfällt. Die unregelmäßige Anordnung der Säulen bietet den verschiedenen Trauergemeinden Bereiche mit ausreichender Distanz. Nach hinten setzt sich die Symmetrie der Anlage in zwei halbrunden, in Beton eingerahmten Abfahrten von der Südostallee zur Tiefgarage (2002 wegen Baumängeln stillgelegt) fort, die den skulpturalen Charakter der Architektur und die Einflüsse Le Corbusiers noch stärker unterstreichen.

HAUS SPÄTH (**D**; SPÄTHSTRASSE 80/81; 1874): Spätklassizistisches Wohnhaus der Gärtnerfamilie Späth. 1890-91 wurde das Haus um vier Achsen erweitert; 1894 fand ein erneuter Umbau statt.

KLEINHAUSSIEDLUNG JOHANNISTHAL (**G**; BREITER WEG 3-35/OBSTSTRASSE/WESTSTRASSE/EIBENWEG; 1919-27): Angelegt als Gartenstadt mit ländlich anmutenden Kleinhäusern (BRUNO AHRENDS; 1919-20), Reihenhäusern (ERNST ENGELMANN, EMIL FANGMEYER; 1924-25) und Reihenhäusern nach rationellen Typen (BRUNO TAUT; 1924-25).

SIEDLUNG JOHANNISTHAL (SIEDLUNG I; **G**; MÜHLBERGSTRASSE 2-12/HEINRICH-MIRBACH-STRASSE/JOHANNES-WERNER-STRASSE/VEREINSSTRASSE; PAUL MEBES; 1910-11): Blockrandbebauung mit Wohnstraße und etwas klein geratenen Binnenhöfen.

LINKE SEITE
KREMATORIUM BAUMSCHULENWEG: AUSSEN-, INNENANSICHT, GRUNDRISS

RECHTE SEITE
SPORTHALLE ENGELHARDTSTR.: AUSSENANSICHT, LAGEPLAN

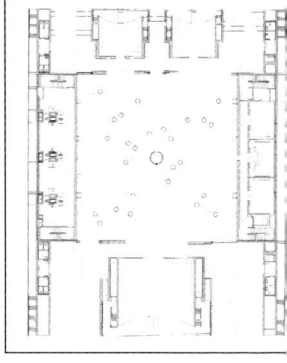

 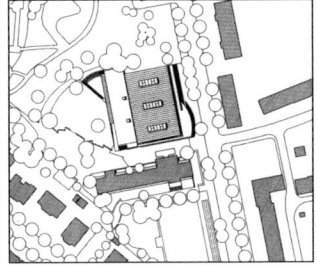

Siedlung Johannisthal (SIEDLUNG II, **G** ,GROSS-BERLINER DAMM/ALLMERSWEG/HAGE-
DORNSTRASSE; JACOBUS GOETTEL; 1929-30): Entstanden in der Weltwirtschaftskrise;
Kleinstwohnungen mit eingehaltenen Mindeststandards wie Querbelüftung,
Besonnung, freundlichen Farben.

Auf einem knappen, zur Verfügung stehenden Grundstücksteil der Melli-Beese-
Grundschule wurde die **SPORTHALLE ENGELHARDSTRASSE** (CHESTNUTT NIESS; 1994-
99) errichtet. Die Dreifach-Sporthalle folgt dabei dem Rhythmus der Vor- und Rücksprünge der Straßenflucht. Durch Tieferlegung der Spielebene ließ sich das äußere
Volumen der Halle reduzieren und die begrünte Dachfläche des Umkleidetrakts landschaftlich in die Pausenfläche integrieren. Eine amphitheaterförmige Freiklasse schlägt
eine Brücke vom Innen- zum Außenraum und unterstreicht die Topographie des
Geländes.

DOPPELHAUSSIEDLUNG WALDSTRASSE (**G**; WALDSTRASSE 25-40; N. SOEDER, HANS
GERLACH; 1923-25): Errichtet in einem kostensparenden Bauverfahren, bei dem die
Zwischenräume der Mauern mit Koksasche ausgefüllt wurden.

Ehem. **RATHAUS JOHANNISTHAL** (**D**; STERNDAMM 102; GEORG ROENSCH, 1905-06):
Dreigeschossiger Neorenaissance-Bau.

Auf dem Areal des ehem. Flugplatzes Johannisthal entsteht in Adlershof ein
Stadtquartier besonderer Art: der **WISSENSCHAFTS- UND WIRTSCHAFTSSTANDORT
ADLERSHOF** (RUDOWER CHAUSSEE/TELTOWKANAL/ADLERGESTELL; STÄDTEBAULICHER GE-
SAMTPLAN: RÜDIGER UND RÜDIGER; JOURDAN & MÜLLER; STEIDLE UND PARTNER; MACHLEIDT &
PARTNER; SEIT 1996). Durch die Einbindung der Landschaft und der äußerst hetero-
genen Altbausubstanz soll sich der Technologiepark von üblichen Gewerbegebieten
unterscheiden. So fließt das weitgehend orthogonale Straßenraster des umgebenden
städtischen Raums in einen zentralen Landschaftspark über, in dem u.a. die unter
Denkmalschutz stehenden Versuchsanlagen und Gebäude der 1912 gegründeten
DEUTSCHEN VERSUCHSANSTALT FÜR LUFTFAHRT (**G**; RUDOWER CHAUSSEE 4-6 C;
HERMANN BRENNER, WERNER DEUTSCHMANN; 1932-39) integriert wurden. Der entschei-
dende Entwicklungsimpuls soll von der Verlegung der naturwissenschaftlichen
Institute der Humboldt-Universität auf das Gelände ausgehen. Von der angestrebten
Mischnutzungsqualität ist indes noch wenig zu spüren. Nur wenige der realisierten

Projekte von unterschiedlicher architektonischer Qualität besitzen eine raumordnende Kraft. Das **ERWIN-SCHRÖDINGER-ZENTRUM** (RUDOWER CHAUSSEE; ARCHITEKTEN GÖSSLER; 1997-2002) nimmt eine Bibliothek, das Rechenzentrum und Hörsäle auf und bildet den Mittelpunkt des neuen Quartiers. Dabei wurde die denkmalgeschützte ehem. Elektrische Zentrale der Deutschen Versuchsanstalt für Luftfahrt aus den beginnenden 1930er Jahren (Hermann Brenner) in den Neubau so integriert, dass die Hallen mit ihrer Stahl-Glas-Fassade eine das Äußere umschließende, von innen reizvolle Hülle für die neue Bibliothek bilden. Von außergewöhnlicher Qualität sind die zwei amorphen Stahlskeletthallen des **PHOTONIKZENTRUMS** (SCHWARZSCHILDSTRASSE; SAUERBRUCH/HUTTON; 1996-97) mit einer in Felder eingeteilten Zweischalenfassade, deren Jalousien als wechselnde Farbfelder – kalte Farben gen Norden, warme gen Süden – Lebendigkeit erzeugen. Die Bewegung der geschwungenen Fassade wird zudem durch das gegeneinander verschobene Fensterraster unterstützt. In der zweigeschossigen Gebäudekubatur befindet sich neben den Büroräumen eine hohe Halle. Das **INSTITUTSGEBÄUDE FÜR PHYSIK DER HUMBOLDT-UNIVERSITÄT** (NEWTONSTRASSE; AUGUSTIN UND FRANK; 2000-02) besteht aus einem Kubus, in den große, begrünte Höfe eingeschnitten sind. Schräge Betonstützen zu den Höföffnungen erzeugen zusammen mit Bambus- und Metallstäben an der Südfront, die dem Sonnenschutz dienen, ein eher unruhiges Fassadenbild.

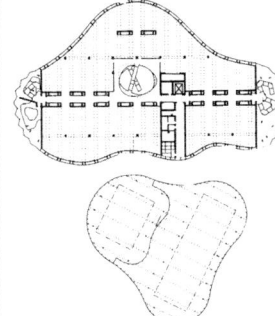

FERNSEHZENTRUM ADLERSHOF (RUDOWER CHAUSSEE 3; FRANZ EHRLICH; 1956-57): Turmartiges Gebäude mit Dachterrasse als Antennenträger, der anschließende Verwaltungsflügel besitzt ein schieferbedecktes Steildach.

Der Bau der **WERKSTATT FÜR MENSCHEN MIT BEHINDERUNGEN TREPTOW** (OTTO-FRANKE-STRASSE 83; PARTNERSCHAFT FEDDERSEN VON HERDER WINKELBAUER ARCHITEKTEN; 1999-2001) leitet von einem Industriegebiet in ein Wohngebiet mit denkmalgeschütztem Gebäudebestand über. Die Wiedererkennbarkeit des Winkelbaus mit klaren Fassaden außen und das Spiel zwischen Geborgenheit und Offenheit innen waren die Leitmotive für die Gestaltfindung. Mit einer weiß geputzten Lochfassade wendet sich das Gebäude im Norden von der Straße ab. Im Süden dagegen öffnen durchlaufende Fenster-

bänder die rot durchgefärbte Putzfassade. Der Eingang des Gebäudes liegt am Kreuzungspunkt der beiden Riegel und leitet in das Treppenhaus. Die lichtdurchfluteten Arbeitsräume liegen im längeren dreigeschossigen Baukörper, wo sich auch das Lager und der Sanitärbereich befinden. Zum Schallschutz eingesetzte Materialien wie Herakustik-Platten verweisen hier mit ihrer groben Struktur auf die Funktionalität der Arbeitsräume und unterstützen den Werkstattcharakter. Im zweigeschossigen Flügel liegen unten die Küche und der Speisesaal, eine Fördergruppe hat ihre Arbeitsräume im ersten Stock. Durch die schräg zurückgesetzte Westfassade entstand außen ein Aufenthaltsbereich.

POSTAMT FENNSTRASSE 9-11 (**D**; WILLY HOFFMANN, KURT ENGEL; 1924-27): Ungewöhnliche Fassade, deren Fenster auf jedem Geschoss ein anderes Format besitzen. Formal wird sie durch ein geschossübergreifendes Pfeilersystem zusammengehalten.

WOHNHAUS RADICKESTRASSE 7 (GEORG RITSCHL; 1995): Viergeschossiger, zu einer Seite abgeschrägter Baukörper, der sich auf die Umgebung mit Blockstrukturen, Zeilen- und frei stehenden Bauten bezieht.

SIEDLUNG ADLERGESTELL (ADLERGESTELL 233-255/ANNA-SEGHERS-STRASSE; WILLY MÜHLAU; 1926, 1929-31): Für einen privaten Bauherrn errichtet, teils geschlossene, teils offene Blockrandbebauung.

WOHNANLAGE SÜSSER GRUND (**G**; ANNA-SEGHERS-STRASSE 118-122/ABTSTRASSE/ WEERTHSTRASSE; LUDWIG HILBERSEIMER; 1929-30): Die Siedlung ist die einzige, bei der eine Mitarbeit von Hilberseimer nachzuweisen ist, der sich als Lehrer am Bauhaus mit dem Massenwohnungsbau beschäftigte.

Kath. **CHRISTUS-KÖNIG-KIRCHE** (**D**; NIPKOWSTRASS 15-19; KARL KÜHN; 1928-30) : Expressionistische Gestaltung.

SPREESIEDLUNG (**G**; HAINSTRASSE 1-56/BRITZER STRASSE/HASSELWERDERSTRASSE; PAUL MEBES, PAUL EMMERICH; 1928-32): Errichtet für die „Heimat gemeinnützige Bau- und Siedlungsgesellschaft", liegt die Siedlung direkt am Spreeufer. Die Zeilenbauten wurden so angeordnet, dass aus fast allen Wohnungen ein Blick auf die Spree möglich ist.

Auf einem hügeligen Gelände südöstlich von Alt-Glienicke plante Bruno Taut die **GARTENSTADT FALKENBERG** (SO GENANNTE TUSCHKASTENSIEDLUNG; **G**; AKAZIENHOF 1- 26, GARTENSTADTWEG 15-66; BRUNO TAUT; 1913-15). Für 1.500 Wohnungen geplant,

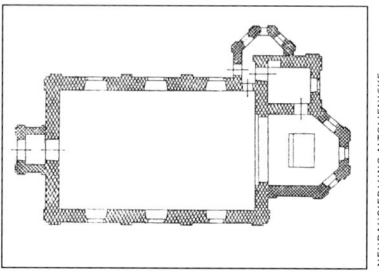

blieb die Gartenstadt durch kriegsbedingte Baueinstellung größtenteils unvollendet. Lediglich 135 Wohnungen wurden in kleinen Reihenhäusern und Vierfamilienhäusern realisiert. In zwei Punkten bot die Siedlung neuartige, wegweisende Lösungen. Zum einen wurden die Gebäude in einer bisher nicht gekannten asymmetrischen und nicht-hierarchischen Komposition frei angeordnet. Die Eingangssituation zum Akazienhof wurde mit zwei Baukörpern unterschiedlicher Größe nicht wie bei anderen Siedlungen der Zeit üblich als „Torsituation" angelegt: Eines der Häuser ist weit zurückgesetzt aus der Zeile herausgestellt. Das rechte Wohnhaus stammt von HEINRICH TESSENOW (**D**; AM FALKENBERG 119; 1914-15). Die weitere Neuheit der Wohnanlage war ihre zur Entstehungszeit ungewöhnliche Farbigkeit. Der kräftige Farbeinsatz an den Fassaden machte eine Gliederung der Zeilen mittels Bauschmuck überflüssig und trug so zur Baukostensenkung bei. Die farbige Architektur wurde zum Markenzeichen Bruno Tauts. In den Jahren 1991-2002 wurde nach denkmalpflegerischen Gesichtspunkten der zwischenzeitlich verloren gegangene bauzeitliche Zustand mit der ausgeprägten Farbigkeit wiederhergestellt (WINFRIED BRENNE ARCHITEKTEN). Unter gleichzeitiger Beachtung von Denkmalwert, Wohnansprüchen und Umwelt entwickelten die Architekten für diesen bedeutsamen Gebäudebestand ein integrales, „sanftes" Konzept für die Sanierung.

Die ev. **DORFKIRCHE ALTGLIENICKE** (**D**; SEMMELWEISSSTRASSE 4-6; HERMANN BOHL, LUDWIG VON TIEDEMANN UND SCHALLER; 1894-95) wurde errichtet, nachdem 1893 das ehem. Rittergut Altglienicke mit der Kolonistensiedlung Neu-Glienicke zur Gemeinde Altglienicke zusammengeschlossen wurde. Das Kircheninnere ist ein Emporenraum mit weiten Bögen.

NEUBAUSIEDLUNG ALTGLIENICKE (WEGEDORNSTRASSE/DOROTHEA-VIEHMANN-STRASSE/USEDOMSTRASSE/PEENESTRASSE/SCHÖNEFELDER CHAUSSEE; PIEPER & PARTNER, DÄHNE & DAHL, FRANK DÖRKEN & VOLKER HEISE, TIM HEIDE & VERENA VON BECKERATH, ARGE URBANISTICA, KNY & WEBER, YOSHIMI YAMAGUCHI-ESSIG & MATTHIAS ESSIG; 1995-97): Eine der nach 1990 entstandenen „Neuen Vorstädte", die ein noch zu DDR-Zeiten begonnenes Wohngebiet weiterführte. Entsprechend der stadträumlichen Umgebung entstand eine aufgelockerte zwei- bis fünfgeschossige Bebauung in Zeilen- und

Punktanordnung.

Ev. **DORFKIRCHE BOHNSDORF** (**D**; Dᴏʀꜰᴘʟᴀᴛᴢ; Jᴏʜᴀɴɴ Fʀɪᴇᴅʀɪᴄʜ Lᴇʜᴍᴀɴɴ; 1755-57): Nachfolgerbau einer älteren Dorfkirche. 1888 wurden eine Apsis und ein Turm hinzugefügt; 1937-38 eine neue Turmspitze (Oᴛᴛᴏ Rɪssᴇ).

An dem im dörflichen Charakter erhaltenen Anger liegt der **BAUERNHOF DORF-PLATZ 7** (**D**; ᴜᴍ 1885) mit Bauernhaus, Ställen, Scheune und originaler Hofpflasterung. Im umbauten Hof befindet sich ein sehenswertes Taubenhaus (1894) aus Backsteinfachwerk mit Wetterfahne.

In mehreren Bauabschnitten entstand für die Arbeiter-Wohnungsbaugenossenschaft die **SIEDLUNG PARADIES** (Bᴜɴᴛᴢᴇʟsᴛʀᴀssᴇ/Qᴜᴀʀɪᴛᴢᴇʀ Sᴛʀᴀssᴇ/Sɪᴇʙᴡᴇɢ/Dᴀʜᴍᴇsᴛʀᴀssᴇ/Lᴇsᴄʜɴɪᴛᴢᴇʀ Sᴛʀᴀssᴇ/Pɪᴛsᴄʜᴇɴᴇʀ Sᴛʀᴀssᴇ; Fʀɪᴛᴢ Oᴇʀᴛᴇʟ 1904-20; Bʀᴜɴᴏ Tᴀᴜᴛ 1925-33). Die zwei- bis dreigeschossigen Doppel- und Reihenhäuser haben teilweise Flachdächer. Zu den Häusern gehörte jeweils ein Stück Gartenland. Die ursprüngliche, intensive Farbigkeit der Anlage ist nur noch teilweise erhalten.

Weite Teile des Berliner Ostens sind von einer besonderen, in der DDR entwickelten städteräumlichen Struktur des Massenwohnungsbaus bestimmt. Dabei handelt es sich um Trabantenstädte aus so genannten Plattenbauten, die in den 1970er und 80er Jahren am östlichen Stadtrand Berlins entstanden. Die Architektur und städtebauliche Ordnung dieser Großsiedlungen für weit über 200.000 Einwohner – Marzahn, Hellersdorf und Hohenschönhausen – wurde größtenteils durch industriell in Serie vorgefertigte Beton-Großplatten und die Technik ihrer Montage diktiert. So entstand ein ganz eigenes Ordnungsprinzip, das vielmehr die technisch-rationalen Abläufe der Baustelle als gestalterische Vorstellungen nachzeichnet und ausdrücklich einer kostengünstigen Bauweise geschuldet war. Dennoch lässt sich noch heute der grundlegende Funktionsgedanke ablesen, der von Vorbildern des sowjetischen Städtebaus abgeleitet wurde: Grundmodul waren große Hofanlagen, um die winklig angeordnete Scheibenhochhäuser gezogen wurden. Mehrere solcher streng orthogonal angeordneten Hofanlagen wurden zu einer Einheit zusammengefasst, zu der gleich gestaltete zentrale Einrichtungen wie Schulen, „Kaufhallen" und „Dienstleistungswürfel" gehörten. Städtebaulich wurden diese Zentralpunkte oft durch einen Hochhaussolitär gekennzeichnet. Die überwiegend gleichartige Bebauung zieht sich über große Flächen hin, die somit kaum voneinander zu unterscheiden sind. Mit dem übrigen Stadtgebiet sind die Großsiedlungen städtebaulich unzureichend verbunden, was zusätzlich durch das größte zusammenhängende Industriegebiet Berlins erschwert wird, das sich zwischen den Innenstadtbezirken und den östlichen Stadtrandsiedlungen ausbreitet. Bezugspunkte der städtebaulichen Entwicklung waren daher in erster Linie dörfliche Siedlungskerne, die auf recht unterschiedliche Weise in die neuen Großstrukturen eingebunden wurden. Meistens aber stehen sich Hochhaussiedlungen und erhaltene Altbebauung kontrastreich gegenüber.

Seit 1990 wurden die meisten der Wohnbauten komplett saniert. Vor allem durch Verbesserungen der Infrastruktur und der Grünanlagen, durch farbige Fassadengestaltungen und räumliche Verdichtung mit anspruchsvoll gestalteten Neubauten wandelt sich das Erscheinungsbild. Dennoch bleibt der Fortzug v.a. der besser verdienenden und jüngeren Bewohner ein Problem für die soziale Struktur. Um dem zunehmenden Wohnungsleerstand entgegenzuwirken, werden in einzelnen Fällen Hochhausgruppen abgerissen.

Auch wenn in weiten Teilen die Plattenbausiedlungen vorherrschen, umfasst der Berliner Osten auch Blockrandbebauungen (v.a. Lichtenberg) und Einfamilienhaussiedlungen (Mahlsdorf, Kaulsdorf). Eine deutliche Grenze zwischen dem Berliner Innenstadtbereich und den Randbezirken setzt die Ringbahn, die am Ostkreuz die Stadtbahn schneidet. Hier grenzt Lichtenberg an Friedrichshain. Da um die Wende vom 19. ins 20. Jh. immer größere Flächen nach Berlin eingemeindet wurden, bestand

die aufstrebende Gemeinde Lichtenberg, die sich mit der Industrialisierung von einem Angerdorf sprunghaft zu einer Kleinstadt entwickelt hatte, auch auf den vollwertigen städtischen Status. Dieser wurde 1907 erlangt, zu einem Zeitpunkt, als die Kommune bereits über 50.000 Einwohner zählte. Als die Stadt 1920 zu Groß-Berlin kam, lebten in ihr schon über 100.000 Einwohner. Zu diesem Zeitpunkt umfasste Lichtenberg als Verwaltungsbezirk den gesamten Berliner Osten. Erst mit der Bildung des Bezirks Marzahn 1979 trat Lichtenberg den östlichen Teil ab. Mit der Bezirksfusion 2001 wurden Lichtenberg und Hohenschönhausen zu einem Großbezirk vereinigt; Marzahn ging mit Hellersdorf, das bereits von 1979 bis 1986 zu Marzahn gehörte, zusammen.

LICHTENBERG, RUMMELSBURG UND STRALAU

Das **OSTKREUZ** an der Grenze zwischen Lichtenberg und Friedrichshain bot als Kreuzungsknoten der Stadt- und Ringbahn sowohl für die Industrieproduktion als auch deren Mitarbeiter eine optimale Verkehrsanbindung. Hier entstand daher einer der großen Berliner Industriekomplexe, die **KNORR-BREMSE AG** (**G**; NEUE BAHN-HOFSTRASSE/HIRSCHBERGSTRASSE; ALFRED GRENANDER; 1913-16; 1922-27). Grenander teilte beim ersten, noch auf der Seite von Friedrichshain liegenden Komplex des Fabrik- und Verwaltungsgebäudes (NEUE BAHNHOFSTRASSE 9-17; 1913-16) die stadt-räumlich prägnante Straßenfassade in einer für die Entstehungszeit durchaus be-merkenswerten Weise nach Funktionsbereichen auf. Der südliche Teil des lang-gezogenen Baukörpers, der sich um Höfe in die Gebäudetiefe erstreckt, nahm die Verwaltung auf und wurde entsprechend repräsentativ gestaltet. Über einer Arka-denreihe mit kurzen Säulen fügte Grenander die oberen Geschosse mit kolossalen Wandpfeilern zusammen. Er verzichtete weitgehend auf Bauschmuck und in der erreichten Reihung und Plastizität stand die Fassade in nichts der vorbildhaften mo-dernen Geschäftshausarchitektur Alfred Messels nach. Der nördliche Fabriktrakt ist schlichter ausgefallen, die Fassade ist flacher, dennoch wurde zur Zusammenführung beider Baukörper das Rundbogenmotiv fortgesetzt. Das wirtschaftlich prosperierende Unternehmen expandierte auf der anderen, zu Lichtenberg gehörenden Seite der Bahngleise. Der weitaus größere Erweiterungskomplex (HIRSCHBERGSTRASSE 4; 1922-27) ist mit dem Stammwerk durch einen Tunnel verbunden. Grenander gliederte die

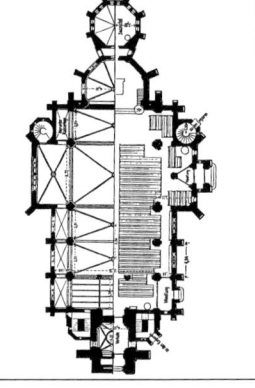

lange Südfront des Baukörpers mit stadträumlich markanten Turmbauten. Da der südwestliche Turm auf das Ostkreuz weist, wurde dieser etwas höher ausgeführt und vom übrigen Baukörper leicht abgerückt. Hier lag der Haupteingang, in dem markanten Turmaufbau ein Speisesaal. Deutlich zeigt der Erweiterungsbau den Wandel in Grenanders Werk zu noch mehr Sachlichkeit und dennoch Liebe zum Detail. Nach einem städtebaulichen Plan von J.S.K. ARCHITEKTEN wurde das Quartier rund um die Knorr-Bremse zum **DIENSTLEISTUNGS-ZENTRUM OSTKREUZ** (HIRSCHBERGER STRASSE/SCHEIBERHAUER-STRASSE/MARKTSTRASSE; J.S.K. ARCHITEKTEN; 1991-2001) umgestaltet. Der Erweiterungskomplex von 1927 wurde aufgrund seiner herausragenden stadtraumprägenden Qualität als Mittelpunkt belassen, saniert und für die Büronutzung der Bundesversicherungsanstalt für Angestellte (BfA) umgebaut. Südlich entstand ein konventionelles Einkaufscenter (Victoria-Center), während nördlich ein markantes Bürogebäude mit reflektierender Aluminium-Glas-Fassade errichtet wurde. Die im Grundriss geschwungene 13-geschossige Scheibe passt sich dem Verlauf der Bahntrasse an und definiert eine deutliche Raumkante. Die gebogene, das Licht stark reflektierende Aluminium-Glas-Fassade ist als monoton gerasterte und monumental wirkende Fläche sehr glatt und zurückhaltend rhythmisiert.

WOHNHAUS MIT EHEM. SCHROTKUGELFABRIK NÖLDNER-STRASSE (**D**; NÖLDNERSTRASSE 15-16; 1901): Als Ergänzung der Bleischmelze Juhl & Söhne wurde 1908 ein auffälliger, in die Wohnbebauung integrierter 60 m hoher Schrotkugelturm, errichtet.

Ev. **ERLÖSERKIRCHE** (**D**; NÖLDNERSTRASSE 43; CONRAD WILHELM HASE, MAX SPITTA; 1889-92): Neogotische Backsteinbasilika mit polygonalem Chor und angefügter achteckiger Sakristei.

WOHNHAUS NÖLDNERSTRASSE 1 (WERNER WÖBER; 1998): Gebäude mit schräg gestellter Vorderfassade, einer aus der Lotgeraden gekippten Fassade und schräg ausgeschittenen Fenstern. Die sehr belebt gestaltete Baumasse wird durch eine kontrastreiche Farbgebung ergänzt.

WOHNANLAGE ARCHIBALDWEG 28-40 (**G**; BRUNO AHRENDS; 1925-30): Blockrandbebauung mit Staffelung der Bebauung entlang der S-Bahn-Strecke.

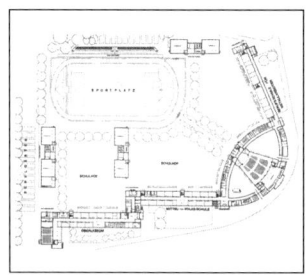

LINKE SEITE
MAX-TAUT-SCHULE: GRUNDRISS
ENTWICKLUNGSGEBIET RUMMELSBURGER
BUCHT: LUFTBILD

RECHTE SEITE
WOHNHAUS HAUPTSTRASSE 3-9:
WASSERFRONT, HOFANSICHT

Ende der 1920er Jahre wurden für Berlin mehrere Großschulen geplant. Davon entstand lediglich die heutige **MAX-TAUT-SCHULE** (; SCHLICHTALLEE 24/NÖLDNERPLATZ/FISCHERSTRASSE; MAX TAUT; 1927-35) – mit einer Auslegung auf 2.800 Schüler die damals größte Schulanlage Deutschlands. Die Anlage im Stadtteil Rummelsburg nahm eine Berufsschule für Metallarbeiter, eine Volks- und Mittelschule für Knaben und ein Oberlyzeum auf. Mit einem parabelförmigen Grundriss wurde zum einen auf die stadträumliche Situation reagiert. Ein Teil des Nöldnerplatzes erhielt mit dem Schulbau eine Platzeinfassung, während die Schenkel des Komplexes einen zur Landschaft geöffneten Schulhof definieren. Zum anderen konnte der weit ausgestreckte Komplex in differenzierte, aber miteinander verbundene Baukörper gegliedert werden. Max Taut unterteilte die Großschule in für die Schüler nachvollziehbare Einheiten, indem er unterschiedliche Eingangssituationen und in Material und Details variierende Treppenhäuser schuf. Mit der Farbe der Fenster werden die in strenger Sachlichkeit gehaltenen Fassaden belebt: Im dunklen Klinker sind sie rotblau gestrichen, im hellen Ziegel rot-weiß. Die Übergänge zwischen den einzelnen Gebäuden ermöglichten den drei Schulen die gemeinsame Nutzung der im Zentrum gelegenen Fachklassenräume und der großen Aula mit ihrer unverhüllten Betonrahmenkonstruktion. Auch dem Lichtenberger Stadtteil **RUMMELSBURG** bot die Aula als Veranstaltungszentrum mit 1.100 Plätzen einen kulturellen Mittelpunkt. Nach schweren Kriegsbeschädigungen ist die Aula bislang nicht wiederhergestellt worden. Der Schulkomplex wird heute als Oberstufenzentrum genutzt. Mit der denkmalpflegerischen Grundinstandsetzung (PITZ & HOH) ist 1999 begonnen worden.

Die Rummelsburger Bucht im Dreieck zwischen Lichtenberg, Friedrichshain und Treptow war nach der Wende eine Industriebrache, die zum städtebaulichen **ENTWICKLUNGSGEBIET RUMMELSBURGER BUCHT** (HAUPTSTRASSE/KYNASTSTRASSE/ALT-STRALAU; LEITBILD: KLAUS THEO BRENNER, THOMANEK UND DUQUESNOY, HERMAN HERTZBERGER; 1993) ernannt wurde. Das Gelände um den Bahnhof Ostkreuz, das nördliche Ufer der Rummelsburger Bucht und die Halbinsel Stralau wurde nach der Erstellung des Leitkonzepts als Entwicklungsgebiet für Wohnungen, Büros und Gewerbeflächen, Schulen und Kindertagesstätten ausgewiesen. Städtebaulicher Grundgedanke war die Öffnung der Stadtränder zum Wasser sowie die Anbindung an

vorhandene Stadtteile. Ursprünglich sah das Leitbild einer „städtischen Landschaft" von Brenner und den Landschaftsarchitekten Thomanek und Duquesnoy (Hertzberger für die ► *Teilgebiete Stralau-Dorf und Stralau-Stadt*) eine Bebauung mit über 5.000 Wohnungen und großen Büro- und Gewerbeflächen bis zum Jahr 2010 vor. Davon wurde jedoch nur ein Teil verwirklicht. Unter Beteiligung mehrerer Architektenteams ist neben einer hohen Qualität der Architektur die städtebauliche Zielsetzung dennoch erreicht worden.

Im Teilgebiet Rummelsburg entstand u.a. das **WOHNHAUS HAUPTSTRASSE 3-9** (PUDRITZ UND PAUL; 1994-97) als U-förmiger Baukörper, der sich mit einem begrünten Hof zur Bucht öffnet. Fast alle Wohnungen, mit großzügigen Balkons, Loggien und Terrassen ausgestattet, besitzen auf diese Weise Wasserblick. Die oberen Geschosse sind als Penthouses ausgebaut. Vor den Gebäuden verläuft eine neu angelegte Uferpromenade. Schalldämmende Wintergärten liegen vor den Räumen zur nördlichen Straßenseite. Durch dunkles Ziegelverblendmauerwerk mit einem Farbenspektrum von Braun über Rot bis Grün wurde den Bauten ein einheitliches Bild gegeben.

Direkt an der Uferpromenade ist dem Wohnhaus von Pudritz und Paul die **KINDER-TAGESSTÄTTE HAUPTSTRASSE 9** (ALSOP & STÖRMER; 1994-98) wie eine „windschiefe Kiste" oder ein „gestrandetes Schiff" vorgelagert. Deren Längsfassaden kippen aus den Lotrechten und die Verkleidung mit rostfarbenen Schichtholzplatten wirkt von weitem wie verrostetes Blech. Der Entwurf entstand aus einem Wettbewerb zur Typisierung von Kindertagesstätten: Die einzelnen Gruppenräume sind auf zwei Geschossen zu „Wohnungen" zusammengefasst; eingeschnittene Terrassen und Balkone öffnen die Räume zum Wasser. In ihrer formalen Assoziationskraft und funktionalen Einbindung in den Stadt-Landschaftsraum zählt die Kindertagesstätte zu den besten Lösungen ihrer Art.

Zwischen Spree und Rummelsburger Bucht erstreckt sich die **HALBINSEL STRALAU**, die zwar Teil von Friedrichshain ist, sich stadträumlich aber mehr Lichtenberg und Treptow zuwendet. Bis in die Steinzeit lässt sich die Besiedlung zurückverfolgen, seit 1358 gehört das „Gassendorf" Alt-Stralau zur Stadt Berlin. Dessen Mittelpunkt bildet die malerisch direkt an der Spree gelegene ev. **DORFKIRCHE STRALAU** (**D**; TUNNELSTRASSE 5-11; 1459-64), eine von mehreren im heutigen Stadtgebiet anzufindenden Dorfkirchen. Typisch für diesen Kirchentypus ist der einschiffige Bau mit einer Kombination aus Back- und Feldsteinen sowie einem breiten, ursprünglich hölzernen Kirchturm. 1823-24 wurde der Fachwerkturm mit Backsteinen ummantelt (FRIEDRICH WILHELM LANGERHANS). Das Kircheninnere ist mit drei Jochen sehr kurz; Licht erhält der Raum durch kleine spitzbogige Fenster.

Im **TEILGEBIET STRALAU-DORF** des städtebaulichen Leitkonzeptes für das ▶ *Entwicklungsgebiet Rummelsburger Bucht* hat Klaus Theo Brenner das „Gehöft" als Bautyp aufgegriffen (1996-97). Er entwickelte eine zusammenhängende Bebauungsstruktur aus Einzelgebäuden mit Einfriedungen, die den dörflichen Charakter fortsetzt. Die **STADTVILLEN ALT-STRALAU 30/31** (KLAUS THEO BRENNER; 1998-2000) beziehen sich auf ihre Umgebung, die Schulgebäude aus rotem Ziegel auf die Spree. Als frei stehende Mehrfamilienhäuser gewährleisten sie den Blick zwischen den Häusern hindurch von der Straße auf den Fluss. Zu drei Seiten sind die Bauten mit Ziegelmauerwerk verkleidet, zur Spreeseite ist die Fassade verputzt.

Für das **TEILGEBIET STRALAU-STADT** wurde eine zeilenartige Bebauungsstruktur entwickelt, die vorhandene denkmalgeschützte Industriegebäude integriert.

Die Zeilenbauten sind zur Uferpromenade senkrecht angeordnet. Die zwei **WOHNHÄUSER FISCHZUG/FRIEDRICH-JUNGE-STRASSE** (BRAUN & VOIGT; 1994-97) wurden mit jeweils vier Treppenhäusern als zwei- und dreispännige Regeltypen entwickelt, ihre zum Ufer weisenden Kopfbauten jedoch als Sondertypen vorgesetzt, um der einmaligen städtebaulichen Situation der Rummelsburger Bucht zu entsprechen. Große schwebende Sonnenschutzdächer über den Kopfbauten akzentuieren das Uferpanorama und verleihen den Neubauten gegenüber dem benachbarten alten Speichergebäude eigenes Gewicht.

Das **WOHNHAUS FRIEDRICH-JUNGE-STRASSE 2–8** (WINFRIED BRENNE ARCHITEKTEN; 2000-01) ist durch einen Klinkersockel und ein zurückgesetztes Dachgeschoss mit Holzverkleidung gegliedert, wodurch der städtebaulichen Forderung nach einer horizontal ausgerichteten Struktur Rechnung getragen werden soll. Sowohl straßenseitig als auch gartenseitig ist das Gebäude gestaffelt und beidseitig mit Balkonen ausgestattet.

Zur Straße Alt-Stralau hin ist ein kräftiger Gebäudekopf mit

Loggien ausgebildet, dessen oberer Abschluss von einer großen, umlaufenden Dachterrasse mit Pergola gebildet wird.

Die **THALIA-GRUNDSCHULE** (ALT-STRALAU 34; WINFRIED BRENNE ARCHITEKTEN; 1997-99) integriert den historischen Schulkomplex der ehem. 35. Gemeindeschule Alt-Stralau, der aus einem alten Backsteingebäude (1891-94; 1912-14) und einem Turnhallenanbau (**D**; MEURER; 1928) im expressionistischen Backsteinstil mit breiten Fensterbändern besteht. Die Wiedernutzung der vorhandenen Gebäude als Grundschule erforderten einen Umbau und die Erweiterung. Die Maßnahmen sind geprägt vom denkmalpflegerischen Erhalt und den gleichzeitig erforderlichen Maßnahmen, die sich aus den Anforderungen eines modernen Schulbetriebs ergeben.

Zur Berliner Gewerbeausstellung (1896) wurde ein 160 m langer Straßenbahntunnel (1895-96) unter der Spree gebaut. Der Versuchstunnel diente nicht nur im Rahmen der Ausstellung als Sehenswürdigkeit, sondern auch der Untersuchung des Berliner Baugrundes für den Bau der Berliner U-Bahn. Von 1899 bis 1932 fuhren Straßenbahnen durch den Tunnel. Vom dazugehörigen Straßenbahnbetriebshof blieb ein denkmalgeschütztes Verwaltungsgebäude erhalten, das in einen Gebäudekomplex eingebunden ist. Das Ensemble wurde mit nur geringfügigen Grundrissänderungen zur **JUGENDBEGEGNUNGSSTÄTTE TUNNELSTRASSE 12** (ALTBAU: EHEM. VERWALTUNGSGEBÄUDE DER „BERLINER OSTBAHNEN GMBH"; **D**; 1899-1904; UMBAU: WINFRIED BRENNE MIT FRANZ JASCHKE ARCHITEKTEN; 2001-02) umgebaut. Die Fassade des ehem. Verwaltungsgebäudes wurde in ihrer ursprünglichen Fassung wiederhergestellt, die Grundrisse nur unwesentlich verändert. Über eine Brücke ist der Bau mit einem Funktionsgebäude aus der DDR-Zeit (1982-83) verbunden. Die Fenstergeometrie wurde bei diesem Gebäude verändert, lasierte Holzleisten dienen als Verkleidung.

GROSSKRAFTWERK KLINGENBERG (**G**; KÖPENICKER CHAUSSEE 42-45; GEORG KLINGENBERG, WERNER ISSEL; 1925-26): Beeindruckender, mit dunklem Klinker zeittypisch verkleideter Industriekomplex, der in seiner Größe in Berlin zur Bauzeit einmalig war. Die funktionale Organisationsaufteilung mit Schalterhaus, langem Maschinenhaus und Verwaltungshochhaus überzeugt noch heute.

GASWERKSIEDLUNG (◪; Köpenicker Chaussee 24-39; Ernst Engelmann, Emil Fangmeyer; 1920-26): Dreigeschossige Klinkerverblendbauten mit Satteldach im so genannten Heimatstil. Die Mittelachsen werden durch Erker und Schaugiebel betont, so dass die Wohnbauten an hanseatische Giebelhäuser erinnern.

Der **SONNENHOF** (◪; Archenholdstrasse 56-86/Marie-Curie-Allee/Bietzkestrasse/Delbrückstrasse; Erwin Gutkind; 1926-27), eine Wohnanlage mit programmatischem Anspruch, wurde städtisch-verdichtet angelegt. Während in den 1920er Jahren die durch die Mietskaserne in Verruf geratene Blockbebauung mit zahlreichen Berliner Projekten zugunsten einer Zeilenbauweise oder einer aufgelockerten, fast ländlichen Bebauung aufgegeben wurde, schließt die Lichtenberger Anlage den gesamten Block weiterhin durch eine Blockrandbebauung. Deren lange Straßenfassaden sind durch horizontale Backsteinbänder streng gegliedert. Die Anlage wendet sich ganz dem Wohnhof zu, der, wie der Name „Sonnenhof" andeutet, den Kerngedanken der Anlage darstellt: Im Gegensatz zu den äußerst dicht bebauten Mietskasernen-Blöcken ist das gesamte Blockinnere bis auf einen eingeschossigen, verglasten Kindergartenpavillon von Bebauung freigehalten und als große Grünanlage mit Wegen für die Bewohner gestaltet. Zur Hofseite zeigt sich die Fassade mit Balkonen und vorstehenden Treppenhaustürmen gegliedert. Jedoch wurde mit der Lage der Treppenhäuser zum Hof die Möglichkeit vertan, noch mehr Wohnräume zum begrünten Hof auszulegen. Das übliche Problem einer zur Hofseite eingeengten Eckbebauung ist gelöst worden, indem die Fassaden zur Straßenecke stufenweise zurückspringen und die Wohnungen hier mit Balkonen zur Straße orientiert sind.

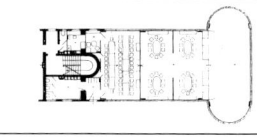

WOHNHAUSGRUPPE FRIEDENHORSTER STRASSE 5-8 (◪; Martin Wagner, Wilhelm Primke; 1925-27): Erstmalige Verwendung von Großbetonplatten.

Im Osten von Lichtenberg liegt der Ortsteil **FRIEDRICHS-FELDE**. Das einstige Angerdorf, welches ursprünglich Rosenfelde hieß und 1265 erstmals urkundlich erwähnt wurde, war 1699 mit dem Bau eines herrschaftlichen Landsitzes (▶ *Schloss Friedrichsfelde*) von Kurfürst Friedrich III. in Friedrichsfelde umbenannt worden. Weite Teile des heute insbesondere von

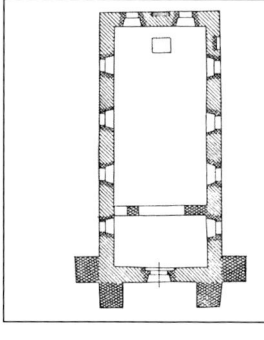

GROSSKRAFTWERK KLINGENBERG: SCHALTERHAUS (HIST. ANSICHT)
SONNENHOF:
AUSSENANSICHT, GRUNDRISS DES KINDERGARTENPAVILLONS
DORFKIRCHE LICHTENBERG:
GRUNDRISS

Plattenbauten geprägten Friedrichsfeldes nimmt immer noch der ehem. Schlosspark (Am Tierpark) ein. Mit der Teilung Berlins nach dem Zweiten Weltkrieg wurde, da der ▶ *Zoologische Garten* im Westteil lag, durch den Magistrat von Ost-Berlin 1954 die Gründung des Tierparks beschlossen, der in den Schlosspark Friedrichsfelde eingebettet wurde. Die Anlage ist weitläufig und für die Tiere naturnah gestaltet worden. Im Zentrum steht das **ALFRED-BREHM-HAUS** (🄳; Am Tierpark/Tierparkgelände; Heinz Graffunder und Kollektiv; 1956-63) auf Y-förmigem Grundriss. Um die glasgedeckte Tropenhalle sind niedrigere Gehege mit Außenboxen gruppiert. In seiner konstruktiven Gestalt aus Beton und Glas ist das Tierhaus ein herausragendes Beispiel der frühen DDR-Moderne.

SCHLOSS FRIEDRICHSFELDE (🄳; Am Tierpark): ▶ **EXKURS: SCHLÖSSER IN BERLIN**

Der Lichtenberger Ortsteil **KARLSHORST** entstand Ende des 19. Jahrhunderts, geplant als Villensiedlung nach einem städtebaulichen Entwurf von Oskar Gregorovius. In den folgenden Jahrzehnten wurden Villen und bürgerliche Mietshäuser errichtet.

FACHHOCHSCHULE FÜR TECHNIK UND WIRTSCHAFT (🄶; Treskowallee 8-12/Römerweg; 1913-14; 1919-20): Großflächiger Schulkomplex des ehem. Realgymnasiums und Lyzeums Karlshorst. Die drei Blöcke zur Treskowallee und die rückwärtigen Flügel sind neoklassizistisch gestaltet.

Ev. **KIRCHE ZUR FROHEN BOTSCHAFT** (🄳, Weseler Strasse 6; Peter Jürgensen, Jürgen Bachmann; 1909-10): Im Stil märkischer Landkirchen mit einem breit vorgelagerten Turm.

Kath. **ST.-MARIEN-KIRCHE** (🄳; Gundelfinger Strasse 37; Clemens Lohmer, Jacques Baudinot; 1935-37): Basilika mit gerade geschlossenem Chor; mit dem Pfarrhaus einen Kirchenvorplatz bildend. Durch die Verwendung von Bruchstein wirkt die Anlage wuchtig-streng und entspricht dem Zeitgeschmack ihrer Entstehungszeit.

Auf dem Dorfanger des erstmals 1288 erwähnten Dorfes **LICHTENBERG** entstand die ev. **DORFKIRCHE LICHTENBERG** (🄳; Loeperplatz; 2. Hälfte 13. Jh.) als einfacher Bau aus Feldsteinquadern. 1792 wurde der Westturm errichtet; 1952-53 erhielten die Fenster ihre frühgotische Form zurück (P. Schulz); 1966 wurde dem Turm ein einfacher spitzer Turmhelm in gotischer Form aufgesetzt (Hans Wollenberg).

Dem spitzwinkligen Grundstück entsprechend erhielt das **RATHAUS LICHTENBERG** (🄳; Möllendorfstrasse 6; Ernst Knipping; 1896-98) eine schmale Front an abgeschnittener Spitze mit Staffelgiebel und pittoreskem Türmchen. Die Eingangshalle mit Kreuzgewölbe zeigt allegorische Malereien u.a. zu Verkehr und Gewerbe.

ALLGEMEINE ORTSKRANKENKASSE LICHTENBERG (🄳; Deutschmeisterstrasse 16-24; 1927-28): Verwaltungsgebäude der Versicherung auf spitzwinkligem Grundriss in Formen des späten Expressionismus.

STADTBAD LICHTENBERG (🄳; Hubertusstrasse 44-49; Rudolf Gleye, Otto Weis; 1919; 1925-28): Die Front der beiden Hallenschwimmbäder ist mit großen Fenstern durch eine Pergola verschleiert.

AMTSGERICHT LICHTENBERG (**D**; ROEDELIUSPLATZ 1-2; PAUL THOEMER, RUDOLF MÖNNICH; 1903-06): Wie die anderen Gerichtsgebäude des Architektenteams ist auch dieses Gericht ein neobarocker Prunkbau mit aufwendiger Treppenanlage. Den Anforderungen der Gemeinde Lichtenberg entsprechend ist die Architektur jedoch weniger pompös.

Ev. **GLAUBENSKIRCHE** (**D**; ROEDELIUSPLATZ; LUDWIG VON TIEDEMANN, ROBERT LEIBNITZ; 1903-05): Kontrastreiche Materialwahl aus hellgrauem Kalksteinmauerwerk für den unteren und rotem Backstein für den filigraneren oberen Teil der Kirche in Formen der Spätgotik.

Kath. **ST.-MAURITIUS-KIRCHE UND PFARRHAUS** (**G**; MAURITIUSKIRCHSTRASSE 1; MAX HASAK; 1891-92): Neogotischer Klinkerverblendbau, der mit reich gestalteten Pfeilergiebeln geschmückt ist. Durch den Anbau eines zentralisierenden Chores mit Turmaufbau wurde der Bau 1905-06 von Hasak erweitert und umorientiert. Der ursprüngliche Chor wurde zum Haupteingang umgestaltet.

Ehem. **CARROUSEL-THEATER AN DER PARKAUE** (**D**; PARKAUE 23-29; 1910-11): Die neogotische Dreiflügelanlage mit Turm und Pfeilerkolonnade am Eingang wurde als Realgymnasium errichtet. 1950 erfolgte der Umbau zum Kinder- und Jugendhaus mit Kindertheater (W. ADLER, W. HEINRICHS).

WOHNANLAGE SCHEFFELSTRASSE 15/16/PAUL-JUNIUS-STRASSE 2-12 (HANS KRAFFERT; 1926-27): Expressionistisch gefaltete Ecklösung, durch Klinkerbänder gerahmt.

BÜROCENTER BORNITZSTRASSE 73-75 (KAHLEN & PARTNER; 1994-96): Quer zur Straße stehender lang gestreckter, an seiner Schmalseite dynamisch schräg nach oben geführter Baukörper, der dem Stadtraum eine markante Ausstrahlung verleiht.

KONSUMGENOSSENSCHAFT BERLIN UND UMGEBUNG (**D**; JOSEF-ORLOPP-STRASSE 32-36; LEBERECHT P. EHRLICH; 1913-14): Verwaltungsgebäude und Wohnanlage mit zeittypischer Mischung sezessionistischer und neoklassizistischer Stilelemente.

Der **WOHNKOMPLEX FENNPFUHL** (LANDSBERGER ALLEE/WEISSENSEER WEG/KARL-LADE-STRASSE; JOACHIM NÄTHER, HEINZ GRAFFUNDER, ROLAND KORN, PETER SCHWEIZER, THORLEIF NEUER, LOTHAR KÖHLER UND KOLLEKTIVE; 1970-80) mit inzwischen sanierten Plattenbauten wurde großzügig um die Grünflächen am Fennpfuhl angeordnet. Das Zentrum der Anlage bilden Geschäfts- und Versorgungseinrichtungen, die gegenüber

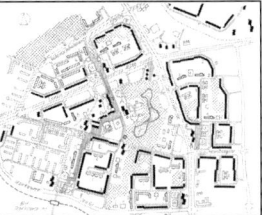

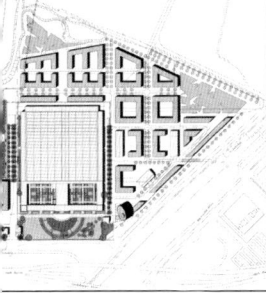

vergleichbarer zeitgenössischer DDR-Architektur überdurch-
schnittliche Qualität besaßen.

ZWISCHENPUMPWERK ( **G**; LANDSBERGER ALLEE 230; HENRY
GILL, RICHARD SCHULTZE; 1889-93; 1900, 1925-26): Sechs Ma-
schinenhäuser in Formen der märkischen Backsteingotik zur
Verteilung des im ► *Wasserwerk Friedrichshagen* geförderten
Wassers auf das Berliner Stadtgebiet.

MARZAHN

An der Landsberger Allee, die nach nationalsozialistischer
Hauptstadtplanung als Verlängerung der Ost-West-Achse bis
zum Autobahnring repräsentativ ausgebaut werden sollte, entstand Anfang der 1940er Jahre ein Fabrikgebäude, das die bis
dahin bekannten Dimensionen der Industriearchitektur sprengte. Die ehem. **WERKZEUGMASCHINENFABRIK HASSE & WREDE**
(HEUTE BREMSENWERK DER KNORR-BREMSE-AG, LANDSBERGER
ALLEE 399; BAUGRUPPE PÜCKEL; 1940-42) entstand unter direkter
Regie des Generalbauinspektors ALBERT SPEER, der dem Projekt die Baugruppe Pückel zuteilte. So entsprach die mit über
40.000 qm Fläche größte Werkhalle jener Zeit nicht nur den
Anforderungen des Unternehmens. Der Kopfbau mit den Büros
der Unternehmensleitung wurde axial zur Landsberger Allee
ausgerichtet und den nationalsozialistischen Vorstellungen
entsprechend gestaltet und gegliedert. Daher entstand nicht
nur ein repräsentatives Beispiel der Industriearchitektur jener
Zeit, sondern auch ein Abbild der nationalsozialistischen
Arbeitswelt. Während die Halle mit Sheddachkonstruktion
1945 komplett demontiert und in Russland wiederaufgebaut
wurde, blieb das Hauptgebäude erhalten. 1999-2001 erfolgte
die Umwandlung des Geländes in einen neuen Gewerbestand-
ort. Der Altbau wurde saniert und in ein neues Bremsenwerk
einbezogen (J.S.K. ARCHITEKTEN).

WERKZEUGMASCHINENFABRIK MARZAHN (LANDSBERGER
ALLEE 297; 1924): Der Hallenkomplex wird über Sheddächer
belichtet, die Fassaden sind mit Klinkern verblendet. 1982-85
wurde die Fabrik von LOTHAR ARZT (städtebauliche Planung)
und HANS BERNEICKE UND KOLLEKTIV mit einem dreigeschossigen Kopfbau an der Ostseite erweitert.

Mit insgesamt 62.000 Neubauwohnungen für etwa 165.000
Einwohner war das **NEUBAUGEBIET MARZAHN** (U.A. ALLEE DER

Kosmonauten/Mehrower Allee/Havemannstrasse; städtebauliche Konzeption: Heinz Graffunder; Helene-Weigel-Platz:
Wolf-Rüdiger Eisentraut, Michael Kny und Kollektiv; 1976-
90) das größte seiner Art in der DDR. Die Großsiedlung mit
Bauten aus industriell vorgefertigten Platten entstand in
mehreren Bauabschnitten als Trabantenstadt ohne Bezug zu
vorhandenen Stadträumen. Einzig das Dorf Marzahn (Alt-
Marzahn) wurde städtebaulich mit einbezogen. Zwischen dem
erhaltenen Dorfanger und dem Neubaugebiet wurde jedoch
kein fließender Übergang hergestellt. Vielmehr bilden verschiedene Hochhaustypen gegenüber der Dorfbebauung einen
großmaßstäblich komponierten Hintergrund. Das Straßennetz
des Neubaugebiets ist in einem streng orthogonalen System

hierarchisch aus Hauptverkehrsachsen und weitmaschig geordneten Wohnstraßen aufgebaut. Es garantiert, dass die
meisten der Wohnbauten in einer ruhigen Seitenstraße liegen.
Im Sinne einer kostengünstigen und rationalisierten Bauweise
war die Anordnung der Hochhausscheiben dem Radius der
Baukräne angepasst. Im orthogonalen Straßensystem stehen
sie entweder abgewinkelt oder rechtwinklig einander zugeordnet. Dadurch bilden sie offene, begrünte Wohnhöfe. Die

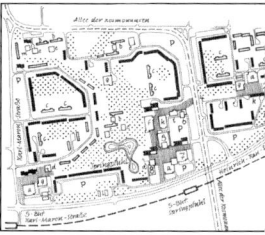

zwischen die Hofkomplexe eingestellten, ebenfalls „vorgefertigten" niedrigeren Kindergärten, Schulen und Gesellschaftsbauten lockern das eintönige Bild kaum auf. Mit den zentralen
Einrichtungen und Sonder-Solitärbauten am Helene-Weigel-
Platz und entlang der Marzahner Promenade entstand bis
heute aufgrund fehlender städtebaulicher Konzentration und
geschlossener Raumbildung kein urbaner Stadtraum.

WOHNGEBIETSZENTRUM AM HELENE-WEIGEL-PLATZ (Heinz
Graffunder, Wolf Rüdiger Eisentraut, Michael Kny; 1981-86):
Zwei- bis dreigeschossige Baukörper für zentrale Einrichtungen
(Polyklinik, Kino, Rathaus).

Ev. **DORFKIRCHE MARZAHN** (**D**; Dorfanger Alt-Marzahn;
Friedrich August Stüler, Adolf Brückner; 1870-71): Nachfolger der mittelalterlichen Dorfkirche aus Feldsteinen. Die sehr
einfache Gestaltung mit gelbem Backstein orientierte sich an
der Backsteingotik historischer Dorfkirchen in der Mark Brandenburg. Charakteristisch für den Bau sind vor allem die
Staffelgiebel an Turm und östlicher Schiffswand.

Eine Ausnahme im industriell-standardisierten Plattenbau

Linke Seite
NEUBAUGEBIET MARZAHN:
SANIERTE WOHNHAUSGRUPPE ALLEE DER
KOSMONAUTEN/PEKRUNSTR.
WOHNGEBIETSZENTRUM AM HELENE-WEIGEL-
PLATZ: WOHNHOCHHÄUSER, LAGEPLAN
DORFKIRCHE MARZAHN

Rechte Seite
HAUPTPOSTAMT AM MARZAHNER TOR:
AUSSEN-, INNENANSICHT
SANIERTER PLATTENBAU MURTZANER RING

bildete das **HAUPTPOSTAMT AM MARZAHNER TOR** (MÄRKISCHE ALLEE; WOLF RÜDIGER EISENTRAUT, MICHAEL KNY, THOMAS WEBER; 1984-87). Unter Verwendung typisierter Bauteile gelang es dem Architektenkollektiv, eine zeitgemäße Architektur zu verwirklichen, die im weiten und leeren Stadtraum der Märkischen Allee mit abgeschrägten Beton- und Glaselementen ein markantes Zeichen setzte. Das Postamt ist Teil des **WOHNKOMPLEXES MARZAHNER PROMENADE** (WOLF RÜDIGER EISENTRAUT, MICHAEL KNY, THOMAS WEBER; 1984-90). Zentraler Gedanke der unvollendet gebliebenen Anlage ist eine Fußgängerpassage, die in differenzierter Raumabfolge Gebäudeensemble mit zentralen Einrichtungen verbinden sollte. Die raumbildenden Neubauten sind unikale Häuser innerhalb eines Gesamtensembles und weisen trotz des durchgängigen Gestaltungskonzepts ein bestimmtes Maß an subjektiver Gestaltung auf. Unter Verwendung modifizierter industrieller Vorfertigungssysteme stellen sie den Versuch dar, trotz eingeschränkter Möglichkeiten bei der individuellen architektonischen Gestaltung Ortsidentität, Originalität und Qualität zu erreichen. Das Ensemble wurde inzwischen durch Neubauten ergänzt.

Durch verschiedenartige **SANIERUNGSMASSNAHMEN** wurden die Bausubstanz und das Erscheinungsbild der in Plattenbauweise errichteten Wohnbauten im Berliner Osten verbessert. Die Fassaden erhielten eine zusätzliche Wärmedämmung, wodurch die Betonplatten nicht mehr offen zu sehen sind. Mit dem Einsatz von Farbe tragen die Wärmedämmplatten zu einem nun differenzierten Fassadenbild bei. Meist ist die Höhe der Bauten durch eine andere Farbgestaltung der obersten Geschosse optisch „reduziert" worden, auch die Länge der Wohnscheiben ist durch den Einsatz von Farbe gegliedert. Ein besonderes Augenmerk galt der Neugestaltung der Balkonloggien, mit der z.B. an den **WOHNBAUTEN AM MURTZANER RING** eine bemerkenswerte Änderung des Fassadenbildes entstanden ist. Indem die Balkonbrüstungen in senkrechten Wellen plastisch hervortreten, wurde die Fassade durch die Aufhebung der Flächigkeit und Rechtwinkligkeit belebt.

Ein Beispiel für eine neue wegweisende Definition des offenen Stadtraums der Plattenbausiedlungen sind die **WOHN- UND VERWALTUNGSGEBÄUDE MEHROWER ALLEE** (NR. 36 A-D: WOHNGEBÄUDE, NR. 52: VERWALTUNGSGEBÄUDE; WALTER VON LOM **443**

 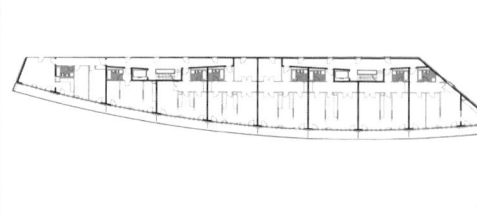

& PARTNER; 1996-2000). Die kubischen Wohnhäuser sind durch eine Pergola miteinander verbunden, die gleichzeitig eine deutliche Grenze zwischen Straßenraum und ruhigem Wohnhof zieht. In der Fortsetzung der Pergola, entlang der Straße, entstand ein lang gestrecktes Bürogebäude, das sich in der Fassadentypologie als solches von den Wohnbauten unterscheidet.

Mit dem **NIEDRIGENERGIEHAUS NIEMEGKER STRASSE 2-4** (ASSMANN SALOMON UND SCHEIDT; 1996-97) entstand inmitten monotoner orthogonaler Großstruktur eine neue Gebäudefigur, die in der Einförmigkeit der Plattenbauten Abwechslung bewirkt und städtische Dynamik in den Straßenraum bringt. Der lang gestreckte siebengeschossige Baukörper bezieht sich als Scheibe und in der Gebäudehöhe durchaus auf seine Umgebung, ist aber zur Südseite konvex gewölbt. Die Form ist energietechnisch abgeleitet, denn das Gebäude wendet sich mit dem Wandern der Sonne stets einer direkten Sonneneinstrahlung zu. Fast geschlossen und abweisend ist die Nordseite, zu der die Erschließungszonen und Bäder liegen. An der Südfassade liegen, verbunden durch Schiebetüren, Wohnräume und Küche. Die Brüstungen der vorgelagerten Balkone sind transparent, damit auch in den Wintermonaten Sonnenlicht einfallen kann.

SCHLOSS BIESDORF (🅳; ALT-BIESDORF 55; MARTIN GROPIUS, HEINO SCHMIEDEN; 1867-68): Kein Schloss im eigentlichen Sinn, sondern klassizistische Landvilla des Freiherrn von Rüxleben. Im italienischen Stil mit Loggien und Turm errichtet, ließ es bereits 1887 Werner von Siemens umbauen, nachdem er das Anwesen gekauft hatte. 1929 wurde das Landhaus in ein Kinderheim der Stadt Berlin umgewandelt. Bis 2007 werden die Schäden des Zweiten Weltkriegs und die Spuren eines unachtsamen Umgangs mit der Bausubstanz in der Nachkriegszeit beseitigt. Unter strengen Auflagen des Denkmalschutzes wird nach dem Bauzustand von 1906 restauriert. Seit einigen Jahren dient die einstige Villa als Begegnungsstätte und Bibliotheksstandort.

Ev. **DORFKIRCHE BIESDORF** (🅳; ALT-BIESDORF; 13. JH.; LUDWIG VON TIEDEMANN; 1896-98): Vom frühgotischen Feldsteinbau sind noch die Seitenwände erhalten, denn nach einem Brand 1774 blieben von der mittelalterlichen Dorfkirche nur wenige Zeugnisse erhalten, wie ein südlich gelegenes vermauertes Spitzbogenportal zeigt. Ende des 19. Jh. erhielt die Kirche ihren hohen spitzhelmigen Turm. Nach Kriegsschäden erfolgte

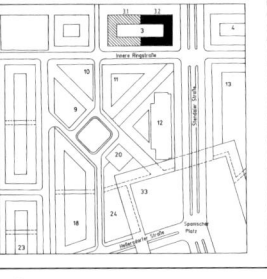

UNFALLKRANKENHAUS BERLIN/WILHELM-GRIESINGER-KRANKENHAUS (**G**; BREBACHER WEG 15; HERMANN BLANKENSTEIN; 1890-93; KARL SCHMUCKER & PARTNER; 1993-97): Ursprünglich „Heil- und Pflegeanstalt für Epileptische". Die Verwaltungs- und Klinikgebäude sind im Park eingebettet, sie umfassen Direktoren-, Ärzte- und Beamtenwohnhäuser, Landhäuser für eine Männer- und eine Frauenkolonie, Gutshof, Kirche und Friedhof. Auf dem Gelände entstand in den 1990er Jahren der Neubaukomplex des Unfallkrankenhauses Berlin, der sich trotz großen Bauvolumens mit seiner Struktur in die Pavillonanlage Blankensteins einordnet und Vorteile wie die Verbindung mit dem Park übernimmt.

HELLERSDORF

Die 1980-90 errichtete Großsiedlung Hellersdorf hat mit dem **ZENTRUM HELLE MITTE** (ALICE-SALOMON-PLATZ/HELLERSDORFER STRASSE/STENDALER STRASSE; RAHMENPLAN: BRANDT & BÖTTCHER; 1994-2000) einen neuen zentralen Bereich erhalten, der den Anspruch auf Urbanität durch Nachverdichtung erhebt. Denn wie in Marzahn ist auch in Hellersdorf mit den städtebaulichen Planungen der 1980er Jahre aus solitären Gesellschaftsbauten kein urbanes Zentrum hervorgegangen. Im offenen, durch frei stehende Plattenbauten beherrschten Umfeld wurde eine räumlich klar definierte Blockparzellierung und Blockbebauung eingeführt, wie sie beispielsweise auch in der Innenstadt am Potsdamer Platz realisiert wurde (BLOCK 30/ALICE-SALOMON-PLATZ: ROLFES & PARTNER; 1997-99; BLOCK 32/HENNY-PORTEN-STRASSE 10-12/JANUSC-KORCZAK-STRASSE 23-25: LIEPE & STEIGELMANN; 1995-97; BLOCK 28-29/HELLERSDORFER STRASSE: ROLFES & PARTNER; 1997-98; BEZIRKSRATHAUS HELLERSDORF/ALICE-SALOMON-PLATZ: BRANDT & BÖTTCHER; 1997-99; ALICE-SALOMON-FACHHOCHSCHULE FÜR SOZIALARBEIT UND SOZIALPÄDAGOGIK/ALICE-SALOMON-PLATZ: BERNHARD WINKING; 1995-98). Der Alice-Salomon-Platz ist zu drei Seiten mit einem Arkadengang eingefasst. Während er durch die Öffnung zur Straßenkreuzung und zur ungeordnet wirkenden Plattenbausiedlung zu weiträumig erscheint, konnte mit dem Fritz-Lang-Platz ein räumlich eingefasster städtischer Platz entstehen, der urbane Aufenthaltsqualität besitzt. Im **BLOCK 12** (STENDALER STRASSE/LIL-DAGOVER-GASSE/KURT-WEILL-GASSE/ALICE-SALOMON-PLATZ; JÜR-

NIEDRIGENERGIEHAUS NIEMEGKER STR.: AUSSENANSICHT, GRUNDRISS

RECHTE SEITE

SCHLOSS BIESDORF
UNFALLKRANKENHAUS
BERLIN/WILHELM-GRIESINGER-KRANKENHAUS:
NEUBAU, HIST. KAPELLENGEBÄUDE
ZENTRUM HELLE MITTE: LAGEPLAN

445

GEN SAWADE; 1995-97) sind auf einem dreiecksförmigen Grundriss um ein glasgedecktes, haushohes Atrium herum unterschiedliche Nutzungsarten wie Kino, Büro, Ladengewerbe und Gastronomie organisiert. Das Atrium, von allen drei Straßen her Y-förmig erschlossen, dient als interner Verteiler. An den mit gelbem Backstein verkleideten Außenfassaden sind die jeweiligen Eingangssituationen durch zweigeschossige Öffnungen mit auskragendem Vordach gekennzeichnet. Ein Raster aus schmalen senkrechten Fenstern bringt eine ordnende Wirkung in den Stadtraum. Innen öffnet sich im 1. Obergeschoss zum Atrium das zwei- bis dreigeschossige Foyer eines Multiplex-Kinos mit einem großen offenen Fassadenraster. Ohne modische und kitschige Dekorationen, wie sie in der Kinoarchitektur verbreitet sind, besitzt das Kino einen modernen, zurückhaltenden Charakter.

Auch die Architektur der **WERKSTATT FÜR MENSCHEN MIT BEHINDERUNGEN HELLERSDORF** (BÖHLENER STRASSE/TORGAUER STRASSE; PARTNERSCHAFT FEDDERSEN VON HERDER WINKELBAUER ARCHITEKTEN; 1998-2001) soll dem Standort inmitten der Plattenbausiedlung eine neue städtebauliche Fassung geben.

Sowohl räumliche Organisation als auch Gestaltung orientieren sich an der Situation zwischen einem breiten Straßenraum und Mietwohnhäusern. Im Grundriss wurde der Komplex daher in drei Schienen gegliedert: Im Süden, zur Straßenseite, befinden sich Produktionsräume. Die weiß verputzte, rhythmisch gegliederte Fassade bildet eine deutliche Abgrenzung zum Straßenraum. Zur Wohnbebauung im Norden liegen die Nebenräume. Eine Verkleidung der Fassaden mit Klinker bezieht sich hier auf die Gestaltung der vorhandenen Wohnbauten. Eine konkav geschwungene transparente Profilitfassade leitet in das Gebäude und das verglaste Treppenhaus. Mittig, zwischen den beiden Gebäudeteilen, liegen zwei atriumartige Innenhöfe, die der Ruhe und Erholung dienen.

WOHNANLAGE BRANITZER PLATZ (ADELE-SANDROCK-STRASSE/ LOUIS-LEWIN-STRASSE; RUTH GOLAN & KAY ZAREH; MICHAEL KNY & THOMAS WEBER; CASA NOVA; 1995-97): Lang gestreckte städtebauliche Figur mit Zeilen-, Kamm- und Reihenhausbebauung, die sich in die vorhandene Plattenbauten-Struktur einpasst und den städtischen Raum überzeugend verdichtet.

Einem konsequenten Ökologiekonzept, das ohne wartungs-

intensive Techniken auskommt, folgten die Neubauten der **GRUNDSCHULE UND SPORTHALLE IMMORTELLENWEG** (BACK-MANN SCHIEBER PARTNER; 1999-2000): Durch zweischalige Außenwände mit ausreichender Speichermasse verringerte sich der Energieverlust entscheidend. Alle Räume erhalten natürliche Belichtung und Belüftung. Zudem konnten durch weitgehende Vorfertigung und Montagebau mit mineralischen Baustoffen die Bauzeit, der Materialeinsatz und der Anfall von Abfallprodukten verringert werden.

Die **WOHNANLAGE AKAZIENALLEE 31/WILHELM-BLOS-STRASSE 49-53** (BACKMANN & SCHIEBER; 1994-95) bezieht sich als Komplex aus fünf frei stehenden Häusern auf die in Mahlsdorf vorherrschende zwei- bis dreigeschossige Wohn-hausbebauung. Backmann & Schieber entwickelten eine an-sprechende äußere Erscheinung, die sich aus variierenden Ge-staltungselementen zusammensetzt: stehende und liegende Fensterformate, über Eck gezogene Fenster am zweigeschossi-gen unteren Bauteil; der obere Baukörper ist zurückversetzt und mit Holz verschalt. Die Dachflächen neigen sich winkel-förmig nach innen, wodurch die Gebäude zur Straßenseite eine unverwechselbare Gestalt besitzen. Da jedes Haus in einer anderen Farbe gestrichen ist, entsteht ein abwechslungs-reiches, freundliches Bild, das Erinnerungen an die farbige Siedlungsarchitektur Bruno Tauts weckt. Die Zwei- bis Drei-Zimmer-Wohnungen sind auch im Innern mit großzügigen Entrées, Schiebetüren sowie außenliegenden Küchen und Bädern von hoher Qualität ausgestattet.

Ev. **DORFKIRCHE KAULSDORF** (**D**; DORFANGER ALT-KAULS-DORF; 14. JH.; 1715; 1875; 1946): Kleiner einschiffiger gotischer Feldsteinbau. Vom ursprünglichen Bau ist an der Nordseite eine quadratische kreuzrippengewölbte Sakristei erhalten. Die Seitenwände des Kirchenschiffs wurden bei einer Erweiterung 1715 verändert. Nach Beschädigungen im Zweiten Weltkrieg erhielt der Turm 1946 ein schlichtes Zeltdach.

Kath. **ST.-MARIEN-KIRCHE UND GEMEINDEHAUS** (**G**; GIESE-STRASSE 33-47/NENTWIGSTRASSE; JOSEF BACHEM; 1929-30): Komplex aus Kirche, Pfarrhaus und Krippe. Der sachlich-moderne Baukörper mit wuchtig wirkendem Turm wird durch seitliche Schlitze und vorgezogene halbrunde Kapellen in seiner Monumentalität gemildert.

LINKE SEITE
ZENTRUM HELLE MITTE: BLOCK 12 (INNENANSICHT CINESTAR FOYER, GRUNDRISS)
WERKSTATT FÜR MENSCHEN MIT BEHINDERUNGEN HELLERSDORF: NORD-, SÜDSEITE

RECHTE SEITE
WOHNANLAGE BRANITZER PLATZ: ZWEI AUSSENANSICHTEN
GRUNDSCHULE UND SPORTHALLE IMMORTELLENWEG
WOHNANLAGE AKAZIENALLEE

WOHN- UND GESCHÄFTSHÄUSER RIDBACHER STRASSE 1-7 (BECHER & ROTTKAMP; 1994-95): Ein lang gezogenes Wohn- und Geschäftshaus und zwei abgerückte Wohnbauten, die zusammen als Ensemble den Übergang von der geschlossenen zur offenen Bebauung Mahlsdorfs wiedergeben.

Ev. **DORFKIRCHE MAHLSDORF** (◧; HÖNOWER STRASSE; MITTE 13. JH.): Der früh-gotische Feldsteinbau besitzt aus der Entstehungszeit noch einen eingezogenen rechteckigen Chor mit einer in Originalform erhaltenen rundbogigen Dreifenstergruppe und ein spitzbogiges Westportal. Der längsrechteckige Dachturm ist bereits spät-gotisch und wurde über zwei Gurtbögen errichtet. 1699 erfolgten Umbauten, bei denen u.a. die Fenster verändert wurden; im 19. Jh. kamen weitere Anbauten hinzu.

GRÜNDERZEITMUSEUM (EHEM. GUTSHAUS; ◧; HULTSCHINER DAMM 333; ENDE 18. JH.; 1869): Das Wohnhaus mit Stallung, Scheune und Hoftor entstand – typisch für die preußische Landbaukunst des 18. Jh. – als einfacher eingeschossiger Putzbau mit Krüppelwalmdach und mehreren Achsen. Der zweigeschossige Mittelbau mit Giebel und Terrasse erhielt seine spätklassizistische Gestalt bei einem Umbau 1869.

WEISSENSEE, HOHENSCHÖNHAUSEN UND PANKOW

Noch 1871 war **WEISSENSEE** ein ländlich geprägtes Straßendorf mit lediglich 470 Einwohnern. Mit dem Anschluss an die Berliner Ringbahn (1875) und der Einrichtung einer Pferdebahn zum Alexanderplatz (1877) änderten sich Bedeutung und Charakter des Ortes jedoch schlagartig. So wurde Weißensee nicht nur ein beliebtes Ausflugsziel der Berliner. Als für die sich stürmisch entwickelnde Industrie der Flächenbedarf in Berlin nicht mehr zu decken war, entstanden hier einige der ersten Industrie- und Arbeiterquartiere. Obwohl sich Weißensee unübersehbar städtisch entwickelte, ist der Antrag des Ortes auf Stadtwürde abgelehnt worden, bis dieser schließlich 1920 in den neu entstandenen Verbund Groß-Berlin als Stadtbezirk eingemeindet wurde.

Auch **HOHENSCHÖNHAUSEN** entwickelte sich aus einem Straßendorf. Hier entstanden um 1900 in erster Linie Landhauskolonien, die um den Oranke- und den Obersee angesiedelt waren. 1910 wurde an der Gehrenseestraße die Gartenstadt Hohenschönhausen gegründet, in der Weimarer Republik entstanden weitere kleine Wohnsiedlungen.

Erst die 1984 begonnene Plattenbausiedlung führte zur Verstädterung von Hohenschönhausen. Bis zum Ende der DDR konnte das städtebauliche Konzept allerdings nicht vervollständigt werden. So wurde auch ein Teil der geplanten zentralen Ein-

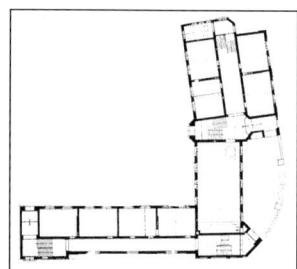
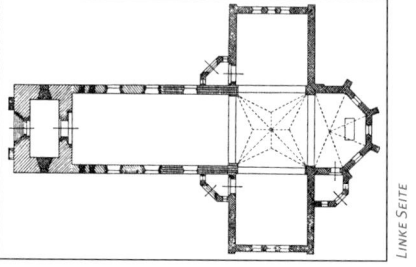

LINKE SEITE
GEMEINDESCHULE WEISSENSEE:
HIST. GRUNDRISS
DORFKIRCHE WEISSENSEE: GRUNDRISS

RECHTE SEITE
WOHNBAUTEN TRIERER STR.: AUSSEN-

richtungen nicht mehr fertig gestellt und anschließend aufgegeben. Als Zentrum war der Prerower Platz vorgesehen, wo sich heute Einkaufscenter und ein Multiplex-Kino befinden. Trotz der neuen Großsiedlung ist Hohenschönhausen aber nach wie vor durch weite Grün- und Freiflächen geprägt.

Von den Angerdörfern, die früher das Bild der Umgebung Berlins bestimmten, sind im Norden der Stadt noch viele Siedlungsstrukturen erkennbar. Die Kerne der ehem. Dörfer und Gutsbezirke **PANKOW, NIEDERSCHÖNHAUSEN, BUCHHOLZ, BLANKENBURG, KAROW, BUCH, BLANKENFELDE** und **ROSENTHAL** sind etwa so alt wie die Doppelstadt Berlin-Cölln. Trotz der großstädtischen Entwicklung, von der im 19. und 20. Jh. Pankow stärker als die anderen Angerdörfer erfasst wurde, ist der alte Dorfanger (Breite Straße) noch gut erkennbar.

PANKOW war vor allem eine gehobene Wohngegend. Hier entstand im 17./18. Jh. das ► *Schloss Niederschönhausen* mit einem großzügigen Schlosspark. Parallel entwickelte sich die Umgebung auch für wohlhabende Berliner Bürgerfamilien zu einem begehrten Sommeraufenthaltsort.

Mit dem Ausbau der Stadt- und Eisenbahn setzte die Verstädterung ein. Das Nebeneinander von alten Landhäusern, Landvillen und städtischen Mehrfamilienhäusern der Gründerzeit ist seitdem charakteristisch für Pankow. Anders als etwa im Prenzlauer Berg sind aber nicht Mietskasernen, sondern durchweg bürgerliche bis großbürgerliche Wohnviertel errichtet worden.

WEISSENSEE

Der Schulbau der **GEMEINDESCHULE WEISSENSEE** (Bernkasteler Strasse 78; Carl James Bühring; 1913) stand einst beispielhaft für eine neue Architektursprache der Moderne, die sich gerade herauszubilden begann. Die zeitgenössische Fachpresse lobte das Gebäude und bescheinigte ihm jene „moderne Baugesinnung", die sich von den vergangenen Historismen abhob. Ohne die sonst an öffentlichen Gebäuden üblichen protzigen Architekturformen kam Carl James Bühring bei der Gestaltung der Anlage mit einfachsten Mitteln aus. Er verzichtete auf Repräsentation und betonte stattdessen die Asymmetrie. Dadurch wirkt der Baukörper vor allem durch seine enorme Plastizität. Ein Vorplatz schafft zwischen dem städtischen Raum und den

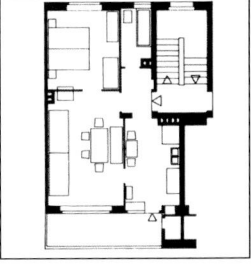

Gebäudeeingängen eine freie Zone. Mittig ist ein konisches Treppenhaus eingefügt, das wie die anderen Treppenhäuser durch Halbtürme hervorgehoben ist. Der hintere Trakt mit Klassenräumen ist durch ein erhöhtes pyramidenförmiges Mansarddach abgesetzt. Der vordere Trakt mit seinem steilen Dach wirkt dagegen wie abgeschnitten. Auf diese Weise entstand zur Straße eine großflächige Giebelfront. Die Klassenflügel sind sowohl ein- als auch zweihüftig angelegt, Turnhalle und Aula liegen zwischen den Klassentrakten „gestapelt" übereinander. Heute ist die Schule sehr sanierungsbedürftig. Viele bauliche Details wurden im Laufe der Zeit leider stark verändert, vor allem der Rauhputz stört die ursprüngliche äußere Wirkung erheblich.

WOHNANLAGE CASELER STRASSE 1-5 (◪; CARL JAMES BÜHRING; 1913-14): Zwei Zeilenbauten mit Verbindungsbau über pfeilergestütztem Durchgang.

Ev. DORFKIRCHE WEISSENSEE (◪; BERLINER ALLEE 180-184; IM KERN VERMUTLICH AUS DER 2. HÄLFTE DES 15. JH.): Turmaufsatz und Westportal nach 1830 in neugotischen Formen errichtet (Schinkel-Umkreis); Querschiff und Chorabschluss stammen von 1899 (THEODOR PRÜFER). Nach Beschädigungen im Zweiten Weltkrieg wurde der Turmaufsatz vereinfacht wiederhergestellt.

Die WOHNBAUTEN TRIERER STRASSE 8-18 (◪; BRUNO TAUT; 1925-28) entstanden für die Gemeinnützige Heimstätten-, Spar- und Bau-AG. Durch wechselnde Reihung zweier Haustypen sind die sechs Hausteile gegliedert. Der eine Typ besitzt ein turmartiges Treppenhaus, der andere Typ zum Hof Loggien, wodurch eine monotone Zeile vermieden werden konnte. In ihrer originalen Farbigkeit sind die Bauten 1993 wiederhergestellt worden. Jedes der vier Geschosse erhielt von Taut nach einem Vorschlag des Malers KARL SCHMIDT-ROTTLUFF eine andere Farbe. Erwähnenswert sind außerdem die noch erhaltenen bauzeitlichen Fenster.

Ebenfalls nach Plänen von Taut entstand die WOHNANLAGE BUSCHALLEE (◪; BUSCHALLEE 2-23/24-68/71-84/94-107; BRUNO TAUT 1925-1930) auf einer Länge von rund einem Kilometer. Die Gebäude waren zur Sonne ausgerichtet und erhielten auch zur Straßenseite vorgesetzte und breite Loggien. Aufgrund des starken Auto- und Straßenbahnverkehrs erhielten sie nachträglich eine Verglasung. Nach Norden sind die Straßenfassaden flächig gehalten und besitzen nur kleine Fensteröffnungen.

WOHNANLAGE GARTENSTRASSE 30-34 (**G**; BRUNO MÖHRING, HANS SPITZNER; 1924-27): Formen des expressiven Heimatstils.

Die **SIEDLUNG HANSASTRASSE** (HANSASTRASSE 65-149; FEDDERSEN, VON HERDER & PARTNER; 1992-94) liegt an einer stark befahrenen Ausfallstraße Richtung Hohenschönhausen. Parallel zur Verkehrsachse stehen zwei Zeilenbauten, die durch einen Fluchtbalkon im vierten Obergeschoss und ein gemeinsames Dach miteinander verbunden sind. Auf diese Weise konnte der schwierige Straßenraum eingefasst werden. In der Mitte führt ein schmaler torartiger Durchgang in die autofreie Siedlung. Hier sind beidseitig des zentralen Fußweges Wohnhäuser angeordnet; in den ruhigen Hofbereichen befinden sich Stadtvillen.

TRAUERHALLE AUF DEM JÜDISCHEN FRIEDHOF WEISSENSEE (**D**; HERBERT-BAUM-STRASSE 45; HUGO LICHT; 1880): Im Stil der italienisierenden Neorenaissance in gelbem Backstein ausgeführter Zentralbau, der auf quadratischem Grundriss von einem achteckigen Tambour gekrönt ist, der wiederum mit einer kleinen Laterne auf einem Zeltdach abschließt. Das Innere wird von der Schirmkuppel und der Apsis geprägt. Über anfänglich offene, seit 1901 verglaste Arkaden ist die Trauerhalle mit dem Taharagebäude und dem Wohndienstgebäude verbunden, die symmetrisch gruppiert einen Empfangshof am Eingang des Friedhofs bilden.

Für das gründerzeitliche Neu-Weißensee schuf die ev. **BETHANIENKIRCHE** (**D**; MIRBACHPLATZ; LUDWIG VON TIEDEMANN, ROBERT LEIBNITZ; 1900-1902) den neuen städtebaulichen Mittelpunkt der kurz zuvor angelegten Pistoriusstraße mit dem kreisrunden Mirbachplatz. Die im Zweiten Weltkrieg bis auf den massiven Turm zerstörte Kirche stand auf einer gedrungenen und breiten Kreuzform. Noch heute zeugt der verbliebene Turm von der nicht nur für den Sakralbau beliebten Wiederaufnahme der märkischen Backsteingotik im Berliner Historismus. Das angrenzende Gemeindehaus entstand 1908 in Formen des so genannten Heimatstils mit reich geschmücktem Portal und Fensterumrahmungen in romanisierenden Formen.

Um seinen Anspruch auf die Stadtwürde zu unterstreichen, stellte Weißensee einen eigenen Gemeindebaurat ein. CARL JAMES BÜHRING trat dieses Amt 1906 an. Nach seinen Plänen entstand das **KOMMUNALE FORUM** (PISTORIUSSTRASSE/WOELCK-

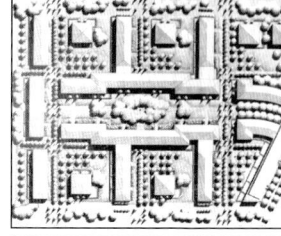
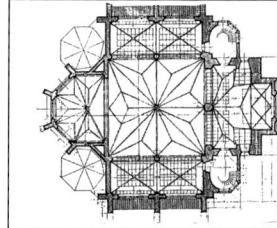
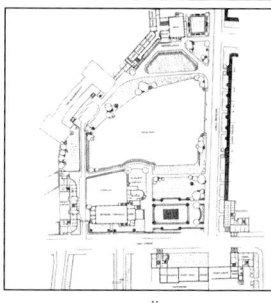

LINKE SEITE
SIEDLUNG HANSASTRASSE:
AUSSENANSICHT, LAGEPLAN
BETHANIENKIRCHE: HIST. GRUNDRISS
KOMMUNALES FORUM: LAGEPLAN

RECHTE SEITE
MIETWOHNHÄUSER WOELCKPROMENADE:
WOHNUNGSGRUNDRISS
GRUNDSCHULE AM WEISSEN SEE

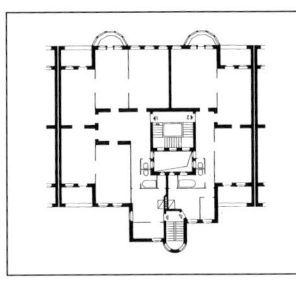

PROMENADE) – ein Zentrum öffentlicher Gebäude, das parkartig um den Kreuzpfuhl, einen kleinen See, entstehen sollte. Die Anlage blieb zwar unvollendet, dennoch entstanden einige bemerkenswerte Bauten. Mit der gelungenen räumlichen Großzügigkeit des Ensembles, der Einbindung von Natur- und Freiflächen sowie der architektonischen Gestaltung erbrachte der junge Gemeindebaurat einen beeindruckenden Beweis seines Könnens, so dass Bühring bereits 1914 zum Stadtbaurat von Leipzig berufen wurde. Die Fortsetzung der Wohnbebauung bis zur Amalienstraße wurde nach Plänen von JOSEPH TIEDEMANN 1925-28 umgesetzt.

Die heutige **BÜHRING-OBERSCHULE** (EHEM. REALGYMNASIUM; WOELCKPROMENADE 38; CARL JAMES BÜHRING; 1908-12) ist ein gewinkelter Baukörper, der sich auf den Verlauf der Uferstraße des Kreuzpfuhls bezieht. Auf dekorativ eingesetzte Formen der märkischen Backsteingotik – wie wenige Jahre zuvor im Schulbau noch üblich – verzichtete Bühring zugunsten einer klaren Körperlichkeit. Das Gebäude steht auf einem Bruchstein-Sockel, die ruhige Fassadengliederung betont die Vertikale. Die Aula am Ende des Klassentraktes ist unauffällig in den Komplex eingefügt.

Die **MIETWOHNHÄUSER WOELCKPROMENADE 2-7** (**C**; CARL JAMES BÜHRING; 1912-14) begrenzen östlich das Forum. Die Fassaden des Ziegelrohbaus sind mit polygonalen Erkern plastisch ausgeformt. Die großzügigen Wohnungen besaßen einen Nebeneingang zur Küche und eine Mädchenkammer. Von den bauzeitlichen Aufzügen sind noch die eisernen Türen und Gitter erhalten.

Der Siedlungsbau der 1920er Jahre führte zu einer raschen Bevölkerungszunahme Weißensees, so dass der Bau einer neuen Volksschule erforderlich wurde. Die entstandene **GRUNDSCHULE AM WEISSEN SEE** (**D**; PARKSTRASSE 81-82; REINHOLD MITTMANN; 1929-31) ist ein klar gegliederter Mauerwerksbau, der mit dunkelroten Klinkern verkleidet ist. Die Wirkung der in detailreichen Mustern angeordneten Klinker verschafft dem Bauwerk der Neuen Sachlichkeit eine besondere Ausdruckskraft. Die beiden Klassentrakte, deren Räume ein- bzw. zweibündig erschlossen sind, treffen sich in einem Treppenturm. Dem Gebäude fügte Mittmann auch einen Turnhallenflügel und einen Aulatrakt hinzu, den er dem Verlauf der Straßen anpasste. Ein weiteres frei stehendes kleines Gebäude nahm Dienstwohnungen auf; heute wird es als Standesamt genutzt. Das Raumprogramm der Schule war sehr umfangreich. Neben 24 **453**

 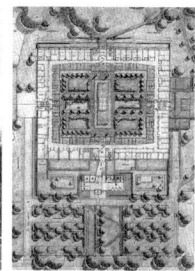 

Klassenräumen gab es eine Lehrküche, einen Raum für Kinderspeisung, Eltern-sprechzimmer sowie Werk- und Jugendvereinsräume. Im Keller befanden sich eine Schmiede für den Werkunterricht und eine Duschanlage. Hier hatten die Schüler auch einen Raum zum Unterstellen von Fahrrädern. Über dem Turnhallentrakt liegt ein Dachgarten, der ausreichend Sichtschutz bietet. Die künstliche Beleuchtung ebenso wie die elektrischen Uhren und Pausensignale waren auf dem neuesten technischen Stand. Seit 1999 findet eine schrittweise denkmalpflegerische Sanierung der Schule statt. Mit diesen Maßnahmen erhielt nicht nur die Aula, die auch als Kino genutzt wurde, ihre ursprüngliche Raumwirkung zurück, sondern auch die Fensterrahmen ihren bauzeitlichen orangen Farbanstrich. Überhaupt zog sich die orange Farbe wie ein Leitfaden durch das gesamte Gebäude. Die selbst in Details erhaltene Anlage überzeugt auch heute noch.

An ein Renaissance-Schloss auf dem Land erinnert das **AMTSGERICHT WEISSEN-SEE** (**D**; PARKSTRASSE 71; CARL TESENWITZ; 1902-06), denn der Architekt versuchte mit einer malerischen Gestaltung die Nähe zum Weißen See und zur freien Natur zu betonen. So ist das Gebäude durch einen achteckigen Dachturm mit zwei Laternen und einer spitzen Haube, leicht geschwungene Giebelaufsätze, einen Treppenturm mit Schweifhaube sowie einen erkerartigen Portalvorbau reich gegliedert. Von der ehrfurchtsvollen Strenge der so genannten Justizpaläste, die zur selben Zeit von Thoemer und Mönnich in Berlin entstanden, ist hier nichts zu spüren. Im Innern sind aufwendige Deckengewölbe und der Schöffensaal mit originaler Täfelung und Bestuhlung erhalten geblieben.

Die **PARK-KLINIK WEISSENSEE** (SCHÖNSTRASSE 80; BAUMANN & SCHNITTGER; 1994-97) ist der erste private Krankenhausneubau im früheren Ost-Berlin. Das Haupt-gebäude mit hellrotem Klinker, welcher sich auf die dunkel verklinkerten Bauten des angrenzenden Kommunalen Forums beziehen soll, wird durch angefügte Pavillon-bauten ergänzt. Die künstlerische Gestaltung der Innenräume entstand im Rahmen eines Studienprojektes der Kunsthochschule Weißensee.

Das Berliner Haus mit Gewerbehof und Tordurchfahrt erfährt im Verlauf der Jahrzehnte immer wieder Neuauflagen. Eine davon ist das **AUSBILDUNGSZENTRUM**

ROELCKESTRASSE 152 (MÜNSTER & SROKA; 1992-95), ein sechsgeschossiger Baukörper,

LINKE SEITE
AMTSGERICHT WEISSENSEE
PARK-KLINIK WEISSENSEE: LAGEPLAN
WOHNBEBAUUNG AM HAMBURGER PLATZ
RECHTE SEITE
KUNSTHOCHSCHULE BERLIN-WEISSENSEE
DORFKIRCHE BLANKENBURG: GRUNDRISS

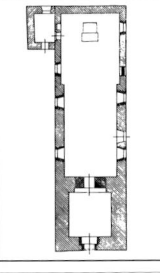

der eine Baulücke zur Straße schloss. Im Hinterhof ziehen sich eingeschossige Werkstatttrakte beidseitig der Erschließungsstraße tief in den städtischen Block. Sie sind mit Kalksandsteinmauerwerk und großen Stahltoren versehen, die Belichtung erfolgt über Sheddächer.

Die **WOHNBEBAUUNG AM HAMBURGER PLATZ** (GERD NEUMANN; 1994-96), dem zweiten kreisförmigen Platz auf der Pistoriusstraße, fasst den südlichen Teil des Platzes ein. Die Grundrisse sind dadurch radial auf den Platz bezogen. Entlang der Pistoriusstraße gliedern flache Erker und winzige Balkone die Fassade. Nach Süden öffnet sich die Anlage mit großen Balkonen zu einem Hof. Die Gestaltung der Fassaden nimmt ganz offensichtlich Bezug auf die Siedlungsarchitektur der 1920er Jahre.

Die **KUNSTHOCHSCHULE BERLIN-WEISSENSEE** (◪; BÜHRINGSTRASSE 20; SELMAN SELMANAGIC, PETER FLIERL, ERWIN KRAUSE, GÜNTHER KÖHLER; 1955-56) wurde nach Plänen des Bauhaus-Schülers Selmanagic errichtet und vereinte alle Abteilungen der Hochschule unter einem Dach. Um einen Innenhof gruppieren sich drei Baukörper: das Seminargebäude, der Aula- und Mensabau sowie der Eingangs- und Verbindungstrakt. Der Eingang ist mit Reliefs von JÜRGEN VON WOYSKI geschmückt, die Szenen des Kunsthandwerks zeigen.

WOHNANLAGE JACOBSOHNSTRASSE 30-34 (ALFRED GRAZIOLI; 1994-96): Eckbebauung Jakobsohnstraße/Pistoriusstraße, gestaltet mit durchlaufenden Balkongittern.

Ev. **DORFKIRCHE HEINERSDORF** (◪; ROMAIN-ROLLAND-STRASSE 54-56; IM KERN FELDSTEINBAU DES SPÄTEN 13. JH.): Um 1490 entstanden die Gewölbe und die Vorhalle, an der Südseite ein kleiner quadratischer Backsteinanbau, dessen Giebel und Netzrippengewölbe der ▶ *Heiliggeist-Kapelle* ähneln. Der Westturm wurde 1893 erneuert. Einschneidende Veränderungen entstanden durch den Anbau eines Querhauses und eines Rechteckchores 1934-35. Das Pfarrhaus (CARL JAMES BÜHRING; 1909) wurde im Landhausstil gestaltet, ein eingeschossiger Flügel aus Feldstein verbindet Pfarrhaus und Kirche.

Ev. **DORFKIRCHE BLANKENBURG** (◪; ALT BLANKENBURG; MITTE 13. JH.): Der Feldsteinbau auf dem Dorfanger besitzt einen quadratischen Turm aus dem 14. Jh., der genauso breit wie das Kirchenschiff ist. Im 15. Jh. entstanden ein spätgotisches Westportal und ein neuer Chor.

LINKE SEITE
WOHNANLAGE SIMON-BOLIVAR-STR.

RECHTE SEITE
WOHNPARK MALCHOWER WEG:
AUSSENANSICHT, LAGEPLAN
GRUND- UND GESAMTSCHULE
HOHENSCHÖNHAUSEN:
DETAILANSICHT DER HOFFASSADE,
LAGEPLAN

KINDERHEIM JANUSZ KORCZAK (KRUGSTEGE 2; LUDWIG HOFFMANN; 1906-08): Auf H-förmigem Grundriss als Genesungsheim der Stadt Berlin errichtet. An der Gartenfront befinden sich ein Arkadengang und ein durchlaufender Balkon.

HOHENSCHÖNHAUSEN

SPORTFORUM BERLIN (WEISSENSEER WEG 51-55; GESAMTLEITUNG WALTER SCHMIDT; 1954-64): Komplex für Hochleistungssport mit zentralem Stadion, Internatsgebäude, Sporthotel, Eissportanlagen, Schwimmhalle und Eisschnelllaufbahn.

LILLI-HENOCH-SPORT- UND WERFHALLE (WEISSENSEER WEG 51-55; JENTZSCH – CBF BERLIN; 1994-95): Mehrzweckhallen für Wurf-Sport, die durch ein markant geschwungenes Dach zusammengefasst sind.

Ehem. **MÄLZTURM DER KINDL-BRAUEREI** (🄶; INDIRA-GANDHI-STRASSE 66-69; HANS CLAUS UND RICHARD SCHLEPKE; 1929): Klinkerverblendeter Gebäudekomplex aus sechsgeschossigem Kopfbau mit lang gestrecktem viergeschossigem Mittelbau und einem 33 m hohen Siloturm.

Der **FLUSSPFERDHOF** (🄶; GROSSE-LEEGE-STRASSE 60-82; PAUL MEBES, PAUL EMMERICH; 1931-34) im Süden von Hohenschönhausen entstand während der Wirtschaftskrise Anfang der 1930er Jahre im Rahmen des „Notprogramms". Die Wohnungen in sechs Zeilenbauten besaßen teilweise nur ein Zimmer mit Küche und Bad. Zwei Zeilenbauten wurden über Laubengänge von einem zentralen vorgelagerten Treppenhaus erschlossen. Im Erdgeschoss befanden sich Gemeinschaftseinrichtungen, wie z.B. Waschküchen.

In unmittelbarer Nachbarschaft befindet sich die **WOHNANLAGE SIMON-BOLIVAR-STRASSE** (PAUL HOPPENBRINK, PUDRITZ & PAUL; 1994). Hier strebten die Architekten eine stärkere städtebauliche Verdichtung an, die Gestaltung der langen, siebengeschossigen Blocks wirkt streng.

HAUS LEMKE (🄳; OBERSEESTRASSE 60): ▶ EXKURS: BAUHAUS IN BERLIN

Ev. **TABORKIRCHE** (🄳; HAUPTSTRASSE 42; IN TEILEN 13. JH.): Die Dorfkirche besitzt einen rechteckigen Chor, der von einem Vorgängerbau aus dem 13. Jh. stammt. Das Langhaus und die Sakristei entstanden im 15. Jh., 1905 erfolgten nochmalige Anbauten. Der Dachturm wurde 1952 abgetragen.

KLEINHAUSSIEDLUNG HOHENSCHÖNHAUSEN (Paul-Koenig-Strasse; Bruno Taut; 1926): Einfache zweigeschossige Doppelhäuser, die ursprünglich ein für Bruno Taut typisches Farbkonzept besaßen. Heute bestehen nur noch wenige Häuser in ihrer ursprünglichen Gestalt.

In Hohenschönhausen ist kein städtebaulicher Typus dominant. Kleingartenkolonien, Einfamilienhäuser, Plattenbausiedlungen, Einkaufscenter und Gewerbe stehen im Stadtraum ohne Bezug nebeneinander. Die baulichen Maßnahmen der 1990er Jahre sind jedoch der Versuch, dem Stadtraum eine städtebauliche Ordnung zu verleihen.

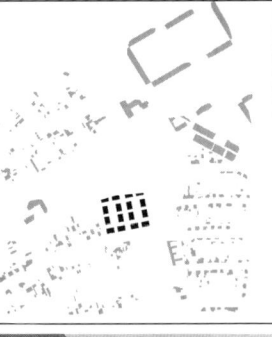

Der **WOHNPARK MALCHOWER WEG** (Kollhoff & Timmermann, Christine Zeeb; 1992-94) definiert städtebaulich einen Raum, der sich bewusst von der Umgebung abheben soll. Auf Backsteinstützmauern, die wie ein Sockel wirken, sind 16 Häuser in zwei Gruppen zusammengefasst. Die gleichförmigen Wohnbauten stehen sehr dicht aneinander, durch ihre weit auskragenden Dächer werden sie optisch sogar noch näher zusammengerückt. Handwerklich hochwertig verarbeitet, korrespondiert das farblich stark changierende Ziegelmauerwerk der Fassaden mit raumhohen Fenstern aus naturbelassenem Holz.

Ehem. ev. **DORFKIRCHE MALCHOW** (Dorfstrasse; 13. Jh.): Im Zweiten Weltkrieg schwer beschädigt, blieb die Kirche als Ruine mit Grundmauern und Chorpolygon (1683-94) erhalten.

Ehem. **GUTSHAUS** (**D**; Dorfstrasse 9; im Kern barock): 1865-66 erfolgte die Umgestaltung unter Einfluss der Schinkel-Schule.

Die **GRUND- UND GESAMTSCHULE HOHENSCHÖNHAUSEN** (Falkenberger Chaussee/Prendener Strasse; Max Dudler; 1995-97) musste in der unbestimmten städtebaulichen Situation zwischen der niedrigen Dorfbebauung Wartenbergs und den Hochhäusern der Plattenbau-Großsiedlung geplant werden. Dudler ist es jedoch mit einer selbstbewussten, fast 300 m langen Baufigur gelungen, einen Stadtraum zu formen. Der Straßenkreuzung verlieh er räumliche Grenzen und vermittelte zwischen der umgebenden Bebauung. An der Kreuzung öffnet sich der Komplex mit einem gläsernen Eingangsbereich, darüber liegt hinter geschlossener Fassade die Sporthalle. Der lang gestreckte Trakt entlang der Prendener Straße nimmt die leicht gekrümmte Straßenführung auf. Die

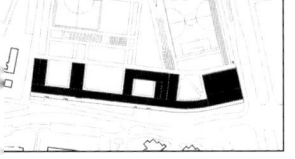

Flure zu den Klassenräumen liegen hinter einer großen, über drei Geschosse gezogenen gläsernen Fassade, die den Einblick in das Schulgeschehen und den Ausblick auf die Straße gewährt. An der Rückseite des Längstraktes sind vier Flügel mit Klassenzimmern angefügt; sie bilden kleine, überschaubare Höfe. Die Fassade ist mit grünem Betonwerkstein verkleidet, die liegenden Fenster unterstreichen die horizontale Wirkung des Baus.

Der Entwurf für die **FELDMARK-GRUNDSCHULE** (WARTINER STRASSE; STEINEBACH & WEBER; 1993-94) hatte zwischen einer Plattenbausiedlung und der offenen Landschaft zu vermitteln. Dies ist überzeugend gelungen: Die Dächer erinnern an Dünen, die Klassenräume öffnen sich der Landschaft und der Morgensonne. Ein zentrales Treppenhaus erschließt die Anlage mit mehreren Flügeln, der Turnhallentrakt fasst den Schulhof ein. Die Maßstäbe der Räume orientieren sich an den jungen Nutzern.

Wegen seiner ländlichen Prägung erwies sich der Ortsteil **FALKENBERG** als günstig für die Anlage des neuen **TIERHEIMS BERLIN** (HAUSVATERWEG; BANGERT SCHOLZ ARCHITEKTEN, DIETRICH BANGERT; 2000-02), da Tierheime zu Wohnvierteln einen Abstand einhalten müssen. Das alte Tierheim in Lankwitz war räumlich an Grenzen gestoßen. Für den Neubau in Hohenschönhausen entwickelten die Architekten Bangert und Scholz daher ein erweiterungsfähiges Konzept. Mangels geeigneter Vorbilder im Tierheimbau erarbeiteten sie im Voraus zusammen mit Tierschützern und -pflegern die genaue Aufgabenstellung. Die bisher stiefmütterlich behandelte Bauaufgabe konnte durch diese Vorgehensweise wegweisend gelöst werden. Für die Unterbringung der Tiere sollten die gleichen Gestaltungsgrundsätze moderner Architektur gelten wie auch bei anderen Bauten: Licht und Luft, Klarheit der Form, getrennte und ablesbare Funktionsbereiche. Das Raumprogramm beinhaltet die temporäre Unterkunft für 640 Hunde, 700 Katzen, 300 Kleintiere sowie für Großvögel und Exoten, des Weiteren befinden sich hier Tierklinik, Arztpraxis, Versammlungsraum, Dienstwohnungen und Tierfriedhof. Das Tierheim Berlin gilt als das größte der Welt. Dennoch ist eine überschaubare eingeschossige Anlage entstanden, deren Grundriss als geradezu idealtypisch gelten kann. Zwei winkelförmige Riegel, die später über

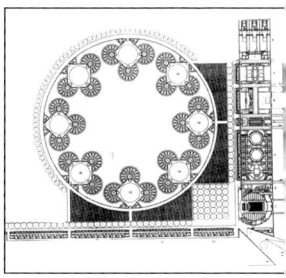

GRUND- UND GESAMTSCHULE HOHENSCHÖNHAUSEN:
STRASSENANSICHT
TIERHEIM BERLIN:
DETAILANSICHT, GRUNDRISS
BARNIM-OBERSCHULE

300 m lang sein werden, öffnen sich zur Landschaft. An deren Ecke befindet sich der Publikumseingang, der als kegelförmiger Durchbruch gestaltet wurde. In die großen mit Eichen bepflanzten Freiflächen zwischen den Baukörpern wurden Wasserbassins eingefügt. Die Hundehäuser sind in einem großen Kreis angeordnet, um den Tieren Gruppengefühl zu vermitteln. Das Katzenhaus ist nach Süden ausgerichtet und verglast. Wegen des Sichtkontakts und der Pflege liegen die Einzel- und Gruppenzellen etwas erhöht. Die Betonstützen lassen in unterschiedlichen Winkeln durch die Decke Tageslicht einfallen.

Der Schulbau für die **BARNIM-OBERSCHULE** (AHRENSFELDER CHAUSSEE; BANGERT SCHOLZ ARCHITEKTEN, STEFAN SCHOLZ; 1995-1997) im Ortsteil Falkenberg ist in seiner Form und der funktionalen Lösung bemerkenswert und überzeugend. Da die Umgebung noch keine feste städtebauliche Prägung besaß, wählten die Architekten für die Anlage eine autarke Form. Die Baukörper sind auf einer Kreisfläche von 83 m Durchmesser angeordnet. In einem gebogenen Baukörper, der auf einem Drittel des Kreisrandes steht, befinden sich die Klassenräume. Dahinter sind – ebenfalls auf der Kreisfläche – Fachklassen, Bibliothek, Aula und Schulverwaltung in einem orthogonalen und mehrfach abgeknickten Bau untergebracht. Den Raum zwischen beiden Bauteilen bildet die Pausen- und Eingangshalle mit runden Oberlichtern. Eine umlaufende Galerie, von Betonsäulen gestützt, erschließt das obere Geschoss. In die Halle eingestellte turmartige Kuben beherbergen Toiletten- und Archivräume. Durch das Aufeinandertreffen von Kreis- und Rechteckformen im Grundriss sind spannende, attraktive und angenehme Räume entstanden, die einen ganz eigenen Charakter besitzen. Am Rand der großen kreisflächigen Anlage wurde der Sportbereich angeordnet. Hier entstand auch der offene und großzügige Pausenhof, der sich zur angrenzenden Natur hin öffnet. Die Fassaden aller Trakte sind klar gegliedert. Zur Straßenseite zeigt sich die Anlage mit einer einprägsamen Lochfassade aus rotem Ziegelmauerwerk.

PANKOW

Die **WOHNANLAGE WISBYER STRASSE 41-44** (◪; PAUL MEBES; 1909-10) umfasst eine Randbebauung mit zwei Innenhöfen sowie eine U-förmige Wohnanlage für allein stehende Lehrerinnen. Medaillons auf den Brüstungen, die Frauenköpfe darstellen, verweisen auf die ursprüngliche Nutzung.

Für die Deutsche Gartenstadtgesellschaft entstand auf dem fünfeckigen Straßenblock Thulestraße/Talstraße/Hardangerstraße/Eschengraben im Süden Pankows die **WOHNANLAGE THULESTRASSE 61-63** (◪; ERWIN GUTKIND; 1924-25) geschlossen um einen Innenhof. Der Baukörper wirkt schwer und streng: Die liegenden Fenster sind niedrig, es dominiert die dunkelrote Klinkerverblendung. Unterbrochen ist die Außenwand lediglich an der Ecke Talstraße/Eschengraben durch eine filigrane **459**

Konstruktion aus Betonbügeln mit fein geteilter Verglasung. Der Block besitzt keine Balkone, statt dessen war auf den flachen Dächern ein durchgehender Umgang aus Pergolen vorgesehen, der aber nicht ausgeführt worden ist.

WOHNANLAGE ZEPPELIN (**G**; PRENZLAUER PROMENADE 29-143; WALTER BORCHARDT, GEORG THOFÉHRN; 1929-31): Der Name der Anlage entstand aufgrund der korbbogenartig geformten Dächer in innovativer Schalenbauweise.

WOHNANLAGE KISSINGENSTRASSE 35-36 (**G**; PAUL MEBES, PAUL EMMERICH, JACOBUS GOETTEL; 1925-30): Offen gegliederte Blockrandbebauung mit Loggien und expressiv vorstehendem Treppenhauskern.

WOHNANLAGE KISSINGENSTRASSE 7-10 (**G**; OTTO RUDOLF SALVISBERG; 1926-28): Schlichte Blockrandbebauung, Loggien zu den Innenhöfen.

MÄLZEREI MIT LAGERGEBÄUDEN DER EHEM. SCHULT-HEISS-BRAUEREI (**G**; MÜHLENSTRASSE 9-11; ALTE MÄLZEREI 1881-87, SÜDLICH ANSCHLIESSEND NEUE MÄLZEREI 1912): Klinkerbauten mit dem für den Produktionsvorgang charakteristischen Dachaufbauten wie Schornsteine und Lüftungsrohre.

VERWALTUNGSGEBÄUDE FLORAPROMENADE 4 (**D**; RUDOLF KLANTE; 1926-27): Klinkerverblendbau mit für Klante charakteristischer sparsamer Ornamentik und unterschiedlicher Fenstergestaltung.

WOHNANLAGE FLORASTRASSE 63-64 (**G**; ALFRED WIENER UND HANS JARETZKI; 1928): Die Straßenecken der Wohnbauten wurden durch Abrundung wirkungsvoll im Stil der Neuen Sachlichkeit gestaltet. Die Treppenhäuser sind vertikal verglast, das Dachgeschoss ist zurückgesetzt.

GESUNDHEITSHAUS GRUNOWSTRASSE 8-11 (**D**; EILERT FRANZEN; 1926-28): Klinkerbau in spätexpressionistischen Formen. Im nördlichen hervortretenden Bauteil befindet sich das originale Treppenhaus.

S-BAHNHOF PANKOW (**D**; ERNST SCHWARTZ, CARL CORNELIUS; 1908-16): Für die Bahnhöfe der Berlin-Stettiner Strecke erfolgte eine einheitliche Gestaltung. Die Eingangsfassade wurde durch Dreiecksgiebel und Doppelpilaster hervorgehoben.

Ehem. **JÜDISCHES WAISENHAUS** (**D**; BERLINER STRASSE 120; ALEXANDER BEER; 1912-13): Putzbau mit Halbrundgiebel und Mansarddach. Heute befindet sich hier die Stadtbibliothek.

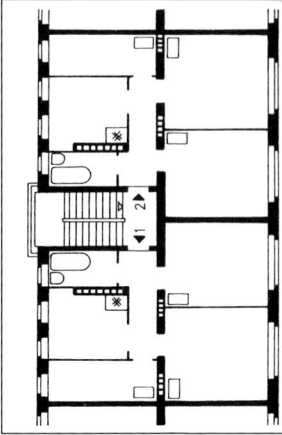

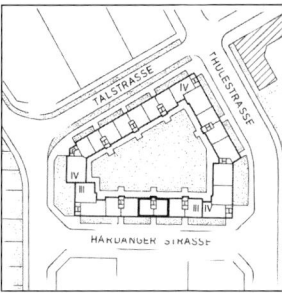

LINKE SEITE WOHNANLAGE THULESTR. 61-63: WOHNUNGSGRUNDRISS, LAGEPLAN GARBÁTY-ZIGARETTENFABRIK

RECHTE SEITE HILDEBRANDSCHE VILLA WOHNANLAGE AMALIENPARK: GRUNDRISS DORFKIRCHE PANKOW RATHAUS PANKOW: HIST. ANSICHT

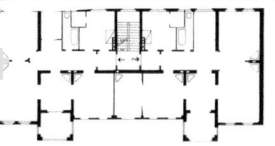

GARBÁTY-ZIGARETTENFABRIK UND GARBÁTY-VILLA (**G**; Berliner Strasse 123-127; um 1890-1931): Neoklassizistischer Eingangsbau der Fabrik von Paul Überholz (1906) an der Hadlichstraße und rückwärtiges Hauptgebäude mit Jugendstilelementen. Der Erweiterungstrakt (Fritz Höger; 1930-31) entstand als Stahlskelettbau mit weißen Klinkern in sachlichen Formen. Die anschließende Fabrikanten-Villa besitzt noch ihre um 1890 angelegte Gartenanlage.

Ehem. **HILDEBRANDSCHE VILLA** (so genanntes Kavalierhaus; **D**; Breite Strasse 45; um 1750): Eingeschossiges, breit gelagertes Wohnhaus. Wahrscheinlich wurde das Haus für Kavaliere des ▶ *Schlosses Niederschönhausen* erbaut. Die Flügeltür ist vermutlich noch aus der Bauzeit und zeigt die Formen des Rokoko. Reste des rückwärtigen Gartens sind vorhanden.

WOHNANLAGE AMALIENPARK (**G**; Amalienpark 1-8/Breite Strasse; Otto March; 1896-97): Landhausartige Mietvillen um einen kleinen Park, für die Landhaus-Baugesellschaft Pankow errichtet.

Ev. **DORFKIRCHE PANKOW ZU DEN VIER EVANGELISTEN** (**D**; Breite Strasse; im Kern Feldsteinbau des 15. Jh. über einem 1230 erwähnten Vorgängerbau; Karl Wilhelm Redtel; 1832; Friedrich August Stüler; 1858-59): Der mittelalterliche Bau wurde durch Stüler um ein neugotisches Hallenlanghaus nach Westen erweitert, die alte Kirche wurde zum Chor umgebaut. Außen fügte Stüler zwei flankierende schlanke Türme an der Verbindung zwischen dem alten und dem neuen Teil hinzu. Im Jahre 1908 erfolgte der Anbau zweier Kirchsäle und des Hauptportals am Westteil.

Das **RATHAUS PANKOW** (**D**; Breite Strasse 24-26; Wilhelm Johow; 1901-03) ist in die Blockrandbebauung der Breiten Straße eingefügt worden; ein würdiger städtischer Vorplatz fehlt. Doch überragt der 50 m hohe Uhrturm die Bebauung und schafft, auf den alten Dorfanger von Pankow gerichtet, an dessen westlichem Ende eine stadträumliche Dominante. In zeittypischer Weise vereint der Bau gleich mehrere historische Stilformen. Eingangshalle, Treppenhaus und Ratssaal wurden in Formen des Jugendstils und des Neubarocks gestaltet, gleichzeitig verweist der rote Klinker auf die bei vielen öffentlichen Gebäuden Berlins verwendete märkische Backstein-

  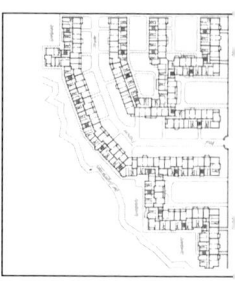

gotik. Der repräsentative Gestus entsprach dem bürgerlichen Selbstbewusstsein der Pankower. 1927-29 wurde das Rathaus zur Neuen Schönholzer Straße von ALBERT POESCHKE und RUDOLF KLANTE erweitert. Mit zeittypischem dunkel gebranntem Klinker steht der Anbau in farblichem Gegensatz zum Hauptgebäude. Ohne sich auf dessen Architektur zu beziehen, setzten die mit mehreren Projekten in Pankow bekannt gewordenen Architekten ihre eigene, vom späten Expressionismus beeinflusste Gestaltungsvorstellung um.

Die **SCHULANLAGE GÖRSCHSTRASSE 42-44** (**G**; CARL FENTEN, RUDOLF KLANTE, EILERT FRANZEN; 1909-10) war bei ihrer Errichtung der größte Schulkomplex Berlins. Mehrere Gebäudeflügel, die in repräsentativen Neurenaissance-Formen gestaltet wurden, sind um einen Hof gruppiert. Markantestes Merkmal des Hauptgebäudes, heute Carl-von-Ossietzky-Gymnasium, ist ein aufwendig geschmückter Schaugiebel, der wie der reiche Fassadenschmuck von den Bildhauern HANS SCHMIDT und FRANZ PRISTEL realisiert wurde. Das etwas gedrungen wirkende Haupttreppenhaus tritt in der Fassade als Turm mit Kuppel und Laterne wirkungsvoll aus dem Winkel der Flügel hervor. Die Flure des Hauptgebäudes sind in jedem Geschoss in einem anderen Baustil gestaltet und versinnbildlichen die kulturelle Entwicklung der Menschheit. In den anderen Gebäudeteilen befinden sich heute eine Schule für Lernbehinderte und eine Grundschule.

Im Unterschied zur Umgebung mit ihrer konventionellen Architektur aus bürgerlichen Mietshäusern und herrschaftlichen Villen, stellte die **WOHNANLAGE GRABBE-ALLEE** (**G**; GRABBEALLEE 14-26/PAUL-FRANKE-STRASSE; PAUL MEBES; 1908-09), eine Mietwohnanlage des Beamten-Wohnungsvereins, etwas völlig Neuartiges dar. Der Architekt Paul Mebes hatte sich wie einige andere Kollegen intensiv mit den Möglichkeiten eines besseren Wohnungsbaus jenseits der Berliner Mietskasernen beschäftigt. In der Grabbeallee schuf er ein besonders gelungenes Beispiel dieser so genannten Reformarchitektur. Die Binnenerschließung der Anlage entlang einer geschwungenen Privatstraße erlaubte die lockere Aneinanderreihung von Einzelhäusern. Mit dieser Lösung näherte sich der Architekt bereits der Zeilenbauweise der 1920er Jahre. Die offenen Wohnhöfe und die geringe Bautiefe der Gebäude garantieren eine gute Belichtung aller Wohnungen. Statt aus dem herkömmlichen bürgerlichen Repräsentationsverständnis heraus, wurden Grundrisse und Gliederung der Fassaden

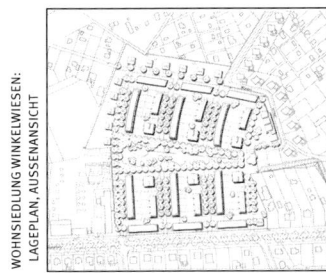

aus ihrer Funktion entwickelt. Auch stilistisch ging Mebes neue Wege. Durch eine schlichte klassizistische Formensprache, ja einen weitgehenden Verzicht auf Bauschmuck – lediglich die Hauseingänge sind mit verzierten Formsteinen und Reliefs hervorgehoben – distanzierte er sich vom gründerzeitlichen Historismus. Eine fast identische Wohnanlage errichtete Mebes 1907-08 in Steglitz (▶ *Mietwohnanlage Steglitz II*) – ebenfalls für den Beamten-Wohnungsverein, dessen technischer Direktor er war. Seine Entwürfe zu Beginn des 20. Jh. waren eine wichtige Grundlage für den sozialreformerischen Siedlungsbau der Moderne in den 1920er und frühen 1930er Jahren, an dem sich der Architekt selbst mit zahlreichen Projekten beteiligte.

VILLA GRABBEALLEE 35 (**D**; UM 1875): Zeittypische Berliner Vorstadtvilla. Die Fensterformen und der seitliche Turm erinnern an die italienisierenden Landhäuser in der Nachfolge Persius.

SCHLOSS NIEDERSCHÖNHAUSEN (**G**; OSSIETZKYSTRASSE): ▶EXKURS: SCHLÖSSER IN BERLIN

Auf dem ehem. Dorfanger von Niederschönhausen entstand die ev. **FRIEDENS-KIRCHE** (**G**; DIETZGENSTRASSE 19 UND 23; 1869-71) über einem Vorgängerbau, angeblich nach einer Skizze Friedrich Wilhelms IV. Die kreuzförmige Anlage mit oktogonalem Vierungsturm besitzt neoromanische Stilelemente. Nach Kriegsschäden wurde die Kirche 1955-64 instand gesetzt.

Kath. **ST.-MARIA-MAGDALENA-KIRCHE** (**D**; PLATANENSTRASSE 20-21; FELIX STURM; 1929-30): Klinkerverblendbau in Formen des Spätexpressionismus. Ein wuchtiger Glockenturm wird von diagonal vorspringenden Treppenhäusern flankiert.

Ev. **DORFKIRCHE ROSENTHAL** (**D**; HAUPTSTRASSE (ROSENTHAL) 149; KERNBAU 13. JH.): Auf der Südseite ist ein spätromanisches Portal erhalten, das heute zugemauert ist. 1880 wurde der barocke Chor in romanisierenden Formen umgestaltet, Anbau eines Querschiffes; 1902 entstand ein westlicher Querturm in neogotischem Stil (ROBERT LEIBNITZ). Ursprünglich besaß die Kirche eine Turmhaube, die nach dem Zweiten Weltkrieg nur in stark verkürzter Form wiedererrichtet wurde. Das Kircheninnere ist 1964 renoviert worden.

Die **WOHNSIEDLUNG WINKELWIESEN** (KASTANIENALLEE 47-49; SCHATTAUER & TIBES, EBLE & KALEPKY; 1993-95) im Pankower Ortsteil Wilhelmsruh ist um eine großzügige **463**

Grünfläche, die so genannten Winkelwiesen, angelegt. Die Wohngebäude von Schattauer & Tibes orientieren sich an den Berliner Siedlungsbauten der 1920er Jahre. Die stereometrischen Baukörper sind weiß gestrichen, durch liegende Fensterformate rhythmisch gegliedert und mit Primärfarben in Anlehnung an die Farbgebung der klassischen Moderne gestaltet. Die Gebäude von Eble & Kalepky wirken dagegen durch auskragende Wintergärten und Balkone sowie verschiedenste Fensterformate unruhiger.

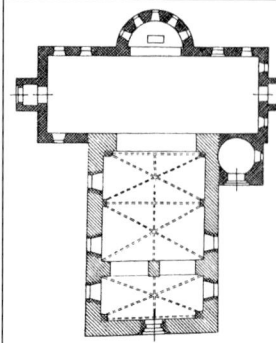

Das Angerdorf **FRANZÖSISCH-BUCHHOLZ** erhielt seinen Beinamen durch die Ansiedlung von Hugenotten ab 1688. Bis heute ist der ländliche Charakter erhalten geblieben.

Ev. **DORFKIRCHE FRANZÖSISCH-BUCHHOLZ** (**D**; HAUPT-STRASSE (BUCHHOLZ) 58A): Der Granitquaderbau stammt aus der zweiten Hälfte des 13. Jh.; um 1600 erfolgte ein Umbau. Ab 1689 wurde die Kirche für die evangelisch-lutherische und die französisch-reformierte Kirchengemeinde genutzt. 1852 wurde ein Querschiff mit Staffelgiebel errichtet (AUGUST SOLLER); 1886 erfolgten neue Umbauten, bei denen in der Südwestecke ein neuer Turm hinzugefügt wurde.

In Französisch-Buchholz ist eine der „Neuen Vorstädte" Berlins entstanden. Mit einer Mischung aus offener und geschlossener Bauweise wurde das auf 7.500 Bewohner ausgelegte **WOHNQUARTIER FRANZÖSISCH-BUCHHOLZ WEST** (U.A. BLANKENFELDER STRASSE/ROSENTHALER WEG; GESAMTKONZEPT: ENGEL & ZILLICH; 1995-2000) auf die vorhandene kleinteilige Einzelhausbebauung der Umgebung bezogen. Die Bebauung greift in den Landschaftsraum aus und setzt neue Stadtkanten. Auch in dieser „Vorstadt" ist eine urbane Attraktivität ausgeblieben, die Infrastruktur ist nur schwach ausgeprägt. Von Engel & Zillich, die das Gesamtkonzept entwarfen, stammt u.a.

die **WOHNBEBAUUNG AM PLATZ** (TRIFTSTRASSE 33; ENGEL & ZILLICH; 1996-2000), die das städtebauliche Entree für den Bereich der ehemals projektierten Bauausstellung Berlin 1999-2004, Buchholz West, bildet. Das größere der beiden Gebäude definiert mit einer Ladenarkade den Platz westlich der Triftstraße, von dem aus eine Promenade als großzügige Grünverbindung das Quartier mit dem Naturraum der Idehorstwiesen verbindet. Das Architekturkonzept des Platz-

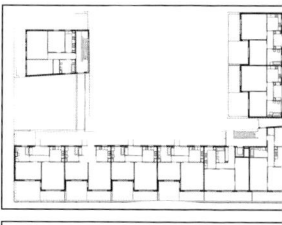

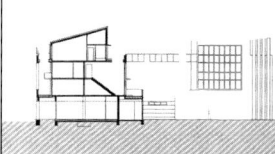

gebäudes soll zwischen städtischen Geschosswohnungen und

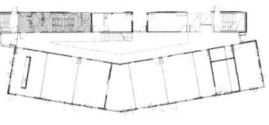

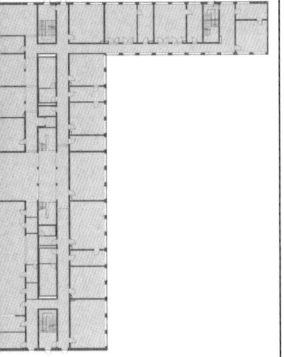

gartenbezogenen Eigentumswohnungen vermitteln. Wie echte Reihenhäuser, nur auf mehreren Etagen, sind die Maisonette- und Penthouse-Wohnungen von außen erschlossen. Ein- und zweigeschossige Wintergärten, veritable Atriumsgärten, große Dachterrassen und Balkone stellen den Bezug zum Frei- und Grünbereich her. Solardächer versorgen die Hausgemeinschaft sowie die Nachbarschaft mit Solarenergie.

Das **JUGENDZENTRUM BLANKENFELDER STRASSE 50** (Barkow Leibinger Architekten mit Douglas Gauthier; 1997-98) beruht auf einem Grundtypus, der anhand eines flexiblen Baukastensystems entwickelt wurde, für andere Standorte variiert werden kann und die Eigenart eines jeden Ortes unverkennbar stärkt. Prototyp ist die **KINDERTAGESSTÄTTE NANTESSTRASSE 69** (Barkow Leibinger Architekten mit Douglas Gauthier; 1996-97). Die Organisation der Gebäude basiert auf einem System von parallelen Bändern. Eine zweigeschossige Erschließungszone dient als Verbindungsglied zwischen den nach Süden orientierten Gruppenräumen und den Serviceräumen im Nordband. Das Jugendzentrum ist in vorgefertigter Holzskelettbauweise errichtet. Die Fachwerkträger spannen über die gesamte Höhe des zweiten Obergeschosses und ermöglichen somit große offene Räume im Erdgeschoss. Die Materialwahl der beiden Gebäudevarianten sind ähnlich: Stülpschalung aus Lärchenholz an den Nordfassaden, eingefärbte Eternit- und vorgehängte Glasplatten an den Südfassaden sowie begrünte Flachdächer mit Aluminiumstehfalzdeckung an den geneigten Flächen.

Auch die **KINDERTAGESSTÄTTE MATTHIEUSTRASSE 7** (Matthieustrasse; Mussotter & Poeverlein; 1996-97) ist aus einem Baukastensystem entstanden. Durch Variation der Grundelemente kann auf die städtebauliche Situation flexibel reagiert werden, der Bau wird dadurch kostengünstiger. Zwei T-förmige Wandscheiben aus Sichtbeton ordnen die Raummodule aus Eingangshalle, Gruppen- und Wirtschaftsbereich, ausgeführt in einer Holz-Glas-Konstruktion bzw. in Mauerwerk mit hinterlüfteter Brettholzschalung aus Lärche. Die einfachen kubischen Formen werden dem Maßstab der Kinder gerecht und sind angenehm zurückhaltend.

An der Blockrandbebauung im Wohnquartier Französisch-Buchholz orientiert sich die **GRUNDSCHULE AM BIRKENHOF**

Linke Seite
DORFKIRCHE FRANZÖSISCH-BUCHHOLZ: HIST. GRUNDRISS
WOHNBEBAUUNG AM PLATZ : LUFTBILD, WOHNHAUS AM PLATZ (AUSSENANSICHT, GRUNDRISS DACHGESCHOSS, SCHNITT)

Rechte Seite
JUGENDZENTRUM BLANKENFELDER STR.: AUSSENANSICHT, GRUNDRISS
GRUNDSCHULE AM BIRKENHOF: AUSSENANSICHT, GRUNDRISS

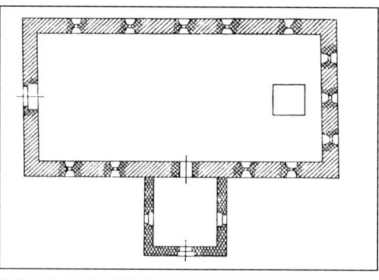 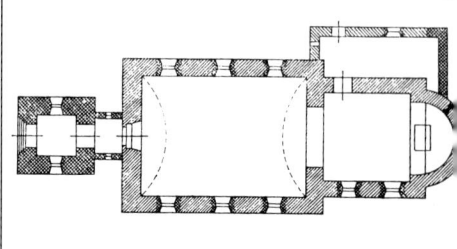

(Arnouxstrasse 18; Geske und Wenzel; 1997-98), der Schulkomplex ist zur Straße abgegrenzt und orientiert sich nach innen. Das vorherrschende Ziegelsichtmauerwerk der Fassaden fasst die verschiedenen Gebäudeteile räumlich und architektonisch zu einer Einheit zusammen und verweist gleichzeitig auf gestalterische Traditionen der Berliner Schulbauten. Im ruhigen Hofbereich geschützt liegen die Pausenflächen für die Schulanfänger. Auf der Westseite des Grundstücks sind Sporthalle und Sport-freiflächen einem plateauartig gestalteten Grünbereich zugeordnet. Die verglaste, zweigeschossige Eingangshalle ist zentraler Treffpunkt der Schule und ermöglicht einen witterungsgeschützten Pausenaufenthalt. Als zusätzliche Freifläche dient eine großzügige Terrasse im 2. Obergeschoss.

Ev. **DORFKIRCHE BLANKENFELDE** (**D**; Hauptstrasse 21): Der flach gedeckte Feldsteinsaal stammt aus dem späten 14. Jh., der verbretterte westliche Dachturm mit Schieferhelm von 1680. Zum Kirchhof hat sich ein barockes Sandsteinportal erhalten.

Ev. **DORFKIRCHE KAROW** (**D**; Alt Karow 14; 1. Hälfte des 13. Jh.): Der spät-romanische Bau aus dem 13. Jh. wurde im 17. Jh. umgebaut und erhielt 1845-47 einen Westturm, der durch einen Zwischenbau mit der Kirche verbunden ist und das alte Westportal verdeckt. Die Kapelle entstand erst um 1900.

WOHNSIEDLUNG KAROW-NORD (Bucher Chaussee/Achillesstrasse/Am Hohen Feld; Rahmenplan: Moore Ruble Yudell; 1994-97) ist die erste von mehreren „Neuen Vorstädten" der 1990er Jahre. Anders als die ▶ *Wasserstadt Oberhavel* ist das neue Viertel nördlich des alten Dorfkerns Alt-Karow nicht als gemischtes Wohn- und Dienstleistungsgebiet, sondern als reines Wohngebiet konzipiert worden. Mit einem aufgelockerten Straßenraster und verschieden gestalteten Platzanlagen orientierte sich der Rahmenplan an der Dorfstruktur Karows und an den Berliner Reform-bauvorhaben des frühen 20. Jh. Die damalige Planungsidee, ein städtisches Auf-fangbecken gegen den Suburbanisierungsprozess zu bilden, ist allerdings nicht auf-gegangen. Karow-Nord besitzt weder wirklich städtische Qualitäten noch die Vorzüge eines grünen Vorortes. So ist Karow-Nord für nicht wenige Bewohner nur eine Zwischenstation zum frei stehenden Einfamilienhaus im Grünen.

Die Bebauung basiert auf vier unterschiedlichen Haustypologien, die durch einen
466 Gestaltungskatalog näher bestimmt wurden. Von einer gehobenen Entwurfsqualität

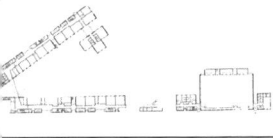

zeugen die **WOHNHÄUSER KAROWER CHAUSSEE** (ECKERT, NEGWER, SOMMER, SUSELBEEK - E.N.N.S.; 1994-97), die nach Norden eine klare Grenze zur offenen Landschaft definieren. Die weniger lärmempfindlichen Räume wie Treppenhäuser, Küchen und Bäder liegen zur südlich gelegenen Autobahn hinter kleinen Fenstern und einer großen Fassadenfläche. Zur Siedlung hin haben die Wohn- und Schlafzimmer Französische Fenster. Bei den spannungsreich gestalteten **WOHNHÄUSERN ACHILLESSTRASSE 30-44** (HÖHNE & RAPP; 1995-96) treten über kielbogenförmigen Fassaden aus gewölbten und tief nach unten gezogenen Dächern turmartige dreigeschossige Gauben heraus. Das nordwestliche Ende von Karow-Nord markiert die **KINDERTAGESSTÄTTE PFANNSCHMIDTSTRASSE 2** (CAROLA SCHÄFERS; 1994-96). Der Baukörper setzt sich zusammen aus zwei Ziegelbauten, die sich auf die benachbarte Bebauung beziehen, und aus einem mit Holz verkleideten Baukörper zum Innenhof. Die zweigeschossige „Holzkiste" mit einer feingliedrigen Struktur der Fensterrahmen nimmt Gruppenräume auf, die sich zum außen gelegenen Spielbereich hin öffnen. Die **GRUNDSCHULE ACHILLESSTRASSE 31** (AXEL LIEPE UND HARTMUT STEIGELMANN; 1994-95) schirmt sich durch eine mehrfach durchbrochene Wand vom Straßenraum ab, gewährt aber zugleich Einblicke in den Schulhof. Hier entfaltet sich die offen gestaltete Anlage mit ihren großzügig verglasten Klassenräumen, den Laubengängen und dem transparenten Zugangshaus. Der Zugang zum Schulgelände wird durch ein dreieckiges, von Säulen getragenes Dachelement markiert.

Das ehem. Straßenangerdorf Buch ist durch Abriss und Neubebauung weitgehend verändert worden und wird heute von zahlreichen groß dimensionierten Plattenbauten beherrscht. Der zum Dorf gehörende **GUTSHOF BUCH** (HEUTE KÜNSTLERHOF BUCH; **G**; ANFANG 18. JH. BIS ANFANG 20. JH.) war 1723-24 von FRIEDRICH WILHELM DITERICHS in eine Schlossanlage eingebunden worden. Nachdem 1964 ein Großteil der Anlage nach Kriegsbeschädigung abgerissen wurde, sind nur noch die Nebengebäude des ehem. Guts erhalten: das Wirtschaftsgebäude aus der Zeit um 1800 mit einem neugotischen Giebel sowie ein mit Zierfriesen und plastischen Terrakottamedaillons geschmücktes Stallgebäude aus Backstein.

467

Ein besonderes architektonisches Schmuckstück ist die von der einstigen Schlossanlage erhaltene ev. **SCHLOSSKIRCHE BUCH** ( ; ALT-BUCH 37; FRIEDRICH WILHELM DITERICHS; 1731-36), die den einfachen Vorgängerbau einer Fachwerk-Dorfkirche ersetzte. Aus der Doppelfunktion als Dorf- und Schlosskirche ist eine für protestantische Landkirchen ungewöhnliche barocke Pracht hervorgegangen, die nur im Kontext der ehem. Schloss- und Parkanlage zu verstehen ist. An der Südseite zum Dorf erhielt die Kirche eine sehr plastisch gestaltete Eingangsfront, die mit Dreiecksgiebel und toskanischen Halbsäulen ein repräsentatives Portikusmotiv zeigt. Über der Kuppel erhob sich bis zur Zerstörung im Zweiten Weltkrieg ein Turm mit Haube und Laterne, auf den bei der Wiederherstellung 1950-53 verzichtet wurde. 1998-2001 wurde das historische Bauwerk restauriert.

Eingebunden in die Parklandschaft der einstigen Schlossanlage Buch, zählte das **STÄDTISCHE KLINIKUM BERLIN-BUCH** (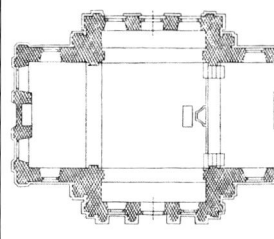 ; ALT-BUCH/KAROWER STRASSE/WILTBERGSTRASSE; LUDWIG HOFFMANN; 1899-1918) zu den fortschrittlichsten Einrichtungen der damaligen Zeit. Stadtbaurat Hoffmann entwarf einen ausgedehnten Komplex von Pavillonbauten, der sich an der barocken Struktur der Schlossanlage orientierte, deren strengen symmetrischen, rationalen Aufbau er mit der logistischen Struktur des Krankenhauses zu verbinden suchte. Das dreiflüglige **WALDHAUS** (EHEM. HEIMSTÄTTE FÜR MÄNNLICHE BRUSTKRANKE;  ; ALT-BUCH 74; LUDWIG HOFFMANN; 1900-05) erhielt durch seine Lage und die Gestaltung den Charakter des zentralen Schlossbaus einer barocken Anlage. Mit rundbogigen Arkadengängen, die einen großzügigen Ausblick in die Natur gewähren, und windgeschützten, aber sonnigen Innengärten war eine bauliche und atmosphärische Grundlage zur Genesung der Patienten geschaffen worden. Anders als das von Hoffmann zeitgleich geplante ▶ *Rudolf-Virchow-Krankenhaus* im Wedding sind die Anlagen in Buch weitgehend erhalten geblieben.

SCHLOSSKIRCHE BUCH: AUSSENANSICHT, GRUNDRISS
STÄDTISCHES KLINIKUM BERLIN-BUCH:
WALDHAUS, LAGEPLAN

Mit der **INTERNATIONALEN BAUAUSSTELLUNG BERLIN 1987 (IBA)** wurde das isoliert gelegene West-Berlin zur internationalen Architekturbühne. Architekten unterschiedlichster Strömungen lieferten Beiträge für das Ziel, die „Innenstadt als Wohnort" wiederzugewinnen. Bereits im Jahr 1978 hatte der West-Berliner Senat die Durchführung einer Internationalen Bauausstellung beschlossen, die von Senatsbaudirektor HANS CHRISTIAN MÜLLER initiiert wurde und in der Tradition der beiden vorausgegangenen Internationalen Bauausstellungen in Berlin 1931 und 1957 stehen sollte. Die IBA verstand sich als umfassende Bauausstellung mit einem langfristig angelegten Sanierungs- und Stadtentwicklungsprogramm. 1987 wurden die gebauten Ergebnisse in den „Demonstrationsgebieten" vorgestellt: im südlichen Tiergarten, in der Südlichen Friedrichstadt (Kreuzberg), am Prager Platz in Wilmersdorf und in Tegel. Veröffentlicht und diskutiert wurden die Zwischenstände und Arbeitsergebnisse aber auch in Ausstellungen, Symposien und Schriften. Mit dem Jahr 1987 war die IBA noch lange nicht abgeschlossen, denn zahlreiche Projekte wurden erst in den 1990er Jahren begonnen und fertig gestellt. Die Impulse, die von der IBA ausgingen, wirken in Berlin bis heute auf Architektur und Städtebau.

Die **ALTBAU-IBA** (Stadterneuerungsbereich) wurde in der Südlichen Luisenstadt, (Kreuzberg „SO 36"), mit einer als problematisch geltenden Sozialstruktur durchgeführt. Ihr Direktor Hardt-Waltherr Hämer begriff die soziale Durchmischung als Chance auf Mitbestimmung und Selbsthilfe der Bewohner. Bewohnerinteressen erhielten Eingang in den Planungsprozess durch das Einfordern aktiver Bürgerbeteiligung. Im Vordergrund stand die Substanzerhaltung und die ausschließlich bedarfsorientierte Sanierung der Miethäuser, mit der die Mieten niedrig gehalten werden konnten. Das Konzept der **„BEHUTSAMEN STADTERNEUERUNG"** war nach den Erfahrungen einer „Kahlschlagsanierung" in den 1960er Jahren ein sozialer wie städtebaulicher Fortschritt. Statt einer Verdrängung der angestammten Bevölkerung konnte das soziale Gefüge erhalten werden, die Wohnbedingungen bis hin zum Wohnumfeld sind nachhaltig verbessert worden. Der Altbausubstanz wurde erstmals wieder ein hoher Stellenwert zugemessen, insbesondere der vom Leitbild der Moderne als überholt und unbrauchbar erachteten städtischen Blockstruktur aus Miethäusern und Mietskasernen.

Mit der **NEUBAU-IBA** (Stadtneubau) unter Leitung von Josef Paul Kleihues wurde der historische Stadtgrundriss, der durch die Zerstörungen des Zweiten Weltkriegs nur noch teilweise bebaut und in der Nachkriegszeit zugunsten einer autogerechten Stadt vernachlässigt und zerklüftet worden war, rehabilitiert und reaktiviert. Mit dem Konzept der **„KRITISCHEN REKONSTRUKTION"** wurden Lücken in städtischen Baublöcken mit Neubauten geschlossen, die sich nicht stilistisch, doch aber in ihrer Kubatur an den Altbauten orientieren. Städtebaulich bot das neue Konzept die Abkehr von kompromisslosen großmaßstäblichen Planungen, die mit der „tabula rasa" der Nachkriegszerstörung möglich und in der allgemeinen „Modernisierungswut" der 1950er und 60er Jahre umgesetzt worden waren. „Kritische Rekonstruktion" bedeutete kritische Annäherung an und Auseinandersetzung mit der historischen Stadt, Stadtreparatur mit zeitgemäßen Mitteln und Strukturverbesserung.

Die IBA bildet einen exzellenten Querschnitt damals aktueller Architekturtendenzen. Die eklektizistisch-populäre Postmoderne ist in verschiedenen Nuancen ebenso vertreten wie unterschiedliche Formen eines auf formale Reduktion bedachten Rationalismus. Auch der in den 1980er Jahren aufgekommene Dekonstruktivismus oder ein marginal gebliebener organischer Expressionismus zeugen vom offenen Konzept der IBA. An den Projekten waren meist zahlreiche Architekten beteiligt, die bei den folgend genannten Projekten nicht alle erwähnt werden können. In fast allen Fällen sind die Wohnprojekte im Rahmen des Sozialen Wohnungsbaus entstanden.

Bereits im Vorfeld der IBA tauchte mit dem **PROJEKT VIER STADTVILLEN** (Tiergarten/Rauchstrasse 19-20; Bangert, Jansen, Scholz, Schultes - BJSS; 1981-83) eine neue Bauform auf, die Verbindung von frei stehender Villa und städtischem Miethaus, die sich in den 1980ern zunehmend zu etablieren begann. Für die **STADT-**

STADTVILLEN AN DER RAUCHSTR.:
LUFTBILD,
ZWEI AUSSENANSICHTEN
WOHNANLAGE RITTERSTR.-NORD:
SCHINKELPLATZ

VILLEN AN DER RAUCHSTRASSE (Tiergarten/Rauchstrasse 4-10; Rahmenplan: Rob Krier; 1983-84), dem ersten Projekt der IBA, wurde 1980 ein internationaler städtebaulicher Wettbewerb ausgeschrieben, den Rob Krier für sich entscheiden konnte. Am Rande des Tiergartens orientierte sich Krier am genius loci des einstigen Tiergartenviertels und entschied sich ebenfalls, den Bautypus der hochherrschaftlichen Villa des 19. Jh. in die so genannte Stadtvilla zu transformieren. In Kriers Projekt sind je drei frei stehende Kuben zu beiden Seiten einer zentralen, begrünten Wegachse errichtet worden. Doch wurde das ursprüngliche Raumkonzept auf fünf Geschosse mit je fünf Wohnungen ausgedehnt, womit der villenhaft-aufgelockerte Charakter der Anlage verloren gegangen ist. Zur westlichen Seite begrenzen der Altbau der ehem. Norwegischen Botschaft und ein weiterer L-förmiger Baukörper, zur Ostseite ein geschwungener Torbau (Krier) die Anlage, die bei großer stilistischer Bandbreite in ihrer typologischen Konsequenz innerhalb des Stadtraumkontexts das brachliegende Quartier regenerieren konnte.

Mit dem im Vorfeld der IBA realisierten „Vorausprojekt" **WOHNANLAGE KONZEPTA RITTERSTRASSE** (Kreuzberg/Ritterstrasse/Lindenstrasse/Alte Jakobstrasse; Koordination: Freie Planungsgruppe Berlin - FPB; 1979-81) wurde der Versuch unternommen, Stadtreparatur innerhalb der traditionell dichten Bebauung Kreuzbergs zu betreiben, wo andere Bautypologien als für den Tiergarten entwickelt wurden. Alte Stadtstrukturen sollten wieder respektiert und wenn nötig nachgebildet werden. Mit einer Bebauung der Blockränder, die sich auch in einer neuen Kleinteiligkeit von den Großkomplexen der 1970er Jahre entfernte, entstand eine neue Form von Urbanität in der Innenstadt. Doch dem Gestaltungsdiktat der symmetrisch angelegten Fassaden mussten sich wiederum die Grundrisse der Wohnungen teilweise unterordnen. Die in zwei Bauabschnitten nach einem Gesamtkonzept von Rob Krier entstandene **WOHNANLAGE RITTERSTRASSE-NORD** (Kreuzberg/Ritterstrasse 55-60; Bangert, Jansen, Scholz, Schultes – BJSS; Liepe, Steigelmann, Brandt, Heiss Ganz und Rolfes; Rob Krier; Müller, Rhode und Partner; 1982-83 und 1986-88) festigte programmatisch für Berlin die Rückkehr zur traditionellen Blockrandbebauung und die Abkehr vom aufgelockerten Zeilen- und

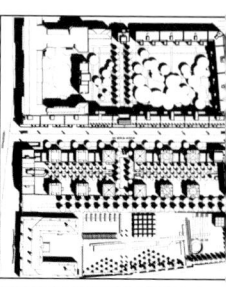

Hochhausbau. Durch die Straßenrandbebauung und die Gebäude im Innern des Blocks wurde der durch Kriegszerstörung entleerte städtische Block wieder aufgefüllt. Die Wohnanlage besteht aus vier Blöcken, die jeweils um einen Innenhof gruppiert sind. Untereinander sind die Höfe durch Torhäuser verbunden, die im Zentrum der Anlage den so genannten Schinkelplatz bilden. Die Stockwerkseinteilung und die Fensterformate des unverputzten Ziegelmauerwerkbaus, das fast an der gleichen Stelle stand, ist übernommen worden, jedoch ist die Fassade verputzt. Das Prinzip der originalgetreuen Rekonstruktion ist nochmals gebrochen durch eine modern interpretierte Rückfassade mit einem monumentalen Torbogen.

Mit der **WOHNBEBAUUNG RITTERSTRASSE-SÜD** (RITTERSTRASSE 61-65, LINDENSTRASSE 26-28, ALTE JAKOBSTRASSE 122, 123; GESAMTKONZEPT ROB KRIER; JOHANNES UHL, HORST HIELSCHER, GEORG-PETER MÜGGE, GRUPPE 67, PLANUNGSKOLLEKTIV 1; 1979-81) entstanden deutlich individuellere Fassaden als an der Ritterstraße-Nord. Mittelpunkt der Anlage ist ein Wohnhaus von Rob Krier auf H-förmigem Grundriss, mit dem ein Achsenbezug zur Bebauung Ritterstraße-Nord hergestellt wird. Der Durchgang zum Binnenhof durch einen Bogen spielt als Architekturzitat mit dem Motiv des Karl-Marx-Hofs von Karl Ehn in Wien (1927).

Zu den populärsten Projekten in der Öffentlichkeit gehörte die **WOHNBEBAUUNG FRAENKELUFER** (KREUZBERG/FRAENKELUFER 26/38/44; HINRICH UND INKEN BALLER; 1982-84), die gemeinsam mit Anwohnern und Bürgerinitiativen geplant wurde. Ausgangspunkt für das umfassende Erneuerungskonzept war der Erhalt der Vorderhäuser am Fraenkelufer und eine neue Grünflächen- und Ufergestaltung. Zwei neue Torhäuser passen sich in den vorhandenen Blockrand ein und leiten über zur weiträumigen Grünfläche. Hervortretende Balkone und abgerundete dreieckige Dachgauben formen das Wohnhaus zum Hof organisch-expressiv. Mit herausragender formaler und räumlicher Qualität gilt das Projekt als das gelungenste der IBA.

In den **WOHNPARK AM BERLIN MUSEUM** (KREUZBERG/LINDENSTRASSE 15-19/ALTE JAKOBSTRASSE; GESAMTKONZEPT: HANS KOLLHOFF UND ARTHUR OVASKA; 1984-86) wurden das ehem. ▶ *Kammergericht* und ein Bau des Historismus eingebunden. Zur Lindenstraße ist eine Blockkante geschaffen worden, die sich mit einer Wohnstraße und einer begleitenden 170 m langen Zeile (Hans Kollhoff und Arthur Ovasaka) ins

WOHNBEBAUUNG RITTERSTR.-SÜD
WOHNBEBAUUNG FRAENKELUFER
WOHNPARK AM BERLIN MUSEUM:
LAGEPLAN

RECHTE SEITE
WOHN- UND GESCHÄFTSHAUS KOCHSTR.:
AUSSENANSICHT,
GRUNDRISS

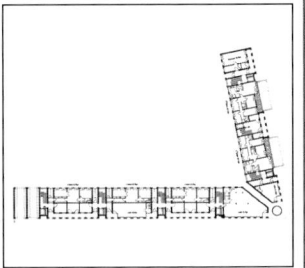

Blockinnere öffnet. Zu den geschlossenen Blockstrukturen stehen die zwölf paarweise angeordneten Stadtvillen von HIELSCHER UND MÜGGE in räumlichem Gegensatz.

Mit dem **WOHN- UND GESCHÄFTSHAUS KOCHSTRASSE 1-4** (KREUZBERG; ALDO ROSSI, GIANNI BRAGHIERI; 1986-87) haben Rossi und Braghieri die Ecke Kochstraße/ Wilhelmstraße neu definiert, die Bauflucht und Traufhöhe der Kochstraße weitergeführt und den Block wiederhergestellt. Die Vertreter des „Italienischen Rationalismus" haben für ihre Strömung typisch auf geometrische Grundformen zurückgegriffen: das Quadrat, das Dreieck und den Zylinder. An der Ecke wurde das Gebäudevolumen eingeschnitten, um eine mächtige Ecksäule aufzunehmen, die keine tragende Funktion besitzt. Die Straßenecke, ein herausragendes Motiv im Berliner Block, wird als wichtigster Gestaltungsbereich des Baus herausgehoben, im geometrischen Formenspiel in besonderer Weise thematisiert und stilisiert. Auch das **WOHN- UND GESCHÄFTSHAUS KOCHSTRASSE 62-63** (KREUZBERG; 1985-86) VON PETER EISENMAN und JAQUELIN ROBERTSON definiert die stadträumliche Bedeutung der Straßenecke zur Friedrichstraße neu. Der Baukörper folgt den Straßenfluchten, doch Teile des Baukörpers sind gegeneinander aus der Flucht herausgeschoben. Damit wird das strenge Fassadenraster aufgebrochen und die Straßenecke erhält eine wirkungsvolle Spannung, welche die historischen Brüche des Stadtraums wiederzugeben sucht.

Mit dem **WOHNHAUS „BONJOUR TRISTESSE"** (KREUZBERG/SCHLESISCHE STRASSE 8/FALCKENSTEINSTRASSE; ÁLVARO SIZA VIEIRA; 1982-83) wurde eine kriegsbedingte Kreuzberger Baulücke geschlossen. Indem die Fassade leicht gewellt und zur Straßenecke hervorgewölbt ist, erfährt das strenge Lochfassadenraster eine leichte Abmilderung. Der wellenförmige Giebel zur Straßenecke verleiht dieser sogar Leichtigkeit. Doch erst die Aufschrift „Bonjour Tristesse", die von einem unbekannten Sprayer stammt, gibt dem Gebäude eine für die Postmoderne charakteristische ironische Doppeldeutigkeit, die der eintönigen Fassade eine selbstironische Heiterkeit verleiht.

Für den Bau des **WISSENSCHAFTSZENTRUMS BERLIN** (TIERGARTEN/REICHPIETSCHUFER 48-58; JAMES STIRLING, MICHAEL WILFORD; 1984-88) lautete die Vorgabe, ein geeignetes Raumprogramm unter Einbezug des Frontbaus des ehem. **REICHSVERSICHERUNGS- AMTES** (**D**; ALFRED BUSSE; 1891-94) zu entwickeln. Vier Gebäudeteile, welche die

Grundrisse einer antiken Stoa, eines Amphitheaters, einer Basilika und eines Forts zitieren, sind um einen Gartenhof gruppiert. Der Bau steht beispielhaft für die Postmoderne, mit der ihr Hauptvertreter Stirling ungezwungen einen historischen Formenkanon zitierte. Die Einzelbauten unterschiedlicher historischer Grundrissformen werden zusammengefasst durch eine gemeinsame, bewusst historisch unpassende bunte Fassadengestalt. In vielen Details der Inkongruenz von Form und Inhalt fehlt jedoch die zu erwartende, feinsinnige Ironie der Postmoderne. Teilweise gleitet die freie Verwendung historischer Zitate sogar ins Peinliche ab: in der Apsis eines basilikaförmigen Gebäudeteils ist die Toilettenanlage untergebracht.

Das nahe dem Tegeler Stadtzentrum gelegene stillgelegte Hafengelände wurde zum parkartigen **WOHNGEBIET TEGELER HAFEN** (Reinickendorf/Am Tegeler Hafen/Karolinenstrasse; Gesamtkonzept: Moore Ruble Yudell; 1985-89) umgestaltet. Unter der Leitung des kalifornischen Büros Moore Ruble Yudell entstanden mehrere Stadtvillen unterschiedlichster postmoderner Spielart sowie drei schlangenförmige, raumbildende Wohnzeilen. Mit den von Moore Ruble Yudell entworfenen Baukörpern ist durch eine ungewöhnliche Kleinteiligkeit mit Giebeln, Bögen und Tordurchgängen eine kulissenartige Postmoderne entstanden, deren freundliche Fassaden – anders als in dem auf rationale Vereinfachung fokussierten sozialen Wohnungsbau der 1960er und 70er Jahre – sehr anspruchsvoll wirken. Von herausragender Qualität ist die äußerst attraktive Wegführung durch die Hofräume zur Uferpromenade.

Die Bedeutung der IBA resultiert aus dem Paradigmenwechsel, der hier demonstrativ vollzogen wurde. Nach jahrzehntelangem extensivem Wachstum der Stadt legte die IBA das Augenmerk der Planung auf die vorhandenen Stadträume, auf intensives qualitatives Wachstum im Kontext historischer Stadtsubstanz. Noch heute sind die Grundsätze der IBA gültig. Das Konzept der „behutsamen Stadterneuerung" ist in überarbeiteter Form auf die Sanierungsgebiete im ehem. Ostteil der Stadt übertragen worden. Die mit der IBA formulierte „Kritische Rekonstruktion" wurde auf die zentrale Innenstadt ausgedehnt und dient als Leitbild für das **PLANWERK INNENSTADT**, der Grundlage der Bauleitplanung zur Rückgewinnung des überlieferten Stadtgrundrisses.

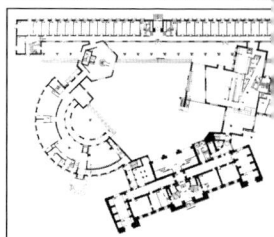

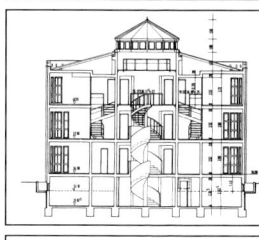

WISSENSCHAFTSZENTRUM BERLIN: AUSSENANSICHT, GRUNDRISS
WOHNGEBIET TEGELER HAFEN: STADTVILLEN, SCHNITT EINER STADTVILLA
HUMBOLDT-BIBLIOTHEK: SCHNITT

REINICKENDORF UND SPANDAU

Große Teile des Stadtgebiets im Berliner Westen und Nordwesten liegen an der landschaftlich reizvollen Havel, die z.T. seenartig erweitert in Nord-Süd-Richtung fließt. Hier erstrecken sich die Bezirke **REINICKENDORF** und **SPANDAU**, die vom nordwestlichsten Ortsteil Berlins, **FROHNAU**, bis nach **KLADOW** im Südwesten die unterschiedlichsten Stadträume umfassen.

Von den Ortszentren beider Bezirke hebt sich die **SPANDAUER ALTSTADT** durch eine besonders lange Entwicklungsgeschichte hervor. Bereits seit dem 8. Jh. wurde an der strategisch bedeutsamen Mündung der Spree in die Havel eine slawische Siedlung angelegt, die von einer Burg geschützt wurde. Bei der Entwicklung der Siedlung zu einer Kleinstadt zeigen sich viele Parallelen zur ▶ *Köpenicker Altstadt*. Bereits 1232 wurde Spandau – noch vor Berlin-Cölln (1237) – urkundlich als Stadt erwähnt. Von einer ▶ *Stadtmauer* eingefasst, expandierte die von Havel und Mühlengraben begrenzte Altstadt schließlich im 18. Jh. um zwei Vorstädte, die nach ihrer Verwüstung durch die napoleonische Besatzung 1813 in die Befestigungsanlagen eingeschlossen wurden (Potsdamer Vorstadt, seit 1897 Wilhelmstadt, im Süden; Oranienburger Vorstadt, später Neustadt, im Nordwesten; Vorstadt Stresow im Südosten). Noch heute zeugen Reste der Stadtmauer, ein Wehrturm und eine voll-

ständig erhaltene ▶ *Zitadelle* vom wehrhaften Charakter Spandaus. Jahrhunderte lang entwickelte sich Spandau unabhängig von Berlin, gehörte bis 1887 zum Kreis Osthavelland. Erst im Jahr 1920 wurde Spandau der Millionenstadt angegliedert. Zu dieser Zeit war Spandau allerdings schon mit der Hauptstadt des Deutschen Reichs zusammengewachsen. Ein breites Industrieband war zu Beginn des 20. Jh. entlang der Spree zwischen Spandau und Charlottenburg entstanden, in dem sich vor allem der Großbetrieb Siemens & Halske niedergelassen hatte. Bis heute stellt das Industrieareal aber auch eine Barriere zwischen beiden Bezirken dar. Spandau behielt daher ein autonomes Stadtzentrum im Westen der Millionenstadt.

Auch die nordöstlich anschließende Ortschaft **TEGEL** im Bezirk Reinickendorf entwickelte sich zu einem der führenden Industriestandorte. Von der Expansion der Berliner Industrie auf die großen Flächen der Peripherie wurde die Landgemeinde früher erfasst als Spandau. Bereits 1837 wurde die Egells'sche Eisengießerei hierher verlegt. Prägend war vor allem die 1896 erfolgte Verlagerung der Produktion der Firma Borsig nach Tegel. Die dörfliche Bebauung wich Mietshäusern, Tegel erhielt zunehmend eine eigene städtische Identität.

Trotz Industrialisierung – die Landgemeinde Reinickendorf wurde im fließenden Übergang zum Wedding schnell städtisch – besitzen der Nordwesten und Westen Berlins eine stark differente städtebauliche Ausprägung. Neben großen Industrieflächen und dem ▶ *Flughafen Tegel* sind es vor allem die Wälder und Seenlandschaften, die diese Stadtgebiete prägen und zur peripheren Autonomie einzelner Siedlungsräume beitragen. Frohnau wurde ab 1910 als Villenvorort weit vor den Toren Berlins angelegt, war mit der Stadt nur durch die Bahnstrecke nach Oranienburg verbunden und entwickelte sich entsprechend zögerlich. Nördlich des ▶ *Märkischen Viertels*, einer in den 1960er Jahren geplanten Großsiedlung, liegt von der Großstadtentwicklung völlig unberührt der kleine Dorfanger **ALT-LÜBARS**. Ebenso führen Heiligensee, Gatow und Kladow mit ihrer größtenteils erhaltenen dörflichen Bebauung ein malerisches Schattendasein.

REINICKENDORF

Die ehem. Landgemeinde Reinickendorf entwickelte sich seit den 1870er Jahren rasant. Mehr und mehr entstand eine städtische Bebauungs- und Infrastruktur. Aber

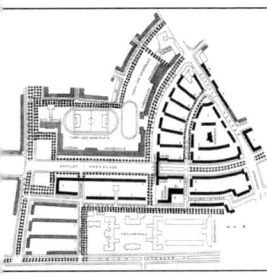

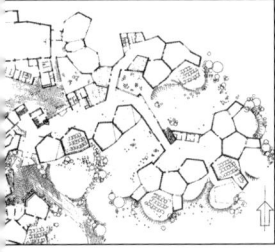

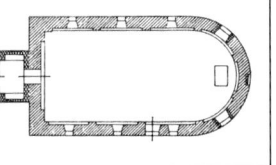

LINKE SEITE
SIEDLUNG WEISSE STADT:
TURMBAUTEN AROSER ALLEE
RECHTE SEITE
SIEDLUNG WEISSE STADT: BRÜCKENBAU,
LAGEPLAN
KOLUMBUS-GRUNDSCHULE: GRUNDRISS
DORFKIRCHE REINICKENDORF: GRUNDRISS

noch in den 1920er Jahren besaß Reinickendorf Entwicklungspotenziale, so dass südwestlich des alten Dorfkerns (Alt-Reinickendorf) ein ganzes Stadtviertel neu entstehen konnte.

In einer Mischung aus Rand- und Zeilenbebauung wurde die **SIEDLUNG WEISSE STADT** (; Aroser Allee 116-118/121-193; Otto Rudolf Salvisberg, Wilhelm Büning, Bruno Ahrends; 1929-31) angelegt. Diese Siedlung des Neuen Bauens, deren Name sich auf die weißen Putzflächen der Gebäude bezieht, zeichnet sich durch Auflockerung, Ausrichtung zur Sonne und zugleich durch städtische Verdichtung aus. Städtebaulich betont ist die Siedlung durch torartige fünfgeschossige Turmbauten beidseitig der Aroser Allee. Die leicht gebogene Straße führt auf ein über die Straße gestelltes, aufgeständertes Brückenhaus zu, das die beiden von der Straße getrennten Teile der Siedlung miteinander verklammert. Es wird von Norden über Laubengänge erschlossen, nach Süden sind Balkone vorgelagert. Wärme und Warmwasser für die Siedlung stammten vom siedlungseigenen Heizwerk (abgerissen) seitlich des Brückenbaus. Ursprünglich war auch eine Schul- und Sportanlage geplant, so dass die Siedlung mit Läden und einem Ärztehaus tatsächlich einen autarken Stadtcharakter angenommen hätte.

Eine besondere Form der vor allem in den 1960er Jahren errichteten Schulanlagen im Pavillonsystem ist die **KOLUMBUS-GRUNDSCHULE** (Büchsenweg 23a; Sergius Ruegenberg; 1967-70). In einer freien Gruppierung der Pavillons ist eine räumliche Struktur entstanden, die Bienenwaben ähnelt. Die Klassenzimmer bestehen aus unregelmäßigen fünfeckigen Räumen, deren Wabenstruktur teils aufgestockt bis ins zweite und dritte Geschoss reicht und sich zum begrünten Stadtraum orientiert. An den Ecken sind die Dächer aufgeklappt und beleben das Bild noch stärker. Ruegenberg schuf mit der Schulanlage eine besonders bemerkenswerte Form der „organischen Architektur", deren Hauptvertreter Ruegenbergs Lehrer Hans Scharoun war. Der Bautypus der Kolumbus-Grundschule erfuhr keine Fortsetzung, da sich im Schulbau statt einer individuellen, organischen Formensprache rechtwinklig angelegte, genormte Schulzentren durchsetzten, die kostengünstiger zu errichten waren.

Ev. **DORFKIRCHE REINICKENDORF** (; Alt-Reinickendorf; Ende 15. Jh.): Auf dem erhaltenen, aber nicht mehr dörflich

umbauten Anger entstand ein Saalbau aus rohen Feldsteinen. Außergewöhnlich ist der bei märkischen Dorfkirchen nur vereinzelt auftretende, im Berliner Stadtgebiet einmalige bündige Übergang vom Kirchenschiff in die runde Apsis. Der Turm auf quadratischem Grundriss erhielt 1713 ein geschweiftes Zeltdach.

KARL-BONHOEFFER-KLINIK (**G**; ORANIENBURGER STRASSE 285; HERMANN BLANKENSTEIN; 1877-79): Als Städtische Irrenanstalt Dalldorf, eine der größten Heilanstalten Deutschlands, errichtet. Der Komplex aus Backstein in einem weitläufigen Park ist rasterförmig in mehrere frei stehende Gebäude gegliedert und im spätklassizistischen Stil der Schinkel-Schule gestaltet. Im Norden wurde die Anlage durch das **WILHELM-SANDER-HAUS** (JOACHIM GANZ, WALTER ROLFES; 1984-87) erweitert, das sich mit seinem Ziegelmauerwerk auf die Altbauten-Anlage bezog. Als Sicherheitstrakt für die Abteilung der Psychiatrie im Strafvollzug war dies eine wegweisende Lösung: Große Fensterfronten aus Panzerglas beziehen die Natur ein. Die Gebäudeanordnung mit der vorgeschriebenen 5 m hohen Mauer ist einer Klosteranlage entlehnt.

RUSSISCH-ORTHODOXE HL.-KONSTANTIN-UND-HELENA-KAPELLE (**D**; RUSSISCHER FRIEDHOF WITTESTRASSE 37; ALBERT BOHM; 1893-94): Der Zentralbau aus gelbem Backstein mit blau gestrichenen Kupferdächern und Zwiebeltürmchen wurde nach den Traditionen russischer Kirchenbauten gestaltet. Inspektorenwohnhaus und Eingangstor des Friedhofs ebenfalls von Bohm.

Mit dem anwachsenden Luftverkehr von und nach West-Berlin wurde in den 1960er Jahren ein neuer leistungsfähiger Flughafen notwendig. Im Gegensatz zum innerstädtischen, nicht expansionsfähigen ▶ *Flughafen Tempelhof* war der 1948 angelegte Flugplatz der französischen Militärverwaltung im Nordwesten der Stadt für die Anlage eines internationalen Flughafens geeignet. Zwar ist der Standort in der Jungfernheide unter Lärmschutzbedingungen nicht optimal, da Teile des städtisch dicht bebauten Weddings und Reinickendorfs seitdem in der Einflugschneise liegen, doch der neue **FLUGHAFEN TEGEL** (KURT-SCHUMACHER-DAMM; VON GERKAN, MARG & PARTNER - GMP, KLAUS NICKELS; 1969-75) musste gezwungenermaßen auf dem begrenzten Territorium des eingeschlossenen West-Berlins errichtet werden. Erstmals in Deutschland wurde mit dem Flughafen Tegel das System eines „Drive-in"-Flughafens umgesetzt. Über eine Schnellstraße mit der Stadt verbunden, fahren die Fluggäste mit Auto und Bus

LINKE SEITE
KARL-BONHOEFFER-KLINIK: TEILANSICHT
FLUGHAFEN TEGEL: LUFTBILD
RECHTE SEITE
SIEDLUNG TEGEL-SÜD:
AUSSENANSICHT, LAGEPLAN

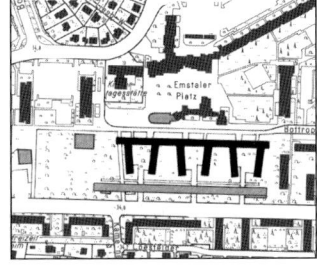

nah an die Flugsteige heran, die in einem sechseckigen Ring angelegt sind. Innerhalb des Rings liegt ein Parkhaus, von dem man direkt zu den Flugschaltern gelangt. Ein ursprünglich geplanter U-Bahnanschluss wurde nicht verwirklicht. Eingeplant war eine Kapazitätsverdoppelung durch einen zweiten Ring. Mit der logisch-rationalen Erschließungsform des Sechsecks und kurzen Wegen ist Tegel benutzerfreundlich und übersichtlich, so dass die Anlage beispielgebend für weitere Flughafenprojekte wurde. Spektakulär war der Entwurf aber nicht nur wegen der bis dahin ungekannten erschließungstechnischen Funktionalität. Als Meinhard von Gerkan und Volkwin Marg 1966 den internationalen Wettbewerb für sich entschieden, hatten sie gerade das Studium abgeschlossen; der Flughafen Tegel war der erste Auftrag des gerade gegründeten Architekturbüros gmp, das heute zu den größten Europas zählt. Nach der Eröffnung des geplanten Großflughafens Berlin-Brandenburg in Schönefeld soll Tegel geschlossen werden.

ERWEITERUNG DER SIEDLUNG TEGEL-SÜD (BOTTROPER WEG/STERKRADER STRASSE/ BERNAUER STRASSE; 1993-97): Ergänzung einer in den 1930er Jahren begonnenen und ab 1968 von GAGES, THEISSEN UND WEBER mit bis zu 14-geschossigen Wohnhochhäusern großmaßstäblich ausgedehnten Siedlung. Es entstand u.a. eine straßenraumbildende Blockrandbebauung, die zur Rückseite kammartig ausgebildet ist. Beispiele: Wohn- und Gewerbehaus Bottroper Weg (STEIDLE & PARTNER; 1993-95), Wohnhäuser Bottroper Weg 13-29 (KRESS, KARA, ALMESBERGER; 1993-95), Wohnhaus Sterkrader Straße (AUGUSTIN & FRANK; 1995-96), Wohnhaus Bernauer Straße 2 (HANS CHRISTIAN MÜLLER & MORITZ MÜLLER), Wohn- und Gewerbehäuser Bernauer Straße 96-134 (BERND MÜLLER-GUILFORD; 1993-95), Kindertagesstätte Bernauer Straße 136 (BERND MÜLLER-GUILFORD; 1995-97).

Noch heute werden weiträumige Stadtgebiete von Tegel durch Industriebetriebe eingenommen, deren Flächen jedoch im Laufe der letzten Zeit bereits zunehmend in Dienstleistungsstandorte umgewandelt worden sind.

Das ehem. Fabrikgelände der Borsig-AG ist in den 1990er Jahren zum **WOHN- UND GEWERBEGEBIET AM BORSIGTURM** (BERLINER STRASSE 20-27/AM BORSIGTURM/VEIT-STRASSE; STÄDTEBAULICHES KONZEPT: CLAUDE VASCONI; 1994-99) umgestaltet worden. Grundlage der Bebauung bildete der städtebauliche Entwurf von Vasconi (1994/95), der durch Blockstrukturen die Dichte des Industrieareals fortschreibt und in der Konversion des alten Industrieareals zu neuer städtischer Urbanität findet. Im Zentrum der Anlage steht der Borsigturm. Mit 65 m Höhe und elf Geschossen war der **VERWALTUNGSTURM DER BORSIGWERKE** (**D**; BERLINER STRASSE 35; EUGEN SCHMOHL, A. HILLEBRAND; 1922-24) das erste Hochhaus Berlins. Bei der Gestaltung ging Schmohl äußerst kunstvoll vor. Der auf annähernd quadratischer Grundfläche errichtete Turm ist durch kräftige Gesimse in vier Zonen höhengegliedert. Die Grundfläche des obersten Teils ist expressionistisch zugespitzt, die Fenster sind rundbogig, wodurch der Turmabschluss, ähnlich einem Säulenkapitell, besonders hervorgehoben worden ist. Der Turm wird westlich durch U-förmige Gebäuderiegel und östlich durch die Anlage des **BÜROPARK AM BORSIGTURM** (AXEL SCHULTES ARCHITEKTEN; DEUBZER & KÖNIG;1996-99) mit Hotel begrenzt. Der von den Gebäuden wie eine Arena eingefasste und begrünte Büropark bildet den räumlichen und funktionalen Mittelpunkt des Komplexes. An der Berliner Straße fällt der lange Gebäuderiegel des Einzelhandelszentrums **HALLEN AM BORSIGTURM** (BERLINER STRASSE 27; CLAUDE VASCONI; 1996-99) durch eine die Horizontale sehr stark betonende Stahl-Glas-Fassade auf. Von hier verläuft rückwärtig eine glasgedeckte Einkaufspassage, die den Gebäuderiegel mit den alten, entkernten Werkshallen verbindet, in deren historische Backsteinfassaden die Einzelhandelsflächen integriert worden sind. Die gläserne, abgeschrägte Eingangsfront des Kinokomplexes in der Straße Am Borsigturm ist zwischen die alten Hallengiebel im Stil märkischer Backsteingotik gesetzt und wie diese den gläsernen Tonnendächern der Halle vorgeblendet. Zwei Architektursprachen finden dabei eine durchaus verträgliche Spannung. In viergeschossigen Gebäuden aus einer Doppelkammstruktur, die einzelne Hofbereiche bildet, ist das **GRÜNDERZENTRUM PHÖNIX** (AM BORSIGTURM 54; ROLFES & PARTNER; 1995-97) untergekommen. Nach Norden schließen die **WOHNGEBÄUDE VEITSTRASSE** (NORBERT STOCKER; 1996-97) eine Baulücke. Sie sind zum großflächigen Areal ebenfalls als Kammbauten ausgebildet und formen ruhige Wohnhöfe.

In landschaftlich reizvoller Lage auf der Halbinsel Reiherwerder entstand die **VILLA BORSIG** (D; REIHERWERDER; SALINGER & SCHMOHL; 1911-13) als erstes einer Reihe von Landhäusern

WOHN- UND GEWERBEGEBIET AM BORSIG-
TURM: LUFTBILD, INNENANSICHT DER
HALLEN AM BORSIGTURM, BÜROPARK
VILLA BORSIG. HIST. ANSICHT
SCHLOSS TEGEL

RECHTE SEITE
PHOSPHAT-ELIMINIERUNGSANLAGE TEGEL:
AUSSENANSICHT, AXONOMETRIE

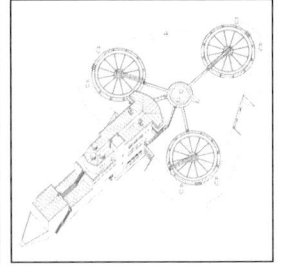

für die Fabrikantenfamilie Borsig. Noch bestand eine räumliche Nähe zu deren Tegeler Produktionsanlagen. In Formen eines spätbarocken Landschlosses errichtet und in einen Landschaftspark (KÖRNER UND BRODERSEN) eingebettet, erinnert jedoch nichts an den nicht weit entfernten Industriestandort.

TEGELER HAFEN: ▶ EXKURS: IBA 1987

Ev. **DORFKIRCHE TEGEL** (DORFANGER ALT-TEGEL; JÜRGEN KRÖGER, 1911-12): Anstelle eines ursprünglich hölzernen Vorgängerbaus errichtet, der im 18. Jh. durch einen barocken Massivbau ersetzt wurde, welcher wiederum durch die heutige, größere Kirche ersetzt worden ist. Der verputzte Backsteinbau wurde als dreischiffiger Saalbau in neoromanischen Formen gestaltet. Der Turm mit Walmdach und kupferner Laterne nimmt die Eingangshalle mit einer vorgelagerten dreibogigen Arkade auf.

GASTHOF ALTER FRITZ (🄳; KAROLINENSTRASSE 12; UM 1650; 1752): Ehem. Poststation mit Stallungen an der Landstraße Berlin-Ruppin-Hamburg. Gibt einen Eindruck von der ursprünglichen Bebauung Tegels. 1885 entstand angrenzend ein Erweiterungs- und Saalbau.

Im Norden Tegels, am Rand eines der größten Waldgebiete Berlins, liegt das **SCHLOSS TEGEL** (🄶; ADELHEIDALLEE 17-21; KARL FRIEDRICH SCHINKEL; 1820-24). Schinkel erweiterte ein aus dem 16. Jh. stammendes Gutshaus, das sich seit 1766 im Besitz der Familie von Humboldt befand und formte den Gutshof zu einer villenähnlichen, repräsentativen Anlage italienischen und antiken Charakters um. Den südlichen Renaissanceturm des Altbaus nahm Schinkel zum Anlass, an den übrigen drei Ecken ebenfalls Türme zu errichten, so dass ein symmetrisches Gebäude entstanden ist. Die alte Bausubstanz bleibt deutlich an den beiden halbrunden Erkern und dem steilen Dach erkennbar und ablesbar. Durch die in der Innenarchitektur berücksichtigten Aussichten auf den 1777-89 von CHRISTIAN KNUTH gestalteten Park erhielten die Wohnräume einen heiteren und angenehmen Charakter. Die Reliefs der Fensterstürze in den obersten Turmgeschossen nehmen Bezug auf die Antike, ebenso die Interieurs mit Statuennischen und das von der Hof- zur Gartenseite durchgehende Vestibül mit dorischen Säulen. 1971-72 wurde das Schloss denkmalgerecht wiederhergestellt.

PHOSPHAT-ELIMINIERUNGSANLAGE TEGEL (WAIDMANNSLUSTER DAMM/BUDDESTRASSE; GUSTAV PEICHL; 1982-85): Im Rahmen der IBA 1987 errichtetes ökologisches Projekt. Das **481**

Klärwerk dient zur Senkung der hohen Phosphatkonzentration im Tegeler See. Ein Plateau mit drei kreisförmigen Becken und einem Betriebsgebäude bezieht sich auf Schiffsarchitektur. Mehrere „Decks", an Relingen erinnernde Gitter, Bullaugenfenster und eine Schaltzentrale im Obergeschoss als „Kommandobrücke" vervollständigen das Bild.

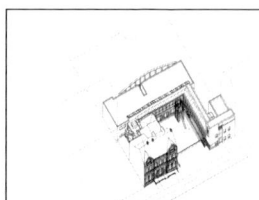

In der von geschlossener Bebauung mit Vorgärten geprägten Letteallee musste die neue **KINDERTAGESSTÄTTE LETTE-ALLEE 82-86** (CHESTNUTT NIESS; 1991-98) auf die Baumasse der ehem. kath. **ST.-MARIEN-KAPELLE** (◼; W. DASSLER; 1902) reagieren, die sich auf dem gleichen Grundstück befand. Das nur zweistöckige Kapellen- und Pfarrhaus unterbricht den Höhenmaßstab der Wohnbebauung ebenso wie die geschlossene Straßenfront durch die Übereckführung der Fassade zum benachbarten, frei gebliebenen Grundstück. Aus diesem Grund entstand hier die Erweiterung der im einstigen Pfarrgebäude untergebrachten Kindertagesstätte nicht als Baulückenschließung. Zwei neue Flügel umschließen zusammen mit dem Altbau U-förmig die Freifläche zur Straße als Vorraum. An die dahinterliegende Sonnenseite mit Gruppenräumen schließt sich ein Spielgarten mit landschaftlichem Charakter an.

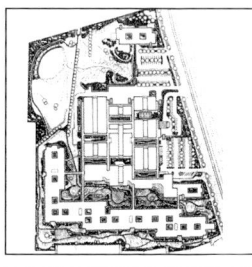

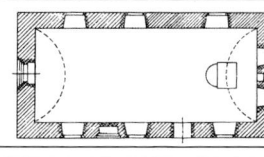

HUMBOLDT-KRANKENHAUS (AM NORDGRABEN 2; INGO TÖNIES, ULRICH SCHROETER & PARTNER; 1978-85): Die weitläufige zweigeschossige Anlage umfasst einen Behandlungs- und einen Bettentrakt in zwei voneinander getrennten Bauteilen. Die dadurch entstehenden langen Wege können über automatische Fördersysteme zurückgelegt werden.

RATHAUS REINICKENDORF (EHEM. RATHAUS WITTENAU; EICHBORNDAMM 215; FRIEDRICH BEYER; 1909-11): Der anspruchsvolle Neorenaissance-Bau über L-förmigem Grundriss mit Turm war ursprünglich als Teil eines Ensembles gedacht. In den 1950er Jahren wurde der Bau in zwei Abschnitten nach Süden erweitert.

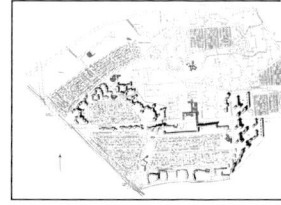

Auf dem heute noch erhaltenen Dorfanger entstand die ev. **DORFKIRCHE WITTENAU** (◼; ALT-WITTENAU; 1482 BEGONNEN, DACHTURM 1799, FENSTER UND WESTPORTAL 1860) – ein einfacher, rechteckiger Saalbau aus Feldsteinen, mit hohem Satteldach. Im Innern ist die ursprüngliche Flachdecke 1956-57 durch ein Tonnengewölbe ersetzt worden.

MAX-EYTH- UND JOHANNES-LINDHORST-OBERSCHULE (◼;

ALT-WITTENAU 8-12; JEAN KRÄMER; 1928-31): Halbrund angeleg-

KITA LETTEALLEE: AXIOMETRIE
HUMBOLDT-KRANKENHAUS: LAGEPLAN
DORFKIRCHE WITTENAU: GRUNDRISS
MARKISCHES VIERTEL: LAGEPLAN, WOHNHAUSGRUPPEN

ter Schulbau in Formen der Neuen Sachlichkeit. Die Fenster wurden durch Klinker-brüstungen zu Bändern zusammengefasst. Für die damalige Zeit entstand ein fort-schrittliches Raumprogramm.

Die Großsiedlung **MÄRKISCHES VIERTEL** (Wilhelmsruher Damm/Senftenberger Ring; städtebaulicher Entwurf: Werner Düttmann, Georg Heinrichs, Hans Christian Müller; 1963-74) entstand auf einer Feldmark östlich des alten Dorfkerns von Wittenau – am Rande West-Berlins in unmittelbarer Nähe zur ▶ *Berliner Mauer*. Geplant für 40.000 Einwohner, war das Märkische Viertel das größte Neubaugebiet Deutschlands; dementsprechend war das Projekt viel beachtet und wird bis heute kontrovers diskutiert. Während die ▶ *Gropiusstadt* erst im Planungsverlauf ver-dichtet wurde, standen die planerischen Zielsetzungen im Norden Berlins von vorn-herein unter dem Motto „Urbanität durch Dichte". Mit diesem Leitsatz wurde das in den 1950er Jahren entwickelte Schema der aufgelockerten, in einzelne Nachbar-schaften gegliederten Stadt revidiert, bei dem urbane Qualitäten ausgeblieben waren. Im Märkischen Viertel führten platzbildende Verflechtungen der Hochhausformationen zu geschlossenen räumlichen Einheiten. Zum Zentrum hin mit Gesellschaftsbauten und Einkaufsbereichen nimmt die Dichte zu. Die Großbauten (u.a. Wilhelmsruher Damm 152-158: Oswald Mathias Ungers; Finsterwalder Strasse 72-96: Heinz Schudnagies) wurden mit hohem Anspruch engagierter Architekten zu Großskulpturen variiert, deren Baukörper durch kammförmige, rechtwinklig-gerasterte und gekurvte Hochhausgruppen alternieren. Details wie Treppenhaustürme und Eingangsbereiche, die auf die Dimensionen der Großskulpturen ausgerichtet wurden, wirken jedoch stark anonymisierend. Auch die zur Errichtung der Großsiedlung notwendigen Normungen verhalfen dem wohlgemeinten und als zukunftsweisend erachteten Versuch nicht zum erhofften Erfolg. Vielmehr wurde das Märkische Viertel von der einsetzenden Kritik zum Inbegriff eines seelenlosen Städtebaus erklärt. Erst durch Wohnumfeldver-besserungen – Umbau der Eingänge zu pavillonartigen Vorbauten, Umwandlung von Parkplatzflächen in Grünbereiche – wurde die Akzeptanz bei den Bewohnern ge-steigert.

Ehem. **FAHRZEUGFABRIK F. G. DITTMANN** (◨; Lübarser Strasse 40-46; Bruno Buch; 1913-14): Die Verwaltung war in einer neoklassizistisch gestalteten Villa unterge-bracht, das Pförtnerhaus war als Landhaus gestaltet, die Tordurchfahrt war Zoll-häusern entlehnt. Eine Werksstraße wird von einem mächtigen Dreiecksgiebel zwischen zwei Produktionshallen überspannt, auf dem ursprünglich der Firmenname zu lesen war.

Ehem. **WERKZEUGMASCHINENFABRIK HERBERT LINDNER** (◨; Lübarser Strasse 8-38; Martin Punitzer; 1932-40): In ihrer Gestaltung im Stil der Neuen Sachlichkeit ist die Fabrik einer der herausragenden Berliner Industriebauten. Die horizontale Gliederung erfolgt durch Fensterbänder, Putz- und Klinkerstreifen. Durch großzügige Verglasung wurde Transparenz und Leichtigkeit erreicht. 1939-40, nach Punitzers **483**

Emigration, wurde die Anlage von Simon & Hoppe vollendet. In einem der Höfe entstand 1979 ein neuer Hallenbau (Ferdinand & Reimer); 1987 wurde die stillgelegte Fabrik restauriert (Jürgen Lampeitl).

Der **DORFANGER ALT-LÜBARS** (**E**) ist von einstöckigen Höfen mit klassizistischem Fassadenschmuck umbaut. Der **DORFKRUG ALT-LÜBARS 8** (Carl Scott; 1896-99) besitzt einen ausgemalten, 1985 wiederhergestellten Tanzsaal. Die ev. **DORF-KIRCHE ALT-LÜBARS** (**D**; Alt-Lübars; 1791-94) ist ein einfacher Putzbau mit dreiachsigem Langhaus. Der Bau ist ein Beispiel für den strengen preußischen Barock und war Nachfolger einer durch einen Dorfbrand zerstörten Fachwerkkirche. Putzlisenen gliedern den Bau. Eine Restaurierung erfolgte 1950-56 (Hinnerk Scheper).

WOHNSIEDLUNG ZABEL-KRÜGER-DAMM (u.a. Hans Scharoun; Jan und Rolf Rave; Bernhard Binder; 1966-72): Siedlung mit über 2.000 Wohnungen. Der markanteste Bauteil ist ein aus Kreissegmenten zusammengesetztes Hochhaus von Scharoun.

Die prächtige Giebelfassade der ev. **KÖNIGIN-LUISE-KIRCHE** (**D**; Bondickstrasse 76; Robert Leibnitz; 1912-13) ist dem Rathaus von Tangermünde nachgebildet; der Turm ist mit einem fialengeschmückten Staffelgiebel ausgestattet. Unterbau und Turm bestehen aus Kalkstein, darüber Ziegel. Umbauten fanden 1960-61 statt (Walter Krüger).

SIEDLUNG FREIE SCHOLLE (**G**; Schollenhof 1-31; Bruno Taut; 1924-26; 1929-33): Im Mittelpunkt der Ein- und Mehrfamilienhaussiedlung liegt der Schollenhof, der durch Doppelwohnhäuser und Mietshausgruppen eingefasst ist. Die Umbauung überspannt dabei zwei Straßen. An den Fassaden der Bauten ist die ursprüngliche Farbigkeit nicht mehr erhalten; neue Fenster führten ebenfalls zu einem stark veränderten Bild.

Ev. **DORFKIRCHE HERMSDORF** (**D**; Almutstrasse; 1754-56): Bescheidener, verputzter Saalbau auf rechteckigem Grundriss im friderizianischen Barockstil, an dem durch Fensterrahmen, Pilaster und Gebälk barocke Formen nur leicht angedeutet wurden. 1909 erfolgte eine Erweiterung mit Vorhalle, Chor und Sakristei in den gleichen Stilformen. Der Turm musste 1960 vollständig neu errichtet werden. Die Lage des Turmes zeigt die ursprüngliche Länge der Kirche, bevor die Eingangshalle angebaut wurde.

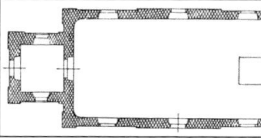

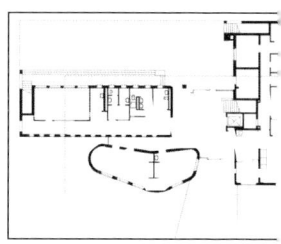

LINKE SEITE
EHEM. WERKZEUGMASCHINEN-FABRIK HERBERT LINDNER
DORFANGER ALT-LÜBARS
DORFKIRCHE ALT-LÜBARS:
GRUNDRISS
KITA FICHTESTR.:
AUSSENANSICHT, GRUNDRISS

RECHTE SEITE
RENÉE-SINTENIS-SCHULE:
EINGANG, GRUNDRISS

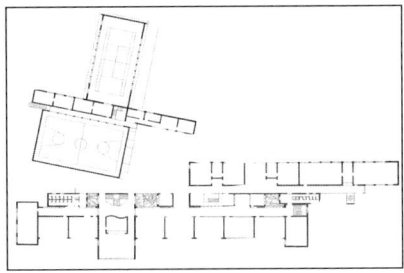

Der Baukörper der in Hermsdorf liegenden **KINDERTAGESSTÄTTE FICHTESTRASSE 5-9** (BEHRENDT + STUTZER; 1994-95) wurde nach Funktionen formal in zwei Bereiche untergliedert: farbig verputzte, steinerne Bauteile im Erdgeschoss und ein scheinbar aufliegender lang gestreckter Baukörper aus Stahl und Glas im ersten Obergeschoss. Der untere Bereich nimmt alle dienenden Räume wie Küche, Personalzimmer und sanitäre Anlagen auf. Im oberen Geschoss sind die Gruppenräume untergebracht, die durch die Glasfassade den Ausblick auf die Straße gestatten und über Außentreppen ins Freie führen.

Im äußersten Nordwesten Berlins, im Ortsteil Frohnau, liegt die **RENÉE-SINTENIS-SCHULE** (LAURINSTEIG 39-45; 1957; HILDE LÉON, KONRAD WOHLHAGE; 1989-94), die seit ihrer Erweiterung durch Léon und Wohlhage ein attraktives Raum- und Wegesystem aufweist. Durch eingeschobene Gebäuderiegel ist ein leicht angehobener, eingefasster Platz definiert worden. Der Riegel zwischen alter und neuer Turnhalle macht durch seine Aufstützung den Platzraum durchlässig, der Verbindungsriegel zwischen altem und neuem Klassentrakt nimmt die Servicezone auf und wird von Sheddächern belichtet. Léon und Wohlhage fanden einen gelungenen Übergang zwischen Alt und Neu; mit dem Einsatz von Farbe wurde die zurückhaltende Architektur der 1950er Jahre für die Aufgabe einer lebendigen Schule belebt. 1994 erhielt das Projekt den Architekturpreis des Bundes Deutscher Architekten (BDA).

Stadträumlich herausgehoben am Zeltinger Platz, in der Achse der Bahnhofsbrücke, liegt die ev. **JOHANNES-KIRCHE** (◨; ZELTINGER PLATZ 17-18; WALTER & JOHANNES KRÜGER; 1934-36), die optisch zwei durch eine Bahnlinie getrennte Ortsteile miteinander verbindet. Ein wuchtig breiter Kirchturm, mit Klinkern verkleidet, ruft ein traditionelles Erscheinungsbild hervor. In einer für Bauten des Nationalsozialismus typischen Weise steht die äußere Erscheinung damit im Widerspruch zur modernen Konstruktion aus Stahlbeton. 1966-67 fanden Umbauten durch Walter Krüger statt.

HAUS KERSTEN (◨; WILTINGER STRASSE 15; HEINZ SCHUDNAGIES; 1957-58): Die Gebäudeform mit gegeneinander versetzten Pultdächern wurde aus dem frei gestalteten Grundriss mit ineinander fließenden Räumen entwickelt. Eine deutliche Verwandtschaft mit Wohnhäusern von Hans Scharoun, dem Lehrer von Schudnagies, ist zu erkennen.

Ev. **DORFKIRCHE HEILIGENSEE** (◻; ALT-HEILIGENSEE; 15./16. JH.): Auf dem gut erhaltenen, von Bauten des 18. und 19. Jh. umgebenen Dorfanger. Der rechteckige Saal besitzt einen unregelmäßig dreiseitigen Chorschluss, in dessen Nordseite eine Spitzbogennische erhalten ist, die ein früheres Portal bezeichnet. 1667 durch Brand schwer beschädigt; Fassade bei Wiederherstellung barock umgestaltet; Westturm von 1707-13; Umbauten 1936-37.

SPANDAU

Ev. **CHRISTOPHORUSKIRCHE** (◻; SCHUCKERTDAMM 336-340, HANS HERTLEIN; 1929-31): Von der Straße leicht zurückversetzter, mit den Pfarr- und Gemeindebauten verbundener Bau mit wuchtigem Kirchturm. Deutlich ist der enge Bezug zur Architektur der ebenfalls von Hertlein entworfenen Siemenswerke zu erkennen. Der kreisrunde Kirchraum ist mit einer halbkreisförmigen Altarnische ausgestattet.

WERNERWERK II (◻; WERNERWERKDAMM 5; KARL JANISCH, HANS HERTLEIN; 1914-22): Die Blockbebauung um enge Binnenhöfe erinnert noch sehr an die Industriearchitektur innerstädtischen Bauens. Als vertikales Gegengewicht zur 190 m langen Fassade entstand der Turm (JANISCH; 1914) als Wasserbehälter und als Schornstein für das im Keller liegende Heizkraftwerk. Seine eigentliche Funktion ist durch die Gestaltung jedoch verschleiert. Symbolisch trat er in Konkurrenz zu den Rathaustürmen der Stadt.

SIEDLUNG HEIMAT (◻; ROHRDAMM 32-33; HANS HERTLEIN; 1929-34): Durch Geschosshöhe und geschwungene Baukörper knüpft die Wohnanlage an die angrenzende ▶ *Ringsiedlung Siemensstadt* an. Jedoch ist für die Siedlung Heimat eine einfachere Ausführung bis hin zur Beheizung der Wohnung mit Öfen trotz angrenzendem Heizkraftwerk charakteristisch.

Mit zehn Geschossen war das **SCHALTWERK-HOCHHAUS DER SIEMENSWERKE** (◻; NONNENDAMMALLEE 104; HANS HERTLEIN; 1926-28) das erste Fabrik-Hochhaus Europas. Mit seiner sachlichen Klinkerfassade dominiert der Stahlskelettbau den industriell geprägten Stadtraum im Übergang von Charlottenburg nach Spandau. Die Wahl eines Hochhauses lag im Bedürfnis nach kurzen Produktionswegen begründet. In jedem Stockwerk nimmt ein 175 m langer und 16 m breiter Saal die gesamte Fläche des Geschosses ein. Treppenhäuser, Aufzüge und Toiletten wurden in den vorgestellten Türmen untergebracht.

Die **GROSSSIEDLUNG SIEMENSSTADT** (RINGSIEDLUNG; ◻; JUNGFERNHEIDEWEG/GOEBELSTRASSE/HECKERDAMM; HANS SCHAROUN, OTTO BARTNING, FRÉD FÓRBAT, WALTER GROPIUS, HUGO HÄRING, PAUL RUDOLF HENNING; 1929-32) bot den Beschäftigten der benachbarten Industriegebiete Wohnraum in über 1.300 Wohnungen. Entworfen wurde die Großsiedlung unter Beteiligung mehrerer Architekten der Architektenvereinigung „Der Ring". Mit dieser Siedlung des Neuen Bauens ging man neue Wege, indem alle Wohnungen in Mehrfamilienhäusern untergebracht wurden und die Siedlung deutlich

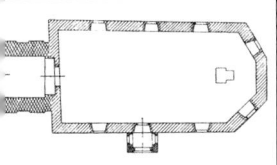

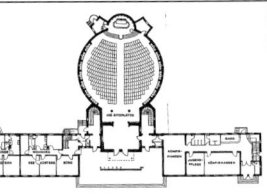

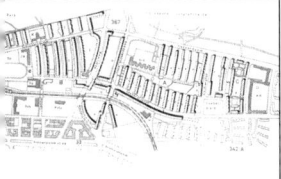

städtischer angelegt wurde als etwa die ▶ *Hufeisen-Siedlung.* Den Eingangsbereich zur Siedlung definieren die Bauten von Hans Scharoun (Jungfernheideweg 1-19), die trichterförmig die Straße beidseitig zur Bahnunterführung verengen. Mit rund ausschwingenden Balkonbrüstungen und Bullaugen geben sie Schiffsmotive wieder. Hinter der Unterführung erstreckt sich entlang der Goebelstraße ein langer Riegel von Otto Bartning, der das Viertel zur S-Bahn abschirmt. Die Zeilenbauten von Walter Gropius (beidseitig des Jungfernheidewegs), Hugo Häring (entlang der Goebelstraße), Fréd Fórbat (letzte Zeilen nach Osten) und Paul Rudolf Henning (Heckerdamm) variieren durch unterschiedliche Balkonformen. Mit wenigen Läden, einer Zentralwaschküche und einer unvollendet gebliebenen Schule blieben die zentralen Gemeinschaftseinrichtungen allerdings unterentwickelt.

HAUPTVERWALTUNGSGEBÄUDE DER SIEMENSWERKE (**D**; NONNENDAMM 101; KARL JANISCH, FRIEDRICH BLUME; 1910-13; HANS HERTLEIN; 1922-30): Mehrflügliger Verwaltungsbau, der sich mit einem Ehrenhof an Schlossanlagen anlehnt. 1921-22 und 1926-28 wurde das Gebäude von Hertlein erweitert; der anschließende Schaltwerk-Hallenkomplex stammt von Janisch (1926).

DYNAMOWERK DER SIEMENSWERKE (**D**; NONNENDAMM 62-79; KARL JANISCH, CARL DIHLMANN, 1906, 1909-12; HALLENKOMPLEX, 1922 UND 1940-42 VON HANS HERTLEIN ERWEITERT): Mehrschiffiger Hallenbau, dem ein Verwaltungsgebäude angeordnet ist. Die Fassade der Hallenerweiterung von 1909-12 zum Nonnendamm ist durch zwei monumentale Rundgiebel, die von Doppelpilastern flankiert werden, geprägt.

GEWERBEPARK ZITADELLENWEG 2-10 (CLAUDE VASCONI; 1992-99): Lang gestreckter Gebäuderiegel einer ursprünglich torartig geplanten Bebauung beidseits der Straße Am Juliusturm.

SIEDLUNG HASELHORST (**G**; HASELHORSTER DAMM): ▶ EXKURS: BAUHAUS IN BERLIN

Als neuer ICE-Haltepunkt wurde der **BAHNHOF SPANDAU** (VON GERKAN, MARG & PARTNER – GMP; 1996-98) gebaut. Im Stadtraum dominiert nun eine Glasdachkonstruktion, die in vier Bögen die gesamte Bahnsteiglänge von Bahnsteigmitte zu Bahnsteigmitte überspannt. Die Bogenkonstruktion bezieht sich mit heutigen Materialien wie Drahtrohrglas auf die Archi-

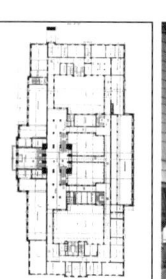  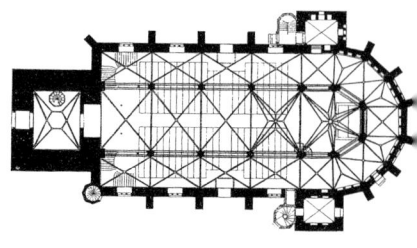

tektursprache alter Bahnhofshallen und schafft formal-ästhetische Klarheit. In ganz ähnlicher Gestaltung ist die in Ost-West-Richtung verlaufende Bahnhofshalle des ▶ *Hauptbahnhofs Berlin – Lehrter Bahnhof* von gmp errichtet worden.

RATHAUS SPANDAU (**D**; Carl-Schurz-Strasse 2-8; Reinhardt & Süssnguth; 1910-13): Der Komplex mit barockisierenden Fassaden umfasst vier Höfe. Der Turm war ursprünglich mit einer Haube gedeckt, nach Kriegszerstörung erhielt er 1957 einen steinernen Abschluss (Reiner Seidel).

In der fast rechtwinklig angelegten **SPANDAUER ALTSTADT**, deren Fachwerkbebauung aus dem 17. und 18. Jh. zum Teil erhalten ist, bildet die spätgotische, auf einem Feldsteinsockel errichtete ev. **ST.-NIKOLAI-KIRCHE SPANDAU** (**D**; Reformationsplatz; um 1370; 1410-50; Turm: 1467-68; Paul Rothstock) den baulichen Mittelpunkt. Der Sakralbau steht diagonal zum Straßenraster der Altstadt, woraus sich für den fast quadratischen Reformationsplatz eine spannungsreiche Raumsituation ergibt. An der südlichen Seitenkapelle, die eine getreppte, verzierte Giebelfront besitzt, verengt sich der Platz zu einem schmalen Durchgang, während er sich im übrigen Bereich durch die diagonale Stellung der Backsteinkirche zu zwei dreieckigen Platzhälften aufweitet. Im Innern der Hallenkirche war die Gewölbeeinteilung des Chorumgangs Vorbild für den Umgangschor der Berliner ▶ *Nikolaikirche*, die Rundkapellen zwischen den Strebepfeilern finden sich in Spandau jedoch nicht. An der Westseite ist dem Langhaus ein mächtiger Turm auf quadratischem Grundriss vorgestellt, der 1740-44 ein verputztes Glockengeschoss mit Haube und Laterne erhielt. Im 19. und 20. Jh. wandelten sich Äußeres und Inneres der Kirche mehrmals durch Um- und Wiederaufbau. 1838-39 erfolgte eine Restaurierung mit Umbauten (Lauken, Nicolai und Karl Friedrich Schinkel). Schinkel gab dem Turmaufbau gotisierende Blendarkaden, die dem Zeitgeist der Romantik entsprachen; Emporen wurden eingefügt, die den ursprünglich lichten Raumeindruck verfälschten. Bei der Wiederherstellung nach schweren Kriegsschäden 1946-49 (Hinnerk Scheper) und 1957-58 (Jürgen Emmerich) wurde auf die Emporen verzichtet, die im 19. Jh. angebrachte Bemalung der Kirchenwände wurde zugunsten eines weißen Putzes aufgegeben. Mit einer erneuten Restaurierung 1979-89 wurden die barocke Turmhaube und die Schinkel'schen Blendarkaden rekonstruiert.

LINKE SEITE
RATHAUS SPANDAU: HIST. GRUNDRISS
ST.-NIKOLAI-KIRCHE SPANDAU:
AUSSENANSICHT, GRUNDRISS

RECHTE SEITE
ST.-NIKOLAI-KIRCHE SPANDAU:
INNENANSICHT
ZITADELLE SPANDAU:
GLACIS, EINGANGSPORTAL

Kath. **ST.-MARIEN-KIRCHE AM BEHNITZ** (**G**; BEHNITZ 9; JULIUS MANGER; 1847-48; PFARRHAUS- UND WOHNHAUS 1852-54): Der Architektur liegt die Idee einer altchristlichen Basilika von König Friedrich Wilhelm IV. zugrunde. Dem Stilwunsch des Königs entsprechen der dreischiffige Basilikaaufbau, die Rundapsis, der doppelgeschossige Dachaufbau und die vorgezogene Fassade des Mittelschiffs.

STADTMAUER MIT TURM (**D**; HOHER STEINWEG 7; UM 1319-50): Der westliche Teil der Anlage wurde im 18. Jh. ausgebessert. 1981 vervollständigte man den Wehrturm in seiner ursprünglichen Gestalt.

An der Verengung der seenartigen Havel zum schmalen Fluss ist die **ZITADELLE SPANDAU** (**G**; AM JULIUSTURM; 13.-20. JH.) als große Festungsanlage der Altstadt breit vorgelagert. In strategisch herausgehobener Lage ging der Fortifikation bereits die Anlage einer Burg voraus, die im 12. Jh. erstmalig erwähnt wurde. Im 16. Jh. wurde die alte Burganlage unter Einbindung des 32 m hohen **JULIUSTURMS** (UM 1200) und des **PALAS** (UM 1350; 1521-23) zur Zitadelle mit Bastionen und Glacis ausgebaut (CHRISTOPH RÖMER, FRANCESCO CHIARAMELLA DE GANDINO, ROCHUS GRAF ZU LYNAR; 1557-97). Nach norditalienischem Muster entstand eine Anlage auf damals höchstem wehrtechnischem Stand, die den Idealvorstellungen der Renaissance entsprach. Den doppelgeschossigen Verteidigungsgalerien wurden zu vier Ecken große Bastionen angestellt, deren Grundrisse einer Pfeilspitze optimale wehrtechnische Bedingungen schufen. Umzogen ist das backsteinverblendete Mauerwerk von einem wassergefüllten Festungsgraben. In ihrer idealtypischen Gestalt ist die Zitadelle eine der besterhaltenen Festungsanlagen Europas. Der Zugang zum weiten Hof, der u.a. von einer Kaserne und Magazingebäuden eingefasst wird, erfolgt seitlich der „Bastion König" durch ein Torhaus. In diesem lag die Kommandantenwohnung, weswegen der Bau durch den mit einer Wappenkartusche reich geschmückten Giebel einen repräsentativen Zug erhalten hat. Nachdem 1813 während der Belagerung durch die napoleonische Besatzung ein Pulvermagazin explodiert war, wurden die beschädigten Gebäude in den Folgejahren wiederhergestellt (U.A. DURCH KARL FRIEDRICH SCHINKEL). Der Juliusturm erhielt nach einem Entwurf von Schinkel einen Zinnenkranz (1838). Als wichtigste Ergänzung der Anlage wurde 1857 das **ZEUGHAUS** von Carl Ferdi-nand Busse errichtet, das heute vom Stadtgeschichtlichen Museum Spandau genutzt wird. Nach Umbauten 1935-36 für ein Heeresgasschutzlaboratorium erfolgte nach dem Zweiten Weltkrieg ab 1962 die etappenweise Restaurierung der Zita-delle, die heute in erster Linie ein touristisches Ziel ist und kulturell genutzt wird.

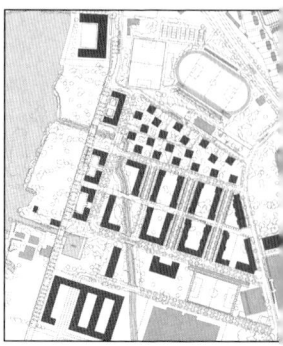

Die **WASSERSTADT OBERHAVEL** (Pulvermühlenweg/Olga-Tschechowa-Strasse/Romy-Schneider-Strasse/Neuendorfer Strasse; Gesamtrahmenplan: Christoph Langhof, Jürgen Nott-meyer, Klaus Zillich, Hans Kollhoff; seit 1994) ist die größte der „Neuen Vorstädte", die mit der Intention entsteht, eine un-gesteuerte Bebauung der landschaftlich reizvollen Havel-landschaft zu vermeiden. Mit einem in verschiedene Planungs-bereiche aufgeteilten Gesamtrahmenplan ist ein stark ordnendes Prinzip für den Landschaftsraum nördlich der Alt-stadt Spandau zwischen Zitadelle, Insel Eiswerder und Haken-felde eingeführt worden. Im Gegensatz zur Neuen Vorstadt ▶ *Karow-Nord*, einer reinen Wohnstadt, wird mit der Wasserstadt eine Mischnutzung aus Wohnen, Dienstleistung und Gewerbe angestrebt. Durch die im Unterschied zu den anderen Neuen Vorstädten deutlich dichtere und höhere Bebauung, vor allem aber durch die einmalige Einbindung der Quartiere in die Havellandschaft, ist die Wasserstadt Oberhavel die bestgelun-gene der Neuen Vorstädte, auch wenn die ursprünglichen Be-bauungspläne aufgrund eines Überangebots auf dem Woh-nungsmarkt reduziert werden mussten.

Im **QUARTIER PULVERMÜHLE** (Städtebauliches Konzept Nalbach + Nalbach; 1995-98) östlich des Eiswerders prägen L- und U-förmige Blöcke ein orthogonales Bebauungsraster. Die frei stehenden Punkthäuser sind alle auf gleicher quadratischer Fläche und in gleicher Höhe errichtet worden. Die beteiligten Architekten (Nalbach + Nalbach; Carola Schäfers; Bernd Al-bers; Enns Eckert, Negwer, Sommer, Suselbeek) haben allein die Grundrisse und die Fassadengliederung gestaltet. Indem die Wohnkuben in einen alten Baumbestand eingebunden werden konnten, ist hier einer der ansprechendsten Bereiche entstanden. Unübertroffen ist jedoch der Übergang der Be-bauung zum offenen, parkartigen Havelufer, welcher durch die

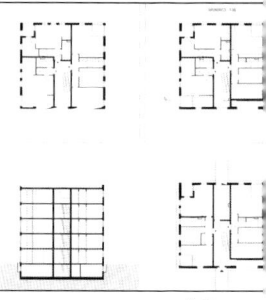

entlang der Bebauungsgrenze verlaufende Lilli-Palmer-Prome-

Linke Seite
QUARTIER PULVERMÜHLE:
LAGEPLAN,
DETAIL DER WOHNBEBAUUNG
(NALBACH + NALBACH),
TYPENGRUNDRISSE

Rechte Seite
GRUNDSCHULE IM QUARTIER
PULVERMÜHLE
WOHNHAUS ROMY-SCHNEIDER-STR.:
GRUNDRISS, AUSSENANSICHT DER
PROMENADE
QUARTIER HAVELECK: LUFTBILD,
DETAILANSICHT

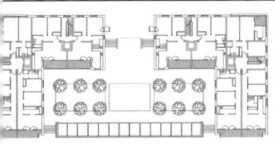

nade hergestellt wird. Die im gemeinnützigen Wohnungsbau errichteten Bauten weisen eine außergewöhnlich hohe architektonische Qualität auf, die durch klar gegliederte Fassadenraster, aufwendige Klinkerverblendung und rötliche Putzanstriche sowie einer über das übliche Maß hinausgehenden sorgfältigen Gestaltung der Eingangsbereiche entstanden ist. Die Fassadengliederung des **WOHNHAUSES ROMY-SCHNEIDER-STRASSE 1-7** (HENTSCHEL-OESTREICH ARCHITEKTEN; 1996-98) folgt dem Prinzip, strengen, nur durch ein Raster von Lochfenstern gegliederten Verblendmauerflächen großzügig geöffnete Wohnbereiche entgegenzusetzen. Die Organisation der Grundrisse ermöglichte fast allen Wohnungen einen direkten Havelblick. Die Loggien an der Uferpromenade erhielten plastisch hervortretende Wetterschutzverglasungen, die ihrer exponierten Lage Rechnung tragen. Die vom Havelblick ausgeschlossenen Wohnungen erhielten an den Gebäudeecken verglaste, beheizbare Wintergärten.

Der Entwurf für die **GRUNDSCHULE IM QUARTIER PULVERMÜHLE** (GRÜTZMACHERWEG 7; GESKE UND WENZEL; 1996-98) nutzte die dem Wohnquartier südlich vorgelagerte Grundstückssituation zur Bildung eines räumlichen Abschlusses des Straßenraums. Durch die axiale Ausrichtung des Schulgebäudes entstand ein kleiner Vorplatz als Eingangshof zum Schulhaus. Die architektonische Gestaltung des dreigeschossigen Baukörpers sollte auf der dem Wohnquartier zugewandten Seite den städtischen Charakter des Quartiers unterstützen und gleichzeitig auf der zum Grünraum hin orientierten Seite das „Haus im Park" thematisieren. Die schulischen Freiflächen sind auf der „grünen" Seite des Schulgrundstücks angeordnet, gerahmt vom vorhandenen Baumbestand. Eckrisalite, Rücksprünge und Terrassen sowie ein Balkon auf der Südseite des Gebäudes dienen sowohl der Schaffung zusätzlicher Freiflächen als auch dem Sonnenschutz.

Das **QUARTIER PARKSTRASSE SÜD SCHULTHEISS** (U.A. BENEDICT TONON; KSV KRÜGER, SCHUBERTH, VANDREIKE; 1997-98) am westlichen Ufer ist geprägt von den Bauten der ehem. Schultheiss-Brauerei (VERWALTUNGSGEBÄUDE MIT EXPRESSIONISTISCHER KLINKERFASSADE VON HERMANN DERNBURG; 1928), an denen sich eine sechsgeschossige Bebauung orientiert. Im **QUARTIER HAVELECK** (KONZEPT: KEES CHRISTIAANSE/ASTOC PLANNERS &

ARCHITECTS; 1995-2000) ist eine 1928 von HANS POELZIG errichtete Produktionshalle eingebunden in neue Baublöcke, deren dazwischenliegende Straßenräume sich konisch zum Wasser öffnen.

Die **SPANDAUER SEE-BRÜCKE** (WALTER A. NOEBEL; 1995-97) dient als Verbindung zum neu entstandenen Quartier Haveleck der ▶ *Wasserstadt Oberhavel*. Eine rhythmisch angeordnete Reihe hoher kubischer Pfeiler mit Aussichtsnischen und würfelförmigen Beleuchtungskörpern prägt das Erscheinungsbild. Bei der Überquerung der Havel durch diese rationalen „Marksteine" entstand eine starke poetische Ausdruckskraft.

Für den Durchgangsverkehr zwischen Gewerbegebiet und Quartier Haveleck wurde die **WASSERSTADTBRÜCKE** (DÖRR, LUDOLF UND WIMMER; 1999-2000) angelegt. Ihr markantes Erscheinungsbild wird von schlanken Beleuchtungsmasten bestimmt.

Den nördlichsten Bereich der ▶ *Wasserstadt Oberhavel* bildet das Maselake Quartier. Hier entsteht am Maselakekanal die **GRUNDSCHULE MASELAKE NORD** (GOLTZSTRASSE; ASSMANNSALOMON[AS]; 2003-04). Zwei kompakte Baukörper von Schule und Sporthalle besetzen die Ecken des Grundstücks und fassen den städtischen Raum im Übergang zwischen urbaner Bebauung südlich und kleinteiliger Struktur nördlich. Zum neuen Stadtplatz am Kanal liegt die Schule als kompakter dreigeschossiger Kubus. Sandfarbene Ziegelverkleidung an beiden Gebäuden soll an die Traditionen des Berliner Schulbaus anknüpfen, die Dachflächen werden begrünt und erhalten Sonnenkollektoren.

Die Gestaltung der ev. **LUTHERKIRCHE** (**D**; LUTHERPLATZ; ARNO EUGEN FRITSCHE; 1895-96) erfolgte einschließlich der Platzanlage. So ist die asymmetrische Stellung des Turms wesentlich einer malerischen räumlichen Wirkung geschuldet. Die dreischiffige Backstein-Hallenkirche wurde im romanischen Stil mit großen Rosettenfenstern errichtet. Das Langschiff ist durch Strebepfeiler gegliedert. Vier mächtige Pfeiler im Innern tragen die Sterngewölbe des Mittelschiffs und die Schirmgewölbe der Seitenschiffe.

Kath. **ST.-MARIEN-KIRCHE** (**D**; FLANKENSCHANZE 43-45; CHRISTOPH HEHL; 1908-09): Der überkuppelte Zentralbau besitzt nach außen Anklänge an die märkische Backsteingotik, vereint im Gesamtaufbau aber auch Stilmerkmale anderer Epochen. Im

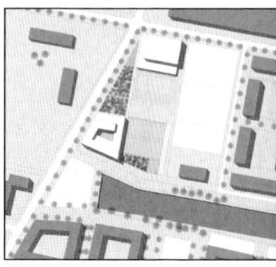

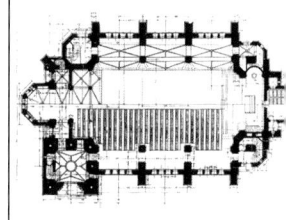
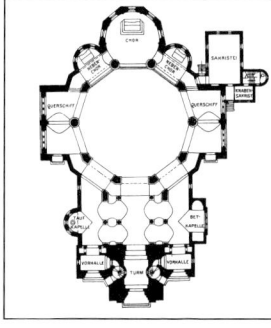

LINKE SEITE
GRUNDSCHULE MASELAKE NORD:
LAGEPLAN,COMPUTERPERSPEKTIVE
LUTHERKIRCHE:HIST. GRUNDRISS
ST.-MARIEN-KIRCHE: HIST. GRUNDRISS

RECHTE SEITE
GARTENSTADT STAAKEN:
ZWEI ANSICHTEN

Innern wird der Raumeindruck von einem überkuppelten Zentralraum bestimmt, der kurze Querschiffe und einen Dreikonchenchor besitzt.

Als erste Großsiedlung West-Berlins entstand das **FALKENHAGENER FELD** (BEID-SEITIG DER FALKENSEER CHAUSSEE; GENERALPLANUNG: HANS STEPHAN; PAUL SCHWEBES, HANS SCHOSZBERGER, SIEGFRIED FEHR, RICHARD KAPPEY, JOST VOLLERING; 1960-65). Wie die folgenden, in den 1960/70er Jahren entstandenen Großsiedlungen West-Berlins entstand auch das Falkenhagener Feld in Stadtrandlage, um den knappen Baugrund der von der ▶ *Berliner Mauer* eingeschlossenen Teilstadt besser auszunutzen. An-gelegt für 30.000 Einwohner umfasst die Siedlung sechs- bis zwölfgeschossige Zeilen-bauten und bis zu 17-geschossige Punkthochhäuser. Im Gegensatz zur ▶ *Gropius-stadt* und zum ▶ *Märkischen Viertel* findet sich hier jedoch wenig ambitionierte Architektur. 1967-77 fand durch die **GROSSSIEDLUNG HEERSTRASSE-NORD** (HEUTE RUDOLF-WISSELL-SIEDLUNG; MAGISTRATSWEG/LOSCHWITZER WEG) eine Erweiterung statt.

WOHNHAUS SIEGENER STRASSE 64 (ELW EYL, WEITZ, WUERMLE & PARTNER; 1993-94): Die Fassade wurde durch Vor- und Rücksprünge plastisch gegliedert. In den obersten Geschossen befinden sich Maisonette-Wohnungen, die über den üblichen Standard des sozialen Wohnungsbaus hinausgehen.

Mit der **GARTENSTADT STAAKEN** (🄶; AM HEIDEBERG 1-33/4-12/18-32/36-40/37-47/44-54/51; PAUL SCHMITTHENNER; 1914-17) im Westen Spandaus erfuhr die Garten-stadtbewegung eine besonders traditionalistische Ausprägung. Wie bei vergleich-baren Berliner Siedlungen wurde auf dörfliche Siedlungsmuster zurückgegriffen. Die über 400 Ein- und Mehrfamilienhäuser sind in romantisierender Weise um einen Dorfplatz gruppiert, an den sich ein Kirchplatz anschließt. Schmitthenner, der später unter den Nationalsozialisten für den „Kampfbund für deutsche Kultur" baute, ging mit der Staakener Siedlung aber noch weiter. Während Bruno Taut die Bauten der zeitgleich entstandenen ▶ *Gartenstadt Falkenberg* vereinfachte und typisierte, um sie rationell zu errichten und lediglich Farbe als dekoratives Mittel einsetzte, wurde die typisierte Architektur der Gartenstadt Staaken trotz kostenbewusster Errichtung rückwärtsgewandt ästhetisiert: mit Erkern, Gauben, Fachwerk und Spitzdächern. Die konservative Grundhaltung der Gartenstadt war vom Bauherrn gewollt. Das Prestige-projekt wurde vom Reichsamt des Innern für die Beschäftigten der Staatlichen **493**

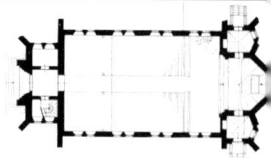

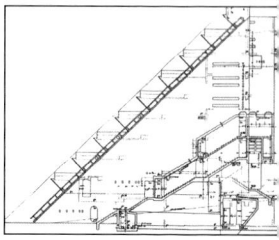

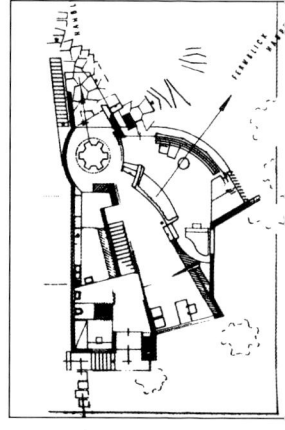

Munitionsfabriken errichtet und – anders als Falkenberg – trotz des Ersten Weltkriegs fertig gestellt. Das Siedlungsleben war dadurch nicht, wie im Gartenstadtkonzept vorgesehen, von einer gemeinnützigen Genossenschaft geprägt. 1926-29 wurde die Anlage von KARL DERLEDER erweitert.

Ev. **MELANCHTHON-KIRCHE** (**D**; MELANCHTHONPLATZ; VON LANCIZOLLE; 1893): Als Kirche für die Potsdamer Vorstadt errichtet. Der einschiffige Saalbau zitiert die märkische Backsteingotik. 1954-56 fand eine Erneuerung des Gebäudes statt (EMIL FANGMEYER).

ZENTRALE DER DEUTSCHEN LEBENS-RETTUNGS-GESELL-SCHAFT (AM PICHELSEE 25; LUDWIG LEO; 1969-71): In zeittypischer skulpturaler Ausformung ist das Gebäude wie eine Sprungschanze gestaltet. An der abgeschrägten Wasserseite befindet sich ein Schiffsaufzug zu zehn Deckebenen, in denen 80 Boote ihren Platz finden. Der Einklang von Form und Funktion und die bauliche Geste am Ufer der Havel galten zur Erbauungszeit als vorbildlich.

In landschaftlich reizvoller Lage auf einer Anhöhe am westlichen Spandauer Havelufer, der Weinmeisterhöhe, liegt das **HAUS BAENSCH** (**D**; HÖHENWEG 9; HANS SCHAROUN 1934-35). Aufgrund der in der NS-Zeit auferlegten stilistischen Restriktionen entstand ein Gebäude mit zwei Gestaltungsseiten. Zur Straße gibt sich das Gebäude als konventioneller Bau mit Schrägdach aus. Zur Wasserseite dagegen öffnet sich der Bau mit einem fächerförmigen Grundriss, Terrassen und Dachüberständen der Landschaft. Dem abfallenden Gelände folgend, ist der Wohnraum in zwei Ebenen unterteilt. In die 1,20 m hohe Stufe integriert ist ein Sofa, das, indem es durch große Glasflächen den Ausblick auf die Seenlandschaft ermöglicht, zum Mittelpunkt des gesamten Hauses erhoben ist. Mit dem Haus Baensch konnte Scharoun während der NS-Zeit in „innerer Emigration" eine organisch geprägte Form- und Grundrissgestaltung fortsetzen, die der Architekt nach dem Zweiten Weltkrieg weiterentwickelte.

Ev. **DORFKIRCHE GATOW** (**D**; ALT-GATOW 30-38; UM 1320): Im Kern findet sich noch der aus unbehauenen Feldsteinen errichtete Ursprungsbau, eine flachgedeckte Chorquadratkirche. Im 15. oder 16. Jh. fand eine Verbreiterung des Chors statt. Vorgesehen war dabei offensichtlich, das neue Kirchenschiff

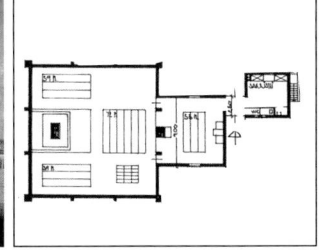

mit einem Gewölbe zu versehen, was die äußeren Strebepfeiler andeuten. Der hölzerne Turm aus dem 17. Jh. wurde 1844-46 komplett nachgebaut. Bei der Instandsetzung 1953 erfolgten einige Vereinfachungen der vorangegangenen mehrfachen Umbauten.

Kath. **ST.-RAPHAEL-KIRCHE** (ALT-GATOW 46-50; RUDOLF SCHWARZ; 1960-65): Letztes Werk des durch Kirchenbauten berühmt gewordenen Architekten Rudolf Schwarz, zugleich dessen einziges Berliner Werk. Nach Schwarz' Tod 1960 wurde der Bau durch MARIA SCHWARZ und WERNER MICHALIK vollendet. Dem schlichten würfelförmigen Flachbau ist ein kleinerer Quader mit der Beichtkapelle vorgelagert. Seitlich ist die Sakristei, ebenfalls auf quadratischem Grundriss, angefügt. Der Glockenturm ist vom Bau zur Straße gerückt und bildet eine Eingangssituation.

Für das ehem. Flughafenareal **BERLIN-GATOW** entstand auf der Grundlage eines 1996-97 durchgeführten städtebaulich-landschaftsplanerischen Realisierungswettbewerbs die Planung für ein Wohngebiet östlich des Ritterfelddamms (STÄDTEBAULICHES KONZEPT: GERKE, VON HORLACHER, RUOFF LINIE 5 ARCHITEKTEN BDA). Entlang eines Angers, der den Zugang zu einem weitläufigen Park herstellt, entstehen neben Wohngebäuden Dienstleistungseinrichtungen und öffentliche Gebäude. Zu ihnen zählt das am östlichen Ende des Angers gelegene **HANS-CAROSSA-GYMNASIUM** (AM LANDSCHAFTSPARK 40; GERKE, VON HORLACHER, RUOFF LINIE 5 ARCHITEKTEN BDA; 1998-2000). Die beiden Gebäude des Gymnasiums und der dazugehörigen Sporthalle besitzen eine klare kubische Form, die mit ihren Längsseiten den südlichen Abschluss des Angers und der Uferpromenade kennzeichnen. Durch die punktuelle Besetzung des Grundstücks bleibt die Blickbeziehung zwischen Anger und Wohngebiet erhalten. Das Äußere ist durch den Kontrast von Sichtbeton und lasiertem Holz gekennzeichnet. An den nichttragenden Fassaden entstand durch den unregelmäßigen Wechsel von geschosshoher Verglasung und farbig lasierten Lärchenholzpaneelen ein sehr heiterer Eindruck.

Ev. **DORFKIRCHE KLADOW** (■; ALT-KLADOW; 13./14. JH.; 1818-19): Nach einem Brand 1808 wurden die erhalten gebliebenen Umfassungsmauern in den 1818-19 entstandenen Neubau integriert. Bei der 1953 erfolgten Restaurierung wurde ein quadratischer Altarraum angefügt (ARTHUR RECK), der den ursprünglichen Raumeindruck eines Saalbaus auf rechteckigem Grundriss beeinträchtigt.

ARCHITEKTEN UND KÜNSTLER

498

OBJEKTE

GLOSSAR

Akzisemauer
auch „Zollmauer"; 1734-36 um Berlin herum zur Unterbindung von Warenschmuggel und Umgehung der Steuer (Akzise) angelegt. Diente auch zur Verhinderung der Flucht von Deserteuren und zur Überwachung des Zuzugs von Fremden; Länge 14,5 km, Ende des 18. Jh. Ausdehnung auf 17 km; 1866-69 abgerissen.

Angerdorf
Planmäßig angelegtes Platzdorf. Die Gehöfte umschließen einen gemeinschaftlich genutzten Platz (Anger), der als Gemeindeweide dienen kann oder auf dem öffentliche Gebäude (z.B. Gemeindeverwaltung, Kirche, Schule) stehen. Das Angerdorf ist ein Siedlungstyp der deutschen Ostkolonisation im Mittelalter.

Apsis
Halbkreisförmiger Raum zumeist in Kirchen mit Halbkuppel, der einem übergeordneten Hauptraum ein- oder angebaut ist.

Arkade
Bogenstellung bzw. auf Stützen ruhender Bogen. Bezeichnet auch einen Laufgang, dessen eine oder beide Seiten durch mehrere Bogenstellungen geöffnet sind.

Art déco
Kunstströmung der 1920/30er Jahre, deren Name auf die 1925 in Paris gezeigte Ausstellung „Exposition internationale des arts décoratifs et industriels modernes" zurückgeht.

Askanier
1134-1320 Markgrafen von Brandenburg, benannt nach der Grafschaft Ascharien (Aschersleben); aufgrund fehlender Nachkommen erloschen.

Atlant
Männliche, meist überlebensgroße Figur, die anstelle von Säulen oder Pfeilern ein Gebälk oder Gewölbe stützt.

Atrium
Innenhof; in der Antike zentraler, nach oben geöffneter Hauptraum eines Wohnhauses; in der frühchristlichen und mittelalterlichen Baukunst ein der Westseite der Kirche vorgelagerter umschlossener Hof. In der heutigen Architektur ist mit dem Begriff „Atrium" meist ein überdachter Innenhof gemeint, der als zentrale Verteilerhalle dient.

Attika
Niedriger Aufbau über dem Hauptgesims eines Gebäudes; meist mit eigenem ▶ Gesims.

Attikageschoss
Niedriges Geschoss über dem Hauptgesims an Stelle der ▶ Attika, das aber darüber eine zusätzliche Attika aufweisen kann.

Backsteingotik
Sonderform der Gotik, die auf der Verwendung von Backstein als Baumaterial beruht. Die Architektur unterscheidet sich durch besondere technische Bedingungen von den Natursteinbauten in Flexibilität und Formen-

vielfalt, insbesondere in der Ausbildung von Staffelgiebeln und reichen Stern- und Netzgewölben; Verbreitung hauptsächlich in Norddeutschland und im Ostsee-Raum.

Balustrade
Aus einer Reihe untersetzter Stützglieder gebildetes durchbrochenes Geländer, das in der Renaissance und im Barock mit Vorliebe für Treppen, Balkone und Dachabschlüsse verwendet wurde.

Basilika
Mehrschiffige überdeckte Halle, deren Mittelschiff i.d.R. breiter und höher ist; der aus der römisch-antiken Architektur stammende Bautypus wurde von der frühchristlichen Kirchenbaukunst übernommen und blieb im Gebiet der römischen Kirche auch bei nachfolgenden Stilentwicklungen bis zum Historismus maßgebend.

Basis
Fuß einer Säule oder eines Pfeilers, der den Übergang zwischen Säulenschaft und Fußplatte (Plinthe) vermittelt.

Bastion
Vorspringender Bauteil im Festungsbau des 15.-18. Jh. Entwicklung vom runden Vorsprung zu einem Typ mit zwei spitz zulaufenden Frontlinien und eingezogenen Flanken.

Beletage
Französisch: schönes Geschoss (ital.: piano nobile). Das Hauptgeschoss eines Gebäudes, meist das erste Stockwerk über dem Erdgeschoss mit Repräsentationsräumen.

Berliner Block
Ein in der gesamten Tiefe bebauter städtischer Block, der für den Städtebau der Berliner ▶ Gründerzeit typisch ist und sich durch seine besonders große Abmessung, mehrere Hinterhöfe und Mischnutzung auszeichnet (▶ Hobrecht-Plan).

Berliner Zimmer
Gefangener Wohnraum im Winkel von Vorderhaus bzw. Quergebäude und Seitenflügel. Das Berliner Zimmer erhält durch seine Ecklage zum Hof und die Lage des Fensters in einer der Zimmerecken nur wenig Licht; das Berliner Zimmer kann sowohl zu einer Wohnung im Vorderhaus als auch zu einer Wohnung im Seiten- bzw. Quergebäude gehören; in vielen Fällen Durchgangszimmer.

Blendarkade
Geschlossene ▶ Arkade.

Brandmauer, Brandwand
Von Grund auf ohne Öffnungen und Hohlräume errichtete feuerbeständige Wand, die im Brandfall das Übergreifen des Feuers auf andere Gebäude(abschnitte) verhindern soll.

Brutalismus
Architektonischer Stilbegriff nach dem englischen New Brutalism, in den 1950er Jahren abgeleitet vom französischen béton brut (Sichtbeton). Neben der Verwendung von Sichtbeton zeichnet sich Brutalismus-Architektur durch kompromisslose Sichtbarkeit von Konstruktion und Material aus.

Chor
In der christlichen Kirche der Ort für die Geistlichen; Bezeichnung der Verlängerung des Mittelschiffs über die Vierung hinaus.

DDR-Moderne
Wiederanschluss der DDR-Architektur an die Moderne der Vorkriegszeit und an westliche Architekturentwicklungen, nachdem 1950-55 das Leitbild der ▶ Nationalen Bautradition bindend war. Der Paradigmenwechsel folgte dem sowjetischen Vorbild, das die Abschaffung des stalinistischen ▶ Eklektizismus in der Baukunst vorgab. Im Unterschied zur zeitgenössischen westlichen Architektur orientierte sich das sozialistische Bauen jedoch sehr stark an industriellen Prozessen (Fertigbauteile) und an einer städtebaulichen Gesamtplanung, die nicht das einzelne Objekt, sondern das Ensemble in den Vordergrund stellte. Die frühe DDR-Moderne bis Mitte der 1960er Jahre ist wegen der Suche nach einer eigenen sozialistischen Identität durch eine Reihe interessanter Ideen geprägt.

Dekonstruktivismus
In den 1980er Jahren aufgekommene, bis heute präsente Architekturrichtung. Bauten, die ein Empfinden von Destabilisierung durch Überschneidungen, Abschrägungen und scheinbare konstruktive Unmöglichkeiten hervorrufen. Dekonstruktivistische Architektur spiegelt eine in Auflösung und Transformation befindliche Gesellschaft wider und steht damit in deutlicher Abgrenzung zur Klassischen Moderne wie zur ▶ Postmoderne.

DE STIJL
Gruppe niederländischer Maler und Architekten, die sich 1917 gründete und ihren Stil „Neoplastizismus" nannte; gekennzeichnet durch eine geometrisch-strenge Ordnung, freien Umgang mit Flächen und eine Beschränkung auf die Primärfarben.

Deutscher Werkbund
Gegründet 1907 in München als Vereinigung von Künstlern, Handwerkern und Industriellen, die sich um eine bessere Formgebung von Gebrauchsgegenständen des Alltags bemühten; zu den Gründern gehörten u.a. Hermann Muthesius und Peter Behrens. Von den Nationalsozialisten 1933 aufgelöst, 1946 wiederbelebt unter dem Vorsitzenden Hans Scharoun, 1947 neu gegründet.

Dorisch
Eine der drei griechisch-antiken Säulenordnungen (Dorische, ▶ Ionische und ▶ Korinthische Ordnung). Säulenschaft mit vertikalen Furchen (Kanneluren), die in spitzen Kanten aufeinander treffen, mit leichter Schwellung (Entasis); ohne Basis, einfaches Kapitell. Typisches Merkmal der Ordnung ist das Gebälk mit Triglyphenfries. In der abendländischen Architektur folgen die drei Ordnungen einem hierarchischen System, das der Bedeutung und der Funktion der Gebäude entsprechend angewendet wurde. Die einfache und rustikale Dorische Ordnung entspricht der untersten Rangstufe, angewendet bei unteren Geschossen und Gebäuden mit dienender Funktion oder militärischer Bedeutung. Die römische Entsprechung der

griechisch-dorischen Ordnung ist die ▶ *Toskanische* bzw. römisch-dorische Ordnung.

Ehrenhof
Französisch: Cour d'honneur. Ursprünglich Empfangshof von Barockschlössern, in dem die Wagen vorfuhren.

Eklektizismus
Bezeichnung für das Zitieren und Vermischen historischer Stilelemente verschiedener Epochen; anzutreffen insbesondere im ▶ *Historismus* und in der ▶ *Postmoderne*.

Expressionismus
Stil in der Zeit zwischen etwa 1910 und Ende der 1920er Jahre; in der Architektur über das rein Funktionale hinausgehende, ausdrucksstarke und plastische, insbesondere rundplastische Formen, zunehmend aber auch Betonung des spitzen Winkels und der vertikalen Fassadengliederung, wofür Klinker der bevorzugte Baustoff wurde. Mitte der 1920er Jahre wird der Expressionismus in der Architektur zunehmend vom ▶ *Neuen Bauen* und der ▶ *Neuen Sachlichkeit* abgelöst.

Fort
Größere Schanze im Festungswerk.

Fortuna
Glücksgöttin mit den Attributen Steuerruder, Füllhorn, Rad und Kugel unter den Füßen.

Französisches Fenster
Bis zum Boden reichendes hochrechteckiges Fenster; Zwischenform von Fenster und Tür.

Friderizianisch
Die Regierungszeit Friedrichs II. (1740-86) betreffend.

Fries
Schmaler, häufig mit Ornamenten oder Figuren geschmückter Streifen, der zugleich eine Fläche durch Begrenzung oder Teilung gliedert.

Funktionalismus
Stilrichtung der modernen Architektur, die die Erscheinungsform ganz aus der Funktion eines Bauwerks abzuleiten versucht oder diese besonders betont. Der viel zitierte Satz „Form follows function" wurde das Leitmotiv des Funktionalismus.

Gaube
Größeres Dachfenster mit eigenem Dach.

Gebälk
1. Alle zu einer Decken- oder Dachkonstruktion gehörenden Balken.
2. Der obere Teil einer antiken Säulenordnung, bestehend aus Hauptbalken, Fries und Kranzgesims.

Gesims
Aus der Mauer hervortretender, waagerechter Streifen; Hauptgesims zwischen Wand und Dach.

Giebel
Abschließender, meist dreieckiger Wandteil eines Gebäudes mit Satteldach, als Zierform auch über Türen, Fenstern, Wandnischen; auch als Treppen-, Staffel-, Rundgiebel.

Glacis
Begriff aus dem Festungsbau; bezeichnet ein flaches, unbebautes, von der Festung abfallendes Gelände.

Goldener Schnitt
Klassisches, ideales Maßverhältnis in der Kunst, das in der griechischen Antike entwickelt wurde.

Groß-Berlin
Durch ein Gesetz gebildete neue Stadtgemeinde Berlin; am 1. Oktober 1920 in Kraft getreten. Aus Berlin, sieben weiteren Städten, 59 Landgemeinden und 27 Gutsbezirken entstandene Verwaltungseinheit aus 20 Bezirken mit insgesamt fast vier Millionen Einwohnern. Die Fläche Berlins verdreizehnfachte sich durch den Zusammenschluss.

Großbezirk
2001 erfolgte im Land Berlin eine Neugliederung der 23 Bezirke, die zu zwölf größeren Einheiten von etwa jeweils 300.000 Einwohnern zusammengelegt wurden. Die drei Bezirke Spandau, Reinickendorf und Neukölln behielten ihren bisherigen Zuschnitt.

Gründerzeit, Gründerjahre
Historischer Abschnitt, ursprünglich nur die Zeit 1871-73 betreffend, als die Gründung des deutschen Kaiserreiches und erzwungene Reparationszahlungen aus Frankreich zu einer bis dahin unbekannten Gründerwelle in der Wirtschaft führten, die wegen unkontrollierter Spekulationen im sogenannten Gründerkrach von 1873 mündeten. Im heutigen Sprachgebrauch gesamte Epoche zwischen 1870 und 1900; Architektur überwiegend in aufwendigen und oft überladenen Formen eines eklektischen ▶ *Historismus*.

Hallenkirche, Hallenraum
Kirchentyp, dessen Schiffe gleich oder annähernd gleich hoch sind.

Hängewerke
Konstruktion aus Holz, Schmiedeeisen oder Stahl zur Überspannung großer Weiten, z.B. Dachkonstruktionen.

Herme
Ein nach unten häufig schmal zulaufender rechteckiger Schaft, Träger von Porträtköpfen; ursprünglich aus der griechischen Antike kommende, dem Gott Hermes geweihte Stelen an Feldrändern; in der Renaissance und im Barock zu dekorativen Zwecken in die Architektur integriert und häufig als figürliche Gebälkträger verwendet.

High-Tech-Architektur
Seit den 1980er Jahren gebräuchlicher Begriff für eine Architektur mit deutlich technizistischem, unverkleidetem Erscheinungsbild.

Historismus
Sammelbegriff für auf ältere Stilrichtungen zurückgreifende, nachahmende Architekturformen, insbesondere Neoromanik, -gotik, -renaissance, -barock, -rokoko, -klassizismus; verbreitet vor allem in der Zeit zwischen 1860 und 1910.

Hobrecht-Plan
Generalbebauungsplan („Bebauungsplan der Umgebung Berlins") für die noch unbebauten Flächen von Berlin, Charlottenburg, Reinickendorf, Weißensee, Lichtenberg, Rixdorf und Wilmersdorf; erarbeitet 1858-62 unter Vorsitz des Regierungsbaumeisters James Hobrecht (1825-1902), gültig 1862-1925. Angesichts des mit der Industrialisierung zu erwartenden raschen Wachstums legte der Hobrecht-Plan eine geordnete Stadterweiterung fest. Da der Hobrecht-Plan aber kein konkreter Bebauungsplan war, sondern ein Fluchtlinienplan, der lediglich öffentliche Straßen, Plätze und die städtischen Blocks zur Bebauung festlegte, wurde er von Kritikern als Ursache der Mietskasernenbebauung ausgemacht. Deren Entstehung war jedoch vielmehr durch die Baupolizeiordnung von 1853 begünstigt worden, die den Bauherren nur wenige Beschränkungen auferlegte.

Hohenzollern
Deutsches Herrschergeschlecht mit fränkischer und schwäbischer Linie. Friedrich VI. aus der fränkischen Linie, kaiserlicher Beamter und Burggraf zu Nürnberg, wird 1411 Markgraf und Verweser von Brandenburg. 1415 erhält er vom Kaiser den vererblichen Titel eines Kurfürsten und Erzkämmerers des Reiches (Kurfürst Friedrich I.). 1701 erlangten die Hohenzollern unter Kurfürst Friedrich III. die preußische Königskrone (König Friedrich I.), 1871 unter König Wilhelm I. die deutsche Kaiserwürde (Kaiser Wilhelm I.). Mit der Abdankung Kaiser Wilhelms II. 1918 endet die Herrschaft der Hohenzollern.

Idealstadt
Seit der Antike immer wieder belebte Vorstellung einer nach gesellschaftlichen, wirtschaftlichen und politischen Gesichtspunkten gegründeten und vorbildlich gegliederten Stadt.

Ionisch
Eine der drei griechisch-antiken Säulenordnungen (▶ *Dorische, Ionische* und ▶ *Korinthische* Ordnung). Der schlanke Säulenschaft besitzt vertikale Furchen (Kanneluren), die durch Stege getrennt sind, eine leichte Schwellung (Entasis) und eine Basis. Zentrales Erkennungsmerkmal sind die eingerollten Enden (Voluten) des Kapitells. In der abendländischen Architektur folgen die drei Ordnungen einem hierarchischen System, das der Bedeutung und der Funktion der Gebäude entsprechend angewendet wurde. Gegenüber der einfachen und rustikalen Dorischen Ordnung entspricht die zierlichere und reicher geschmückte Ionische Ordnung einer höheren Rangstufe.

Jugendstil
Stil, ca. 1890-1910, dessen vegetabile Ornamentik in einer Gegenposition zur akademischen Kunst stand; Bewegung, die sich gegen den ▶ *Historismus* und damit gegen die Nachahmung historischer Stile wandte und sich um einen „wahrhaft zeitgemäßen und modernen" Stil bemühte. Benennung in Deutschland abgeleitet von der Münchner Zeitschrift „Jugend"; „Art nouveau" in Frankreich, „Modern Style" in Großbritannien.

Justizpalast

Zu Ende des 19. und Beginn des 20. Jh. errichtete Gerichtsgebäude, die das neugeordnete Justizwesen als eine unangreifbare, Ehrfurcht gebietende Macht zeigten. Nach außen zeigt sich der Justizpalast mit stadtraumdominierender Fassade; im Innern repräsentative, kompliziert angelegte Treppenanlagen.

Kapitell

Ausladendes Kopfstück einer Stütze (Säule, Pfeiler).

Kartusche

Eine barocke Zierform, die mit einem aus Roll- und Knorpelwerk gebildeten Rahmen eine glatte Fläche für Inschriften oder Wappen umschließt.

Kastell

Befestigter Platz; befestigtes Schloss.

Knorpelwerk

Ornament, das sich aus knorpel- oder muskelartigen Gebilden zusammensetzt, besonders im Frühbarock in Deutschland und den Niederlanden verbreitet.

Kolonnade

Säulenhalle oder Säulengang mit waagerechter Dachkonstruktion.

Kolossalordnung

Säulenordnung, die über mehrere, meist zwei Stockwerke greift. Im hierarchischen System der abendländischen Architektur war diese Ordnung bedeutenden Repräsentationsbauten vorbehalten und diente der Betonung besonderer Würde.

Konche

Halbkreisförmige Nische mit Halbkuppel.

Konsolgesims

Ein Gesims, das wegen seiner starken Auskragung von Tragsteinen, so genannten Konsolen, gestützt werden muss.

Kontor

Büro, Handelsniederlassung.

Korinthisch

Eine der drei griechisch-antiken Säulenordnungen (► *Dorische*, ► *Ionische* und *Korinthische* Ordnung). Von der Ionischen Ordnung unterscheidet sich die Korinthische Ordnung allein durch das charakteristische, reich verzierte Kapitell, einen Blattkelch (Kalathos) mit Akanthusblättern und acht Volutenpaaren. In der abendländischen Architektur folgen die drei Ordnungen einem hierarchischen System, das der Bedeutung und der Funktion der Gebäude entsprechend angewendet wurde. Gegenüber der Dorischen und der Ionischen Ordnung entspricht die Korinthische Ordnung der höchsten Rangstufe und war ursprünglich nur an bedeutenden Repräsentationsbauten zu finden.

Kreuzgang

Um den Rechteckhof eines Klosters angelegter, überdeckter Gang.

Kreuzgewölbe

Besondere Form eines Gewölbes, einer ge-

krümmten Raumdecke aus Natur- oder Backstein. Die Durchdringung zweier Tonnengewölbe ergibt ein Kreuzgewölbe, wegen der dabei entstehenden Grate auch Kreuzgratgewölbe; sind die Grate durch Rippen verstärkt, die die Lasten des Gewölbes aufnehmen, spricht man von einem Kreuzrippengewölbe.

Kritische Rekonstruktion

Städtebauliches Leitbild Berlins seit den 1990er Jahren, das eine Stadtreparatur mit zeitgemäßen Mitteln bewirken soll. Ausgehend vom historischen Stadtgrundriss soll das zerklüftete Stadtbild durch Neubauten unter Einhaltung verbindlicher Parameter – Blockrand, Traufhöhe usw. – zu einer Ganzheit entwickelt werden. Die ersten Berliner Beispiele einer Kritischen Rekonstruktion entstanden während der Internationalen Bauausstellung IBA 1987 in West-Berlin. Eine erste Grundlage bildeten die 1983 vom West-Berliner Senat beschlossenen „Zwölf Grundsätze der behutsamen Stadterneuerung".

Kubische Architektur, Kubismus

Aus würfelförmigen Körpern zusammengesetzte Bauten, die durch Typisierung leicht vorzufertigen sind; in den 1920er Jahren entwickelt zur Rationalisierung und Typisierung des Bauens.

Laibung

1. Senkrecht oder schräg verlaufende Begrenzung einer Maueröffnung an Türen und Fenstern. 2. Den Raum umschließende Unterseite einer Gewölbes.

Langhaus

Bei einer nicht zentral angelegten Kirche der lang gestreckte Bauteil zwischen Fassade und Vierung/► *Chor*; Ausbildung ein- oder mehrschiffig, als ► *Basilika* oder als Halle.

Lisene

Ein nur wenig aus der Mauerfläche vorstehender, senkrechter Wandstreifen; als Mittel der Fassadengliederung, aber auch als haltgebende Mauerschicht im dünnen Mauerwerk.

Loft

Englisch: Boden, Speicher. Gebräuchlich für ehem. Fabrik- und Speicheretagen, die für Wohnzwecke umgebaut wurden.

Logenhaus

Theater mit senkrecht übereinander stehenden, durch Seitenwände abgeteilten kleinen Raumeinheiten zu mehreren Sitzplätzen.

Loggia

Offener Raum eines Baus an einer Außenwand.

Maisonette

Französisch: Häuschen. Wohnung, deren Räume auf zwei bis drei Geschossebenen angeordnet sind, verbunden durch eine innen liegende Treppe; Kombination des Einfamilienhauses mit dem Geschosswohnungsbau.

Malerischer Stil

Tendenz in der Architektur, die sich Ende des 19. und zu Beginn des 20. Jh. von akademischen Konventionen des Historismus ent-

fernte. Unter Berufung auf die Freiheit der Schöpferkraft stand die Komposition eines malerischen Gesamtbildes des Bauwerks im Vordergrund. Charakteristisch sind die Ablehnung von Symmetrie, versetzte Gebäudeteile und bewegte Dachlandschaften.

Mansarddach

Knickdach, dessen unterer Teil steiler ist als der obere. Benannt nach dem französischen Architekten François Mansart, der Dachform und -konstruktion 1635-38 für den nicht vollendeten Orléans-Flügel des Schlosses in Blois entwickelte. Die Dachform ermöglichte einen Ausbau der Dachräume als eigenständiges Geschoss und wurde daher schnell in ganz Europa beliebt. Im Preußen verschwand das im Materialverbrauch äußerst aufwendige Mansarddach im späten 18. Jh. wegen Holzknappheit nahezu vollständig aus der Architektur.

Maßwerk

Geometrisch konstruiertes Bauornament der Gotik zur Aufteilung der Fenster und Gliederung von Wandflächen.

Mezzanin

Niedriges Halb- oder Zwischengeschoss, liegt meist zwischen Erd- und Hauptgeschoss oder zwischen letztem Obergeschoss und Dach. Dient als Ausgleichsgeschoss, z.B. bei einer höheren Eingangshalle.

Mietskaserne

Siehe Kapitel: Die Berliner Mietskaserne.

Nationale Bautradition

Das Leitbild der Nationalen Bautradition schreibt 1950-55 die Grundprinzipien der Architektur in der DDR vor, die sich im Wesentlichen durch eine Abgrenzung von der „Internationalen Architektur" der Moderne auszeichnen. Vorbild ist die ► *Stalinistische Architektur* der Sowjetunion, in der sich seit Mitte der 1930er Jahre ein ► *Eklektizismus* aus neoklassizistischen und neobarocken Elementen durchgesetzt hatte. In den 1950 von der Regierung der DDR beschlossenen „16 Grundsätzen des Städtebaus" heißt es: „Die Architektur muß dem Inhalt nach demokratisch und der Form nach national sein. Die Architektur verwendet dabei die in den fortschrittlichen Traditionen der Vergangenheit verkörperte Erfahrung des Volkes." Bereits ab 1955 wurde das Leitbild schrittweise von der international orientierten ► *DDR-Moderne* abgelöst.

Neoklassizismus

Weit gefasster Begriff, der eine international verbreitete Wiederaufnahme klassizistischer Formen und Kompositionen seit Beginn des 20. Jh. umfasst. Vor allem bei Monumentalbauten beliebt, ist das Erscheinungsbild aber sehr unterschiedlich ausgeprägt und reicht von neobarocken Tendenzen (Sowjetunion) über einen strengen Klassizismus, der auf Dekorationen weitgehend verzichtet (u.a. Deutschland, USA, Frankreich), bis zu einer mitunter äußerst modernen Ausprägung (Italien). Allein in Deutschland gab es zwischen 1900 und 1955 verschiedene Strömungen, die u.a. die nationalsozialistische Architektur und das Leitbild der ► *Nationalen Bautradition* der DDR umfassen.

Neue Sachlichkeit
Zu Beginn der 1920er Jahre Begriff in der bildenden Kunst; Bezeichnung für einen nüchternen, exakten Realismus als Gegenbewegung zum ▶ *Expressionismus*. In der Architektur Bezeichnung für eine streng kubische, ornamentfreie Architektur, in Abgrenzung etwa zur expressionistischen oder neoklassizistischen Architektur.

Neues Bauen
Bereits ab 1920 verwendete Bezeichnung für die avantgardistische Architektur der Moderne; mit dem substantivischen Infinitiv „Bauen" wurde weniger die fertige Form als vielmehr der Prozess betont. Von seinen Vertretern wurde Neues Bauen als „Gestaltung von Lebensvorgängen" verstanden, die im Vorfeld eine genaue Analyse erfordere.

New Urbanism
Die Bewegung des New Urbanism bzw. Urban Design entstand in den 1980er Jahren in den USA und richtet sich gegen die Verödung der Innenstädte und die Zersiedlung durch gesichtslose Vorstädte. Planungs- und Gestaltungsvorschriften sollen sich dabei an einem traditionellen Stadtmodell orientieren.

Obelisk
Meist aus Granit gehauener Monolith mit einer Höhe bis zu 30 m auf quadratischer Grundfläche; Kanten zur pyramidenförmigen Spitze konvergierend.

Orangerie
Einstöckiges Gebäude zur Orangenzucht mit großen verglasten Südfenstern; gehörte zur Ausstattung der barocken Schloss- und Parkanlage.

Organische Architektur
Wenig abgegrenzter Begriff; im allgemeinsten Sinne die formale und räumliche Integration von Bauwerk und Landschaft durch „offene Grundrisse" und „fließende Räume"; Abgrenzung von einem geometrisch-orthogonalen Funktionalismus; oft naturanaloge Strukturen; Entwurfsprozess von innen nach außen gerichtet.

Palladiostil/Palladianismus
Stilrichtung, die auf die Bauwerke und Publikationen des italienischen Baumeisters Andrea Palladio (1508-80) zurückgeht; bestimmte für zwei Jahrhunderte die englische Baukunst, nachdem der Palladiostil dort von Inigo Jones Anfang des 17. Jhs. eingeführt wurde; ab etwa 1650 gewinnt der Stil auch Einfluss auf das übrige Europa. Palladianische Motive sind v.a. Vorbauten in Form von Tempelfronten und das so genannte venezianische Fenster oder Palladiomotiv – ein Fenstermotiv, bei dem ein mittlerer breiter Bogen von zwei schmalen Öffnungen flankiert wird.

Penthouse
Englisch: Wetterschutzdach. Bungalowartiger Dachaufbau auf einem mehrstöckigen Haus, der eine Luxuswohnung enthält.

Pergola
Laubengang in einem Garten aus einer Doppelreihe Pfeiler oder Säulen, die Längs- und Querhölzer tragen und von Pflanzen umrankt sind.

Pfeilerbau
Gebäude, das von senkrechten Stützen getragen wird.

Pilaster
Wandpfeiler oder Halbpfeiler mit Basis und Kapitell.

Podiumtempel
Aus der römisch-antiken Architektur. Frontseitig ausgerichteter Tempel auf hohem Unterbau (Podium), zugänglich über eine breite Fronttreppe.

Point de vue
Französisch: Sichtpunkt, hervorgehobener baulicher Akzent in einer Sichtachse.

Portikus
Lateinisch: Säulengang, offene Halle. In der abendländischen Baukunst findet die Bezeichnung überwiegend Anwendung bei einem von Säulen, mitunter auch von Pfeilern getragenen Vorbau, der dem Eingang oder der Fassadenmitte vorgelagert ist.

Postmoderne
Gegenbewegung zur Moderne, die sich nicht durch strenge Funktionalität, sondern durch Fiktion und „Erzählung" auszeichnet und diese aus einem historisierenden ▶ *Eklektizismus* gewinnt. Statt dogmatischer Strenge populäre Bildhaftigkeit, Stilpluralismus, bisweilen Ironie.

Punkthochhaus
Hochhaus, das nur durch einen vertikalen Erschließungskern (Treppen, Aufzug) erschlossen wird, dadurch sehr kompakte Grundrisse; in Unterscheidung zu Scheibenhochhäusern mit mehreren Erschließungskernen.

Rangtheater
Theaterbau mit von oberen Stockwerken aus erreichbaren Sitzplatzgruppen, die den Zuschauerraum umgeben.

Rationalismus
Eine Architektur, die streng logischen Gesetzen folgt. Gegenpol zu einer Architektur des Ornaments und der Bewegung.

Remise
Französisch: Wagenschuppen.

Risalit
In seiner ganzen Höhe einschließlich Dach aus der Flucht des Baukörpers vorspringender Gebäudeteil.

Rustika
Mauerwerksstruktur aus grob behauenen Quadern, zumeist im Bereich des Erdgeschosses, um dessen Bodenhaftung, Schwere und Solidität zu betonen.

Satteldach
Auch Giebeldach; zwei schräg gegeneinander gestellte Dachflächen mit zwei Giebeln.

Schinkel-Schule
Umfasst die Architekten und ihre Werke, deren Ausbildung unter dem Einfluss von Karl Friedrich Schinkel (1781-1841) stand. Zwar hat Schinkel nicht unterrichtet, die Ausbildung seiner Schüler erfolgte jedoch durch praktische Zusammenarbeit und durch Publikationen, wobei ein langfristig geplantes Lehrbuch Schinkels unvollendet blieb. Bis zur Reichsgründung 1871 blieb die Schinkel-Schule bestimmend für die Architektur in Preußen. Die Bauten zeichnen sich durch einen schlichten, sparsamen Spätklassizismus unter Berücksichtigung neuer Bautechnologien aus. Im Vordergrund stand das Prinzip einer „nützlichen Ästhetik" unter besonderer Würdigung des in Serie gefertigten Backsteins.

Schlussstein
Oberster, als letzter eingesetzter Stein eines Bogens oder Kreuzrippengewölbes, oftmals skulpturell gestaltet.

Sezession
Bezeichnung für Künstlergruppen, die sich um 1900 vom akademischen Kunstbetrieb losgelöst haben; die bedeutendste war die Wiener Sezession.

Sgraffito
Italienisch: Kratzputz. Putztechnik, bei der mehrere Schichten verschiedenfarbig getönter Putz auf die Wand aufgetragen werden. Durch Abkratzen der oberen Schichten werden die darunter liegenden freigelegt, die so entstehende Dekoration ist sehr dauerhaft.

Sheddach
Auch Sägedach; Reihung asymmetrisch schräg gestellter Dachflächen mit senkrechten oder annähernd senkrechten, meist verglasten Dachteilen, die für eine indirekte Beleuchtung der Räumlichkeiten sorgen; Verbreitung insbesondere im Industriebau.

Siebenjähriger Krieg
Bezeichnung für den von Preußen unter Friedrich dem Großen geführten Dritten Schlesischen Krieg (1756-63).

Siedlung
Im engeren Sinne auf das 20. Jh. bezogen: Wohnviertel am Rand der Stadt, als Gartenstadt mit Einzel- und Reihenhaustypen in offenem, durchgrüntem Gelände, oft als Genossenschaftsanlage, Werkssiedlung oder Selbsthilfesiedlung mit Stall und Garten zur Selbstversorgung.

Sozialistischer Realismus
Von der Sowjetunion ausgegangene Doktrin der Kunst, die auf die übrigen sozialistischen Staaten übertragen wurde. Zielstellung war die „wahrheitsgetreue Darstellung der Wirklichkeit, verbunden mit der ideologischen Umformung und Erziehung der Werktätigen im Geiste des Sozialismus". Die realistische Darstellung sollte u.a. dem Zweck dienen, die Lesbarkeit und Eindeutigkeit des übermittelten Inhalts zu gewährleisten.

Spätrenaissance, italienische
Abschnitt der italienischen Renaissance ab etwa 1520/30 bis 1600. Im Unterschied zur deutschen Renaissance, die gerade im steilen Dachaufbau noch gotischen Formen verhaftet blieb, ist die italienische Renaissance geprägt vom Ideal der Harmonie, der Sym-

metrie, dem Gleichmaß; Bevorzugung eines horizontalen Dachabschlusses.

Stadtlandschaft
Gegliederte, aufgelockerte Stadt, den städtebaulichen Grundsätzen der Moderne nach Funktionstrennung von Wohnen, Arbeiten, Verkehr und Freizeit folgend; Gliederung der Wohnbereiche in Nachbarschaftseinheiten.

Stalinistische Architektur
Architektur der Sowjetunion, die sich unter Stalin seit Mitte der 1930er Jahre durchsetzte und bindend wurde. Die Erscheinung ist durch einen Eklektizismus mit vorwiegend neoklassizistischen und neobarocken Elementen geprägt; in den einzelnen Sowjetrepubliken auch durch Aufnahme lokaler Bautraditionen. Von Stalins Nachfolger Chruschtschow wurde das Leitbild 1954 öffentlich abgewertet und durch die neue Doktrin der Industrialisierung des Bauwesens ersetzt. Der sowjetischen Stalinistischen Architektur folgte in der DDR 1950-55 das Leitbild der ► *Nationalen Bautradition*.

Stereometrie
Geometrie der räumlichen Gebilde.

Sterngewölbe
Besondere Gewölbeform; die Rippen bilden sternförmige Figurationen.

Strebepfeiler
Ein quer zur Längsflucht eines Baus stehender Pfeiler, der zur Verstärkung hoher Mauern und zur Ableitung von Schubkräften dient.

Stuck
Gemisch aus Gips, Kalk und Sand, gut formbar, aber schnell erhärtend, für plastische Wanddekorationen.

Tambour
Im Grundriss runder oder polygonaler Unterbau einer Kuppel.

Thermenfenster
Halbkreisförmiges Fenster, das von zwei senkrechten Stützen unterteilt wird; erstmalig in der römischen Antike eingesetzt.

Toskanisch
Toskanische Säulenordnung, auch „römisch-dorisch" (► *Dorisch*). Im Gegensatz zur griechisch-dorischen Ordnung besitzt der Säulenschaft keine Kanneluren, dafür aber eine Basis.

Traufe
Waagerechte Kante eines Dachvorsprungs an der Langseite des Daches.

Traufgesims
Bezeichnung für den aus der Mauer hervortretenden waagerechten Streifen zwischen Wand und Dach; auch Profil über einem Bogen, Fenster oder Tor, das vor die Wandfläche tritt und das Regenwasser auffängt und umleitet.

Triglyphe
Dreischlitzplatte im Fries der ► *Dorischen* Ordnung mit zwei vollen und zwei äußeren halben Schlitzen. Ohne seitliche Halbschlitze: Diglyph.

Trophäe
Reliefdarstellungen erbeuteter Rüstungen, Waffen usw., u.a. an Zeughäusern.

Tympanon
1. Das Giebelfeld eines antiken Tempels mit oder ohne Bauplastik. 2. Das Bogenfeld über einem mittelalterlichen Portal.

Umgangschor
Auch Chorumgang; seitlicher Umgang um den eigentlichen, mittigen Chor, getrennt nur durch eine offene Bogenstellung.

Vestibül
Vorraum eines Hauses, meist mit Garderobe.

Vierung
Der in der Durchdringung von Langhaus und Querhaus entstehende Raumteil einer Kirche.

Vorhangfassade
Englisch: curtain wall; vor eine tragende Konstruktion gehängte, nicht tragende Fassade aus Glas, Natursteinplatten oder Kunststoff.

Walmdach
Besondere Dachform; wie das Satteldach, nur statt Giebeln zwei weitere schräge Dachflächen.

Wilhelminische Architektur
Umfasst allgemein die konservativ ausgerichtete Architektur eines Großteils der öffentlichen Bauten des deutschen Kaiserreiches unter der Regierung Wilhelms II. (1888-1918), die sich durch ein enormes Repräsentationsbedürfnis und betonte Schwere auszeichnet. ► *Eklektizismus* mit Elementen aus Neobarock, -gotik und -renaissance, der den akademisch geprägten ► *Historismus* des 19. Jh. verlässt und stärkere Pathetik und Monumentalität anstrebt; ansatzweise auch moderne Einflüsse wie Jugendstilelemente.

Zopfstil
Deutscher Name für den Louis-seize-Stil (nach franz. König Ludwig XVI. 1774-92) im späten 18. Jh. Letzte Phase des Rokoko, die schon Merkmale auf den Klassizismus aufweist.

Zwerchhaus
Geschosshoher Ausbau des Dachfensters entlang der Hausflucht mit eigenem Dach.

519

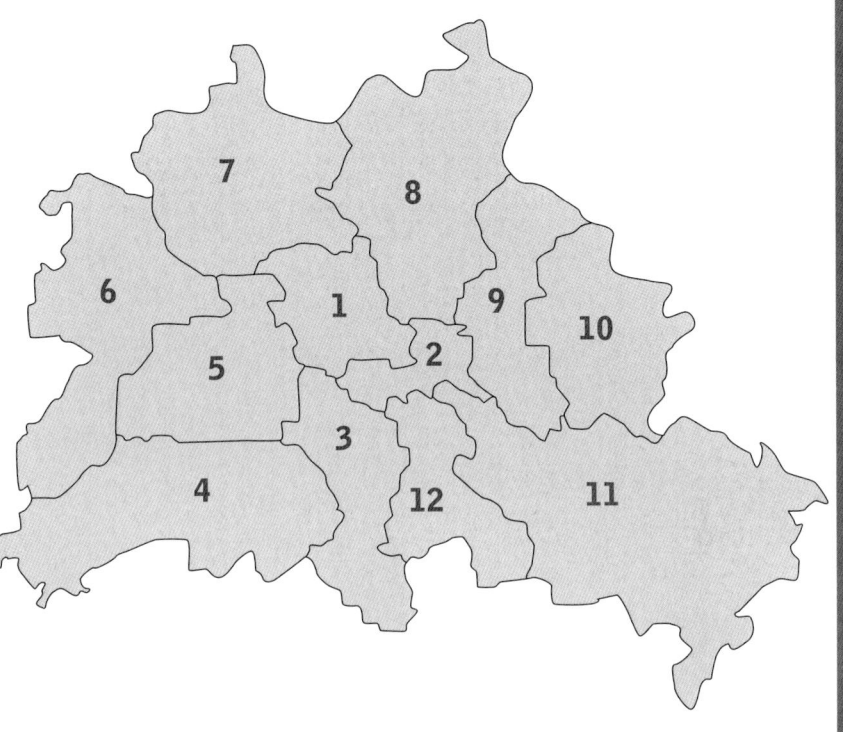

BERLINER STADTBEZIRKE SEIT 2001

1   MITTE

2   FRIEDRICHSHAIN-KREUZBERG

3   TEMPELHOF-SCHÖNEBERG

4   STEGLITZ-ZEHLENDORF

5   CHARLOTTENBURG-WILMERSDORF

6   SPANDAU

7   REINICKENDORF

8   PANKOW

9   LICHTENBERG

10   MARZAHN-HELLERSDORF

11   TREPTOW-KÖPENICK

12   NEUKÖLLN

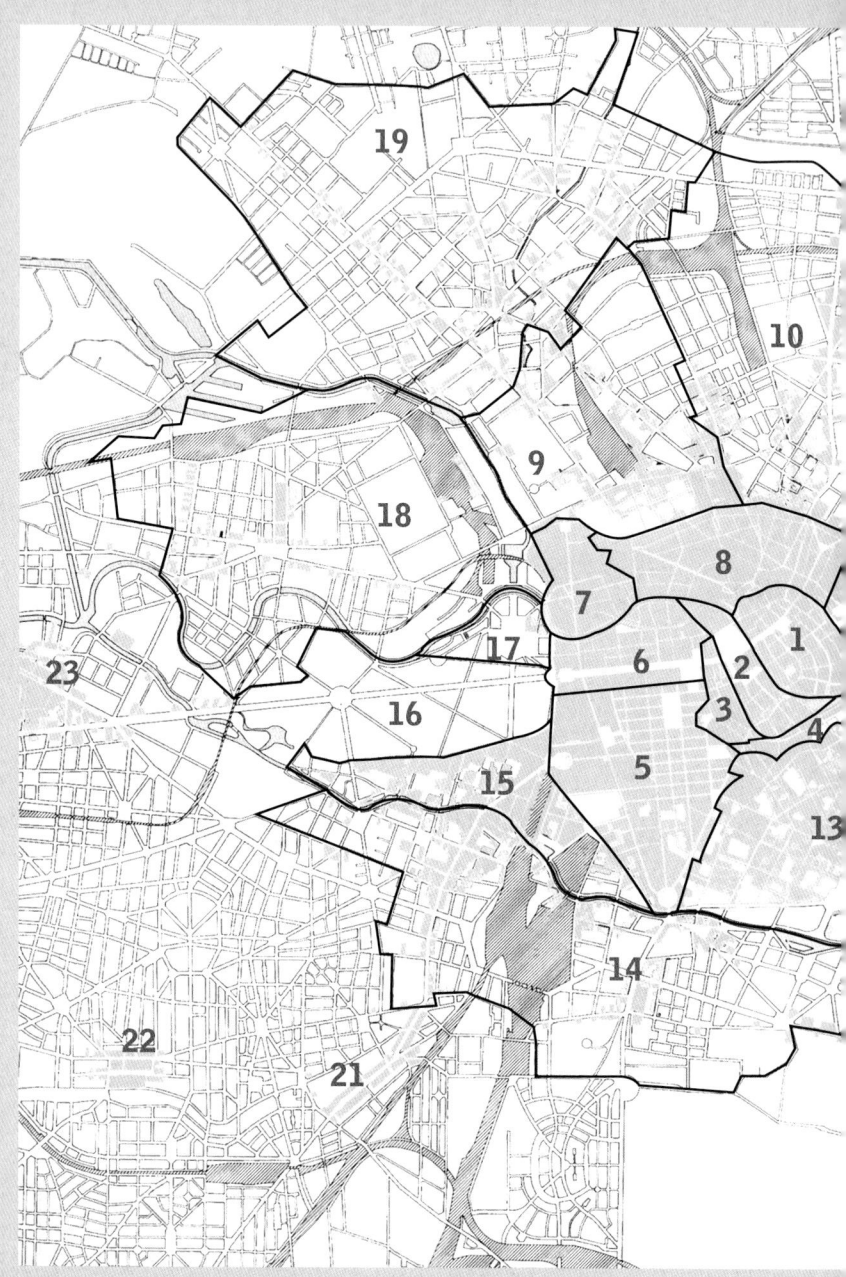

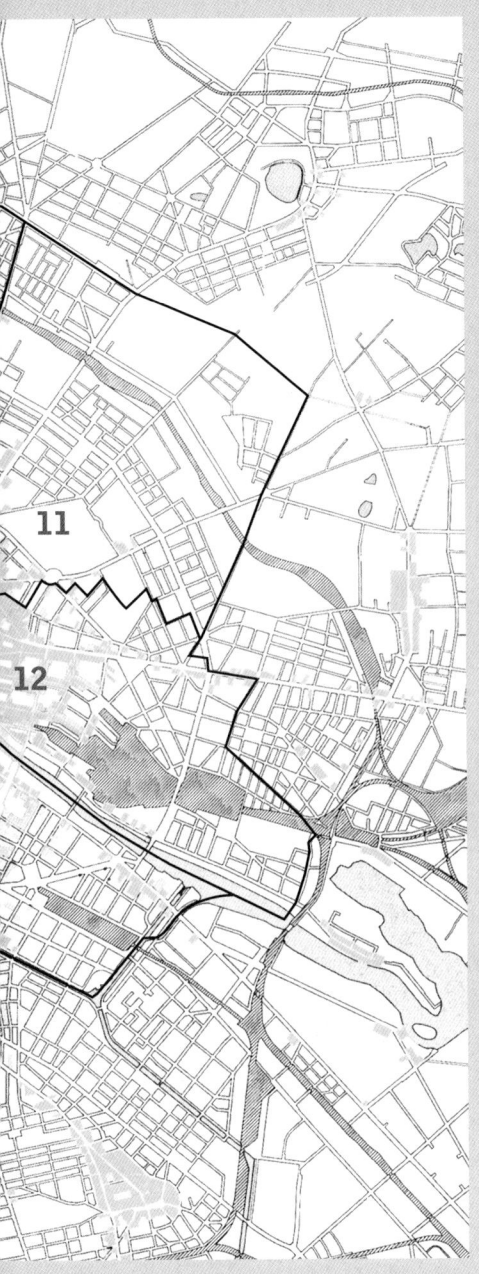

HISTORISCHE VERWALTUNGSBEZIRKE BERLINS

1	ALT-BERLIN
2	ALT-CÖLLN
3	FRIEDRICHSWERDER
4	NEU-CÖLLN AM WASSER
5	FRIEDRICHSTADT
6	DOROTHEENSTADT
7	FRIEDRICH-WILHELM-STADT
8	SPANDAUER VORSTADT
9	ORANIENBURGER VORSTADT
10	ROSENTHALER VORSTADT
11	KÖNIGSSTADT
12	STRALAUER VORSTADT
13	LUISENSTADT
14	TEMPELHOFER UND SCHÖNE-BERGER REVIER
15	ERWEITERTER VERWALTUNGS-BEZIRK FRIEDRICHSTADT (SOG. ALTER WESTEN)
16	TIERGARTEN
17	ERWEITERTER VERWALTUNGS-BEZIRK DOROTHEENSTADT
18	MOABIT
19	WEDDING
20	RIXDORF (SPÄTERES NEUKÖLLN)
21	SCHÖNEBERG
22	WILMERSDORF
23	CHARLOTTENBURG

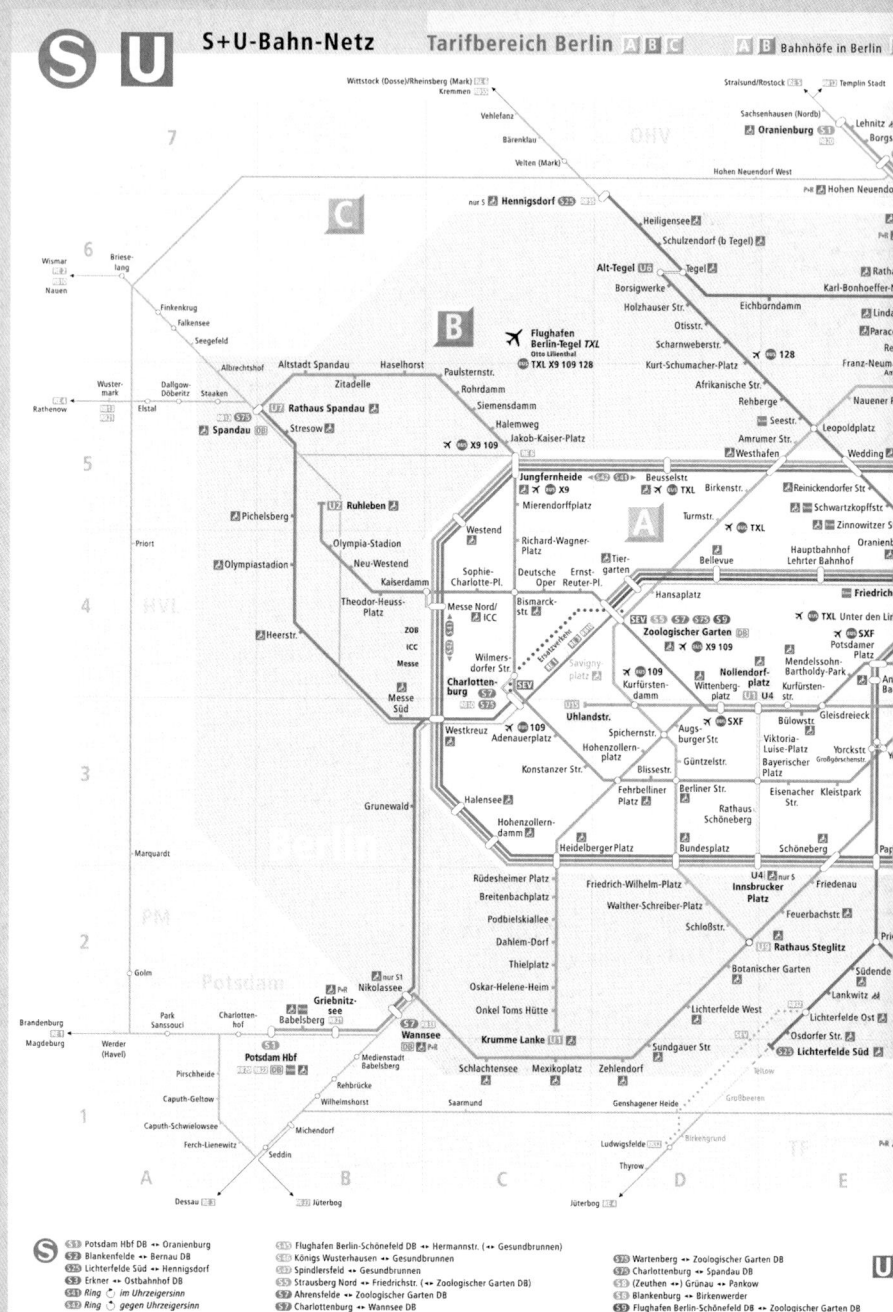

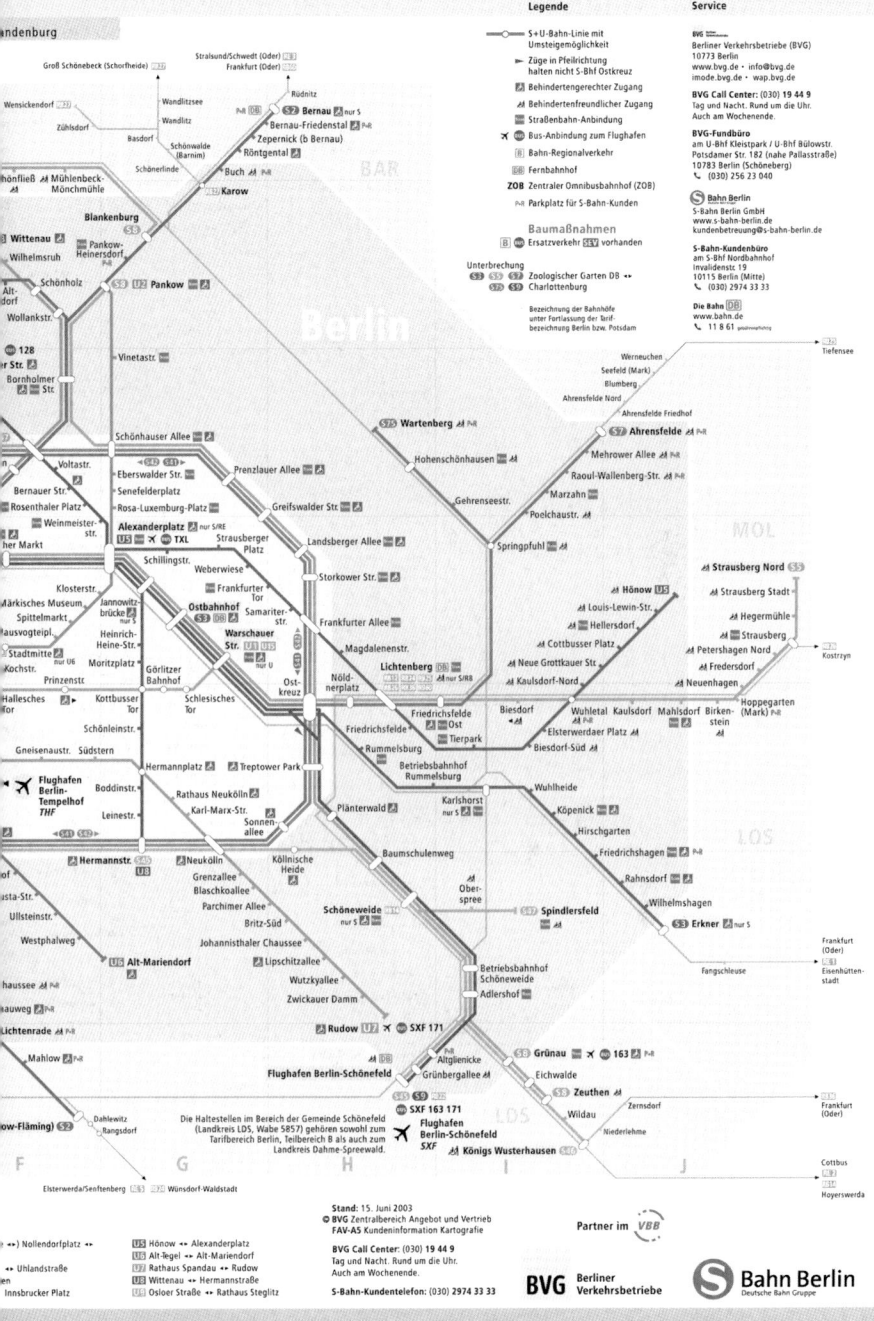

Straßenbahn-Netz

Tarifbereich Berlin Ⓐ Ⓑ Ⓒ

Ⓐ Ⓑ Haltestellen in Berlin   Ⓒ Haltestellen in Brandenb

Guyotstr.
Hugenottenplatz
Arnouxstr.
Navarraplatz
Französisch Buchholz Kirche
Blankenfelder Str.

Französisch Buchholz

Niederschönhausen

Rosenthal Nord 53
Hauptstr./Friedrich-Engels-Str.
Wiesenwinkel
Angerweg
Nordendstr.
Uhlandstr.
Platanenstr.
Skladanowskystr.
Pastor-Niemöller-Platz
Tschaikowskistr.
Bürgerpark Pankow
Rathaus Pankow

52 **Schillerstr.**
Waldemarstr.
Nordend
Heinrich-Böll-Str.
Kuckhoffstr.
Hermann-Hesse-Str./
Waldstr.

Rosenthaler Str.
Marienstr./Pasewalker Str.
Pasewalker Str./Blankenburger Str.
Pankower Str.
Galenusstr.
S Pankow-Heinersdorf
Würtzstr.
Mendelstr.
Stiftsweg

Heinersdorf 1
Rothenbachstr.
Heinersdorf Kirche
Am Wasserturm
Berliner Str./Treskowstr.
Am Steinberg
Prenzlauer Promenade/
Am Steinberg

Falkenberge
Berliner

✈ **Flughafen Berlin-Tegel** *TXL*
Otto Lilienthal
🚌 **TXL X9 109 128**

Pankow
Kirche 53 52

50 **S+U Pankow**
52
50
50 **U Vinetastr.**

Masurenstr.

Stahlheimer Str./
Wisbyer Str.

Prenzlauer Allee/
Ostseestr.

Gustav-
Adolf-Str./
Langhansstr.

Berliner All
Inc
Gandhi

Friesickestr.

Behaimstr.

Antonplatz

Virchow-Klinikum
Wedding ✈🚌 128

23 24 52

Schönhauser Allee/
Bornholmer Str.

Humannplatz

13 23 24

Erich-Weinert-Str.

Greifswalde
Ostseestr.

S+U Schönhauser Allee

Stargarder Str.

S Prenzlauer Allee

Thomas-Mann-Str

U Schwartzkopfstr.

Wöhlertstr.
6 Pflugstr.

A

Raumerstr.

Milastr.

U Eberswalder Str./Pappelallee
20

Fröbelstr.

Winsstr.

S Greifswalder Str.

Oderbruchstr.

U Schwartzkopfstr.

Schwartzkopfstr.

Eberswalder Str.
20

U Eberswalder Str.

Husemannstr.

Prenzlauer Allee/
Danziger Str.

Greifswalder Str./
Danziger Str.

Habersaathstr.

13
6
50

Brunnenstr./
Invalidenstr.

Schwedter Str.

Marienburger Str.

Arnswalder
Platz

Knipprodestr./
Danziger Str.

Lands
Karl-L

U Zinnowitzer Str.

8 50

S Nordbahnhof

Pappel-
platz

50

Zionskirchplatz

Prenzlauer Berg

Knaackstr.

Hufelandstr.

Paul-Heyse-Str.

S Landsbe

Mitte

13
6
50

U Rosenthaler Platz

50 53 11

56 53 11

U Rosa-Luxemburg-Platz

1 7 8

Prenzlauer Allee/
Metzer Str.

Am Friedrichshain

Virchowstr.

27 15

U Weinmeisterstr./Gipsstr. 1

7 8

Mollstr./
Otto-Braun-Str.

Städt. Krkhs.
im Friedrichshain

Landsberger Allee/Petersburger Str.

Torstr./
U Oranienburger Tor

**S Oranien-
burger Str.**

**U Wein-
meisterstr.**

Mollstr./
Prenzlauer Allee

2 3 4 5 6

Büsching-
str.

Platz der
Vereinten
Nationen

Straßmannstr.

U Oranienburger Tor

S Hackescher Markt
2 4 5

Bersarinplatz

U Frankfurter Tor

21

S+U Friedrichstr.

Ⓑ S U

**Mon-
bijoupl.**

Spandauer Str.

U Alexanderplatz ✈🚌 TXL

*Friedrichs-
hain*

Niederbarnimstr.

Georgenstr./
Am Kupfergraben

1
50

Grünberger Str./
Warschauer Str.

Wühlischs

20

Revaler Str.

23 Libaue

S+U Alexanderplatz
Ⓑ S U ✈🚌 TXL

Warschauer Str

Universitätsstr. Am Kupfergraben
1 🚌

23

S Warschauer Str.

20

S U
20 **S+U Warschauer Str.**

A   B   C

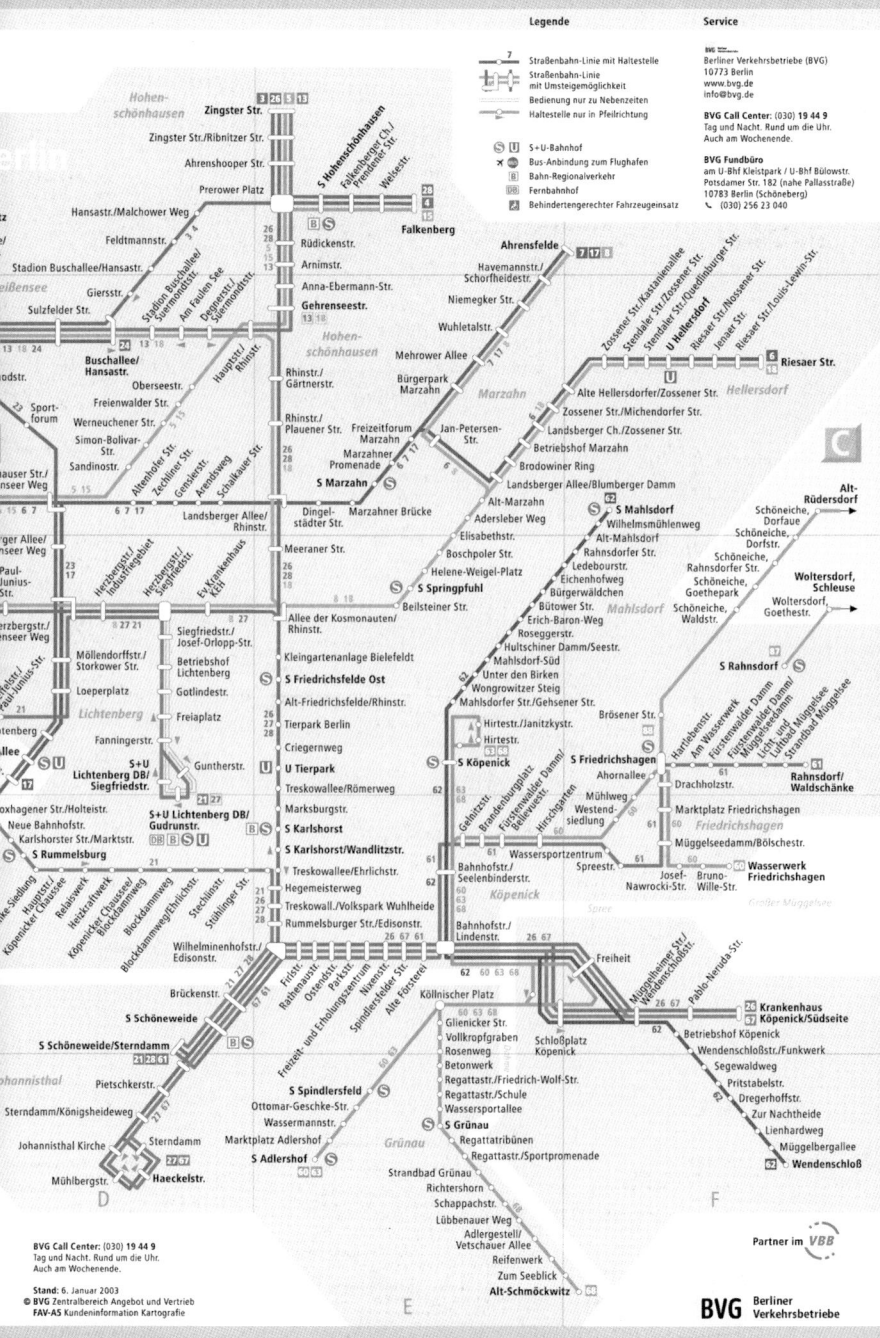